물 수 없다면
짖지도 마라

물 수 없다면
짖지도 마라

윤치호 일기로 보는 식민지 시기 역사

윤치호 지음
김상태 편역

산처럼

| 제2판 책을 내면서 |

    옮긴이는 1993년 당시 서울대학교 대학원 국사학과의 박사과정에 다니고 있었다. 첫 학기였기에 꿈도 많았고 의욕도 넘치던 때였다. 더욱이 기라성 같은 선배들과 함께 역사문제연구소의 한국근대인물연구 프로젝트에 참여하고 있었기 때문에 커다란 자부심도 있었다. 그때 내가 맡은 인물은 일제강점기 YMCA의 핵심 인물인 신흥우였다. 어느 날 연구모임에서 한 선배가 일제강점기 YMCA와 감리교의 최고 원로인 윤치호의 일기가 신흥우 연구에 좋은 자료가 될지도 모른다는 정보를 귀띔해주었다. 국사편찬위원회에서 그의 일기를 자료집으로 출간했다는 것이었다.

    며칠 후 기대감을 가지고 서울대학교 중앙도서관에 갔다. 외워둔 도서번호를 되뇌며 서가를 훑다가 마침내 『윤치호 일기』와 마주섰다. 첫인상은 나빴다. 무려 11권짜리였던 것이다. 어느 세월에 11권을 다 검토한단 말인가. 그런데 두 번째 인상은 더 나빴다. 7권을 꺼내 중간 부분을 펼쳤더니 영문英文으로 작성된 일기였다. 조금도 상상하지 못했던 일이었다. 그 책에는 인명 색인도 없었다. 신흥우에 대한 논문을 작성하면서 윤치호의 영문 일기 11권을 모두 검토해야 한다는 것은 너무도 가혹한 일이라는 생각이 들었다. 『윤치호 일기』를 찾아보라고 조언해준 선배가 야속하게 느껴졌다. 『윤치호 일기』를 못 본 셈 치는 것이 낫겠다고 생각했다.

그러고 나서 마음속으로 윤치호에게 저주를 퍼부어댔다. 당시 출판계에서 쏟아져나온 친일파에 관한 책들을 섭렵하고, 코스타 가브라스 감독의 영화 「뮤직 박스」도 보면서 친일파에 대해 적개심을 갖고 있었다. 물론 그 친일파 중에는 윤치호도 들어 있었다. '일기를 영문으로 쓴 걸 보면 뼛속까지 친미파였구만. 그런데 어느 순간 친일파로 돌아선 쓰레기 같은 인간…….' 옮긴이는 윤치호를 그렇게 정죄하며 씁쓸한 마음으로 서가에서 몸을 돌렸다.

그런데 두 발짝 정도 뗐을 무렵 갑자기 속에서 호기심이 솟아올랐다. '도대체 저 친일파는 일기 속에 무슨 이야기를 써놨을까. 3·1운동이 나던 날 일기를 썼다면, 어떤 궤변을 늘어놓았을까.' 무엇엔가 이끌리듯 다시 서가로 가서 1919년 3월 1일자 일기가 있는지 찾아보았다. 있었다. 무슨 내용이 적혀 있는지 서둘러 읽어보았다. 그런데……분명히 친일파의 일기와는 거리가 멀었다. 기분이 이상했다. 이번에는 1919년 3월 일기를 빠른 속도로 모두 훑었다. 충격적이었다. 요즘 TV에서 툭하면 나오는 단어 '반전……'. 옮긴이에게 『윤치호 일기』는 엄청난 반전 그 자체였다.

그로부터 7년 동안, 『윤치호 일기』와 기나긴 싸움을 벌였다. 영어 실력이 부족한 옮긴이에게 윤치호가 구사한 영어는 상당히 어려웠다. 등장인물과 일기의 소재가 된 사건들이 너무 방대해서 일기 내용의 전후 맥락을 파악하는 것이 너무나도 힘들었다. 그래서 『윤치호 일기』를 3~4번쯤 읽고 나서야 비로소 내용 파악에 자신감이 생겼다.

『윤치호 일기』는 옮긴이의 고정관념과 섣부른 역사인식을 여지없이 무너뜨렸다. 예를 들어 당시 친미파로 분류되는 미국 유학 출신의 지식인층이나 기독교계 인사들에게 백인종, 특히 앵글로색슨인에 대한 정서적 거부감이 상당한 수준이어서 이것이 그들의 친일화 계기로 작용했다는 점은 평소 꿈에도 상상해보지 못했던 것이었다. 일제강점기에 민족주의운동 세력과 기독교계를 중심으로 평안도 지역과 서울·경기 지역 사이에 지역감정(지역갈등)이 극심하게 나타났다는 사실도 『윤치호 일기』를 보기 전까지는 전혀 몰랐다.

2000년 4월, 역사비평사 단행본팀으로부터 『윤치호 일기』를 번역해 출간하자는 청탁을 받았다. 너무도 고맙고 가슴 벅찬 일이었다. 그로부터 약 8개월 동안 재미있고, 역사적으로 중요하다 생각되는 부분들을 발췌하여 꼼꼼히 번역하고 각주를 붙였다. 윤치호의 가계와 연보도 정리했다.

마침내 2001년 2월 『윤치호 일기(1916~1943)—한 지식인의 내면세계를 통해 본 식민지 시기』가 세상에 나왔다. 언론의 반응이 폭발적이었다. 보수계열, 진보계열 가릴 것 없이 모든 일간신문이 『윤치호 일기』를 비중 있게 소개하고 분석했다. MBC-TV에서도 뉴스와 시사 프로그램을 통해 『윤치호 일기』와 그와 관련된 내용을 보도했다.

그 후 11년 동안 많은 분들에게서 전화나 메일을 통해 『윤치호 일기』에 대한 질문을 받았다. 역사, 기독교사, 신학 연구자들의 경우는 어느 정도 예상했던 바지만 영문학, 국문학, 기록학, 행정학, 음악학 연구자들의 관심과 성원까지 받을 줄은 미처 몰랐다. 대학의 한국사 강의 시간은 물론 각종 특강을 통해서도 『윤치호 일기』를 소개했다. 역사학도만이 아니라 일반 대학생, 교수, 의사, 교회 목사와 신자, 박물관 자원봉사자, 주부 모두가 윤치호의 생애와 사상 및 일기에 많은 관심을 보였다. 그들은 윤치호에 대해 비겁한 사람이라고 생각하면서도 미워할 수 없는 친일파라고 평가했다. 아울러 지극히 사적인 기록물인 일기가 중요한 역사 자료가 될 수 있다는 사실에 신기해했다.

그러나 한 개인의 일기를 사료로 볼 수 있느냐는 고정관념이나 '윤치호=친일파'라는 선입견 때문에 사료로서의 가치를 폄하하는 사람들도 있었다. 그런 분들에게 묻고 싶다. 만약 안창호, 김구, 신채호, 김좌진, 유관순, 윤봉길 등의 일기가 현존한다면 사료로 활용하지 않을 것인가. 친일파라 해서 그의 일기가 보잘것없는 내용으로 가득 차 있으리라는 법은 없다. 아니, 친일파이기 때문에 그의 일기는 어느 독립운동가의 일기 못지않은 귀중한 사료가 될 수 있다고 생각한다.

2001년 역사비평사에서 『윤치호 일기』가 나온 지 11년이 지났다. 강산이 한 번 변한 셈이다. 그래서 개정판 출간 작업에 나섰다. 우선 번역과 각주가 어설픈 부분을 찾아 수정했다. 책의 분량이 너무 많았던 점을 고려하여 종전 책의 제4부와 제5부 대부분을 삭제하고 일부 중요 내용은 제1~3부로 옮겼다. 책 속의 화보도 상당수를 바꾸었다. 지금껏 일반에 소개되지 않았던 사진도 제법 된다.

책의 제목도 바꾸었다. 윤치호가 일기에 가끔 적었던 '물 수 없다면 짖지도 마라!'라는 말은 그의 인생관, 처세술을 극명하게 보여주는 말이다. 뿐만 아니라 그가 식민지를 겪고 있는 조선인에게 가장 해주고 싶었던 말이었다. 조선인이 독립국가를 경영할 수 있는 실력을 갖출 때까지는 정치적·군사적 독립투쟁을 자제하고 경제적·문화적·도덕적 실력양성에 전념해야 한다는 것은 그의 철저한 신념이었다. 독자들 가운데는 그의 생각에 공감하는 분도, 그의 생각이 틀렸다고 비판하는 분도 있을 것이다.

이 책을 만들기까지 고마운 분들이 많다. 우선 2001년 초판을 발간할 때 많은 도움을 주신 분들께 이 자리를 빌려 다시 한 번 고맙다는 말씀을 올린다. 옮긴이가 소속되어 있는 서울대학교병원 의학역사문화원의 정준기 원장님과 팀원들께도 깊이 감사드린다. 제대로 다듬어지지 않은 원고를 보기 좋은 책으로 만들어주신 윤양미 산처럼 대표께도 감사하다는 말씀을 전한다. 끝으로 내 식구들에게도 고마운 마음을 전한다.

2012년 12월
김상태

| 제1판 책을 내면서 |

좌옹佐翁 윤치호尹致昊(1865~1945), 수많은 한국의 근대 인물 중에서 그만큼 화려하고 다채로운 경력을 지닌 사람을 찾기란 쉽지 않다. 그는 1880년대와 1890년대 초반에 일본, 중국, 미국에서 유학한 한국 최초의 '근대적' 지식인이었고, 독립협회와 대한자강회의 회장을 지낸 개화·자강 운동의 핵심 인물이었으며, 한국 최초의 미국남감리회 신자이자 YMCA운동의 지도자로서 일제강점기 기독교계의 최고 원로였다. 그런가 하면 3·1 운동이 시작되자마자 총독부 기관지 『경성일보』와의 인터뷰에서 '독립운동 무용론無用論'을 피력해 물의를 빚었고, 중일전쟁 발발 이후에는 기독교계의 친일을 주도하고 국민정신총동원조선연맹과 조선임전보국단 등의 고위 간부를 지내며 친일파의 '대부' 역할을 담당했다. 요컨대 그는 긍정적인 역할을 했느냐, 또는 부정적인 역할을 했느냐 하는 가치 판단의 여부와 상관없이 한국 근대사에서 몇 손가락 안에 드는 거물 중의 한 사람이었다.

그런데 윤치호에게는 거물다운 점이 또 하나 있다. 더러 중단한 적이 있기는 하지만, 1883년부터 1943년까지 장장 60년 동안 일기를 쓴 것이다. 그것도 거의 대부분을 영어로 말이다. 그는 일기에 자신의 일상생활과 공인으로서의 활동 상황은 물론 국내외 정세에 대한 견해와 전망 등을 꼼꼼히 기록해놓았다. 또 그가 직접 겪은 여러 사건들의 미묘한 정황, 정국의 추이와 민심의 동향, 각종 루머, 많은 지인知人들의 인성이나 사상, 행적을 엿볼 수 있는 각종 정보를 상세히 기록해놓았다. 따라서 개인 저작물이라고는 하지만, 사료비판만 제대로 이루어진다면 그 어느 공식 문헌에 못지않은 중요한 사료가 될 수 있다.

특히 한일합방 이후의 『윤치호 일기』(1919~43)는 더욱더 귀중하고 유용한 사료라 할 수 있다. 우선 이 일기에는 지식과 명망과 재력을 두루 갖춘 한 원로의 '식민지살이'와 속내가 고스란히 담겨 있다. 그의 정세 인식, 제반 독립운동에 대한 생각, 조선의 역사, 문화, 전통, 민족성에 대한 인식 등이 매우 진솔하게 기록되어 있다. 또 그가 일제강점기 말에 친일파의 '대부'가 된 이유를 확인할 수 있다.

한일합방 이후의 『윤치호 일기』에는 또 한국 근대사에 관한 수많은 정보가 담겨 있다. 그는 지식, 명망, 재력을 겸비한 국내 최고의 원로 중 한 사람이었다. 그래서 그의 일거수일투족에 따라 일제와 민족주의 진영의 '희비'가 엇갈릴 수 있었다. 실제로 그는 자신의 의사와는 상관없이 항상 일제와 민족주의 진영 양편에서 '영입'의 대상이 됐다. 그는 한편으로는 총독부 당국과 친일 세력, 다른 한편으로는 학계, 언론계, 종교계 등 민족주의 진영의 인사들과 동시에 지속적으로 접촉한 것이다. 다시 말해서 『윤치호 일기』에는 사회주의운동 세력을 제외한 일제강점기 국내 모든 부문의 동향이 '입체적'으로 기록되어 있다. 또 공식 문헌에서는 찾아보기 힘든 풍부한 뒷이야기들과 각종 루머들이 담겨 있다.

일반적으로 친미파로 분류되는 미국 유학 출신의 지식인층이나 기독교계 인사들에게 백인종, 구체적으로는 앵글로색슨인에 대한 정서적 거부감이 상당한 수준에 있어서 이것이 친일의 계기로 작용했다는 점, 일제강점기에 민족주의운동 세력과 기독교계를 중심으로 평안도 지역과 서울·경기 지역 사이에 지역감정(지역갈등)이 극심하게 나타났다는 점 등은 시사하는 바가 적지 않다. 또 고종 황제 독살설, 유길준의 을미사변 관련설, 박용만과 옥관빈의 밀정설, 1930년대 중반 최남선의 '변절'설, 1930년대 후반 신흥우의 파시스트 결사 추진설 등은 그 진위 여부를 떠나 상당히 주목할 만한 내용들이다.

요컨대 『윤치호 일기』에는 그의 일거수일투족과 속내는 물론 그의 시대가 상세히 담겨 있다. 따라서 황현의 『매천야록』이나 김구의 『백범일지』에 견주어 조금도 손색이 없는 귀중한 사료라 할 수 있다. 그러나 안타깝게도 한국 근대사 연구자들은 『윤치호 일기』를 '방치'해왔다. 우선 그의 일기가 존재한다는 사실조차 모르는 연구자가 상당히 많았다. 또 알고 있다 하더라도 방대한 분량과 영어 독해의 부담 때문에 읽어볼 엄두를 못 내는 연구자도 적지 않았다. 그런가 하면 한 개인의 일기를 사료로 볼 수 있느냐는 고정관념이나 '윤치호=친일파'라는 선입견 때문에 사료로서의 가치를 폄하하는 경우도 제법 있는 것 같았다. 그런데 다소 우스운 질문인지는 모르겠으나, 만약 단재 신채호, 고당 조만식, 몽양 여운형 등의 일기가 현존한다면 지금까지 그렇게 '방치'되어왔을까? 친일파라 해서 그의 일기가 보잘것없는 내용으로 가득 차 있으리라는 법은 없다. 아니 친일파이기 때문에 그의 일기는 어느 독립운동가의 일기 못지않은 귀중한 사료가 될 수 있다.

2000년 4월 역사비평사 단행본팀으로부터 『윤치호 일기』를 번역해 출간하자는 청탁을 받았다. 너무도 고맙고 가슴 벅찬 일이었다. 하지만 내 능력상, 또 여러 가지 여건상 『윤치호 일기』의 절반(1883~1906)을 뚝 떼어내고 일제강점기 부분(1919~43)만을 대상으로 한다는 사실이, 또 그것도 완역본이 아닌 발췌본으로 내야 한다는 사실이 못내 아쉬웠다. 그러던 차에 연세대학교 현대한국학연구소에서 『윤치호 일기』를 완역하고 있다는 이야기를 듣게 됐다. 너무도 고마운 일이었다.

이때부터 본격적으로 발췌본의 '묘미'를 살리는 길이 무엇일까 하는 점을 고민하기 시작했다. 사실 작업하기 가장 편한 것은 당연히 날짜순으로 발췌 편집하는 것이었다. 그러나 그것은 독자들에게 상당히 무미건조하게, 때로는 상당히 혼란스럽게 다가갈 것 같았다. 그래서 제1, 2, 3부는 각각 3·1운동 전후, 만주사변 전후, 중일전쟁·태평양전쟁 전후로 나누어 정국의 동향과 윤치호의 내면세계를 파악하는 데 중요하다고 생각되는 내용들로 구성했다. 이와 같이 시기를 구분한 것은 일제하 정국의 질적 변화를 초래한 3·1운동, 만주사변, 중일전쟁·태평양전쟁이 윤치호에게도 많은 충격과 고민을 안겨주었을 것이라는 판단 때문이었다. 1919~21, 1931~35, 1938~40년 일기의 분량이 다른 시기에 비해 압도적으로 많은 것이 바로 이 점을 증명해준다고 생각한다.

한편 제1~3부 본문 앞에는 독자들에게 윤치호의 생애와 사상, 그리고 『윤치호 일기』에 대한 사전 지식을 제공하기 위해 해제를 배치했다. 각 부의 서두에는 독자들의 이해를 돕기 위해 각 부의 내용을 요약, 평가하거나 그 배경을 설명해놓았다. 제1~3부 뒤에는 일종의 부록을 배치했다. 우선 해방 직후 윤치호가 작성해 이승만과 미군정에 보낸 「한 노인의 명상록」이라는 영문 서한을 배치했다. 짧은 분량임에도 불구하고, 윤치호가 해방을 맞이한 후에도 일제강점기에 갖고 있던 견해를 그대로 고수했다는 사실을 확인할 수 있는 귀중한 자료다(윤치호의 종손녀이자 좌옹윤치호문화사업회 이사인 번역문학가 윤경남 선생님의 번역문(윤치호 지음, 윤경남 옮김, 『(국역) 좌옹 윤치호 서한집』, 호산문화, 1995을 대부분 참조). 또 윤치호의 가계도와 연보 및 국내외 중요 사건 연표를 배치했는데, 윤치호의 생애와 『윤치호 일기』의 내용을 이해하는 데 많은 도움이 될 것이다.

『윤치호 일기』를 번역하면서 번역은 제2의 창작이라는 말이 조금도 과장된 것이 아님을 실감할 수 있었다. 또 번역을 잘하려면 영어보다 국어를 잘해야 되겠구나 하는 생각이 절로 났다. 내 짧은 능력으로 이 버거운 작업에 감히 '도전장'을 낸 것 자체가 어이없게 느껴진 것이 한두 번이 아니었다. 그러나 그럴 때마다 비록 친일 행각을 벌이기는 했지만, 하루하루의 일과를 꼼꼼히 기록 정리하면서 '주관적'으로는 나라와 민족을 위해 끊임없이 고민했던 윤치호의 성실함이 나의 사기를 북돋아주었다. 번역과 각주 작업에 나름대로 최선의 노력을 기울였건만, 그래도 부족한 점이 많은 것 같아 부끄러울 뿐이다. 독자들의 너그러운 양해와 아낌없는 충고, 비판을 바라 마지않는다.

이 책을 만들면서 많은 분들에게 이루 말할 수 없는 도움을 받았다. 이 책의 출간을 흔쾌히 양해해주신 윤경남 선생님, 연세대학교 현대한국학연구소 유영익 소장님, 숭실대학교 기독교학과 박정신 교수님, 그리고 『윤치호 일기』 연구에 많은 도움을 주신 서울대학교 국사학과 권태억 교수님, 숭실대학교 사학과 유영렬 교수님, 수원대학교 사학과 박환 교수님, 『역사비평』 주간 임대식 선생님, 연세대학교 현대한국학연구소 오영섭 연구원, 숭실대학교 사학과 강사 김권정 선생님께 깊은 감사를 드린다. 번역을 도와준 서울대 국사학과 석·박사과정의 윤상현, 최병택, 홍종욱, 김제정, 장용경, 이강한, 이치현, 정상우, 원고를 검토해준 염복규, 유상희, 강호선, 정미성, 일본의 역사, 지리, 인물 등에 대해 많은 정보를 제공해준 오타 히데하루太田秀春, 나가마사 미카永正美嘉 등 여러 후배님들께 이 자리를 빌려 감사의 말씀을 드린다. 제대로 다듬어지지 않은 원고를 보기 좋은 책으로 만들어주신 윤양미 역사비평사 단행본 팀장께도 깊은 감사를 드린다. 마지막으로 내 소중한 가족이 존재하지 않았더라면 이 책의 출간은 불가능했을 것이다. 부모님, 아내, 아들 영성을 비롯한 모든 식구들에게 이 자리를 빌려 진심으로 고맙다는 말씀을 드린다.

2001년 1월

김상태

| 차례 |

제2판 책을 내면서 5
제1판 책을 내면서 10
해제 | 일제강점기 윤치호의 내면세계와 한국 근대사 18
일러두기 50

제1부 3·1운동 전후

제1장 — '내가 3·1운동을 반대하는 까닭은'(1919) 57
제2장 — '물 수 없다면 짖지도 마라'(1920~21) 168
제3장 — '민족의 실력을 양성하라'(1922~30) 261

제2부 만주사변 전후

제1장 — '힘이 정의다'(1931~32) 304
제2장 — '나는 성선설을 믿지 않는다'(1933~35) 351

물 수 없다면
짖지도 마라
– 윤치호 일기로 보는 식민지 시기 역사

제3부 중일전쟁·태평양전쟁 전후

제1장 — 흥업구락부 사건의 와중에서(1938) **429**
제2장 — '내선일체만이 살길이다!'(1939~40) **498**
제3장 — '유색인종의 해방을 위하여'(1941~43) **561**

한 노인의 명상록 1—1945년 10월 15일 **583**
한 노인의 명상록 2—1945년 10월 20일 **585**
윤치호 가계도 **588**
윤치호와 그의 시대 연표 **597**

참고문헌 **609**
인명 찾아보기 **615**
사항 찾아보기 **629**

| 해제 |

일제강점기 윤치호의 내면세계와 한국 근대사

윤치호, 그는 누구인가

좌옹 윤치호, 한국인 가운데 많은 사람들이 그의 이름을 기억할 것이다. 지금 이 시간에도 중·고등학교 국사 수업시간이나 언론매체 등을 통해 그가 거명되고 있는지도 모른다. 그것은 곧 한국 근대사에서 긍정적인 역할을 했느냐, 또는 부정적인 역할을 했느냐 하는 가치판단의 여부와는 상관없이 그가 상당한 거물이었음을 시사하는 대목이다. 실제로 그의 경력은 대단히 화려하고 다채롭기 그지없다.

우선 윤치호의 학력이 예사롭지 않다. 그는 일찍부터 한학자 김정언金正言, 개화관료 어윤중 문하에서 수학했다. 무과에 장원급제한 후 무관으로 급성장한 부친 윤웅렬尹雄烈이 아들 치호가 문과에 급제해 문관으로 입신양명하는 것을 보고 싶어 열성적으로 아들의 '조기교육'에 매진한 덕분이었다. 그뿐만이 아니다. 윤웅렬은 1880년 수신사 김홍집을 따라 일본에 건너가 메이지유신明治維新 이후 부국강병에 박차를 가하고 있던 일본의 상황을 직접 목격하고 개화의 필요성을 절감한 후, 1881년 아들 치호를 조사시찰단(신사유람단)의 일원으로 일본에 파견되는 어윤중의 수행원으로 딸려보내 일본에서 공부하도록 주선했다. 다시 말해서 윤치호는 '조기 유학'을 떠난 셈이다.

윤치호는 당시 후쿠자와 유키치福澤諭吉와 쌍벽을 이루던 일본 최고의 개화사상가 나카무라 마사나오中村正直가 설립한 도진샤同人社에 입학했다. 이로써 '개화의 선각자' 유길준과 함께 조선 최초의 일본 유학생이 됐다. 게다가 영어 습득의 필요성을 절감한 김옥균의 권유에 따라, 1883년 1월부터 요코하마橫濱 주재 네덜란드 영사관 서기관에게 영어를 배우기 시작했다. 이것이 계기가 되어 4개월 후 초대 주한 미국 공사 푸트Foote 장군의 통역관으로 발탁되어 국내 정치무대에 데뷔했다. 요컨대 그는 조선 최초로 영어를 구사하는 인물이 된 것이다. 그것도 공식적으로 조선과 미국의 외교 관계에 깊숙이 간여하면서 말이다.

그러나 '탄탄대로'를 '질주'하던 윤치호에게 '급제동'이 걸렸다. 1884년에 발생한 갑신정변甲申政變은 그의 삶을 완전히 굴절시켰다. 그는 정변에 간여하지는 않았지만, 미국 공사의 통역관인 데다가 김옥균 등과의 친분으로 인해 개화파로 지목되고 있었다. 게다가 윤웅렬이 '혁명내각'의 형조판서에 내정됐던 탓에 상황이 더욱 악화됐다. 그는 국내에서는 더 이상 온전할 수가 없었다.

결국 1885년 초 윤치호는 푸트 공사의 추천서를 손에 들고 상하이上海 주재 미국총영사 스탈Stahl 장군을 찾아갔다. 그리고 그의 소개로 미국남감리회 선교부가 운영하는 중서서원中西書院에 입학해 7학기 동안 영어, 수학 등 일반 중등과정에 해당하는 교육을 받았다. 특히 1887년 4월 3일 본넬Bonnel 교수에게 세례를 받아 조선 최초의 미국남감리회 신자가 됐는데, 이는 훗날 그가 조선감리교의 '대부'로 발돋움하는 데 중요한 디딤돌이 됐다.

1888년 윤치호는 마침내 미국 유학길에 올랐다. 중서서원 원장 알렌 박사의 소개장을 가지고 미국 테네시 주 내슈빌에 있는 미국남감리회 소속의 밴더빌트대학교 신학과에 별과생으로 입학해 신학을 공부했다. 1891년에는 당시 미국 남부의 신흥 대학이었던 에모리대학교에 입학해 인문사회 분야의 제반 학문을 두루 공부했다. 그는 서재필, 유길준 등과 함께 조선의 '제1세대' 미국 유학생의 반열에 오른 것이다.

결국 윤치호는 예나 지금이나 한국과는 불가분의 관계에 있는 일본, 중국, 미국 등 3개국에서 총 11년 동안 공부한 셈이다. 외국어, 특히 영어를 완벽하게 익히고 신학, 인문학 등 제반 학문을 두루 익힌 것은 큰 수확이 아닐 수 없었다. 조선인 최초로 미국남감리회 신자가 된 것도 그에게는 크나큰 '은총'이었다. 그러나 가장 중요한 것은 일본과 미국에서 직접 생활하면서 견문을 넓히고 근대를 체험했다는 점이다. 그는 세계사의 흐름을, 다시 말해서 과학기술의 발달과 자본주의의 성장을 바탕으로 한 제국주의 시대의 약육강식, 적자생존의 논리를 직접 체득할 수 있었던 것이다.

30~40대에 윤치호는 한말 개화·자강운동의 핵심 인물이었다. 1895년 초 그는 꼭 10년 만에 귀국했다. 갑오개혁과 청일전쟁 등으로 인해 국내 정세가 크게 변화한 덕분이었다. 이제 그는 그동안 갈고 닦은 '실력'을 발휘할 수 있는 기회를 잡은 것이다. 그는 관계官界로 진출해 학부협판 등의 관직을 지내는 한편, 1897년 하반기부터 독립협회에 가담해 서재필, 이상재 등과 함께 독립협회를 주도했다. 특히 1898년 8월부터는 회장을 맡아 독립협회의 최고 지도자로서 만민공동회를 이끌었다.

당시 윤치호는 문명개화를 지상 목표로 설정하고 있었는데, 그 구체적 방법으로는 계몽적 군주와 계몽적 관료가 우민에 불과한 민중을 계몽함으로써 개화가 가능하다는, 사실상의 '계몽적 전제군주 국가'의 수립을 구상하고 있었다. 즉 국왕의 존재를 인정하는 가운데 점진적인 방법으로 문명화를 이룩해야 한다고 믿고 있었던 것이다.

그러나 독립협회가 강제 해산되면서 개혁에 대한 윤치호의 소망은 물거품이 되고 말았다. 설상가상으로 1905년에는 을사조약이 체결되어 외교권이 박탈되기에 이르렀다. 그는 이를 사실상의 국권 피탈로 파악하고 관직에서 물러나 '애국계몽운동', 곧 '자강운동'을 주도했다. 그는 1906년 당시 가장 대표적인 자강운동 단체였던 대한자강회의 회장을 맡았으며, 미국 남감리회의 중등교육기관인 한영서원을 설립하고 초대 원장에 취임했다. 1908~09년에는 안창호와 행보를 같이하여 대성학교 교장과 청년학우회 회장을 맡았다. 한일합방 직후에는 총독부가 민족운동 세력을 일망타진하기 위해 조작한 '105인 사건'의 주모자로 지목되어 징역 6년을 선고받고, 1915년 특사로 출옥할 때까지 3년 동안 복역했다.

그런데 한 가지 분명한 것은, 당시 윤치호는 '독립'보다 '자강自强'을 중시했다는 사실이다. 그는 약육강식의 논리로 대표되는 사회진화론에 경도되어 일제의 식민통치를 불가피한 현실로 인식하고, 조선인이 직접적인 정치투쟁이나 무장투쟁을 삼가고 일제의 '품' 안에서 실력양성에 매진하기를 바랐다. 그가 교육, 종교 분야에 남다른 관심을 기울였던 것은 바로 이런 이유에서였다.

일제강점기에 윤치호는 일제강점기 조선 감리교의 '대부'였다. 그는 1887년 중국 유학 당시 세례를 받아 조선 최초의 미국남감리회 신자가 됐으며, '후발주자'였던 남감리회가 조선에 뿌리를 내리는 데 막대한 영향을 끼쳤다. 1910년 기독교계의 각종 국제대회에 조선 대표로 참여해 국제 기독교 사회의 명사로 부상했고, 1930년 조선남·북감리회의 통합 과정에서 합동전권위원회 부위원장을 맡아 기독교 조선감리회 탄생에 중추적인 역할을 수행했다. 1930년대 윤치호·양주삼 '투톱'의 위력은 가히 난공불락이었다. 그는 또 미국북감리회의 배재학당(배재고보)에 비견되는 미국남감리회의 한영서원(송도고보) 교장을 두 차례 역임했고, 이화여전 이사로서

1930년대 후반 이화여전의 학내 문제를 주도적으로 해결했으며, 1940년대 초에는 당시 기독교계 교육기관 중 최고 권위를 자랑했던 연희전문의 교장에 취임했다. 원로 목사나 선교사들조차 평신도인 그의 권위를 능가하지는 못했다.

윤치호는 또 일제강점기 기독교계의 사회운동 단체인 YMCA의 상징적인 인물이었다. 그는 1916년 YMCA 총무, 1920년 서울YMCA 회장, 1930년 YMCA연합회 위원장 등에 오르며 YMCA운동을 주도했다. 특히 1927년 이상재가 세상을 떠난 후, YMCA 안팎에서 그의 위상은 상대적으로 더욱 강화됐다. 1933~35년 신흥우의 적극신앙단과 관련해 YMCA가 내분으로 치달았을 때 이를 주도적으로 수습한 사람도, 중일전쟁의 발발과 흥업구락부 사건으로 인한 '벼랑 끝' 상황에서 YMCA의 친일을 주도하며 사태를 수습한 사람도 바로 그였다. 요컨대 그는 일제강점기 조선 기독교계의 최고 거물이었다.

또한 윤치호는 일제강점기 내내 제반 유형의 독립운동에 반대했으며, 일제강점기 말에는 친일파의 '대부'로 활동했다. 그는 3·1운동 발발 직전 파리강화회의에 조선 대표로 참석해달라는 민족대표 진영의 요청을 거부했다. 또 3·1운동이 발발하자마자 당시 총독부 기관지 『경성일보』와 가진 인터뷰를 통해 3·1운동 반대 의견을 표명해 물의를 빚었다. 자기 스스로 일기에 자신에 대한 비난이 절정에 올라 있다고 쓸 정도였다. 게다가 상하이 대한민국임시정부에 참여해달라는 요청도, 워싱턴 회의에 조선 대표로 참석해달라는 요청도, 미국에 건너가 외교운동에 힘써달라는 요청도 모두 거부했다. 뿐만 아니라 '자의'는 아니었지만, 대정친목회와 경성교풍회 등 친일단체에 참여했고, 만주사변 직후에는 총독부 고위 당국자들과 고위급 친일파들의 사교모임인 토요회에 가입했다. 그러나 총독부 당국의 중추원 참의직 제안을 거부한 데서 상징적으로 드러나듯이, 아직 근본적인 친일파가 되지는 않았다.

윤치호가 노골적으로 친일 행각에 나서기 시작한 것은 중일전쟁 발발 이후의 일이었다. 그는 YMCA와 감리교를 중심으로 기독교계의 '일본화' 작업을 주도했을 뿐만 아니라 국민정신총동원조선연맹, 국민총력조선연맹, 조선지원병후원회, 조선임전보국단, 조선언론보국회, 대화동맹 등 대표적인 친일단체의 중심인물로 참여했다. 원고 집필, 강연, 라디오 방송 등을 통해 일제에 적극 협력했으며, 1941년에는 총독부의 중추원 고문직 제의를 수락했다. 심지어 1945년 4월에는 일본 귀족원 칙선의원勅選議員에 임명되기까지 했다. 요컨대 그는 일제강점기 말 친일파의 '대부'였던 것이다.

윤치호, 1883년에서 1943년까지 일기를 쓰다

조선 최초의 근대적 지식인, 개화·자강운동의 '대명사', 일제강점기 조선 기독교의 원로, 일제강점기 말 친일파의 '대부'였던 윤치호에게는 남다른 점이 또 하나 있다. 더러 중단한 적이 있기는 하지만, 갑신정변이 발발하기 직전인 1883년부터 해방되기 직전인 1943년까지 장장 60년 동안 매일같이 일기를 쓴 것이다. 그것도 거의 대부분을 영어로 말이다. 그는 일기에 자신의 일상생활과 공인으로서의 활동 상황은 물론, 국제 정세와 국내 정국의 동향에 대한 견해와 전망 등을 꼼꼼히 기록해놓았다. 또 그가 직접 겪은 여러 사건들의 미묘한 정황이나 많은 지인知人들을 통해 알게 된 각종 정보와 루머를 상세히 기록해놓았다. 그래서 신문, 잡지 등에 발표한 이성적이고 정제된 글들에 비해 그의 속내를 더욱더 진솔하게 엿볼 수 있다는 장점이 있다. 또 유명 인사들의 자서전이나 회고록에서 적잖이 나타나는 것처럼, 과거에 대한 기억에 오류가 있거나 집필 당시의 관점에서 과거를 돌아보며 자신의 행위를 과장 또는 은폐했을 가능성도 거의 없다. 게다가 그의 일거수일투족이나 속내뿐만 아니라 그가 살고 있던 시대의 모습을 다각도로 확인할 수 있다.

윤치호는 학벌과 명망과 재력을 두루 갖춘 '귀족'이었고 말년에 친일 행각을 벌이기도 했지만, 사실은 '청교도적'인 인간형에 가까운 사람이었다. 그는 이기적이고, 욕심 많고, 사치스럽고, 노동을 경시하는 인간에게는 상당한 '적개심'을 갖고 있었다. 아내, 동생, 자녀, 절친한 친구라도 예외는 없었다. 그는 근면, 정직, 성실, 신용, 금욕 등 근대 시민윤리를 실천에 옮기려고 무던히 애썼다. 그가 몸이 아플 때도, 공적인 일이나 사적인 일로 여행을 다닐 때도 꼬박꼬박 일기를 쓴 것은 하루하루의 생활을 기록 정리하고 반성하려는 의미에서였다. 그가 장장 60년 동안 일기를 쓸 수 있었던 원동력이 바로 이 점에 있었다. 일기야말로 그의 '분신'이자, 그의 삶 자체였던 것이다.

『윤치호 일기』는 한일합방을 전후로 크게 두 부분으로 나눌 수 있고, 한일합방 이전의 일기는 또다시 두 부분으로 나눌 수 있다. 우선 그의 일기 중 1883년 1월 1일부터 1월 16일(음력 1882년(임오년) 11월 22일부터 12월 8일)까지는 '임오일기壬午日記'라 하여 『개벽』 신간 제1호(1934)에 실려 있던 것이었다. 그리고 1883년 10월 19일부터 1906년 7월 3일까지의 나머지 일기는 맏아들 윤영선尹永善(전 농림부 장관) 씨가 소장하고 있던 것이었다.

『윤치호 일기』 원본은 대학노트와 수첩류 등 모두 30여 권에 기재되어 있는데, 1883년 1월 1일부터 1887년 11월 24일까지는 한문, 1887년 11월 25일부터 1889년 12월 7일까지는 국문, 미국 유학 중이던 1889년 12월 7일 이후는 영문으로 기록되어 있다. 그는 영어로 일기를 쓰는 이유에 대해 일기에 다음과 같이 기록해놓았다.

오늘부터 영어로 일기를 쓰기로 작정하다. 첫째, 우리말로는 지금의 여러 가지 일을 다 세세히 쓰기 어렵고, 둘째, 모든 일을 세세히 쓰기 어려운 까닭에 매일 생략하는 일이 많아 날짜와 날씨만을 기록할 뿐이요, 셋째, 영어로 일기를 쓰면 필묵을 바꾸지 않아도 되고, 넷째, 영어를 배우기가 빠른 까닭에 이리하는 것이다.

즉 윤치호는 미국 유학 도중에 편의상, 그리고 영어 학습을 위해 영어로 일기를 쓴 것이다. 그런데 그가 귀국 후에도 계속해서 영어로 일기를 쓴 이유는 명확히 드러나 있지 않다. 영어로 일기를 써온 것이 습관으로 굳어진 데다, 가족 등 주변 사람들로부터 일기의 '은밀'함을 유지하기에는 영어로 일기를 쓰는 편이 훨씬 더 유리했기 때문인 것으로 여겨진다.

한일합방 이전의 『윤치호 일기』를 그의 체류지와 주된 활동 사항을 중심으로 모두 여섯 시기로 구분해 정리해보면 다음과 같다.

첫째, 일본 유학기(1881년 1월~1883년 5월)에는 주로 메이지유신 이후 일본의 발전상과 근대화 과정 및 변화하는 국제 정세를 기록했다.

둘째, 국내 체류기(1883년 5월~1884년 갑신정변 발발 후)에는 주로 주한 미국 공사관과 조선 조정과의 관계, 개화파와 갑신정변 등에 대한 내용을 기록했다.

셋째, 중국 유학기(1885년 초~1888년 10월)에는 중국 및 중국인에 대한 인상과 상하이 거주 조선인들의 동정을 기록했다.

넷째, 미국 유학기(1888년 11월~1893년 10월)에는 대학 생활과 교회 생활을 중심으로 기독교인의 정신자세 등을 논하고, 미국 사회의 인종차별을 비판하면서 중국과 조선의 현실을 비관적으로 기록했다.

다섯째, 중국 체류기(1893년 11월~1894년 12월)에는 마애방馬愛芳과의 결혼 과정, 김옥균 암살 전후 상황, 청일전쟁의 경과 등을 기록했다.

여섯째, 국내 활동기(1895~1906년)에는 을미사변, 아관파천 당시의 전후

사정, 독립협회의 활동 내용과 자신의 사상, 관료 재직 중에 직접 보고 들은 지방 관리의 부패상과 민중의 동태, 러일전쟁의 경과와 을사조약 체결 전후 상황 등을 기록했다.

한편 윤치호의 한일합방 이후 일기는 1916년 1월 1일부터 1943년 10월 7일 사이에 기록된 것으로, 미국에 거주하고 있던 윤치호의 막내아들 윤정선尹廷善 씨가 소장하고 있었다. 본래 한일합방 이전의 일기와 함께 맏아들 윤영선 씨가 보관하고 있었는데, 한국전쟁 중에 일기의 분실을 우려해 전체 일기의 절반에 해당하는 한일합방 이후 일기를 당시 미국에 건너가 있던 막내 동생에게 우송했다고 한다.

그런데 한 가지 짚고 넘어가야 할 점이 있다. 1907~15년 사이의 일기가 없는 것이다. 후손들의 전언에 의하면, 총독부 경찰 당국이 '105인 사건'과 관련해 그를 체포했을 당시 일기를 압수했는데 나중에 일부를 빼고 돌려주었다고 한다. 만약 이것이 사실이라면, 1907~11년 일기는 경찰 당국으로부터 돌려받지 못했기 때문에 현존하지 않는 것으로 볼 수 있다. 한편 1912년 초부터 1915년 초까지는 윤치호가 일기를 쓰지 않은 것이 확실하다. 그는 3년 동안 투옥되어 있었을 때 필기도구조차 제대로 지급받지 못했다. 그가 감옥에서 남긴 기록이라고는 친지들에게 편지 몇 통 보낸 것밖에는 없다. 그는 1915년 2월 특사로 출옥한 후에도 연말까지 일기를 쓰지 않은 것 같다. 그 이유는 정확히 알 수 없지만, 심신의 불안 때문이었을 것으로 추정된다.

윤치호는 1916년 1월 1일부터 규격 일기장에 일기를 쓰기 시작했다. 처음 4개월분은 한문, 국한문, 영문 등을 혼용해 기록하다가, 그 이후부터는 모두 영문으로 기록했다. 이미 영어로 일기를 쓰는 데 익숙해져 있었고, 영어로 일기를 쓰는 것이 주변 사람들로부터 일기의 내용을 '간수'하는 데 더 유리하다고 판단했기 때문인 것 같다.

1916~18년 일기는 당시 YMCA 총무로 재직 중이었기 때문에 YMCA 관련 내용이 대종을 이루고 있는데, 분량이 매우 적은 편이다. 1919~21년 일기는 정국의 동향, 자신의 국내외 정세 인식과 제반 독립운동에 대한 견해 등 시사적인 내용이 많으며, 분량도 상당히 많은 편이다. 그러나 윤치호는 1922년 손을 다쳐 일기를 거의 쓰지 못했는데, 그 여파 때문인지 1923~30년 일기는 분량이 굉장히 적은 편이다. 일기에 대한 열정이 다소 식었거나, 1920년대 중·후반의 정국이 다른 시기에 비해 별다른 '감흥'을 주지 못한 것이 아닌가 여겨진다.

1931~35년 일기는 시간이 흐를수록 분량이 점점 많아진다. 일차적으로는 만주사변과 만주국 수립이라는 국제 정세의 변화 때문인 것 같고, 이차적으로는 기독교계의 내분과 그 수습 때문이었던 것 같다. 특히 YMCA, 감리교, 장로교 등 기독교 전 부문에 걸쳐 파란이 일었던 1934~35년 일기의 분량이 매우 많은 편이다.

한편 1936~37년 일기는 남아 있지 않다. 윤치호가 일기를 쓰지 않은 것인지, 썼는데 분실된 것인지 확인할 길이 없다. 만약 그가 일기를 썼다면, 미나미 지로南次郎 총독의 부임, 중일전쟁 발발 등과 관련한 국내외 정세 인식, 기독교계의 내분과 수습 및 신사참배 문제 등에 대한 견해 등을 주로 기록했을 것이다. 1938~40년 일기는 분량이 매우 많은 편이다. 특히 1938년 일기가 그러한데, 흥업구락부 사건과 기독교계의 전면적인 친일 때문인 것으로 보인다. 1941년과 1943년 일기는 중단한 적이 많아 분량이 많지 않고, 1942년 일기는 쓰지 않은 것으로 보이는데 그 이유는 파악할 길이 없다. 후손들이 전하는 바로는, 해방 직전에는 일기를 쓰지 않았다고 한다.

윤치호의 독립운동 무용론과 내선일체론

그러면 한일합방 이후의 『윤치호 일기』에는 어떤 내용들이 담겨 있을까?

우선 지식과 명망과 재력을 두루 갖춘 한 원로의 '식민지살이'와 내면세계가 고스란히 담겨 있다. 그의 국내외 정세 인식, 일제의 조선 통치정책에 대한 판단, 제반 독립운동에 대한 생각, 조선의 역사, 문화, 전통, 민족성에 대한 인식 등이 매우 진솔하게 기록되어 있다. 그래서 중일전쟁 발발 이전까지 '확실한' 친일파도 아니면서 '독립운동 무용론'을 고수한 '회색인'으로서의 '독특한' 내면세계, 아니 어쩌면 일제강점기 조선인의 한 경향을 대표하는 것일 수도 있는 '보편적인' 내면세계를 엿볼 수 있다. 또 그가 일제강점기 말에 친일파의 '대부'가 된 이유, 즉 그에게 부과된 외압과 그의 내면에서 자연스럽게 분출된 자발적 친일논리를 확인할 수 있다.

3·1운동을 전후한 시기와 1920년대 내내 윤치호는 일제의 통치정책과 식민지 조선의 현실을 매우 비판적으로, 그리고 비교적 정확히 인식하고 있었다. 그는 일제가 힘을 앞세워 조선을 강제로 병합해놓고 조선인에게 동화를 강요하고 있으며, 사회경제적으로 수탈과 차별을 실행하고 있다고 판단하고 있었다. 특히 토지강탈정책과 조세정책을 중심으로 한 일제의 경제정책과, 모든 부문에서 관행처럼 이루어지고 있던 민족차별정책에 대해 몹시 분개하고 있었다. 그는 "조선에 충만한 것은 천황의 은혜가 아니라 천황의 악의다"라고 단언할 정도였다.

윤치호는 또 일제가 자본과 기술을 투자해 조선을 개발, 곧 근대화시키는 것이 조선과 조선인보다는 일제와 일본인에게 더 득이 된다는 사실도 정확히 깨닫고 있었다. 그는 일본인이 철도 및 도로의 확장, 관개사업 및 조림사업의 진전 등을 자랑삼아 자기들이 조선에 은혜를 베풀고 있다고 선전하는 것에 대해, '당장 그 모든 시설이 제거되면 일본인이 조선인에

비해 적어도 100배 이상의 손해를 볼 것'이라고 반박했다. 그는 일제의 통치에 의한 조선의 발전이란 것이 사실은 '일본의, 일본에 의한, 일본을 위한 발전'일 뿐이라고 인식하고 있었다. 요컨대 정서적으로나 이성적으로나 일제에 대한 그의 불만과 분노는 상당한 수준에 올라 있었다.

그러나 3·1운동 발발 직전 윤치호는 해외로 나가 협상국 진영을 상대로 외교운동을 추진해달라는 최남선, 송진우, 신흥우 등의 요청을 거부했다. 그가 이런 자세를 취한 까닭은 무엇일까? 그것은 당시 국제 정세에 대한 그의 인식 때문이었다. 당시 3·1운동을 추진한 민족대표 진영은 제1차 세계대전에서 미국·영국을 중심으로 한 협상국 진영이 승리하고 윌슨 미국 대통령이 민족자결주의를 제창하자, 세계의 새로운 운영원리를 '정의'와 '인도人道'로 파악하면서 파리강화회의와 미국에게 큰 기대를 갖고 있었다. 그래서 그들은 파리강화회의와 미국 정부에 대표를 파견해 독립청원서를 제출하는 것을 독립운동의 기본 방침으로 설정하고 있었다.

그러나 윤치호의 생각은 달랐다. 그는 파리강화회의가 제1차 세계대전과 관련되어 있는 약소국들의 문제를 해결하려 할 뿐이고, 조선 문제는 언급조차 하지 않을 것이라고 정확히 예측했다. 또 일제에게 조선은 생사가 걸린 문제이기 때문에 전쟁에서 패하지 않는 한 조선에 독립을 허용하지 않을 것이며, 미국이 조선에게 독립을 주기 위해 일제와 전쟁을 벌인다는 것은 상상할 수도 없는 일이라고 판단했다. 요컨대 그는 제1차 세계대전이 종결된 이후의 국제 정세를 '정의'와 '인도'에 의한 평화적 국면으로 파악한 것이 아니라, 열강이 힘을 앞세워 국익을 도모하는 갈등과 대립의 국면, 즉 종전과 마찬가지로 약육강식의 논리가 지배하는 단계로 인식함으로써, 외교운동을 통해 독립을 얻는다는 구상을 실현 불가능하다고 판단했던 것이다.

윤치호의 이와 같은 인식은 외교운동을 추진하던 인사들의 '낭만적'인 국제 정세 인식에 비하면 훨씬 더 정확한 것이었다. 당시 유럽의 열강이나 미국은 조선의 독립을 거론할 상황이 아니었다. 미·일 간에 갈등의 요소가 적지는 않았지만, 두 나라는 당시 동아시아·태평양 지역에서 기본적으로 이해관계를 같이했던 것이다. 따라서 그가 당초 외교운동 차원으로 시작된 3·1운동을 반대한 것은 결코 잘못된 판단이 아니었다. 아울러 그가 계속되는 외교운동, 즉 1920년 8월 미 의원시찰단 일행의 방문에 즈음한 동아일보계와 YMCA의 움직임, 1921년 워싱턴 군축회의의 개최에 즈음한 국내외 민족운동 세력의 움직임, 1924년 미국의 새 이민법 문제로 미·일 관계가 악화되면서 나타난 외교운동 세력의 움직임, 1925년 이후 태평양문제연구회 조선지회를 중심으로 한 외교운동 세력의 움직임에 대해 소극적인 자세로 일관했던 것도 결코 잘못된 판단은 아니었다.

문제는 윤치호가 조선인에게는 독립국가를 유지해나갈 만한 실력이 없다고 판단해 외교운동만이 아니라 모든 유형의 독립운동을 반대했다는 점에 있다. 그는 3·1운동이 외교운동 차원을 뛰어넘어 주체적이고 거족적인 독립운동으로 진행됐음에도 불구하고 이에 동참하지 않았다. 또 1920년대 일련의 독립운동, 즉 간도 지역의 무장투쟁이나 강우규, 양근환 등의 의열투쟁, 광주학생운동 등을 비판하면서 '독립운동 무용론', '독립운동 유해론有害論'을 고수했다. 그는 심지어 조선인에게는 자치 정부를 운영할 능력마저 없다고 확신했다. 그는 이런 맥락에서 조선인이 정치적이고 직접적인 투쟁을 삼가고 교육과 경제 방면에서 실력을 양성해야 한다고 판단했다. 그는 조선인이 지적·경제적 상황을 개선해 모든 점에서 일본인과 동등하다는 것을 증명하면, 일제가 민족차별정책에서 벗어나 조선인에게도 동등한 대우와 기회를 부여할 것이라고 낙관했다. 그는 또 제1차 세계대전의 종결과 함께 독립한 체코슬로바키아를 예로 들면서, 조선인이 교육과 경제 분야에서 실력을 양성하면 언젠가 국제 정세의 변동에 의해 독립을 얻을 수 있을 것이라고 전망했다. 요컨대 그는 실력양성을 통해 독립 능력을 기르는 것을 조선인의 최우선 과제로 설정했던 것이다.

윤치호가 이런 생각을 갖게 된 밑바탕에는 조선 시대의 역사와 전통을 부정적으로 인식하고 조선인의 민족성이 열등하다고 믿는 시각이 깔려 있었다. 그는 조선 시대의 문치주의로 인해 조선의 국력이 약화됐으며, 배관열拜官熱이 신성한 노동을 경시하는 풍조를 조장해 조선 사회경제의 발전을 가로막았다고 판단했다. 그는 또 조선인의 실패가 게으름, 불결함, 허위, 이기심, 공공정신과 단결력의 결여, 분파주의, 지역감정 등 조선인의 저열한 민족성에서 비롯된 것이라고 믿어 의심치 않았다. 반면에 그는 앵글로색슨인의 발전은 성실과 정직이라는 덕목에서 비롯됐다고 평가하고, 그들이 세상에서 가장 분별 있는 민족이라고 찬사를 보냈다. 요컨대 그는 한 민족이나 국가의 성패가 민족성의 우열 여부에 달려 있다고 파악하고, 조선인의 쇠퇴가 조선 시대 이래 형성되어온 저열한 민족성에서 비롯된 것이라고 인식했다.

이에 따라 윤치호는 도덕적 독립이 전제되지 않는 한 정치적 독립은 쓸모없는 것이라고 판단하고, 조선인에게 가장 시급한 것은 독립운동이 아니라 개개인의 인격수양에 의한 민족성 개조, 즉 성실, 정직, 신용, 공공정신, 노동 존중 정신 등의 덕목을 함양해 민족성을 변화시키는 것이라고 믿어 의심치 않았다. 그는 심지어 조선인이 일본인의 우월한 민족성, 즉 청결, 근면, 능률, 단결력 등을 본받아야 한다고 생각했다. 결국 그의 생각에는 군사력과 경제력은 물론이고 민족성의 측면에서도 조선인은 약자요, 일본인은 강자였던 것이다. 따라서 약자가 할 수 있는 일은 현실에 순응하면서 강자를 모방하는 것, 다시 말해서 민족의 실력을 양성하고 민족의 수준을 높이는 것밖에 없었다. '물 수 없다면 짖지도 마라!', 이것이 그의 좌우명이었다. 이와 같은 인식 아래에서 그가 독립운동에 참여하는 것은 있을 수도 없고, 있어서도 안 되는 일이었다. 따라서 그가 민족을 위해 '정치적'으로 할 수 있는 일은 일제에게 '개혁'을 촉구하는 일밖에 없었다. 그가 3·1운동이 진행되고 있는 동안 총독부, 일본 정부, 조선군 등의 고위 관료들과 유력 민간인들을 만나 인위적 식민정책의 중지, 조선인의 교육 기회 확대, 언론·출판의 자유 허용, 평화적 시위의 보장, 3·1운동 관련 수감자들의 석방 등 자기 나름대로의 '개혁안'을 제시했던 것이나, 사이토 마코토齋藤實 총독이 부임한 직후 총독부가 개최한 중추원 '유력자 모임'에 참여해 '개혁'을 기대했던 것은 바로 이런 맥락에서였다.

그렇다면 일제의 통치정책에 대해 큰 불만을 갖고 있으면서도 모든 유형의 독립운동을 반대하고 실력양성운동, 민족성 개조운동을 중시했던 윤치호는 사상사 또는 운동사적 측면에서 어디쯤 위치하고 있었던 것일까? 우선 윌슨의 민족자결주의에 자극 받아 3·1운동을 추진한 민족대표 진영, 즉 손병희가 이끄는 천도교 지도부와 이승훈, 박희도 등으로 대표되는 기독교 세력, 최남선, 송진우 등 일본 유학생 출신의 신지식층과는 국제정세 인식 면이나 독립을 목표로 했는가의 여부 면에서 확연히 달랐다. 또 1920년대에 독립을 목표로 외교운동이나 실력양성운동에 매진한 YMCA의 이상재, 신흥우 등이나 동아일보 계열과도 생각이 달랐다. 그런가 하면 일제의 조선 지배를 현실로 인정하면서 독립운동을 반대했지만 민족차별, 경제적 불평등과 관련해 불만을 갖고 있던 인사들, 즉 유민회, 계명구락부 등과 기본 입장은 대동소이했다. 그러나 그들이 대체로 자치운동을 주도했고, 윤치호는 자치운동을 반대하며 비정치적인 실력양성, 즉 민족성 개조를 강조했다는 점에서 양자 사이에 상당한 입장 차이가 드러난다. 결국 당시 윤치호의 기본 입장과 가장 유사한 사상적 조류는 바로 안창호, 이광수 등의 비정치적 실력양성론, 좀 더 구체적으로 말한다면 '민족성 개조론'이었다. 1908~09년 안창호가 대성학교 교장과 청년학우회 회장에 윤치호를 추대한 것도 이 두 사람 간에 그러한 공감대가 형성되어 있었던 데서 비롯된 것이 아닌가 여겨진다.

윤치호는 1930년대 일제의 통치정책을 어떻게 인식했을까? 이전 시기와 비교해 무언가 변화가 있었을까? 결론부터 말한다면, 3·1운동 전후와 비교해 조금도 달라진 점이 없었다. 일제의 통치정책에 대한 그의 태도는 여전히, 그리고 상당히 비판적이었다. 그는 농민들에게 풍작은 쌀값의 폭락을, 흉작은 굶주림을 의미한다고 보았다. 즉 농촌 경제의 몰락이 농민 개개인의 문제가 아니라 구조적 모순에 의한 것임을 정확히 인식했던 것이다. 그는 또 관공리 임용이나 교육 분야에서는 물론 위생사업이나 체육 분야에서조차 조선인에 대한 차별대우가 계속되고 있다고 분개했다. 그는 1931년 총독부의 지방자치제 개정안에 대해서도 일본인이 절대다수를 차지할 수 있도록 대단히 '계획적'인 내용들로 짜여졌다면서, 이것은 '일본인의, 일본인에 의한, 일본인을 위한 자치'를 의미할 뿐이라고 단언했다. 요컨대 정서적으로나 이성적으로나 일제에 대한 그의 반감은 상당히 거센 편이었다.

한편 1931년 일제는 중국의 정치 상황이 자국에 불리한 방향으로 변화하고 세계대공황으로 인해 경제 위기를 맞게 되자 총체적 난국을 타개하기 위해 만주사변을 일으켰다. 다시 말해서 만주 침략을 단행한 것이다. 만주사변은 분명히 일제의 생사가 걸린 사건이었고, 당연히 조선의 운명과도 직결되는 중대한 사건이었다. 과연 윤치호는 만주사변과 이로 인한 국내외 정세 변화를 어떻게 인식했을까?

우선 윤치호는 만주사변을 일본 군국주의자들이 치밀하게 준비한 쿠데타라고 규정했다. 그는 또 만주사변에 반영된 일본의 군국주의 노선을 강도 높게 비판하면서, 중·일 간의 관계가 전면전으로 치닫지나 않을까 우려했다. 그는 이런 맥락에서 일제의 만주 침략과 만주국 수립을 전후해 일본과 조선에서 대두된 '대아시아운동'에 대해 비판적인 입장을 취했다. 그는 1933년 예종석의 '대아시아운동'과 1934년 동아민족문화협회의 '대아시아운동'에 대해 반대 의사를 분명히 나타냈다. 또 1934년 최남선이 '일선동조론日鮮同祖論'을 주장하자, 그가 일본의 국수주의에 영합하려는 것이 아닌가 하고 의혹의 눈초리를 보냈다. 요컨대 그는 일제의 만주 침략과 그 합리화 이데올로기인 '대아시아주의', 그리고 '일선동조론' 등을 모두 비판적으로 인식했다. 그가 1934년에 총독부 당국의 중추원 참의직 제의를 거절할 수 있었던 것도 바로 이런 인식을 전제로 한 것이었다. 1934년 천도교 지도자 최린이 중추원 참의직을 수락하고 '대동방주의大東方主義'를 제창하며 시중회時中會를 결성했던 것, 또 최남선이 1934년에 '일선동조론'을 주장하고 2년 후에 중추원 참의가 됐던 것과는 사뭇 다른 양상이 아닐 수 없다.

그러나 윤치호의 만주 문제 인식에는 이율배반적인 측면이 있었다. 그는 일제의 만주 장악이 현실적으로 조선인의 입장에서 득이 될 것이라고 판단했던 것이다. 우선 그는 재만 조선인의 입장에서 일제의 통치가 중국 치하의 무정부 상태나 러시아 치하의 야만적 상황보다는 낫다고 생각했다. 그는 더 나아가 일제가 만주라는 '보고寶庫'를 차지하게 되면 경제적 위기에서 벗어나 조선에 정치적·경제적으로 관대해질 것이며, 만주에서 조선인 고학력자의 고용이 확대될 것이라면서 일제의 만주정책이 성공하기를 바랐다. 이것은 만주사변과 만주국 수립 이후 일정 정도의 만주 특수가 형성되면서 조선의 경제인과 지식인 사이에서 '만주 붐'이 일었던 것과 일맥상통하는 것이었다.

윤치호는 또 자신이 마치 제3국의 국제정치 평론가나 된 것처럼 완전히 '객관적'인 입장에서, 다시 말하면 '몰주체적'인 관점에서 만주사변과 만주국 수립을 바라보았다. 그는 영국 국왕이 인도의 황제가 됐던 것처럼, 일본 천황도 만주의 황제가 될 권리가 있다고 생각했다. 즉 일본이 그르다면 다른 모든 강대국들도 그르고, 강대국들이 옳다면 일본 역시 옳다는 것이었다. 따라서 그는 일본의 힘이 얼마만큼 강하냐 하는 점이 관건이라고 결론지었다. 즉 국제 관계에서는 '정의'나 '인도'가 아닌 '정글의 법칙', 곧 약육강식의 논리가 통용된다는 것이었다. 한마디로 '힘이 정의'라는 것이었다. 물론 그의 이런 생각은 만주사변 이후 새롭게 배태된 것이 아니라 3·1운동 전후부터 계속 유지되어온 것이었지만, 만주사변이 발발하고 이를 계기로 영국·미국과 일본의 관계가 갈등 관계로 접어들면서 더욱 강화됐던 것으로 보인다.

윤치호가 국제 관계에서 '정글의 법칙'이 통용된다고 판단한 밑바탕에는, 인간에게는 호전적 본능이 있어서 인간세계에서 전쟁은 결코 중단되지 않을 것이라는 인식과, 인간은 천성적으로 악하다는 인식, 곧 성악설에 대한 믿음이 깔려 있었다. 그는 '호전성이 강한 민족이 저항 능력이 없는 민족을 멸시하고, 압박하고, 차별하는 것은 중력의 법칙만큼 보편적인 성질의 법칙'이라고 단언하고, 인간에게 호전적 본능이 있는 한, 또 인간성이 악한 상황에서는 지구상에 평화는 있을 수 없다고 확신했다. 요컨대 그는 성악설의 철저한 '신봉자'였다. 그래서 인간은 '하얗건, 노랗건, 빨갛건' 모두가 똑같은 존재였다. 다음 일기 내용은 그의 이러한 생각을 단적으로 보여준다.

일본 정부는 자국의 식량 부족을 보충하기 위해 조선 쌀을 증산할 요량으로 조선인에게 수리조합을 강요했다. 그러나 수리조합은 조선인 지주들에게 이루 헤아릴 수 없을 만큼의 손실을 끼친 '수재조합水災組合'이라는 것이 입증됐다. 이제 일본의 미곡시장에서 조선 쌀이 늘게 되자, 일본 정부는 조선 쌀의 이입을 사실상 금지하는 법안을 가결했다. 그래서 일본 정부는 자국민의 이해에 관련된 것이 아닌 한, 조선인의 이익 따위는 안중에도 없다는 걸 만천하에 드러냈다. 하기야 영국이 아일랜드에서 했던 소행과 독일 및 러시아가 폴란드에서 했던 소행에 비추어본다면, 유독 일본만이 이 점을 부끄러워할 필요는 없다. 인간의 본성이 본래 그런 것이지, 일본인이나 영국인이 특별히 악해서 이런 추행을 저지른 것은 아니니까.

결국 윤치호는 일제가 식민지 조선에 끼치는 해악을 분명히 인식했으면서도, 성악설에 대한 믿음으로 인해 스스로 제국주의에 대한 비판의식을 '무장해제'해버리고 만 것이다.

이런 상황에서 윤치호는 인격수양과 민족성 개조를 중심으로 한 비정치적 성격의 실력양성이야말로 조선인이 지향해야 할 운동노선이라는 기존의 입장을 고수했다. 그는 조선인이 경제적·지적 측면에서 일본인을 따라잡지 못하는 한, 그들로부터 경멸을 당해도 마땅하다고 생각했다. 다시 말해서 그는 철저한 '양비론'을 견지하고 있었다. 침략자요 지배자인 일제의 수탈과 차별에 분개하면 할수록, 실력 없고 수준 낮은 조선인에 대한 한탄 역시 갈수록 증폭됐던 것이다. 이런 판단 아래에서 그가 선택할 수 있는 정치적 입장은 현상 유지, 곧 현실 순응일 수밖에 없었다.

1937년 7월, 마침내 일제는 중일전쟁을 도발했다. 이로써 영국·미국과 첨예한 갈등 관계에 접어든 일제는 1940년 독일·이탈리아와 삼국동맹을 체결하고, 이듬해에 태평양전쟁을 일으켜 제2차 세계대전에 가담했다. 일제는 전력의 극대화를 위해 자국은 물론 조선의 국가 체제를 전시총동원체제로 전환시켰다. 특히 조선에서는 1936년 8월에 부임한 미나미 총독이 '내선일체론'을 제창하며 철저한 한민족 말살정책을 실시했다. 이런 상황에서 과연 윤치호는 국내외 정세를 어떻게 인식했으며, 조선인이 지향해야 할 바를 어떻게 설정하고 있었을까?

우선 윤치호는 일제가 중일전쟁과 태평양전쟁을 통해 군국주의 노선으로 치닫는 데 대해 비판적인 태도를 취했다. 그는 일본이 동양 평화를 위해 '중국 사태'로부터 벗어나기를 바랐다. 그는 또 일본이 미국이나 러시아와 전쟁을 시작하지나 않을까 우려하면서 일제가 현명한 선택을 취하기를, 그리고 미국이 전쟁에 개입하지 않고 평화 중재자가 되어주기를 바랐다.

하지만 윤치호는 중일전쟁 발발 이후부터 예전과는 달리 적극적으로 친일 활동에 나서기 시작했다. 그는 YMCA와 감리교를 중심으로 기독교계의 '일본화' 작업을 주도했을 뿐만 아니라, 국민정신총동원조선연맹, 조선지원병후원회, 조선임전보국단 등 대표적인 친일단체의 핵심 인물로 참여했다. 그는 각종 좌담회와 '원탁회의'에 참석하고, 원고 집필, 강연, 라디오 방송 등을 통해 '내선일체만이 살길'이라고 외치며 일제에 적극 협력했다. 그는 1941년에 종전과는 달리 총독부의 제의를 받아들여 중추원 고문이 됐으며, 1945년 4월에는 일본 귀족원 칙선의원에 선임되기까지 했다. 이전 시기와 비교했을 때, 이것은 분명히 엄청난 변화였다.

이 시기에 윤치호가 적극적으로 친일 활동에 나선 이유는 대체 무엇일까? 그것은 1938년에 발생한 흥업구락부 사건 때문이었다. 사실 그는 1937년 중일전쟁 발발 이후 총독부와 선교사, 일제의 천황제 이데올로기와 기독교 신앙이 도저히 양립할 수 없는 단계에 도달했다고 판단하고 있었다. 이와 같은 상황에서 흥업구락부 사건이 발생해 그의 가족과 측근, 그리고 기독교계의 주요 인물들이 거의 모두 체포됐다. 더구나 1935년 적극신앙단 사건 이후 정적이 되어버린 신흥우 전 YMCA 총무의 적극적인 친일 행보는 그에게 상당한 위기감을 불러일으켰다. 그는 동료들을 구하기 위해서, 그리고 자신에 대한 총독부의 의심을 해소하기 위해서 적극적으로 총독부와 접촉하지 않을 수 없었다. 여차하면 모두가 '다칠 수 있는'

상황이었다. 이제 더 이상 독립운동도 아니고 친일도 아닌 어중간한 '회색지대'에 안주할 수가 없었다.

윤치호는 이제 기독교계의 친일과 외국인 선교사 축출의 선봉에 서게 됐다. 그는 흥업구락부 사건 관계자들의 신원보증을 통해 이 사건을 종결시키는 대신, 미나미 총독을 직접 만나 사실상 기독교계의 '충성'을 '서약'하고 그 실천에 나섰다. 1939년 총독부 당국과 물밑교섭을 통해 엘리스 아펜젤러 이화여전 교장의 사퇴와 김활란 부교장의 교장 취임을 관철시켰다. 1941년에는 총독부의 제의를 받아들여 직접 연희전문 교장에 취임했다. 그것은 결국 일제가 그를 '고양이의 발톱'으로 삼아 기독교계를 장악하는 데 '멋지게' 성공했다는 것을 의미한다.

그렇다면 이 무렵 윤치호의 친일은 순전히 외압을 우려한 나머지 '스스로 알아서 행한' 수동적인 성격의 것으로 보아야 하는 것일까? 결론부터 말한다면, 결코 그렇지만은 않았다. 그의 친일에는 분명히 능동적인 측면이 있었다. 쉽게 말해서 그는 자신의 국내외 정세 인식에 의해 '자발적'으로 '소신껏' 친일을 했던 것이다. 그것은 흥업구락부 사건이 발생하기 이전에 그가 이미 친일을 기정사실로 여기고 있었다는 점에서 여실히 증명된다.

그러면 중일전쟁 발발 이후 윤치호가 이와 같이 '돌변'한 원인은 무엇일까?

첫째, 중일전쟁 발발 이후 일제와 영국·미국 간의 외교 관계가 악화되고 급기야 태평양전쟁이 발발하자, 윤치호는 당시의 국제 정세를 황인종과 백인종, 특히 앵글로색슨인과의 대결구도로 파악하고 일제가 승리해 앵글로색슨인의 자만심을 꺾어주기를 진심으로 원했기 때문이었다. 친미파인 것처럼 보였던 그의 가슴속에는 본래 앵글로색슨인의 우월주의와 인종차별에 대한 반감과 분노가 잠재되어 있었다. 그는 중국·미국 유학시절에 직접 목격했던 백인의 인종차별에 대한 기억을 평생 떨쳐버릴 수 없었다. 그는 또 조선 기독교계 최고의 실력자임에 틀림없었으나, 항상 조선 주재 선교사들과 외국인들의 백인 우월주의로 인해 모멸감을 느껴야만 했다. 그는 교회와 학교 운영에서 나타난 선교사들과 외국인들의 독재와 조선인에 대한 극심한 차별대우에 불만을 품지 않을 수 없었다. 요컨대 그는 이성적으로는 영국·미국의 '힘'과 민주주의에 찬사를 보내며 그들의 문명을 '동경'했으나, 감성적으로는 그들의 백인 우월주의와 인종차별에 대해 상당한 적개심을 느껴왔던 것이다. 이런 상황에서 중일전쟁과 태평양전쟁이 일어나자, 그는 이 전쟁들을 인종 간의 전쟁이라 규정하고 황인종의 일원으로서 일제의 편이 됐던 것이다.

둘째, 윤치호는 사회주의와 그 모국인 러시아에게 강한 적개심을 갖고 있어서 러·일 간의 전쟁이 예견되는 상황에서 일제의 승리를 바랐기 때문이었다. 러시아에서 볼셰비키 혁명이 성공한 이후 그의 사회주의에 대한 적개심은 대단했다. 그는 이미 1934년에 조선인이 일제와 러시아 사이에서 선택을 해야만 하는데, 자신은 일본을 선호한다고 밝힌 바 있다. 그는 중일전쟁 발발 이후에도 조선인이 내선일체의 길을 거부하면 대안은 사회주의밖에 없다면서, 사회주의는 결코 조선인이 나아갈 길이 아닐 뿐만 아니라 사회주의를 배격하고 박멸하는 것이야말로 조선인의 행복이라고 판단했다. 이에 따라 1938년 '장고봉 사건(소련군과 일본군이 국경 문제로 중국 지린성吉林省의 장고봉에서 충돌한 사건)'과 관련해 러·일 간에 전쟁이 임박했다는 소문이 나돌자, 그는 일제의 승리를 진심으로 바랐다. 요컨대 그는 러·일 간의 전쟁이 예견되는 가운데 러시아와 사회주의보다는 일제의 통치가 훨씬 낫다고 판단해 진심으로 일제에 협력했던 것이다.

셋째, 윤치호가 조선인의 민족성이 저열하고 독립 능력이 결여되어 있다는 지론을 고수하는 가운데, 이 시기에 일제가 제창한 '내선일체론'을 민족차별의 철폐, 곧 조선인의 지위 향상을 도모하는 정책이라고 긍정적으로 인식했기 때문이었다. 그는 중일전쟁의 진행 과정에서 일본인의 야망과 실력을 확인하면서 일본인에 대해 감탄하면 할수록, 조선인에게 실망감을 느꼈다. 그는 심지어 일제가 독립을 허용해도 조선인은 분파 투쟁과 살육밖에 할 일이 없을 것이라고 생각했을 정도로 조선인의 독립국가 경영에 비관적인 견해를 나타냈다. 그는 조선인이 능력과 능률 면에서 일본인을 따라잡으려면 두 세기는 걸릴 것이라고 단언했다. 이와 같은 상황에서 미나미 총독이 적극적으로 '내선일체론'을 제창하며 조선인에게 '병역의 의무'를 부여하고 창씨개명을 추진하자, 윤치호는 이와 같은 움직임을 그가 그토록 분개했던 민족차별정책의 철폐라고 긍정적으로 인식했다. 그는 1938년 조선인 육군 지원병제도의 실시에 대해 '역사적'인 일이라고 평가했고, 1942년에 징병제 시행이 결정되자 환영과 감사의 뜻을 표명했다. 그는 1943년 해군 지원병제도의 실시에 대해서도 '기념비적'인 결정이라고 찬사를 보냈다. 요컨대 그는 중일전쟁 발발 이후 일제가 조선인에게 '병역의 의무'를 부여한 것이 전력의 극대화를 위한 인력 동원이라는 점을 깨닫지 못하고, 일제가 기존의 조선인 차별정책으로부터 동등대우정책으로 일종의 방향 전환을 꾀하고 있다는 그릇된 판단 아래 '내선일체론'에 적극 동조하게 됐던 것이다.

    그런데 윤치호의 '내선일체론'에 조선인의 민족적 정체성을 완전히 제거하자는 논리가 포함되어 있는 것은 아니었다. 조선 민족을 완전히 해체해서 조선인을 완전히 일본인화하려던 일제의 '내선일체론'과는 다소 차이가 있었던 것이다. 윤치호는 일제강점기 내내 우리 민족의 민족성이 저열하다고 생각했을지언정 우리 민족의 독자성과 정체성을 부정한 적은 없었다. 그는 조선인이 기존의 민족적 전통과 정서를 유지한 채 일본이라는 '다민족 대국가'의 국민이 되기를 바랐던 것이다. 다음의 일기 내용은 이 점을 여실히 보여준다.

모든 것을 일본화하도록 조선에 강요하는 것은 매우 불필요하고 현명하지 못한 정책인 것 같다. 다양성은 삶의 양념이다. 일본이 대제국이 되기를 열망한다면 다민족으로 구성될 수밖에 없다. 모든 것이 똑같도록 강요하는 것은 불가능하고 어리석은 정책이다.

이에 따라 당시 일본의 한 지식인은 윤치호의 '내선일체론'에 대해 '민족주의 감정 그 자체 위에 구축되는 내선일체론으로 많은 조선인들이 마음속으로부터 깊이 공명했다'라고 평가하고, 이를 조선어 전폐까지 주장하는 현영섭의 '내선일체론'과 분리해 파악했던 것이다.

지금까지 『윤치호 일기』를 통해 일제강점기 윤치호의 정세 인식과 친일 논리를 중심으로 그의 내면세계를 조명해보았다.

3·1운동 전후와 만주사변 시기에 윤치호는 일제강점기 식민지 조선의 현실, 즉 강제와 수탈과 차별의 현실을 비교적 정확히 인식하고 있었다. 따라서 그는 정서적으로나 이성적으로나 일제에 대해 일정 정도의 불만과 적개심을 가질 수 있었다. 그러나 그는 한민족의 독립 능력, 좀 더 근본적으로는 한민족의 민족성에 근본적인 회의를 품고 있었다. 그는 지배자요 수탈자인 일제의 부도덕성 못지않게 조선인의 부도덕성을 비판하는 '양비론'의 입장을 취했던 것이다. 이에 따라 그는 이광수가 그랬던 것처럼 비정치적 성격의 인격수양, 곧 민족성 개조를 요체로 하는 실력양성을 조선인의 최우선 과제로 설정하게 됐다. 바로 이러한 연유로 그는 일제와 민족주의 진영의 경계선에 위치하게 됐다. 그것은 바꿔 말하면 그가 총독부에 대한 '반정부적' 입장을 취할 수는 있었지만 제국주의에 대한 '반체제적 입장', 곧 식민지 체제의 극복이라는 전망을 갖지는 못했다는 것을 의미한다. '약육강식론', '힘의 정의론'이라는 강자 중심의 세계관, 즉 제국주의의 정당화 논리에서 벗어나지 못했던 것이다. 그러다 보니 주어진 현실 속에

서 최대의 실리를 추구하는 것만이 목표였지, 그 현실을 보다 이상적인 현실로 변화시키려는 보다 차원 높은 목표와 의지는 없었다. '물 수 없다면 짖지도 마라'라는 그의 좌우명은 철학보다는 처세술에 가까웠던 것이다.

윤치호가 적극적으로 친일 활동에 나선 것은 중일전쟁 발발 이후부터였다. 그 직접적인 원인은 흥업구락부 사건으로 인한 위기의식 때문이었다. 그러나 보다 근원적으로는 그가 세 가지 측면에서 진심으로 '내선일체론'에 동조한 데서 비롯된 것이었다. 첫째, 앵글로색슨인의 우월주의와 인종차별에 대한 반감이 지나쳤던 나머지 이 시기의 국제 정세를 황인종과 백인종, 특히 앵글로색슨인과의 대결구도로 파악하고 일제가 승리하기를 진심으로 원했기 때문이었다. 둘째, 사회주의와 그 모국인 러시아에 대해 강한 적개심을 가짐으로써 러·일 간의 전쟁이 예견되는 상황에서 일제의 승리를 바랐기 때문이었다. 셋째, 조선인의 민족성이 저열하고 독립 능력이 결여되어 있다는 기존의 판단을 고수하는 가운데, 이 시기에 일제가 제창한 '내선일체론'을 민족차별의 철폐, 곧 조선인의 지위 향상을 도모하는 정책이라고 긍정적으로 인식했기 때문이었다. 다만 그의 '내선일체론'에 우리 민족의 독자성과 정체성에 대한 부정이 내포되어 있었던 것은 아니었다. 다시 말해서 '민족=국가'라는 관념에서 '다민족=대국가(일본)'라는 관념으로 변화하고 있었던 것이다. 결국 윤치호는 중일전쟁 이후 자기 나름대로의 정세 인식과 논리에 의해 '자발적'으로 '소신껏' 친일 활동을 벌인 것이 틀림없다. 『윤치호 일기』를 읽다 보면 나라와 민족에 대한 그의 애끓는 마음을 충분히 헤아릴 수 있다. 그는 분명히 '주관적'으로는 애국자임에 틀림없었다. 그러나 더욱 중요한 것은 그가 '객관적'으로는 나라와 민족을 저버린 것이 틀림없었다는 사실이다.

여기서 한 가지 짚고 넘어가야 할 점이 있다. 바로 기존의 친일파 연구 경향의 문제점에 관한 것이다. 그동안의 친일파 연구는 거의 대부분 누가 친일파이고 그의 친일 행적이 무엇인지 조사 정리해 대중에게 알리는 수준에 머물러왔다. 물론 해방 직후 친일파 청산을 이루지 못했고, 1950년대 이후 오랫동안 친일 문제가 은폐되어 대중 사이에서 잊혀져왔다는 뼈아픈 현실을 고려하면, 또 친일파 연구가 아직 양적으로나 질적으로나 턱없이 부족한 상황이라는 점을 고려하면 너무나 당연한 일이기도 하다. 그러나 더 이상 친일파 문제를 '윤리적' 관점에서 '비난'하는 것, 다시 말해서 당대 최고의 엘리트나 경제인이 사리사욕에 눈이 어두워 양심과 지조를 버리고 민족을 배신했다는 투의 시각은 역사 연구의 올바른 태도는 아닌 것 같다. 그런 친일파들이 전혀 없었다는 것이 아니라, 있다 하더라도 그들은 '역사적' 맥락에서는 별로 중요치 않다는 말이다. 어차피 그런 인간들은 어느 시대 어느 사회를 막론하고 다 있게 마련이다. 즉 그것은 개인 윤리, 더 나아가서는 품성 문제이지 역사적인 문제라고 보기는 어렵다.

따라서 엘리트든 경제인이든 자발적으로 친일하게 되는 시대 상황과 사상적 근거를 확인해서 '역사적' 맥락에서 '비판'해야 한다. 아울러 친일의 시기, 강도, 조건, 논리 등을 기준으로 친일파들을 범주화할 필요가 있다. 단순히 '친일파'라는 세 글자로 지칭하기에는 각 개인이나 세력이 친일로 나가게 되는 계기가 매우 다양할 것이기 때문이다. 예컨대 한일합방 이전부터 친일하는 사람, 1920년대 '문화통치' 기간에 친일하는 사람, 1930년대 초반 만주사변 직후에 친일하는 사람, 1937년 중일전쟁 이후에 친일하는 사람 간의 차이와, 수동적으로 마지못해 친일하는 사람과 능동적으로 강도 높게 친일하는 사람 간의 차이, 또 똑같은 '자치론', '내선일체론', '대동아공영론'이라 하더라도 개인과 세력별로 다양하게 나타나는 함축된 의미의 차이를 무시한다면, 일제강점기의 역사상을 있는 그대로 구성하지도 못할 뿐더러 현재적인 교훈을 얻기도 어렵다. 요컨대 좋든 싫든 '친일'이라는 범주가 양적으로나 질적으로나 결코 가볍지 않은 위상을 차지하고 있던 것이 엄연한 역사적 사실인 이상, 한국 근대사상에서의 위치를 좀 더 심도 있게 자리 잡아줄 필요가 있다.

『윤치호 일기』: 한국 근대사 연구의 귀중한 자료

한일합방 이후의 『윤치호 일기』에는 또 한국 근대사에 대한 수많은 정보가 담겨 있다. 그는 지식, 명망, 재력을 겸비한 국내 최고의 원로 중 한 사람이었다. 한말부터 일제강점기에 이르기까지 국내에서 활동한 원로급 인물로는 박영효, 손병희, 이상재, 이승훈 등을 들 수 있다. 그런데 박영효(1861~1939)는 일찍부터 친일적 성향이 강한 편이었고, 손병희(1861~1922)·이상재(1850~1927)·이승훈(1864~1930) 등은 모두 일제강점기 중반에 세상을 떠났다. 따라서 1930~45년에 윤치호는 국내 최고의 원로였다고 해도 과언은 아닐 것이다. 특히 이상재가 세상을 떠난 후 서울의 기독교계와 서구적 지식인층 사이에서 그의 권위는 대단히 강했던 것으로 보인다. 더욱이 그는 중일전쟁 발발 이전까지만 해도 일본에 대한 이성적·감성적 분노로 인해 '확실한' 친일파가 될 수도 없었고, 조선인에게는 독립 능력이 결여되어 있다는 믿음 때문에 독립운동에 참여할 수도 없었던 '회색인'이었다. 따라서 그의 일거수일투족에 따라 일제와 민족주의 진영의 '희비'가 엇갈릴 수 있었다.

실제로 윤치호는 자신의 의사와는 상관없이 항상 일제와 민족주의 진영 양편에서 '영입'의 대상이 됐다. 3·1운동 직후 일제는 그를 경성교풍회의 회장에 앉히고, 경기도 대표로서 '지방 유력자 모임'에 참석하게 했으며, 이완용과 함께 임시교육조사위원회의 조선인 대표로 기용하려 했다. 한편 같은 시기에 민족주의 진영, 특히 기독교계 인사들은 그가 미국에 건너가 외교운동을 주도하거나 상하이 임시정부에 참여해주기를 바랐다. 또한 그는 만주사변 직후인 1931년 하반기에 총독부 고위 관료들과 친일파의 사교모임인 토요회의 회원이 됐으나, 다른 한편으로는 민족주의 진영이 결성한 이충무공유적보존회에 참여했고 만주동포문제협의회의 회장을 맡기도 했다. 1934년에는 총독부가 그를 중추원에 등용하려 했는데 그가 이 제의를 거절했으며, 민족주의 진영은 이에 대해 안도의 한숨을 내쉬었다. 요컨대 그는 자신이 원했든 원하지 않았든, 친일파와 민족주의 진영(좀 더 엄밀하게는 민족주의 우파 또는 민족개량주의 진영)의 경계선에 서 있었다. 즉 그는 한편으로는 총독부 당국과 친일 세력, 다른 한편으로는 학계, 언론계, 종교계 등 민족주의 진영의 인사들과 동시에 지속적으로 접촉한 셈이다. 다시 말해서 그의 일기 속에는 사회주의운동 세력을 제외한 일제강점기 국내의 모든 부문의 동향이 '입체적'으로 기록되어 있다.

우선 3·1운동 전후 시기 정국의 동향 가운데 3·1운동 등 제반 유형의 운동을 주도한 민족주의 세력의 움직임, 3·1운동에 대처하는 총독부 고위 당국자들과 일본인 유력 민간인들의 움직임, 참정권운동과 자치운동을 추진하던 세력의 움직임, 이 모든 세력과 윤치호의 접촉, 사이토 총독 부임 직후의 '지방 유력자 모임' 등에 관한 내용이 관심을 끈다. 또 만주사변 전후 시기 정국의 동향 가운데 범아시아운동 추진 세력의 움직임, 1934년 무렵 최린과 시중회의 움직임, 1934년 무렵 최남선의 거취, 1935년 심전개발心田開發과 관련한 총독부 당국의 움직임, 1935년 연말 신사참배 문제 등에 관한 내용 등은 단편적이기는 하지만 시사하는 바가 적지 않다. 아울러 중일전쟁·태평양전쟁 시기 정국의 동향 가운데 흥업구락부 사건, 윤치호·양주삼계와 신흥우·정춘수계의 감리교 주도권 다툼과 기독교계의 전면적인 친일, 미나미 총독을 비롯한 총독부 고위 관료들과 윤치호의 물밑 교섭, 창씨개명 문제, 민심의 동향 등에 관한 내용이 일제강점기 말기의 상황에 대한 많은 정보를 제공해준다.

『윤치호 일기』는 또 일제강점기 기독교계의 대표적 사회운동 단체인

YMCA를 이해하는 데 더없이 귀중한 자료다. YMCA는 1903년 외국인 선교사와 상류층 출신의 기독교인에 의해 황성기독교청년회라는 명칭으로 창설됐다. YMCA는 1905년 이후 이상재, 윤치호, 김정식, 이승만, 김규식 등이 주요 간부로 활약하면서 기독교계의 핵심 운동 세력으로 부상했으나, 총독부와 친일파 기독교인의 공작으로 한때 활동이 위축되기도 했다. 그러나 일제로서도 대외적 외교 관계나 국제 여론의 악화를 우려해 YMCA를 전면 탄압하기는 어려웠으므로, 다른 어느 운동 부문보다도 조직과 활동이 자유로운 편이었다. 또 국제본부의 자금지원과 외국인 간사들의 활동으로 인해 재정 및 인적 자원 면에서도 다른 부문에 비해 비교적 우수한 수준을 유지할 수 있었다. 여기에 이상재, 윤치호, 신흥우 등 YMCA 세 거두의 명망과 실력이 동반되면서 기독교 각 교파의 주요 지도자는 물론 기독교계 지식인, 언론인, 기업인이 대거 참여하게 되어, YMCA는 기독교계뿐만 아니라 전체 사회운동 분야에서 주요 세력으로 부상했다.

앞서 살펴본 대로, 윤치호는 이런 YMCA를 대표하는 인물이었다. 따라서 『윤치호 일기』에는 YMCA의 이념, 조직, 활동 상황, 속사정 등을 이해하는 데 중요한 내용들이 많이 담겨 있다. 특히 1920년 신흥우 총무의 선출, 1933~35년 신흥우의 적극신앙단과 관련해 발생한 YMCA의 내분, 일제강점기 말 YMCA의 친일화 과정 등에 관한 내용들은 공식 문헌에서는 확인할 수 없는 미묘하고도 적나라한 정황들을 잘 드러내주고 있다.

『윤치호 일기』는 또 일제강점기 기독교계의 동향을 이해하는 데에도 상당히 귀중한 자료다. 앞서 살펴본 대로, 윤치호는 일제강점기 조선 감리교의 최고 '원로'이자 '해결사'였다. 따라서 『윤치호 일기』에 일제강점기 조선 감리교에 대한 각종 정보가 이루 헤아릴 수 없을 만큼 담겨 있는 것은 지극히 당연한 일이다. 특히 일제강점기 말 감리교계의 친일 등과 관련된 내용들이 상세히 담겨 있다.

『윤치호 일기』는 인물 연구에도 큰 도움을 줄 수 있다. 윤치호와 일제강점기 조선의 전 분야를 대표하는 유명 인사들과의 교류 및 대화 내용, 해외 독립운동가들에 대한 정보, 우가키·미나미 총독을 비롯해 총독부의 치안·교육 분야 고위 관료들, 일본 군부 및 종교계의 지도급 인사들과 관련된 내용이 상당히 많다. 그런데 여기서 상당히 흥미로운 것은 윤치호의 인물평이다. 그는 자신의 주변 인물들이나 관심 가는 인물의 인성, 이념적 성향 및 세간의 평을 적잖이 기록해놓았다. 대상 인물들이 그의 일기를 보았다면 아마도 '고혈압'으로 쓰러지거나 윤치호와 '한판 대결'을 불사할 만한 내용들이 적지 않다.

『윤치호 일기』에는 윤치호 가문의 윤영렬, 윤치오, 윤치소, 윤치왕, 윤치창, 윤치영, 윤보선, 정광현, YMCA의 이상재, 김정식, 김창제, 오긍선, 신흥우, 홍병선, 유억겸, 구자옥, 현동완, 감리교의 양주삼, 김종우, 김영섭, 정춘수, 심명섭, 이윤영, 유형기, 장로교의 함태영, 박용희, 전필순, 권영식, 선교사 언더우드 부자, 에비슨, 하디, 게일, 마펫, 헨리 아펜젤러, 엘리스 아펜젤러, 리드, 웰치 감독, 민족주의운동의 중심인물인 손병희, 남궁억, 유성준, 안창호, 이승만, 최린, 여운형, 이만규, 박승빈, 최남선, 이광수, 김성수, 송진우, 안재홍, 조병옥, 김활란, 임영신, 고급 친일파인 박영효, 윤덕영, 민병석, 조중응, 한상룡, 박영철, 예종석, 최강, 조병상, 이각종, 문명기, 박흥식, 김대우, 박석윤, 정훈, 김석원 등이 등장한다. 또 히틀러, 무솔리니, 레닌, 스탈린, 루스벨트, 부커 워싱턴, 간디 등 20세기 '영웅'들의 동향과 그에 대한 윤치호의 견해가 적잖이 담겨 있다.

『윤치호 일기』에는 또 그가 직접 겪은 여러 사건들의 미묘한 정황이나 많은 지인知人들을 통해 알게 된 각종 정보와 루머가 가득 담겨 있어서 공식 문헌에서는 찾아보기 힘든 '감칠맛 나는' 뒷이야기들을 많이 접할 수 있다. 특히 고종 황제 독살설, 유길준의 을미사변 관련설, 박용만과 옥관빈의 밀정설, 1930년대 중반 최남선의 '변절'설, 1930년대 중반 여운형의 기호계 결사 추진설, 1930년대 후반 신흥우의 파시스트 결사 추진설, 신흥우의 흥업구락부 사건 '조작'설 등은 그 진위 여부를 떠나 상당히 주목할 만한 내용들이다. 또 일반적으로 친미파로 분류되는 미국 유학 출신의 지식인층이나 기독교계 인사들에게 백인종, 구체적으로는 앵글로색슨인에 대한 정서적 거부감이 상당했다는 점, 일제강점기에는 민족주의운동 세력과 기독교계를 중심으로 평안도 지역과 서울·경기 지역 사이에 지역감정(지역갈등)이 극심하게 나타났다는 점 등은 시사하는 바가 매우 크다.

아울러 총독부 자료와 『윤치호 일기』의 내용에 상충되는 점이 몇 군데 나타난다는 점을 눈여겨볼 필요가 있다. 예컨대 총독부 자료에 의하면 윤치호는 신우회나 중앙진흥회의 중심인물로 나타나 있는데, 『윤치호 일기』를 보면 꼭 그렇지만도 않은 것이다. 이 경우 아무래도 공적 기록을 따르게 마련인데, 그 공적 기록의 내용이 100퍼센트 맞는다는 보장은 없는 것이므로 개인 기록을 무조건 버려서는 안 될 것 같다. 우리가 총독부 당국의 자료를 절대시해서 일제강점기 운동사나 사상사를 다룬다면, 그것은 예컨대 1980년대의 학생운동사를 공안 당국의 자료만 보고 다루는 것과 비슷할 것이기 때문이다.

지금까지 살펴본 바대로, 『윤치호 일기』에는 지식, 명망, 재력을 겸비하고 일제강점기 조선 최고의 원로로 활동했던 윤치호의 '식민지살이'와 속내가 매우 생생하게 담겨 있다. 그의 국내외 정세 인식, 일제의 조선 통치정책에 대한 판단, 제반 독립운동에 대한 생각, 조선의 역사, 문화, 전통, 민족성에 대한 인식 등이 진솔하게, 아니 '적나라하게' 기록되어 있다. 또 일제강점기 정국의 동향과 조선의 시대상에 대한 수많은 정보가 있다. 총독부 당국과 친일 세력, 민족주의운동 세력과 지식인층, 기독교계 등 사회주의운동 세력을 제외한 일제강점기 모든 부문의 움직임과 뒷이야기, 그리고 민심의 동향이 '입체적'으로 기록되어 있다. 요컨대 『윤치호 일기』는 사료비판만 제대로 이루어진다면, 한국 근대사 연구에서 황현의 『매천야록』이나 김구의 『백범일지』에 못지않은 귀중한 자료가 될 것이다.

| 일러두기 |

1. 이 책은 국사편찬위원회가 1973~89년에 발간한 『윤치호 일기』 1~11권(1883~1943) 중 한일합방 이후 시기, 즉 7~11권(1919~43)을 저본으로 했다. 옮긴이의 재량에 의해 한국 근대사 및 한국 기독교사 연구자나 역사에 관심이 많은 독자에게 유익하다고 판단되는 내용을 발췌 번역했다. 발췌량은 1919~43년 전체 일기의 약 25퍼센트 정도에 달한다.
2. 윤치호 일기 중에서 날씨나 지극히 개인적인 내용은 생략했다. 단, 비교적 중요한 내용임에도 불구하고 지면의 제한으로 인해 불가피하게 생략한 경우에는 '(중략)'이라고 표기했다.
3. 단락 구분이나 간접화법, 직접화법의 사용은 원칙적으로 저본을 따랐으나, 독자의 효과적인 이해를 돕기 위해 필요하다고 판단되는 경우에는 수정을 가했다.
4. 신문, 잡지의 이름이나 도서의 제목은 저본과 달리 『 』 안에 표기했다.
5. 번역은 가급적 직역을 원칙으로 했으나, 뜻이 잘 통하지 않는 경우에는 옮긴이의 재량에 의해 의역을 했다.
6. 판독이 어려워 저본에 □로 표기된 글자는 그대로 □로 표기했다. 단, 추정이 가능한 경우에는 주를 달아두었다. 저본에 오자誤字나 오기誤記가 있다고 판단되는 경우에는 이를 바로잡아 번역했으며, 필요하다고 생각되는 경우에는 주를 달았다.
7. 번역문은 한글 전용을 원칙으로 하되, 독자의 효과적인 이해를 돕기 위해 필요하다고 판단되는 경우에는 괄호 안에 한자를 병기했다.
8. 등장인물, 기관·단체, 사건, 용어 등에 대해 설명이 필요하다고 판단되는 경우에는 주를 달았다. 단, 설명이 간단한 경우에는 일기 원문 속에 직접 괄호를 사용해 기재했다. 안창호, 이승만, 이광수, 여운형 등이나 3·1운동, 중일전쟁, 태평양전쟁 등 구태여 설명할 필요가 없다고 판단되는 경우에는 주를 달지 않았다.

제1부 | 3·1운동 전후

제1장 '내가 3·1운동을 반대하는 까닭은'(1919)
제2장 '물 수 없다면 짖지도 마라'(1920~21)
제3장 '민족의 실력을 양성하라'(1922~30)

3·1운동 전후 윤치호의 정세 인식과 '민족성 개조론'

　윤치호는 3·1운동 발발 직후 총독부 기관지 『경성일보』와 가진 인터뷰에서 3·1운동 반대 입장을 표명했다. 그렇다면 당시 그는 일제의 통치정책을 옹호하는 친일파였을 것이라는 추측이 가능해진다. 과연 그랬을까? 결론부터 말한다면, 그는 일제의 통치정책과 식민지 조선의 현실을 매우 비판적으로, 그리고 비교적 정확히 인식하고 있었다.

　윤치호는 일제가 힘을 앞세워 조선을 강제로 병합해놓고 조선인에게 동화를 강요하고 있으며, 사회경제적으로 수탈과 차별을 시행하고 있다고 판단하고 있었다. 특히 토지강탈정책과 조세정책을 중심으로 한 일제의 경제정책과 모든 부문에서 관행처럼 이루어지고 있던 민족차별정책에 대해 몹시 분개하고 있었다. 그는 '조선에 충만한 것은 천황의 은혜가 아니라 천황의 악의다'라고 단언할 정도였다. 그는 또 일제가 자본과 기술을 투자해 조선을 개발, 곧 근대화시키는 것이 조선과 조선인보다는 일제와 일본인에게 더 득이 된다는 사실도 정확히 깨닫고 있었다. 그는 일본인이 철도 및 도로의 확장, 관개사업 및 조림사업의 진전 등을 자랑삼아 자기들이 조선에 은혜를 베풀고 있다고 선전하는 것에 대해, '당장 그 모든 시설이 제거되면 일본인이 조선인에 비해 적어도 100배 이상의 손해를 볼 것'이라고 반박했다. 그는 일제의 통치에 의한 조선의 발전이란 것이 사실은 '일본의, 일본에 의한, 일본을 위한 발전'일 뿐이라고 인식하고 있었다. 요컨대 정서적으로나 이성적으로나 일제에 대한 그의 불만과 분노는 상당한 수준에 올라 있었다.

　그러나 3·1운동 발발 직전 윤치호는 해외로 나가 구미 열강을 상대로 외교운동을 추진해달라는 최남선, 송진우, 신흥우 등의 요청을 거부했다. 그가 이런 자세를 취한 까닭은 무엇일까? 그것은 당시 국제 정세에 대한 그의 인식 때문이었다. 당시 3·1운동을 추진한 민족대표 진영은 제1차 세계대전에서 미국·영국을 중심으로 한 서구 열강이 승리하고 윌슨 미국 대통령이 민족자결주의를 제창하자 세계의 새로운 운영원리를 '정의'와 '인도人道'로 파악하면서 파리강화회의와 미국에게 큰 기대를 갖고 있었다. 그래서 그들은 파리강화회의와 미국 정부에 대표를 파견해 독립청원서를 제출하는 것을 독립운동의 기본 방침으로 설정하고 있었다.

그러나 윤치호의 생각은 달랐다. 그는 파리강화회의가 제1차 세계대전과 관련되어 있는 약소국의 문제를 해결하려 할 뿐이고, 조선 문제는 언급조차 하지 않을 것이라고 정확히 예측했다. 또 일제에게 조선은 생사가 걸린 문제이기 때문에 전쟁에서 패하지 않는 한 조선에 독립을 허용하지 않을 것이며, 미국이 조선에게 독립을 주기 위해 일제와 전쟁을 벌인다는 것은 상상할 수도 없는 일이라고 판단했다. 요컨대 그는 제1차 세계대전이 종결된 이후의 국제 정세를 '정의'와 '인도'에 의한 평화적 국면으로 파악한 것이 아니라 열강이 힘을 앞세워 국익을 도모하는 갈등과 대립의 국면, 즉 종전과 마찬가지로 약육강식의 논리가 지배하는 단계로 인식함으로써, 외교운동을 통해 독립을 얻는다는 구상을 실현 불가능한 것이라고 판단했던 것이다.

윤치호의 이와 같은 인식은 외교운동을 추진하던 인사들의 '낭만적'인 국제 정세 인식에 비하면 훨씬 더 정확한 것이었다. 당시 유럽의 열강이나 미국은 조선의 독립을 거론할 상황이 아니었다. 미·일 간에 갈등의 요소가 적지는 않았지만, 두 나라는 당시 동아시아·태평양 지역에서 기본적으로 이해관계를 같이했던 것이다. 따라서 그가 당초 외교운동 차원으로 시작된 3·1운동을 반대한 것은 결코 잘못된 판단이 아니었다. 아울러 그가 계속되는 외교운동, 즉 1920년 8월 미 의원시찰단 일행의 방문에 즈음한 동아일보계와 YMCA의 움직임, 1921년 워싱턴 군축회의의 개최에 즈음한 국내외 민족운동 세력의 움직임, 1924년 미국의 새 이민법 문제로 미·일 관계가 악화되면서 나타난 외교운동 세력의 움직임, 1925년 이후 태평양문제연구회 조선지회를 중심으로 한 외교운동 세력의 움직임에 대해 소극적인 자세로 일관했던 것도 결코 잘못된 판단은 아니었다.

문제는 윤치호가 조선인에게는 독립국가를 유지해나갈 만한 실력이 없다고 판단해 외교운동만이 아니라 모든 유형의 독립운동을 반대했다는 점에 있다. 그는 3·1운동이 외교운동 차원을 뛰어넘어 주체적이고 거족적인 독립운동으로 진행됐음에도 불구하고 이에 동참하지 않았다. 또 1920년대 일련의 독립운동, 즉 간도 지역의 무장투쟁이나 강우규·양근환 등의 의열투쟁, 광주학생운동 등을 비판하면서 '독립운동 무용론', '독립운동 유해론'을 고수했다. 그는 심지어 조선인에게는 자치 정부를 운영할 능력마저 없다고 확신했다. 그는 이런 맥락에서 조선인이 정치적이고 직접적인 투쟁을 삼가고 교육과 경제 방면에서 실력을 양성해야 한다고 판단했다. 그는 조선인이 지적·경제적 상황을 개선해 모든 점에서 일본인과 동등하다는 것을 증명하면, 일제가 민족차별정책에서 벗어나 조선인에게도 동등한 대우와 기회를 부여할 것이라고 낙관했다. 그는 또 제1차 세계대전의 종결과 함께 독립한 체코슬로바키아를 예로 들면서, 조선인이 교육과 경제 분야에서 실력을 양성하면 언젠가 국제 정세의 변동에 의해 독립을 얻을 수 있을 것이라고 전망했다. 요컨대 그는 실력양성을 통해 독립 능력을 기르는 것을 조선인의 최우선 과제로 설정했던 것이다.

윤치호가 이런 생각을 갖게 된 밑바탕에는 조선 시대의 역사와 전통을 부정적으로 인식하고 조선인의 민족성이 열등하다고 믿는 시각이 깔려 있었다. 그는 조선 시대의 문치주의로 인해 조선의 국력이 약화됐으며, '배관열拜官熱'이 신성한 노동을 경시하는 풍조를 조장해 조선 사회경제의 발전을 가로막았다고 판단했다. 그는 또 조선인의 실패가 게으름, 불결함, 허위, 이기심, 공공정신과 단결력의 결여, 분파주의, 지역감정 등 조선인의 저열한 민족성에서 비롯된 것이라고 믿어 의심치 않았다. 반면에 그는 앵글로색슨인의 발전은 성실과 정직이라는 덕목에서 비롯됐다고 평가하고, 그들이 세상에서 가장 분별 있는 민족이라고 찬사를 보냈다. 요컨대 그는 한 민족이나 국가의 성패가 민족성의 우열 여부에 달려 있다고 파악하고, 조선인의 쇠퇴가 조선 시대 이래 형성되어온 저열한 민족성에서 비롯된 것이라고 인식했다.

이에 따라 윤치호는 도덕적 독립이 전제되지 않는 한 정치적 독립은 쓸모없는 것이라고 판단하고, 조선인에게 가장 시급한 것은 독립운동이 아니라 개개인의 인격수양에 의한 민족성 개조, 즉 성실, 정직, 신용, 공공정신, 노동 존중 정신 등의 덕목을 함양해 민족성을 변화시키는 것이라고 믿어 의심치 않았다. 그는 심지어 조선인이 일본인의 우월한 민족성, 즉 청결, 근면, 능률, 단결력 등을 본받아야 한다고 생각했다. 결국 그의 생각에는 군사력과 경제력은 물론이고 민족성의 측면에서도 조선인은 약자요, 일본인은 강자였던 것이다. 따라서 약자가 할 수 있는 일은 현실에 순응하면서 강자를 모방하는 것, 다시 말해서 민족의 실력을 양성하고 민족의 수준을 높이는 것밖에 없었다. '물 수 없다면 짖지도 마라!' 이것이 그의 좌우명이었다. 이와 같은 인식 아래에서 그가 독립운동에 참여하는 것은 있을 수도 없고, 있어서도 안 되는 일이었다. 따라서 그가 민족을 위해 '정치적'으로 할 수 있는 일은 일제에게 '개혁'을 촉구하는 일밖에 없었다. 그가 3·1운동이 진행되고 있는 동안 총독부, 일본 정부, 조선군 등의 고위 관리들과 유력 민간인들을 만나 인위적 식민정책의 중지, 조선인의 교육 기회 확대, 언론·출판의 자유 허용, 평화적 시위의 보장, 3·1운동 관련 수감자들의 석방 등 자기 나름대로의 '개혁안'을 제시했던 것이나, 사이토 총독이 부임한 직후 총독부가 개최한 중추원 '유력자 모임'에 참여해 '개혁'을 기대했던 것이 바로 이런 맥락에서였다.

그렇다면 일제의 통치정책에 대해 큰 불만을 갖고 있으면서도 모든 유형의 독립운동을 반대하고 실력양성운동, 민족성 개조운동을 중시했던 윤치호는 사상사 또는 운동사적 측면에서 어디쯤 위치하고 있었던 것일까? 우선 윌슨의 민족자결주의에 자극받아 독립을 목표로 3·1운동을 추진한 민족대표 진영, 즉 손병희가 이끄는 천도교 지도부와 이승훈, 박희도 등으로 대표되는 기독교 세력, 최남선, 송진우 등 일본 유학생 출신의 신지식층과는 국제 정세 인식이나 독립을 목표로 했는가의 여부 면에서 확연히 달랐다. 또 1920년대에 독립을 목표로 외교운동이나 실력양성운동을 이끈 YMCA의 이상재, 신흥우나 동아일보 계와도 생각이 달랐다. 그런가 하면, 일제의 조선 지배를 인정하면서 독립운동을 반대했지만 민족차별, 경제적 불평등과 관련해 큰 불만을 갖고 있던 인사들, 즉 유민회, 계명구락부 등과 기본 입장은 대동소이했다. 그러나 그들이 대체로 자치운동을 주도했고, 윤치호는 자치운동을 반대하며 비정치적인 실력양성, 즉 민족성 개조를 강조했다는 점에서 양자 사이에 상당한 입장 차이가 드러난다. 결국 당시 윤치호의 기본 입장과 가장 유사한 사상적 조류는 바로 안창호, 이광수 등의 비정치적 실력양성론, 보다 구체적으로는 '민족성 개조론'이었다. 1908~09년 안창호가 대성학교 교장과 청년학우회 회장에 윤치호를 추대한 것도 이 두 사람 간에 그러한 공감대가 형성되어 있었던 데서 비롯된 것이 아닌가 여겨진다.

제1장 '내가 3·1운동을 반대하는 까닭은'
1919

1919년 1월 16일 목요일

오전에 윤병희 씨[1]가 잠깐 들렀다. 그가 자진해서 알려준 바에 따르면, 재미 조선인들이 안창호 씨를 파리강화회의에 파견하려고 1만 원가량을 마련했으며, 노령露領에 거주하고 있는 조선인들 역시 하상기 씨[2]의 사위를 파리에 보내려고 5천 원가량을 모금했다고 한다. 또 권아무개라는 사람이 같은 사명을 띠고 서울을 출발해 파리로 가고 있다고 한다. 난 윤씨에게 당국자들의 비위를 거스르지 않도록 침묵을 지키는 것이 우리 민족이 취할 수 있는 최선의 방책이라고 말했다. 인도인은 물심양면으로 대영제국의 전쟁 행위를 도와주었다. 그래서 영국인은 인도인에게 고마워하고 있으며, 그들에게 연민의 정을 느끼게 됐다. 만약에 인도가 반영反英투쟁을 시도했더라면, 지금쯤 크나큰 곤경에 처해 있었을 것이다.[3] 우선 일본인에게 호감을 얻어야 한다.

---

1 — 윤병희(尹秉熙)는 경찰 관료 윤병희(尹秉禧, 1870~?)와 동일 인물일 가능성이 있다.

윤병희(尹秉禧)는 대한제국의 경찰 관료를 지내고 한일합방과 함께 경무총감부 고등경찰과에서 근무했다.
2 ― 하상기(河相驥)는 한말에 인천부윤 겸 인천감리서 감리를 지냈다. 그의 부인인 하란사(河蘭史)는 상궁 출신으로 한국 여성 최초로 미국에서 학사학위를 취득했다.
3 ― 제1차 세계대전 중 영국은 인도인에게 전쟁 협력을 호소하면서 그 대가로 전쟁이 끝난 후 자치권을 부여하겠다고 공언했다. 인도는 이 약속을 믿고 120만 명의 의용군(이 중 80만 명은 전투요원)을 동원하고, 1억 파운드 이상의 군비를 제공했다. 그러나 1919년 3월 영국은 롤럿법(일종의 치안유지법)을 제정해 인도에 대한 통제를 강화했으며, 이에 저항하는 인도인을 강경 진압했다.

1919년 1월 17일 금요일

신흥우 군[1]이 찾아와서 내게 유럽(사실상 파리를 의미한다―옮긴이)에 갈 의향이 있느냐고 물었다. 그는 계속해서 약소국들에서 소요가 일어나고 있는 것과 조선에서 소요가 발생하는 것에 대해 어떻게 생각하느냐고 물었다. 난 이렇게 대답했다. "세계대전과 관련이 있는 약소국들 문제는 파리강화회의에서 틀림없이 안건으로 상정될 걸세. 그러나 조선은 거론될 기회조차 없을 거야. 파리강화회의에서 열강은 조선과 같은 암거래는 제쳐두고, 직접적으로든 간접적으로든 세계대전과 관련이 있는 약소국들 문제를 해결하는 데 주력할 걸세."

---

1 ― 신흥우(申興雨, 1883~1959)는 배재학당을 졸업하고 미국 유학을 거쳐 1912~20년 배재학당(배재고등보통학교) 교장을 지냈다. 1920~35년 YMCA 총무를 역임했고, 감리교계 중진으로 활약했다. 1925년 흥업구락부와 태평양문제연구회 조선지회를 결성하고 기독교계의 민족운동을 이끌었다. 1933년 적극신앙단을 결성하고 기독교계 안팎에서 일종의 방향 전환을 모색했으나, 이것이 YMCA, 감리교, 장로교 등의 내분을 일으키는 도화선이 됐다. 일제강점기 말에는 기독교계의 친일화에 앞장섰다.

1919년 1월 18일 토요일

중앙학교의 송 교장(김성수와 함께 일제하 동아일보계를 이끌었던 송진우다―옮긴이)이 찾아왔다. 그는 국제연맹이 실제로 창설될 것이며, 약소국에게 자결권이 주어지지 않는다면 이 기구는 아무런 의미를 갖지 못할 것이라고 주장했다. 그는 또 조선에도 자결권이 주어질 것이며, 만일 이런 이상적인 방안이 거부된다면 미국이 선전포고를 할 수도 있을 거라고 주장했다. 정말이지 어이없는 일이었다. 난 그에게 다음과 같은 점을 납득시키려고 무진 애를 썼다. (1) 거창한 이상이 모두 그렇듯이, 국제연맹이 창설되어 실제 활동에 들어가려면 앞으로도 몇 년은 더 걸릴 것이다. (2) 조선 문제는 파리강화회의에서 안건으로 상정되지 않을 것이다. (3) 열강 중 어느 누구도 바보처럼 조선 문제를 거론해 일본의 비위를 거스르지는 않을 것이다. (4) 미국이 단지 조선에게 독립을 안겨줄 요량으로 일본과 전쟁을 불사한다는 건 상상조차 할 수 없는 일이다. 송 교장은 내가 일본의 힘을 과대평가하고 있다고 생각하는 눈치였다.

1919년 1월 21일 화요일

신승희[1]가 전해준 바에 따르면, 고종 황제[2]가 오늘 새벽 6시쯤 승하했다고 한다. 그런데 『매일신보』 호외에 의하면, 고종 황제가 매우 위독하다고 한다. 대체 어찌된 일인지 종잡을 수가 없다. 아무래도 이왕세자李王世子와 나시모토미야 공주의 결혼이 임박해 있다 보니,[3] 고종 황제의 승하가 잠정적으로 비밀에 부쳐진 것 같다.

---

1 — 신승희(申勝熙, 1880~1919)는 당시 종로경찰서 형사로 있었는데, 민족 지사들의 일거수일투족을 훤히 꿰뚫고 있는 '유능한' 경찰로 악명을 떨쳤다. 신철이라는 이름으로 더 잘 알려져 있다.
2 — 본래 국사편찬위원회가 펴낸 『윤치호 일기』에는 '광무태황제(光武太皇帝)'라고 표기되어 있다. 고종 황제의 당시 공식 호칭은 '이태왕(李太王)'이었는데, 윤치호는 일기에서 항상 '태황제'라고 지칭하고 있다. 고종이라는 묘호(廟號)는 1920년 9월 24일에 정해졌다. 그러나 독자들의 이해를 돕기 위해 편의상 '고종 황제'라 지칭하기로 한다.
3 — 이왕세자는 영친왕(英親王) 이은(李垠, 1897~1970)을 가리킨다. 고종 황제의 일곱째 아들로 순종 황제의 이복동생이다. 생모는 엄귀비(嚴貴妃)다. 1907년 대한제국 황태자에 책

봉됐으나, 한일합방 이후 이왕세자로 격하됐다. 1926년 순종 황제가 승하하자 왕위 계승자가 되어 이왕(李王)이라 불렸다. 나시모토미야 마사코(梨本宮方子) 공주는 이방자(李方子, 1901~89) 여사를 가리킨다. 그녀는 메이지(明治) 천황의 동생인 아사히코(朝彦) 친왕(親王)의 손녀이자, 나시모토미야(梨本宮) 가문의 양자로 들어간 나시모토미야 친왕의 딸이다. 다이쇼(大正) 천황의 명에 의해 영친왕과 정략결혼했다. 원래 이들의 결혼식은 1919년 1월 25일로 잡혀 있었는데, 고종 황제의 승하로 말미암아 1920년 4월 28일로 연기됐다.

1919년 1월 22일 수요일

고종 황제가 승하했다고 당국이 공식 발표했다.[1] 조선인들은—특히 기성세대는—큰 충격을 받은 모양이다. 난 1883년 봄에 처음으로 고종 황제를 알현했다.[2] 고종 황제는 홍룡포[3]를 입고 익선관[4]을 쓰고 있었는데, 용모가 상당히 출중했다. 이제 고종 황제는 영원히 가버렸다. 고종 황제는 개인적으로는 상당히 매력적이지만 공인으로서는 신망을 얻지 못한 점에서, 영국의 찰스 1세[5]와 비슷하다.

그건 그렇고, 일본인은 이조李朝[6]의 전前 왕실에 대해 무척 호의적이라고 뽐내왔다. 동양 역사상 몰락한 왕조가 이토록 존엄한 대우를 받았던 예는 찾아볼 수가 없다.

---

1 — 총독부 당국은 고종 황제의 사인을 뇌일혈로 발표했다.
2 — 윤치호는 1883년 5월 20일 푸트(L. H. Foote) 주한 미국 공사 신임장 봉정식 때 그의 통역관 자격으로 고종 황제를 배알했다.
3 — 홍룡포는 조선 시대 임금이 정무를 볼 때 입던 정복(正服)이다. 정식 명칭은 곤룡포(袞龍袍)인데, 붉은색이므로 홍룡포라 불리기도 했다.
4 — 익선관(翼蟬冠)은 조선 시대 임금이 정무를 볼 때 쓰던 관이다. 익선관(翼善冠)이라고도 한다.
5 — 찰스 1세(1600~49)는 왕권신수설을 신봉했던 잉글랜드의 왕(재위 1625~49)이다. 의회와 잦은 충돌을 빚다가 청교도혁명의 발발로 인해 처형됐다. 내성적인 성격에 말수가 적은 편이었다고 한다.
6 — 윤치호는 일기에서 '조선'보다는 '이조'라는 명칭을 더 많이 사용하고 있다.

1919년 1월 23일 목요일

조선인은 일반적으로 10퍼센트의 이성과 90퍼센트의 감성을 가지고 있다. 서울의 조선인들은 고종 황제의 승하에 대해 야단법석을 떨고 있다. 스스로를 유교적인 예문가禮文家라고 자부하는 많은 노인들은 볼썽사나운 상복을 입고 있다. 하지만 조선인은 이를 계기로 가슴속에 쌓인 울분을 토로하려는 것 같다. 그들은 고종 황제의 승하에 대해 호들갑을 떨고 있다. 고종 황제의 통치가 어리석음과 큰 실수들로 점철된 지긋지긋한 통치였다는 걸 몰라서가 아니라, 고종 황제의 승하야말로 조선의 자결권이 끝내 소멸됐다는 상징적인 사건이기 때문이다. 고종 황제를 생각하면 한 방울의 눈물이, 조선인을 생각하면 두 방울의 눈물이 눈가에 맺힌다.

1919년 1월 25일 토요일

저녁 7시 30분쯤 이일직 씨[1]가 찾아와 두 시간 동안이나 횡설수설하면서 성가시게 굴었다. 홍종우[2]를 동원해 김옥균 암살계획을 짜고 이를 실행에 옮겼던 이가 바로 이 사람이다. 이씨는 음모의 귀재다. 그는 아홉 번이나 감옥에 갔다 왔다. 그의 말로는, 경찰이 자기에게 교회에서 벌어지고 있는 일들을 염탐해달라고 요구했단다. 그가 한 말 중에서 어떤 걸 믿고 또 어떤 걸 믿지 말아야 하는지 종잡을 수가 없다. 일본은 첩자들을 동원해 조선인을 늘 감시하면서 도리어 조선인의 환심을 사기를 기대한단 말인가?

---

1 — 본래 국사편찬위원회가 펴낸 『윤치호 일기』에는 이세직(李世稙)이라고 표기되어 있다. 그러나 내용상 이일직(李逸稙)이 맞다. 그는 민씨 척족의 일원인 민영소(閔泳韶)의 지시를 받아 홍종우를 포섭해 김옥균 암살에 성공했다.
2 — 홍종우(洪鍾宇, 1850?~1913)는 프랑스에 유학한 후, 1893년경 일본에서 이일직을 만

나 김옥균의 암살을 모의하고 이듬해 상하이에서 김옥균을 저격해 살해했다. 귀국 후 이 공로를 인정받아 고종 황제의 총애를 받으며 세도를 누렸다. 1898년 황국협회 조직에 가담해 독립협회 해산에 앞장섰다.

1919년 1월 26일 일요일

고종 황제가 이왕세자와 나시모토미야 공주의 결혼식을 꼭 나흘 앞두고 승하하는 바람에, 스스로 목숨을 끊은 것이라는 소문이 나돌고 있다. 정말이지 얼토당토않은 얘기다. 예전에 이미 굴욕[1]을 감수한 고종 황제가 이제 와서 하찮은 일에 억장이 무너져 자살했다는 게 말이 되나? 더구나 어린 왕세자와 일본 공주의 결혼이야말로 왕실의 입장에서는 경사스런 일이 아닌가? 이 결혼을 통해서 두 왕실 간의 우호 관계가 증진될 것이고, 왕세자는 조선의 어떤 여성보다도 더 우아하고 재기 넘치는 신부를 맞이하게 되는 거니까 말이다. 만약에 고종 황제가 병합 이전에 승하했더라면, 조선인의 무관심 속에 저세상으로 갔을 것이다. 그런데 지금 조선인들은 복받치는 설움을 이기지 못하고 옷소매를 적셔가면서 고종 황제를 위해 폭동을 일으키려 하고 있다.

---

1 — 1907년 고종 황제의 강제 퇴위를 의미하는 것으로 보인다.

1919년 1월 28일 화요일

오전 9시에 이일직 씨가 찾아와 스스로 털어놓기를, 일본인 당국자들은 조선인이 고종 황제에게 충성심을 보인 데 대해 깜짝 놀라 전국의 모든 관리들에게 소요의 조짐이 있는지 잘 감시하라는 비밀 지령을 내렸다고 한다. 또 최대한 빨리 조선인의 눈과 마음에서 충성의 대상을 제거하려고 서둘러 장례식을 진행할 것이라고 한다. 난 그가 뭘 말하려고 하는 건지 잘 모르겠다. 그는 내게 서울YMCA 총무직을 그대로 유지하고 있으라고[1] 충고했다. 이씨가 자리를 뜨자, 그의 얘기를 듣지 않았던 윤병희 씨가 다가와 그 노인에게 속지 말라고 충고했다.

(중략)

최남선 군이 찾아와 내게 유럽 여행을 가라고 설득했다. 그는 우리가 뭔가를 해야 한다고 생각하는 눈치다. 난 그냥 듣기만 했다.

---

1 — 윤치호는 1916년 4월부터 1920년 2월까지 서울YMCA 총무로 재직했다. 서울YMCA는 1903년 10월 28일 '황성기독교청년회'라는 명칭으로 창설되어 1913년 4월 '조선중앙기독교청년회'로 개칭됐다. 윤치호는 일기에서 항상 서울YMCA를 '중앙(central)YMCA'라고 표기하고 있다. 그러나 독자의 이해를 돕기 위해 편의상 '서울YMCA'라고 지칭하기로 한다.

1919년 1월 29일 수요일

최남선 군처럼, 우리가 일본의 통치를 달갑게 여기지 않는다는 걸 파리강화회의에 알리는 게 조선 독립에 꼭 필요한 일이라고 생각하는 사람들이 더러 있는 것 같다. 바보들 같으니! 왜? 이유는 이렇다. (1) 계약('한일합병조약'을 의미한다—옮긴이)을 통해서 조선의 악정惡政이 일본의 유능한 행정으로 대체됐다는 게 너무나 잘 알려져 있어서, 조선의 상황이 종전보다 더 열악해졌다는 걸 파리강화회의에 납득시키는 건 현실적으로 불가능하다. (2) 일본의 입장에서, 조선은 생사가 걸린 문제인 만큼 다른 열강의 군사력에 제압되지 않는 한 조선이 독립하도록 내버려두지는 않을 것이다. 그렇다면 미국이나 영국이 하찮은 조선을 독립시킬 요량으로 일본과 전쟁을 불사할까? 그건 상상조차 할 수 없는 일이다. (3) 역사상 투쟁하지 않고서 정치적 독립에 성공한 민족이나 국가는 하나도 없다. 싸울 수 없다면, 독립을 외쳐봐야 부질없는 짓이다. 우리가 강해지는 법을 모르는 이상, 약자로 사는 법을 배워야 한다.

1919년 1월 31일 금요일

(1) 전쟁은 우주 만물의 근본적인 운영원리인가 보다. (2) 전쟁은 육체적·지적·정신적 생활의 완성을 가져오는—유일한—수단이자 방법이다. (3) 밝음 대 어둠, 청결 대 불결, 근면 대 나태, 선대 악, 이 모두가 끊임없는 전쟁이다. (4) 전쟁을 통하지 않고 진보한 민족이나 국가는 하나도 없다. 그러므로 호전적인 민족이야말로 잘 생존해나갈 수 있는 유일한 민족이다. (5) 건전한 투쟁정신은 성스럽다. 죄악에 대한 단호한 투쟁 없이는 성스러움이 불가능하기 때문이다. (6) 인류는 호전정신을 오용해왔다. 하기야 인류가 오용해오지 않은 게 없다. (7) 호전성 덕분에 성공에 필요한 여러 가지 덕목이 각성되고, 계발되고, 성숙된다. 즉 기강, 불요불굴의 정신, 치밀하게 계획해서 과감하게 실행에 옮기는 정신, 모험심, 명예감 등등 말이다. (8) 왜 주님은 힘, 싸움, 그리고 전쟁을 통해야만 완성에 이를 수 있도록 만드셨을까?

1919년 2월 5일 수요일

오후 4시에 이상재 선생을 찾아가 사표를 내지 말라고 설득해봤다. 이 선생은 하는 일도 없이 월급을 받아먹는 게 너무 뻔뻔하게 느껴진다고 말했다. 이 선생은 또 경찰이 자신을 반일분자로 의심하고 있는 만큼, 자신이 서울YMCA에서 학생들을 가르치는 건 현명한 일이 아니라고 말했다.[1]

그건 그렇고, 이 선생의 말에 따르면, 내가 파리에 가서 세계 지도자들에게 조선의 실상을 알리려 하지 않는다고 이 선생에게 놀라움과 불만을 토로하는 사람들이 있다고 한다.

---

1 — 독립협회 지도자이자 신간회 회장으로 잘 알려져 있는 이상재(李商在, 1850~1927)는

윤치호와 함께 일제강점기 서울 지역 기독교계의 '대부'였다. 1913년 서울YMCA 총무에 취임해 일제의 탄압으로 곤경에 처해 있던 서울YMCA에 활기를 불어넣었고, 이듬해에는 조선기독교청년회연합회(편의상 'YMCA연합회'라 지칭하기로 한다)를 결성해 회장에 취임했다. 1916년 윤치호에게 총무직을 물려준 후 조선중앙기독교청년학관(편의상 'YMCA학관'이라 지칭하기로 한다)에서 학생들을 가르쳤다.

1919년 2월 7일 금요일

(중략)

관립학교의 일본인 교사들은—여학교도 예외 없이—의무적으로 긴 칼을 차고 다닌다. 군국주의가 미친 게 아닌가?

(중략)

1919년 2월 10일 월요일

홍병선 군[1]의 말로는, 여자고등보통학교 학생들 일부가 장례 행렬 도중에 소요를 일으키려는 계획을 짜고 있다고 한다. 대체 누가 이 순진하고 어여쁜 아이들을 우롱하는 건가!

신흥우 군이 모종의 치료를 받으러 평양에 간다고 한다. 이를 두고 시중에는 두 가지 추측이 나돌고 있다. (1) 그가 어떤 애국적인 계획을 조종하려고 평양에 가는 것이라는 설과, (2) 당국이 평양에서 뭔 일이 일어날지 알아보려고 그를 파견하는 것이라는 설 말이다. 만약에 이 두 가지 설 중 어느 하나가 사실임에 틀림없다면, 전자보다는 후자일 가능성이 더 클 것 같다.

---

1 — 홍병선(洪秉璇, 1888~1967)은 서울 지역 감리교계와 YMCA의 중진으로 활동했다. 특히 YMCA 농촌사업의 최고 이론가로서 협동조합운동의 실질적인 책임을 맡아 명성이 높았다. 일제강점기 말에는 YMCA학관 교장을 지냈다.

1919년 2월 11일 화요일

홍건이 민영휘 씨[1]에게 들은 바로는, 고종 황제가 한약을—양위탕養胃湯을—한 사발 먹고 난 후 한 시간도 못 되어 현기증과 위통을 호소했다고 한다. 잠시 후 황제의 육신이 심하게 마비되어서, 민씨가 도착했을 때 황제는 입도 뻥긋하지 못했다고 한다. 황제가 죽어가면서 민씨의 두 손을 어찌나 세게 움켜쥐었던지 환관인 나세환이 두 사람의 손을 푸느라 무척 애를 먹었다고 한다.

(중략)

---

[1] — 민영휘(閔泳徽, 1852~1935)는 민씨 척족의 거두로 1880~90년대에 도승지, 평안도 관찰사, 이조판서 등을 역임했으며, 한일합방과 함께 자작 작위를 받았다. 일제강점기에 최고 갑부로 손꼽혔다.

1919년 2월 20일 목요일

저녁 7시쯤 양주삼 씨[1]가 찾아와 집 한 채 살 수 있게끔 3천 원을 꿔달라고 부탁했다. 그는 장례식 도중에 소요가 일어날지도 모른다고 우려했다.

일본 경찰이 조선인에게 신토神道를 강요하는 건 매우 어리석은 짓이다. 어느 누구도 한 민족의 국지적이고 씨족적인 종교를 다른 민족에게 강요할 수는 없다. 특히 후자가 전자에게 정복당한 민족이라면 더더욱 그렇다. 조선이나 중국 황제가 승하했다고 해서 일본인에게 슬피 울라고 요구할 수 없는 것과 마찬가지로, 조선인에게 신토의 신들을 섬기라고 요구할 수는 없다. 일본인은 조선인이 모두 엄청난 바보라서 무엇이든 하게끔 강요할 수 있다고 생각하는 모양이다. 물론 누군가에게 뭔가를 하라고 강요할 수는 있다. 하지만 이것이 조선인으로 하여금 일본인의 통치를 좋아하도록 만드는 현명한 방법이라 할 수 있을까?

함경북도 청진신사(神社)

---

1 — 양주삼(梁柱三, 1879~?)은 일제강점기에 조선 감리교의 일인자였다. 중국과 미국 유학을 거쳐 협성신학교 교수, 종교교회 목사 등을 지냈다. 1930년 남·북감리교가 통합됐을 때 초대 총리사에 선출됐고, 1934년에도 재차 당선됐다.

1919년 2월 22일 토요일

우치무라 씨[1]의 일기를 재미있게 읽었다. 그의 소박한 기독신앙과 이를 당당하게 밝히는 태도에 찬사를 보낸다. 난 그가 동아시아의 기독교인 중 가장 위대한 사람이라고 확신한다. 그건 그렇고, 사도 바울, 리빙스턴, 링컨, 우치무라 같은 사람은 오로지 호전적인 민족에게서만 나타날 수 있다.

이조는 찬란했던 500년 역사를 통해 백성들의 호전정신을 뿌리 뽑는 데 모든 힘을 쏟아 만족스러운 결과를 얻었다. 하지만 오늘날 인간에게는 다른 어떤 본능 못지않게 호전정신이 발달되어 있다. 호전정신이 오용되고 왜곡되면 인간은 독일제국 황제와 같은 야만인이 된다. 하지만 호전정신이 제대로 훈육되고 정화되면 인간은 영웅, 성인, 주님의 사도가 된다.

---

1 — 우치무라 간조(內村鑑三, 1861~1930)는 일본 무교회주의의 창시자로서 저술 및 강연 활동을 통해 일본 기독교인은 물론 근대 일본의 지식인에게 많은 영향을 끼쳤다. 김교신(金敎臣), 함석헌(咸錫憲) 등과도 교류해 조선 무교회주의의 형성에 영향을 끼쳤다.

1919년 2월 23일 일요일

오후 3시 30분에 만국학생기독교학생회동맹 기도회가 YMCA회관 강당에서 열렸다. 적어도 1,600명 정도의 관중이 운집했는데, 학생과 청년이 대부분이었다. 도쿄東京에서 온 피셔(당시 도쿄 YMCA의 외국인 간사로 있었다―옮긴이) 씨가 강연했고, 내가 통역을 맡았다. 청년들은 애국심과 정치 방면의 얘기를 듣고 싶어 안달이 난 눈치였다. 그들은 아주 작은 불씨만 주어도 무섭게 타오를 기세였다. 그들은―이번 이야말로 굉장한 기회라도 되는 양―온통 기회만을 운운했으며, 정치적 독립 외에는 그 어떤 것도 안중에 없는 것 같아 보였다. 참으로 애석한 일이 아닐 수 없다.

1919년 2월 24일 월요일

변훈邊壎(당시 서울YMCA 직업소년야학교 교사로 있었다―옮긴이)이 자진해서 이런 얘기들을 늘어놓았다. (1) 신흥우 군이 해리스 감독[1]과 함께 파리에 가서 친일적인 홍보 활동을 벌이는 대가로, 우사미 씨[2]가 신군에게 1년에 3만 원 상당의 어획고를 올릴 수 있는 어장을 주었다. (2) 지금 서울에 집결해 있는 학생들이 고종 황제의 장례 행렬 도중에 소요를 일으킬 음모를 꾸미고 있는데, 폭탄을 사용할 계획을 짜고 있다. 음모꾼들도 이를 통해 직접적인 이득을 취할 수는 없다는 걸 잘 알고 있지만, 조선인이 일본의 통치에 불만이 많다는 걸 파리강화회의에서 보여주는 게 조선에 도움이 될 거라고 믿고 있다.

---

1 — 해리스(M. C. Harris, 1846~1921)는 미국감리회의 지도자다. 1874년 일본에 건너가 일본감리회 선교연회를 조직했고, 1904년 일본 및 조선 주재 감독에 선출되어 1916년까지 재직했다. 1906년경 을사조약 반대투쟁에 참가했다는 이유로 엡윗청년회를 해산시키는 등 조선의 독립운동을 부정적으로 인식하고 일본의 조선통치를 옹호했다.

2 — 우사미 가쓰오(宇佐美勝夫, 1869~1942)는 도쿄제국대학 정치학과를 졸업하고 도야마 현(富山縣) 지사를 지낸 내무 관료다. 1910년 한일합방과 함께 총독부 내무부 장관이 되어 무단통치 기간의 내무행정을 지휘했다. 조선을 떠난 후 만주국 고문, 귀족원 의원 등을 지냈다.

1919년 2월 26일 수요일

오후에 정화기鄭華基(당시 경성의학전문학교 재학생으로 윤치호 자녀들의 가정교사로 있었다—옮긴이)가 이런 사실들을 들려주었다. 서울의 모든 중등학교 학생들이 고종 황제 인산일(3월 3일이다—옮긴이) 1~2일 전에 동맹휴학을 벌이기로 결정했다는 것, 상당한 지위와 명성을 갖춘 모 인사가 이 음모의 배후 인물이며 그의 지령을 신호로 일제히 시위를 벌이기로 했다는 것, 비폭력시위를 벌이기로 했다는 것, 학생들 사이에서 내가 독립선언서에 서명하기를 거부한 것으로 알려졌다는 것,[1] 음모꾼들은 3개월 이내에 조선에 독립이 주어질 것이라고 믿고 있다는 것, 천도교 인사들이 정치적 성격의 시위를 계획 중이라는 것 등등을 말이다. 경찰이 이 미숙한 학생들에게 허를 찔린다는 건 있을 수 없는 일이다. 이 어리석은 소요로 말미암아 일본 군국주의자들이 조선인을 더더욱 가혹하게 다룰 수 있는 좋은 구실을 얻게 될까봐 두렵다.

홍병선 군이 알려준 바로는, 일부 조선인 목사들이 오는 일요일에 시위를 벌이려고 YMCA회관 강당을 사용하려는 계획을 짜고 있다고 한다. 그건 도저히 있을 수 없는 일이다.

1 — 윤치호가 송진우, 최남선 등의 교섭을 거부한 것이 이렇게 알려진 것으로 보인다.

1919년 2월 27일 목요일

고종 황제의 장례 행렬을 보려고 시골에서 올라온 사람들로 거리가 붐비고 있다. 이와 같은 국가적 혹은 민족적 본능이나 유대감은 상당히 흥미진진한 연구 대상이다. 보헤미아를 봐라! 인구가 겨우 200만 명에 불과한 체코슬로바키아인들은 유럽의 열강으로 꼽히는 세 나라에 사방으로 에워싸여 있다. 그들은 수백 년 동안 잿더미 아래에 있었으면서도 민족 보전의 불씨를 고이 간직하고 있다가, 기회가 오자 이 불씨를 활활 피우지 않았는가? 이런 민족 본능을 잠시 누그러뜨릴 수는 있어도 완전히 제거할 수는 없다. 사람들은 조선인이 참을성 많고, 우둔하고, 호전성이 없다는 이유를 들어 민족 본능이 조금도 없다고 생각할지도 모른다. 그러나 최근의 사건들은—고종 황제의 서거에 대한 대중들의 애도와 도쿄 조선인 유학생들의 소요(2·8독립선언을 가리킨다—옮긴이) 등은—다른 모든 민족과 마찬가지로 조선인 마음속에 민족 본능이 살아 숨 쉬고 있다는 결정적인 증거다. 일본은 양 민족을 위해 친절을 베풀어 이런 민족 본능을 달래야 한다.

난 오후에 간사회의를 열어 이번 토요일(3월 1일을 가리킨다—옮긴이)부터 3일간 YMCA회관에서 열리기로 되어 있는 모든 공공집회를 취소하기로 결정했다.

1919년 2월 28일 금요일

아침 8시부터 식구들과 함께 장례식 습의習儀(일종의 예행연습이다—옮긴이)를 보았다. 거리 쪽으로 나 있는 창문들은 모두 여성 구경꾼들이 차지했다. 장례식에서 거행되는 각종 의식과 여기에 사용되는 의복들은 아름답긴 하지만 유치하다. 이런 것들은 인류 사회가 유아기 단계에 있었던 2천여 년 전부터 줄곧 있어왔다. 다른 나라 사람들은 새들처럼 날아다니는 판국에, 아니 새들보다 더 잘 날아다니는 판국에, 이런 얼빠진 형식에 얽매어 있다니! 이웃들은 하늘을 날고 있는데 우리는 땅을 기어 다니면서 감히 독립을 운운할 수 있는 건가? 대중목욕탕 하나 운영하지 못하는 우리가 현대 국가를 다스리겠다고?

1919년 3월 1일 토요일

늘 그렇듯이 오늘도 서울YMCA에서 업무를 보았다. 오전 10시쯤 육정수 군[1]이 이런 사실을 알려주었다. 박희도 군[2]이 자기 책들을 가져가려고 사람을 보냈고, 오늘 뭔 일이 벌어지기로 되어 있으며, 박군의 태도가 매우 수상했던 것으로 봐서 그가 뭔가를 꾸미고 있는 게 틀림없다고 말이다.

야마가타 데이사부로 씨[3]와 함께 점심을 먹었다.

낮 1시가 조금 지나 형사들이 YMCA회관으로 들이닥쳤다. 그들은 모종의 문건을 찾는다며 사무실과 서랍을 샅샅이 뒤졌다. 1시 30분쯤 거리 쪽에서 군중의 함성 소리가 들려왔다.[4] 거리를 가득 메운 학생들과 시민들이 '만세'를 외치며 종로 광장(지금의 종각 앞 사거리를 가리키는 것으로 보인다―옮긴이) 쪽으로 달려가는 모습이 창문을 통해 우리의 눈에 들어왔다. 소년들은 모자와 손수건을 흔들었다. 이 순진한 젊은이들이 애국심이라는 미명하에 불을 보듯 뻔한 위험 속으로 달려드는 모습을 보면서 눈물이 핑 돌았다. 우리는 이 시위와 연루되는 걸 피하기 위해 회관 문을 닫기로 결정했다. 곧바로 군인, 기마경찰, 형사, 헌병이 거리를 가득 메웠다. 그들은 군중 속에서 주동자들을 붙잡으려고 바삐 움직였다. 시내 전체가 흥분

종로 거리 오른쪽에 있는 큰 건물이 YMCA회관이다. 1916년부터 서울YMCA 총무를 맡고 있던 윤치호는 YMCA회관 2층 총무실 창문을 통해 종로에서 3·1운동이 시작되는 광경을 목격했다.

종각 앞 거리 왼쪽에 종각(보신각)이 보인다.

의 도가니였다. 33인이 서명한 독립선언서는 내용이 매우 부실해 보였다.

(중략)

---

1 — 육정수(陸定修, 1885~1949)는 배재학당을 졸업하고 1904년 서울YMCA 교육부 간사로 부임해 줄곧 YMCA학관의 실질적인 책임을 맡았다. 1918년 서울YMCA 부총무에 취임해 윤치호 총무를 도왔다. 육영수(陸英修) 여사의 사촌오빠다.
2 — 박희도(朴熙道, 1889~1951)는 일제강점기 감리교와 서울YMCA의 중진으로 3·1운동 민족대표 33인 중 한 사람으로 참여했다. 1922년 『신생활(新生活)』을 창간했으며, 1927년 신간회 간사를 맡았다. 1934년 최린이 결성한 시중회(時中會)의 이사로 활동했으며, 1939년 친일 월간지인 『동양지광(東洋之光)』을 창간했다.
3 — 야마가타 데이사부로(山縣悌三郎, 1858~1940)는 일본의 교육가로 『소학교용(小學校用) 일본역사』(1888) 등 다수의 청소년 교육용 책을 저술했다. 한때 연희전문학교 교수를 지낸 후 송도고등보통학교 교사로 재직했다. 『서울프레스(Seoul Press)』 제2대 사장인 야마가타 이소오(山縣五十雄)의 형이다.
4 — 1919년 3월 1일 오후 2시경 수천 명의 학생이 탑골공원에 모여 독립선언서를 낭독한 후, 2시 30분쯤 종로 거리로 나와 시가행진을 벌이며 만세시위를 시작했다. 따라서 윤치호

가 시각을 착각했을 가능성이 있다.

1919년 3월 2일 일요일

여느 때처럼 종교교회[1]에서 예배를 보았다. 저다인 목사[2]가 설교했다. 거리는 흰옷을 입은 사람들로 북적거렸다. 오후에 『오사카마이니치신문大阪每日新聞』(현재 일본의 3대 일간지 중 하나인 『마이니치신문』이다─옮긴이)의 방한승 기자[3]가 찾아왔다. 내 입장을 분명히 밝히기 위해 최근에 조선 청년들에게 말해왔던 것을 거듭 말했다. (1) 조선의 독립 문제는 파리강화회의에 상정될 기회가 없을 것이다. (2) 유럽의 열강이나 미국이 조선 독립을 지지해 일본의 심기를 건드릴 만큼 그렇게 어리석지는 않다. (3) 설령 독립이 주어진다 하더라도, 우리는 독립에 의해서 이득을 볼 준비를 갖추지 못했다. 1894년에 일본이 우리에게 독립을 주었다. 우린 그 기회를 어떻게 활용했나? (4) 약소민족이 강성한 민족과 함께 살아야 한다면, 자기 보호를 위해 그들의 호감을 사야 한다. (5) 학생들의 이 어리석은 소요는 무단통치를 연장시킬 뿐이다. 만약에 거리를 누비며 만세를 외쳐서 독립을 얻을 수 있다면, 이 세상에 남에게 종속된 국가나 민족은 하나도 없을 것이다. (6) 천도교 인사들 같은 음모꾼에게 속아서는 안 된다.

---

1 ─ 종교교회(琮橋敎會)는 일제강점기 서울의 대표적인 미국남감리회 교회로, 1900년경 윤치호의 주도로 설립됐다. 캠벨(Campbell) 여사가 초대 목사를 지냈고, 1911년부터 정춘수, 오화영, 양주삼, 신공숙 등 내로라하는 인사들이 담임목사를 역임했다.
2 ─ 저다인(J. L. Gerdine, 1870~1950)은 미국남감리회 선교사로 1902년 조선에 부임해 원산, 개성, 서울 등지에서 선교 활동을 벌였다. 1926년 협성신학교 교수로 부임해 10여 년간 재직했다. '105인 사건' 피의자들에 대한 변호를 자청해 그들의 석방에 기여했다.
3 ─ 방한승(方漢昇)은 1927년 무렵에도 『매일신보』 기자로 재직한 것으로 보아 상당 기간 동안 언론계에서 활동한 것 같다.

고종 황제 국장(國葬)

1919년 3월 3일 월요일

　　　　　　　　새벽 5시에 일어났다. 6시 30분쯤 황금정黃金町(지금의 을지로에 해당한다—옮긴이)에 가서 적십자사 회원들과 방향을 달리해 남쪽 편 보도에 자리를 잡았다. 오전 9시쯤 일본식 장례 행렬이 통과했다. 형언할 수 없는 슬픔 속에 고종 황제의 유해가 담긴 관대棺臺를 향해 경건하게 모자를 벗었다. 대여大輿가 지나갈 때 일본인 중에는 웃는 이들이 있었는가 하면 모자를 벗지 않는 이들도 있었다. 거대한 대여 앞에서 대열을 유지하고 있던 조선인은 이 일본인에게 이렇게 말했다. "뭐가 좋아 웃어?" 또 다른 사람은 이렇게 말했다. "저 친구는 날 때부터 모자를 쓰고 나왔나?"

　　후미가 보이지 않을 정도로 많은 군인들이 총구를 땅으로 향한 채 질서정연하게 행진했다. 한 일본인이 말했다. "이렇게 늠름한 군인들을 보면 조선인들은 하도 무서워서 벌벌 떨 거야." 다른 일본인이 맞장구를 쳤다. "맞아! 난폭한 조선인들이 모두 숨을 죽였군 그래." 또 다른 일본인이 말했다. "여기에 나와 있는 조선인들은 모두 얌전해. 다만 선교사들이 운영하는 학교의 학생들만 난폭하지. 그런 놈들은 모두 감옥에 처넣어 유배시키는 게 좋다고."[1]

오후 내내 집에서 쉬었다. 정화기의 말로는, 내일 천도교인이 소요를 일으킬 예정이라고 한다. 또 학생들은 고종 황제가 윤아무개[2] 등에게 암살됐다고 믿고 있다고 한다.

---

1 — 윤치호는 따옴표 속의 일본인들 발언 내용을(일본어를) 영어 알파벳으로 풀어서 표기했다.
2 — 윤덕영(尹德榮, 1873~1940)을 가리킨다. 순종 황제의 황후인 순정효황후(純貞孝皇后)의 큰아버지로 한말에 경기도 관찰사 등을 지냈다. 한일합방과 함께 자작 작위를 받았고, 1919년까지 이왕직(李王職) 장시사장(掌侍司長)을 지내며 고종 황제 측근에서 활동했다. 중추원 부의장, 국민정신총동원조선연맹 고문을 거쳐 일본 귀족원 의원을 지냈다.

1919년 3월 4일 화요일

선동가들이 이런 소문을 유포시키고 있다. 윤덕영, 한상학[1] 등이 식혜에 뭔가를 타서 고종 황제를 독살했으며, 윤덕영, 이완용, 한상룡,[2] 조중응,[3] 신흥우 등이 조선인이 일본의 통치에 만족해하고 있다는 걸 증명하려고 어떤 서한에 서명했다고 말이다. 정화기와 변훈의 말이 모두 사실이라면, 학생들이 신흥우 군에게 이를 갈고 있을 것이다.[4] 정군과 변군은 내가 이번 운동에 참여하지 않았기 때문에 선동가들이 날 욕보일 수 있으니 조심하라고 귀띔해주었다. 지금 난 진퇴양난에 빠져 있다.

김정식 씨[5]가 찾아왔다. 그는 게일 박사[6]에게 와타나베 판사[7]를 만나 조선인으로 구성된 자문위원회를 만들도록 제안해달라고 말했단다. 오후 내내 백상규 군[8]과 장기를 두었다.

간자키 씨[9]가 저녁 7시 30분에 만나자고 했다. 그는 자기가 입수한 정보를 일러주었다. 다량의 태극기가 YMCA회관에 은닉되어 있고, 내일 오전에 YMCA회관에서 시위가 시작될 거라고 말이다. 난 그에게 고맙다는 뜻을 전하고, 곧바로 YMCA회관으로 달려가 뭔가 수상한 게 감춰져 있는지 살피려고 모든 사무실을 샅샅이 뒤졌다. 그런 다음 그레그 씨[10]에게 밤새 회관을 잘 지켜달라고 신신당부했다. 많은 사람들이 회관에서 잠을 자는 이일李―(당시 서울YMCA 간사로 일했던 것 같다—옮긴이)을 첩자라고 의심하고 있다.

---

1 — 한상학(韓相鶴)은 당시 전의(典醫)로 있었는데, 그가 총독부 관리로부터 협박과 회유를 받아 고종 황제를 독살했다는 설이 나돌았다고 한다.
2 — 한상룡(韓相龍, 1880~?)은 이완용의 조카로 일제강점기 친일파 중에서도 '최고 실세'로 통했다. 1903년 한성은행 전무이사가 됐고, 1908년 동양척식주식회사 창립 이사에 취임했다. 1927년부터 중추원 참의와 고문을 지냈다. 일제강점기 말에는 관동군 최고 고문, 조선임전보국단 고문, 일본 귀족원 칙선의원을 지냈다.
3 — 조중응(趙重應, 1860~1919)은 한말의 문신이자 1910년대의 대표적인 친일파. 1895년 을미사변 당시 법부 형사국장으로 민비의 폐비조칙을 강행했다. 1906년 이후 법부대신과 농상공부대신을 지내며 고종 황제의 강제 퇴위와 '한일합병조약' 체결에 앞장섰다. 한일합방과 함께 자작 작위를 받고 중추원 고문에 임명됐다.
4 — 당시 신흥우는 배재고등보통학교 교장으로 재직 중이었다.
5 — 김정식(金貞植, 1862~1937)은 초창기 YMCA운동을 대표하는 인물이다. 대한제국 시기에 경무관으로 있으면서 독립협회 인사들을 후원했다. 1904년 서울YMCA의 조선인 수석 간사에 올랐고, 1906년 도쿄의 조선YMCA를 창설하고 초대 총무에 취임했다.
6 — 게일(J. S. Gale(奇一), 1863~1937)은 캐나다 출신의 미국북장로회 선교사다. 1900년부터 연동교회를 담임했고, 1903년 서울YMCA 초대 회장을 맡았다. 1927년 조선을 떠날 때까지 서울 지역 장로교계의 원로 선교사로 권위가 높았다. 그러나 정치적으로 친일 성향이 강해 조선인들로부터 비판을 받았다.
7 — 와타나베 노보루(渡邊暢, 1858~?)는 당시 경성고등법원장(1910~23. 지금의 대법원장에 해당된다)으로 있었다. 독실한 기독교인으로 1916년 서울YMCA의 명예이사에 선임됐으며, 윤치호 등 조선 기독교계 인사들과 관계가 원만했던 것으로 보인다. 일본에 돌아가 귀족원 의원을 지냈다.
8 — 백상규(白象圭, 1883~?)는 일제강점기 토착자본가인 백완혁의 아들이다. 미국 브라

운대학교를 졸업하고 오랫동안 보성전문학교 교수를 지냈는데, 영어의 대가라는 평을 들었다. 장로교인으로 1920년 서울YMCA의 회계를 맡아보기도 했다.
9 ─ 간자키 다카카즈(神崎稼一)는 당시 서울의 한 경찰서 서장으로 있었던 것 같다. 그는 1919년 8월 종로경찰서장에 임명됐다가 3개월 후 용산경찰서장으로 자리를 옮겼다.
10 ─ 그레그(G. A. Gregg)는 캐나다 출신으로 미국에서 철도회사 사원과 공업학교 교장으로 일한 후, 1906년 서울YMCA 공업부 간사로 부임했다. YMCA학관 학감을 맡아 목공, 대장, 사진, 기공 등 실업교육 발전에 기여한 후, 1928년 미국으로 돌아갔다.

1919년 3월 5일 수요일

아침 6시 30분에 YMCA회관에 갔다. 뭔가 잘못된 게 없는지 살피기 위해서였다. 회관은 쥐 죽은 듯이 고요했다. 오전 10시 30분쯤 종각 부근에서 시위가 일어났다. 경찰이 시위에 참가한 소년 소녀들을 끌고 가느라 바삐 움직이는 게 보였다. 난 이 광경을 보면서 흐느껴 울지 않을 수 없었다. 하지만 아무 힘이 없는 내가 뭘 어쩌겠는가!

게일 박사를 방문해, 일본인이 외국인의 간섭에 매우 예민한 만큼 당국자들에게 이번 사태의 해결을 요구하는 조선인의 이름을 발설해서는 안 된다고 주의를 주었다. 게일 박사는 일본이 지난 10년 동안 조선인의 호감을 사는 데 실패했다는 걸 인정하기 때문인지 조선인에게 다소 동조하는 것 같았다.

니와 씨[1]를 방문했다. 그런 다음 와타세 목사[2]를 찾아갔다. 그들에게 난 진심으로 이번 소요에 반대하고 있으며, 일본은 조선인의 불만이 어디에 있는지 철저히 규명해야 한다고 말했다. 와타세 씨는 기독교 목사들이 천도교 인사들과 공조했다는 점을 비난했다.[3] 그는 또 선교사들이 이번 운동을 시작했거나, 아니면 반대로 이번 음모를 전혀 모르고 있었다고 나무랐다. 그는 이번 사태가 전국 방방곡곡의 조선인에게 불만이 있다는 데서 비롯됐다는 걸, 다시 말해서 이번 운동이 서울이 아니라 도쿄에서 시작됐다는 걸 깨닫지 못한 모양이다. 와타세 씨는 신흥우 군이 일본에 갔다고 말했다.

---

1 — 니와 세이지로(丹羽淸次郞, 1865~1957)는 YMCA 운동가로 일본 기독교계의 원로다. 도시샤(同志社) 교장을 지낸 후, 도쿄YMCA와 일본YMCA동맹 총무 등을 역임하면서 일본YMCA의 일인자로 활동했다. 한일합방 직전 조선에 건너와 경성기독교청년회(서울의 일본인 YMCA)를 설립하고 초대 총무에 취임했다. 1938년 기독교계의 내선일체를 목표로 경성기독교연합회를 결성하고 회장을 맡았다.
2 — 와타세 츠네요시(渡瀬常吉, 1867~1944)는 일본조합교회의 실력자다. 1889년 대일본기독교도교육회가 서울에 설립한 경성학당의 초대 학당장에 취임해 10년간 재직한 후, 1907년 일본조합교회 목사가 됐다. 일본에서 조선전도론을 강력히 주장하다가 1911년 일본조합교회 조선 전도부 주임으로 부임해 총독부의 후원을 받으며 포교 활동에 나섰다.
3 — 와타세 츠네요시는 1919년 4월 『신인(新人)』이라는 일본 잡지에 「조선 소요 사건의 진상과 그 선후책」이라는 글을 기고해, 조선의 기독교가 천도교와 제휴해 3·1운동을 주도한 것을 가리켜 '유대교적인 편협한 애국심'의 발로라고 비난했다.

1919년 3월 6일 목요일

평소와 마찬가지로 서울YMCA에서 업무를 보았다. 오후에 방태영[1]과 『경성일보』(일제하 총독부의 일본어판 기관지다—옮긴이)의 한 일본인 대표가 찾아왔다. 그들의 말로는, 당국이 지금 막 일본의 지방판 신문들에게 최근의 시위 소식에 대한 보도를 허용했단다. 그들은 내가 이번 사태에 대해 어떻게 생각하는지 정확히 알고 싶다고 말했다. 그래서 내 입장을 명확히 밝힐 필요를 느꼈다. 내 말에 조금이라도 애매한 구석이 있으면 즉각 당국자들의 의심을 사게 될 것이고, 조선의 많은 청년들을 잘못 인도하게 될 것이었다. 양다리를 걸칠 수는 없었다. 그래서 이번 운동에 반대하는 세 가지 이유를 말했다. (1) 조선 문제가 파리강화회의에 상정되지 않을 것이다. (2) 미국이나 유럽의 어떤 나라도 조선 독립을 위해 일본과 싸우는 모험을 감행하지 않을 것이다. (3) 약소민족이 강성한 민족과 함께 살아야만 할 때, 약자가 취할 수 있는 최선의 방책은 강자의 호감을 사는 것이다.[2]

1 — 방태영(方台榮, 1875~?)은 한말에 경찰 관료를 지낸 후, 1910년대에 매일신보사에 입사해 3·1운동 당시 이 신문사의 외교과장을 지냈다. 1919년 8월부터 1926년 말까지 사이토 총독을 51회나 면회한 '직업적 친일분자'다. 1920년대에는 주로 재만 조선인 회유 공작을 담당했고, 1930년대 후반에 중추원 참의를 지냈다.
2 — 학계 일각에서는 윤치호가 일제의 외압이나 사주에 의해 3·1운동을 반대했던 것으로 여겨왔다. 그러나 지금까지의 일기 내용을 통해, 그가 자신의 일관된 정세 인식에 따라 자발적으로 3·1운동을 반대했다는 사실을 확인할 수 있다.

1919년 3월 7일 금요일

서울의 일본 신문들이 최근의 소요에 대한 기사를 보도하기 시작했다. 『경성일보』는 내가 이번 대중 소요에 참가하지 않은 이유를 보도했다. 내 입장이 매우 난처해졌다. 어차피 모두를 만족시킨다는 건 불가능하다.

니와 씨의 말로는, 서울YMCA를 이번 운동의 중심지로 의심하던 일본인이 내 발언에 환영의 뜻을 나타냈다고 한다.

갑자기 승하함으로써 이번 대소요의 실마리를 제공한 고종 황제는 예전에 누군가를 감옥에 보내기 위해 단 한마디를 사용하곤 했다. 그건 바로 '친일파'라는 단어였다. 조선의 일본인들이 누군가를 불행하게 만드는 데 편리하게 사용하는 단어가 하나 있다. 그건 바로 '반일파'라는 단어다.

1919년 3월 8일 토요일

오전 10시 30분쯤 YMCA회관에 갔다. 내가 이번 운동에 참가하지 않은 이유를 솔직하게 말한 것 때문에 조선인이 잔뜩 화가 난 모양이다. 회관에 있는 청년들조차 날 무척 쌀쌀맞게 대한다. 내가 일본인에게 고용되어 용서할 수 없는 범죄를 저질렀다고 성토하는 내용의—익명의—편지를 받았다.

낮 1시에 와타나베 경성고등법원장을 방문했다. 그는—은밀하게—총독부가 조선인 관리와 일본인 관리를 동등하게 대우하려던 계획을 미처 실행에 옮기지 못했다고 아쉬워했다. 그는 또 총독부 측이 양보하게 되면, 조선인이 뭐든지 원하는 게 있을 때는 시위를 벌이면 된다고 믿는 선례를 남길지도 모른다고 우려했다.

1919년 3월 9일 일요일

외출하지 않고 집에 있었다. 주요 거리의 점포들이 모두 문을 닫았다. 누군가 서울YMCA에 세 번이나 전화를 걸어 나한테 오전 11시 30분에 종각 부근에서 시작될 시위에 동참하라고 종용했단다. 이 전화를 받은 수위는 이 '누군가'에게 YMCA회관은 텅 비어 있으며, 군인, 경찰, 헌병, 형사들이 종로를 삼엄하게 지키고 있어서 어떤 시위도 일어날 수 없을 거라고 말했단다.

동포들의 고통을 생각하면 가슴이 메고, 그들을 돕기 위해 뭘 해야 할지 궁리하다 보면 머리가 지근지근 아프다. 당국은 몇몇 조선인 지도자를 소집해서 조선인이 분노하고 있는 이유가 무엇인지 파악해야만 한다. 일본인은 감성적으로나 이성적으로나 철저하게 군국주의화된 나머지 오직 힘을 앞세워 조선을 통치하고 있다. 역사를 돌이켜보면 우리는 독일 황제 위에 주님이 있다는 걸 알 수 있다.

1919년 3월 10일 월요일

낮 1시 30분쯤 YMCA회관에 갔다. 거리는 사람들로 북적거렸다. 상점들은 여전히 문을 열지 않았다. 전차 승무원들도 일을 그만둔 것 같다.[1] 선동가들은 나의 솔직한 발언 때문에 화가 단단히 나서 날 가만 놔두지 않겠다고 협박하고 있다.

경찰서에서 구치소로 이감되는 여학생들의 모습이 조선인의 가슴속에 증오와 분노의 격렬한 감정을 불러일으키고 있다. 당국은 이 여학생들을 석방해야 한다.

(중략)

---

1 — 1919년 3월 9일부터 서울의 전차 승무원들이 시민, 학생들의 만세시위에 동조해 파업에 들어감으로써 전차 운행이 중단됐다.

1919년 3월 11일 화요일

오전에 김정식 씨가 말해준 바에 따르면, 와타세 씨와 김린 씨[1]가 반일소요에 반대하는 운동을 시작할 거라고 한다.[2] 김정식 씨는 친일적이긴 하지만 조선인에게 충실한 사람이다.

브로크먼 씨[3]가 알려준 바에 따르면, 게일 박사, 에비슨 박사,[4] 노블 박사,[5] 휘트모어 박사[6]가 우사미 씨를 면담하고 조선인의 불만 요인, 즉 조선인을 차별하는 것과 일본인 이주민을 위해 조선인을 내쫓는 것 등에 대해 매우 솔직하게 말했다고 한다.

집에서 야마모토 목사에게 저녁을 대접했다. 김정식 씨도 자리를 함께 했다. 야마모토 씨는 와타세 목사보다 더 너그럽고 인정이 많아 보였다. 그에게 조선인의 불만 요인을 말해주었다. 야마모토 씨는 당국자들이 현재 수감되어 있는 이번 운동의 지도자들과 격의 없는 대화를 충분히 나누어, 그들에게 수용할 수 있는 것과 수용할 수 없는 것을 일러주어야 한다고 말했다.

---

1 — 김린(金麟)은 독립협회에서 활동한 개화파 인사다. 1907년 서울YMCA 부총무를 맡아 YMCA회관 건립에 기여했으나, 곧 일본조합교회 측에 합류했다. 1913년 유신회를 조직

하고 서울YMCA를 일본YMCA에 예속시키려는 공작을 벌였으나 실패했다. 3·1운동 당시 조합교회 측의 '3·1운동 진정운동'에 가담했다.
2 ─ 3·1운동이 일어나자 일본조합교회의 와타세 쓰네요시는 김린, 유일선, 선우순 등 이 교회의 조선인 지도자들과 함께 '대시국운동'을 전개했다. 이들은 각종 책자와 인쇄물을 배포하고 집회와 강연회 등을 열어 일선융화(日鮮融和)를 선전 선동하며 '3·1운동 진정운동'을 벌였다.
3 ─ 브로크먼(F. M. Brockman(巴樂萬), 1878~1929)은 미국 출신의 YMCA 운동가다. 1905년 서울YMCA 협동총무로 취임했고, 1914년 조선YMCA연합회 초대 총무가 됐다. 1920년대 후반까지 이상재, 윤치호, 신흥우 등 조선인 총무와 함께 서울YMCA를 이끌었다.
4 ─ 에비슨(O. R. Avison, 1860~1956)은 캐나다 출신의 미국북장로회 의료선교사로 1904년 세브란스병원을 설립하고 병원장에 취임했다. 1913년 세브란스의전 교장으로 부임했고, 1916년 연희전문학교 교장을 겸직해 1934년까지 두 전문학교의 책임을 맡았다.
5 ─ 노블(W. A. Noble, 1866~1945)은 1894년부터 15년 동안 평양 지역 감리교 선교를 총지휘한 후, 서울에서 선교 활동을 벌였다. 아펜젤러가 세상을 떠난 후, 자타가 공인하는 조선 미국감리회의 일인자였다. 1930년 남·북감리회 합동 전권위원으로 활동했다.
6 ─ 휘트모어(N. C. Whittemore, 1870~1952)는 미국북장로회 선교사로, 1898년 선천읍교회를 설립하고 1906년 신성학교를 세우는 등 평북 선천을 일제강점기 조선 장로교의 중심지로 성장시켰다. 1912년 평북노회 초대 회장에 선출됐다.

1919년 3월 12일 수요일

그레그 씨 집에서 열린 서울YMCA 이사회에 참석했다. 모두가 자리를 뜬 후 니와 씨, 와타나베 경성고등법원장과 잠시 한담을 나누었다. 니와 씨는 조선에 거주하고 있는 일본인들이 선교사들을 몹시 싫어한다고 아쉬워했다. 와타나베 경성고등법원장은 선교사들이 현재 조선에서 벌어지고 있는 소요와 아무 관련이 없다는 걸 헌병에게 납득시키는 게 거의 불가능하다고 말했다. 난 조선인이 일본의 통치에 대한 불만을 서면으로 작성해서 제출하도록 총독부가 유도해야 한다고 제안했다.

1919년 3월 13일 목요일

낮 2시에 어제 서울에 돌아온 야마가타 이소오

씨[1]를 방문했으나 만나지 못했다. 야마가타 데이사부로 씨와 장시간에 걸쳐 한담을 나누었다. 그는 이번 사태 이후 총독부가 좀 더 관대한 정책을 채택하길 바라고 있는 것 같았다. 그는 신흥우 군이 배재고등보통학교에서 독재가로 행세하고 있으며, 정치적이고 야심만만하며 교활하다고 말했다. 또 당국이 배재고등보통학교의 운영 방식을 그다지 달갑게 여기지 않고 있으며, 이 학교 학생들이 외관상으로는 매우 훌륭해 보이지만 정신적인 측면에서는 불온하다고 말했다. 난 그의 얘기를 듣고 적잖이 놀랐다. 그가 정신이라고 지칭한 것이 뭘 의미하는 건지 궁금하다.

(중략)

---

[1] — 야마가타 이소오(山縣五十雄, 1869~1959)는 1909년 통감부 기관지 『서울프레스』의 제2대 사장에 취임해 1923년까지 재직하며 총독부에 상당한 영향력을 행사했다. 특히 1923년 사이토 총독에게 「조선 통치의 과거, 현재 및 장래」라는 제목의 조선 통치에 대한 의견서를 제출했다. 본래 일본의 영문학자로 특히 셰익스피어에 정통했다고 한다.

1919년 3월 16일 일요일

오전에 변훈이 전해준 바로는, 동석기 씨[1]가 빌링스 목사,[2] 노블 목사, 매큔 목사[3]와 독립 소요에 대해 협의했다고 경찰에 자백했단다. 도저히 믿을 수 없는 얘기다.

오늘도 시내 상점들은 문을 열지 않았다. 이 희한한 일로 피해를 보는 사람은 조선인밖에 없다.

김정식 씨가 잠깐 들러서 말하기를, 송병준이 일종의 '자치'를 요구하는 운동을 시작할 거라는 소문이 나돌고 있다고 한다.

---

[1] — 동석기(董錫琪, 1881~1972)는 감리교 목사로 3월 1일 서울의 만세시위에 참여했다가 체포되어 7개월간 복역했다. 1929년 감리교 목사를 자퇴하고 미국에 다녀온 후, 조선 그리

스도의 교회를 창설해 조선에 '환원운동'을 소개했다.
2 ─ 빌링스(B. W. Billings, 1881~1969)는 미국감리회 선교사로 1908년 조선에 건너와 1932년까지 연희전문학교 교수, 부교장 등을 지냈다. 그 후 협성신학교 교장을 지내며 조선의 신학 발전과 목회자 양성에 주력했다.
3 ─ 매큔(G. S. McCune, 1872~1941)은 미국북장로회 선교사로 1905년 조선에 건너와 1909년부터 평북 장로교 선교의 중심지인 선천 선교회를 전담하고, 이곳의 신성학교 교장에 취임했다. 1928년 숭실전문학교 교장으로 자리를 옮겼으며, 1936년 총독부의 신사참배 강요를 거부하다 교장직 승인을 취소당했다.

1919년 3월 17일 월요일

오전 11시 30분에 이를 치료하러 세브란스병원으로 출발했다. 1시쯤 도로 쪽으로 나 있는 문을 열고 들어서자마자 병원 곳곳에 배치되어 있는 경찰의 모습이 눈에 들어왔다. 난 다른 몇 사람과 함께 현재 위치에서 꼼짝 말고 그대로 있으라는 명령을 받았다. 무슨 이유에선지 이 병원이 철저한 수색을 받는 바람에 1시간이 넘도록 오도 가도 못하고 그대로 기다려야만 했다. 무슨 일인지 전혀 알 수가 없었다. 2시 30분쯤 YMCA회관으로 돌아왔다.

사촌 동생 치오[1]를 찾아갔다. 그의 말로는, 예종석[2] 일당이 대정친목회[3]의 후원으로 시위 반대운동을 시작할 거라고 한다. 예종석 일당 같은 '썩은 달걀'들이 시작하는 운동은 어떤 운동이든 간에 반일 소요를 더욱더 유발할 것이다.

1 ─ 윤치오(尹致旿, 1869~?)는 윤치호의 사촌 동생이다. 1950년대에 서울대 총장을 지낸 의학자 윤일선(尹日善)의 아버지이고, 제4대 대통령을 지낸 윤보선(尹潽善)의 큰아버지다. 일본 유학을 거쳐 한말에 학부 학무국장과 기호학교 교장을 지냈다. 1910~15년 중추원 부찬의와 찬의를 지냈다.
2 ─ 예종석(芮宗錫, 1872~?)은 1916년 결성된 대정친목회와 1919년 결성된 경성교풍회의 실질적인 리더로 일선융화운동에 앞장섰다. 1920년 『조선일보』 창간 당시 부사장 겸 발행인을 맡았다. 그 후 각파유지연맹 등 여러 친일단체의 '단골손님'으로 활동했다.

세브란스병원

3 — 대정친목회(大正親睦會)는 1916년 11월 서울에 거주하는 친일 성향의 유지들이 결성한 친목단체. 여론공작을 통해 일선융화에 힘쓰는 것이 실질적인 목표였던 것 같다. 조중응(회장), 조진태(부회장), 예종석(전무), 한상룡(평의장), 아베 미쓰이에(阿部充家, 고문) 등이 중심인물이었는데, 윤치호도 평의원으로 가입했다.

1919년 3월 18일 화요일

오후에 변훈이 찾아와 여러 가지 정보를 일러주었다. 첫째, 하세가와 요시미치 총독이 해임됐다.[1] 둘째, 조중응의 지휘 아래 고희준[2]이 다음과 같은 여덟 가지의 요구 사항을 내걸고 자치단체 결성을 계획하고 있다. (1) 언론과 출판의 자유, (2) 참정권, (3) 조선인 관리들에 대한 동등 대우, (4) 대학 설립이며, 나머지는 잘 기억이 나지 않는다. 그동안 일본인 관리들이 몹시 음흉했기 때문에, 설령 그들이 이런 개혁안을 약속한다 하더라도 조선인은 전혀 믿지 않을 것이다.

한 여학생이 수사관에게 이런 말을 했다고 한다. "내게 두 명의 남편, 즉 호적상의 남편과 내연의 관계인 남편이 있다면, 당신은 누구를 따르라고 조언하겠습니까?" 수사관이 대답했단다. "물론 법적인 남편이지." 그러자 이 여학생이 말했단다. "그렇다면 조선은 내 호적상의 남편입니다. 난 당신도 옳다고 인정하는 행동을 한 것뿐인데, 왜 날 못살게 굽니까?"

---

1 — 하세가와 요시미치(長谷川好道, 1850~1924) 총독이 해임된 것은 1919년 8월 12일의 일이었다. 따라서 변훈이 들려준 이 얘기는 낭설이었다. 하세가와는 제2대 조선 총독으로 데라우치 전임 총독을 계승해 무단통치를 실시하고 민족운동을 철저히 탄압한 장본인이다. 정치가다운 기질이나 재능이 없는 전형적인 군인이었다는 평가를 받고 있다.
2 — 고희준(高羲駿, 1880~?)은 한말과 일제강점기에 군수를 지낸 친일 관료다. 1910년 3월 이완용의 후원을 받아 민원식, 정응설 등과 함께 정우회를 결성해 친일 여론을 조성하는 데 앞장섰다. 3·1운동 이후 일본에 건너가 자치청원서를 제출했다.

1919년 3월 19일 수요일

경찰 수사관들이 죄수들, 특히 여학생들에게 온갖 종류의 야만적인 행위를 저질렀다고 한다. 내가 들은 얘기 중에 사실이 아닌 것도 있겠지만, 난 이 고통을 말로는 도저히 표현할 방법이 없다는 걸 잘 알고 있다. 그들의 고통에 대한 상념을 떨쳐버릴 수가 없다. 그저 이 용감한 남녀 중 단 한 명도 나의 그릇된 약속이나 조언 때문에 고통을 겪고 있는 건 아니라는 점을 위안으로 삼을 뿐이다.

조선인들 사이에 나에 대한 비난 여론이 최고조에 달해 있다. 난 분명히 오해를 받고 있다. 한 가지 실례를 들어보자. 엊그제 난 치과 진료를 받으러 세브란스병원에 갔다. 이 병원 현관에서 2시간 가까이 경찰에게 억류되어 있었다. 오이시 씨가 날 알아보고는 조사를 받지 않고 그냥 돌아가도 좋다는 검사의 허가를 받아주었다. 이 때문에 내가 경찰의 첩자 노릇을 하러 병원에 갔다는 소문이 돌고 있다.

1919년 3월 24일 월요일

동대문 외곽에서 소요가 잇달아 일어났다고 한다. 또 전차 발전소 정면에 돌이 날아와 유리창이 깨졌고, 두 곳의 파출소가 파손됐다고 한다. 독립 소요가 더욱더 험악한 양상으로 치닫고 있다. 상점들은 15일 동안이나 문을 열지 않고 있다. 니와 씨는 당국이 소요가 발생한 것보다 상점들이 철시한 데 대해 더 곤혹스러워하고 있다고 믿고 있다.

브로크먼 씨의 말로는, 지난 토요일 오후 와타나베 경성고등법원장이 서울의 모든 선교회 대표자들을 소집해 모임을 가졌다고 한다.[1] 이 자리에 세키야 씨[2]와 구니토모 씨[3]도 참석했다고 한다. 일본인은 선교사들에게 조선의 소요를 진정시키기 위해 힘써달라고 촉구했단다. 선교사들은 자기네 영사관이 중립을 지키라는 엄명을 내렸다는 이유를 들어 그럴 수 없다는 뜻을 분명히 밝혔다고 한다.

---

1 — 이 자리에는 웰치, 게일, 벙커, 에비슨, 마펫, 휘트모어, 노블, 하디, 브로크먼 등 당시 조선의 최고위급 선교사 10명이 참석했다.
2 — 세키야 데이사부로(關屋貞三郞, 1875~1950)는 도쿄제국대학 법률학과를 졸업하고 타이완 총독 비서관 등을 지낸 내무 관료다. 한일합방과 함께 총독부 내무부 학무국장을 맡아 식민교육의 틀을 짜는 데 주력했다. 일본에 돌아가 오랫동안 궁내 차관을 맡았다.
3 — 구니토모 쇼켄(國友尙謙, 1876~?)은 일본 경시청 순사, 경부를 지내다 1905년에 조선에 건너와 통감부, 경무총감부 등에서 활동한 중견 관료다. 1919~27년 총독부 경무국 경무과장을 지내며 조선 통치의 최일선에서 활동했다.

1919년 3월 26일 수요일

독립 소요가 진정될 기미는 좀처럼 보이질 않는

다. 상점들은 더욱더 문을 굳게 걸어 잠근다. 사교부 간사인 구자옥 군[1] 말로는, 서울YMCA에 신규 회원이 들어오지 않는다고 한다. 올해 YMCA 예산은 엉망이 되어버렸다. 수입으로 책정해놓은 항목들, 즉 회비, 이사회 이사들의 기부금, 수강료 등의 대부분이 허망하게 날아가버렸다. 하지만 지출 항목들은 요지부동이다. 출근도 하지 않으면서 월급을 고스란히 타 가고 있는 이상재 선생의 처신에 문제가 있어 보인다.

당국은 갈고리와 곤봉, 칼 등으로 무장한 일본인 날품팔이들을 내세워 '만세' 군중을 공격하는 천박하고 무자비한 방법을 쓰고 있다. 그들은 경찰, 헌병, 군인으로도 충분치 않은가 보다. 왜 이렇게 야비한 방법을 쓰는지 모르겠다. 그들은 조선인 날품팔이들이 시위 군중에 끼여 폭력을 행사하길 바라는 건가?

---

[1] ― 구자옥(具滋玉, 1891~?)은 YMCA 운동가다. 1917년 서울YMCA 회우부 간사를 시작으로 부총무를 거쳐 1925년경 한때 총무를 맡기도 했다. 1935년 다시 총무에 선출되어 1940년까지 서울YMCA를 이끌었다. 1938년 친일 기독교단체인 경성기독교연합회 결성에 참여했다. 해방 후 경기도지사를 지내다가 한국전쟁 때 납북됐다.

1919년 3월 27일 목요일

몽골에서 독립운동이 일어났다. 카이로에서도 독립운동이 일어났다. 독립운동은 일종의 정치적 인플루엔자인 모양이다. 우리 조선인로서는 영국이 이집트를 어떻게 다룰까 하는 게―파리강화회의가 영국 보호령의 소요에 대해 어떤 태도를 취할까 하는 게―최고의 관심사일 것이다. 하지만 파리강화회의가 이집트 문제에 대해 시큰둥한 반응을 보인다면, 조선 문제와 관련해서도 아무런 조치를 취하지 않을 것이다. 시위자들이 순진한 조선인에게 선전하고 있는 내용의 요점은, 윌슨 대통령의 호의로 파리강화회의에서 조선 독립을 선언할 때까지 만세를 부른다는 것이다. 시위자들의 태도가 그토록 진지하지만 않다면 웃기는 일이었을 텐데.

1919년 3월 28일 금요일

김윤식 씨와 이용직 씨가 하세가와 총독에게 조선의 독립을 요망하는 서한을 보냈다는 얘기를 들었다.[1]

선교사들이 일본인의 잔학 행위를 보고 일본의 시책에 완강히 반대하기 시작했다. 일본 군인, 헌병, 경찰, 그리고 날품팔이들이 남녀노소를 가리지 않고 찌르고, 쏘고, 걷어차고, 곤봉으로 내려치고, 갈고리를 휘두르는 잔학 행위는 독일인이 벨기에에서 자행한 무자비한 행위의 복사판이다. 오죽하면 친일파로 여겨졌던 게일 박사조차 비무장 조선인에 대한 일본인의 잔학 행위에 염증을 느끼는 것 같다. 훈방된 여학생들이 언급한 것처럼, 영웅적인 소녀들이 수사관의 손아귀에서 고문을 당하고 있다는 사실이 일본 지지자들의 속을 뒤집어놓았다.

루드로 박사에게는 다음과 같은 좌우명이 있다. "우리는 정치에 대해서는 중립적이어야 한다. 그러나 야만적인 행위에 대해서까지 중립적이어서는 안 된다."

---

[1] 김윤식(金允植, 1835~1922)은 개화기를 대표하는 고위 관리 중 한 사람이다. 1881년 영선사로 청나라에 파견됐고, 갑오개혁 당시 외무아문대신을 지냈다. 한일합방과 함께 자작 작위를 받고 중추원 부의장에 임명됐다. 이용직(李容稙, 1852~1932)은 외무협판, 황해도 관찰사 등을 거쳐 1909년 이완용 내각의 학부대신에 올랐다. 한일합방과 함께 자작 작위를 받았다. 3·1운동이 일어나자 경학원 대제학과 부제학으로 있던 김윤식과 이용직은 하세가와 총독에게 조선의 독립을 청원하는 「대일본장서(大日本長書)」를 제출했다. 이 사건으로 두 사람은 작위를 박탈당했다.

1919년 3월 29일 토요일

(1) 일본은 애국심이야말로 인간의 최고 덕목이라고 가르친다. 그러나 조선인에 대해서는 애국심을 중범죄로 간주해 처벌한다. (2) '민족자결'은 파리강화회의 14개조 평화원칙 중 하나다. 하지만 프랑스는 독일과 통합하려는 독일계 오스트리아인의 자결을 강경하게 반대한다. (3) 일본은 미국의 인종차별에 혼신의 힘을 다해서 반대한다. 하지만 조선인에게는 매사에 민족차별을 실행하고 있다. 결국 힘이 정의다.

1919년 3월 30일 일요일

송파松坡에서 올라온 김현영金顯英(윤치호의 농장 관리인인 것 같다―옮긴이)의 말에 따르면, 그곳의 일본인 헌병과 조선인 헌병보조원 감독이 대단히 영리해서 조선인들이 원 없이 만세를 부르도록 그냥 내버려두었다고 한다. 그랬더니 만세를 외치는 사람들의 열정이 식어버려서, 별다른 일 없이 평온하다고 한다.

몇 년 전 '만세 잡기'라는 이름의 놀이가 있었다. 이 놀이가 지금 총독부의 모든 당국자들이 만세를 외치는 사람들을 잡는 데 혈안이 되어 있는 사실의 전조前兆일 거라고, 누군들 상상이나 했을까?

날이 저문 후에 조선인이 거리에 나가는 건 굉장히 위험하다. 자칫하면 아무런 사전경고도 받지 못한 채 경찰, 헌병, 일본인 날품팔이들에게 칼에 찔리고 곤봉에 맞아 죽을 수도 있다.

1919년 3월 31일 월요일

야마가타 이소오 씨를 방문했다. 그는 조선인들의 쓸데없는 소요 때문에 실망감을 느끼고 있다고 말했다.

서울에서 첫 번째 시위가 일어난 지 꼭 한 달이 지났다. 소요가 수그러들 조짐은 전혀 보이지 않는다. 시위자들은 이번 시위를 통해 뭔가 의도한 게 있든 없든 간에, 반일 감정이 대단히 강하다는 것만큼은 확실하게 증명했다. 아울러 일본이 조선인의 호감을 얻는 데 실패한 건 물론이고, 하도 신뢰를 잃어서 어떤 약속을 해도 조선인이 도무지 믿으려 하지 않는다는 사실도 분명하게 입증했다.

1919년 4월 1일 화요일

경찰이 상점 주인들에게 문을 열라고 강요했다. 무장한 군인들이 주요 도로를 지키고 순찰을 돌았다.

(중략)

파리의 일본 대표단이 국제연맹 규약에 민족 동등의 원칙을 포함시키는 데 실패했다고, 『오사카마이니치신문』이 보도했다. 내 생각엔 윌슨 대통령의 너무도 고귀한 이상과 각국의 이익이 서로 상치된다는 점에 파리강화회의의 전반적인 문제가 있는 것 같다.

1919년 4월 2일 수요일

오전 11시쯤 양주삼 씨가 잠깐 들렀다. 그를 보니 반가웠다. 그는 독립 소요에 대해 나와 같은 생각을 하고 있었다. 그에게서 옥관빈 씨[1]와 임치정 씨[2]가 이번 시위 대열에서 이탈했다는 얘기를 들었다.

양씨의 말에 따르면, 신흥우 군이 소요 발발 3주일 전에 평양에 간 건 파리에 가서 조선의 불만을 세계만방에 알리라고 촉구하는 이들을 피하기 위해서였다고 한다. 상당히 그럴듯한 얘기다.

---

[1] 옥관빈(玉觀彬, 1891~?)은 보성전문학교를 졸업하고 『대한매일신보』 기자로 활동하

며 신민회와 청년학우회의 중심인물로 활동했다. '105인 사건' 당시 윤치호와 함께 최종적으로 유죄판결을 받은 6명 중 한 사람이다.
2 — 임치정(林蚩正, ?~1932)은 재미 한인단체인 공립협회와 신민회, 『대한매일신보』 등에 참여해 국권회복운동에 힘썼다. '105인 사건' 당시 윤치호 등과 함께 최종적으로 유죄판결을 받은 6명 중 한 사람이다.

1919년 4월 3일 목요일

극심한 강요에 의해 일부 상점들이 문을 열긴 했지만, 대다수 상점들은 여전히 문을 열지 않고 있다. 약속한 대로 오후 4시쯤 세키야 씨를 만나러 그의 자택을 찾아갔다. 그는 일본인 통치자들이 의욕만 앞섰을 뿐 조선인의 선입견과 감수성을 충분히 고려하지 못했다고 시인했다. 난 시위자들이 폭력을 행사하지 않는 한 그냥 내버려두는 게 좋을 것 같다고 제안했다. 세키야 씨는 내가 학생들에게 각자의 학업에 복귀하라고 종용하는 성명서를 발표하면 어떻겠느냐는 뜻을 넌지시 내비쳤다. 난 내 성명서가 흥분한 군중을 진정시키기는커녕 그들을 더욱더 자극하게 될 게 뻔하다고 말했다.

그건 그렇고, 이완용이 오늘 조선인에게 경고문을 발표했다.[1] 이완용의 이런 행위를 통해서는 얻는 것보다 잃는 게 더 많을 것이다.

1 — '매국노의 대명사' 이완용은 모두 세 차례에 걸쳐 3·1운동에 대한 경고문을 발표했다.

1919년 4월 4일 금요일

오전에 변훈이 알려준 바에 따르면, 이상재 선생, 김필수 씨,[1] 오기선 씨,[2] 이일 군이 오늘 아침 일찍 체포됐다고 한다. 이상재 선생은 건강이 좋지 않다. 차가운 감방에 갇히는 건 그에게 무척 해로울 텐데.

자존심이 강한 사람들은 극심한 여론의 압력에 떠밀려 마땅히 소요에 동참해야 한다는 의무감을 느꼈을 것이다. 여론은 옳건 그르건 간에 사람들의 삶을 주조鑄造하는 데서 법이나 종교, 이성이나 칼보다 더 강하다. 무엇이 중국 여인으로 하여금 전족을 하게 했나? 바로 여론이었다. 무엇이 사악한 사람들로 하여금 버젓이 살 수 있도록 해주었나? 바로 여론이었다.

---

1 — 김필수(金弼秀, 1872~1948)는 일제강점기 미국남장로회 관할 구역인 전북 지역을 대표하는 장로교 목사다. 1915년 조선인 최초로 조선예수교장로회 총회장에 선출됐고, 1918년 조선예수교 장감연합협의회 창설 당시에도 회장에 취임했다.
2 — 오기선(吳基善, 1877~1946)은 일제강점기 미국감리회의 중견 목사다. 3·1운동 당시 기독교와 천도교의 제휴에 기여했다. 도쿄조선인교회 목사를 두 차례 역임한 후, 1924~39년 평양 남산현교회 목사와 평양 지역 감리사를 지냈다. 교육학자 오천석(吳天錫)의 아버지다.

1919년 4월 6일 일요일

(중략)

일본인은 조선인이 대단히 친미적이라고 불평한다. 만약 이것이 잘못이라면, 이런 잘못을 고치는 최선의 방책은 조선인 편에 서서 반일 감정의 진정한 원인을 모두 제거하는 것일 텐데.

(중략)

1919년 4월 8일 화요일

(중략)

난 야마가타 이소오 씨에게 당국이 이상재 선생 같은 노인을 처벌하면 득보다는 실이 더 많을 거라고 넌지시 말했다. 그는 이 선생이 석방될 수 있도록 최선을 다하겠다고 약속했다.

1919년 4월 9일 수요일

일본인은 조선인의 독립 열망을 꺾고자 할 때 조선이 역사상 한번도 독립국이었던 적이 없었다고 주장해서 조선인을 극도로 격분케 만들곤 한다. 영웅적인 고구려 왕조의 멸망 이후, 조선반도는 1200년 남짓 명목상 중국의 속국이었다. 그러나 조선 영토 내에서 국왕은 일본 천황이나 중국 황제만큼 독립적인 지위를 누렸다. 게다가 조선이 독립국이었던 적이 한 번도 없었다는 주장이 맞는다손 치더라도, 그것이 곧바로 조선은 결코 독립국이 될 수 없다는 주장으로 이어질 수 있는 건 아니다. 유대인은 지난 2600년 동안 독립국가를 갖지 못했다. 그렇다고 유대인은 결코 독립국가를 수립하지 못할 거라는 주장에 설득력이 있는가? 중국은 장장 4천 년 동안이나 군주제 국가를 유지해왔다. 그러므로 중국은 절대로 공화정이 될 수가 없다는 게 말이 되나? 일본인은 지난 2천 년 동안 게다를 신어왔다. 그렇다면 일본인은 절대로 구두를 신을 수 없다는 말이 된다.

1919년 4월 10일 목요일

『애스 프레스*Ass. Press*』의 특파원이 영어를 할 줄 아는 2명의 일본인이 입회한 가운데 김윤식 씨를 방문했다. 게일 박사가 이 특파원과 동행했다. 유일선 씨[1]도 그들과 자리를 함께했는데, 내 생각엔 게일 박사가 무슨 말을 하는지 지켜보기 위해서인 것 같다. 이 특파원이 김씨에게 물었다. "조선이 독립을 획득할 수 있다고 믿습니까?" 노신사가 잠깐 뜸을 들인 후에 이렇게 말했다. "조선인은 독립을 원하고 있습니다. 허나 독립을 획득할 수 있을지 없을지는 잘 모르겠습니다." 그러자 일본인은 이 특파원에게 김씨의 답변이 조선에서 의구심을 낳을지도 모르니, 김씨의 발언이 뭘 의미하는 건지 좀 더 분명히 하기 위해 몇 가지 질문을 더 해보라고 권했다. 그러나 이 특파원은 더 이상 질문하지 않았다. 이 모든 게 사실이라면, 김씨는 분명히 고상하고 현명하게 답변했다고 볼 수 있다.

---

1 — 유일선(柳一宣)은 본래 수학 교사로 명성이 높았다. 1911년 일본조합교회의 조선 전도 활동에 포섭되어 조선인 최초로 조합교회 집사가 됐다. 1913년 유신회에 가담해 서울 YMCA의 주도권 탈취 시도에 가담했으며, 3·1운동 직후 조합교회 측의 '3·1운동 진정운동'에 참여했다.

1919년 4월 11일 금요일

지방에서 독립 소요가 무의미한 대중 폭동으로 변질되어가고 있다. 선동가들은 민주주의는커녕 독립이 뭔지도 모르는 무지한 사람들에게 소요에 참가하라고 설득하거나 아예 협박하고 있다. 그들의 반일 감정이 분출되고 있다. 경찰관이나 헌병은 어리석게도 총을 쏴 사람들을 고꾸라뜨린다. 그것은 폭동을 일으키라는 신호와 조금도 다를 게 없다. 1개 분대의 군인이 마을에 들어가 가옥을 불태우고, 주민들에게 총을 쏴 쓰러뜨린다. 이런 비극은 무고한 주민을 죽음으로 내모는 선동가들의 어리석음과 잘 어울린다.

약속한 대로 마쓰이 씨를 방문했다. 그는 서울에서 가장 센스 있고 인정 많은 관료다. 그는 조선 교회가 선교사들로부터 독립적인 기관이 되어야 한다고 넌지시 말했다. 난 이런 조치를 취하면 조선인은 자율적으로 종교를 선택할 수 있었을 때보다도 더 선교사들에게 밀착하게 될 거라고, 그에게 말했다.

1919년 4월 12일 토요일

"조림사업 했죠. 도로를 놓았죠. 학교와 병원도

세웠죠. 우리가 조선인에게 얼마나 많은 은혜를 베풀었는지 좀 보세요!" 이는 일본인 통치자들이 관광객들에게 즐겨 하는 말이다. 그런데 이런 물질적인 개선은 근본적으로 누구의 이익을 위해 도입됐는가? 이런 물질적인 개선에 의해 부수적으로 조선인이 이익을 보았다는 걸 부정할 사람은 아무도 없다. 하지만 일본인은 자국의 이주민들을 위해 조선에서 조선인을 내모는 게 일본의 의도이자 시책이라는 인상을, 아니 이런 확고한 믿음을 자아낼 만한 일들을 해왔다. 조선인이 이렇게 믿는 한, 일본인은 조선인이 이런 물질적인 개선을 고맙게 여기길 바라서는 안 된다. 조선인이 만주의 평야나 시베리아 산림에 가서 새로운 터전을 마련해야 한다면, 대체 뭐 때문에 좋은 도로와 울창한 산림을 고맙게 여기겠나? 사람에게는 현명한 아버지의 사랑의 매가 필요할 수도 있다. 그러나 유다(예수의 12사도 가운데 한 사람으로 예수를 배반했다―옮긴이)의 입맞춤을 누군들 고맙게 여기겠나? 일본이 먼저 시책을 바꿔야 한다. 조선인의 신뢰를 얻을 수 있도록 말이다.

1919년 4월 13일 일요일

이승만이 하와이에 있는 자기 지지자들에게 보낸 걸로 추정되는 편지의 사본을, 변훈이 보여주었다. 이 편지의 내용은 이러했다. (1) 이승만은 캘리포니아에 있는 조선인의 열렬한 환영을 받았다. (2) 안창호가 이승만에게, 재미 조선인의 기부금은 1만 달러에 달하는데 하와이 거주 조선인의 기부금은 1천 달러밖에 안 된다고 불평했다. 안창호는 하와이에 가서 돈을 더 많이 모금하려 한다. (3) 캘리포니아의 조선인이 파리강화회의에 정鄭아무개[1]라는 사람을 보내려고 했지만, 동부의 조선인이 반대했다. (4) 이승만은 뉴욕에서 여권을 발급받을 수 없었다. 미국인 관리들은 일본인의 심기를 건드리지 않으려고 파리에 가려는 조선인에게 여권을 발급해주지 않았다. (5) 서재필 씨는 조선의 진상을 알리려고 파리에 가는 게 부질없는 일이라고 선언했다. (6) 서재필 씨는 조선을 홍보할 잡지를 발간하기 위해 50만 달러를 모금하자고 제안했다. 아무래도 이 편지는 진본眞本인 것 같다.

---

1 — 정한경(鄭翰景, 1891~1985)을 가리키는 것으로 보인다. 그는 1919년 2월 이승만과 함께 윌슨 미국 대통령에게 조선 위임통치 청원서를 제출했다.

1919년 4월 14일 월요일

어떤 민족은 애국심을—조국에 대한 사랑을—고귀한 덕목으로 여겨 찬사를 보내지만, 또 다른 민족은 이를 중범죄로 여겨 처벌한다. 백인은 유색인종의 땅에 들어가 자기 집에 있는 것처럼 편안함을 만끽하며 자유롭게 나돌아다니면서, 정작 유색인종에게는 자기네 땅에 범접하지 말라고 목청을 높인다. 수백만 명이 굶주리고 있는데, 소수의 인사들은 1인당 500원씩이나 되는 연회를 즐긴다. 그렇다면 이것이 제대로 된 세상이 아니라는 건 두말할 필요도 없다.

1919년 4월 17일 목요일

저녁 6시 30분 사촌 동생 치소와 함께 조선호텔에 가서, 이시즈카 동양척식주식회사 총재가 주최한 만찬모임에 참석했다. 상당수의 조선인, 일본인 사업가들이 참석했다.

그건 그렇고, 1895년 10월 어느 달 밝은 밤이었다. 이시즈카 씨가 유길준 씨¹와 날 경복궁 앞 어느 공관에 있는 자기 방으로 초대했다. 이시즈카 씨는 조만간 도쿄로, 유길준 씨는 이튿날 아침에 평북 의주로 떠날 예정이었다. 그것이 사실인지 아닌지는 잘 모르지만, 아무튼 그들은 내게 그렇게 말했다. 10시쯤 유씨와 내가 이시즈카 씨와 헤어져 말을 타고 전동[2]과 안동으로 갈라지는 지점까지 왔다. 거기에서 난 유씨에게 작별인사를 했다. 유씨는 자기가 서울에 없는 동안 자기 말안장을 써도 좋다고 말했다. 몇 시간 후 일본인들이 경복궁에 들어가 민비를 시해했다. 물론 유씨는 그 음모의 지휘자 중 한 사람이었다. 내가 그 음모를 알아채는 걸 방해하려고, 그와 이시즈카 씨가 날 저녁 식사에 초대했던 것 같다. 이제는 이 모든 게 고대사에 속한다!

---

[1] — 윤치호의 일기 내용에 따르면 이시즈카와 유길준은 절친한 사이였고, 이시즈카가 유길준의 아들들을 돌봐주었다고 한다.
[2] — 전동(典洞)은 지금의 서울시 종로구 견지동, 즉 조계사 인근이다. 윤치호의 집이 이곳에 있었다.

1919년 4월 18일 금요일

오전 11시에 우쓰노미야 다로宇都宮太郎 장군(일본 육군 중장으로 당시 조선군 사령관으로 있었다―옮긴이)을 만나러 용산에 있는 그의 관저를 찾아갔다. 그는 내게 점심을 같이 먹자고 했다. 그는 조선을 자기 의사와 상관없이 결혼한 여인에 비유해 이렇게 말했다. "신랑이 다소 몰상식하고 거칠다는 게 드러나고, 끝내 신부는 이혼을 원하게 됩니다. 이제 과연 그녀가 혼자 살 수 있겠느냐 하는 점이 관건이죠. 중국 씨나 러시아 씨는 남편감으로 적당치 않을 겁니다. 돈 많고 용모도 수려한 미국 씨가 있긴 하지만, 과연 그가 그녀를 정실부인으로 맞아들일까요? 십중팔구 그는 그녀를 첩으로 들일 겁니다. 그렇다면 결국엔 현 남편이 자기에 대한 그릇된 태도를 고치길 기다리면서 그와 화해하는 게 최선의 방책이 아닐까요?"

난, 조선인이 불만과 요구 사항을 호소할 수 있는 기관이 설치되어야 할 뿐만 아니라 해외에 나가 교육받을 수 있는 자유가 좀 더 많이 허용되어야 한다고 그에게 말했다. 세상을 어렴풋이 아는 것보다는 제대로 아는 게 그나마 덜 위험하다.

(중략)

1919년 4월 20일 일요일

난 이번 독립운동에 참가한 학생과 기독교 목사 대부분이 길을 잘못 들긴 했지만, 그래도 정직한 사람이라고 믿고 있다. 길선주 씨,[1] 이승훈 씨 같은 인사와 어여쁘고 용감한 여학생들의 영웅적인 용기와 순수한 애국심에 경의를 표한다. 그러나 내 생각엔 손병희, 오세창 같은 천도교 지도자는 다음과 같은 이유에서 이번 소요에 참가했다. (1) 가난하고 무지한 신도들로부터 수백만 원을 사취한, 몹시 비열한 행위를 감추기 위해서. (2) 이름을 날린 후 영예와 명성을 등에 업고 감옥에서 나와 신도들로부터 더 많은 돈을 뜯어내기 위해서. 수십만 명에 달하는 사람들이 손병희 같은 사기꾼에게 다년간에 걸쳐 농락을 당해왔다는 것이야말로, 조선 민족이 아직 독립국으로서의 생존을 향유할 만한 지적 수준에 도달하지 못했다는 증거가 아닐 수 없다.

손병희

---

1 — 길선주(吉善宙, 1869~1935)는 1907년 평양에서 시작된 '대부흥운동'의 주역이다. 같

은 해 평양신학교(제1회)를 졸업하고 조선인 최초로 장로교 목사가 됐다. 평양 장대현 교회 목사로 시무하면서 1912년 조선예수교장로회 총회의 초대 부회장을 맡았다. 3·1운동 당시 민족대표 33인 중 한 사람으로 참여했으나, 출옥 후 종말론을 제창해 물의를 빚었다.

1919년 4월 22일 화요일

독립을 선동하는 이들은, 하나님은 스스로 돕는 자를 돕기 때문에 우리 스스로 소요를 일으켜야 한다고 생각한다. 그러나 하나님이 잘못된 방식으로 스스로 돕겠다고 이리저리 기웃거리는 이들을 도와줄 리가 만무하다. 그네들은 한겨울 눈 속에 씨를 뿌리고 잘 자라게 해달라고 하나님께 기도한다. 그네들은 손가락을 불 속에 집어넣고는 불에 데지 않게 해달라고 하나님께 기도한다. 그네들은 '만세'를 외치고는, 미국 대통령이 조선 독립을 보장하거나 일본이 조선을 게워내도록 미국이 일본과 혈전에 돌입하길 학수고대한다.

1919년 4월 23일 수요일

오전에 남양의 김준현이 찾아왔다. 그의 말로는, 최근 4년 동안 자신이 면장을 맡아온 음덕면에서는 소요가 일어나지 않아 단 한 사람도 다치지 않았다고 한다. 이는 소요가 일어나자마자 자신이 신속하고 현명하게 예방 조치를 취한 덕분이었단다. 향남면의 어느 마을에서는 일본군이 총 35명에 달하는 그 마을의 기독교 신자 전원을 교회에 모이도록 한 다음 문을 걸어 잠그고 불을 질렀단다. 그들은 창문을 뛰어넘으려는 사람들에게 총을 쏴 모두 고꾸라뜨렸다고 한다.[1] 송산면에서는 주재소장이 만세를 부른 한 주민에게 총을 쏴 분규를 야기했다가 죽게 되자, 이에 앙심을 품은 일본인들이 200여 호가 넘는 7개 마을에 불을 질렀다고 한다. 그런데도 일본인은 조선인이 자기들에게 고마워하지 않는다고 의아해한다.

---

1 — 1919년 4월 15일에 발생한 제암리 학살 사건이다. 기독교인과 천도교인이 희생됐는데, 그 수는 자료에 따라 28명, 29명, 37명 등으로 다르게 기록되어 있다.

1919년 4월 24일 목요일

1893년에 한 일본인이 미국인 청중을 상대로 한 강연에서, 미국 여성보다는 일본 여성이 더 후한 대접을 받는다고 말하는 걸 들은 적이 있다. 현재 미국에 가 있는 요토 남작이 한 연회장에서, 일본이 조선과 대만에서 하고 있는 일들이 미국이 필리핀에서 하고 있는 일들과 정확히 일치한다고 말했단다. 몇 년 전 아카시 장군[1]은 도쿄제대의 어느 교수에게 보낸 장문의 편지를 통해 조선의 정치범들을 수사하는 과정에서 고문이 자행됐다는 사실[2]을 완강하게 부인했다. 양식이 있는 사람들조차도 서슴없이 주장한다. 대한제국 황제가 일본 천황에게 조선반도의 안녕과 동양의 평화를 위해 조선 정부를 맡아달라고 자진해서 요청했다고 말이다. 일본의 한 언론인은 조선인이 대체로 악명 높은 거짓말쟁이들이라고 말했다. 소위 우리의 형제라는 자가 어떤 선입견을 갖고 있는지 쉽게 짐작이 간다.

얼마 전에 신흥우 군이 미국으로 떠났다는 얘기를 들었다. 그가 일본인에게 고용되어 있다고 말하는 이들이 있는가 하면, 그가 조선인의 운동을 위해 일할 거라고 단언하는 이들도 있다.[3]

---

1 — 아카시 모토지로(明石元二郎, 1864~1919)는 일본 메이지~다이쇼 시기의 육군 장성으로 내정간섭과 쿠데타 공작의 전문가로 손꼽혔다. 러일전쟁 중 러시아 국내의 첩보 활동 및 교란작전에 참여했다. 1908년 조선주차군 참모장 겸 헌병대장을 지내며 의병 진압작전을 지휘했다. 이어서 통감부와 총독부의 경무총장을 지냈다. 1918년 타이완 총독에 임명됐으나 재임 중 병사했다.

2 — '105인 사건' 피의자들에게 자행된 고문을 의미하는 것으로 보인다.
3 — 신흥우의 증언에 따르면, 그는 웰치 감독으로부터 1919년 5월에 미국에서 열리는 미감리교 100주년 기념대회에 조선 대표로 참석하는 것이 어떻겠느냐는 제의를 받고 3월 20일경 조선을 떠났다.

1919년 4월 25일 금요일

오전 11시쯤 무라카미 다다요시村上唯吉 씨(당시 일본조합교회 조선 전도부 참사로 있었다―옮긴이)가 오바타 『조선신문』 부사장을 찾아가보자고 권했다. 서울의 전 시가지를 향해 뻗어 있는 남산의 한 지맥 위에 아담한 집이 서 있었다. 부사장은 이 근사한 별장에서 아리따운 부인과 함께 살고 있었다. 우리는 함께 식사를 했다. 무라카미 씨와 오바타 씨 모두 총독부가 너무 고자세여서 자기들의 실정失政을 시인하지 않는다고 생각하고 있었다. 그들은 또 도쿄 당국이 조선의 실상을 제대로 모르고 있으며, 한때 총독부의 일원이었던 이시즈카 씨[1]가 총독부의 정책을 신랄하게 비판한 건 그다지 현명한 처신이 아니었다고 생각하고 있었다. 무라카미 씨는 도쿄에 가고 싶어 했다. 그는 또 와타세 목사와 조합교회 신도들이 선교사들과 조선 교회의 그릇된 태도에 맞서 체계적이고 대중적인 운동을 시작하기로 결정했다고 말해주었다.

1 — 이시즈카 에이소(石塚英藏, 1866~1942)는 도쿄제국대학 정치학과를 졸업하고 대한제국 의정부 고문관, 타이완 총독부 참사관장, 관동도독부 민정장관 등을 거친 일본 척식 행정의 전문가다. 한일합방 이후 총독부 농상공부 장관, 동양척식주식회사 총재를 지내면서 조선에 대한 경제 침탈과 동양척식주식회사의 이주사업을 총지휘했다. 조선을 떠난 후에는 타이완 총독과 귀족원 의원을 지냈다.

1919년 4월 26일 토요일

무라카미 씨가 날 파고다식당으로 불러내 일본식 불고기를 샀다. 야마가타 이소오 씨, 마쓰모토 씨,[1] 와타세 목사가

상하이 대한민국임시정부 국무위원들 한가운데 앉은 사람이 도산 안창호다.

동석했다. 그들은 총독부의 완고한 군국주의를 스스럼없이 비판했다.

와타세 목사가 우리에게 대한민국임시정부의 각료 명단을 보여주었다. 이승만 박사가 대통령이었다. 임시정부는 조선인에게 총독부에 세금을 내지 말 것이며, 분쟁 해결을 위해 일본인 법정에 가지 말라는 훈령을 내렸다. 현순 목사[2] 같은 사람이 임시정부를 수립한 몽상가들과 함께 일한다는 게 가당키나 한 소린가? 그는 정치 선동가보다는 복음 전도사로 조선인에게 훨씬 더 많이 기여할 수 있을 텐데.

---

1 — 조선 거주 일본인 변호사로 1916년부터 서울YMCA 명예이사로 활동한 마쓰모토 마사히로(松本正寬)인 것 같다.
2 — 현순(玄楯, 1880~1968)은 감리교 목사이자 독립운동가다. 1902년 하와이에 건너가 조선인 교회를 설립했고, 1911년 귀국 후 감리교 중진으로 부상해 정동교회 등에서 목사로 시무했다. 3·1운동 준비 과정에 참여한 후, 상하이로 건너가 대한민국임시정부 외무차장을 지냈다.

1919년 4월 27일 일요일

오후 늦게 모리와키 개성 경찰서장을 방문했다. 그는 헌병이 범법자를 찾는다는 미명하에 사람들을 닥치는 대로 체포하고 폭행을 가해서 가난하고 무지한 농민들을 괴롭히고 있다고 유감의 뜻을 표했다. 그는 일본의 지방판 신문들이 반反선교사적인 논조를 펴는 걸 자기가 금지시켰다고 일러주었다.

철도공원의 벚꽃이 만개해 절정에 달했다. 불과 7, 8년 전만 해도 이곳은 나무도 없고 보기도 흉한, 삭막한 곳이었다. 그런데 일본인이 이곳을 대단히 매혹적인 공원으로 탈바꿈시켜놓았다. 만약 이 동산에 신령이 있다면, 어디 한번 좀 물어보자. 일본 정권과 조선 정권 중에서 어느 쪽이 더 좋으냐고.

1919년 4월 28일 월요일

이 얘기는 와타세 목사로부터 직접 들은 것이다. 그는 수원 사건(제암리 학살 사건을 가리킨다—옮긴이)의 피해자들에게 밀 200가마를 기탁하려고 경기도청에 신청서를 제출했다. 그런데 도청 당국은 조합교회에 허가를 내주면 감리교와 장로교도 연이어서 신청서를 낼 거라는 이유를 들어 허가를 내주지 않았다. 와타세 목사는 오랜 입씨름을 벌인 끝에 허가를 받는 데 성공했다. 다만 피해자 중에서 조합교회 신도에게만 밀을 나누어주라는 단서가 붙었다. 이는 당국이 수원에서 자행된 끔찍한 행위를 비밀에 부치고 싶어 하기 때문이었다.

1919년 4월 30일 수요일

(중략)

최근에 상하이에서 활동하고 있던 조선인 선동가들이 모두 체포됐다고, 오사카大阪의 한 신문이 보도했다. 이들 가운데 현순 목사와 손정도 목사[1]가 들어 있을까봐 걱정이다. 이들이 지도자급 위치에 있는 만큼, 당국이 다른 인사들보다 더 가혹하게 다룰 게 뻔할 텐데.

---

1 — 손정도(孫貞道, 1872~1931)는 감리교 목사이자 민족운동가다. 정동교회 목사로 시무한 후, 1919년 상하이에 건너가 대한민국임시정부 의정원 부의장, 의장을 지냈다. 그 후 만주 지린(吉林)에 건너가 조선인 교회 목사로 일하면서 동포들의 생업과 교육에 기여해, 이곳 조선인 사회의 '대부'로 명성을 날렸다. 그의 맏딸인 손진실은 윤치호의 동생인 윤치창의 부인이다.

1919년 5월 1일 목요일

오전 8시 30분에 우사미 씨를 방문했다. 난 다른 여러 명의 일본인 친구들에게—이들 가운데는 우쓰노미야 장군도 포함되어 있다—말했던 내용을 거듭 말했다. (1) 당국이 사면조치를 취해도 치안상 별 문제가 없을 거라고 판단하는 대로—빠르면 빠를수록 좋다—시위 참가자이건 아니건 간에—이미 사법부에 넘겨진 이들을 제외하고—모든 사람에게 사면을 단행해야 한다. (2) 조선인이 불만을 적어 관계 당국에 제출할 수 있도록 당국이 유도해야 한다.

글리슨 씨Gleason(당시 베이징北京YMCA의 외국인 간사로 있었다—옮긴이)를 면담했다. 내가 이번 독립운동에 대해 어떻게 생각하는지 말해주었다. 그리고 조선인에게 널리 퍼져 있는 불만은 일본의 실제 행위보다는 일본 경찰이 조선인 마음속에 심어준 인상에 의해 야기된 것이라고 말해주었다. 총독부의 장려정책을 통해 일본인이 대규모로 조선에 이주하고 있는 현실, 모든 관직에서 조선인이 축출되고 있는 현실, 출판과 언론의 탄압—검열과 기타 혐오스런 조치들—등으로 말미암아, 일본이 원하는 건 조선인이 아니라 조선이라는 믿음이 생겨났다. 만약 이것이 일본의 진짜 의도였다면, 아주 잘된 일이다. 그러나 설마 그렇지는 않을 거라는 나의 믿음이 옳다면, 현명하고 누구나 공감할 수 있는 행정을 통해 이 그릇된 인상을 제거해야 한다.

1919년 5월 3일 토요일

김창제 씨[1]가 YMCA회관으로 찾아왔다. 그는 시위 참가자들에게 시위를 벌이지 말라고 얘기할 수 있는 극소수 조선인 중 한 사람이다. 그는 이번 운동이 애국적이기는 하지만 투기, 미신, 허황된 말, 음모에 기초하고 있어서 동조할 수 없었다고 말했다. 그는 계속해서 이렇게 말했다. "다수의 목소리가 곧 주님의 목소리라고 생각하는 이들이 있는데, 꼭 그런 건 아니죠. 예수님을 십자가에 못 박히게 한 것도 다수의 요구였잖아요. 천도교와 기독교의 연합이 하나님의 뜻이라는 얘기도 사실이 아닙니다. 주님의 아들에게 사형을 선고한 것도 바리새인들과 헤롯의 연합이었잖아요. 난 기독교 목사들이 이번 운동에서 천도교 인사들과 제휴한 게 죄악이라고 믿고 있습니다."[2] 김씨는 정결한 사상가이고 영향력 있는 연사演士다.

---

1 — 김창제(金昶濟, 1877~1947)는 YMCA 운동가, 기독교 교육가, 문필가다. 1918년 함흥 YMCA 창설을 주도했고, 여러 기독교 학교에서 인재 양성에 힘썼다. 기독교계의 대표적인 문필가로 활약했고, YMCA 일요강좌 등 각종 강연회를 통해 청년 학생층에 인기가 높았다.
2 — 3·1운동 민족대표 33인 중 한 사람이었던 신석구(申錫九) 목사도 당초 천도교와의 연합에 강력히 반대했던 것으로 알려져 있다.

1919년 5월 4일 일요일

오전 11시에 경성호텔에 머물고 있는 하라다 박사[1]를 방문했다. 그는 점심을 같이 먹자고 했다. 그에게 조선의 상황에 대한 내 견해를 들려주었다. 난 일본의 여론을 움직이는 지도자들이 해결책을 강구하기 위해 조선의 상황을 면밀히 검토해야 한다고 말했다. 일본의 여론이 조선 사태에 대해 동정적이고 이성적인 관심을 가져야만, 비로소 문제가 원만하게 해결될 수 있을 것이다.

저녁 7시에 우사미 씨 초청으로 저녁을 먹으러 조선호텔에 갔다. 글리슨 씨가 오늘 모임의 주빈이었다. 저녁 식사를 마치고 난 후, 일본인 주최자와 손님들은 한결같이 일본 군인이 저지른 만행을 해명하고, 옹호하고, 정당화하려고 안간힘을 다했다. 와타세 목사가 그런 야만적인 행위를 옹호하는 걸 보게 되어 마음이 언짢았다.

---
1 — 당시 도시샤 교장으로 있던 하라다 다스쿠(原田助)일 가능성이 높다.

1919년 5월 7일 수요일

오전 8시 30분에 도쿄 외무성에서 온 요시자와 씨[1]를 만나러 조선호텔에 갔다. 그와 함께 아침 식사와 차를 들었다. 그에게 내가 조선인의 불만 요인이라고 생각하는 걸 말해주었다. 그는 꽤 진지하게 내 얘기를 들었다. 그는 인위적인 식민정책에 잘못이 있음을 시인했으며, 이토 히로부미 공작이 동양척식주식회사 설립을 반대했었다고 말했다.

(중략)

오늘은 조선인에게 역사적 경축일의 하나인 석가탄신일이다. 그런데도 이날을 경축하는 듯한 분위기를 전혀 감지할 수가 없다. 거리에는 연등도 없다. 서울의 조선인은 모든 것에 흥미를 잃은 모양이다.

---
1 — 요시자와 겐키치(芳澤謙吉, 1874~1965)는 도쿄제국대학 영문학과를 졸업하고 외무

성 관료로 진출해 인사과장 등의 요직을 거친 중견 관리다. 1919년 9월 외무성 정무국장에 올랐고, 1932년에는 외무대신을 지냈다.

1919년 5월 8일 목요일

외무성의 요시자와 씨가 YMCA회관을 방문했다. 한 학생과의 면담을 통해 조선 학생층의 여론을 파악하기 위해서였다. 난 그에게 정화기 군을 소개해주었다. 정군 말로는, 경성의학전문학교에 다니는 조선인 학생을 가장 화나게 하는 건 이런 점이란다. (1) 일본인 학생들은 조선인 학생들을 '요보'[1]라고 부르면서 쌀쌀맞게 대한다. (2) 학교 당국자들은 교실 안팎에서 조선인을 차별한다. (3) 해부학 교수[2]는 조선인 학생들에게 조선인이 생물학적인 구성에서부터 일본인보다 열등하다는 식의 얘기를 끊임없이 상기시킨다. (4) 수신修身(지금의 중고등학교 교과목 중 도덕이나 윤리에 해당한다—옮긴이) 시간에 일본인 교수는, 조선은 일본에 병합되고 나서야 비로소 선정善政의 은혜를 입게 됐으며, 조선인은 일본 천황이 막대한 액수의 돈을 투여한 데 대해 고맙게 여겨야 한다고 끊임없이 상기시킨다.

---

1 — 우리말의 '여보'에서 파생된 단어로, 일본인이 조선인을 비하해서 부르던 말이다.
2 — 구보 다케시(久保武) 교수를 가리킨다. 제1부 제2장 1921년 6월 2일자 일기 내용 참조.

1919년 5월 10일 토요일

우리 조선인이 아직 정치적 독립을 위한 준비를 갖추지 못했다는 몇 가지 확실한 증거가 있다. (1) 일부 지역에서는 마을 사람들이 조선이 독립됐다는 소식을 듣자마자—잘못 안 것이다—지방 공무원들이 자기들에게 심게 했던 나무들을 모두 베어버렸다. 이 무식한 사람들은 너무도 몰상식한 나머지 정작 독립이 되면 나무가 더 많아야 한다는 사실을 모르고 있다. (2) 중등학교 학생들은 동맹휴학을 쉬지 않고 계속한다. 이 젊은 친구들 역시 너무나 몰지각한 나머지 교육 없이는 어떤 나라도 생존할 수 없다는 것과, 교육을 받으면 받을수록 더욱더 독립을 원하게 된다는 걸 모르고 있다. (3) 기독교 목사들마저도 사리 분별력이 떨어져서, 조선의 정신적·정치적 발전의 현 단계에서는 정치에 간여치 말고 민족의 도덕적 향상에 전념해야 한다는 걸 모르고 있다.

1919년 5월 11일 일요일

이 세상은 이상을 숭앙하지만, 결국엔 현실에 굴복하고 만다. 만약 3억 인구를 가진 인도가 독립을 얻는다면, 그건 정의로운 이상에 좀 더 부합되는 일일 것이다. 하지만 영국 통치자가 지난 200년 동안 인도의 평화와 번영을 위해 한 일이 인도인 통치자가 자기네 평화와 번영을 위해 한 일보다 더 많았다는 걸 부인할 사람이 과연 있을까? 이론적으로야 인디언이 미국에서 독립적으로 살아가도록 놔두는 게 정의로운 일이었을 것이다. 그러나 백인이 인디언의 황량한 사냥터를 인류 역사상 가장 부유하고 강성한 공화국으로 변모시켰다는 게 엄연한 사실인 이상, 세상 사람들은 이 이론이라는 걸 사방에서 불어오는 바람에 대고 아주 기꺼이 날려버릴 것이다. 사랑은 그것을 제대로 활용할 수 있는 사람에게나 유용한 것이다. 상식적으로 생각하더라도, 감정만을 가지고 구체적인 사실에 대들거나, 주먹만 가지고 기관소총에 덤벼드는 행위는 결국 세상 사람들의 비웃음을 살 수밖에 없다.

1919년 5월 17일 토요일

신승희 형사가 갑자기 죽었다는 통지를 받았

다. 변훈 말로는, 신 형사가 비밀 임무를 띠고 펑톈奉天에 갔다가 엊그제 밤에 서울에 도착하자마자 헌병에게 체포됐다고 한다. 그의 죄명은 누군가를 협박해 돈을 뜯어낸 것이며, 그는 법정에 가서 자기 명예를 더럽히는 일을 피하려고 다량의 아편을 삼켜 자살했다고 한다.[1] 이 모든 게 사실이든 아니든, 그가 이런 상황에서 죽은 게 참 딱한 일이다.

---

[1] — 신승희는 1919년 2월 26일 천도교에서 경영하는 보성사에 나타나 독립선언서 인쇄 현장을 확인하고는 총총히 사라졌다. 천도교 관계자들은 그와 은밀히 접촉해 '입막음' 조로 거금 5천 원을 내놓았는데, 그는 이 돈을 사양하고 신의주에 독립단이 잠입했다는 정보를 입수했다며 출장을 떠나버렸다. 3·1운동이 일어난 후 그의 배신을 눈치챈 경찰 당국이 그를 체포하자, 청산가리를 마시고 자결했다.

1919년 5월 20일 화요일

오전에 변훈이 찾아와 알려준 바로는, 오는 23일 또 한 차례의 시위가 일어나기로 되어 있는데 그 주동자는 김가진 남작[1]이라고 한다. 도저히 있을 수 없는 일이다. 지금쯤이면 선동가들은 사리 분별을 잘해서 독립운동에 발 벗고 나서는 게 아무런 소용이 없다는 걸 깨달아야 될 텐데.

신문 보도에 의하면, 중국에서 반일反日 기세가 고조되고 있는 것 같다.[2] 중국인이 강력하고 단합된 정부를 수립하지도 못하면서 외교적 실패에 대해 투덜대는 걸 보면, 더러운 연못에 집을 짓고는 모기가 많다고 푸념하는 것과 조금도 다를 게 없다는 생각이 든다.

---

[1] — 김가진(金嘉鎭, 1846~1922)은 한말의 문신이자 독립운동가다. 1894년 유길준, 조희연 등과 함께 갑오개혁을 주도했다. 공조판서, 법부대신 등의 요직을 거쳐 1909년 대한협회 회장을 맡았다. 한일합방과 함께 남작 작위를 받았다가 반납하고, 1919년 비밀결사인 대동단의 총재 및 고문으로 추대되어 독립운동에 나섰다. 이어서 상하이로 망명해 대한민국

임시정부 요인으로 활동했다.
2 ― 중국의 5·4운동을 가리키는 것으로 보인다.

1919년 5월 22일 목요일

이번 소요에 대한 당국의 공식 발표는 이러했다. (1) 발단 : 2월에 도쿄에 있는 조선인 학생들이 일본 중의원에 조선 독립을 청원했다.¹ (2) 주요 운동가들 : 천도교와 기독교의 지도자들이다. (3) 58일 동안 소요가 지속됐다. (4) 579곳에서 소요가 발생했다. (5) 310곳에서는 군중의 동태가 심상치 않았다. (6) 113곳에서 폭력 사태가 발생했다. (7) 111곳에서 사상자가 발생했다. (8) 시위 가담자 중 399명이 사망했고, 838명이 부상을 입었다. (9) 경찰은 8명이 죽고 106명이 부상을 입었다. (10) 면사무소 47곳, 경찰서 45곳, 우체국과 학교 24곳이 군중의 공격을 받았다. 그런데 군인과 헌병이 조선인 가옥 수백여 채를 방화한 사실(제암리 학살 사건 등 일본군의 잔학 행위를 의미한다―옮긴이)은 전혀 언급되지 않았다.

1 ― 2·8 독립선언을 의미한다.

1919년 5월 24일 토요일

사촌 동생 치소¹의 부탁으로 오전에 게일 박사를 찾아갔다. 치소가 현재 상하이에서 공부하고 있는 자기 아들²에게 돈을 가져다줄 수 있는지 게일 박사에게 물어봐달라고 했던 것이다. 게일 박사는 흔쾌히 승낙했다. 그는 지금껏 일본인은 용감한 데 반해 조선인은 겁쟁이들이라고 생각해왔다면서, 이번 사태를 계기로 생각을 달리하게 됐다고 말했다. 그는 일본에 세 개의 계층, 즉 상층에는 독일인,³ 하층에는

경성역 1925년 8월 새 경성역사가 현재의 위치에 준공됐다.

볼셰비키, 그리고 그 중간에는 소수의 현명하고 자유로운 견해를 가진 사람들이 있다고 말했다.

---

1 — 윤치소(尹致昭, ?~1944)는 윤치호의 사촌 동생으로 제4대 대통령을 지낸 윤보선의 아버지다. 1910년대에는 경성직뉴(京城織紐)주식회사의 사장으로 일했는데, 나중에 이 회사는 김성수에게 양도되어 경성방직 설립의 디딤돌이 됐다. 1920년 6월 이상재, 유진태 등과 함께 조선교육회의 설립을 주도해 창립 이사가 됐다. 1924~27년 중추원 참의를 지냈다.
2 — 윤치소의 장남인 윤보선을 가리킨다. 그는 1918년 여운형(呂運亨)을 따라 상하이로 건너간 후, 대한민국임시정부가 수립되자 그 활동 상황을 중국인에게 알리기 위해 주보(週報)를 발행했다. 1920년 임시정부 의정원 최연소 의원이 됐다가, 이듬해에 영국 유학길에 올랐다.
3 — 일본 군부와 극우적 성향의 정치가, 사상가들을 중심으로 한 군국주의자들을 의미하는 것으로 보인다.

1919년 5월 25일 일요일

오후에 유고원과 함께 남대문 밖에 나갔다. 신작로와 남대문역¹을 위해 철거된 집들을 돌아보기 위해서였다. 역사驛舍와 그 부속 건물들의 부지를 마련하려고 700여 채 남짓한 조선인 가옥이 철거됐다. 물론 이와 같은 작업은 꼭 필요한 일이라 할 수 있다. 그러나 총독부는 이 작은 집들을 철거당해 자신들이 가지고 있던 전 재산을 잃어버린 가난한 조선인들에게 적절한 보상을 해주어야 한다. 즉 총독부는 이 조선인들에게 토지 가격의 전부는 아니더라도 적어도 다른 곳에서 새 집을 구할 수 있을 만큼은 보상해주어야 한다. 남만주철도주식회사는 토지수용권[2]이라는 미명하에 가난한 조선인의 재산을 강탈해서 큰 이윤을 남기고 있는 사업체다. 이런 게 조선인으로 하여금 고마움을 느끼도록 만드는 최선의 방책은 아닐 것이다.

---

[1] — 남대문역이란 지금의 서울역을 가리킨다. 1900년 7월 지금의 서울역과 염천교 중간쯤에 목조 2층 건물로 건립됐다. 한일합방과 함께 경성역으로 개칭됐다가 한때 원래의 명칭인 남대문역으로 환원됐으나, 1923년 1월 다시 경성역으로 개칭됐다. 1925년 8월 지금의 위치에 역사가 새로 완공됐다.

[2] — 1911년 4월 17일 총독부는 토지수용령을 공포해, 당국이 공공의 이익이 될 사업, 즉 국방 기타 군사에 관한 사업, 관공서 건축 또는 교육에 관한 사업, 철도, 도로, 교량, 제방 등에 관한 사업, 기타 공용의 목적으로 국가 또는 공공단체에서 시설하는 사업에 토지를 수용해서 사용할 수 있도록 했다.

1919년 5월 26일 월요일

며칠 전 밤에 독립운동으로 서대문형무소에 수감되어 있는 죄수들이 만세를 외치는 소리가 밤하늘에 울려 퍼졌다고 한다. 대단히 어리석긴 하지만, 그들의 용기에 찬사를 보내지

서대문형무소 망루

않을 수 없다.

(중략)

조선 문제가 세계대전에 의해 배태된 게 아니라는 이유로 파리강화회의에서 조선인의 청원이 기각됐다고, 오사카의 한 신문이 보도했다. 내가 선동가들에게 이미 그렇게 말했는데.

(중략)

1919년 5월 28일 수요일

(중략)

그동안 두 개의 변호사협회가 활동해왔다. 하나는 일본인 변호사의 협회이고, 다른 하나는 조선인 변호사의 협회였다. 일본인은 조선인에게 독립적인 기관을 허용하는 걸 참다못해 조선인 변호사의 반대에도 불구하고 두 협회를 통합해버렸다. 충분히 예견된 일이었지만, 일본인은 모든 걸 자기들 멋대로 처리했고 조선인 회원은 이 협회모임에 불참하곤 했다. 그런데 올해 열린 정기 연례회의에서 조선인이 다수를 차지해 조선인을 회장으로 뽑았다.[1] 일본인 회원은 분을 삭이지 못하고 경성지방법원 검사정檢事正(지금의 서울지검장에 해당한다―옮긴이)에게 이의를 제기했는데, 검사정은 조선인의 손을 들어주었다.[2] 정말이지 멋진 일이 아닐 수 없다. 어떻게 하면 두 민족이 하나로 '병합된' 국가에서 사이좋게 지낼 수 있을까?

---

1 — 1919년 4월 24일 장도(張燾, 1876~?)가 경성변호사회 회장에 당선됐다. 그는 일본 유학을 거친 뒤 검사, 판사, 법관양성소 교관 등을 지냈으며, 1908년에 변호사로 등록한 조선 법조계의 원로다. 1921~24년 중추원 참의를 지냈다.
2 — 결국 경성변호사회는 일본인 변호사들의 분립운동에 의해 1920년 4월 24일 조선인변호사회와 일본인변호사회로 분리됐다.

1919년 5월 29일 목요일

한 일본인 저술가가 이런 말을 했다. "군인정신과 상인정신 간에는 다른 점이 있다. 전자의 목적은 내가 살기 위해—상대편을—죽이는 것인데, 후자의 이상이나 관심은 나도 살고 상대편도 살리는 것이다. 일본인은 군인 민족이다. 그래서 다른 사람들의 관심을 철저하게 무시하고, 상인조차도 전쟁 특수를 기대한다." 참 말 잘했다! 난 늘 일본인의 장점이 군인—동양적 군인—특유의 장점과 똑같다고 생각해왔다. 즉 수준 높은 생도들의 용감하고, 주도면밀하고, 민첩하고, 유능한 점 말이다. 반면에 그들의 단점 역시 군인 특유의 단점과 똑같다. 즉 잔인하고, 교활하고, 사람을 잘 믿지 않고, 복수심 강하고, 참을성 없다는 점 말이다.

1919년 5월 30일 금요일

오전에 내가 알고 있는 조선인 중에서 가장 잘생긴 홍아무개라는 연희전문학교 학생이 찾아왔다. 그는 간도에 있는 무관학교의 후원금을 모금하러 그곳에서 온 사람이 있다면서, 이 사람을 언제 만나겠느냐고 내게 물었다. 난 그를 만나는 게 우리 둘 다에게 매우 난처할 수 있는 만큼 만나고 싶지 않다고 솔직하게 말했다.

1919년 5월 31일 토요일

오전 11시쯤 7, 8명의 사람이 종각 부근에서 태극기를 흔들며 '만세'를 불렀다. 경찰이 달려가자 한 사람은 주머니칼로 자기 목을 찔렀고, 나머지는 경찰서로 끌려갔다. 더 이상의 시위는 무모한 행위라고 생각하는 사람일지라도, 자신이 옳다고 믿는 것을 위해 눈을 부릅뜨고 지옥이나 진배없는 곳으로 돌진해들어가는 이 사람들의 용기에 찬사를 보내지 않을 수 없을 것이다.

(중략)

1919년 6월 1일 일요일

정의, 인도人道, 기타 등등. 어느 나라 어느 민족이든 이 근사한 것들을 얻기 위해 누군가와 싸울 능력이 있고, 또 싸울 의사가 있어야만 이것들을 공유할 수 있다. 힘세다고 해서 반드시 옳은 건 아니다. 또 옳다고 해서 반드시 강한 것도 아니다. 그러나 힘을 수반한 정의는 옳다. 왜 주님은 싸움, 투쟁, 전쟁을 인류의 진보와 완성의 유일한 수단이자 방법으로 정하셨을까?

(중략)

1919년 6월 3일 화요일

영국이 중국과 협상을 시작했다고, 신문들이 일제히 보도했다. 영국이 중국에게, 티베트의 독립을 인정하고 티베트에게 윈난雲南, 쓰촨四川, 신장新疆, 간쑤甘肅 등의 성省들을 양도하라고 촉구하기 위해서란다. 이 기사를 읽고 영국인의 '너그러운' 마음에 깜짝 놀랐다. '독립-보호령-병합', 이게 다 구태의연한 책략일 뿐이다. 하지만 누가 중국더러 그렇게 바보같이 약해지라고 했나? 현명하고, 강력하고, 안정된 정부를 구성할 만한 센스가 없는 나라는 자기를 보전할 수 있을 만큼의 센스가 없는 거나 다름없다.

1919년 6월 4일 수요일

정오가 지나서 무라카미 씨가 찾아왔다. 그가 말한 내용을 간추려보면 이렇다. (1) 그는 도쿄에서 하라 총리대신,[1] 육군대신,² 외무대신³과 은밀한 대화를 가졌다. (2) 서울의 경찰 당국은 상하이에 있는 조선인 선동가들을 체포하려고 오카모토 씨(당시 종로경찰서 고위 간부로 있었는데, 1919년 11월 경기도 경찰부 고등경찰과장에 임명됐다―옮긴이)를 급파했다. 그러나 일본 영사관은 달갑지 않은 국제적 상황이 발생할까 우려한 나머지 조선인이 달아나도록 해주었다. (3) 하라 총리대신이 그에게―무라카미 씨에게―상하이에 가서 조선인의 동태를 알아봐달라고 부탁했다.⁴ (4) 그는―무라카미 씨는―나와 다른 조선인들에게서 들은 조선인의 불만 요인과 그 개선책을 반영해서 서한을 작성해 각료들에게 제출했다.

---

1 ― 하라 다카시(原敬, 1856~1921)는 외무성 관료로 출발해『오사카마이니치신문』사장, 중의원 의원, 내무대신 등을 거쳐 1914년 입헌정우회 총재에 올랐다. 1918년 9월 내각 총리대신이 되어 최초의 정당 내각을 구성했으나, 1921년 도쿄 역에서 암살됐다.
2 ― 당시 육군대신으로 있던 다나카 기이치(田中義一)를 가리킨다. 그는 1927년부터 2년 남짓 내각 총리대신을 지냈다.
3 ― 당시 외무대신으로 있던 우치다 야쓰야(內田康哉)를 가리킨다. 그는 하라 내각, 다카하시 고레키요(高橋是淸) 내각, 가토 도모사부로(加藤友三郎) 내각에 이르기까지 만 5년 동안 외무대신을 지냈다.
4 ― 무라카미 다다요시는 일본조합교회 조선 전도부 참사로 있었는데, 1919년 상하이에 건너가 대한민국임시정부를 정탐한 것으로 알려져 있다. 또 일설에 의하면, 일본 정부가 주도한 여운형 일본 방문 공작을 맡았다고 한다.

1919년 6월 5일 목요일

무라카미 씨가 찾아왔다. 난 그와 변훈 군에게 점심을 샀다. 무라카미 씨는 도쿄에 가서 한 달에 800원이 넘는 돈을 썼다고 말했다. 그는 변훈 군에게 상하이에 함께 가달라고 부탁했다. 누가 무라카미 씨에게 자금을 대주는지 궁금하다. 그 자신도 그렇게 많은 돈을 사적으로 내놓으려는 사람은 도쿄에 없다고 말했다. 그의 성실성과 정직성이 미덥지 않은 만큼 그와 자리를 같이하는 게 상당히 찜찜하다.

변훈 군은 종로경찰서의 오카모토 씨를 찾아가 무라카미 씨의 제안에 대해 조언을 구했다. 오카모토 씨는 변훈 군에게 무라카미 씨를 믿지 말라고 주의를 주었단다. 그는 변군에게 무라카미 씨가 왕복 여비를 미리 지불하지 않을 경우 상하이에 가지 말라고 충고했다고 한다.

1919년 6월 7일 토요일

오전 10시쯤 시모무라下村라는 경부警部가 찾아와 검사정이 날 만나고 싶어 한다고 알려주었다. 난 즉시 검사정 사무실로 달려갔다. 검사정은 이상재 선생의 나이와 건강을 고려해 200원의 보석금을 받고 석방하기로 결정했다고 말했다. 검사정은 이 선생이 보석 문제에 대해 자신을 도와줄 수 있는 유일한 친구로 나를 지목했다고 덧붙였다. 그는 내게 이 선생의 보석을 신청하겠느냐고 물었다. 물론 난 이 선생의 보석에 동의했다. 검사정은 오늘 중으로 이 선생이 풀려날 수 있도록 절차를 밟아주었다. 난 구자옥 군을 조선은행에 보내 보석금을 입금하고 영수증을 받아오도록 했다. 그런 다음 영수증을 법원에 제출해 이 선생의 석방을 위한 모든 준비를 끝냈다.

이 선생을 맞으러 구군과 함께 서대문형무소에 갔다. 이 선생의 친지들도 꽤 많이 나왔다. 오후 3시 30분쯤 우리는 이 선생의 신병을 넘겨받아 선생 자택으로 보내드렸다. 5시쯤 변훈과 함께 이 선생을 방문해 언행과 손님맞이에 유의하라고 말씀드렸다. 이 선생 말로는, 보증인으로 날 지목한 쪽은 법원이었다고 한다.

1919년 6월 18일 수요일

유일선 씨가 찾아와서, 조선인 학생들이 학업과 현실 참여에 대해 갖고 있는 그릇된 견해를 바로잡는 운동을 시작하자고 제안했다. 그는 중등학교 학생들의 행실이 몹시 나쁘다고 말했다. 그는 교실에서 담배를 피우는 학생을 보았다고 한다. 학생들은 애국심이라는 미명하에 학교에 가려 하지 않으면서, 술집과 사창가에 가서 용돈을 탕진한다고 한다. 그는 이런 말을 했다. "우리가 아무도 돕지 못할 수도 있습니다. 우리의 말을 귀담아듣는 학생이 한 사람도 없을지 모릅니다. 그러나 불난 집을 보았을 때, 다만 물 한 컵이라도 뿌려주는 게 도리가 아닐까요?"

1919년 6월 21일 토요일

가와카미 씨[1]가 김정식 씨에게 이런 얘기를 들려주었다고 한다. 가와카미 씨 일행이 평북 곽산에 있는 한 교회에서 일부 조선인 기독교인들을 만났다. 그들 중 한 사람이 가와카미 씨를 배웅하러 역에 나가 그에게 몇 개의 사과를 선물했다. 이튿날 가와카미 씨가 평북 선천에 있는 병원을 둘러보다가 곽산에서 사과를 선물한 그 사람이 칼에 찔려 몸져누워 있는 걸 발견했다. 사연인즉 이러했다. 가와카미 씨가 곽산을 떠난 후, 일본 헌병과 조선인 헌병 보조원이 사과를 선물한 조선인을 찾아와 가와카미 씨에게 무슨 말을 했느냐고 물었다. 이 조선인은 영어도, 일본어도 몰라서 아무 말도 하지 않았다고 대답했다. 이 대답이 끝나기가 무섭게, 이 헌병이 이 조선인을 칼로 찔렀다. 가와카미 씨가 이 만행을 고지마 장군에게 알렸는데, 장군은 그에게 이런 사실을 부인하는 공식 보고서를 보여주었을 뿐이었다. 김정식 씨의 말로는, 가와카미 씨가 관리들이 하는 말은 모두 믿을 바가 못 된다고 말하더란다.

---

1 — 가와카미 이사무(川上勇)는 당시 대일본평화협회 간부로 있었다. 일본기독교동맹이 3·1운동에 대한 현지 조사를 위해 조선에 파견한 3명의 대표 중 한 사람이다. 1919년 5~6

월 조선 전역을 순회하며 조사 활동을 한 후 보고서를 제출한 것으로 알려져 있다.

1919년 6월 23일 월요일

중등학교 학생들이 또다시 동맹휴학을 벌였다. YMCA학관에서는 영어수업이 있는 날인데도 학생들이 등교하질 않았다.[1] 그런가 하면, YMCA학관 야간부의 경우에는 학생들이 작년 이맘때보다 2~3배나 더 많다.

당국은 조선의 국가적 상징인 태극을 반지나 부채의 문양으로 쓰는 것조차 허용하질 않는다. 조선의 관리들이나 독재자들의 쩨쩨함이 정말이지 거짓말 같기만 하다. 그들은 식민지를 통치하면서 독일인을 모방하고 있다. 난 오이센 씨[2]로부터 슐레스비히의 덴마크인이 자기 집을 자기네 국기처럼 빨간색과 흰색으로 칠하려는 걸 독일 경찰이 허용하지 않았다는 얘길 들은 적이 있다. 누군가 지옥에 갈 만한 인간이 있다면, 아무래도 독일 황제와 그의 하수인일 것이다.

---

1 — 당시 YMCA 학관에서 가장 인기 높은 반은 영어반이었다. 미국 유학을 희망하는 학생들 입장에서 미국인 강사로부터 영어를 제대로 배울 수 있는 곳은 서울YMCA가 유일했기 때문이다. 이곳에서 영어를 배운 인물로는 장면(張勉), 변영로(卞榮魯), 윤치영(尹致暎) 등 외에 훗날 조선공산당 지도자로 이름을 날린 박헌영(朴憲泳)이 있다.
2 — 오이센(Oisen)은 영국인으로, 윤치호가 1900년을 전후해 함남 덕원 감리로 재직할 당시 원산해관 세무사를 지냈다.

1919년 6월 26일 목요일

독일이 평화조약(1919년 6월 28일에 조인된 베르사유 조약을 가리킨다—옮긴이)에 아무 조건 없이 서명하기로 했다고, 신문들이 일제히 보도했다. 난 몇몇 조선인 친구에게 이렇게 말했다. "평화조약이 체결된 만큼, 이제 조선에서 소요가 진정되겠죠?" 놀랍게도 친구들은 이렇게 말했다. "그렇게 단정 지을 수는 없어요. 애국자들이 목표로 했던 건 평화조약이 아니라 조선의 독립이었으니까요." 어째 조선에는 평화가 없을 것 같다.

1919년 6월 29일 일요일

사리 분별을 못하고 힘만 앞세우는 나라는 러시아다. 무자비하게 힘만 앞세우는 나라는 독일이다. 힘과 사리 분별과 애정을 두루 갖추었다고 주장하는 나라는 미국이다. 전 세계 모든 국가 중에서 미국이야말로 현명하고, 선하고, 훌륭한 나라가 될 수 있다는 건 사실이다. 미국은 굳이 다른 나라의 땅을 강탈할 필요가 없기 때문에 정의로울 수 있다. 미국은 청산해야 할 구원舊怨이 없기 때문에 공정할 수 있다. 미국은 돈이 많기 때문에 관대할 수 있다. 과연 미국이 전 세계가 걸고 있는 기대에 부응할 수 있을까?

1919년 7월 2일 수요일

6월 28일 오후 3시에 평화조약이 조인됐다. 클레망소[1]가 독일에게 모질게 굴었다고? 1870년 비스마르크가 프랑스에게 그랬다. 하기야 1805년 나폴레옹이 프로이센을 상대로 더 가혹한 조건들을 강요했다. 그래서 전쟁은 전쟁을 낳고, 보복은 보복을 낳는다고 하나 보다.

---

1 — 클레망소(G. Clemenceau, 1841~1929)는 제1차 세계대전 당시 프랑스 총리 겸 육군 장관(재임 1917~20)으로서 연합군의 승리에 기여했다. 종전 후에는 독일에 대해 강경 자세로 일관하며 베르사유 체제의 골격을 짜는 데 핵심적인 역할을 했다.

1919년 7월 4일 금요일

오사카의 한 신문이 보도한 바에 따르면, 3월 1일부터 6월 18일까지 조선에서 소요와 관련해 검찰 조사를 받은 사람은 1만 6,183명에 달한다. 이 중에서 8,351명이 기소됐고, 5,858명이 훈방됐다. 1,778명은 1심을 거쳐 상급심으로 이관됐고, 196명은 아직 재판에 회부되지 않았다.

당국은 지방 주민들이 당국의 박해로부터 벗어났다고 느낄 수 있도록—이미 법의 심판에 맡겨진 이들을 제외하고—모든 사람에게 일반사면을 단행해 이번 사태를 마무리해야 한다. 경찰과 사법 당국이 의심 가는 사람들을 모조리 체포하려든다면, 이번 사태는 두 민족 간의 틈새를 더욱 더 벌리면서 몇 년을 더 끌 것이다. 군국주의는 이미 실패했다. 이제 친절을 베풀어라!

1919년 7월 6일 일요일

파리에 파견되어 있는 중국 대표단이 산둥山東 문제의 해결과 관련해 불만을 표시하며 평화조약에 서명하길 거부했다. 중국인은 다른 나라들이, 특히 일본이 자기들을 대우하는 방식에 대해 정말로 분개하고 있는 걸까? 만약에 그렇다면, 왜 그들은 서둘러 중앙집권화된 정부를 수립하지 않나? 왜 그들은 부패한 정치가들과 이기적인 군벌들이 자기 나라를 분할해서 다스리도록 가만히 구경만 하고 있는 건가? 중국인이 현명하고, 강력하며, 애국적인 내치內治를 할 수 있는 능력도 없고, 또 그렇게 해보려는 의지도 없는 이상, 다른 국가들에게 적절한 대우를 받기는 애당초 틀린 일이다. 자존심도 없이 볼썽사납게 행동하는 친구를 누군들 존중해주겠나? 난 중국인이 진정 분개하고 있다고는 믿지 않는다.

1919년 7월 8일 화요일

시내에 있는 그릇 가게에 가보면 진열되어 있는 그릇의 90퍼센트가 일본 제품이라는 걸 알 수 있다. 그런데 사발과 접시의 모양, 크기, 색상 등을 보고 있노라면, 일본의 제조업자들이 조선인의 기호와 주머니 사정을 면밀히 연구했다는 흔적을 읽을 수 있다. 다시 말해서 일본의 그릇 제조업자들은 조선인의 기호와 정서와 경제적 조건에 맞추어 그릇을 제조하고 있는 것이다. 결과는 대단히 성공적이다. 일본의 정책 입안자들은, 아니 최소한 총독부만이라도 이 그릇 제조업자들로부터 뭔가를 제대로 배워야 할 텐데. 만약에 그들이 이미 배웠더라면, 조선인의 역사, 전통, 정서, 선입견을 그토록 무정하게 짓밟고 조선에 규정, 규칙, 법령, 검열 등이 넘쳐나도록 만들지는 않았을 것이다.

1919년 7월 11일 금요일

어제 오전에 박승빈 씨[1]가 잠깐 들렀다. 그는 이기찬 씨[2]를 비롯한 몇몇 인사와 함께 일본 정계 지도자들을 만나러 도쿄에 갈 거라는 사실을 내비쳤다. 그는 조선인이 원하는 건 자치이며, 동화는 불가능하다고 말했다. 그는 또 자기를 포함한 조선인이 감옥에 가는 걸 두려워하지 않게 됐다고 말했다. 박씨는 정직하고 사리 분별력이 있는 사람이다. 그래서 내가 서울에서 흉금을 터놓고 얘기할 수 있는 극소수 조선인 중 한 사람이다. 하지만 일본 정부가 기꺼이 자치를 허용할 것인지, 설령 허용한다 하더라도 조선인에게 자치를 잘 운영해나갈 수 있는 능력이 있는지 의심스럽다. 난 너무 소심한 탓인지는 몰라도 내가 다룰 수 없는 도구나 처리할 수 없는 상황을 요구하지는 않는다. 누군가가 나 혼자 조종한다는 조건으로 비행기나 잠수함을 준다고 가정해보자. 내가 그걸 받을 수 있겠나?

1 — 박승빈(朴勝彬, 1880~1943)은 일본 유학을 거쳐 법관으로 활동하다 변호사로 개업했다. 1918년 계명구락부를 결성하고 구습타파를 중심으로 신생활운동을 전개했다. 3·1운동 직후 이기찬, 심우섭 등과 함께 자치운동을 벌였다. 1925~32년 보성전문학교 교장을 지냈으며, 1931년 조선어학연구회를 결성하고 조선어학회에 대항했다.
2 — 이기찬(李基燦, 1886~?)은 법관양성소를 졸업하고 평양지방재판소, 경성복심법원 판사를 거친 변호사다. 평양을 대표하는 유지다. 1919년 8월 일본에 건너가 자치제 실시와 조선의회의 설치를 청원했다. 1932년 조만식(曺晩植)을 중심으로 평양의 민족주의 인사들이 결성한 건중회에 참여했다. 일제강점기 말 중추원 참의를 지내며 친일 대열에 합류했다.

1919년 7월 18일 금요일

호랑이는 잔인하고, 독사는 표독스럽다. 하지만 인간의 흉악함에 견줄 수 있으랴! 인류 역사는 개인과 국가가 상호간에 불의를 저지르고 상해(傷害)를 입힌 기록에 다름 아니다. 크롬웰이 집권하고 있었을 때 주님의 이름으로 아일랜드의 가톨릭 신도들을 학살한 장로교인들은 아일랜드 원주민의 씨를 말려야 한다고 주장했다.[1] 내가 1910년에 앨라배마에 갔을 때,[2] 감리교 원로인 젠킨스 목사는 때가 되면 흑인의 씨를 말려야 한다고 말해 내게 큰 충격을 주었다. 난 일본인이 흥에 겨워 몇 년만 지나면 시베리아 변방의 한 구석에서나 조선 민족의 자취를 찾을 수 있을 거라는 희망이자 소원이자 의향을 떠벌리는 걸 직접 들은 적이 있다. 인간의 본성 중에서 가장 혐오스러운 점은 애국심, 자유, 충성, 종교 등의 미명하에 온갖 종류의 극악무도한 행위를 저지르는 것이다.

1 — 청교도혁명 당시 영국은 아일랜드에 대한 종교 탄압과 함께 토지 수탈을 자행했다.
2 — 윤치호는 1910년 미국에서 개최된 미국남감리회 평신도 대회에 참석하려고 미국을 여행했다.

1919년 7월 20일 일요일

낮 1시에 가나야 경성부윤의 초청을 받아 그의 집무실에 갔다. 각계각층을 대표해 30명 정도의 조선인이 모여 있었다. 찬 음료와 초밥, 그리고 샌드위치가 나왔다. 김중환 씨[1]가 음식을 들기 전에 이미 배포된 규약을 설명하면서 교풍회[2]를 결성하자고 제안했다. 목표는 네 가지였다. (1) 회원 간의 친목도모, (2) 회원 간의 상부상조, (3) 질서유지, (4) 풍속―악습―개량. 놀랍게도 내가 회장에 뽑혀 기분이 찜찜했다.[3] 최강,[4] 예종석, 민원식[5] 같은 인간들이 당국자의 사주를 받아 주도하는 단체가 희망적이거나 대중에게 인기가 있을 리 만무하다.

---

1 ― 김중환(金重煥)은 1916년 대정친목회 결성에 참여해 평의원이 됐다. 1919년 경성교풍회의 결성을 주도하고 부회장에 선출됐다.
2 ― 교풍회(矯風會)는 3·1운동 이전부터 조선의 중·남부 지방 일부에 설치되어 있었는데, 3·1운동 이후 당국의 지시에 따라 일종의 지방 교화기관으로 활성화됐다. 다시 말해서 총독부가 보수적 유지들을 끌어들여 청년층을 중심으로 한 반일적인 경향을 약화시키고자 교풍회 설치 공작을 주도한 것이다.
3 ― 회장에 윤치호, 부회장에 김중환, 한상룡, 유문환, 고문에 민영기, 민원식, 조진태, 가나야 미쓰루(金谷充) 경성부윤이 선출됐다.
4 ― 최강(崔岡)은 1903년 1월 경영난에 처한 『제국신문』을 인수해 사장에 취임했으나, 6개월 만에 물러났다. 1916년 대정친목회 결성에 참여해 간사를 맡았고, 1919년 경성교풍회의 결성을 주도했다. 1920년 대정친목회가 『조선일보』를 창간했을 때 초대 편집국장을 맡았다.
5 ― 민원식은 당시 대표적인 친일파 중 한 사람이었다. 자세한 것은 제1부 제2장 1921년 2월 16일자 일기 내용과 주 참조.

1919년 7월 22일 화요일

오후 3시에 경성교풍회가 YMCA 회관 소강연실에서 간사모임을 가졌다. 난 산회 직전에―두 가지의 그럴듯한 이유를 들어―회장직에서 물러나겠다는 뜻을 밝혔다.[1] (1) 서울YMCA 총무로 일하고 있다는 점, (2) 다른 여러 기관들의 회장으로 일하면서 하도 많이 곤

욕을 처러본 때문인지, 이제는 회장 소리만 들어도 몸서리가 쳐진다는 점.[2]
  (중략)

---

1 — 이때 윤치호의 사표는 수리되지 않았다.
2 — 독립협회 회장으로 활동하다가 대한제국 정부로부터 탄압받은 일, 그리고 한일합방 직전 대한자강회, 청년학우회 등의 회장을 지냈다가 한일합방 이후 '105인 사건'으로 총독부의 탄압을 받은 일을 의미한다.

1919년 7월 25일 금요일

세상 사람들은 모두 평화를 말한다. 그러나 지구상의 모든 곳에서 전쟁이 횡행한다. 황금률[1]이 국제 관계에서 실행되지 않는 한, 이런 상황이 호전되지는 않을 것이다. 모든 국가는 자기네 이웃나라가 순한 양이 되길 바라면서도 자기는 늑대로 남고 싶어 한다. 남들이 내게 하지 말았으면 하는 행동을 남들한테 하고 있다. 자기는 조국을 사랑하면서 다른 사람들이 그들의 조국을 사랑하는 건 원치 않는다. 자기는 공명정대하게 대우받고 싶어 하면서 다른 사람들을 부당하게 대우한다. 자기는 사랑받고 싶어 하면서 다른 사람들을 증오한다.

---

1 — 황금률이란 무엇이든 남에게 대접을 받고자 하는 대로 남을 대접하라는 예수의 계명(「마태복음」 7장 12절)에 대한 현대적 명칭이다.

1919년 7월 26일 토요일

요시무라 씨가 『성서연구』 7월호에서 이렇게 말했다. "미국은 돈은 많지만 진실한 복음은 거의, 아니 전혀 없다. 난 미국의 돈이야말로 독일의 군국주의에 못지않게, 진실한 종교의 대의명분에 많은 해를 끼치고 있다고 확신한다." 내가 보기에 요시무라 씨의 발언은 지금 일본에서 크게 유행하고 있는 반미정신을 반영하고 있다. 미국이 돈을 갖고도 진실한 복음이 없다면, 과연 어느 나라가 돈도 없이 진실한 복음을 갖고 있겠나? 미국은 지금껏 정당한 노력에 의해 부富를 획득해왔다. 그리고 내가 알기로는 어느 나라 못지않게 너그럽고 현명하게 돈을 써왔다. 미국의 복음과 돈이 아니었다면, 어느 누가 조선에 지금의 병원과 학교 같은 시설을 제공했겠는가? 그리고 일본이 식민지 조선의 모국인 이상, 미국의 복음과 돈은 일본에게도 도움이 됐다고 말할 수 있지 않은가?

1919년 7월 30일 수요일

얼마 전 인도의 시인 타고르는 인도 총독에게 편지를 보내, 영국인이 펀자브 지역의 소요를 진압하는 과정에서 만행을 저지른 것에 대해 항의했다. 3억 인구를 가진 나라가 언어, 정치, 종교—종교가 이 중에서도 최악이다—때문에 서로 갈라져 철학적인 허세나 부리면서 강력하고 단합된 정부 하나 수립하질 못했다. 인도인은 극소수 이방인들이 저지른 만행에 대해 울먹인다. 대다수 인도인은 타락한 인도인 통치자의 통치를 받았을 때보다 오히려 영국인 치하에서 인명과 재산상의 안전을 보다 많이 누리고 있는데도 말이다. 우선 하나로 단결하는 법을 배워야 한다. 울먹여봐도, 좋은 시를 써봐도 모두 다 부질없는 짓이다.

(중략)

1919년 7월 31일 목요일

양주삼 씨의 말로는, 상하이에 있는 '독립운동가들'이 자기들에게 합류하지 않는다는 이유로 날 욕하고 있으며, 다른 한편으로는 내가 물질적으로 자기들의 대의명분에 힘을 실어줄 거라고 믿고 있다고 한다. 그동안 내가 관계했던 모든 공공운동이 실패로 끝났다.

아니 단순히 실패로 끝난 정도가 아니라, 내게서 또다시 불의에 맞설 수 있는 용기를 앗아가는 고통을 안겨주었다.[1] 내겐 연로하신 어머니와 어린 아이들이 있으며, 그들의 건강과 행복이 무척 중요하다. 내겐 가망이 없는 사업에 모든 걸 내걸 만한 용기가 없다. 내가 보기엔 조선인은 아직 이토록 혼란스러운 세계에서 독립국가를 운영하고 유지해나갈 만큼 정치적으로 각성되질 않았다. 그런데 비관적인 견해를 가지고 있는 사람들은 조선인이 그 정도의 지성을 획득하도록 일본이 가만 내버려두지는 않을 거라고 말한다. 하지만 지금껏 다른 민족의 지적 성장을 억제하는 데 성공했던 민족은 하나도 없었다.

---

[1] — 1919년 7월 22일자 일기 내용과 주 참조.

1919년 8월 7일 목요일

모든 사람들이, 특히 다른 누구보다도 경찰 당국이 부랑자 수가 급격히 늘고 있는 현실을 애석해하고 있다. 그런데 당국은 조선 청년들이 이 지경에 빠져드는 걸 보면서 정말로 딱하게 여기고 있는 걸까? 그들은 왜 모든 시가지에 유곽遊廓이 늘어나는 걸 허가해주나?[1] 성심성의껏 경고를 한 후에 십수 명쯤의 악명 높은 부랑자를 중노동과 함께 교도소에서 복역시키면, 이런 유형의 사회적 악습은 손쉽게 근절될 텐데. 그러나 이런 조치를 취할 수 있는 법령은 없다. 조선인의 자유를 억압하는 법령을 만들 수 있는 총독부가 왜 이런 법령은 만들 수 없는 걸까? 조선인 부랑자가 일본인 고리대금업자에게 대단히 유익하기 때문인 것 같다.

---

[1] — 원래 조선에는 공식적인 매춘업이 없었는데, 일제가 1916년 '유곽업 및 창기 취체규정'을

제정하면서 사실상 공창제도가 마련됐다. 이 규정은 표면적으로는 사창가를 단속하기 위한 것이었으나, 공창이 당국에 세금을 내기 때문인지 단속은 하나의 요식행위에 불과했다.

1919년 8월 9일 토요일

(중략)

지금껏 토지수용권이 남용되어왔다. 일본에서 이주민이 봇물처럼 조선으로 밀려들고 있다. 쩨쩨한 공무원들과 뭐라 말로 표현하기 힘든 관료주의가 예전과 마찬가지로 기승을 부리고 있다. 내 생각엔 이른바 개혁이란 게 관복官服의 변화 이상은 아닐 듯싶다.

1919년 8월 11일 월요일

오전에 백남석 군[1]이 찾아와 곧 미국으로 떠나게 될 것 같다면서 작별인사를 했다. 내가 1888년에 미국으로 가던 길에 도쿄에서 만났던 니지마 박사[2]가 내게 충고했던 내용을, 백군에게 그대로 말해주었다. "자네는 미국에서 많은 죄악을 접하게 될 걸세. 우리가 사악한 것까지 배울 필요는 없을 거야. 그러니 유익하다고 생각되는 것만 배우게." 난 백군에게 정치에 간여하지 말라고 충고했다. 흑인은 사회적 평등을 요구하기 전에 먼저 경제적 평등을 이루어야 한다고 워싱턴[3]이 주장했던 것처럼, 조선인은 정치적 평등을 요구하기 전에 먼저 경제적 평등에 도달해야 한다. 백군에게 여비에 보태 쓰라고 200원을 주었다.

---

1 — 백남석(白南奭)은 한영서원을 졸업하고 미국 유학을 다녀온 후 연희전문학교 영문과 교수로 재직했다. 흥업구락부에 가입해 활동했다.
2 — 1875년 일본 도시샤를 창설한 니지마 조(新島襄)를 가리키는 것으로 보인다.
3 — 워싱턴(B. Washington. 1856~1915)은 미국의 교육자, 개혁가로 1895~1915년 무렵 미국 흑인의 가장 영향력 있는 대변인으로 손꼽혔다. 동료 흑인들에게 시민권과 정치적 힘을

얻으려는 노력을 잠시 포기하고, 교육을 통해 산업기술을 익히고 인내심, 근검절약 등의 덕성을 함양하는 것이 흑인의 이익을 가장 잘 실현시킬 수 있는 길이라고 주장했다.

1919년 8월 14일 목요일

신임 총독인 사이토 제독[1]은 해군성 급사로 인생의 첫발을 내디뎠다. 그래서 그가 학식이 없다고 비꼬는 이들이 있다. 그러나 급사로 시작해서 총독까지 오른 사람이라면, 설령 자기 이름조차 쓸 줄 모른다손 치더라도 배울 만큼 배운 사람이라고 해도 과언은 아닐 것이다. 난 그가 민간인이 아니라 군부 인사라는 사실에 토를 다는 조선인에게도 동의할 수가 없다. 조선에 대한 일본의 기본 정신이나 설계나 의도나 정책이 진짜로 무엇이냐 하는 점이 중요하다. 만일 일본이 원하는 게 조선인이 아니라 조선이라면, 누가 총독이 되더라도 어차피 조선에겐 희망이 없다. 반면에 일본이 자국민의 이익뿐만 아니라 조선인의 이익을 위해 조선의 천연자원을 개발하길 진정으로 원하고 있다면, 우리는 총독이 군인이든 민간인이든 상관없이 현재의 통치자에게 만족할 수 있을 것이다.

---

1 — 사이토 마코토(齋藤實, 1858~1936)는 일본 해군병학교를 졸업하고 미국 주재 일본 공사관 소속 해군 무관, 해군차관 등을 지내며 일본 해군의 실세로 떠올랐다. 해군대신을 거쳐 제3대 조선 총독을 맡아 기만적인 문화통치 전략을 구사했다. 1932년 내각 총리대신에 올라 만주국을 승인하고 국제연맹에서 탈퇴하는 등의 조치를 취해 논란을 불러일으켰다. 내대신(內大臣)을 지내다 1936년 2·26사건 때 청년 장교들에게 살해됐다.

1919년 8월 19일 화요일

내 동생 치창[1]이 미국 여권 신청서를 보내왔다. 경찰은 토지, 가옥, 현금 등 그의 재산이 얼마나 되는지 궁금해한다. 뿐만 아니라 경찰은 그의 보호자인 내게도 토지, 가옥, 예금계좌 등의 재산에 대한 상세한 진술을 요구한다. 난 일본인이 여권을 내주지 않을 거라고 생각한다. 그들은 자기네가 원하는 기간만큼 이 문제를 미루려고 유학과 관계없는 사항들을 질문한 다음—그리고 유사한 질문들을 계속할 것이다—사소한 트집을 잡아 여권을 내주지 않을 것이다. 백남석 군의 경우에는 무려 1년 반이나 질질 끌면서 이런저런 조사를 하더니 여권 신청을 기각해버렸다. 내 동생의 경우도 성공할 가능성은 희박하다.

---

1 — 윤치창(尹致昌)은 윤치호의 막내 동생으로, 손정도 목사의 사위이자 손원일(孫元一) 초대 해군 참모총장의 자형이다. 미국에 건너가 시카고대학교에서 유학했다. 해방 후 초대 영국 공사, 터키 공사 등을 지내며 외교관으로 활동했다.

1919년 8월 21일 목요일

조선인들 사이에서 하나의 대의명분이었던 조혼은 여전히 지배적인 관습으로 유지되고 있다. 개성에서는 6~9세의 어린 이를 결혼시켜 한 방에서 자도록 강요한다. 당국이 손만 쓰면 이런 병폐를 근절시킬 수도 있다. 그러나 당국은 이 가증스런 관습에 대해 손 하나 까딱하질 않는다. 그런데도 일본인은 조선에서 조혼을 금지한 게 자기들의 자비로운 개혁 중 하나라고 뻔뻔하게 자랑한다.

1919년 8월 29일 금요일

시내의 상점들이 마치 마술에 걸리기라도 한 것처럼 하나같이 문을 열지 않았다. 어젯밤 10시쯤 철시撤市하라는 명령이 하달됐다는 얘길 들었다. 병합일을 경축하기 위한 조치란다. 경찰과 첩자들의 경계에도 불구하고 선동가들이 '여느 때'처럼 '독립' 전단傳單을 배포했다. 조선인은 현재 많은 것을 배워가고 있다. 하지만 아직 성공의 비결을 습득하는 데까지는 이르지 못하고 있다. 사회와 민족의 행복을 위해 개인

한일합방 후 경복궁 근정전에 걸린 일장기

과 파벌의 이해를 희생하는 자세 말이다. 상하이 임시정부 관계자들이 몇 개의 분파로 쪼개졌다는 얘길 들었다. 앞으로도 그럴 거라면, 독립을 외쳐 봐야 아무 소용이 없다.

1919년 9월 1일 월요일

인종이나 민족, 그리고 파벌이나 개인을 둘러싼 차별은 근원적으로는 인간 본성에서 비롯된 것이다. 문명의 발전 단계상 우월한 단계와 저급한 단계가 존재하는 한, 차별도 존재하게 될 것이다. 유색인종이 백인종과 동등하거나 더 우수하다는 걸 입증하지 못한다면, 법규나 강연이나 설교를 통해서도 백인종이 유색인종에 대한 차별대우를 멈추도록 만들지는 못할 것이다. 조선인이 모든 점에서 일본인과 동등하다는 걸 입증하지 못한다면, 법규나 설교를 통해서도 일본인이 조선인에 대한 차별대우를 그만두도록 만들지는 못할 것이다. 우선 지적·경제적 상황을 향상시켜야 한다. 그러면 이 모든 게—즉 동등한 대우와 기회가—따라올 것이다.

1919년 9월 2일 화요일

(중략)

오후 5시에 사이토 제독이 서울에 도착했다. 오후 7시에 문희文姬(Mary. 윤치호의 셋째 딸로 법학자 정광현과 결혼했다—옮긴이), 선희善姬(윤치호의 동생인 윤치왕의 맏딸로 이승만 정권 당시 내무부 장관을 지낸 장석윤張錫潤과 결혼했다—옮긴이)를 데리고 램버스 감독[1] 일행을 마중하러 역에 나갔다. 그러나 감독 일행은 오지 않았다. 에비슨 박사의 말에 따르면, 어떤 얼간이들이 사이토 제독에게 폭탄을 던졌는데 그를 빗나간 폭탄으로 인해 여러 명의 구경꾼이 부상을 당했다고 한다.[2] 난 이 얘기를 듣고 소스라치게 놀랐다. 참말이지 애통한 일이다. 조선인은 이토 히로부미 씨 암살이 병합을 재촉했다는 걸 잊었단 말인가? 바보들 같으니!

『혜성』 1931년 12월호에 실린 윤치호의 캐리커처

---

1 — 램버스(W. R. Lambuth, 1854~1921)는 중국에서 출생한 미국인 목사로 1896년부터 14년간 미국남감리회 총회 총무를 지냈고, 1910년 총회 감독으로 선출됐다. 1919년부터 미국남감리회 동양 지역 선교를 총괄했다.
2 — 1919년 9월 2일 경성역에서 강우규(姜宇奎) 의사가 제3대 조선 총독으로 부임해오던

사이토 총독에게 폭탄을 투척한 의거를 가리킨다. 사이토 총독의 제거에는 실패했으나 37명의 사상자를 냈다.

1919년 9월 4일 목요일

지금까지만 본다면, 올해는 조선인에게 가혹한 해가 아닐 수 없다. 전쟁, 기근, 가뭄, 비, 태풍, 콜레라, 이 모든 걸 가지고는 어느 누구도 머지않아 평화가 도래할 거라는 기대를 가질 수가 없다. 선동가들은 10월 3일, 즉 워싱턴에서 국제연맹의 첫 회합이 열리기로 되어 있는 날을 학수고대하고 있다. 조선 독립의 성공을 위해서 말이다. 그날이 지나가면, 그들은 국제연맹의 두 번째 회합을 향해 또다시 선동할 것이다. 이어서 세 번째, 네 번째, 다섯 번째, 그러고는 마냥 계속될 것이다. 조선인은 먼저 기강, 극기, 협력, 멸사봉공 등의 교훈을 배워야 한다.

1919년 9월 11일 목요일

오후 4시 총독 관저에 가서 신임 총독이 주최한 연회에 참석했다. 각 교파를 대표해서 상당수 조선인과 일본인이 참석했다. 그리고 몇몇 선교사도 참석했다. 『서울프레스』[1]의 야마가타 이소오 씨가 총독과 미즈노 정무총감[2]에게 날 소개했다. 이 두 신사는 내가 1주일 전에 야마가타 이소오 씨에게 주었던 「일본 통치에 대한 조선인의 불만 요인」이라는 서한을 잘 보았다고 말했다. 야마가타 이소오 씨는 총독과 정무총감이 내 솔직한 진술에 매우 만족해했으며, 내가 도지사가 될 의향이 있는지 알고 싶어 한다고 내게 말했다. 난 어떤 공직도 수락할 용의가 없다고 말했다. 그건 한영서원의 교장직보다 더 나쁠 테니까.[3]

1 ─ 『서울프레스』는 통감부와 총독부가 발행한 영자신문이다. 통감부는 영국인 하지(J.

W. Hodge)가 1905년 6월에 창간한 주간지『서울프레스』를 재정 지원하다가, 1906년 12월에 사들여 일간지로 개편하고 기관지로 발행했다. 한일합방 이후에도 독립된 신문사로 운영되면서 총독부의 영자 기관지 역할을 했다.
2 ― 미즈노 렌타로(水野錬太郎, 1868~1949)는 도쿄제국대학 법률학과를 졸업하고 내무성 지방국장, 내무차관 등을 거쳐 1918년 데라우치 내각의 내무대신을 지냈다. 1919년 8월 사이토 총독의 부임과 함께 총독부 정무총감을 맡아 이른바 문화통치의 틀을 짜는 데 주력했다. 그 후 내무대신을 두 차례 더 맡아 내무행정의 권위자로 손꼽혔다.
3 ― 한영서원(韓英書院)은 1906년 개성에 설립된 중등교육기관으로 송도고등보통학교의 전신이다. 미국남감리회가 윤치호 등 조선인들과 함께 설립했고, 윤치호가 초대 원장에 취임해 '105인 사건'으로 체포되기 전까지 재직했다. 그런데 윤치호의 교장 재임 시절에 대한 기억은 별로 좋은 편이 아니었다.

1919년 9월 12일 금요일

오후에는 집에 있었다. 3시 20분쯤 예쁘장하게 생긴 여학생이 찾아왔다. 그녀는 조선인민협회 명의의 서한을 내밀면서 조선 독립을 위해 자금을 대달라고 요구했다. 난 나 자신과 내 가족이 위험해질 수 있는 만큼 돈을 줄 수가 없다고 말했다. 아울러 독립운동가들이 생명의 위험을 무릅쓰고 조선에 잠입하지 못하면서, 내게는 생명을 담보로 해서 자기들에게 돈을 대라고 요구하는 게 희한한 일이 아닐 수 없다고 솔직하게 말했다. 그녀는 시무룩한 표정으로 서한을 챙겨서 가버렸다.

1919년 9월 13일 토요일

오전 10시쯤 정운준 씨가 찾아왔다. 극히 이례적인 일이었다. 그의 말에 따르면, 신임 총독이 도지사들에게 각 도별로 2~3명의 조선인 대표를 뽑아 서울로 올려보내라고 지시했으며, 오는 19일에 이 대표들이 총독부 청사로 초청되어 개혁에 대한 계획을 듣게 될 거라고 한다. 그리고 구니토모 씨가 정씨, 유맹 씨[1]와 내게 이 대표들을 대상으로 연설을 해달라고 요청했다고 한다. 난 조선인의 복지가 개혁의 주목적이라는 걸 입증할 수 있는 몇 가지 조치가 취해져야만, 다시 말하면 일본이 추구하는 게 조선인의 복지가 아니라 조선의 토지라는 인상을 제거할 수 있도록 어떤 조치가 취해져야만, 비로소 이 대표들이 나나 다른 누군가의 말을 귀담아듣게 될 거라고 그에게 말했다. 난 이런 이유를 들어 연설 청탁을 거절했다.

---

1 — 유맹(劉猛, 1853~?)은 한말 농상공부 차관, 전북 관찰사 등을 지내고 일진회 간부로 활동했다. 한일합방 이후 중추원 찬의와 참의를 지냈다.

1919년 9월 15일 월요일

일본이 조선에게 독립을 되돌려주었다고 가정해보자. (1) 융단 위에 앉아 있는 곤충처럼 아주 편안하게 전국 방방곡곡에 정착해 있는 33만 명의 일본인을 우리가 조선반도 밖으로 내보낼 수 있을까? 불가능한 일이다. (2) 일본이 조선에 견고하게 설치해놓은 모든 철도, 항로, 전신, 전화, 은행, 공장, 농장 등을 우리가 모조리 사들일 수 있을까? 불가능한 일이다. (3) 영토권과 그에 수반된 권리, 그리고 치외법권 등을 우리가 폐기할 수 있을까? 가능한 일이다. 하지만 가능성이 그다지 높아 보이지는 않는다. (4) 우리가 영토를 수호하고 법을 집행할 수 있을 만큼, 양적인 면에서나 질적인 면에서나 막강한 육군과 해군을 창설해서 유지해나갈 수 있을까? 불가능한 일이다.

1919년 9월 16일 화요일

어제의 문제를 계속 생각해보자. (5) 우리가 해를 거듭할수록 늘어만 가는 일본 이주민을 막고, 우유와 돈이 넘쳐나는 땅을 소유할 수 있을까? 불가능한 일이다. (6) 우리가 친일파, 친미파, 기타 헤아릴 수 없이 많은 파벌로 분열되지 않고 공공의 이익을 위해 하나로 단결할 수 있을 만큼 그렇게 애국적인가? 별로 그런 것 같지는 않다. 그렇다면 명목상의 독립이 조선인의 진정한 복지에 얼마나 도움이 되겠나? 그래서 난 조선인의 입장에서는 모든 게 불확실한 상황에서 한낱 이름뿐인 독립을 얻는 것보다는 자치를 해가며 현재의 지위를 유지하는 게 최대의 이익을 도모하는 길이라고 확신한다.

1919년 9월 19일 금요일

오후 2시 30분에 개성경찰서의 한 경부警部가 찾아와, 내일 오전 9시에 중추원에 나와달라는 마쓰나가 경기도지사[1]의 전갈을 전해주었다.

(중략)

---

[1] — 마쓰나가 부키치(松永武吉)는 무단통치 기간에 평남 도장관, 경기 도장관을 지내고, 사이토 총독의 부임 후 중추원 서기관장으로 자리를 옮겼다.

1919년 9월 20일 토요일

오전 9시에 중추원에 갔다. 전국 13도를 대표해서 총 52명이 참석했다.[1] 9시 30분에 아카이케 총독부 내무국장[2]의 개회사를 시작으로 회의가 진행됐다. 그는 이 회의의 목적이 '상하上下 의사소통'과 '관민일치官民一致'에 있다고 말했다. 이어서 노무라 해군 대좌가 파리강화회의에서 직접 보고 들은 내용에 관해 연설했다. 그는 이 회의에서 조선 문제가 전혀 언급되지 않았다는 사실을 강조했다.[3] 오후 회의에서는 유맹 씨가 조선과 일본의 관계에 대해 강연했다. 그는 고약하게도 이조 말기에 저질러진 최악의 실정失政과 총독부가 이룩한 최상의 치적을 비교했다. 강연을 듣고 있던 대표들이 어찌나 화가 났는지 붉으락푸르락 안색이 변했다.⁴ 사실 당국이 이런 자리에서 조선인에게 강연을 요구한다는 것 자체가 어불성설이었다. 일본인은 조선인의 심리와 정서에 대해 굉장히 무지하다.

---

1 — 총독부는 문화통치의 시작과 함께 시정 선전 작업을 벌이려고 각 도에서 4명씩 이른 바 '조선인 유력자'를 불러 모았다. 윤치호는 경기도 대표 4명 중 한 사람으로 뽑혔다.
2 — 아카이케 아츠시(赤池濃, 1879~1945)는 도쿄제국대학 법률학과를 졸업하고 시즈오카 현(靜岡縣) 지사에 오른 내무 관료다. 1919년 8월 사이토 총독의 부임과 함께 총독부 내무국장 겸 토목부장에 발탁됐으나, 한 달 만에 경무국장으로 자리를 옮겼다. 일본에 돌아가 경시청 경시총감과 귀족원 의원을 지냈다.
3 — 노무라 기치사부로(野村吉三郎)는 파리강화회의에 참석했는데, 총독부가 지방 유력자들에게 서구 열강이 조선 독립을 지지하지 않는다는 것을 강조하려고 일부러 도쿄에서 불러왔다고 한다. 노무라는 태평양전쟁 발발 당시 주미대사를 지냈다.
4 — 일설에 의하면, 유맹이 총독부는 조선인을 차별대우한 적이 없다고 말하자 50여 명의 '유력자'가 일제히 일어나 그 논지를 반박하는 등 한바탕 소동이 일어났다고 한다.

1919년 9월 22일 월요일

오전 9시에 중추원에서 회의가 속개됐다. 오전에는 야마가타 이소오 씨가 '오늘날의 세계 정세'라는 제목으로 강연했다. 그는 조선 병합을 가리켜, 힘을 앞세워 정복한 게 아니라 두 민족이 대등한 위치에서 통합한 거라고 말했다. 그는 미국에서 벌어지고 있는 극심한 인종차별에 대해 언급한 후, 일본인이 지금껏 이런 식으로 조선인을 대우했느냐고 대표들에게 반문했다. 대표들은 야마가타 이소오 씨가 이렇게 비교한 데 대해 굉장히 화를 냈다.¹ 야마가타 이소오 씨는 일본인과 조선인의 차이가 백인과 흑인 간의 차이만큼 그렇게 근본적인 것도 아니고, 명확한 것도 아니라는 걸 잊지 말았어야 했다. 오후 회의에서는 유일선 씨가 '철저적徹底的 내선일체內鮮一體'라는 제목으로 학자 티가 물씬 풍기는 능숙한 강연을 했다. 그는 이런 말들을 했다. (1) "우리는 지난 5천 년 역사에 대해 자랑할 게 아니라, 앞으로의 5천 년 역사를 위해 노력해야 합니다."

(2) "우리는 일본을 위해서가 아니라, 조선의 진정한 이익을 위해서 일본을 사랑해야 합니다." (3) "우리는 지난날의 증오는 불문에 부치고 현재와 미래의 우정을 위해 일본과 하나가 되어야 합니다."

---

1 — 일설에 의하면, 회원들이 모두 탁자를 치며 반발해서 야마가타 이소오가 말을 끝맺지도 못하고 단상에서 내려왔다고 한다.

1919년 9월 23일 화요일

오늘도 오전 9시에 중추원에 가서 회의에 참석했다. 내무국이 경무국으로부터 이 회의의 관할권을 넘겨받았다는 얘길 들었다. 오전 회의에서 미즈노 정무총감이 연설했다. 그는 이런 말을 했다. "본인의 진정한 소망은 조선인의 행복을 증진하는 겁니다. 병합은 동양의 평화를 유지하려는 양국 황제의 소망과 두 민족의 열화와 같은 소망에 의해 이루어졌습니다. 정치를 잘하려면 통치자와 피치자被治者 사이에 의사소통이 잘 이루어져야 합니다. 여러분의 희망과 불만을 본인에게 말씀해주시기 바랍니다. 목적이 양호해도 수속이 번거롭고 형식이 복잡하면 목적 달성을 그르치게 마련입니다. 유고諭告와 훈시訓示만으로는 별다른 소용이 없으니, 지방에 시찰관을 보내 훈시의 이행 여부를 지켜보고자 합니다. 그리고 지방자치기관을 설치하겠습니다."[1]

각 도 대표들은 미즈노 씨의 연설을 듣고 상당히 만족스러워했다. 오쓰카 내무국장[2]이 미즈노 씨의 뒤를 이었다. 그는 조선인의 관습과 지식 수준에 적합한 지방자치제도를 도입하자고 제안했다. 오후 회의에서 선우순 씨[3]는 자기가 이 회의의 개최를 이끌어낸 공로자라고 떠들어댔다. 바보 같으니!

1 — 윤치호는 이 인용문 중에서 '정치를 잘하려면'부터 '설치하겠습니다'까지의 구절을 국한문 혼용으로 표기했다.
2 — 오쓰카 쓰네사부로(大塚常三郞, 1880~?)는 도쿄제국대학 법과를 졸업하고 통감부 서기관, 총독부 참사관, 중추원 서기관장 등을 거쳐 총독부 내무국장에 발탁됐다. 일본에 돌아가 궁내성 내대신 비서관장을 지냈다.
3 — 선우순(鮮于䥧, 1891~1933)은 일본 유학을 마치고 일본조합교회 전도사로 귀국해 포교 활동을 벌였다. 3·1운동이 일어나자 조합교회 측의 '만세진정운동'에 가담했으며, 1920년 10월 평양에서 대동동지회를 결성해 노골적인 친일 활동에 나섰다. 1921년부터 13년간 중추원 참의를 지냈으며, 1919년 8월부터 1926년 말까지 사이토 총독을 무려 119번이나 면회했다.

1919년 9월 24일 수요일

오늘도 오전 9시에 회의가 속개됐다. 정운준 씨가 '나 자신을 알자'라는 제목으로 강연했다. 오후 회의에서 니시무라 총독부 식산국장¹이 연설했다. 그의 연설 중에 새겨들을 만한 내용은 이러했다. "세상은 논쟁이 아니라 힘에 의해 움직여집니다. 국력의 정수는 인력과 돈이죠. 조선은 모든 산업 부문에서 부유한 나라입니다. 조선의 자원은 개발을 기다리고 있습니다."

오후 5시에 저녁을 먹으러 총독 관저에 갔다. 총독은 피로한 기색이 역력했다. 그는 이 무미건조한 공식 행사를 힘겹게 끝마쳤음에 틀림없다. 저녁 8시에 지방에서 올라온

태화관 뒤에 보이는 건물이 민족대표 33인이 독립선언서를 낭독한 곳이다. '별유천지(別有天地)'라는 간판이 흥미롭다.

대표들이 태화관²으로 자리를 옮겼다. 내일 당국에 제출하기로 되어 있는, 조선인의 불만과 요구 사항에 관한 서한의 문안을 작성하기 위해서였다. 장시간에 걸친 토론 끝에 우리는 조선인의 소망을 담은 19개조를 작성했다. 새벽 4시가 돼서야 잠자리에 들 수 있었다. 난 오늘 밤 회의에서 임시의장 노릇을 했다.

---

1 — 니시무라 야수기치(西村保吉, 1865~?)는 일본 사이타마 현(埼玉縣) 지사를 지내다 총독부 식산국장에 발탁됐다.
2 — 지금의 서울시 종로구 인사동에 있던 요릿집으로 명월관(明月館)의 분점 격에 해당했다. 3·1운동 당시 민족대표 33인이 모여 독립선언서를 낭독한 곳으로 유명하다. 원래 이곳에는 순화궁(順和宮, 헌종의 후궁이며 안동 김씨 세도 가문의 중심인물인 김조근(金祖根)의 딸 경빈 김씨(慶嬪金氏)의 사당)이 있었는데, 한일합방 이후 이완용이 이곳을 별장으로 사용했다고 한다. 1918년 명월관 주인인 안순환(安淳煥)이 이곳을 사들여 태화관(太華館)을 차렸다가, 얼마 후 태화관(泰和館)으로 개명했다. 1921년 감리교가 이곳을 사들여 태화여자관으로 개편해 여성의 사회교육과 여권신장에 힘썼다.

1919년 9월 25일 목요일

9시에 오전 회의가 시작됐다. 조선인의 소망을 담은 19개조가 제출됐다. 대표들이 각 조항에 대한 설명을 끝마치자, 오쓰카 씨가 대표들을 향해 냉수를 끼얹으면서 이렇게 말했다. "당신들은 스스로 조선인의 진정한 대표라도 되는 양 착각하고 있는 것 같군요. 이게 마치 의회나 되는 것처럼 말하는 이들도 있어요. 지금 우리의 목적은 선전 방식과 일정을 잡자는 거지, 당신들을 의원으로 대접해가면서 정부의 정책을 논하자는 게 아니란 말입니다." 오쓰카의 망발로 미즈노 씨가 훌륭한 연설을 통해 대표들에게 심어주었던 좋은 인상이 일거에 무너져내렸다. 그들은 분명히 말했다. 지금 당국이 우리에게 원하는 건, 우리의 요구를 알고자 하는 게 아니라 우리를 선전 도구로 활용하기 위한 것이라고.

오후 회의에서 경북, 전북, 황해도, 충남에서 올라온 대표들이 오쓰카 씨에게 선전 작업을 할 수도 없거니와 하지도 않을 거라고 딱 잘라 말해 불편한 심기를 드러냈다. 박영근 씨[1]는 이렇게 말했다. "난 예전에 선전 작업에 참여한 적이 있습니다. 하지만 지금 또다시 거짓말을 할 수는 없습니다."

---

[1] — 박영근(朴永根)은 전북의 대지주로서 1916~17년 전북 지방 토지조사위원회 임시위원을 지냈다.

1919년 9월 26일 금요일

회의가 시작되기 전에 야마가타 이소오 씨를 찾아가 어제 오후 오쓰카 씨가 고집했던 선전계획은 어리석은 처사라고 솔직하게 말했다. 아울러 각 도 대표들을 자극하지 않으려면 무례한 언사는 삼가야 한다고 넌지시 말했다. 야마가타 이소오 씨는 내 의견에 동감을 표하고는, 지금 이 내용을 관계 당국에 건의하겠다고 약속했다. 난 10시쯤이 되어서야 중추원에 도착했다. 시바다 총독부 학무국장[1]이 자기 분야에 대해 재치 있는 강연을 했다. 10년 전에 100개였던 보통학교가 지금은 569개로 늘었다고 한다. 그때는 실업학교가 18개였는데, 지금은 98개나 된다고 한다. 그때는 전문학교가 하나도 없었는데, 지금은 7개[2]나 된다고 한다. 그때는 사립학교가 1,500여 개에 달했는데, 지금은 778개로 줄었다고 한다. 조선인의 교육비 부담은 1호당 6전 4리에 불과하다고 한다. 오후 회의에서 오쓰카 씨는 더 이상 선전계획을 고집하지 않았다. 2시 30분에 폐회가 선언됐다.

---

[1] — 국사편찬위원회가 펴낸 『윤치호 일기』에는 '口田'으로 표기되어 있으나 '柴田'이 맞다. 시바다 센사부로(柴田善三郎, 1877~1943)는 도쿄제국대학 정치학과를 졸업하고 1919년 8

월 사이토 총독의 부임과 함께 총독부 학무국장에 발탁되어 1920년대 초반 조선의 교육행정을 총지휘했다. 일본에 돌아가 귀족원 의원을 지냈다.
2 — 관립인 경성법학전문학교, 경성의학전문학교, 경성고등공업학교, 수원농림학교, 사립인 연희전문학교, 세브란스의학전문학교, 보성전문학교를 가리킨다.

1919년 9월 27일 토요일

오후 4시 30분에 가토 『매일신보』 사장[1]의 초청을 받아 화월루花月樓에 갔다. 각 도 대표의 절반 정도가 참석했다. 가토 씨는 대표들에게 이번 회의를 통해 알게 된 사실을 지역 주민들에게 선전해달라고 요청했다. 선전사업이 이번 회의의 화두이자 궁극적인 목표였나보다. 선전계획을 발의한 사람들의 입장에서는, 대표들이 선전 도구로 이용되는 걸 과감하게 거절한 게 몹시 불만스러운 일이었음에 틀림없다. 하지만 지금도 일본인 관료들이 조선인의 불만 요인을 까맣게 모르고 있다는 사실이야말로 문제가 아닐 수 없다.

1 — 가토 후사조(加藤房藏)는 일본 『산양신보(山陽新報)』 주간을 지내고, 1918년 6월 『경성일보』와 『매일신보』의 겸임 사장으로 부임해 1921년 2월까지 재임했다. 1920년 『조선 소요의 진상』이라는 책을 발간했으며, 일선융화를 고취하기 위해 『동원(同源)』이라는 개인 잡지를 발행하기도 했다.

1919년 9월 28일 일요일

사촌 동생 치소의 말에 따르면, 조선인 중 어떤 부류는 내가 만세운동에 참가하지 않았기 때문에 이완용보다 더 나쁜 놈이라고 생각한다고 한다.

(중략)

1919년 9월 29일 월요일

변훈 군의 말에 따르면, 최근에 일부 선동가들이 300여 개의 폭탄을 서울로 반입했다는 사실을 경찰이 알아내고 삼엄한 경계를 서고 있다고 한다. 많은 경찰관들이 평상시에 휴대하고 있던 칼은 물론이고 총까지 소지하고 있다고 한다. 시내 전체에 일촉즉발의 긴장감이 감돌고 있다. 통치자 측의 의심과 억압, 피통치자 측의 두려움과 분노, 그리고 상호간의 증오 말이다. 신임 관료들[1]의 다소 관대한 정책이, 지난 10년 동안 조선인을 오로지 노예로만 보면서 억압해왔던 전임 관료들의 반대에 부딪혀 힘겨운 싸움을 벌이고 있는 모양이다.

---

1 — 1919년 8월 사이토 총독의 부임과 함께 총독부 신임 관료로 등장한 미즈노 정무총감, 오쓰카 내무국장, 아카이케 경무국장, 시바다 학무국장, 니시무라 식산국장 등을 가리키는 것으로 보인다.

1919년 10월 1일 수요일

오늘은 총독부 시정始政 기념일[1]이다. 대한민국 임시정부 경무국의 명령으로 조선인 상점들이 모두 철시했다. 조선인이 경축일에 일장기를 달지 않은 탓에 일본인 관리들과 민간인이 잔뜩 화가 났다. 그들은 조선인이 일장기를 달지 않은 걸 두고 국기에 대한 모독이라고 말한다. 난 국경일에 일장기를 다는 걸 반대하지 않는다. 우리가 일본 치하에서 사는 한 통치자들의 명령에 따라야만 하기 때문이다. 더 큰 굴욕(한일합방을 의미한다—옮긴이)은 감수하면서 사소한 일에 목숨을 걸어봐야 무슨 소용이 있나?

그런가 하면 당국은 조선인에게 일장기를 달라고 강요하지 않을 만큼 너그러워야 한다. 그들, 즉 당국자들은 조선의 국가 상징인 태극을 문양으로 사용하는 것조차 금지한다. "우리는 너희들의 국기를 싫어한다. 그러나 너희들은 우리의 국기를 사랑해야 한다." 이것이 조선에 와 있는 일본인들의 좌우명이다.

---

1 — 1910년 8월 29일에 한일합방이 단행됐으나, 총독부가 공식 설치되어 행정을 펴기 시작한 것은 1910년 10월 1일부터였다.

1919년 10월 2일 목요일

『오사카마이니치신문』은 총독부가 각 도 대표와 함께 개최했던 회의에 대해 불만이 많다. 이 신문은 이 회의를 가리켜 돈만 낭비했을 뿐 실패로 끝났다고 비난하고 있다. 각 도 대표가 총독부가 이번 회의를 소집한 주목적이었던 선전계획을 반대했기 때문이다. 신임 총독이 각 도 대표를 한자리에 모아 그들의 불만과 소망을 들으려 한 건, 매우 현명하고 정치가다운 처신이었다. 따라서 당국이 이번 회의에 시간과 돈을 투자할 가치는 충분했다. 조선인이 선전 도구로 이용되는 걸 거부했다고 해서 이번 회의를 실패라고 부른다면, 비평가들이 얼마나 속좁은 인간인가를 유감없이 드러내주는 것일 따름이다. 일반적으로 일본인은 시야도 좁고 속도 좁은 편이다. 아량이 넓은 일부 인사들은 힘이 없나 보다.

1919년 10월 5일 일요일

일본이 자국민의 조선 이민을 계속해서 장려해 나아간다면, 우리 조선인은 일본인과 똑같이 자애롭게 우리를 대우하겠다던 천황의 약속, 즉 일시동인一視同仁의 진실성을 의심할 수밖에 없다. 조선인과 일본인이 똑같이 천황의 적자赤子라면, 왜 일본인을 이주시키려고 조선인을 고향 땅에서 몰아내는가? 만일 13도 대표가 작성한 19개조 요구

사항이 제출됐더라면, 일본 언론들은 이민정책의 폐기는 있을 수 없는 일이라고 발끈했을 것이다. 바로 이 점에 전반적인 문제가 있다. 일본인이 조선인의 복지를 자기들의 통치 목적으로 삼을 거라고는 조금도 기대할 수가 없다.

1919년 10월 6일 월요일

오전 9시 30분쯤 김정식 씨가 찾아왔다. 그는 내가 상하이로 가서 사분오열되어 있는 조선인을 하나로 규합했으면 좋겠다는 뜻을 내비쳤다. 난 독립운동에 별다른 기대를 걸지 않고 있는 만큼 독립운동 때문에 모든 걸 감수하고 싶지는 않다고 말했다. 그는 말을 바꿔서 이상재 선생에게 상하이에 가달라고 설득해볼 의향이 있느냐고 내게 물었다. 난 나 자신이 하고 싶지 않은 일을 다른 사람에게 청하는 건 옳지 않다고 생각한다고 말했다.

김정식 씨는 이동휘 그룹이 조선에 침투해 들어올지도 모른다고 생각한다. 일본인을 몰아낼 수 있다는 믿음이 있어서가 아니라, 조선인이 마지못해 일본인의 노예로 살고 있다는 걸 세계만방에 입증하기 위해 목숨 바쳐 싸우려고 말이다.

1919년 10월 7일 화요일

최진 씨[1]가 YMCA회관으로 찾아왔다. 그는 조선의 농업, 공업, 상업의 개발과 발전을 장려하기 위해 한 단체를 출범시키자고 제안했다. 난 우리의 정치적 지위가 어떻든 간에 이 계획이 1600만 조선인을 먹이고, 입히고, 재울 수 있음에 틀림없는 만큼 진심으로 동의한다고 말했다. 그는 박영효 자작이 식산장려회(1919년 12월 6일 설립된 조선경제회를 가리키는 것으로 보인다―옮긴이)라고 이름 붙인 이 단체의 회장에 취임하기로 동의했다고 말했다. 난 부회장에 이상재 선생을 천거했다.

박영효

1 — 최진(崔鎭, 1876~?)은 한말에 법관양성소 교관과 판사를 지낸 후, 1908년 변호사로 등록한 조선 법조계의 원로다. 1916년 대정친목회에, 1919년 농업·상업·공업 진흥과 생활 개선을 목적으로 창립된 조선경제회에 참여했다.

1919년 10월 9일 목요일

몇 년 전 철원 읍내에 한 일본인 두부업자가 살았다. 이 일본인은 두부 한 모에 4전을 받았는데, 한 조선인이 가게를 열어 두부 한 모에 2전씩 팔기 시작했다. 이 일본인은 이 조선인을 읍내에서 내쫓고는, 읍내에 들어와 두부를 팔지 않겠다는 각서를 쓰게 했다. 그리고 이 합의 사항을 어길 경우 위약금으로 50원을 물도록 했다. 그런데 손님들은 읍내 밖으로 나가 이 조선인에게 두부를 샀다. 그러기가 무섭게 이 일본인은 법정에 소송을 제기했고, 담당 판사는 이 일본인의 요구를 이유 있다고 받아들였다. 결국 이 조선인은 파산하고 말았다. 당시 도지사로 있던 이규완 씨¹가 이 얘기를 듣고 격분한 나머지, 이 사건을 당시의 총독(데라우치 총독이나 하세가와 총독이다—옮긴이)과 야마가타 정무총감²에게 보고했다. 하지만 야마가타 씨는 이를 비웃었고, 당시 오바라 총독부 농상공부 장관³은 판결에 아무런 잘못이 없다며 담당 판사를 감싸고돌았다. 조선인이 일본인을 증오하는 건 다름이 아니라, 바로 이런 행위 때문이다.

1 — 이규완(李圭完, 1862~1946)은 일찍이 박영효의 문하생이 되어 갑신정변 당시 행동대원

으로 활동했으며, 박영효가 일본, 미국 등에서 망명 생활을 할 때 항상 측근에서 그를 보좌했다. 1908년 강원도 관찰사에 올랐고, 한일합방 이후에도 계속해서 강원도 장관과 함남 지사를 지냈다.

2 ― 야마가타 이사부로(山縣伊三郎, 1857~1927)는 일본 육군을 창설하고 내각 총리대신을 두 차례 역임한 야마가타 아리토모(山縣有朋) 공작의 후계자다. 체신대신, 귀족원 의원을 지내고, 1910년 5월 통감부 부통감으로 부임했다. 한일합방과 함께 총독부 정무총감에 취임해 무단통치 기간 내내 총독부의 정무를 총지휘했다. 그 후 귀족원 의원을 지냈다.

3 ― 오바라 신조(小原新三)는 도쿄제국대학 법과를 졸업하고 한일합방과 함께 총독부 내무부 지방국장(1910~15)에 발탁됐다. 충남 도장관을 거쳐 총독부 농상공부 장관을 지냈다. 일본에 돌아가 와카야마 현(和歌山縣) 지사를 지냈다.

1919년 10월 10일 금요일

일본인이 관직을 차고앉아 실행에 옮기고 있는 민족차별은 꽤나 악명이 높다. 그러나 이건 철도와 다른 운송기관 및 세관이 조선인 상인에게 교묘하게 행하는 차별대우에 비하면 아무것도 아니다. 철도회사가 모든 일본인의 화물 통관 절차를 마칠 때까지 조선인 화물의 통관을 보류한다는 건 널리 알려진 사실이다. 어떤 사람이 작년 가을에 평톈에 가서 올봄에 비료로 쓰려고 수천 원어치의 콩깻묵을 사들였다. 하지만 콩깻묵은 올 7월이 되어서야 비로소 배달됐다. 반면에 미쓰이 물산이 선적한 콩깻묵은 제날짜에 도착했다. 이런 일은 비일비재해서 이제는 특별한 일도 못 된다. 일본인이 조선인이 종사했으면 하고 바라는 유일한 업종은 소매상이다. 일본은 이런 야비한 행위를 중단해야 한다.

1919년 10월 15일 수요일

사람이 빵만 먹고 살 수 없듯이, 어느 민족도 정치만 하며 살 수는 없다. 하지만 조선인의 신조는 이렇다. '혼신의 힘을 다해서 정치를 사랑하라!' 조선인은 정치와 무관한 삶은 일고의 가치도 없는 삶이라고 여긴다. 그들이 교육을 받는 유일한 목적은 정치에 입문하는 것이다. 일본 정권이 조선에 가져다준, 겉보기에 불행해 보이는 극소수 행복 중 하나는 조선인을 정치에서 떼어낸 것이다. 그러나 다시 정치 열기가 고조되면서, 조선인은 정치 이외의 다른 모든 걸 무시해버린다. 물론 그들은 이를 가리켜 정치라 부르지 않고 애국심이라고 부른다. 애국심은 많은 무뢰한들의 피난처다. 서울만 해도 조선인이 운영하는 사진관이나 대중목욕탕은 단 한 군데도 없다. 그나마 조선인이 소신을 지켜나가고 있는 것으로 보이는 업종으로는 제화製靴 분야가 유일하다.

1919년 10월 17일 금요일

북부 지역에서 무장 소요가 발생한 게 사실이라면, 일본인은 이득을 볼 것이고 조선인은 손해를 보게 될 것이다. 대체 어떻게? (1) 이 싸움으로 인해 일본인이 거의 공짜로 땅을 사들일 수 있을 만큼 이 지역이 황폐화될 것이다. (2) 일본은 200명의 비무장 '만세꾼'보다 도리어 2만 명의 무장 선동가를 더 빠르고 쉽게 진압할 수 있다. 이토 히로부미 공작을 암살한 게 병합을 촉진시켰던 것처럼, 이른바 독립 소요는 일본인이 조선의 토지와 자원을 장악하는 걸 촉진시킬 것이다.

1919년 10월 18일 토요일

오전 10시쯤 미국 영사관 뒤편의 산정山亭에 있는 벡 씨[1]를 방문했다. 그는 서울에서 맡고 있는 업무를 끝마치려고 지금 막 미국에서 돌아왔다. 그는 내게 마이어스 양[2]의 편지 한 통과 캔들러 박사[3]의 전갈을 전해주었다. 그는 재미 조선인이 독립이 실현될 때까지 선전 선동을 계속하기로 결정했으며, 자신은 조선 독립을 위해 여생을 기꺼이 바치겠다고 말했다. 그는 신의 정의를 확신하고 있는 만큼 조선 독립이 언젠가는 성공할 거라고 믿고 있으며, 살아생전에 조선의 독립과 자유를 보게 되기를 학수고대한다고 말했다. 난 그에게 어떤 질문도 하지 않았고, 내게 부담이 될 만한 비밀은 알고 싶지 않다고 말했다. 벡 씨는 북부 지역의 무장 소요가 대단히 어리석다는 내 의견에 전적으로 동의했다.

---

1 — 벡(S. A. Beck)은 미국감리회 선교사로 1899년 조선에 부임해 1911년 미국성서공회 초대 총무를 맡았다. 1919년 6월 30일 3·1운동의 실상을 미국 의회에 전한 인물로 알려져 있다.
2 — 마이어스(M. D. Myers, 1875~1934)는 미국남감리회 선교사로, 1906년 조선에 부임해 이듬해에 원산 루씨여학교 교장에 취임했다. 1920년 남·북감리회 연합의 전국여선교회 초대 총무에 선임됐고, 이듬해에 태화관을 인수해 기독교 태화여자관을 설립하고 초대 관장으로 일했다.
3 — 캔들러(W. A. Candler, 1857~1941)는 미국남감리회의 저명한 지도자이자 교육가다. 1888년 에머리대학교 학장에 취임해 10년간 재직하고, 1898년 남감리회 감독에 선출됐다. 특히 에머리대학교에서 공부한 윤치호와는 두터운 인연을 맺었다.

1919년 10월 20일 월요일

스코틀랜드 사람인 스코필드 박사[1]는 일본의 정책, 즉 조선에서 일본인 이주민을 위해 조선인을 몰아내는 냉혹한 정책과 최근의 잔학 행위에 대해 분노하고 있다. 그는 자신이 집필 중인 책에 활용할 자료들을 정력적으로 수집하고 있다. 그는 또 고위 관리들의 면전에서 서슴없이 일본인의 잘못된 처사를 비난하고 있다. 그래서 그는 선교사로서의 본분에서 다소 벗어나 있는 게 사실이다. 그러나 그는 조선인의 친구로서 찬사를 받을 자격이 충분하다. 전 세계의 당국자들처럼, 조선의 일본인 당국자들도 자기들에 대한 비판을 억누르려 할 게 뻔하다. 이런 상황에서 누가 당국자들을 비판할 수 있겠는가? 일본인은 조선인을 억압하고 착취하기를 바라기 때문에 당국자들을 비판하지 않을 것이다. 조선인은 비판이 허용되지 않기 때문에 감히 당국자들을 비판할 수가 없다. 그래서 외국인의 비판이 매우 소중하다.

1 — 스코필드(F. W. Scofield, 1889~1970)는 영국 출신의 캐나다연합장로교 선교사로, 1916년 세브란스의학전문학교 미생물학 및 위생학 교수로 부임했다. 3·1운동을 적극 후원한 것으로 알려져 있으며, 특히 제암리 학살 사건 현장을 생생하게 카메라에 담아 외국 신문에 게재한 것으로 유명하다. 1920년 총독부에 의해 추방됐다.

1919년 10월 22일 수요일

조선인 농민은 일본인 농민이 이웃이 되는 걸 꺼려한다. 경험이 좀 있는 조선인 상인조차도 일본인 상인과 제휴하려 들지 않는다. 일례로 종로와 같은 상업 지구에 집을 가지고 있는 조선인은 가급적이면 일본인에겐 집을 임대해주려고 하지 않는데, 이런 사실은 이제 공공연한 비밀로 통한다. 일본인의 성격에 대해 조선에 널리 퍼져 있는 생각은, 그들이 교활하고, 비양심적이고, 공격적이고, 복수심이 강하고, 사람을 잘 속인다는 것이다. 일본인의 약속에 뭔가 득이 될 만한 것이 있다손 치더라도, 조선인은 결코 그 말을 믿지 않는다. 일본인 관리들이 조선에서 부당한 행위를 워낙 많이 저지르는 바람에, 조선에서의 일본의 이미지는 아무리 훌륭한 성명서를 발표한다 하더라도 좋아질 수 없을 정도로 실추되고 말았다.

1919년 10월 24일 금요일

지난 17일 상하이 프랑스 조계租界의 자치위원회가 자기네 조계에 자리 잡고 있는 대한민국임시정부의 폐쇄를 명령했다고, 오늘 신문이 보도했다. 독립 선동가들이 자기들의 미숙함을 깨달았으면 좋겠다. 자기들이 독립을 선동하면 할수록 조선에서는 일본의 구상이 더 잘 진척되어 나아간다는 걸 깨달았으면 좋겠다. 천지신명이 보우하사 일본이 하는 일이면 뭐든지 잘되고 있다는 걸 깨달았으면 좋겠다. 세계대

광화문 앞에서 졸업사진을 찍은 경성의학전문학교 조선인 학생들

전이 유럽을 피로 물들이면서 번성했던 많은 제국을 유린했지만, 일본은 바로 이 전쟁 덕분에 벼락부자가 됐다. 조선은 역대 최악의 기근으로 신음하고 있지만, 일본은 예년에 볼 수 없었던 대풍년을 맞았다. 정치적 소요, 군대의 잔학 행위, 가뭄, 홍수, 태풍, 콜레라가 서로 경쟁이라도 하듯이 조선인을 비참한 상황으로 내몰고 있지만, 조선의 이와 같은 불행 덕분에 일본은 조선인으로부터 땅을 빼앗는 계획을 달성하기가 한결 쉬워졌다. 일본의 이익을 위해 모든 게 톱니바퀴처럼 맞물려 돌아가고 있다.

1919년 10월 25일 토요일

난 경성의학전문학교 당국이 조선인 학생 중에서 첩자를 모집하고 있다는 확실한 증거를 갖고 있다. 학교 당국은 일부 학생들에게 정탐 행위라는 사악한 관행을—버릇을—조장하면서, 아니 가르치면서 무슨 낯으로 학생들에게 인간성과 도덕을 운운하는지 모르겠다.

1919년 10월 26일 일요일

남궁벽¹이라는 한 청년이 내게 편지를 보내 도쿄에서 학업을 계속할 수 있게 도와달라고 간청했다. 그는 조선 민족이 현재 상황에 처하게 된 원인을 규명하기 위해 10년쯤 더 철학을 공부하겠다고 말했다. 이 얼마나 황당한 얘긴가? 난 철학을 공부하지 않았어도 다음과 같은 것쯤은 쉽게 알 수 있다. 조선 민족이 비참한 상황에 처하게 된 주요인 중 하나는, 지식인이나 지도자들이 수백 년 동안 유교 윤리와 불교적 이상에 관한 허황된 철학적 사색에 탐닉해 유용한 기술과 실용적인 도덕을 완전히 무시했던 점이라는 것 말이다. 난 도쿄에서건 다른 어디에서건 철학을 공부하겠다는 조선인 학생에게는 결코 동조할 수가 없다.²

---

1 — 남궁벽(南宮璧, 1894~1921)은 시인으로서 『폐허』 동인으로 활동하다 요절했다.
2 — 이광수가 1927년 『동광』에 기고한 글에 의하면, 윤치호가 유학생의 여비와 학비를 보조해주는 데는 다음과 같은 조건이 있었다고 한다. 첫째, 신학이나 과학 또는 실업을 배우는 자일 것, 둘째, 반액 이상의 여비나 학비를 준비해놓은 자일 것, 셋째, 애걸하지 않는 자일 것.

1919년 10월 29일 수요일

이번 주 금요일, 즉 10월 31일은 천장절天長節(일본 천황의 생일을 경축하는 국경일이다—옮긴이)이다. 그래서 서울의 학교들은 조선인 학생과 경계 병력 사이의 물리적인 충돌을 미연에 방지하려고 다양한 수단을 강구하고 있다. 예를 들어, 이화학당은 학생들에게 집에서 김치 담그는 걸 도우라는 명목으로 1주일간 임시 방학에 들어갔다. 우리 딸 문희의 말로는, 자기가 다니는 학교의 상급반 학생은 일본인 교사들을 '거지'라 부르고, 일본 국가인 기미가요를 부르는 걸 싫어한다고 한다. 또 어린 소녀들 한 패가 학교 뒤편에 조선 독립을 기원하고자 조각상 하나를 세워놓았으며, 기회가 닿을 때마다 교실 안에서 일본인 교사들 몰래 만세와 애국가를 부른다고 한다.

1919년 10월 30일 목요일

내일 일장기를 달 것이냐 말 것이냐 하는 문제가 최근 며칠간의 가장 중요한 골칫거리였다. 내 생각은 이렇다. 우리가 민영환 씨처럼 자살을 하거나 이승만 군처럼 조선을 떠난다면, 그것은 별문제다. 하지만 좋든 싫든 우리가 일본 법령의 보호하에서 사는 한, 다시 말해서 좋은 싫은 생명과 재산의 안전을 위해 그 법령을 수용할 수밖에 없는 한, 그 법령이 요구하는 사항을 준수하는 것도 괜찮지 않을까? 조선인 입장에서 일장기는 그저 일본의 법령하에서 살고 있다는 신호일 뿐이다. 그 어떤 상황이 발생하더라도 일본 법령에 호소하지 않겠다고 작심한다면 모를까, 그런 게 아니라면 우리가 그저 신호에 불과한 일장기 게양을 거부할 필요는 없는 것 같다.

1919년 10월 31일 금요일

아침에 일장기를 내건 가정집은 거의 찾아볼 수가 없었다. 우리 동네에서 일장기를 단 집은 우리 집뿐이었다. 경찰관들이 상점과 가정집을 돌면서 일장기를 달라고 독려하느라 동분서주했다. 예전에 프리드리히 대왕이 사람 하나를 때리며 이런 말을 했다고 한다. "날 무서워하지 마! 넌 날 좋아해야 돼!"

조선인 마음속에 일본식의 충성심과 신토神道를 심어주려는 시도야말로, 일본인이 조선에서 행하고 있는 가장 어리석은 일 중의 하나다. 충성심과 신토는 일본의 토양에 적합한 민족성이고 종교다. 열대식물이 조선의 정원에서 자랄 수 없는 것처럼, 이 두 가지는 일본의 역사적 환경과 유리되어 존재할 수가 없다.

1919년 11월 3일 월요일

천장절 당일에 평안도 의주, 선천, 평양 등지에서 큰 소요가 일어났다는 소문이 나돌고 있다. 총독부는 큰소리쳤던 개혁의 실천을 차일피일 미루고, 쩨쩨한 관리들은 조선인을 끊임없이 못살게 굴며, 일본 신문의 대다수는 조선에 대해 악의적이고 모욕적인 논조를 펴고 있다. 이 모든 것으로 말미암아 조선인의 일본에 대한 증오심은 더욱더 커져가고 있다.

1919년 11월 4일 화요일

박승빈 씨가 찾아와, 주식회사를 설립해서 총독부가 팔 예정인 역둔토驛屯田를 가능한 한 많이 사들이자고 제안했다. 일본인이 모든 걸 다 사들여 조선인에게서 드넓은 논을 단숨에 빼앗아버린다면, 그건 큰 위기가 아닐 수 없다. 박씨 그룹은 소농민이 할부로 역둔토를 매입하는 걸 도와주어 이런 재앙을 예방하고자 한다.

평소와 마찬가지로 오늘도 서울YMCA에서 업무를 보았다. 천장절 당일에 고등보통학교 여학생들이 교사에게 받은 떡을 학교 밖 도랑에 던져버렸다는 얘기를 들었다. 그럴 거였다면 여학생들은 왜 그 떡을 받았는가? 일단 받은 걸 내동댕이치는 건 어리석은 짓이다.

1919년 11월 9일 일요일

오후 3시에 평신도 주간이 시작됐다. YMCA회

관에서 그 첫 번째 모임이 열렸다. 강당이 초만원을 이루었다. 내가 '신시대新時代'라는 주제로 강연했다. 내 강연의 요지는 이렇다. (1) 지금이 우리가 처음으로 맞이하는 신시대는 아니다. 사실은 조선이 일본과 처음으로 조약을 체결했던 1876년에 첫 번째 신시대가 열렸다.[1] 김옥균이 정부를 근대적으로 개혁하려고 시도했던 1884년에도 신시대가 열렸다.[2] 일본이 중국으로부터 조선을 해방시켰던 1894년에도 신시대가 열렸다.[3] 일본이 러시아를 만주에서 몰아냈던 1904년에도 신시대가 열렸다.[4] 우리는 이렇게 신시대가 찾아왔을 때마다 뭘 했나? (2) 신시대가 열리면, 어느 민족이든 일본인처럼 신시대에 발맞춰 전진하든가, 아니면 미국의 인디언처럼 빛바랜 과거에 파묻혀 살다가 결국에는 제거되어야 한다. 우리의 모범적인 모델은 어느 쪽일까?

---

1 — 강화도조약의 체결을 의미한다.
2 — 갑신정변을 가리킨다.
3 — 청일전쟁에서 일본이 승리한 것을 의미한다.
4 — 1904~05년에 일어난 러일전쟁을 가리킨다.

1919년 11월 11일 화요일

여기에 두 명의 조선인이 있다. 한 명은 자기 논이나 상점에서 열심히 일하면서 자기 가족을 편안하게 부양하고, 주변 사람들을 도와가면서 점잖게 살아간다. 하지만 그는 만세를 부르고 다니지는 않는다. 다른 한 명은 도박꾼에다 난봉꾼이다. 그는 방탕한 생활로 아버지에게 물려받은 재산을 탕진한다. 하지만 그는 시도

이용익

때도 없이 만세를 부른다. 두 사람 중 어느 쪽이 진정한 애국자일까? 고종 황제의 악정惡政이 절정으로 치닫고 있었을 때, 황제 개인의 금고를 위해 가난한 백성의 피와 땀으로 금괴를 주조했던 이용익은 충신으로 여겨졌다. 그런데 그는 일본인을 증오했다. 그렇다고 그가 애국자였다고 할 수 있나? 사실인즉 이용익 같은 인간은 조선인 입장에서 일본인보다도 더 위험한 적이었다.

1919년 11월 14일 금요일

의친왕이 국외로 빠져나가려다가 의주에서 붙잡혔다는 얘길 들었다.[1] 어차피 그는 별 볼일 없는 사람이라서[2]—최근 들어 좀 달라졌는지는 몰라도—외국인 사회를 상대로 한 독립운동에 큰 도움이 되지는 못했을 것이다. 하지만 그가 선동가들과 입장을 같이하고 있다고 여겨지는 것만큼은 조선인에게 많은 영향을 끼칠 것이다.

---

1 — 의친왕(義親王) 이강(李堈, 1877~1955)은 고종 황제의 다섯째 아들로 귀인 장씨의 아들이다. 1919년 11월 10일 대동단 인사들과 연계하에 상하이로 탈출해 독립운동에 나서려 했으나, 만주 안둥(安東)에서 발각되어 송환됐다.
2 — 이강은 성격이 호탕하고 대범해 풍류를 즐기는 멋쟁이였다고 하는데, 윤치호는 이 점에 대해 곱지 않은 시선을 가지고 있었던 것 같다. 그러나 이강에 대해서는 당시의 왕족 중 가장 똑똑하고 제왕 기질이 있었다는 평도 있다.

1919년 11월 15일 토요일

오전에 야마가타 데이사부로 씨가 찾아왔다. 그는 에비슨 박사가 교수들을 대하는 방식이 마음에 들지 않아 전임 교수직에서 물러나기로 했다고 말했다. 그는 또 신흥우 군이 미국에 가 있는 동안 여러 번에 걸쳐 반일적인 연설을 했다는 정보를 입수했다고 말했다.[1]

일본은 대범하게 다음 세 가지 조치를 취해야 한다. (1) 동양척식주식회사가 실천에 옮기고 있는 일본인 이주계획의 폐기, (2) 일정 기간의 준비를 거쳐 조선인에게 자치를 허용하겠다는 천황의 약속, (3) 이성적이고 합리적인 조건하에서의 언론과 출판의 자유.

---

1 — 1919년 4월경 신흥우가 미국 기독교연합회 임시 실행위원회에서 조선의 실상에 관해 연설한 것을 의미하는 것으로 보인다.

1919년 11월 16일 일요일

현재 러시아의 볼셰비키 지도자인 트로츠키는 본래 유대인이라고 한다. 이런 생각을 해보자. 수백 년 동안 러시아인은 유대인을 무자비하게 학대하고 학살했다. 그런데 로마노프 왕조를 타도한 사람은 바로 이 유대인이다. 다시 말해서 최근 3년 동안 직접적으로든 간접적으로든 수백 명, 아니 수백만 명에 달하는 러시아인을 학살한 사람은 유대인이다. 이 얼마나 기묘한 보복인가! 이를 가리켜 신의 정의라고 생각하는 이들도 있다. 정의가 아예 없는 것보다야 낫겠지만, 난 이렇게 묻고 싶다. "정의로운 주님은 왜 인간의 본성을 지금보다 좀 더 정의롭고 자비롭게 만들지 않으셨나요?"

1919년 11월 21일 금요일

간밤에 아내가 병이 났다. 무엇이 사교邪敎인가? 이기심이다. 무엇이 죄악인가? 이기심이다. 무엇이 지옥인가? 이기심이다. 조선인 가정들은 사교, 죄악, 지옥으로 충만하다. 왜냐하면 이기심은 모든 사람들에게 있어서 지배적인 열정이기 때문이다. 시어머니도 이기적이다. 며느리도 이기적이다. 하녀도 이기적이다. 하인도 이기적이다. 부인도 이기적이다. 남편도 이기적이다. 모두가 다 남을 떠받드는 건 싫어하면서 남이 자길 떠받들어주길 바란다. 아내는 내가 지금까지 본 여자 중에서 가장 이기적인 여자다. 그녀는 모든 사람이 자기를 떠받들고 기쁘게 해주길 원한다. 하지만 누군가를 기쁘게 하거나 떠받들려는 의사는 조금도 없다. 내가 왜 그녀와 결혼했을까? 끝도 없이 이기적인 여자와 결혼했으니, 내가 대접을 못 받아도 당연하지 뭐!

윤치호 세 번째 결혼 사진 왼쪽은 윤치호의 모친이고, 오른쪽은 세 번째 부인 백매려다.

1919년 11월 22일 토요일

민병석[1]과 윤덕영이 덕수궁, 즉 고종 황제의 궁궐과 영성문永成門 안쪽의 인근 부지를 일본인에게 팔았다고 한다. 이 비열한 매국노를 정확하게 표현할 수 있는 단어는 『웹스터 사전Webster's Unabridged Dictionary』에도 나오지 않을 거다. 이런 행위를 허용한 일본의 정치 행위에 신물이 난다. 천황과 일본 정부는 몇 차례에 걸쳐 포고를 발표해 이조 왕실의 권위를 보호하고 발전을 책임지겠다고 약속했다. 그런데 그들은 이런저런 구실을 대가며 왕실의 재산을 축내고 있다. 일본은 이익 이외에는 아무것도 눈에 들어오지 않을 정도로 타락했다. 이보다 더 추잡하고 꼴사나울 수 있을까?

---

1 — 민병석(閔丙奭, 1858~1940)은 민씨 척족의 핵심 인물로 한말에 평안도 관찰사, 농상공부대신, 궁내부대신 등을 두루 역임했다. 한일합방과 함께 자작 작위를 받았고, 이왕직 장관을 지내며 고종 황제 측근으로 활동했다. 이후 중추원 고문과 부의장을 지냈고, 국민정신총동원조선연맹 고문에 추대됐다.

서울 신정 유곽

1919년 11월 23일 일요일

오후 3시에 스코필드 박사가 강연장을 꽉 메운 청년들에게 일본이 도입하고, 합법화하고, 상업화한 죄악에 대해 강연했다. 그의 강연 내용을 간추려보면 이렇다. (1) 5년 전만 해도 신정 유곽[1]에는 100명 안팎의 조선인 여성이 있었다. 그런데 지금은 400명에 달한다. (2) 한 일본인 윤락업소 주인은 이 악덕사업에 5만 원을 투자했고, 지금 현재 29명의 창녀를 두고 있다. 이 창녀들은 주인을 위해 각자 한 달에 100~150원을 벌어들이고 있다. 스코필드 박사는 조선 청년들에게 사람답게 이런 끔찍한 죄악에 맞서 싸우자고 호소했다.

---

1 — 신정(新町)은 지금의 서울시 중구 쌍림동과 묵정동 일대에 해당한다. 1904년 6월 일본 거류민회는 7천 원의 비용을 들여 자기들 거주 지역인 본정(本町, 지금의 충무로)에서 가까운 이 지역의 토지 7천 평을 매수해 신정 유곽 단지를 만들고, 10월 25일 제일루(第一樓)에서 영업을 시작했다. 서울에서 창기업을 하려는 사람은 일본인, 조선인을 막론하고 이 지역에서만 영업이 허용됐으므로, 이곳의 차지료(借地料)는 일본인 거류민회의 중요 재원이 됐다.

1919년 11월 24일 월요일

내가 1910년에 미국에 갔을 때 아프리카에서 돌아온 한 선교사가 미국 남부 지역의 청중들에게 스릴 넘치는 경험담을 얘기하는 걸 들은 적이 있다. 남감리회는 검은 대륙의 정글에 있는 가난하고 우매한 흑인에게 선교사를 보내기로 결정했다. 여기까지는 좋다. 하지만 남부 지역 백인의 인종적 편견이 너무 심했던 나머지, 사회를 보던 한 장로가 언젠가는 미국에서 흑인의 씨를 말려야 한다고 말했다. 인간은 대단히 야비한 짐승이다. 아프리카 흑인에게 사랑의 복음을 전하려고 선교사들을 보낸다. 마음속으로는 흑인의 멸종을 원하면서 말이다.

1919년 11월 29일 토요일

난 지난 2월만 해도 고종 황제에 대한 얘기를 믿지 않았다. 난 그들에게는 고종 황제를 독살할 만한 이유가 없다고 생각했다. 그런데 최근에 민병석, 윤덕영 일당이 고종 황제의 마지막 처소였던 덕수궁을 일본인들에게 팔아넘겼다. 난 이제 그 얘기를 믿게 됐다. 이 악당들은 자기들 주머니를 채우기 위해서라면 물불 안 가리고 뭐든지 할 수 있는 야비한 놈들이다. 그들이 돈이 모자라 곤궁해하는 것 같거들랑 이왕 전하李王殿下(순종 황제를 가리킨다—옮긴이)의 주변을 살펴라! 이제 그들은 달짝지근한 음료수(식혜를 의미한다—옮긴이)를 가지고 이왕 전하를 제거할 수도 있다. 그러면 창덕궁을 팔아 짭짤한 커미션을 챙길 수 있을 테니까!

1919년 11월 30일 일요일

오후에 이상재 선생이 이런 얘기를 들려주었다. 이 선생과 유성준 씨[1]가 우쓰노미야 장군으로부터 만찬에 초대를 받았는데, 장군은 총독부가 러일전쟁 때 일본이 지출했던 전쟁 비용의 3분의 1 정도만 지출하면 조선인을 회유할 수 있다고 생각하더란다. 이 선생은 장군의 생각이 실행된다 하더라도 다음 세 가지 점에서 조선인의 환심을 사는 데 실패할 거라고 대답했단다. (1) 일본인은 조선인의 심리를 이해하지 못한다. (2) 일본인은 정치적 수완이 부족하다. (3) 일본은 그다지 도덕적이지 않다.

서울에서는 일본 정권이 '삼외무三外無'를 낳았다는 우스갯소리가 회자되고 있다. 땅은 신작로 아닌 것이 없고, 남자는 첩자 아닌 자가 없고, 여자는 매춘부 아닌 이가 없다는 얘기다.

---

1 ― 유성준(兪星濬, 1860~1934)은 유길준의 동생이다. 갑오개혁 기간에 농상공부 회계국장을. 대한제국 시기에 학부 학무국장, 내부협판 등을 지냈다. 1905년 무렵 기독교에 입교해 서울 지역 장로교계의 거물로 부상했고, 중앙학교와 보성전문학교의 교장 등을 지냈다. 물산장려회 이사장을 지냈고, 민립대학 설립운동에도 가담했다. 그러나 중추원 참의를 거쳐 충남지사, 강원도지사를 역임한 친일 관료이기도 했다.

1919년 12월 3일 수요일

상하이 대한민국임시정부의 저명한 일원인 여운형 군이 도쿄에서 즐거운 시간을 보내고 있는 모양이다. 그의 일행은 제국호텔에 머물고 있다. 신문 보도에 의하면, 그는 200여 명의 인사를 연회에 초청해 독립운동에 대해 장시간에 걸쳐 연설했다고 한다.[1] 총독부 당국자들은 독립사상을 품고 있다고 의심이 가는 사람들을 붙잡아 가두느라 경황이 없는데, 일본 정부는 독립운동 지도부의 일원을 공개적으로 초청해서 세계만방에 연설하도록 했으니, 그야말로 우스운 일이 아닐 수 없다. 일본인이 어디가 어떻게 된 건 아닌가? 야마가타 이소오 씨는 이 모든 게 도쿄 당국자의 실수라는 점을 시인하고, 여운형 일행이 무척 영리하게도 비밀

약속을 대중선전으로 바꿔놓았다고 말했다.

---

1 — 1919년 말 일본 정부와 총독부는 여운형을 일본에 초청해 국빈에게나 관람시키는 일본 천황의 비원(秘園)인 아카사카(赤坂) 이궁(離宮)을 공개하는 등 극진히 대접했다. 이는 상하이 독립운동 진영의 중진인 여운형의 회유와 전향을 추진하기 위한 것이었다. 그러나 여운형은 하라 총리대신, 다나카 육군대신, 미즈노 총독부 정무총감 등 일본 정계의 최고 실력자들과 여러 차례 회담하면서 일본의 자치제 제안을 공박하고 즉시 독립을 주장했다. 특히 11월 27일 제국호텔에서 수백 명의 신문기자와 조선인 유학생이 참석한 가운데 명연설을 함으로써 명성을 떨쳤다.

1919년 12월 5일 금요일

며칠 전 만세를 불렀다는 이유로 체포됐던 세브란스병원 간호사 4명이 오늘 풀려났다. 하지만 4명은 아직도 수감되어 있다. 예나 지금이나 경찰서에서는 고문이 가해지고 있다. 신임 총독이 야만적인 관행을 송두리째 뿌리 뽑겠다고 천명했지만, 그건 단지 대외 홍보용이었을 뿐 실천에 옮기겠다는 의지는 조금도 없었던 모양이다.

1919년 12월 9일 화요일

신흥우 군은 용감한 청년들이 헛된 애국 행위에 투신하는 걸 막기 위해서는 조선의 운동을 올바로 인도하는 게 매우 중요하다고 말했다. 그는 청년들을 제대로 인도하려면 상하이에 있는 지도자들의 신뢰와 협조를 얻어야 한다고 덧붙였다. 말인즉 옳지만, 대체 누가 고양이의 목에 방울을 달지?

그건 그렇고, 신흥우 군을 설득해서 그에게 서울YMCA 총무직을 넘겼으면 좋겠다.

1919년 12월 10일 수요일

김씨가 이번 토요일에 점심을 같이 먹자는 우쓰노미야 장군의 초청장을 가지고 찾아왔다. 그는 고종 황제가 친일파라고 의심이 가는 인사들을 죄다 죽이던 무렵에 동료 학생들을 배반했던, 명예롭지 못한 경력의 소유자다.

김씨가 말해준 것 중에 한번쯤 걸러서 받아들여야 할 내용은 이렇다. (1) 여운형이 일본인 당국자들과 은밀하게 의사소통을 하고 있다. 여운형이 도쿄에서 조선 독립을 공개적으로 선언한 건 장덕수가 그렇게 하도록 시킨 것이다.[1] (2) 일본인은 조선에 유화적이라는 이유로 우쓰노미야 장군을 비난하고 있다. 우쓰노미야 장군은 조선인에게 일종의 자치를 허용하는 데 찬성하고 있다.

---

1 — 당시 장덕수는 여운형과 함께 일본에 동행했다. 그는 2·8독립선언에 참가한 후 국내로 잠입했다가 체포되어 전남 하의도에 유배 중이었다. 여운형은 그의 동행을 관철시켜 일본어 실력이 출중했던 그에게 통역을 맡겼다.

1919년 12월 11일 목요일

총독부가 조선에서 신문을 발행하고자 신청서를 제출한 4명의 일본인 모두에게 인가를 내주었다. 조선인에게 언론의 자유를 준다는 미명하에 말이다. 맙소사!

도시든 시골이든 간에 경찰이 도박과 좀도둑 소탕에 주의를 기울이지 않아 주민들의 원성이 자자하다. 총독부의 모든 기관은 밤이나 낮이나 만세 군중을 체포하고, 고문하고, 수감하고, 기소하고, 판결하느라 눈코 뜰 새가 없다. 그들이 여러 차례에 걸쳐 천명했던 개혁 조치들을 확실하게 단행하기만 하면, 선량한 조선인에게 보다 나은 총독부가 될 거라는 기대감을 안겨줄 수 있을 텐데. 그들이 그러지 않는 이유가 대체 뭘까?

1919년 12월 13일 토요일

정오에 점심을 먹으러 조선군 사령관 관저에 갔다. 최근에 대장으로 승진한 우쓰노미야 장군이 피로연을 열었다. 총독을 위시해서 상당수의 일본인, 조선인 손님들이 참석했다. 조선인 민간인으로는 이상재 씨와 내가 유일했다. 난 한창수 남작[1] 옆자리에 앉았다. 난 이 으리으리한 식당에 대해 이렇게 말했다. "이 건물은 수리비만 해도 1년에 4천 원이나 든답니다. 저 같으면 누가 이런 건물을 거저 준다고 해도 받지 않을 겁니다." 놀랍게도 한씨는 이렇게 말했다. "왜요, 당신에게 4천 원이 돈 같기나 해요? 인생은 꿈같은 거예요. 쌓아놓고 있어봐야 소용없는 짓입니다." 그는 내가 엄청난 부자이며, 재산 축적 이외에 할 일은 그저 호화롭게 사는 것뿐이라고 생각하는 모양이다. 정말이지 웃기는 일이다.

---

1 ― 한창수(韓昌洙, 1862~?)는 한말 의정부 외사국장, 의정부 참찬, 이완용 내각의 서기관장 등을 지냈으며, 한일합방과 함께 남작 작위를 받고 중추원 찬의에 임명됐다. 그 후 중추원 고문과 이왕직 시종장, 이왕직 장관을 지냈다.

1919년 12월 17일 수요일

서울 주민들이 서울의 일본 신사, 즉 대신궁大神宮 때문에 7천 원의 부담을 떠안게 됐다. 이 중 5,500원은 일본인이 떠맡고, 1,500원은 조선인에게서 뜯어내기로 되어 있다. 신토神道는 일본 색채가 너무 강해서 일본인이 아닌 다음에야 별다른 의미를 가질 수가 없다. 조선인에게 하등의 관심도 없는 종교를 위해 돈을 내라고 강요한다면, 양심의 자유가 보장된다고는 말할 수 없는 거다.

1919년 12월 18일 목요일

『아일랜드의 역사』를 읽었다. 일본이 조선을 통

치하는 과정에서 저지른 범죄와 과오는 모두 영국이 아일랜드를 통치하는 과정에서 저지른 범죄와 과오를 쏙 빼닮았다. 하지만 일본은 영국을 모방해서는 안 된다. 그 이유는 이렇다. (1) 영국은 일련의 정복을 통해 아일랜드를 차지했지만, 조선은 정복된 게 아니라 병합됐다. (2) 아일랜드는 영국에게 경각심이나 교훈을 주는 역할을 한 적이 없지만, 조선은 일본에게 그런 역할을 해왔다.[1] (3) 아일랜드는 영국 말고는 가까운 이웃이 없지만, 조선은 일본보다 중국이나 러시아에 더 가깝다.

---

1 — 조선이 일본에게 선진 문화나 좋은 의미의 교훈을 전해주기도 하고, 또 저러면 안 되겠구나 하는 경각심을 일깨워주는 일종의 '바로미터' 역할을 해주었다는 의미로 해석된다. 쉽게 말해서 일본은 조선의 덕을 보았다는 의미인 것 같다.

1919년 12월 19일 금요일

정오쯤 신흥우 군을 찾아가 서울YMCA의 총무직을 맡아달라고 부탁했다. 그는 곰곰이 생각해보겠다고 약속했다. 그는 해외로 나갈 것인지 아니면 국내에 머물 것인지 결정을 못한 것 같다. 난 그에게 이런 말을 해주었다. 우리 같은 사람이 국내보다는 미국에서 좀 더 국가에 기여할 수 있다고 생각하는 건—많은 사람들이 그렇게 생각하지만—잘못이며, 만일 우리가 해외로 나가 조선에 기여할 수 있다면 국내에 체류하면서도 얼마든지 그럴 수 있다고 말이다. 넬슨 경이 영국 해군에 남긴 불후의 명언이 있다. "전쟁터를 훈련장처럼 여겨라!" 조선이야말로 조선인의 전쟁터라는 걸 잊어서는 안 된다.

1919년 12월 20일 토요일

마사리크 교수[1]가 미국에서 선전을 잘해서 체코슬로바키아의 독립을 이끌어냈다고 생각하는 조선인이 더러 있는 모양이다. 이들은 유럽의 정치를 발칵 뒤집어놓은 세계대전이 없었더라면, 마사리크든 다른 어느 누구든 간에 체코슬로바키아에게 독립을 가져다주지는 못했을 거라는 사실을 간과하고 있다. 또 체코슬로바키아는 지적으로 일정 수준에 도달해 있었다는 것과 국제 정세를 완벽하게 이용했다는 걸 기억해야 한다. 우리 조선인은 유능한 독자 정부를 세울 준비를 갖추었나?**2**

---

1 — 마사리크(T. Masaryk, 1850~1937)는 체코슬로바키아의 국부로 손꼽히는 인물이다. 체코대학교 철학교수를 지내다 1889년부터 정계에 진출해 민족주의자로 이름을 날렸다. 제1차 세계대전이 발발하자 서유럽으로 망명해 오스트리아-헝가리제국과 독일에 대해 저항운동을 전개하고, 미국에 건너가 윌슨 대통령과 체코슬로바키아의 독립 조건을 협의했다. 1918년 체코슬로바키아 공화국을 수립하고 1~4대 대통령을 지냈다.

2 — 이 대목에서 윤치호가 구상하고 있던 독립 방안의 일단을 읽을 수 있다. 그는 체코슬로바키아의 예를 모범적이면서도 현실적인 모델로 상정한 듯하다. 그는 체코슬로바키아 국민들이 먼저 경제적·지적·도덕적 향상을 꾀해 독립국가를 운영할 수 있을 만한 실력을 갖춘 후, 국제 정세의 변동 곧 제1차 세계대전의 발발과 연합국의 승전으로 인해 독립할 수 있었다고 판단했다. 그는 조선도 장기적으로 민족의 실력을 꾸준히 양성해 독립 능력을 갖춘 후, 국제 정세의 변동에 따른 기회를 잡아 독립을 실현해야 한다고 생각했던 것 같다.

제2장 | '물 수 없다면 짖지도 마라'
1920~21

1920년 1월 2일 금요일

동양척식주식회사가 일본인 농가 351가구의 조선 이주를 허가했다. 그래서 351가구, 아니 그 두 배가량의 조선인 농가가 조상 대대로 살아왔던 땅에서 쫓겨났다. 일본인은 관리든 민간인이든 간에 혼신의 힘을 다해서 조선의 땅을 긁어모으고 있다는 소문이 나돌고 있다. 난 이 소문이 움직일 수 없는 사실일 거라고 확신한다. 일시동인이라는 미명하에 조선인의 생존 기반을 뒤흔드는 정책이야말로 일본의 가장 야비하고 잔인한 범죄다.

1920년 1월 8일 목요일

오전 11시쯤 신의주 출신이라고 자처하는 한 젊은이가 YMCA회관으로 찾아왔다. 그는 안창호 씨로부터 독립운동에 대한 내 입장을 명확히 알아오라는 지시를 받았다고 말했다. 난 이 청년에게 우리가 조선 민족의 최상의 이익을 위해 일하는 데 동의하는 한 상대

동양척식주식회사

방의 방식을 존중해야 한다고 말했다. 뛰고 있는 사람이 서 있거나 앉아 있는 사람을 비난해서는 안 되며, 서 있는 사람이 뛰는 사람을 비난해서도 안 된다고 말이다. 이어서 난 이 청년에게 솔직하게 말했다. "자네는 내가 난생처음 만난 사람에게 내 속내를 모두 털어놓을 거라고 생각하나?" 이 청년은 내 말을 이해하지 못했는지 1시간 정도나 더 자리를 지켰다. 이윽고 내가 방을 나가려 하자, 그는 잔뜩 화가 나서 몸을 부들부들 떨며 이런 말을 했다. "제가 선생님을 뵈러 여기까지 왔는데, 선생님 생각을 들려주시지 않고 이렇게 박대하셔도 되는 겁니까?" 난 이 말에 화가 나서 이렇게 말했다. "난 자네에게 와달라고 부탁한 적이 없네. 자네에겐 어떤 의견을 물을 권리가 있지? 그럼 내게도 대답하지 않을 권리가 있는 것 아닌가?" 그는 몹시 화가 나서 이렇게 말하며 자리를 떴다. "알았어요. 잘 알았습니다."

1920년 1월 10일 토요일

상하이에서 온 청년이 날 만나고 싶어 한다고, 이일 군이 내게 말했다. 그 청년이 상하이 임시정부와 서울 간의 연락 기관을 설치하고자 내게 얼마간의 자금을 얻으려 한다는 것이다. 난 이군에게 그 청년의 요청에 응할 생각이 없으니 내게 데려오지 말라고 솔직하게 말했다. 임시정부 인사들은 일본 경찰로부터 안전을 도모하기 위해서는 상하이 조계에 본부를 차리고 해외에 체류하는 게 현명하다는 걸 잘 알면서, 왜 내가 나 자신과 가족을 무자비한 일본 법령에 노출시키지 않으려고 애쓰는 것에 대해 이상하게 생각하는지 잘 모르겠다.

1920년 1월 11일 일요일

아일랜드 얼스터 지역에 있는 장로교 성직자들이 자국민에게 자치에 반대하라는 지침을 내렸다고 한다.[1] 전 세계가 자치를 당연시하고 있는데도 말이다. 뻔뻔하게도 이들이 사랑과 정의와 자비의 복음을 전할 수 있는 건가? 만약 그렇다면 누가 이들을 믿겠는가? 그런데 영국인의 손아귀에서 극심한 억압과 불의를 겪었던 아일랜드인은 자기들보다 더 힘이 약한 사람들에게 서슴없이 똑같은 짓을 할 것이다. 난 미국에서 가장 반反아시아적인 사람들이 아일랜드 노동자라는 얘길 들었다.

---

1 — 얼스터는 아일랜드의 동북부 지역에 있다. 영국 프로테스탄트의 식민이 지속적으로 이루어져, 가톨릭 신자가 많은 나머지 지역과의 합병에 반대하고 아일랜드 자치 법안에도 격렬히 저항했다.

1920년 1월 18일 일요일

책(『아일랜드의 역사』를 가리킨다—옮긴이)을 읽었

다. "교활한 법령 및 행정 명령에 의해 아일랜드는 외국과의 직접적인 접촉이 단절됐다. 아일랜드 상업의 97퍼센트가 영국과 이루어지고 있다. 이와 같은 시스템으로 인해 아일랜드인은 오로지 영국인에게서 상품을 구입하지 않으면 안 된다." 자, 이 구절에서 고유명사들을 바꿔봐라![1] 그러면 일본인이 훌륭한 학생이라는 걸 알게 될 것이다.

---

1 — 영국을 일본으로, 아일랜드를 조선으로 바꿔보라는 의미다.

1920년 1월 20일 화요일

책을 읽다 보니 이런 내용들이 무척 재미있게 느껴졌다. 영국 정부가 아일랜드 의회의 의원들을 지명하기로 되어 있었다. 영국 국왕이 육군, 해군, 외교, 화폐, 조세와 관련된 모든 현안을 관장하기로 되어 있었다. 아일랜드 의회는 무역, 관료, 경찰 등에 대한 권한을 조금도 부여받지 못했다. 총독에게 아일랜드 의회가 제정한 모든 법령을 거부하고 폐기할 수 있는 권한이 주어졌다. 이 정도라면 자치치고는 비교적 무난하다고 할 만하다. 그런데도 영국은 지금껏 자치의 허용을 거부해왔다. 일본이 얼간이처럼 굴지 않았으면 좋겠다.

1920년 1월 25일 일요일

종교교회에서 예배를 보았다. 스코필드 박사가 '실천하지 않는 신앙은 죽은 것이다'라는 주제로 매우 훌륭한 설교를 해주었다. 그가 말한 내용을 간추려보면 이렇다. "여러분은 독립을 얘기합니다. 그러나 게으름을 고치지 않으면 희망의 희 자도 가질 수가 없습니다." 한번은 그가 내게 이런 말을 했다. "주님은 조선인에게 나라와 긴 손톱을 주고 둘 중에 하나를 고르도록 했죠. 조선인은 나라는 쳐다보지도 않고

긴 손톱을 골랐어요." 이 말은 조선인이 게으름 덕분에 나라를 잃었다는 뜻이다. 벼슬살이하는 걸 인생의 최고선으로 여기다 보니 조선에서는 기생畜生 생활이 명예로운 것이 되어버렸다. 따라서 무위도식이나 게으름이 양반을 상징하는 단어가 되어버렸다.

1920년 2월 9일 월요일

오후 4시 30분에 서울YMCA 이사회가 그레그 씨 집에서 모임을 가졌다. 이사 전원이 참석했다. 신임 총무 선출 문제가 유일한 안건이었다. 신흥우 군이 단독 후보로 추천됐다. 그러나 만장일치가 이루어지지 않았다. 1차 투표에서 신군이 10표 중 5표를 얻었다. 2차 투표에서 신군이 1표를 더 얻어 가까스로 선출됐다.[1] 그 어떤 의견도 강요한다고 해서 수용되는 건 아니라는, 이 명확한 사례를 보고 적잖이 놀랐다.

(중략)

---

1 — 지금까지 신흥우는 1920년 6월 14일에 열린 서울YMCA 총회에서 총무로 선출된 것으로 추정되어왔다. 그러나 이는 사실과 다름을 알 수 있다.

1920년 2월 10일 화요일

터키의 독재자 탈라트가 60만~100만 명에 달하는 아르메니아인을 끔찍하게 학살하고 추방한 후,[1] 1915년에 터키 주재 미국대사인 모겐쇼 씨에게 이런 말을 했다고 한다. "아르메니아인은 당최 믿을 수가 없어요. 우리가 이들을 제거하는 건 미국과는 아무런 상관이 없습니다." 탈라트가 이 말을 우리의 섬 친구(일본인을 가리킨다—옮긴이)한테서 배운 건가, 아니면 그 반대인가? 둘 다 아니다. 이 말은 전 세계 도처에 널려 있는 사악한 인간의 언어일 뿐이다. 인간의 사악함이라! 뭔들 그에 견줄 수 있을까? 그런데도 사람들은 자기가 모든 피조물 중에서 가장 고귀하다고 생각한다.

---

1 — 탈라트 파샤(Talat Pasa, 1874~1921)는 청년투르크당의 지도자이자 오스만 제국의 총리(1917~18)를 지낸 터키의 정치가다. 1914년경 내무부 장관 재직 당시 러시아의 영향을 받기 쉬운 오스만 제국 동부 지역의 아르메니아인을 시리아와 메소포타미아로 추방하는 책임을 맡았는데, 일설에 의하면 이때 60만 명이 희생됐다고 한다. 1918년 11월 제1차 세계 대전이 끝나면서 독일로 피신했다가 아르메니아인에게 살해당했다.

1920년 2월 11일 수요일

오후 내내 날씨가 매우 화창했다. 걷고 싶은 욕구를 억누를 수가 없었다. 그래서 동소문 쪽으로 무작정 걸어갔다. 북관왕묘[1]를 찾아갔다. 그런데 지금은 불교계 학교가 들어서 있다는 걸 알게 됐다.[2] 아마도 명성황후는 자기 왕조를 지킬 심산으로 북관왕묘를 짓는 데 수십만 원을 들였을 것이다. 하지만 북관왕묘는 황후와 황후의 왕조는 물론 자신을—북관왕묘를—지키는 데도 실패했다. 그 똑똑하고 이기적이었던 황후가 물심양면으로 북관왕묘를 섬기던 것의 절반쯤만 백성에게 할애했더라면, 오늘날 황후의 왕조는 무사했을 것이다.

---

1 — 북관왕묘(北關王廟)는 관우(關羽)에게 제사를 지내는 묘당(廟堂)으로, 1883년경 민비와 진령군(眞靈君)이 건립했다.
2 — 당시 불교계에서 운영하던 중앙학림(中央學林. 동국대학교의 전신)을 가리킨다. 1906년 불교계에서 근대적 교육사업을 위해 동대문 밖에 설립했다. 1915년 옛 북관왕묘 자리로 이전됐다.

1920년 2월 12일 목요일

터키의 민주주의—민주주의라고?—지도자인 탈라트가 남녀노소를 가리지 않고 비무장 아르메니아인을 잔혹하게 학살한 후 이렇게 우쭐댔다. "압둘하미드[1]가 30년이나 걸려 아르메니아 문제를 해결했던 것보다도 더 많은 일을, 난 불과 3개월 만에 해냈다." 영국인이 아일랜드에서, 러시아인이 폴란드에서, 다른 누군가(일본인을 의미한다—옮긴이)가 조선에서, 민족 문제를 확실하게 해결하는 탈라트식의 방법을 시도해왔다. 하지만 모두 실패했다. 인간은 누군가의 강제에 의해서만 현명해질 건가?

---

[1] — 압둘하미드 2세(Abdul Hamid II, 1842~1918)는 오스만 제국의 제34대 술탄(재위 1876~1909)이다. 아랍 민족의 저항과 열강의 간섭에 대처하지 못하고 청년투르크당의 혁명을 야기해 폐위됐다.

1920년 2월 16일 월요일

오전 10시에 서울YMCA에 가서 직원들에게 신임 총무인 신군을 공식 소개했다. 난 이로써 서울YMCA와의 공적인 관계에서 완전히 해방됐다. 지난 4년 동안 많은 난관을 겪었음에도 불구하고 후임자에게 서울YMCA를 무사히 넘길 수 있게 됐다. 주여, 감사합니다!

1920년 2월 17일 화요일

일본인이 조선에서 손을 뗀다고 가정해보자. 조선은 러시아, 터키, 멕시코, 중국 등의 운명을 맞게 될 것이다. 외국인의 통치를 증오하는 게 곧 미덕은 아니다. 인간은 하등동물과 마찬가지로 이런 본능을 가지고 있다. 개인 간, 국가 간의 상호의존성을 깨닫지 못하고, 전체의 행복보다 개인적인 이해관계를 더 중시하는 개인이나 국가는 진정한 독립을 이룰 수 없다.

1920년 2월 19일 목요일

어제 약속한 대로 오전 11시에 도지사실을 찾아갔다. 도지사[1]는 내게, 작년 9월 13도 대표가 개혁에 관한 당국의 설명을 듣기 위해 서울에 소집됐을 때 계획했던 대로, 선전 작업에 참여해달라고 요청했다. 난 도지사에게, 난 이미 작년 대표자 모임 때 총독부를 옹호하는 선전을 벌이는 것에 반대했고, 지금도 그 생각에 변함이 없으며, 선전 작업을 아예 없었던 일로 하는 게 최선의 방책일 거라고 말했다. 진정한 개혁만이 최상의 선전일 뿐이다.

1 — 당시 경기도지사로 있었던 구도 에이이치(工藤英一)를 가리킨다. 그는 총독부 농상공부 상공국장, 전남 도장관, 평남 도장관을 거쳐 경기도지사를 지냈다.

1920년 2월 24일 화요일

서울의 부자들은 모두 다소 긴 식객 명단을 갖고 있다. 물론 나도 그중의 한 사람이다. 식객들은 일반적으로 탐욕스럽고 배은망덕하다. 그들은 지난 20~30년 동안 우리 집 식객 노릇을 해왔다는 사실에도 아랑곳하지 않고 내가 자기들을 부양해주길 원하고 있으며, 또 그렇게 해달라고 요구한다. 남에게 의존하며 사는 게 조선인의 제2의 본성이 되어버렸다. 그들은 자존심이 너무 세서 땅 파고 살 수 없다고 하지만, 사실은 남에게 손을 벌릴 정도로 자존심이 없는 사람들이다. 이 가증스런 습성 또는 본능은 배관열拜官熱에서 비롯되어 발달해왔다. 관리가 된다는 건, 고상한 직함으로 위장한 기생자가 된다는 걸 의미하기 때문이다.

1920년 3월 1일 월요일

오늘은 독립시위 1주년이 되는 날이다. 당국이 빈틈없이 사전 조치를 취해놓은 모양이다. 기마 헌병, 자동차를 탄 경찰과 군인들이 계속해서 거리를 순찰했다. 각급 학교에는 정상 수업을 진행하라는 지시가 하달됐다. YMCA회관만 해도 7개의 서로 다른 부서의 말단 관리들이 오전 9시부터 저녁 8시까지 교대를 돌면서, YMCA학관 교사들과 학생들에게 이런저런 질문을 하고 경계도 섰다.

(중략)

1920년 3월 6일 토요일

지난 1일에 배재고등보통학교와 배화여자고등보통학교 학생들이 만세를 외쳤다고 한다. 당국이 이 사실을 중시하는 것 같다. 신문 보도에 의하면, 당국은 두 학교의 교장인 헨리 아펜젤러[1]와 스미스 양[2]의 교장 자격을 박탈했다고 한다.[3] 난 너무 젊은 아펜젤러에 대해서는 아는 게 없다. 그런데 스미스 양은 교장으로서의 자질이 부족하다. 어떻게 하면 학교를 잘 운영할 수 있을까에 대해 조선인에게 전혀 자문을 구하지 않는 게 그녀의 중요한 결점이다.

---

1 — 헨리 아펜젤러(H. D. Appenzeller, 1889~1953)는 정동교회와 배재학당을 창설한 감리교 선교사 아펜젤러(H. G. Appenzeller)의 장남으로 서울에서 출생했다. 미국에서 학업을 마친 후 1917년 미국감리회 선교사로 조선에 돌아와, 1920년부터 20년간 배재고등보통학교 교장을 지냈다.

2 — 스미스(B. A. Smith, 1885~1957)는 미국남감리회 선교사로 1910년 조선에 부임해, 배화여학교와 원산 루씨여학교 교장을 거쳐 1916~20년 다시 배화여자고등보통학교 교장을 지냈다. 여성사업과 아동사업에 기여했다.

3 — 총독부는 얼마 후 헨리 아펜젤러가 배재고등보통학교에서 반일운동이 재발되지 않도록 협력한다는 조건으로 그의 교장 해임을 취소했다. 이 취소 조치는 3·1운동 이후 벌여온 선교사 회유 작업이 하루아침에 물거품이 될지도 모른다는 사이토 총독의 우려에서 비

롯됐다고 한다.

1920년 3월 10일 수요일

집에서 시간을 보내다가 오후 3시 30분에 조선군사령부에서 거행되는 육군 기념일[1] 기념식에 참석하려고 집을 나섰다. 지난 10년 동안 일본인이 모범적인 거류지로 탈바꿈시킨 용산은, 조선 치하에서는 무덤으로 뒤덮인 형편없는 황무지에 불과했다. 이론적으로만 본다면, 무덤 주인들로부터 용산을 빼앗아서는 안 된다. 그러나 일본인이 섬뜩하기만 했던 지역을 아름다운 읍내로 변모시킨 건 엄연한 현실이다. 이 세상을 움직이는 건 이론이 아니라 현실이다. 우리 조선인이 이런 진리를 좀 더 빨리 깨달을수록 더 현명해질 것이다.

---

1 — 러일전쟁 당시인 1905년 3월 10일 일본 육군은 펑톈 대전투(일본군 25만, 러시아군 30만)에서 승리해 승세를 굳혔다. 일본 육군은 이 승전을 기리기 위해 이날을 육군 기념일로 제정했다.

1920년 3월 12일 금요일

난 지금 개성 집에 있다. 낮에 하인들이 나무를 베어서 몹시 화가 났다. 내가 몇 번이나 지시를 내렸는데도 불구하고 하인 놈들이 나뭇가지를 베어버리는 바람에, 나무들은 마치 꼭대기에만 몇 개의 푸른 가지가 있는 막대기처럼 보인다. 조선인은 나무를 보면 오로지 부엌만을 생각한다.[1] 조선인은 나뭇가지를 베거나 껍질을 벗겨내지 않으면 행복하지가 않다. 조선인과 실한 나무 간에는 생사를 건 적대감이 배어 있는 것 같다. 조선인은 끝까지 독립을 외칠 것이다. 하지만 아름답고 유용한 나무를 사랑할 줄 알아야만 독립을 얻을 자격이 있는 것이며, 또 실제로 독립을 얻을 수 있을 것이다.

1 — 땔감을 생각한다는 뜻이다.

1920년 3월 14일 일요일

이혼은 죄 없는 여성과 더더구나 죄가 없는 아이들을 곤경에 빠뜨리는 크나큰 죄악이다. 하지만 그보다 더 큰 죄악인 조혼이 먼저 타파되어야 한다. 조선의 노인은 조혼이라는 악마에 사로잡혀 있다. 그들은 자기 자신의 만족만 추구하는 대단히 이기적인 사람들이다. 그래서 자기 아이들이 훗날 가정을 화목하게 꾸려나갈 수 있을지에 대해서는 조금도 관심이 없다. 그런데도 이 노인들은 조선의 독립을 보고 싶어 한다.

1920년 3월 15일 월요일

당국은 조선 독립운동 발발일인 3월 1일에 어떤 시위도 일어나지 못하도록 만반의 조치를 취했다. 그런데 배재고등보통학교와 배화여자고등보통학교에서 소규모 시위가 일어났다. 경찰이 이 사건을 문제 삼지 않고 그냥 지나쳤더라면 매우 현명한 일이었을 텐데. 하지만 경찰 당국은 배재고보 교실에서 어린 학생들에게 가혹 행위를 하고 교장을 해고함으로써, 또 배화여고보 기숙사 사생들을 체포해 유치장에 집어넣음으로써, 선동가들이 이 기념일을 성대하게 치르도록 도와준 셈이 됐다.

1920년 4월 13일 화요일

난 『저팬 어드버타이저Japan Advertiser』(당시 일본 고베神戸에서 발행되던 영자신문이다—옮긴이)를 통해 이런 사실을 알게 됐다. 지난 4일 밤 블라디보스토크에 주둔하고 있던 일본군이 일격을 가해 이 도시를 장악했고, 이 사건으로 말미암아 러시아인의 반일 감정이 분노 수준으로 악화됐으며, 이 사건이 일본 군부가 범한 사상 최대의 실수 중 하나라는 것 말이다. 난 일본인의 속내가 뭔지 궁금하다. 그들은 모든 사람이 자기들을 증오하도록 만들고 있다. 지난 60년간 계속해서 성공만 거두다 보니 뵈는 게 없는 건가? 그들은 독일 황제가 몰락했다는 사실을 거들떠보지도 않으면서 자기들이 그 황제의 영광을 재현할 수 있다고 믿고 있는 건가?

1920년 4월 17일 토요일

요즈음 반일反日이 크게 유행하고 있다. 하지만 외국인을 증오하는 것 자체가 곧 미덕은 아니다. 개나 닭이라면 그렇게 할 수도 있다. 하지만 우리는 그들을 증오하기 전에 우리의 지적·경제적 수준을 적어도 그들 수준만큼으로 끌어올려야 한다. 우리가 성냥갑이나 인형 같은 별것 아닌 물건을 사러 일본인 상점으로 달려가는 한, 증오는 우리에게 득이 되기보다는 실이 될 것이다.

1920년 4월 22일 목요일

고종 황제가 승하한 지 만 1년이 되는 날, 많은 사람들은 다시 흑립黑笠을 쓸 생각이었다. 그런데 일본인이 조선인에게 백립白笠을 쓰지 못하도록 강요한 게 도리어 역효과를 낳아, 조선인이 계속 백립을 쓰게 하는 결과를 가져왔다. 정서적인 맥락에서―정서는 강요한다고 되는 일이 아니므로―조선인은 일본인이 원하는 걸 절대로 하지 않을 것이다. 일본이 조선에서 기독교의 성장을 가로막는 가장 효과적인 방법은, 도리어 기독교를 공식적으로 지지하는 일일 것이다. 물론 그 역도

성립한다.[1]

---

[1] — 총독부가 기독교를 탄압하면 할수록 도리어 기독교가 성장할 것이라는 의미다.

1920년 4월 27일 화요일

정의의 사도라고 자처하는 한 바보 천치가 오늘 발행된 『서울프레스』에 기고한 글에서, 영국인이 암리차르에서 보여준 야만성[1]을 일본인이 수원에서 보여준 잔인함(제암리 학살 사건을 의미한다—옮긴이)과 비교하며 이렇게 주장했다. "인도인 500명을 기관총으로 살해한 이 학살에 비하면, 30명도 채 안 되는, 비열하고 체제 반항적인 조선인을 살해한 건 하찮은 사건에 불과하다." 기고자가 진짜로 정의의 사도라면, 이 두 사건을 모두 비난했어야 옳았다. 그는 비열한 인도인이거나, 비열한 벨기에인 타입의 독일인임에 틀림없다.

---

[1] — 1919년 4월 13일 인도 시크교의 성도인 펀자브 주의 암리차르에서 일어난 학살 사건을 말한다. 롤럿법에 반대하는 주민의 항의집회에서 영국군이 발포해, 379명이 사망하고 1천 명가량이 부상을 입었다.

1920년 4월 28일 수요일

오늘 도쿄에서 이은 왕세자와 나시모토미야 공주의 결혼식이 거행됐다. 일본인들은 조선 도처에서 정치범이나 만세운동 관련자들을 석방해, 이 결혼식을 자기들의 아량을 베푸는 기회로 삼았다. 이 사면으로 2천 명가량의 죄수가 혜택을 보았다. 내가 아는 사면 대상자들을 만나기 위해 서대문 전차역에 다녀왔다.

왕세자 이은의 결혼사진

1920년 4월 29일 목요일

조선인은 애국심이 많은 범죄의 면죄부라도 되는 것처럼 생각하고 행동한다. 궁극적으로 애국심은 확대된 이기심에 다름 아니다. 다른 덕목들처럼 애국심이란 것도 오용될 수 있다. 그래서 애국심의 목적이나 정수라 할 수 있는, 국민의 진정한 행복을 도리어 깨뜨릴 수도 있다. 조선인에겐 단순한 정치적 독립보다는 경제적·도덕적 독립과 자기 신뢰가 훨씬 더 중요하다. 경제적·도덕적 독립과 자기 신뢰를 이루지 못한다면, 정치적 독립은 아무짝에도 쓸모가 없을 것이다.

1920년 4월 30일 금요일

지금 서울에서 조선인이 경영하고 있는 신문은 3종이나 된다. 독립을 추구하는 『동아일보』, 동화정책을 선도하는 『시사신문』,[1] 중도적인 견해를 대변하는 『조선일보』[2] 말이다. 그중에서 『동아일보』가 조선인 독자들 사이에서 인기가 가장 높다. 그런데 이 조선인 신문들에게 공통적으로 드러나는 단점은, 뉴스를 제쳐두고 끊임없이 논설을 싣는다는 점이다. 또 다른 신문 하나가 도쿄에서 발행될 계획 중에 있다. 즉, 『반도신문』이 200만 원의 자본금을 가진 주식회사로 출범할 예정이다. 꿈에 부푼 몇몇 인사는 나더러 한 회사의 발기인이 되어달라고 떼를 쓰고 있다. 안동에서 신문을 발행하기 위해 50만 원의 자본금을 가진 주식회사를 설립한다면서 말이다. 그들은 조선인이 그렇게 많은 일간지를 후원하려들지도 않을 것이고, 또 후원할 수도 없다는 걸 간과하고 있다.

---

1 — 『시사신문(時事新聞)』은 1920년 4월 1일 『동아일보』와 함께 창간된 신문인데, 국민협회 주도자로서 참정권운동에 주력한 친일파 민원식이 경영을 맡았다.
2 — 『조선일보』는 1920년 3월 친일 경제인단체인 대정실업친목회의 조진태, 예종석, 최강 등에 의해 창간됐다.

1920년 5월 2일 일요일

조선인은 아직 신문의 가치를 깨닫지 못하고 있다. 난 신문구독 예약금의 일부 또는 전액을 부담해가면서 충남에 있는 4개 마을에 일간신문을 보급하려고 애써왔다. 하지만 헛수고였다. 물론 내가 1년간 구독료 전액을 지불했다면, 주민들은 무척 기뻐했을 것이다. 읽을거리를 얻게 되어서가 아니라, 벽에 바를 종이가 생겼기 때문이다. 이처럼 그들은 신문을 읽기 위해서 단 한 푼도 내지 않았다. 내 생각엔 조선에서 신문을 구독하는 사람은 1천 명당 1명꼴도 안 될 것이다.

1920년 5월 17일 월요일

왓슨 씨[1]의 초청으로 송도고등보통학교 채플 시간에 학생들에게 강연했다. 난 학생들에게 사람은 다음과 같은 네 가지 점에 유념해야 한다고 말했다. 즉 (1) 영혼의 안식, (2) 두뇌의 교육, (3) 신체의 건강, (4) 의복의 편안함 말이다. 앞의 세 문제가 만족스럽게 해결되면, 마지막 문제는 저절로 해결될 것이다. 똑같은 이치로 종교와 도덕은 민족의 영혼이고, 지식은 민족의 두뇌이며, 부富는 민족의 신체라 할 수 있다. 그런가 하면, 정치적 지위란 건 그저 민족의 의복에 불과하다고 할 수 있다. 한 민족이 도덕적으로 건전하고, 지적으로 수준이 높으며, 경제적으로 자립을 이루었다면, 정치적 지위야 어떻든 매우 편안하게 살 수 있다. 이와는 반대로 그저 정치적 독립만 있다면, 이것이야말로 아무짝에도 쓸모없는 일이다.

---

1 — 왓슨(A. W. Wasson, 1880~1964)은 미국남감리회 선교사로 1905년 조선에 부임해 교육 분야에서 활동했다. 1914년 한영서원 교장, 1922년 협성신학교 교장을 역임했다. 1934~40년 미국남감리회 해외선교부 총무를 지냈다.

1920년 5월 24일 월요일

유한익 목사[1]를 YMCA회관으로 초대해서 점심을 대접했다. 그는 지금 막 보석으로 풀려났다. 그는 독립 소요를 기도했다는 죄목으로 체포됐다. 그는 강원도 철원에서 경찰 수사를 받는 도중에 몽둥이로 등과 목덜미를 흠씬 두들겨 맞았을 뿐만 아니라, 주먹으로 얼굴을 얻어맞아 의치 몇 개가 부러졌다고 말했다. 어떤 죄수들은 포승에 묶인 채 강제로 물을 먹은 다음 수없이 얻어맞아, 인사불성이 된 채 바닥에 축 늘어졌다고 한다. 그러면 한 경찰관이 이 죄수의 남산만 해진 배를 짓밟아, 이 죄수의 입과 코로 물이 쏟아져나왔다고 한다. 견디기 힘든 고통을 당했는데도 고문의 흔적은 전혀 남지 않았다고 한다. 이런데도 총독부와 친일 신문들은 조선인 죄수들에게 전혀 고문을 가하지 않았다고 시치미를 뚝 땐다.

---

1 — 유한익(劉漢翼, 1862~1940)은 군인 출신의 감리교 목사로, 주로 강원도 지역에서 목회 활동을 벌였다.

1920년 5월 26일 수요일

오후 5시에 경성호텔에 가서 한상룡 씨와 오시로大城 씨를 환영하는 만찬모임에 참석했다. 이 두 사람은 서울 주민 대표로 이왕세자와 나시모토미야 공주의 결혼식에 참석하고 지금 막 돌아온 터였다. 몇 번의 공식적인 연설이 끝난 후, 가토 경성일보사 사장이 이런 말을 했다. "조선인이 독립 준비를 갖추기만 했다면, 나부터도 독립을 지지할 겁니다. 하지만 독립이 조선과 일본에 재앙을 가져다줄 게 뻔하기 때문에, 두 민족이 형제처럼 오순도순 함께 살아가는 게 최선의 방책일 겁니다. 앞으로 일본인은 조선인에게 좀 더 너그러워져야 하고, 조선인은 일본인에 대한 편견을 버려야 합니다." 놀랍게도 백완혁 씨[1]는 가토 씨의 말이 불필요한 것이었다고 말했다. 상당수의 조선인이 가토 씨의 발언에 화가 난 것 같았다. 조선인의 자세와 심리에 변화가 일고 있다는 걸 보여주는 의미심장한 장면이었다.

---

1 — 백완혁(白完爀, 1856~?)은 일제강점기의 토착자본가로서 융흥주식회사 사장, 조선생명보험주식회사 이사 등을 지냈다. 대정친목회 평의원 등을 지내면서 친일 인사로 부상했다. 윤치호가 일기에서 백완혁의 발언을 두고 '놀랍다'고 표현한 것은 그의 이런 친일 성향 때문인 것으로 보인다.

1920년 5월 28일 금요일

낮 1시에 사촌 동생 치소의 집에 가서 한 모임에 참석했다. 30여 명의 인사가 조선교육회[1]를 결성하는 문제를 검토했다. 이 협회는 농촌 서민을 대상으로 신교육에 대한 관심을 일깨우고, 기숙사를 마련하며, 실력 있는 학생을 해외에 파견하고, 장학금을 모금하는 등의 운동을 벌이기 위한 조직이다. 계획상으로만 본다면 모든 게 훌륭하기 그지없다. 그러나 이런 일들은 지금까지 재원 부족과 유능하고 정직한 관리자의 부족으로 말미암아 번번이 실패해왔다. 하기야 시도해봐서 손해 볼 건 없겠지!

---

1 ─ 조선교육회는 1920년 6월 이상재, 윤치소, 유진태, 한규설 등이 결성한 교육운동 단체로서 1922년 2월 조선교육협회로 개칭됐다. 1923년 민립대학 설립운동에 매진했으나 총독부가 경성제국대학을 설립함으로써 무산됐다.

1920년 5월 31일 월요일

새벽 5시에 일어났다. 7시 20분에 기차를 타고 개성으로 출발했다. 송도고등보통학교 이사회에 참석하기 위해서였다. 왓슨 씨와 몇몇 인사는 내가 다시 이 학교 교장을 맡기를 무척 원하는 눈치였다. 내가 교장직을 수락하려면 한 가지 조건이 필요하다. 즉 내가 이 학교 운영에 절대적인 권한을 가져야 한다. 내가 허울뿐인 교장이 되고, 다른 누군가가 학교 운영의 실권을 쥐는 건 비열한 제안이다. 이런 식의 일이라면 이제 신물이 난다.

1920년 6월 2일 수요일

『더 시드니 선 *The Sydney Sun*』에 이런 언급이 실렸다. "동양은 동양대로, 서양은 서양대로 따로따로 남아 있어야 한다. 동양과 서양은 결코 하나가 될 수 없다. 어느 한쪽이 우월하고 다른 한쪽이 열등해서 그런 게 아니라, 이념과 전통이 서로 다르기 때문이다." 참 좋은 얘기다. 하지만 전반적인 문제점은, 서양이 동쪽과 남쪽으로, 더 나아가서는 땅이 있는 곳이면 어느 쪽이든 가리지 않고 진출한 다음에 이렇게 목청을 높인다는 것이다. "동양은 동양대로 남아 있어야 한다."

1920년 6월 5일 토요일

농경지를 매입해서 그 땅이 일본인 손에 넘어가는 걸 막는 사람이야말로, 그 땅을 팔아서 독립운동 자금을 대주는 이보다 더 현명한 애국자다. 가난한 소년을 그의 아버지보다 더 똑똑하게 만들려고 학교에 보내는 사람이야말로, 정치적 소요를 위해 학생들을 선동하는 이보다 더 많이 기여하는 것이다. 오도誤導된 사람을 성실한 종교적 삶으로 인도하는 사람이야말로, 우매한 민중에게 '만세'를 부르도록 만들어 감옥에 가게 하는 이보다 조선 민족에 훨씬 더 크게 기여하는 것이다. 지금은 조선인이 배우며 기다릴 때다.

1920년 6월 12일 토요일

한 2주일쯤 전에 서울YMCA 교육부 간사 최경선 군이 당국에 체포되어 평양으로 압송됐다. 그는 얼마 후에 석방됐지만, 지금까지 1주일이 지나도록 평양을 뜨지 못하고 있다. 그를 직접 보고 온 사람의 전언에 따르면, 그가 경찰에게 얼마나 심하게 얻어맞았는지 지금도 손목엔 뼈만 앙상하다고 한다. 최군이 고문을 받기 시작하자마자, 경찰서까지 따라갔던 그의 친구는 차마 그의 처절한 비명소리를 듣고 있을 수가 없어서 취조실을 나와야 했다고 한다. 그 비명소리가 어떤 것인지를 난 잘 알고 있다.[1] 그런데도 당국자들은 세계만방에 일본 치하의 조선에 고문이란 있을 수 없다고 천연덕스럽게 말한다.

---

1 — 윤치호는 '105인 사건'으로 3년 남짓 복역했는데, 취조 도중 고문을 받은 것으로 알려져 있다.

1920년 6월 15일 화요일

오후 4시에 조병택 씨[1]의 집을 찾아갔다. 내가 회장이라는 직함만 가지고 있을 뿐인 교풍회가 경성부윤과 서울의 경찰 관료들을 위해 마련한 만찬모임에 참석해서 주최자 노릇을 했다. 예종석 씨와 최강 씨가 교풍회의 실세들이다. 예씨는 영리한 친구임에 틀림없다. 하지만 난 그를 조금도 신뢰하지 않는다.

---

1 — 조병택(趙秉澤)은 토착자본가로서 경성교풍회 회원과 조선인산업대회 발기인으로 활동했다.

1920년 6월 27일 일요일

700여 명의 일본인이 니콜라옙스크(지금의 니콜라옙스크나아무레—옮긴이)에서 볼셰비키에게 무참히 학살된 사건을, 일본 신문들이 대서특필했다. 그런데 이 사건은 지난 5월 하순에 발생했다. 다른 국가들은 작년에 이미 시베리아에서 철수했는데, 일본은 왜 자국 군대를 철수시키지 않았나? 그 무엇으로도 볼셰비키의 잔학 행위를 정당화할 수는 없다. 하지만 볼셰비키의 가혹 행위가, 일본이 시베리아에서 펼친 정책 때문에 러시아인이 품게 된 반일 감정에서 비롯됐다는 사실 또한 부인할 수는 없다.

1920년 7월 3일 토요일

정치적 소요(3·1운동을 의미한다―옮긴이)만 없었더라면, 교회 내에서 반란이 일어날 뻔했다. 홍병선의 말로는, 만세운동이 일어나기 몇 달 전 교회의 주요 일꾼들이―남감리교 목사들이―선교사들에 대한 공개적인 반란을 시작할 작정으로 모임을 가졌다고 한다. 이때 홍군은 조선의 목사들이 이를 지속하지 못할 거라는 이유를 내세워 경솔하게 행동해서는 안 된다고 그들을 만류했다고 한다. 거만함, 사적인 우월감, 교회사업 운영에서 나타나는 독재적인 태도 등이야말로 조선인이 선교사들에게 불만을 느끼는 주원인이다.

1920년 7월 7일 수요일

일본인이 일본과 조선에서 니콜라옙스크 학살 사건의 희생자를 기리는 추도 행사를 잇달아 열고 있다. 시의적절한 일이다. 하지만 이 추도 행사들에 조선인을 초청했다는 사실에서, 일본인이 경솔하다는 걸, 아니 상식 이하라는 걸 엿볼 수 있다. 조선인은 수원 학살 사건을 결코 잊을 수가 없다. 아울러 공공 강연에서 이 사건을 언급하는 것조차 금지됐던 그 뼈아픈 현실을 결코 잊을 수가 없다. 게다가 러시아 빨치산 입장에서는 일본인을 자기 조국의 침략자로 간주할 만한 근거가 충분했기 때문에, 자기들이 저지른 학살 행위에 대해 변명의 여지라도 있다. 그러나 무장도 하지 않은 농민들을 참혹하게 학살하고, 200여 채 이상의 가옥을 불태운 일본 군인에겐 변명의 여지가 전혀 없다.

1920년 7월 13일 화요일

홍희 씨가 어제 오후에 찾아왔다. 그는 중국과 조선의 문학과 역사에 대해 '걸어 다니는 백과사전'으로 통한다. 그는 지금 중추원에서 편수관으로 일하고 있다.[1] 그의 말에 따르면, 일본인 당국자들은 올 4월 1일부터 중추원 참의들과 월례 협의회를 열고 있다고 한다. 난 이 말을 듣고 적잖이 놀랐다. 하지만 이는 진정한 협의를 위한 게 아니라, 그저 총독부가 채택한 계획이나 조치를 참의들에게 알리기 위한 거라고 한다. 당국자들은 참의들에게 전혀 자문을 구하지 않는다고 한다. 그래서 홍씨는 이게 다 일종의 책략일 뿐이라고 생각하고 있다.

---

[1] 홍희(洪憙, ?~1935)는 1910년대에 총독부 중추원 편수관에 임명된 후, 1920년대에도 계속해서 조선사편찬위원회와 조선사편수회 편수관을 지내며 『조선사』 편찬에 참여했다.

1920년 7월 15일 목요일

역사상 호전적인 민족만이 큰일을 해왔다. 그러나 미국 인디언은 호전적임에도 불구하고 이 세상에 그 어떤 업적도 남기지 못했다. 따라서 위대한 민족은 반드시 호전적이지만, 호전적인 민족이 반드시 위대한 건 아니라고 약간의 수정을 가해야 할 것 같다.

(중략)

1920년 7월 16일 금요일

『서울프레스』가 이런 언급을 했다. "미국은 외국에서 이민 온 사람들을 미국인으로 만드는 데 많은 노력을 기울여왔다. 일본도 조선인에게 그렇게 해왔다. 앞으로도 조선인을 일본인화해야 한다는 우리의 신념에는 한 치의 동요도 없을 것이다. 우리의 생각이 건전하고 또 정당하다고 믿기 때문이며, 조선인을 일본인화해서 조선인의 복지를 증진할 수 있다고 믿기 때문이다."

외국인이 미국에 이주하면 미국 시민으로서 보다 많은 자유와 기회를 누리려고 자진해서 미국인화한다는 사실을, 똑똑한 일본인조차 망각하는 것 같아 뵈는 게 신기하기만 하다. 미국에 이주한 외국인은 자신이 원한다면 언제라도 미국을 떠날 수 있다. 그러나 조선인은 병합을 원한 적이 없으며, 불의와 억압에 의해 일본인화되는 게 독립을 잃은 데 대한 적절한 보상이 될 수도 없다.

1920년 7월 17일 토요일

오늘 독립운동 지도자들의 재판이 연기됐다. 경성고등법원이 이 사건을 기각한 것이 경성지방법원에 내려보낸 게 아니므로 경성지방법원에겐 이 사건을 담당할 권한이 없다고, 피고인 측 변호인단이 이의 신청을 했기 때문이다. 다시 말해서 법적 절차상의 하자가 문제가 된 것이다. 하지만 당국자들이 이미 마음속으로 판결 내용을 결정해놓

3·1운동을 준비한 48인 독립선언서에 서명한 민족대표는 33인이었지만, 3·1운동 주도자로 지목되어 재판에 회부된 사람은 모두 48인이었다. 1920년 7월 『동아일보』는 이들의 재판을 앞두고 48인의 사진을 실어 3·1운동 지도자들의 면면을 한눈에 볼 수 있게 했다.

은 게 틀림없는 이상, 재판이 연기됐다고 해서 판결의 결과가 바뀌지는 않을 것이다.[1]

---

1 — 1920년 7월 12일부터 3·1운동 민족대표들에 대한 재판이 시작됐다. 그런데 피고인 측 변호사인 허헌이 법률상의 하자를 발견하고 공소불수리(公訴不受理)를 제기하며 피고인들의 석방을 주장했다. 당초 민족대표들은 내란죄 명목으로 경성고등법원 검사국에 송치됐는데, 이 검사국이 이를 보안법 위반 명목으로 처리하기로 결정하고 사건을 경성지방법원 검사국으로 내려보내면서 경성지방법원 관할로 지정한다고만 했을 뿐 정작 중요한 '송치한다'는 용어를 빠뜨렸던 것이다. 결국 공소 불수리 문제를 놓고 검사와 변호인단 사이에 논쟁이 벌어졌고, 재판부는 재판 연기를 결정했다. 그 후 재판장은 마침내 공소를 수리할 수 없다는 판결, 즉 오늘날의 용어로 치자면 공소기각 판결을 내렸다. 그러나 검찰 측이 미비점을 보완해 다시 공소를 제기해 재판이 속개됐고, 끝내 민족대표들은 유죄판결을 받았다.

1920년 7월 19일 월요일

우리의 일본인 친구들은 조선인을 일본인화해야 한다고 떠들어댄다. 그것도 조선인의 이익을 위해서 그렇게 해야 한단다. 지난 500년 동안 영국이 아일랜드인을 앵글로색슨인화하는 데 성공했는가? 지난 300년 동안 보헤미아 전역을 점령했던 오스트리아가 체코슬로바키아인을 오스트리아인화하는 데 성공했는가? 폴란드인은 러시아와 프로이센이라는 짐승 같은 열강에게 100년 이상 병합되어 있었지만, 그 후 러시아와 프로이센에게 가장 버거운 적수가 되지 않았는가? 정의, 친절, 공평무사한 대우가 실행되어야만 조선인이 일본을 사랑하고 존경하게 될 것이다. 만일 한 민족이 어느 다른 민족에게 정말로 동화될 수 있다고 가정한다면, 바로 그런 것을 실행하는 것이야말로 동화에 이르는 최선의 방책일 것이다. 그러나 이와 반대로 불의, 억압, 야비함이 횡행한다면 조선은 일본의 아일랜드가 될 게 틀림없다.

1920년 7월 20일 화요일

우리의 일본인 친구들은 미국과 일본의 동화정책을 비교하는 걸 매우 좋아하는 모양이다. 그럼 어디 한번 생각해보자.

이방인(유럽인)이 미국에 가서 얻는 것	조선인이 일본 치하에서 얻는 것
1. 언론, 출판, 운동의 자유가 있다.	1. 언론, 출판의 자유가 없다. 운동의 자유는 더더구나 없다.
2. 상업, 교육, 사업 등 모든 분야에 걸쳐 다른 모든 사람들과 똑같은 조건하에서 경쟁한다.	2. 교육 수준이 열악하다. 철도, 세관, 통신, 은행 등의 분야에서 차별대우를 받는다. 일본인과 공정하게 경쟁할 기회는 전혀 보장되지 않는다.
3. 말단직부터 대통령직까지 모든 공직에 뽑힐 권리가 있다.	3. 시간이 갈수록 모든 공직에서, 심지어는 면장 자리에서조차 쫓겨난다. 그리고 월급 면에서도 차별대우를 받는다.
4. 예의바르게만 행동한다면, 어디를 가든 최상의 대우를 받는다.	4. 조선의 신사는 나이와 지위를 불문하고 가장 미천한 일본인 날품팔이에게조차 업신여김을 당한다.
5. 장래에 카네기나 록펠러 같은 사람이 될 수 있는 기회는 물론이고, 이런 사람이 되라는 격려도 받는다.	5. 온갖 종류의 특혜를 받고 수천 명씩 무리 지어 건너오는 일본인 농민들에게 공간을 내주기 위해, 엄청나게 빠른 속도로 토지를 빼앗기고 있다.
결과 : 충직한 미국인	결과 : 과격한 반일 인사

1920년 7월 25일 일요일

조선인이 여전히 경멸 어린 눈초리로 일본인을 대하는 게 그렇게 진지하지만 않았던들, 난 그냥 웃어넘기고 말았을 것이다. 대체 우리에게 그럴 자격이 있는가? 한강철교를 뉴욕의 브루클린 다리와 비교할 게 아니라, 이렇게 한번 질문해보자. 우리는 지난 500년 동안 쓸 만한 다리 하나 놓은 게 있는가? 미국 특급열차의 속도와 시속 30마일짜리 일본 열차의 운행시간표를 비교해본들 무슨 소용이 있는가? 우리에게 좀 더 유익한 질문은 일본인의 야심과 정력이 아니었더라면 과연 지금쯤 우리에게 철도가 있을까라는 것일 텐데.

1920년 7월 26일 월요일

우리에게 일본인을 경멸할 자격이 있는가? 어디 한번 생각 좀 해보자. 일본인은 깔끔하기로 유명하다. 우리는 불결하다고 소문나 있다. 그들은 부지런하기로 유명하다. 우리는 게으르다고 소문나 있다. 그들은 미적 감각이 나날이 발전하면서 자기들의 메마른 조국을 아름다운 공원으로 탈바꿈시켜놓았다. 하지만 우리는 그 아름답던 강산을 훼손했고, 어디를 가나 우리의 미개함과 우매함을 선명하게 드러내주는 민둥산을 가지고 있다. 일본인은 2천 년 동안 끊임없이 전쟁을 치러오면서, 모든 종교와 도덕의 기본 원리이자 정부의 기본 원리이기도 한 호전성을 습득하고 발전시켜왔다. 그러나 지난 500년 동안의 치욕스런 이조시대에 우리의 호전성은 잔인하고 이기적인 전제정치가 고안해낸 모든 기제들에 의해 완전히 뿌리 뽑히고 말았다.

다시 말해서 세계에서 가장 자부심 강한 민족들이 앞다퉈 동맹을 맺으려 하는 일본인을 경멸할 자격이 우리에게 있는가? 우리 입장에서 최상의 행동은 일본인의 뛰어난 자질을 가능한 한 많이 배우고 모방하는 것이다. 그들의 청결성, 근면성, 협동심, 기강, 응집력 등을 말이다.

1920년 7월 28일 수요일

노르웨이의 국가 변천사는 독립적인 삶을 향한 민족 본능이 얼마나 강인한지를 잘 드러내주는, 매우 흥미로운 사례가 아닐 수 없다. 노르웨이는 1397년[1] 칼마르 조약에 의해 덴마크에 병합된 이래 1814년까지 덴마크의 치하에 놓여 있었다. 그 후 노르웨이는 스웨덴에 양도됐다. 노르웨이는 스웨덴으로부터 매우 관대한 대우를 받긴 했지만, 이에 만족하지 않고 마침내 1905년에 독립국가를 수립하는 데 성공했다.[2] 일본인은 조선 병합을 정당화할 때 일본인과 조선인은 같은 민족이라는 주장을 가장 즐겨 사용한다. 그러나 일본인과 조선인은 노르웨이인, 스웨덴인, 덴마크인만큼 같지는 않다. 한글이 일본어와 같은 언어를 사용한다고? 그렇다면 스칸디나비아 3국의 언어는 한낱 한 언어의 사투리들일 뿐이다. 조선은 일본과 가까운 이웃이라고 한다. 어디 한번 스칸디나비아 반도의 지도를 봐봐라! 그러면 노르웨이, 스웨덴, 덴마크가 얼마나 다닥다닥 붙어 있는지 한눈에 알 수 있을 것이다. 스칸디나비아 3국에서 통용되고 있는 관습, 예절, 의복에 비하면, 조선과 일본의 관습, 예절, 의복은 차이가 많이 나는 편이다. 그럼에도 불구하고 노르웨이가 덴마크나 스웨덴에 병합되어 살 수 없었고, 또 그럴 의사도 없었다면, 다시 말해서 400년 이상의 긴 세월이 흘렀음에도 불구하고 노르웨이인이 덴마크인화되지 않았다면, 조선인이 일본인화될 거라고 기대해봐야 부질없는 짓이다.

---

1 — 국사편찬위원회가 펴낸 『윤치호 일기』에는 1394년으로 표기되어 있으나, 1397년이 맞다.
2 — 1397년 덴마크, 노르웨이, 스웨덴은 삼국동맹을 결성하고 당시 유럽 최대의 연합왕국을 이루었다. 덴마크가 주도권을 쥐었으나 자국의 이익을 우선한 탓에 스웨덴이 독립해, 1523년 동맹이 해체됐다. 1814년 킬 조약에 따라 노르웨이는 덴마크령에서 스웨덴령으로 바뀌었는데, 지속적으로 독립운동을 펼친 끝에 1905년 평화적으로 독립을 달성하고 입헌군주국이 됐다.

1920년 8월 1일 일요일

신임 총독(사이토 총독을 가리킨다—옮긴이)이 천황의 어여쁜 적자赤子인 조선인을 위해 개혁을 하겠다면서 온갖 종류의 공

다이쇼수리조합 설립 기념 엽서

약을 내걸고 부임한 지 사실상 1년이 지났다. 그동안 폐단이 조금이라도 제거됐나? 일본인 농민들을 위해 조선인 수백 가구를 만주로 내몰면서 식민화가 엄청나게 빠른 속도로 진행되고 있다. 수리조합은 말 그대로 토지수용권의 미명하에 값나가는 농경지들을 징발하고 있다. 관료주의는 점점 더 심해지고 있다. 도대체 개혁은 어디에 있는가?

1920년 8월 3일 화요일

집중호우로 인해 개성 서부 지역에서 1천 호 이상의 가옥이 침수됐다. 침수된 가옥의 방에는 90센티미터 이상의 진흙이 쌓였다. 너무 갑자기 재난이 들이닥친 나머지, 사람들은 간신히 몸만 빠져나올 수 있었다. 가재도구와 음식물이 모두 물에 잠겼다. 고려청년회(개성 청년들이 결성한 지방 청년단체다―옮긴이) 회원들이 겁에 질린 수재민들을 구조하고 그들에게 주먹밥을 나누어주며 헌신적으로 봉사했다. 하지만 면사무소에서 이 업무를 담당할 거니까 수재민들에게 주먹밥을 나누어주지 말라고, 경찰이 청년회원들에게 명령했다. 그런데 면사무소는 정작 단 한 차례 쌀을 나누어주었을 뿐이었다. 체면치레를 위한 것이었다고밖에 생각할 수 없었다. 경찰은 한술 더 떠서 수재민을 도우려고 각계각층에서 모금한 돈을 모조리 면사무소에 넘기라고 요구했다. 그러기가 무섭게 주민들은 의연금 기탁을 중단했다. 도대체 경찰은 뭘 어쩌자는 건가?

1920년 8월 4일 수요일

개성은 조선에서 일본 상인의 침투에 맞서 상권을 지키고 있는 유일한 곳이다. 경제적 관점에서만 본다면, 개성이야말로 조선에서 가장 건전한 곳이다. 개성 사람들이 예로부터 상인이었기 때문에 이렇게 된 것이다. 개성 사람이야말로 조선의 유대인이라 할 수 있다.

1920년 8월 5일 목요일

서울의 신문들이 최근에 발생한 수해 상황을 대서특필했다. 우리 동네(지금의 종로구 견지동이다―옮긴이)와 마주보고 있는 인사동 거리를 비롯해 동대문 쪽의 저지대, 수표교 양 옆 동네 등이 물에 잠겨 막대한 재산피해가 발생했다. 한강이 범람하는 바람에 인근 동네들이 막대한 피해를 입었다.

총독부는 독립운동가들을 추적하고 수사하느라 몹시 바쁘다. 또 계속해서 규모가 커져가고 있는 경찰 조직과 첩자망諜者網을 운영하느라 굉장히 많은 돈을 쓰고 있다. 사정이 이러니, 평소에 배수로를 점검할 만한 시간이나 돈이 있을 까닭이 없지!

1920년 8월 7일 토요일

'민주주의를 위한 세계의 안전', 이것이야말로 세계대전 당시 연합국이 내건 전쟁 구호였다. 이제 세계대전이 끝난 지 거의 2년이 다 되어간다. 요즈음 지구상에 안전한 곳이 어디 한 군데라도 있는가? 오직 이타심이 지배하는 세계만이 안전하다고 할 수 있을 것이다. 국가들 간의 회의에서 많든 적든 간에 이기심이 횡행한다면, 이 세상은 안전하지 못할 것이다. 그런데 좀 서글픈 일이긴 하지만, 이 세상에서 가장 웃기는 건 모든 국가들이 정의와 인도人道의 사도인 체한다는 사실이다.

1920년 8월 8일 일요일

콜레라가 경상도를 휩쓸고 있다. 급기야 이 치명적인 전염병이 서울에서도 빠른 속도로 퍼져가고 있다. 당국은 포스터 등을 통해 주민들에게 위생규칙을 준수하라고 계도하고 있다. 그 노력이 가상하다. "풋과일을 먹지 마라. 물을 꼭 끓여 먹어라. 야채를 익혀 먹어라. 파리를 잡아라." 모두가 좋은 얘기다. 하지만 당국은 하루에도 수백만

콜레라의 창궐 1919년에 이어 1920년에도 전국에서 콜레라가 유행했다. 흰옷을 입은 위생경찰들이 환자의 사체와 집을 소독하고 있다.

마리의 파리를 양산하는 똥오줌과 쓰레기를 신속하게 효과적으로 제거하려는 조치를 전혀 취하지 않을 것 같다. 결국 모든 게 쇼에 불과하다.

1920년 8월 9일 월요일

오전에 가와구치川口라는 일본인 형사가 찾아와, 조선인들이 미국 의원시찰단 일행을 환영하려고 준비하고 있는 내용에 대해 뭐 좀 아는 게 없느냐고 물었다. 내가 명색이 15인 환영회(공식 명칭은 '미국 의원시찰단 환영회'다—옮긴이)의 일원이기 때문에 뭔가 알고 있어야 하는 게 당연하지만, 사실은 지난주에 서울에 없었기 때문에 한 번도 모임에 참석하지 못해서 전혀 아는 게 없다고 말해주었다.[1] 그러나 그는 한술 더 떠서 환영회가 미국인 방문객들에게 조선의 실상에 관한 서한을 제출하려는 게 사실이냐고 물었다. 난 당연히 그에 대해 아는 게 없다고 대답했다. 난 서울에서 콜레라가 엄청나게 빠른 속도로 퍼지고 있는 만큼, 미국인이 서울 방문을 취소할지도 모른다고 넌지시 말했다. 그러자 그가 피식 웃었다. 왜 웃었을까? 알다가도 모를 일이다.

---

1 — 당시 윤치호는 개성에 체류하고 있었다.

1920년 8월 10일 화요일

어제 그 형사가 미국 의원시찰단 환영회 측의 계획에 대해 말했던 내용, 즉 미국인 방문객들에게 조선의 실상에 관한 서한을 제출하려 한다는 게 사실이라면, 난 이 위원회의 일원으로서 이 계획에 반대한다. (1) 우선 그것은 쓸데없는 짓이다. 미국인이 조선에서 일본인이 벌인 행위에 대해 알고 싶었다면, 미국과 중국에 있는 조선인 애국자들과 그들의 친구들이 이미 발간해서 배포한 팸플릿과 신문 기고를 통해 궁금히 여기는 정보를 이미 확보했을 것이다. (2) 그것은 부질없는 짓이다. 이 미국인이 조선인을 동정하고 있다고 가정하더라도, 그들에게는 성사 여부가 불투명한 조선의 독립을 위해 일본과 큰 전쟁을 감행할 만한 여력도 없고, 또 그럴 의사도 없을 것이다. 미국인은 몽상가들이 아니다. (3) 왜 자꾸 쓸데없이 일본을 정치적으로 자극하나? 일본이 조선인을 자극하는 언사와 정책, 선전을 계속한다면, 절대로 조선인의 호감을 얻을 수 없다. 마찬가지로 조선인이 필요 이상으로 일본인을 적대시하게 되면, 상황은 더욱 악화될 것이다. 우리는 법보다 주먹이 가깝다는 속담을 기억해야 하고, 물 수 있을 때까지는 짖지도 말라는 냉철한 교훈을 유념해야 한다.

1920년 8월 12일 목요일

총독부가 지방자치의 일환으로 면, 군, 부, 도의 협의회를 발의했다. 일본인이 면장을 맡고 있는 지정면指定面의 경우를 빼고는, 면장이 면협의회 의원을 임명한다. 일본에서는 선거를 통해 부협의회, 도협의회 의원을 뽑지만, 조선에서는 부윤이나 도지사가 임명한다. 이른바 협의회에서 논의할 사항은 면, 군, 부, 도에서 돈을 모으는 방법에 국한된다. 정말이지 어이가 없다![1]

---

1 — 지방제도 개정안은 1920년 7월 29일 공포되어 10월 1일부터 실시됐다. 그런데 일본인이 많이 거주하고 있는 12개 부(府)와 24개 지정면의 협의회만이 선거로 의원을 뽑을 뿐, 조선인이 주민의 대부분을 차지하고 있는 보통 면의 경우는 협의회원을 모두 임명제로 충원하게 되어 민의를 대변할 수 있는 여지는 거의 없는 형편이었다. 특히 이들 지방자치기관에 상정될 수 있는 안건은 지방비의 재원 조달과 지출에 관한 것에 국한됐다.

1920년 8월 14일 토요일

일본에게 조선 문제에 대해 허심탄회하게 말하게끔 시켜보자. 그러면 이렇게 말할지도 모른다. "우리는 두 차례 혈전(청일전쟁과 러일전쟁을 의미한다—옮긴이)을 치른 대가로 조선을 병합했다. 우리는 조선이 독립하도록 내버려두지는 않을 것이다. 정 독립을 원한다면 우리와 싸워서 내쫓아라. 그때까지는 무력을 동원해서라도 조선을 차지할 것이다."

일본에게 조선 문제에 대해 허심탄회하게 말하게끔 시켜보자. 어쩌면 이렇게 말할지도 모른다. "우리는 조선이 노예이길 바라는 게 아니라 형제이길 바란다. 조선이 준비를 갖추는 대로 자치권을 줄 것이다. 독립을 유지해나갈 수 있는 능력을 갖추었다는 게 입증되면, 독립도 허용할 것이다. 그때까지는 우리가 조선을 가르치고, 훈련시키고, 유복하도록 만들기 위해 최선을 다할 것이다."

그런데 일본의 현재 시책은 이도 저도 아니다. 성의 없는 개혁, 공약空約, 각양각색의 미명하에 자행되는 가혹 행위로 인해 조선인들의 불만과 실망과 절망은 점점 더 커지고 있다.

한편 조선인은 쓸데없는 선동을 멈추고 대중의 정신적·경제적 상황에 관심을 기울여야 한다. '만세'를 외치는 알량한 거지들이 조선에 독립을 가져다줄 수는 없을 것이다. 그리고 더 비참한 건, 설령 독립이 이루어지더라도 무지와 가난에 찌든 대중에겐 독립을 유지해나갈 만한 능력이 없다는 사실이다.

1920년 8월 17일 화요일

경찰 당국이 미국 의원시찰단의 방문에 즈음해 대규모 시위를 계획하고 있다고 의심이 가는 인사들을 추적해서 체포하느라 동분서주하고 있다고, 오늘 발행된 『동아일보』가 보도했다. 시위계획 중 하나는 의원사찰단 일행이 경성역에 도착했을 때 만세를 외치며 통곡하는 거라고 한다.[1] 그런가 하면 미국과 일본 간의 전쟁을 유도하기 위해 미국 내의 반일 감정을 조장하려고 약간 명의 방문객을 죽이는 계획도 들어 있다고 한다.[2] 독립운동 지도자들이 마련했다는 계획이 고작 이 모양이니 원! 통곡이야 한낱 유치하기 짝이 없는 행위로 끝나고 말겠지만, 방문객의 신변에 뭔가 문제가 발생한다면 조선 독립의 대의명분은 돌이킬 수 없을 만큼 손상을 입을 것이다.

---

1 — 1920년 8월 24일 미국 의원시찰단이 자동차로 남대문역에서 조선호텔로 향하는 도중, 연도에 나와 있던 1만여 명의 조선인이 만세시위를 벌였다.
2 — 1920년 8월 21일 경찰 당국은 광복군 총영에서 파견된 10여 명의 결사대를 체포했다. 이 결사대는 두 조로 나뉘어 한 조는 미국 의원시찰단에게, 또 다른 한 조는 총독부와 종로경찰서에 각각 폭탄을 투척할 계획이었다고 한다.

1920년 8월 19일 목요일

중국인이 일본과 대립하고 있는 자기들을 도와달라는 내용의 청원서를 미국 하원 의원들에게 제출했다고, 신문들이 일제히 보도했다. 부끄러운 줄도 모르는 중국인 같으니! 똑똑하고 부지런한 4억 인구를 가진 국가가—4천 년의 화려한 역사를 자랑하는 국가가—강력한 정부를 구성할 만한 사리 분별력도 애국심도 없어서—정작 자기들은 조국을 이기적인 지도자들 간의 피비린내 나는 싸움에 내맡기면서—고작 남들에게 도움을 청하다니, 이 얼마나 딱하고 가증스런 일인가!

1920년 8월 22일 일요일

민족적 자부심이란 아래로 흐르는 물과 같다.

물이 아래로만 흐를 뿐 높은 곳으로 역류할 수는 없는 것처럼, 민족적 자부심이 있는 곳에서는 민족차별의 심리가 있게 마련이다. 흐느껴 울어봐도, 안달복달해봐도, 증오해봐도 소용없다. 우리 조선인이 다른 민족과 똑같은 대우를 받고자 한다면, 다른 민족과 똑같이 되어야만 한다. 초가집이 고층 건물로, 지저분한 좁은 길이 으리으리한 거리와 넓은 가로수 길로, 무식함이 유식함으로, 가난함이 부유함으로, 나약함이 강성함으로 바뀌어야만, 비로소 우리가 미국인을 대우하는 것처럼 그렇게 대접받기를 바랄 수 있다.

1920년 8월 24일 화요일

신흥우 군에게서 편지가 왔다. 그는 나더러 모레 오후에 열릴 예정인 미국 의원시찰단 환영연에 꼭 참석해달라고 강력히 촉구했다. 그는 이런 말을 했다. "환영연이 열리든 못 열리든 간에, 그들이 서울에 체류하는 동안 선생님이 서울에 와 계시면 고맙겠습니다. 사람들이 필요 이상으로 예민해져 있습니다. 이런 때일수록 선생님이 서울에 계신다면 관련자 모두에게 도움이 될 거라고 생각합니다." 아무래도 내가 서울에 가야 할 모양이다.

1920년 8월 25일 수요일

오전 11시 50분 기차를 타고 서울로 향했다. 기차에 타자마자 곧바로 비가 내리기 시작했다. 오후 3시 30분 용산역에 내렸을 때, 비는 더욱 세차게 쏟아졌다. 종로행 전차를 탔다. 구리개(지금의 을지로 입구 일대다—옮긴이)에 다다랐을 때, 전차가 종로까지 가지 않으니 여기서 내려야 한다는 말을 들었다. 난 이 얘기를 듣고 깜짝 놀랐다. 종로를 걸어가면서 행인에게 전차 운행이 갑자기 중단된 이유를 물어보았다. 3

시 30분에 YMCA회관에서 미국인 일행 환영연이 열리기 때문이라는 거였다. 난 곧장 회관으로 달려갔다. 회관 로비는 사람들로 북새통을 이루었다. 경찰 명령으로 지금 막 환영연이 취소됐다고, 사람들이 알려주었다.

뜻밖에도 캘리포니아 출신의 H씨[1]가 회관에 모습을 드러냈다. 곧바로 대강당이 초만원을 이루었다. H씨가 사과하는 뜻에서 뭔가 말하려고 자리에서 일어나자, 청중들이 환호성을 올렸다.[2] 난 H씨의 통역을 맡았다. 이어서 이상재 선생이 답사를 했다.[3] 경찰이 물밀듯이 강당으로 진입해 다음 지시가 있을 때까지 꼼짝 말고 대기하라고 청중들에게 명령했다.

---

1 — 캘리포니아 출신의 허스맨(H. S. Hersman) 의원을 가리킨다. 당초 하원의원 10명과 상원의원 1명을 비롯한 가족 및 수행원 등 48명이 입국했으나, 허스맨을 제외하고는 모두 총독부의 만류를 받아들여 환영회에 참석하지 않았다.
2 — 허스맨은 의원단 일행이 총독부 측의 만류로 환영회에 참석하지 않은 데 대해 유감의 뜻을 표하고, 조선인에게 "학술과 공업에 힘써 모든 것을 향상시켜 정의와 인도로 분투해 달라"고 당부했다.
3 — 이상재는 "우리가 미국을 친애하는 것은 그 나라가 부(富)해서 그런 것도 아니고, 오직 하나님의 뜻을 받들어서 정의와 인도를 제창하기 때문"이라는 취지의 발언을 했다.

1920년 8월 26일 목요일

어제 오후 사건의 전말은 이렇다. 경찰이 H씨에게 호텔로 돌아가라고 정중하게 요청했다. 경찰은 이 집회에 대해 조사할 것이 있다면서 그레그 씨에게도 강당에서 나가달라고 요청했다. 이에 그레그 씨는 군말 없이 강당을 떠났다. 그러나 H씨는 상황이 몹시 험악해 보인다면서, 청중이 나갈 때까지 한 발짝도 움직일 수 없다고 딱 잘라 말했다. 그는 이 집회의 책임은 조선인에게 있는 게 아니라 자신에게 있다고 말했다. 난감해진 경찰은 급한 대로 자기들끼리 구수회의를 열더니, 이상재 선생과 내가 청중이 '만세'를 외치지 않았다는 걸 보증하라는 간단한 조건하에 청중들을 내보내기로 결정했다. H씨가 침착하고 단호한 태도를 보여주지 않았더라면, 우리는 경찰과 마찰을 빚었을 것이다.

1920년 8월 28일 토요일

미국 하원 의원 일행이 조선을 떠났다. 일본인 당국자들은 콜레라와 조선인의 테러 가능성을 구실로 그들을 쫓아보내는 데 그런대로 성공했다. 그런데 사실은 조선인이 마음껏 '만세'를 부르도록 놔두었어야 했다. 경찰은 조선인의 불만이 대중적으로 표출되는 걸 막으려고 강압적인 조치를 취했지만, 오히려 이것이야말로 조선인의 반일 감정이 상당히 거세다는 걸 미국인 일행에게 광고하는 행위가 되고 말았다. 미국인 방문객들은 전체 여정 중에서 서울의 조선인으로부터 가장 열렬한 환영을 받았다.

1920년 8월 30일 월요일

(중략)

안창호 씨가 지역감정의 소유자여서, 기호인의 노력으로 독립을 얻을 것 같으면 차라리 독립되지 않는 게 낫다고 생각하고 있다는 얘기를 여러 차례 들었다. 서북인은 기호인에 대해 커다란 적대감을 가지고 있다. 하지만 안창호 같은 지도자가 마음속에 분파적인 편견을 품고 있다는 얘기는 도저히 믿을 수 없다. 그러나 이 얘기가 사실이라면, 이 한 가지만으로도 조선인이 아직 독립할 준비를 갖추지 못했다는 걸 알 수 있다.

1920년 9월 16일 목요일

조선 전역에서 돈 가뭄이 점점 더 심각해져가고 있다. 조선인이 돈을 벌 수 있는 유일한 수단인 쌀 가격이 50퍼센트나 떨어졌다. 그런데 다른 물품들은 세계대전 당시의 가격을 그대로 유지하고 있다. 이러는 사이에 은행들이 대출을 억제하고 현금을 회수해 시중의 현금 통화량이 줄고 있다. 일부 지역에서는 농경지와 임야 가격이 갈수록 떨어지고 있다. 농경지는 평당 5~6전에 매물로 나오고 있고, 임야는 평당 5리에 매매되고 있다. 하늘과 땅마저도 일본인이 조선을 굉장히 싸게 사들일 수 있도록 공모하는 것 같다.

1920년 9월 17일 금요일

오전 8시 브로크먼 씨 집에 머물고 있는 펠프스 씨G. S. Phelps(당시 일본 교토京都YMCA의 외국인 간사로 있었다—옮긴이)를 방문했다. 그가 시베리아에 대해 들려준 이야기는 흥미진진했다. 그가 말한 내용을 간추려보면 이렇다. (1) 일본군 장교들이 시베리아에 있는 모든 사람들에게 반감을 사고 있다. 지금 미국 서부 지역에서 맹위를 떨치고 있는 반일 감정은, 대부분 시베리아에 파병됐다가 고향에 돌아온 미국 군인들이 일본 군국주의에 대한 나쁜 인상을 전한 데서 비롯된 것이다. (2) 모든 시베리아인들은 일본인 관리들을 좋아한다.

체코슬로바키아인은 350년 동안 오스트리아의 억압을 받아오면서 (1) 음악, (2) 건강, (3) 단결에 전력을 기울였다. 이윽고 기회가 오자, 그들은 수백 년 동안의 준비를 통해 갈고 닦은 실력을 십분 발휘했다.

1920년 9월 21일 화요일

오늘은 아버지 제삿날이다. 우리 가족은 평소처럼 간단하게 추모 예배를 지냈다. 그건 그렇고, 장로교인은 이런 예배조차도 제3계명, 제4계명, 제5계명[1]을 어긴 것으로 간주한다. 그들은 심지어 우리가 조상의 무덤에 절하는 것조차 우상숭배라고 말한다. 그런데 미국

윤치호의 부친 윤웅렬

인이라면 조지 워싱턴의 무덤 앞에서 모자를 벗을 게 아닌가? 아니 그럼 캔들러 박사가 작고한 자기 부친의 흉상 앞에서 모자를 벗는 것도 우상숭배란 말인가? 만일 그렇다면, 그도 제5계명을 위반한 게 아닌가?

---

1 — 십계명 제3계명은 '네 하나님 여호와의 이름을 함부로 부르지 말라', 제4계명은 '안식일을 기억해 거룩하게 지켜라', 제5계명은 '네 부모를 공경하라'다.

1920년 9월 22일 수요일

어제 발행된 『서울프레스』에는 『뉴욕타임스』의 한 특파원이 쓴 '일본인이 조선에서 쌓은 공적'인가 하는, 뭐 그런 비슷한 제목의 기고가 실렸다. 도로 부설, 조림사업, 근사한 공공건물 건축 등 일본의 조선 통치를 옹호하는 일본인이 앵무새처럼 되풀이하는, 판에 박은 주장이 다시 거론됐다. 그건 그렇고 기고자는 조선 민족에게 정력과 능력이 결여되어 있다는 결정적 증거로서, 300여 년 전에 일본 침략자들이 땅바닥에 팽개쳐놓고 간 서울 파고다공원(지금의 탑골공원—옮긴이) 탑의 상부 3층 옥개석屋蓋石을 조선인이 지금껏 그대로 방치해온 사실을 들었다.[1] 이 논지가 맞는 건 사실이다.

---

1 — 현재 탑골공원 안에 있는 원각사지십층석탑은 1467년(세조 13년)에 완성됐으며, 3층

의 기단 위에 10층의 탑신(塔身)이 세워져 있다. 그런데 언제부터인가 상부 3층 옥개석이 지상에 방치되어 있었는데, 이에 대해서는 다음과 같은 이야기가 전한다. 임진왜란 때 일본 침략자들이 이 탑을 일본으로 가져가기 위해 해체하던 중, 작업을 진행하던 왜병이 피를 토하며 쓰러졌다. 이에 해체 작업을 지휘하던 왜장들은 천벌을 받은 줄 알고 공사를 중단했다. 그래서 윗부분 3층이 땅에 내려진 채 방치되어 있었다는 것이다. 그런데 1946년 2월 당시 미군정청 문교부장으로 있던 유억겸의 노력으로 남한에 주둔하고 있던 미국 공병대에 의해 복원됐다고 한다.

원각사지십층석탑의 옛 모습 7층의 탑신 바로 왼쪽에 상부의 3층 옥개석이 보인다.

1920년 9월 23일 목요일

친일 저술가들은 흔히들 필리핀의 학교에서는 필리핀어와 스페인어를 가르치지 않는다는 점을 강조한다. 조선의 학교에서는 조선어를 가르치므로 일본이 미국보다 더 관대하다는 걸 증명하려는 것이다. 이런 주장을 펴는 사람들은 미국이 적당한 시기가 되면 필리핀을 독립시키기로 결정했다는 사실을 망각하고 있는 것 같다. 학교에서 어느 나라 언어를 가르치느냐 하는 건 그다지 중요치 않다. 더욱이 우리는 학교에서 일본어를 배우는 걸 못마땅해하는 게 아니라, 어린아이들에게 모든 걸 일본어로 배우도록 강요하는 교육 시스템을 반대하는 것이다. 어린아이들이 조선어와 한문과 일본어를 한꺼번에 배우도록 과중한 부담을 지우는 건 바람직한 일이 아니다.

1920년 9월 25일 토요일

경성의학전문학교에 다니는 조선인 학생과 일본인 학생이 마치 기름과 물처럼 따로따로 논다는 얘기를 들었다. 그들은 학교나 거리에서 마주쳐도 가장 간단한 인사말조차 주고받지 않을 정도라고 한다. 사정이 이렇다 보니 이들 사이에 우정이 생길 리 만무하다. 난 지배계층에 속하는 일본인이 먼저 이 냉랭한 분위기를 깨뜨리는 게 순리라는 점에서, 일본인 잘못이 더 크다고 생각한다. 1919년 3월 1일 이후로 일본인 학생과 조선인 학생 간의 관계가 더더욱 악화됐다고 한다.

1920년 10월 1일 금요일

한 일본인이 『경성일보』에 기고한 글에서, 총독부가 조선인을 달래려고 안달이 난 나머지 조선으로 이주하는 일본인의 증감 비율에 대해 조금도 관심을 기울이지 않는다고 불평을 늘어놓았다. 맙소사! 세상에 이런 천치 바보가 다 있나! 일본인은 조선에서 값나가는 걸 죄다 가지고 있다. 그들은 조선인의 생명과 재산에 대해 절대적인 권한을 가지고 있다. 통신수단과 교통수단이 모두 그들 손에 들어 있다. 상업, 공업, 광업, 어업은 거의 그들에게 독점되어 있다. 그들은 조선인이 감히 꿈도 꾸지 못할 정도로 당국의 보호와 총애를 받고 있다. 일본인 이주민은 그저 조선에 와서 가난한 조선인을 파산시키기만 하면 된다. 일본인 이주민이 기대만큼 늘지 않는 게 총독부나 조선인 탓은 아니다. 양 민족 간의 우호적인 관계를 증진하는 데 가장 큰 걸림돌은 조선에 거주하고 있는 일본인이 거만하고 탐욕스럽다는 점이다.

1920년 10월 8일 금요일

고모님 장례식에 참석했다. 장지葬地가 고모님

댁 근처라 장례 행렬이 그리 멀리까지 가지는 않았다. 여기저기서 웅성웅성거리는 소리가 들려왔다. 곡소리도 굉장히 컸다. 물론 이 곡소리의 대부분은 남을 의식한 것이다. 그리고 여러 번에 걸쳐 제사상을 차렸다. 500명 정도의 문상객을 하루 세 번 먹였다. 조선인은 종종 장례비용 때문에 파산하고 만다. 요컨대 조선인의 장례식은 의미 없는 의식, 눈물 없는 애도, 분수에 넘치는 비용이라는 세 단어로 요약될 수 있다.

(중략)

1920년 10월 9일 토요일

상당수 일본인 저술가들은 일본인이 조선에서 저지른 잔학 행위에 대한 변명의 일환으로 미국의 극심한 인종차별을 지적한다. 그럼 어디 한번 살펴보자.

미국의 흑인	조선의 조선인
1. 미국의 백인이 문명화를 이루는 과정에서 흑인의 덕을 본 건 전혀 없다.	1. 일본은 종교, 과학, 예술, 문학 등을 수용하는 과정에서 한결같이 조선의 덕을 보았다.
2. 흑인은 신체적 외양이나 지적 능력 면에서 백인보다 열등하다.	2. 조선인은 신체적 외양이나 지적 능력 면에서 일본인에게 조금도 뒤지지 않는다.
3. 흑인은 짐을 운반하는 짐승처럼 노예로 고용되어 미국에 끌려가게 됐다.	3. 조선은 수백 년 동안 일본과 대등한 외교 관계를 유지해왔다.
4. 백인은 흑인을 노예로 데려와 노동을 시키면서 아무런 대가도 치르지 않고 그저 그들의 목숨만 부지케 해주었다.	4. 병합이 강제적으로 효력을 발휘하기 시작한 이후 지금껏 일본 천황과 일본 정부는 조선인을 천황의 적자赤子로 똑같이 대우하겠노라고 약속해왔다.
5. 흑인은 미국을 소유한 적이 없었다.	5. 조선인은 조선의 주인이었다.

1920년 10월 13일 수요일

한진창 씨[1]는 고종 황제가 독살된 게 틀림없다고 믿고 있다. 그가 이렇게 생각하는 근거는 이렇다. (1) 이상적이라 할 만큼 건강하던 고종 황제가 식혜를 마신 지 30분도 채 안 되어 심한 경련을 일으키며 죽어갔다. (2) 고종 황제의 팔다리가 1~2일 만에 엄청나게 부어올라서, 사람들이 황제의 통 넓은 한복 바지를 벗기기 위해 바지를 찢어야만 했다. (3) 민영달[2]과 몇몇 인사는 약용 솜으로 고종 황제의 입안을 닦아내다가, 황제의 이가 모두 구강 안에 빠져 있고 혀는 닳아 없어져버렸다는 사실을 발견했다. (4) 30센티미터가량 되는 검은 줄이 목 부위에서부터 복부까지 길게 나 있었다. (5) 고종 황제가 승하한 직후에 2명의 궁녀가 의문사했다. 민영휘, 나세환, 강석호姜錫鎬(고종 황제의 신임이 두터웠던 내관이다―옮긴이) 등과 함께 염殮을 한 민영달 씨가 한씨에게 이 상세한 내용들을 말해주었다고 한다.

---

[1] ― 한진창(韓鎭昌, 1858~?)은 한말 전북 관찰사, 경북 관찰사, 군부 차관 등을 거쳐 한일합방 후 중추원 참의(1927~34)를 지냈다. 윤치호 숙모와 남매간, 다시 말하면 윤치소, 윤치영의 외삼촌이다.
[2] ― 민영달(閔泳達, 1859~?)은 명성황후의 종형제로서 민씨 척족의 핵심 인물이다. 경기도 관찰사, 형조판서, 내부대신 등을 지내고 을미사변 이후 관직에서 물러났다. 일제가 한일합방과 함께 남작 작위를 주려 했으나 이를 거부했다.

1920년 10월 15일 금요일

대한민국임시정부 명의로, 1천 원을 대영성서공회[1]의 수秀라는 사람에게 보내라고 요구하는 익명의 편지를 받았다. 이런저런 의문 때문에 골치가 아팠다. (1) 이것이 이른바 대한민국임시정부의 진짜 요원이 요구한 게 틀림없을까? (2) 누군가가 대영성서공회를 함정에 빠뜨릴 속셈으로 속임수를 쓰고 있는 건 아닐까? (3) 혹시 첩자나 선

일진회 회원들

동가가 내가 어떻게 나오는지 알아보려고 떠보는 건 아닐까? (4) 설령 이것이 진짜라 하더라도—이 사람이 언제 어디선가 붙잡혀서 내게 이런 편지를 썼다고 실토하기라도 하면—내가 경찰의 의심을 받게 되는 건 아닐까?

---

1 — 대영성서공회(大英聖書公會)는 정확히 말하면 영국성서공회 조선지부를 말한다. 1896년 정식 지부가 설치되어 켄뮤어(A. Kenmure), 밀러(H. Miller), 홉스(T. Hobbes)가 차례로 책임을 맡았다. 성서 출판 및 보급을 통해 기독교 선교사업에 기여했다.

1920년 10월 18일 월요일

『조선 병합의 이면』은 이토 히로부미 공작과 데라우치 백작[1]의 신뢰를 한 몸에 받았던 고마쓰 씨가 쓴 책이다.[2] 그는 이 책에서 일진회가—악명 높은 이용구, 송병준 등이 주도한 매국노들의 단체가—일본 정부에 조선 병합을 청원한 사실과, 당시 대한제국의 내각이 조선 민족을 정치적으로 제거하는 데 찬동한 사실을 무척 중시했다. 도쿄

데라우치 총독

의 인력거꾼들이 일본의 정서를 대변할 수 없는 것처럼, 일진회도 전 조선인의 정서를 대변할 수는 없다. 그런가 하면 서울YMCA 총무에게 YMCA회관을 팔 권리가 없는 것처럼, 일본의 손아귀에 들어 있던 당시 대한제국의 내각에게도 조선을 팔 권리는 없다. 조선이 탐나서 병합해버렸다고 떳떳하게 말하면 안 되나?

---

1 ― 데라우치 마사다케(寺內正毅, 1852~1919)는 근대 일본군의 창시자인 야마가타 아리토모(山縣有朋) 휘하에서 성장해 육군대신에 올랐다. 1910년 제3대 조선 통감으로 부임해 한일합방을 성사시키고 곧바로 초대 총독에 임명됐다. 1916년 10월 야마가타의 강력한 지원으로 총리대신에 올랐으나, 1918년 도쿄에서 일어난 '쌀 소동'으로 사퇴했다.
2 ― 『조선 병합의 이면(裏面)』은 한일합방에 관한 비사(秘史)를 엮은 책으로, 1920년 도쿄에서 출간됐다. 저자인 고마쓰 미도리(小松綠, 1865~1942)는 게이오의숙(慶應義塾)을 졸업하고 예일대학교와 프린스턴대학교에서 공부한 후 일본 외무 관료로 성장했다. 1906년 조선에 건너와 통감부 외무부장에 오르면서 '한일합방조약'의 체결을 주도했다. 한일합방 이후 총독부 외사국장, 중추원 서기관장 등을 지냈다.

1920년 10월 20일 수요일

지난 16일 영국에서 1백만 명가량의 광부가 파업을 벌였다. 거대한 폭풍을 만난 영국이 아무 탈 없이 이 위기에서 벗어날 수 있을까? 그럴 수 있었으면 좋겠다. 만약에 영국이 역겨운 러시아 볼셰비즘의 먹이가 된다면, 지구상에서 희망은 완전히 사라지게 된다. 만일 영국이 볼셰비즘에 굴복한다면, 교육, 종교, 의회, 상식 등 그 어떤 것도 볼셰비키의 짐승 같은 증오, 탐욕, 이기주의로부터 인류를 구해낼 재간이 없을 것이다.

1920년 10월 21일 목요일

한 저술가가 『중외시론中外時論』에 기고한 글에서 미국을 군국주의적이고, 침략적이고, 위선적이라고 몰아붙인 후 일본에 대해 이런 말을 했다. "우리 일본인은 정의, 인도人道, 자비, 자유 등을 외치기 싫어한다. 그러나 이 덕목들을 실천에 옮기는 건 좋아한다. 우리는 중국 제국의 존엄성을 보전하려고 수많은 인명과 막대한 재산을 바쳤다." 이런 식의 궤변을 듣고 있노라면, 야시장에서 싸구려 옷을 파는 장사꾼이 뇌리에 떠오른다. 그는 이렇게 외친다. "어르신네들! 전 지금 저 혼자만 잘 먹고 잘살겠다고 이 옷을 팔고 있는 게 아니에요. 제가 저녁을 배불리 먹고 나서 여기에 나와 목이 쉬도록 소리 지를 의무는 없어요. 공공의 이익을 위해 헌신해야겠다는 책임감 때문에 이러는 거죠. 어르신네들! 이 옷을 한 벌에 1원씩 사가세요. 어서 오십쇼! 수천 년에 한번 있을까 말까 한 기휩니다. 날이면 날마다 오는 게 아니에요." 모든 사람들이 이 장사꾼을 보면서 재미있어 했다. 하지만 이 장사꾼의 말을 믿는 사람은 아무도 없었다.

1920년 10월 29일 금요일

난 가끔 고종 황제가 지난 14년 동안 계속해서 황제 자리에 있었더라면 조선이 어떻게 됐을까, 또 조선인은 지금쯤 어떤 대접을 받고 있을까라는 의문을 품어보면서 웃음 짓곤 한다. (1) 아마도 궁궐과 조정에는 이용익, 이지용,[1] 민영철[2] 같은 야비하고, 잔인하고, 가증스런 악당들이 들끓었을 것이다. (2) 온 나라에 도적과 노상강도가 출몰해 인명과 재산이 무사하지 못했을 것이다. (3) 도지사, 군수, 군인, 경찰의 수탈과 만행이 도적과 노상강도들의 수탈과 만행보다 더 심했을 것이다. (4) 미국인, 일본인, 프랑스인, 러시아인 등 외국인 투기꾼들이 광산, 산림, 어장 등 온갖 종류의 천연자원을 양도라는 미명하에 강탈했을 것이다. 황제와 그의 비열한 총신寵臣들에게 가장 많은 뇌물을 바치는 패거리들이 관세, 세입 등 값나가는 것들을 모두 독차지했을 것이다. (5) 일본은 좀 더 바람직한 정부를 수립하려는 혁명운동을 진압하려고 각별한 관심을 기울였을 것이다. 고종 황제가 지난 14년 동안 전제적인 권력을 마음껏 누릴 수 있었더라면, 조선은 지금보다 더 살기 좋은 나라가 됐을까?

---

1 — 이지용(李址鎔, 1870~1928)은 흥선대원군의 형인 이최응(李最應)의 손자로 을사오적의 한 사람이다. 한일합방과 함께 백작 작위를 받았으며, 중추원 고문을 지냈다.
2 — 민영철(閔泳喆, 1864~?)은 민씨 척족의 핵심 인물로 민영환과 육촌 간이다. 예조참판, 전라도 관찰사, 군부대신 등을 두루 역임했다.

1920년 11월 8일 월요일

최근에 손병희와 그의 동료 독립운동가들이 각각 징역 1~3년을 선고받았다. 손씨는 병보석으로 풀려나 자택에서 치료를 받고 있다. 그건 그렇고 손씨는 천도교 교주로서 수십만 명의 가난하고 우매한 신도들로부터 숭앙을 받고 있다. 그는 신도들이 해마다 낸 수십만 원을 가지고 방탕하고 사치스런 생활을 즐기고 있다. 그들은 이른바 종교를 위해 으리으리한 교당을 짓고 있다. 서민은 너무 단순하고, 잘 속고, 미신에 물들어 있어서 진정한 독립을 준비하려면 엄격한 교육과 훈련이 필요하다.

1920년 11월 9일 화요일

데라우치 정권의 결점이 무엇이었든 간에, 또

그 결점이 많았다손 치더라도, 기강이 제대로 확립되어 있었던 것 하나만큼은 정말이지 훌륭한 일이었다. 데라우치 정권하에서는 무당, 점쟁이, 다양한 부류의 시정잡배들이 슬그머니 자취를 감추어 법을 준수하는 이들을 흡족하게 해주었다. 그런데 사이토 총독 치하의 이른바 개혁 정치 이후에 이 모든 암적 존재들이 되돌아와 선량한 사람들에게 어마어마한 손해를 끼치고 있다. 온갖 종류의 사이비 종교들이 순박한 사람들, 특히 여성들을 착취하고 있다. 광신적인 신도들에게 7일 만에 옥황상제를 만날 수 있게 해주겠다고 공언하고 있는 태을교[1]는 어떤 주문을 외면 모든 병을 고칠 수 있다고 우매한 아녀자들을 기만해 돈을 갈취하고 있다. 아녀자들을 유혹해 돈을 갈취하는 이 악마 같은 사이비 종교 때문에 상당수 가정이 파탄에 이르고 있다. 예전에는 이런 죄악에 대해 엄격한 규제를 가해오던 경찰이 지금은 조금도 신경 쓰지 않는다. 일본인은 무지한 사람들이 모두 기독교회에 가입할지도 모른다는 두려움 때문에 이런 태도를 취하고 있는 것 같다.

---

1 — 태을교(太乙敎)는 1909년 강증산(姜甑山)이 죽고 난 후 1911년 그의 부인인 고판례(高判禮)가 창립한 최초의 증산교단이다. 고판례는 강증산의 기일(忌日)에 졸도를 했는데, 이때부터 그녀는 생전의 강증산과 유사한 말과 행동을 하게 됐다고 한다. 그러자 많은 교인들이 다시 몰려들기 시작해 태을교라는 증산교단이 설립됐다.

1920년 11월 11일 목요일

이성으로 제어되지 않고, 이성으로 균형을 잡지 못하는 믿음이야말로 미신이다. 미신 때문에 사람들이 무슨 짓을 하게 될지는 아무도 모른다. 전에 나가노 씨(종로경찰서장을 지낸 나가노 기요시永野淸를 가리키는 것 같다—옮긴이)에게 들은 얘기가 있다. 일본의 어느 마을 사람들이 한 스님이 목욕하고 난 물을 마시면서 천국에 갈 거라고 믿는 걸,

그가 실제로 목격했다는 얘기였다. 한 3년 전쯤 채동지蔡同志라는 작자가 자기의 침으로 질병을 고칠 수 있으며, 심지어 불임 여성의 임신도 가능케 할 수 있다고 거짓말했다. 그는 독립문 근처 서대문 밖에서 자기의 침을 바른 작은 떡을 팔았다. 그런데 이 떡을 사기 위해 이 불한당에게 돈, 장신구, 옷가지를 가져다주는 아녀자들로 이 일대가 연일 북새통을 이루었다.

1920년 11월 14일 일요일

내가 수년 전 한영서원에서 가르친 바 있는 김영찬은 이곳(개성 부근인 황해도 금천군 금교金郊 부근의 시변리市邊里를 말한다—옮긴이)의 유지다. 그는 사리 분별력이 있는 사람이다. 난 그에게 어떤 독립 선동가에게도 속지 말라고 말했다. 약소민족이 정치적 독립을 얻기 위해서는 두 가지가 절대적으로 필요하다. 하나는 지성, 부, 공공정신이고, 또 다른 하나는 기회다. 체코슬로바키아인은 정신적인 면에서나, 물질적인 면에서나, 도덕적인 면에서나 철저하게 준비했다. 그러나 그들에게 자유를 가져다준 세계대전이 발발하지 않았더라면, 아무리 준비를 많이 했다손 치더라도 한없이 오스트리아의 한 지방으로 남아 있었을지도 모른다.

1920년 11월 18일 목요일

브로크먼의 말에 따르면, 푸트 목사[1]가 친구에게 보낸 엽서에 간도에 주둔하고 있는 일본군이 조선인 가옥 1천여 채를 불태우고 200여 명을 학살했으며 20개의 교회당을 파괴했다고 썼다고 한다.[2] 일본인이 독일식의 공포정치를 통해 독립운동의 씨를 말리기로 결정한 모양이다. 언제 어디서든 구실은 있게 마련이다. 그들은 무자비하게 마을과 주민들을 소탕할 것이다.

간도참변 현장 1920년 10~11월 일본군은 청산리전투에서 패배한 데 대한 보복으로 간도 지역 조선인 마을에 대해 초토화작전을 감행했다. 폐허로 변한 농가와 나뒹굴어 있는 소의 모습이 참혹했던 학살의 순간을 대변해주고 있다.

---

1 ― 푸트(W. R. Foote, 1869~1930)는 캐나다장로회 선교사로, 1898년 조선에 부임해 원산을 중심으로 함경도 선교사업을 담당했다. 1914년 북간도 용정에 선교부를 개설하고 만주 및 시베리아 지역의 조선인을 대상으로 선교 활동을 벌였다.

2 ― 1920년 10~11월에 일어난 '간도참변'에 관한 내용으로 보인다. 일본군은 청산리전투의 패배에 대한 보복으로 독립군의 모체인 간도 지역 조선인 촌락에 대해 초토화작전을 감행했다. 약 2개월간 3,693명의 조선인이 학살됐고, 3,288채의 가옥과 41개 학교 및 16개 교회가 소실됐다.

1920년 11월 22일 월요일

흡연과 음주는 나쁜 습관일지도 모른다. 하지만 조선의 농민이나 날품팔이들로부터 담배와 막걸리를 앗아간다면, 무엇으로 위안을 삼으라는 얘긴가?

1920년 11월 25일 목요일

사촌 동생 치소의 말에 따르면, 탈곡하지 않은 벼가 근당 4전, 즉 지난봄에 아산에서 거래되던 가격의 3분의 1에도 못 미치는 가격에 매매되고 있다고 한다. 그런데 지세地稅는 작년에 비해 57퍼센트가량이나 인상됐다. 산둥 지역에서는 기근으로 수천 명이 죽어가고 있다고 한다. 그런데 조선은 쌀값이 너무 싸서 고통을 겪고 있다. 수요와 공급의 이 기형적인 상황을 누가 책임져야 하나?

1920년 11월 30일 화요일

한 달 전쯤 영국에 수감되어 있던 맥스웨이니McSwainig(?)라는 아일랜드의 한 시장이 영국의 불의에 맞서 단식하다가 끝내 죽고 말았다. 14년 전쯤 일본인에 의해 쓰시마 섬對馬島에 유배됐던 최익현이라는 저명한 유학자가 자신을 체포한 사람들이 주는 밥을 거부하고 단식하다가 죽었다. 엊그제 조선의 한 신문이 보도한 바에 따르면, 독립운동에 참가했다는 이유로 수감되어 있던 황해도의 한 유학자가 13일 동안 단식하다가 죽었다고 한다. 아일랜드인이 조선인을 모방하는 건가, 아니면 영국이 일본을 모방하는 건가?

최익현

1920년 12월 6일 월요일

조선경제회 후원으로 '신구新舊 불온사상'이라는 주제를 가지고 강연장을 가득 메운 청중에게 강연했다. 청년들에게 세

가지 이유를 들어 볼셰비즘에 섣불리 빠져들지 말라고 주의를 주었다. (1) 우리들 사이에서 볼셰비즘이 우세해지면, 경제적으로 더할 나위 없이 취약한 우리는 곧 기아 상태에 빠져들 것이다. (2) 엄청나게 큰 땅덩이와 호전적인 국민을 보유한 러시아는 지금까지 강대국의 침입을 잘 막아왔다. 하지만 볼셰비즘이 우리에게 침투할 경우 우리 사회는 걷잡을 수 없는 혼란에 빠져들 것이며, 그럴 경우 우리는 이웃 강대국들에게 순식간에 짓밟히게 되고 말 것이다. (3) 러시아에서 볼셰비즘, 즉 극단적인 사회주의가 시도되는 과정에서 유혈 사태가 벌어졌다. 만일 이것이 좋은 것이라면 영국, 프랑스, 일본 등이 모두 채택했을 텐데, 현실은 그렇지 않다. 우리 조선인은 때를 기다려야 한다. 기다리면서 배우고, 근검절약을 통해 경제 수준을 향상시켜야 한다. 내가 볼셰비즘을 비판하자, 여기저기서 "아니에요", "아니에요"라는 말들이 터져 나왔다. 난 놀라지 않을 수 없었다.

1920년 12월 10일 금요일

오후 3시쯤 야마가타 데이사부로 씨를 방문했다. 그의 말로는, 자기는 송도고등보통학교를 위해 아무런 사심없이 성실히 근무했는데도, 이만규 군[1]이 자기를 내쫓고 대신에 조선인을 앉힐 속셈으로 상급반 학생들에게 동맹휴학을 사주했다고 한다. 크램 교장 대리[2]가 단호한 태도를 보임에 따라 학생들이 야마가타 데이사부로 씨에게 자기들의 무례한 행동을 사죄했다고 한다. 송도고등보통학교에는 두 개의 분파가 있는데, 이만규가 반일파의 우두머리라고 한다.

교사든 학생이든 반일 음모에 연루되는 건 어리석은 일임에 틀림없다. 열심히 공부해야 한다. 부지런히 배워야 한다. 조선인은 지적인 면에서나 경제적인 면에서나 당국자에 맞서 저항할 수 있는 준비를 갖추지 못했다.

일본인 시가지 일제강점기에 서울 충무로 일대에는 일본인 시가지가 형성되어 있었다. 이 지역에는 백화점, 양장점, 완구점 등 다양한 업종의 상점들이 들어서 있었다. 조선인의 민족 감정을 자극하는 곳이기도 했으나, 다른 한편으로는 조선인에게 선망의 대상이 되기도 했다.

---

1 — 이만규(李萬珪, 1882~1978)는 기독교인 교육가이자 민족운동가다. 송도고등보통학교와 배화여자고등보통학교 교사를 지냈다. 일제강점기 말 건국동맹에 참여한 후 해방 정국에서 여운형의 최측근 인사로 활약했다. 『조선교육사』 등의 저술을 남겼다.
2 — 크램(W. G. Cram, 1875~1969)은 미국남감리회 선교사로 1902년 조선에 부임해 강원도 지역에서 선교 활동을 벌였다. 1913~14년 한영서원 교장을 지냈고, 1915년 『기독신보』 창간 당시 사장에 취임했다. 1926~40년 미국남감리회 해외선교부 총무를 지냈다.

1920년 12월 11일 토요일

아이들에게 장난감을 사주려고 진고개[1]에 갔다. 문희와 명희[2]는 일본인 상점들이 화려하게 전시해놓은 장난감들을 보고 신이 났다. 하지만 난 조선이 장난감과 성냥조차 일본에 무기력하게 의존하고 있다는 생각에 그만 맥이 빠져버렸다. 조선인은 장난감이 큰 이윤을 남길 수 없는 시시한 품목이라는 이유로 장난감 만드는 걸 대수롭지 않게 여긴다. 그런데 조선인은 대기업을 감당할 만한 능력이 없기 때문에 감히 대기업을 운영할 수도 없다. 결국 조선인은 '안하는' 것과 '못하는' 것 사이에서 어영부영하다가 점점 이 분야에서 소외되어간다.

---

1 — 진고개는 당시 서울의 일본인 거류지로서 지금의 충무로 2가 일대에 해당한다. 남산의 북쪽 사면은 배수가 잘 되지 않아 비가 오면 진흙길이 되곤 했다고 해서 일명 진고개(泥峴)라 불렸다. 조선 시대에는 남산골이라고도 불렸으며, 하급 관료인 아전들이 많이 살았다. 갑신정변 이후부터 일본인이 모여 살기 시작했고, 자국에서 가져온 근대적 상품을 진열해 당시 개화가 늦었던 조선인에게 선망의 대상이 되기도 했다.
2 — 윤명희(尹明姬 Margaret, 1918~?)는 윤치호의 다섯째 딸로 일제하 토착자본가인 조준호(趙俊鎬)의 동생 조인호(趙麟鎬)와 결혼했다.

1920년 12월 16일 목요일

캐나다선교회가 일본인이 간도에서 저지른 만행으로 깊은 충격을 받은 것 같다. 캐나다인 선교사들은 크게 분노해서 이런 사실을 해외에 알리고 있다. 일본 정부는 마을을 불태운 것 등이 우발적인 사고에 의한 것이었다는 취지의 성명을 발표했다. 약소국이 이런 거짓말을 했다면, 아무도 믿어주지 않았을 것이다. 그러나 이런 거짓말의 배후에 일정 수준 이상의 군사력이 버티고 있다면, 세계는 이 거짓말을 기꺼이 믿어줄 것이다. 그러니 결국은 힘이 없다는 것이야말로 거짓말 중에서도 가장 큰 거짓말이라고 아니할 수 없다.

1920년 12월 17일 금요일

오후 3시쯤 학무국의 유게 씨[1]가 찾아와, 조선교육령을 기초할 임시교육조사위원회[2]의 조선인 몫 세 자리 중 한 자리를 맡아달라고 내게 요청했다. 그는 이완용 백작이 조선인 몫 한 자리를 맡게 될 것임을 시사했다. 그에게 하루나 이틀쯤 생각할 시간을 달라고 했다.
저녁 7시 야마가타 데이사부로 씨를 찾아가, 이완용과 나란히 그 위원회에 참여해서 일할 수는 없다고 솔직하게 말했다. 난 조선인이 이완용의 이름 석 자와 관련된 조치는 그 무엇이든 의구심과 증오심을 가지고 대할 게 뻔한 만큼, 그 위원회에 이씨를 참여시키는 건 총독부의 큰 실수일 거라고 말했다. 야마가타 데이사부로 씨는 내 말에 전적으로 동의했고, 관료들이 조선인의 심리를 잘 이해하지 못하는 것 같다고 아쉬워했다.

---

1 — 유게 고타로(弓削行太郎, 1881~?)는 당시 총독부 학무국 학무과장 겸 종교과장으로 재직 중이었다. 조선교육령, 사립학교규칙 등을 제정해 식민지 교육의 기초를 마련했다. 이후 총독부 철도부장 등을 지내고 일본에 돌아가 경제계로 진출했다.

2 — 1920년 12월 23일 총독부는 '임시교육조사위원회 규정'을 마련해 총독 자문기관으로서 조선 교육에 관한 중요 사항을 조사 심의케 했다. 1921년 5월 총독부는 이 위원회를 개최해 교육 문제를 토의했는데, 조선인 위원 3명(이완용, 고원훈, 석진형) 등 16명의 위원과 4명의 간사로 구성됐다.

1920년 12월 20일 월요일

점심때쯤 야마가타 데이사부로 씨가 찾아와 임시교육조사위원회에 관해 유게 씨와 면담한 결과를 일러주었다. 그의 말에 따르면, 총독부는 새로 기초될 조선교육령의 내용에 대해 조선인이 만족스럽게 여기게 될 거라고 확신하고 있는 모양이다. 그래서 조선인이 이완용에 대한 기존의 생각을 달리하게 될 거라는 확신을 가지고 그를 이 위원회에 참여시키려고 안달이 나 있다는 것이다. 난 조선인 중 중립 진영의 대표로 발탁됐다고 한다. 그런데 유게 씨는 개인적으로 이완용의 이름을 교육령과 결부시키는 데 반대의사를 갖고 있다고 한다.

1920년 12월 21일 화요일

정오에 시바다 학무국장의 초청을 받아 경성호텔에 갔다. 유게 씨와 야마가타 데이사부로 씨도 자리를 함께했다. 점심을 듣고 난 후, 시바다 씨가 내가 임시교육조사위원회에 참여하는 문제에 관해 얘기를 꺼냈다. 난 최대한 완곡한 어조로 내 이름과 이완용의 이름이 결부되지 않았으면 좋겠다고 말했다. 아울러 계층과 직업을 막론하고 모든 조선인이 굉장히 증오하는 이완용의 이름을 교육령과 연관시키는 것이야말로 총독부의 형편없는 정책이라고 말했다.

1920년 12월 24일 금요일

오전 내내 눈이 많이 내렸다. 외국인 어린이들에게는 그야말로 환상적인 크리스마스가 아닐 수 없다. 오후 4시에 눈이 그쳤다. 백운상 씨[1]가 아산―둔포면―에서 올라와 보고한 바에 따르면, 세금이 다음과 같이 인상됐다고 한다.

	1919년	1920년	인상
지세 1기분	203원 58전	205원 90전	
부가세 1기분	18원 32전	61원 66전	3배 이상
지세 2기분	97원 67전	185원 30전	거의 2배
부가세 2기분	8원 14전	61원 77전	7.5배 이상

농민들은 병합 후 10년 동안 적당한 쌀값과 적은 세금 덕분에 비교적 편안한 시절을 보냈다. 하지만 지금은 세금이 하늘 높은 줄 모르고 치솟고 있는 반면, 농작물 가격은 계속해서 곤두박질치고 있다. 앞날이 막막하다 보니 가난한 농민들은 망연자실해 있다. 종전에는 일본 통치에 대한 불만이 학생층에 국한되어 있었다. 그러나 이제는 농민들 사이에서도 불만이 들불처럼 번지고 있다. 이것이 일본이 마련했다는 정책의 일환인가? 물론 세금은 오르게 마련이다. 하지만 농민들을 파탄에 이르게 할 만큼 이렇게 갑자기, 그리고 이토록 많이 올리는 게 현명한 일이라 할 수 있을까?

1 — 백운상(白雲祥)은 윤치호 농장의 관리인인데, 군인 출신으로 한영서원 교사를 지냈다.

1920년 12월 28일 화요일

1921년도 일본 예산을 보면 세출이 15억 6254만 2,799엔에 달한다. 여기서 두 가지 점이 눈에 띈다. (1) 외무성과 육군성 세출이 거의 똑같다. 전자의 경상비는 1억 8100만 엔이고, 후자의 경상비는 1억 8300만 엔이다. (2) 육군과 해군은 경상비와 추가경정비를 승인받아 예산 총액이 7억 6100만 엔이라는 막대한 금액에 육박하는 데 비해, 문부성은 경상비와 추가경정비를 합쳐 5450만 엔에 불과하다. 이 수치들이 서로 역전되어야만, 즉 육군과 해군 예산이 5450만 엔, 문부성 예산이 7억 6100만 엔으로 책정되어야만, 비로소 사람들은 가공할 만한 세금 부담에서 벗어날 수 있다는 기대를 가질 수 있다.

1921년 1월 1일부터 광무光武와 융희隆熙라는 연호가 새겨진 동전과 은화의 사용이 전면 금지된다. 만일 이 조치로 인해 퇴장退藏되어 있던 돈들이 시장으로 나와 유통된다면, 그건 수긍할 만한 일이다. 하지만 당국이 조선이 독립을 잃었다는 최후의 증거를 없애려고 이 동전들을 폐기처분하는 거라면, 난 일본인의 쩨쩨한 영혼을 측은하게 여길 것이다.

1920년 12월 30일 목요일

이완용 백작이 후작으로, 송병준 자작이 백작으로 특승特陞됐다. 일본 정부는 자국에 충직하게 봉사하기만 하면 후한 보상을 받는다는 걸 조선인에게 환기시키려는 것 같다. 하지만 이 매국노들이 보상받을 때마다 조선인은 이들의 야비함과 조선 민족의 애처로운 현실을 상기하게 된다. 두 명의 가증스런 인간의 허영심을 만족시켜주려

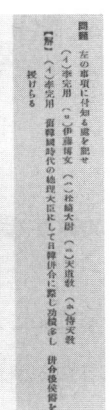

순사시험 문제로 출제된 이완용

고 1700만 명의 조선인에게 수치심과 참담한 심정을 안겨준다는 건 현명한 정책일 리가 없다.

1921년 1월 5일 수요일

오후 3시쯤 YMCA회관에서 젠킨스 양을 만났다. 그녀는 내게 이승만 박사의 편지 한 통을 건네주었다. 이 박사는 돈을 원하고 있다.

1921년 1월 6일 목요일

오전 9시에 젠킨스 양을 방문했다. 이승만 박사에게 내 구두 메시지를 전해달라고 부탁했다. (1) 우리가 심각한 경제적 압박에 처해 있는 이상, 없는 걸 보내줄 수는 없다. (2) 우리는 해외에 나가 있는 인사와 연락을 취하면 당국에 체포될 거라는 두려움에 시달리고 있다. (3) 상하이 임시정부는 어리석은 폭력 난동을 포기해야 한다. 폭력 난동을 시도해봐야 조선인만 다칠 뿐이니까.

임시정부를 운영해나가기 위해서는 1년에 적어도 4만 원의 비용이 든다고 한다. 다스릴 거라곤 아무것도 없는 정부를 유지해나가는 데 이 막대한 돈을 낭비할 게 아니라, 상당수 똑똑한 청년들에게 견실한 교육을 제공하는 데 쓰면 좋을 텐데.

1921년 1월 12일 수요일

오전 10시 조선호텔에 가서 조선농사개량주식회사 발기인 대회에 참석했다. 이 회사의 목적은 개인이나 단체에 돈을 융자해주어서, 또는 회사가 직접 나서서 수리水利를 개선하고 황무지를 개간하는 것이다. 이 회사가 개간한 땅은 25년 분할 상환을 조건으로 영세농들에게 팔리게 된다.

조선의 귀족들이 꽤 많이 참석했다. 주요 조선인 은행의 이사들도 대부분 참석했다. 뿐만 아니라 다른 회사의 이사 수십 명과 몇몇 부호도 참석했다. 일본의 대의사代議士인 이노우에 씨[1]가 이 계획의 발안자다. 그는 정부 보조금을 받으려 시도해보았지만, 아직은 성공하지 못했다고 한다. 자본금은 2천만 원으로 책정됐다. 목표는 이 회사를 조선인 수중에 두는 것이다. 계획상으로만 본다면 모든 게 흠잡을 데가 없다. 하지만 조선인이 적어도 이 자본금의 절반을 출자할 수 있을까? 만약 그럴 수 없다면 대부분의 주식을 일본인이 차지하게 될 텐데, 그럼 조선인은 어떻게 하나? 아무래도 이 신설 회사는 제2의 동양척식주식회사나 조선의 농공은행을 삼켜버린 제2의 식산은행[2]이 될 것 같다.

조선인 참석자들은 이런 생각을 가지고 있어서인지 이 사업에 대해 아무런 관심도 표명하지 않았다. 다만 한상룡 씨, 이완용 씨, 이윤용 씨,[3] 송병준 씨, 엄주익 씨[4] 등은 예외였다.

---

1 ─ 이노우에 가쿠고로(井上角五郎, 1860~1938)는 1882년 게이오의숙을 졸업하고 이듬해

스승인 후쿠자와 유기치(福澤諭吉)의 추천으로 조선에 건너와 박문국에서 근무했다. 조선 최초의 근대적 신문인『한성순보』발간에 참여했다는 설도 있다. 1884년 갑신정변에 깊숙이 간여한 것으로 알려져 있다. 이후 일본 중의원 의원이 됐고, 경부선 철도와 남만주 철도 부설에도 간여했다.

2 — 조선식산은행(朝鮮殖産銀行)은 1918년 10월 총독부가 설립한 특수 은행이다. 1906년 6월부터 각 지방에서 설립된 6개 농공은행(農工銀行)의 권리와 의무를 계승한 은행으로 동양척식주식회사의 실질적인 지배를 받았다. 경제정책 분야에서 총독부 다음으로 중요한 역할을 담당한 금융기관이었다.

3 — 이윤용(李允用, 1854~1939)은 이완용의 형이자 대원군의 사위로서 한말에 군부대신, 경북 관찰사, 궁내부대신 등을 지냈다. 한일합방과 함께 남작 작위를 받았으며, 한성은행장(1909~23), 중추원 고문(1929~38) 등을 지냈다.

4 — 엄주익(嚴柱益, 1872~1931)은 영친왕 이은의 생모인 엄귀비의 조카다. 대한제국 시기에 한성부 판윤, 군부협판, 법부협판 등을 지냈다. 1905년 엄귀비의 도움으로 양정의숙을 설립해 인재 양성에 힘썼다. 1924년 경기도 관선 평의원에 임명됐다.

1921년 1월 14일 금요일

천도교인들이 대원군 증손자 저택 바로 맞은편에 으리으리한 교당을 지었다. 노회老獪한 대원군이 사악한 교리를 근절한다는 명분을 내세워 최씨를 죽이면서,¹ 머지않아 자기 궁궐(운현궁을 가리킨다—옮긴이)보다 더 으리으리한 교당이 자기 집 사랑채를 거만하게 내려다볼 거라고 미처 상상이나 했을까?

교당을 짓는 데 든 돈은—아마도 50만 원은 족히 들었을 것이다—가난한 신도들이 밥을 지을 때마다 쌀을 한 숟가락씩 모아두었다가 헌금한 것이다. 그런데 이렇게 어렵게 모은 돈의 일부만 조선인 날품팔이들의 손에 들어갔을 뿐, 그 대부분은 중국인과 일본인의 배만 불려주었다.² 우매한 신도들이 희생의 대가로 얻는 게 대체 뭘까?

1 — 대원군 집권기인 1864년에 동학의 교조 최제우가 처형된 일을 의미한다.
2 — 천도교 중앙대교당은 1919년 7월에 착공되어 1921년 2월에 준공됐다. 총 공사비는 당시 돈으로 22만 원(사무실까지 27만 원)이 들었다고 하는데, 천도교인들로부터 거둔 약 30만 원의 성금으로 공사비를 충당한 것으로 알려져 있다. 그런데 설계는 일본인 나카무라

요시헤이(中村與資平)가 맡았고, 시공은 중국인 장시영(張時英)이 담당했으며, 공사 현장에 동원된 일꾼은 대부분 중국인 날품팔이들이었다고 한다.

1921년 1월 18일 화요일

(중략)

크램 박사는 내가 송도고등보통학교 교장에 재취임해서 자기 짐을 덜어주길 진심으로 바라는 것 같다. 내가 이 학교의 절대적인 지휘권을 갖게 된다면, 즉 어떤 외국인도 내게 감 놔라 배 놔라 간섭하지 않는다면, 난 교장직을 맡을 용의가 있다. 내가 전에 이 학교 교장으로 있었을 때 도저히 분을 삭일 수 없었던 사건 하나가 떠오른다. 어느 날 내가 가르치던 학생 하나가 결석했다. 그가 하루아침에 갑자기 사라졌던 것인데, 2~3개월이 지나서 다시 불쑥 모습을 드러냈다. 내가 어디에 가 있었느냐고 묻자, 그는 당시 부교장으로 있던 왓슨 씨의 지시에 따라 시골 학교에 가서 학생들을 가르치고 왔다고 말했다. 내가 그저 이름만 교장이었고 실권은 다른 사람에게 있다는 사실이 나로서는 굉장히 수치스런 일이었다. 그러나 선교회가 조선인에게 이 학교의 절대적인 운영권을 결코 넘겨주려 하지 않는 이상, 외국인이라면 어느 누구도 조선인 밑에서 제2 바이올린을 연주하는 데 대해 불만을 품을 게 뻔한 이상, 난 또다시 그런 멍에를 뒤집어쓰지는 않을 것이다.

1921년 1월 22일 토요일

(중략)

조선인이 그토록 쉽게 볼셰비즘을 받아들이는 이유가 대체 뭘까?

(1) 자애로운 정부 체계의 근간을 이루었던 친족 체계와 유교적 도덕성 덕분에, 남에게 의존해 사는 사람들의 위계질서가 완벽할 정도로 발전됐

다. 조선인에게 남다른 한 가지 재능이 있다면, 그건 기생寄生 본능이나 심리, 즉 더부살이하는 것이다. 예전에 조선인은 인륜이라는 미명하에 친척과 친구들에게 얹혀살았다. 그런데 이제는 애국심이라는 미명하에, 더 나아가서는 사회주의라는 미명하에 남들에게 얹혀살고 있다.

(2) 일본 정권이 조선인에게서 관직을 빼앗고, 조선의 공업과 상업을 독점하고, 일본인 이주민을 위해 조선인 농민을 내쫓음으로써, 조선인을 거지나 다름없는 상태로 몰아세우고 있다. 수백 년 동안의 기생 심리로 인해 자구自救의식과 남자다운 생존경쟁 정신이 뿌리 뽑혔다. 그래서 조선인은 총독부 지원을 받는 일본인과 경쟁하게 되면, 한낱 운동선수와 맞서 싸우는 아기나 다름없다.

(3) 부패한 조선왕조 치하에서 조선인이 부자가 되기란 불가능했다. 그러나 좀 더 자애로운 일본 치하에서 조선인이 최소한의 생존수단을 찾기란 점점 더 불가능해져가고 있다. 조선인은 이 끔찍한 사실을 자연스럽게 알게 됐다. 그래서 볼셰비즘을 환영한다.

1921년 1월 26일 수요일

정화기가 고향인 경북 영일면에서 신년 휴가를 보내고 최근에 돌아왔다. 그는 투박한 말투로 일본인에 대한 자기 고향 사람들의 감정이 몰라보게 나빠졌다고 말했다. 몇 달 전쯤만 해도, 그가 고향 사람들에게 일본인에게 동등한 대우와 자치를 요구하기 전에 우선 우리가 좀 더 똑똑해지고 경제적으로 향상되어야 한다고 말하면, 그들은 그의 이런 주장에 공감을 표시했다고 한다. 그런데 이번에는 그들이 이런 온건론에 흥분할 정도로 격앙되어 있었다고 한다. 그들은 이렇게 말하더란다. "돈은 귀하죠. 쌀값은 말이 아니죠. 세금은 180퍼센트가량 인상됐죠. 우리는 평당 15원에 땅을 저당 잡히고 있어요. 우리 대부분은 저당 잡힌 땅을 되찾을 가망이 없어요. 10년 후면 논 전체가 일본인 소유가 될 거예요. 그들은 자기네 이주민이 오는 대로 우리를 몰아낼 거예요. 이러나저러나 우리가 죽기는 매한가진데, 기다려봐야 무슨 소용이 있나요?"

물론 이 가난한 사람들의 주장은 상당히 그럴싸하게 들린다. 하지만 성급하게 폭동을 시도해봐야 무슨 소용이 있나? 결국 우리가 할 수 있는 최선의 방책은 배우면서 때를 기다리는 것밖에 없다.

1921년 1월 30일 일요일

다음과 같은 수치를 보면 조선인의 세금 부담이 얼마나 커졌는지를 엿볼 수 있다. 전남의 예를 들어보자.

	1919년	1920년
지방비	34만 원	91만 원
면비(面費)	43만 원	94만 원
학교조합비(일본인)	7만 4천 원	41만 8천 원
학교비	2만 2천 원	51만 7천 원
합 계	86만 6천 원	278만 5천 원

반면에 농작물은 작년에 매매되던 가격의 3분의 1 가격에 거래되고 있다. 농작물 이외의 다른 상품들 가격은 대략 절반 정도만 떨어졌거나, 심한 경우에는 전시戰時 시세를 거의 그대로 유지하고 있다는 사실이 상황을 더욱 악화시키고 있다. 전시에 8전에서 20전으로 치솟았던 빵값이 전시 가격을 그대로 유지하고 있다.

1921년 1월 31일 월요일

오후에 유맹 씨를 방문했다. 몇 달 전 당국은

중추원 참의 일행을 도쿄로 데려가 융숭하게 대접해주었다. 의원들은 가는 곳마다 저녁과 술을 대접받았고 연설을 들었다. 난 일본 정부가 그다지 위험할 것도 없고, 기대할 것도 없는 사람들을 위해 왜 그렇게 사서 고생하는지 잘 이해가 가질 않았다. 그런데 유맹 씨의 말을 듣고 나니 모든 게 분명해졌다. 즉 마쓰나가[1] 중추원 서기관장은 중추원 참의들에게 조선 전역을 순회하며 일본에서 직접 보고 들은 걸 선전해달라고 요청했고, 유씨는 이를 거절했으나 어윤적,[2] 이만규,[3] 홍운표,[4] 정병조[5] 등 젊은 축에 속하는 6명은 선전사업을 위해 이곳저곳을 순회했다는 것이었다. 그토록 대단한 총독부가 그렇게 하찮은 선전계획 때문에 참의들에게 굽실거려야 했다는 사실에 그저 어안이 벙벙할 따름이다.

---

1 — 국사편찬위원회가 펴낸 『윤치호 일기』에는 마쓰운가(Matsunga)라고 표기되어 있으나, 경기도지사를 지내다 1919년 사이토 총독이 부임한 후 중추원 서기관장으로 자리를 옮긴 마쓰나가 부키치(松永武吉)가 맞다.
2 — 어윤적(魚允迪, 1868~1935)은 개화파 관료 어윤중의 사촌 동생이다. 한말 학부 편집국장, 관립 한성고등여학교 교장 등을 지냈다. 1919년 결성된 대동사문회(大東斯文會) 회장에 취임해 유교계의 친일화에 앞장섰다. 그 후 조선사편수회 위원, 중추원 참의 등을 지냈다.
3 — 이만규(李晩奎, 1868~?)는 한성사범학교 교원, 조선 유학생 감독, 학부 서기관 등을 지내고 한일합방 이후 중추원 부찬의, 참의를 지냈다.
4 — 홍운표(洪運杓)는 1921년 4월 경기도 연천 군수에 임명됐다.
5 — 정병조(鄭丙朝, 1863~1945)는 한말, 일제강점기의 학자로서 1919년 결성된 대동사문회의 중심인물로 활동했다. 중추원 참의를 지냈으며, 『조선사』 편찬에 참여했다.

1921년 2월 1일 화요일

오전 9시 이조 말년에 학부차관을 지낸 다와라 씨[1]를 방문했다. 그는 갑자기 세금이 너무 많이 올랐다는 내 말에 동의했다. 그는 또 조선인의 요구와 소망이 왜곡되지 않고 당국에 곧바로 전달될 수 있는 기관이나 통로가 마련되어야 한다는 내 의견에 공감의 뜻을 나타냈다. 그런데 그는 일시동인이란 게 조선인과 일본인이 모든 걸 똑같이 가져야 한다는 걸 의미하는 건 아니라고 말했다. 아버지 입장에서 서른 살의 장성한 아들과 세 살 난 아들은 똑같이 사랑스럽기만 하다. 그렇다고 세 살 난 아들에게 사준 옷과, 치수와 모양이 똑같은 옷을 다 자란 아들에게도 사주어야 하는가? 이로써 일시동인에 대한 그의 생각이 명확히 드러났다. 하지만 조선인은 일본의 행위에서 계모 같은 느낌을 감지하는 한, 결코 일시동인 정책에 동조할 수 없다.

---

1 — 다와라 마고이치(俵孫一, 1869~1944)는 도쿄제국대학 법률학과를 졸업하고 1906년 통감부 서기관으로 부임했다. 대한제국 학부 차관을 지내면서 교육 관련 법령의 개폐 작업을 주도하고, 학부 편집국의 교과서 편집을 지휘 감독했다. 일본에 돌아가 중의원 의원, 상공대신 등을 지냈다. 1921년 2월 당시에는 야인으로 있었다.

1921년 2월 2일 수요일

일전에 유맹 씨가 말해준 바로는, 총독부가 향교鄕校 기금을 통해 얻은 30만 원을 보부상단[1]과 국민협회[2] 후원금으로 쓰고 있다고 한다. 유씨의 말이 믿을 만한지는 잘 모르겠다. 하지만 일본인이 조선에서 기독교가 확산되는 걸 저지하고자 만전을 기하고 있다는 것 한 가지만큼은 분명하다.

광선[3]의 말에 따르면, 상하이 임시정부 요원들 때문에 개성에 긴장감이 감돌고 있다고 한다. 조선인은 돈 가뭄, 공갈범, 임시정부 요원, 그리고 경찰 때문에 불안감과 두려움에 휩싸여 전전긍긍하고 있다. 주여, 우리에게 용기와 지혜를 주옵소서!

---

1 — 보부상단(褓負商團)이란 1920년 총독부의 사주를 받아 결성된 보부상들의 친일단체 상무연구회(商務研究會)를 가리키는 것으로 보인다. 이 단체는 1922년 12월 전국 규모의

보부상 단체인 상무사(商務社)로 개편됐다.
2 — 국민협회(國民協會)는 일제강점기에 신일본주의를 제창한 친일단체로서, 특히 사이토 총독 재임 기간에 총독부가 가장 중시한 친일 세력이었다.
3 — 윤광선(尹光善(Candler), 1898~?)은 윤치호의 둘째 아들로 남궁억의 사위다. 어장을 경영하다 한국전쟁 때 납북됐다.

1921년 2월 6일 일요일

홍영후(작곡가 홍난파다—옮긴이)의 편지를 읽고 부아가 치밀어올랐다. 작년 1~2월쯤 도쿄에 가서 음악을 공부할 수 있게 도와달라고 그가 간청한 적이 있었다. 그래서 그에게 100원을 주었다. 9월 언제쯤인가 또다시 수표로 100원을 주었다. 나중에 50원을 더 주어서, 유학비용으로 모두 250원을 대주었다.

한 달 전 그가 다시 편지를 보내와 바이올린을 사게 250원을 보내달라고 청했다. 공부하는 중에 250원짜리 바이올린을 사는 건 내 아들이나 동생이라도 절대로 승낙할 수 없는 일이었다. 그래서 부탁을 들어줄 수 없다고 답장을 썼다. 남에게서 돈을 받아 공부하면서 생활비 전액을 대달라고 하는 것이나, 고학생이 250원짜리 바이올린을 갖고 싶어 한다는 건 도저히 말도 안 되는 발상이었다.

그런데 오늘 배달된 편지에서, 그는 구두쇠의 죄악에 대해 내게 일장 연설을 늘어놓았다. 그는 조선의 부자들이 가난한 사람들을 억압하고 있다고 비난하고, 자기 재능을 계발할 만한 아무런 수단이 없는 조선의 천재와 영웅들의 운명을 비관했다. 그는 볼셰비키와 공산주의자들이 정당

『동광』 1932년 1월호에 실린 홍난파의 캐리커처

한 약탈자라고 강변하고, 부자들이 혼자서 자기 재산을 누릴 수 없는 때가 곧 올 거라고 협박까지 했다. 조선 청년의 수준과, 은혜에 보답하는 그들의 마음이 어떤지를 적나라하게 보여주는 녀석이었다.

1921년 2월 10일 목요일

돈 가뭄이 점점 더 악화되어가고 있다. 현재 조선에는 농작물이 종전 가격의 3분의 1에 팔리는지 4분의 1에 팔리는지 조금도 관심이 없는 세 부류의 인간이 있다. 이들의 관심사는 오직 누군가에게 돈을 뜯어내는 일뿐이다. 이들은, (1) 아무런 생각이 없는 아녀자, (2) 탐욕스러운 식객, (3) 이른바 '애국자'다.

상하이 임시정부가 정녕 양식 있고 충정 어린 정부라면, 우선 모든 조선인들을 밤낮으로 공포에 떨게 하고 있는, 자기들의 자금 확보 방식을 포기하겠노라고 대외적으로 천명해야 한다. 사람 목에 권총을 들이대고 돈을 요구하는 건 정부 요원이 할 일이 아니라 강도나 할 짓이다. 조선인은 상당히 가난하다. 이른바 조선인 갑부들을 골라서 임시정부에 자금을 대주지 않는다고 죽이거나, 억지로 자금을 대게끔 해서 그로 인해 일본인에게 죽임을 당하도록 만드는 건 모든 조선인들을 거지 신세로 전락시키는 행위에 다름 아니다. 이것이 애국심이라면, 이것이 국민에 대한 봉사라면, 이것이 독립이라면, 주여, 우리를 이 모든 것으로부터 구해주옵소서!

1921년 2월 16일 수요일

신일본주의新日本主義를 제창해온 민원식이 오늘 오전 9~10시쯤 도쿄 철도호텔의 자기 객실에서 조선인 청년의 칼에 찔려 죽었다고, 오늘 저녁에 발행된 『경성일보』가 보도했다. 그는 조선인 3~4명과 함께, 조선인에게 참정권을 부여해줄 것을 간청하는 청원서를 중의원에 제출할 요량으로 도쿄에 갔다. 그는 우리 조선인이 철저하게 일본화되어 현재 상황을 타개해나가야 한다고 주장해, 그렇지 않아도 그를 매국노로 간주하고 있던 독립운동가들의 적개심을 더욱더 고조시켰다.[1]

난 민원식을 한 인간으로서 높이 평가하지도 않고, 그의 정치 노선에 공감하지도 않는다. 하지만 그가 죽어야 할 만큼 큰 잘못을 저질렀다고는 생각지 않는다. 그의 생각은 조선의 독립을 팔아넘기자는 게 아니라, 현 상황에서 최상의 이익을 얻자는 것이었을 뿐이다. 설령 그의 의견에 동의하지 않는다 하더라도 거기서 끝나야지, 의견이 다르다는 이유로 사람을 죽이는 건 부질없는 짓이다. 조선의 역사, 특히 지난 500년간의 역사가 당파 간의 상호 살육이라는 치욕스러운 기록의 연속이었다는 점이 서글프기만 하다. '우리와 의견을 달리하는 자는 제거하라!' 이것이 조선 정치가들의 좌우명이었다. 오늘날 조선 청년이 정치 선배의 악습을 고스란히 답습하고 있다.

---

1 — 민원식(閔元植, 1886~1921)은 영친왕 생모인 엄귀비의 조카사위다. 한말 정우회 등을 결성해 친일 여론을 조성하며 한일합방에 '일조'한 후 여러 곳의 군수를 지냈다. 3·1운동 당시 『매일신보』에 연재물을 실어 3·1운동을 공개적으로 비난했다. 1920년 『시사신문』을 창간해 노골적으로 총독부의 시책을 옹호했다. 1921년 조선인의 참정권을 청원하러 일본에 건너갔다가 양근환에게 살해됐다.

1921년 2월 18일 금요일

도쿄와 조선의 일본인들이 모두 민원식의 죽음에 대해 호들갑을 떨고 있다. 이들은 대체로 그를 주의主義의 순절사殉節士라고 치켜세우면서 영웅시하고 있다.[1] 그리 이상한 일도 아니다. 어차피 세상 사람들은 자기 관점에서 모든 걸 생각하니까 말이다. 하지만 그가 주의의 순절사로서 추도되고 영웅시되어야 한다면, 최근 2년 동안 자신들이 주의라고 여기는 것에 모든 걸—상당수는 자기 목숨까지—내걸었던 수백 명의 용감한 소년 소녀이야말로 민원식보다 더 고결하지 않은가?

조선인은 독립을 요구하지만, 일본인이 순순히 독립을 허용할 리는 없다. 일본은 조선인을 동화시키려 하지만, 그들 스스로도 동화가 불가능하다고 여기고 있다. 이 양극단 사이의 중용은 무엇일까? 난 잘 모르겠다. 이 세상 어느 누구도 답을 모르는 것 같다. 그러나 난 이것 한 가지는 정확히 알고 있다. 우리는 배우고, 배우고, 또 배워야 한다. 깔끔함, 근면성, 능률, 응집력, 복종심, 때를 기다리는 법, 자유가 아무리 좋다 하더라도 방종으로 흐르지 않고 자유를 영위하는 법 등을 말이다. 일본인을 증오하는 것 같은 상당수의 조선인이 사실은 못난 사람들이다. 증오는 나쁘다. 우리가 그들을 증오하면 배울 수 없으니까.

---

1 — 일본 천황은 특지(特旨)를 내려 중추원 부찬의 종6위 민원식을 정5위 훈4등에 서훈(敍勳)하고 중추원 찬의에 임명했다. 또 하라 다카타 내각 총리대신, 사이토 총독 등은 조화를 보내 그의 사망을 애도했다. 또 일본 중의원은 민원식의 사망에 자극받아 조선인의 참정권 청원을 만장일치로 채택했다.

1921년 2월 20일 일요일

종종 외로움과 권태감이 걷잡을 수 없이 몰려온다. 특히 밤잠을 설칠 때면 더욱 그렇다. 이런 이유들 때문인 것 같다. (1) 많은 친구들이 세상을 떠났을 뿐만 아니라, 세상도 많이 변했다. 예전의 이상理想, 전통, 관습이 모두 사라져버렸다. (2) 종교와 정치상의 견해 차이로 많은 친구들을 잃었다. (3) 아내가 사려 깊지 못하고, 무정하며, 예의가 없어서 날 아주 피곤하게 만든다. 내 고상한 꿈을 북돋아줄 수 있고, 속상할 때 날 어루만질 수 있으며, 곤경에 처해 있을 때 나와 상담해

줄 수 있는, 사랑스런 아내가 그립다. (4) 조선인의 장래가 어둡다. 조선인은 대략 네 계층으로 나눌 수 있다. ①미래는 생각지도 않고 지나간 과거에 흠뻑 취해서 사랑방에 앉아 담뱃대나 빨고 있는 노老학자들과 옛 관료층, ②오로지 자기의 탐욕만을 챙기는 무지몽매한 계층, ③자기들을 각성시키기는커녕 도리어 파멸로 이끌고 말 신사상이라는 등불에 매료된 날파리들 같은 학생층, ④나처럼 독립 등에 대해 건전한 생각을 가지고는 있으나, 그다지 호응받지 못할 사상을 가지고 주도적으로 나설 만한 용기와 정력이 결여되어 있는 무기력한 계층. 자, 누가 날 이 답답한 수렁에서 꺼내줄까?

1921년 3월 2일 수요일

오늘 발행된 신문들은 양근환이라는 민원식 암살범 체포 소식을 대서특필했다.[1] 이 청년은 28세이며, 서울의 공업전습소[2]를 졸업했다고 한다. 그는 경기도 연백면 출신이다. 그는 지난 4~5년간 도쿄에서 살았는데, 고된 일을 해가며 정직하게 돈을 벌었고 심지어는 밤에 인력거를 끌기도 했다고 한다. 사진을 보니, 그는 잘생겼고 건장해 보였다. 그는 나가사키長崎 경찰서에서 취조를 받던 날 밤 숙면을 취한 데서 엿볼 수 있듯이, 대담하고 용감한 성격의 소유자다. 교육도 받을 만큼 받았고, 용감할 뿐만 아니라 대의명분에 헌신할 줄 아는 젊은이가 자객으로 청년기를 끝내야 하다니 정말 딱하기 그지없다.[3]

---

1 — 양근환은 1921년 2월 24일 나가사키에서 기선을 타고 상하이로 가려던 중 나가사키 수상(水上)경찰서에 체포됐다.
2 — 공업전습소는 1907년 3월 관립 공업·기술 교육기관으로 설립됐다. 1912년 총독부 중앙시험소 부설기관으로 개편됐다가, 1916년 4월 경성공업전문학교(경성고등공업학교의 전신)가 설립되면서 그 부속기관으로 재편됐다. 기술교육 중심의 2년제 과정이었다.

3 — 양근환은 무기징역을 언도받고 복역하다 1933년에 출감했다.

1921년 3월 3일 목요일

일본이 지금부터 20년간 자치를 허용하고 그 후에 독립을 주겠다고 약속한다면 조선인이 기꺼이 기다릴 것 같으냐고, 유고원에게 물어보았다. 유씨는 이렇게 대답했다. "아뇨. 조선인은 일본의 진실성을 안 믿거든요." 그렇다, 바로 여기에 문제가 있다. 일본인 입장에서 볼 때 더할 수 없이 온건한 유씨의 견해가 이 정도라면, 일본에 대한 조선 청년들의 태도는 충분히 짐작하고도 남는다. 역시 정직이야말로 최선의 정책이다. 공자님 말씀이 옳았다. "군대나 식량이 없어도 국가는 그럭저럭 버텨나갈 수 있다. 그러나 사람은 신뢰를 잃으면 절대로 버텨나갈 수 없다."

1921년 3월 4일 금요일

독립은 조선인의 이상이다. 조선인은 이 이상을 위해 기꺼이 목숨을 내던질 수 있다는 걸 여실히 보여주었다. 이상이 유익한 것인가 무익한 것인가를 가지고 논쟁하는 건 아무짝에도 쓸모없는 일이다. 물이 평평한 곳을 찾아 쉬지 않고 흐르고, 불이 상승기류를 찾아 쉬지 않고 타오르듯이, 조선인은 독립을 찾을 때까지 결코 쉬지 않고 움직일 것이다. 일본은 어서 이런 상황을 직시하고 적당한 때가 되면 조선인에게 독립을 주겠다고 약속해야 한다. 반면에 조선인은 정작 독립을 얻었을 때 독립을 유지해나가는 법을 배워야 한다.

1921년 3월 5일 토요일

일본 경찰이 민원식을 살해한 자객을 체포해 그 우수한 실력을 또 한 번 과시했다. 신문 보도에 의하면, 양근환은 순찰 중이던 경찰관에게 붙잡혔다고 한다. 이 경찰관은 이런 점들 때문에 그를 수상히 여겼다고 한다. (1) 일본인에 비해 양근환의 뒤통수가 납작한 편이었다. (2) 양근환은 말할 때 입을 꽤 크게 벌렸고, 목소리도 상당히 큰 편이었다. (3) 양근환은 목수로 가장했는데, 그의 옷에서 나무 냄새가 나지 않았다. (4) 양근환을 목수라고 보기에는 그의 손이 너무 고왔다.

젊은 사람이 하찮은 데 자기 목숨을 내놓다니 정말 유감스럽다. 암살 따위를 통해 조선 독립을 쟁취한다는 건 불가능한 일이다.

1921년 3월 11일 금요일

(중략)

사람들은 안락함이 곧 문명이라고 오해하고 있다고, 디즈레일리[1]가 말한 바 있다. 우리 일본인 친구들은 편리함이 곧 행복이라고 오해하고 있는 것 같다. 그들은 자기네가 현대적 교통수단과 통신수단이라는 편의를 제공해 조선인을 행복하게 해주었다고 줄기차게 주장한다. 그런데 편리하다는 건 행복도 불행도 아니다. 가장 호화로운 자동차를 타고 1시간 만에 100리를 가는 사람보다 도보로 하루 걸려 100리를 가는 사람이 더 행복할 수도 있고, 그 반대일 수도 있다. 난 허름한 초가집에 살면서도, 천장이 유리로 된 17만 원짜리 대저택에서 살고 있는 윤덕영보다 더 행복한 사람들을 얼마든지 알고 있다.

윤덕영 별장

행복이 무엇이건 간에, 만족과 평화가 있어야만 행복할 수 있다. 이것들만 있다면, 사람은 초가집에서 살든 궁궐에서 살든 행복할 수 있다.

---

1 — 디즈레일리(B. Disraeli, 1804~81)는 영국 보수당의 정치가로서 두 차례에 걸쳐 영국 총리를 지냈다. 재임 기간 중 수에즈운하 주식 매수, 인도 제국 수립, 러시아의 남하정책 저지 등의 정책을 추진했다.

1921년 3월 13일 일요일

오전 11시부터 1시간 동안 개성남교회에서 옛 한영서원(송도고등보통학교를 가리킨다—옮긴이)의 졸업반 학생들에게 강연했다. 강연장을 가득 메운 학생들이 내 강연을 경청했다. 난 강연 중에 졸업반 학생들을 상급학교에 진학할 수 없는 다수의 학생들과 서울이나 다른 곳에 유학해서 고등교육을 받게 될 소수의 운 좋은 학생들로 구분했다. 전자에겐 고등교육을 받지 못하고도 성공한 사람들을 예로 들면서 용기를 잃지 말고 자기 계발에 힘쓰라고 충고했다. 후자에겐 겸손해야 한다고 충고하고, 문학, 경제학, 철학, 법학과 같은 순수 학문보다는 조선의 공업, 상업, 농업 발전을 내다볼 수 있는 실용적인 학문을 선호해달라고 당부했다. 양자 모두에게 구시대적인 미덕이긴 하지만, 스승과 모교에 감사할 줄 아는 미덕을 가져달라고 당부했다.

1921년 3월 23일 수요일

아이들이 목욕을 좋아하는 걸 보니 기분이 좋다.¹ 일본인이 광산, 온천, 항구 등 값어치 나가는 모든 땅을, 사실상 현재나 미래에 이익을 취할 수 있는 모든 것을, 정당한 방법에 의해서든 부정한 방법에 의해서든 간에 빠른 속도로 점유해가고 있는 걸 보니 마음이 아프다. 조선인이 내일에 대한 아무런 생각도 없이 토지, 야산, 가옥 등 자신들의 생득권生得權을 헐값에 팔아치우는 걸 보면 신물이 난다. 조선인

온양온천의 일본인 여관

이 일본인의 장점을 배우길 완강히 거부하고, 도리어 자기들의 무지와 무능력을 자랑스레 여기는 걸 볼 수 있는데, 이는 매우 서글픈 일이 아닐 수 없다. 이곳만 해도 점잖은 사람이 묵을 수 있을 만큼 깔끔한 조선인 여관은 한 군데도 없다.

1 — 당시 윤치호는 가족과 함께 온양온천에 와 있었다.

1921년 3월 26일 토요일

평소와 마찬가지로 아침에 목욕을 했다. 일본인은 민병석에게 뇌물을 주고—행궁行宮 안쪽에 있는—온천 지역을 사들이자마자, 땅주인들에게 보상하겠다는 빈말조차 없이 온천 주변의 임야와 집터를 모두 강탈했다고 한다. 이 비열한 행위가 진행되는 동안 일본인들을 도와주고 부자가 된 작자가 옛 탕지기인 하□수라고 한다.

일본인이 조선인의 토지를 강탈하려고 애용하는 방법 중의 하나는, 총독부나 어느 큰 회사가 그 땅을 징발할 거라는 구실로 땅 한 귀퉁이를 차지하는 것이다. 이에 어리숙한 땅 주인들은 왈칵 겁을 집어먹는다. 그런 다음 일본인은 조선인의 땅을 시세의 10분의 1이나 될까 말까 한 가격에 매입하려고 중개인으로 끼어들거나, 직접 겁에 질린 조선인과 터놓고 협상에 들어간다. 이렇게 되면 조선인은 조금이라도 건진 걸 그나마 다행이라고 여기며 자기 땅을 팔아넘길 수밖에 없다. 문명화를 이루었다고 하는 일본인이 이런 방식으로 조선인들 땅을 얼마만큼이나 빼앗았는지 아는 사람은 아무도 없다.

1921년 4월 16일 토요일

영국에서 광부, 철도원, 운수기관 종사자들을 포함한 250만 명의 노동자가 또다시 총파업을 선언했다고 한다. 영국이 이 엄청난 곤경을 어떻게 극복할까 하는 건, 영국인은 물론이고 전 세계로서도 대단히 중대한 문제다. 만일 영국이 볼셰비즘 치하에 놓이게 된다면, 다른 국가들의 운명 또한 절망적이다.

1921년 4월 17일 일요일

늘 하던 대로 종교교회에서 예배를 보았다. 집으로 돌아가는 길에 김윤정 씨[1]를 만났다. 그는 같이 점심을 먹자며 패밀리호텔로 날 데려갔다. 김씨의 말에 따르면, 당국이 어제부터 내일까지 전국 곳곳에서 개최하는 시정선전 모임에서 총독부 지지 연설을 하도록 날 설득해달라고, 구도 경기도지사가 자기에게 요청했단다. 김씨가 이런 용건을 가지고 날 만나려 했을 때, 우연히도 내가 서울에 없었다는 게 천만다행한 일이었다. 대체 어떤 조선인이 대중 앞에서 뻔뻔하게 총독부를 옹호하거나 찬양해 조선인의 표적이 되려 하겠는가?

세금이 온갖 명목을 가지고—조선인의 경제력을 뛰어넘어—천정부지로 치솟으면서, 도시에서나 시골에서나 반일 감정이 더욱더 확산, 심화되고 있다. 조선인이 친일 연설을 한다 하더라도 득이 되기보다는 실이 될 것이다.

1 — 김윤정(金潤晶, 1869~?)은 주미공사관 참사관, 대리공사를 거쳐 인천부윤을 지냈다. 한일합방 이후 전북 참여관, 경기도 참여관, 충북지사를 거쳐 일제강점기 말까지 중추원 참의와 고문을 지냈다. 그의 딸 윤고려(尹高麗, 남편의 성을 따름)는 윤치호의 사촌 동생인 윤치오의 부인이다.

1921년 4월 19일 화요일

조선인의 큰 결점 중 하나는 작은 것을 경멸한다는 점이다. 조선인에겐 자신의 재력과 능력 이상으로 뭔가를 시작하는, 매우 어리석고 유해한 결점이 있다. 단 한 그루의 과일나무도 돌볼 줄 모르면서 수천 그루의 과일나무를 가지고 과수원을 시작한다. 거창한 것, 거창한 이름, 거창한 쇼를 선호하는 것이야말로 조선의 상인과 제조업자가 실패를 맛본 가장 큰 원인이었다.

1921년 5월 4일 수요일

이승만 군이 상하이의 지도자들과 함께 일하는 게 사실상 불가능하다는 걸 깨닫고 실의에 빠진 나머지, 대통령직에서 물러나기로 했다는 소문이 나돌고 있다. 내 생각엔 이 소문이 틀림없는 사실인 것 같다. 조선인은 이기심을 독립심으로, 기생寄生을 상호부조로 잘못 알고 있다. 어차피 하나로 똘똘 뭉치지 못할 바에는 갈라서는 게 낫다.

1921년 5월 5일 목요일

2년 전 온갖 종류의 수익성 높은 사업에 관한 계획서를 가지고 서울에 우후죽순 격으로 모습을 드러냈던 신흥 회사들이 지금은 모두 자취를 감추었다. 그 대신 자선단체나 공익단체가 늘어나, 몇몇 잘사는 조선인에게 누가 가장 많은 돈을 뜯어낼 것인지 서로 경쟁하고 있다. 이 중에는 (1) 조선교육회, (2) 조선여자교육회,[1] (3) 고학생후원회, (4) 피병원避病院□□회, (5) 고아원, (6) 청년회, (7) 빈민주택□□회, (8) 교회 등이 있다. 이 단체들이 모두 물심양면으로 우리의 아낌없는 도움을 받을 만하다는 걸 부인할 사람은 아무도 없다. 문제는 조선인이 너무 가난해서 이 모든 단체에 자금을 대줄 능력이 없다는 사실이다. 더구나 이런 계획의 발기인 중에는 정직하지 못한 사람들이 제법 많다. 그래서 조선인은 돈을 내놨다가 쓸데없이 돈만 축내고 만 꼴을 당하고 싶어 하지 않는다.

---

1 — 조선여자교육회는 1920년 3월경 차미리사의 주도로 결성된 여성계몽 교육단체다. 1921년 6월부터 4개월간 전국 순회 계몽 강연회를 개최했는데, 이것이 우리나라 부인계몽 운동의 출발점이 됐다.

1921년 5월 11일 수요일

임시교육조사위원회에서 보통학교 수업시간에 조선어를 사용할 것인지의 여부를 결정하는 문제가 초미의 관심사로 떠오르고 있다. 조선어 사용을 찬성한 위원은 1~2명에 불과했고, 일본인 위원들은 그것이 자국의 시책에 어긋난다는 이유로 반대했다. 난 3명의 조선인 위원 중에서 이완용 씨는 조선어 사용을 반대했고, 석진형 씨[1]는 가타부타 말이 없었으며, 고원훈 씨[2] 혼자서 조선어 사용을 주장했다고 전해들었다.

보통학교에서 대부분의 교과목을 일본어로 가르치는 건 아직 미숙한 아이들에겐 지나친 고역이 될 것인 만큼 심각한 잘못이 아닐 수 없다. 학교에서 일본어와 한문을 함께 배우는 게 힘들다고 씩씩거리는 일본인이 조선의 아이들에게 외국어로 공부하라고 강요하는 건 너무 심한 게 아닌가?

1 — 석진형(石鎭衡, 1877~1946)은 일본 유학을 거쳐 법관양성소 교관을 지낸 후, 한일합방과 함께 재계로 진출해 호서은행, 조선제사주식회사, 경성상업회의소 등의 중역으로 활동했다. 이후 충남지사, 전남지사를 지냈으나, 일본인과의 불화로 관직에서 물러나 은거한 것으로 알려져 있다.
2 — 고원훈(高元勳, 1881~?)은 메이지대학 법과를 졸업하고 총독부 경찰 관료를 지냈다. 1913년 보성법률상업학교(보성전문학교의 전신) 교수로 부임해 1920년 교장이 됐다. 1921년 7월부터 2년간 조선체육회 회장을 지냈다. 여러 도의 참여관을 거친 후 전북지사를 지냈다. 일제강점기 말에 조선임전보국단 부단장, 중추원 참의 등을 지냈다.

1921년 5월 12일 목요일

『도쿄니치니치신문東京日日新聞』이 보통학교에서 조선어를 사용하는 문제에 대해 이런 말을 했다. "조선의 모국어가 너무 빈약하다 보니, 조선인 스스로 '언문'보다 한문을 더 많이 사용한다. 어차피 이런 상황이라면 조선인에게 일본어 사용을 장려하는 게 더 유익할 것이다." 필자가 누군지 모르겠지만, 이 얼간이는 일본인이 조선인보다 더 한문에 의존하고 있다는 사실을 완전히 잊은 모양이다. 아울러 '가타가나'만으로는 장문長文의 기고나 책을 저술하는 게 불가능하지만, 한글로 책을 집필하고 번역하는 건 얼마든지 가능하다는 사실도 완전히 잊은 것 같다. 더구나 언어의 장단점이 문제의 핵심은 아니다. 전반적인 문제점은 다음과 같은 것이다. 한마디도 알아듣지 못하는 언어를 가지고 가장 중요한 초등교육을 진행해서 어린아이들의 미숙한 두뇌에 과중한 부담을 안겨주는 게 과연 바람직한 일이냐 하는 것 말이다.

1921년 5월 16일 월요일

경제 위기에 빠져 있는 조선인을 구하기 위해 당국은 대체 뭘 했는가? 한번 살펴보자. (1) 총독부는 1년도 채 못 돼서 세금을 10~20배나 인상했다. (2) 총독부 공식 기관인 거대 은행과—조선은행 및 식산은행과—일본인 통제하에 있는 다른 은행들은 신용이 좋은 조선인 상인들에게는 자금 대출을 거부하는 반면, 일본인에게는 선대先貸마저 해주었다. 이 은행들은 막대한 금액의 돈을 일본 시장에 넘겨주어 조선 상인들의 자금 압박을 심화시킨 것으로 알려져 있다. 일본인의 계획은 조선의 철저한 경제적 고갈을 목표로 하고 있는 것 같다. 조선인이 최대한 빨리, 최대한 싼값에 자기 땅을 내놓게 하려고 말이다.[1]

---

1 — 윤치호는 고향인 충남 아산을 비롯해 경기도 과천, 남양, 전라도 진안, 화순 등 각 지역에 농장을 소유하고 있는 대지주였다. 1927년 이광수가 『동광』에 기고한 글에 의하면, 윤치호는 매년 추수량이 7천 석을 넘겼다고 한다. 1930년 전후 개인 소득세를 기준으로 한 서울의 부호 순위에서 윤치호는 18위에 올랐다. 당대 최고의 재력가인 김성수가 14위, 윤덕영이 17위, 박흥식이 20위, 박영효가 21위인 점을 감안하면, 그가 상당한 부호였음을 짐작할 수 있다. 따라서 그는 지주이자 대부호라는 계급적 측면에서도 일제의 토지강탈정책과 저미가정책 및 조세정책 등에 불만이 많았던 것으로 보인다.

1921년 5월 17일 화요일

골드스미스는 자신이 집필한 여행기에서 이탈리아인에 대해 이런 말을 했다. "이탈리아인에게 널리 나타나는 결점은 가난하면서도 사치스럽고, 온순하면서도 허영심 많고, 진중하면서도 가볍다는 점이다." 이 구절은 조선인의 현재 상황, 특히 도시인들의 상황을 아주 정확하게 표현하고 있다. 조선인은 분에 넘치는 좋은 옷을 입는다는 점에서 더욱 유별나다.

1921년 5월 20일 금요일

신흥우 군 초청으로 명월관에서 열린 질레트 씨[1] 환영모임에 참석해 즐거운 시간을 보냈다. 이날의 귀빈인 질레트 씨

명월관

말고도 브로크먼과 이상재 선생이 동석했다. 질레트 씨가 중국에 대해 언급한 얘기 중에 재미난 내용이 있었다. 뭔고 하니, 야심만만한 중국 청년이 출세하는 데는 두 가지의 길이 있다는 것이었다. 하나는 군에 입대하는 것이고, 다른 하나는 마적의 두목이 되는 것이란다.

난 질레트 씨에게 은밀히, 이승만에게 가서 상하이를 떠나라고 전해달라고 말했다. 아울러 임시방편적인 성격의 행위라 하더라도, 임시정부 요원들이 총구를 겨누고 운동자금을 뜯어내는 건—노상강도나 할 짓이지 정부 요원이 할 일은 아니다—바람직하지 않으니 중지하면 좋겠다는 뜻을 전해달라고 부탁했다.

---

1 — 질레트(P. L. Gillett, 1874~1939)는 미국 출신의 YMCA 운동가다. 1901년 조선에 건너와 1903년 10월 서울YMCA의 창설에 기여하고 총무에 취임했다. '105인 사건'의 전모를 해외에 알리려다 발각되어 1913년 6월 중국으로 추방됐다. 그 후 난징(南京)YMCA, 상하이YMCA 총무로 재직하며 중국 내의 조선 독립운동을 지원했다.

1921년 5월 21일 토요일

(중략)

질레트 씨가 저녁 7시 20분 기차로 상하이로 떠났다. 이승만 박사에게 보내는 게 아무것도 없어서 그가 실의에 빠진 것 같아 보였다.

1921년 5월 23일 월요일

다카이라는 일본인이 경기도 포천읍과 의정부 역 간의 자동차 노선을 운영하고 있다. 승객이 다카이가 수용할 수 있는 인원보다 더 많은데도 불구하고, 당국은 조선인에게 자동차회사 설립을 인가해주지 않았다. 일본인은 조선인 인력거꾼이 인원 초과로 승차하지 못한 승객들을 태우려고 하자 폭력을 행사했다. 이에 인력거꾼이 경찰에 호소해보았으나 헛일이었다. 이런데도 일시동인을 얘기하다니!

1921년 5월 26일 목요일

일본의 한 정치평론가가 장문의 기고를 통해 미국의 위선과 인종적 편견 및 군국주의적 침략성을 비난한 후 이렇게 말했다. "우리 일본인은 정의와 인도人道, 또는 보편적인 사랑과 자유라는 상투적인 어휘들을 입에 올리는 걸 좋아하지 않는다. 그러나 이런 것들을 실천하는 건 대단히 좋아한다."

개인과 마찬가지로, 국가 역시 이웃 나라의 결점은 제아무리 사소한 것이라도 잘 집어내면서 자기 결점은 상당히 심각한 것임에도 불구하고 깨닫지 못한다. 전적으로 선하거나 전적으로 악한 사람이 한 사람도 없는 것처럼, 전적으로 선하거나 전적으로 악한 국가 역시 하나도 없다. 우리는 다만 어느 국가가 다른 국가들에 비해 좀 더 악한 편이라고 말할 수 있을 뿐이다. 제일 힘이 약한 국가가 항상 제일 선하다. 하지만 바로 그 나라도 다른 국가들을 억누를 수 있을 만큼 강해지면 곧 모든 국가들 중에서 가장 악해진다. 모든 사람들에게 죄가 있듯이, 모든 국가들에게도 죄가 있다는 게 서글픈 현실이다. 다만 정도의 차이가 있을 뿐이다.

1921년 5월 28일 토요일

얼마 전 당국이 경성부청(지금의 서울시청이다—옮긴이)으로 파리를 잡아 가져오면 한 마리 당 3리를 주겠다면서 파리와의 전쟁을 선포했다. 그런데 당국은 주민들이 파리를 엄청나게 많이 가져오자 돈을 주겠다던 당초 약속의 이행을 취소한다고 발표했다. 파리 한 마리에 그토록 많이 보상해주겠다는 것도 어리석은 일이었지만, 아무런 예고도 없이 대중과의 약속을 어긴 건 더 어리석은 짓이다. 파리 박멸운동은 그 자체로만 본다면 아주 잘한 일이다. 그러나 당국은 조선인이 밀집해 사는 동네에서 오물과 쓰레기가 몇 주 동안 쌓여 넘쳐나는데도 불구하고 이를 치우지 않고 있다. 당국은 파리 박멸에 대해서는 보상을 하겠다면서 파리의 온상은 손대지 않고 방치하는 정책을 가지고 이 세상을 우롱할 수 있다고 생각하나 보다.

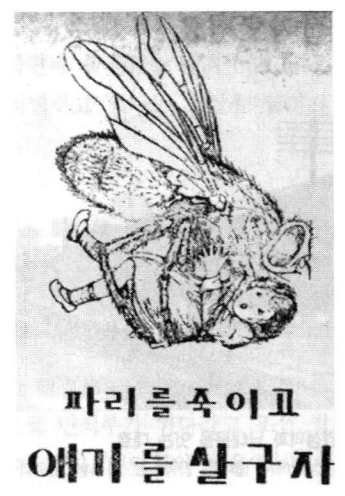

'파리잡기운동' 전단

1921년 6월 2일 목요일

5월 26일 경성의학전문학교에서 해부학을 담당하는 구보 교수가 학생들에게—6명은 조선인이었고, 나머지 학생은 일본인이었다—몇 개의 두개골을 보여주었다. 이튿날 구보 씨는 두개골 하나가 없어진 사실을 발표하면서, 조선인 학생의 짓일 게 뻔하다고 굉장히 노골적으로 말했다. 그는 그렇게 생각하는 근거로서, 조선인은 민족성으로 보아 그런 짓을 하고도 남지만 일본인은 매우 고결해서 그토록 천박한 행위를 할 리가 없다고 말했다. 평소에도 수업시간이나 사적인 기회를 통해 조선인을 모욕하기 일쑤였던 구보 교수의 전혀 교수답지 않은 언행은 조선인 학생들을 자극하기에 충분했다. 어제 일본인 학생들은 조선인에게 오명을 씌울 요량으로 모임을 가졌다. 조선인 학생들도 자기 방어를 위해 행동계획을 논의하려고 모임을 가졌다. 학교 당국은 일본인 학생들의 모임은 모르는 척 놔두더니, 조선인 학생들에겐 '바보', '버르장머리 없는 놈들'이라고 욕설을 퍼부으면서 모임을 갖고 있는 방에서 당장 나오라고 명령했다. 심지어는 이들을 해산시키려고 경찰까지 불렀다. 조선인 학생들은 학교 당국자의 계모 같은 태도에 격분해 구보 씨가 파면될 때까지 수업을 거부하기로 결정했다.[1]

---

[1] — '구보 다케시(久保武) 망언 사건'에 관한 이야기다. 경성의학전문학교의 조선인 학생들은 6월 1일 전체 모임을 갖고 학교 당국에 구보 교수의 징계를 요구했으나, 학교 당국은 이를 받아들이지 않았다. 이에 격분한 학생들은 6월 4일부터 동맹휴학에 들어갔고, 학교 당국은 주동 학생 10명에게 무기정학 처분을 내렸다. 사건이 점차 확대되자 졸업생으로 구성된 교우회와 학부형들이 중재에 나섰으며, 사태의 심각성을 간파한 사이토 총독이 원만한 수습을 지시했다고 한다. 그리하여 사건 발생 한 달 만인 6월 28일 학교 당국이 학생 처벌 조치를 철회해 수습의 가닥이 잡혔고, 결국 구보 교수는 이듬해에 학교를 떠났다.

1921년 6월 4일 토요일

5월 중 평양에서 평양YMCA 주최 학교 대항 축구대회가 열렸다. 모든 팀들이 이 대회에 참가했다. 평양 팀이 경기에서 패하자 선수들과 친구들, 그리고 평양 사람들이 심판인 현씨에게 몰려가 돌을 던지며 이 서울 사람을 죽이라고 소리쳤다. 권총을 꺼내든 경찰이 격분한 군중으로부터 간신히 현씨를 구해냈다. 평양 사람들의 '애국심'을 적나라하게 보여주는 서글픈 얘기가 아닐 수 없다. 그들은 평양으로 사람들을 초청해놓고는 돌을 던졌다. 또 심판에게 폭행을 가하고, 심지어는 죽이려고까지 했다.

이병삼 평양YMCA 체육부 간사가 현씨와 함께 공동으로 심판을 맡았다. 그런데 그는 이 소동이 벌어지자 격분한 평양 사람들을 진정시키려 하기는커녕 슬그머니 경기장을 빠져나갔다. 이 사건에서 평양 사람들이 보여준 야비함은 이루 말로 표현할 수가 없다.

이조 500년 동안 서북인은 정치적 박대와 모욕적인 차별을 받아왔다. 서북인이 기호인, 특히 지배 계층으로 군림했던 기호인을 증오하는 건 당연하다. 그러나 지금이 눈에는 눈, 이에는 이라는 식의 복수심을 실천에 옮길 때인가? 조선인 모두가 자기의 적에게 앙갚음하고 싶어 한다면, 우리는 언제쯤 단결된 민족이 되겠는가?

1921년 6월 22일 수요일

일본인 당국자들은 남대문역과 조선호텔 간의 가로街路에 각별한 관심을 쏟고 있다. 사실 그들은 외국인 방문객이나 일본인이 업무나 여가를 위해 가장 많이 다니는 가로에 도로 개선사업을 집

일제강점기 서울의 조선인 동네

휘문고등보통학교

중해왔다. 반면에 조선인들이 거주하는 동네는 창피하기 짝이 없다. 쓰레기통과 변소의 오물이 몇 주 동안이나 쌓여 넘쳐서 주민들에게 불편과 불쾌감을 안겨주고 있다. 그런데도 일본인 당국자들은 조선인을 차별하고 있다는 사실을 끝까지 부인한다.

1921년 6월 26일 일요일

신문 보도에 의하면, 민영휘 씨가 자기가 설립한 휘문의숙에 10만 원가량을 내놓기로 했다고 한다.[1] 『조선일보』는 사설을 통해 민씨가 도덕, 명성, 재력 면에서 조선 최고라고 평했다. 당치 않은 소리다. 민씨를 두고 도덕적이라고 평가하는 건, 아무리 극악무도한 방식으로 돈을 벌더라도 그중 일부를 공익사업에 투자하기만 하면 그것으로 면죄부가 된다라고 조선 청년들에게 가르치는 것이나 조금도 다를 바가 없다. 민영휘와 이용익, 전자는 청일전쟁, 후자는 러일전쟁의 직접적인 원인을 제공한 인간들이다.[2] 학교 하나를 후원한다고 해서, 아니 제아무리 많은 학교를 후원한다 하더라도 이런 작자들은 절대로 용서받을 수가 없다.

1 — 1922년 6월 15일 민영휘는 현금 15만 원, 한성은행 주식 5만 원, 토지 143만여 평을 희사해 휘문의숙을 재단법인으로 만들었다. 총독부 조사에 의하면, 1925년 당시 민영휘의 재산은 6천만 원에 달해 조선인 중 제1위를 차지했다. 일설에 의하면, 그의 1년 평균 추수량은 7만 석을 상회했다고 한다.
2 — 민영휘는 1894년 동학농민전쟁이 일어나자 청나라의 위안스카이(袁世凱)에게 도움을 요청해 농민군을 토벌하려 했다. 이에 청나라가 조선에 군대를 파견했는데, 이것이 일본으로 하여금 청일전쟁을 벌일 수 있는 명분을 제공했다. 한편 이용익은 대한제국 시기 친러파의 핵심 인물이었다.

1921년 8월 11일 목요일

하딩 미국 대통령의 초청으로 워싱턴에서 열릴 예정인 군축회의가 일본과 조선에서 초미의 관심사로 부상하고 있다.[1] 러시아 황제였던 니콜라이 2세는 전 세계 강대국 지도자들을 초청해 평화회의를 개최한 최초의 인물이었다.[2] 하지만 러시아는 헤이그에서 만국평화회의[3]가 열린 후 세계 최초로 전쟁을—러일전쟁을—벌인 나라였다. 난 어느 강대국이 다른 강대국들에게 평화회의를 열자고 제의할 때면 일말의 불안감이 생기고, 비관적인 생각을 하게 된다.

조선인은 평화회의의 개최가 가까워짐에 따라 굉장히 고무되어 있다. 조선인은 이 회의에 의해서 일본이 어떤 식으로든 조선을 토해낼 수밖에 없을 거라고 기대에 부풀어 있다. 허나 그건 터무니없는 생각이다.

1 — 1921년 11월~1922년 2월 미국 제29대 대통령 하딩(W. G. Harding)의 초청으로 열린 워싱턴회의를 가리킨다. 민족자결주의를 제창했던 미국의 수도에서 열리는 국제회의인 만큼, 이 회의에 대한 조선인의 기대는 상당히 높은 편이었다.
2 — 니콜라이 2세(1868~1918)는 로마노프 왕조 최후의 황제(재위 1894~1917)다. 제1차 세계대전 중에 일어난 '2월 혁명'으로 퇴위했고, 시베리아에서 처형됐다.
3 — 1899년과 1907년 두 차례에 걸쳐 러시아 황제 니콜라이 2세의 제창으로 네덜란드 헤이그에서 열린 국제회의다. 군비 축소 등을 논의했으나 별다른 성과는 거두지 못했다. 제2회 대회 때 이준, 이상설, 이위종 등이 고종 황제의 밀서를 가지고 참여하려 했던 것으로 유명하다.

1921년 9월 3일 토요일

오늘은 일본 황태자(히로히토裕仁, 곧 훗날의 쇼와昭和 천황이다—옮긴이)가 유럽 여행을 마치고 도쿄에 돌아오는 날이다. 그래서 일본인은 오늘을 큰 경축일로 여긴다. 관립학교에 다니는 아이들은 총독부 청사 앞에 소집되어 '만세'를 외치라는 명령을 받았다. 일본인은 정녕 조선인, 특히 학생들이 일본 황태자의 여행이나 귀국에 대해 관심이 있을 거라고 생각하는지 참 궁금하다. 사랑만이 오직 사랑을 낳을 수 있다. 조선인이 일본인 관료들과 민간인의 행위에서 자신들의 모든 생계수단을 앗아가는 체계적인 계획을 확인하는 한, 그리고 이러한 상황이 지속되는 한, 일본인 입장에서 조선인이 진정한 동포애를 보여주길 기대한다는 건 정말이지 부질없는 짓일 뿐이다.

1921년 9월 4일 일요일

경성사범학교 부속보통학교 학생인 윤명섭의 말에 따르면, 어제 자기 학교 학생들이 봉축회奉祝會에 가려고 학교에 집결했을 때 6학년 학생들이 황태자 만세 대신에 조선 만세를 외치기로 모의했다고 한다. 그런데 이 음모가 발각되어, 교사들은 호주머니와 심지어는 바짓가랑이 사이에 돌을 숨겨놓은 6학년 학생들을 조사했다고 한다. 교사들이 이 돌을 가지고 뭘 하려고 했느냐고 묻자, 한 어린 녀석이 이렇게 대답했단다. "황태자 만세를 외치는 놈에게 던지려고 했습니다." 결국 두 소년이 학교에서 쫓겨났다고 한다. 당국의 불성실한 정책과 일본인 이주민의 무례한 행동을 가지고는 절대로 조선인의 호감을 살 수 없다.

1921년 9월 12일 월요일

오전 10시 누군가가 총독부 비서과와 회계과

장실에 다이너마이트를 던졌다.¹ 만약 조선인의 소행이라면, 그야말로 백해무익한 행위일 뿐이다.

오후 3시 YMCA회관에서 임시조선인산업대회가 열렸다. 조선인의 염원을 담은 결의안이 통과됐다. (1) 산업과 관련된 법령과 조치는 모두 조선인의 이익을 본위로 해서 마련되어야 한다. (2) 소수의 이익보다는 다수의 이익이 고려되어야 한다.²

---

1 — 의열단 단원인 김익상(金益相) 의사가 당시 남산 인근의 왜성대(倭城臺. 지금의 서울시 중구 예장동)에 있었던 총독부 청사에 폭탄을 투척한 사건을 가리킨다.
2 — 당시 『동아일보』 기사에 의하면, 강령 중의 하나는 '조선인 본위의 산업정책을 확립하되 소수 유산계급의 이익을 목적하지 말고 일반 다수 민중의 행복을 목표로 할 것'이었고, 또 다른 하나는 '농업을 토대로 하여 상공업의 발달을 기하되 보호정책을 채용하여 경쟁의 참화를 제각(除却)할 것'이었다.

1921년 9월 16일 금요일

저녁 7시에 청송정靑松亭에 가서 신흥우 군의 귀국을 축하하는 만찬모임에 참석했다. 범태평양교육대회¹에 대한 그의 보고는 흥미진진했다. 그의 제안으로 박영효를 회장으로 하는 범태평양협회² 조선지부를 결성했다. 내가 부회장에, 신흥우 군과 김동성 군³이 서기에 뽑혔다. 공식 결성 날짜는 1513년에 발보아⁴가 최초로 태평양을 발견한 9월 17일로 정했다.

---

1 — 1921년 8월 미국의 저명인사들이 주도하는 범태평양협회가 태평양 연안국 또는 민족 간의 이해와 협력을 도모한다는 명분을 내걸고 범태평양교육대회를 개최했는데, 신흥우는 이 대회에 조선 대표로 참석해 조선의 교육 실정에 대해 연설한 바 있다.
2 — 범태평양협회는 1920년 미국 의원인 포드(A. H. Ford)가 조직한 국제기구다. 윌슨 미국 대통령의 민족자결주의 제창과 제1차 세계대전 종전을 계기로 태평양 연안에서 일기 시작한 민족운동의 일환으로 조직됐다. 미국, 캐나다, 일본, 중국, 필리핀, 인도 등이 주 회원국이었다. 2년에 한 번씩 국제대회를 열어 정치, 경제, 종교, 문화, 교육, 인구 문제 등을 토

의했다.

3 ─ 김동성(金東成, 1890~1960)은 윤치호가 초대 교장을 지낸 한영서원 출신으로 『동아일보』 조사부장, 『조선일보』 편집국장, 『조선중앙일보』 편집국장 등을 지낸 전문 언론인이다. 해방 후 정부 수립과 함께 초대 공보처장에 취임했다. 1950년대에는 민의원 부의장에 선출됐다.

4 ─ 발보아(V. N. Balboa, 1475~1519)는 스페인의 정복자, 탐험가로 1513년 9월 태평양을 발견한 최초의 유럽인이다.

1921년 9월 26일 월요일

야마가타 데이사부로 씨의 말로는, 서울 거주 일본인들이 범태평양협회를 결성한 9월 17일에 조선인이 같은 단체를 출범시킨 사실 때문에 일본인 당국자들의 신경이 예민해졌다고 한다. 그는 일본인이 결성한 범태평양협회와 통합하거나 아예 조선지부를 해체하는 게 좋을 거라고 내게 충고했다. 그는 그렇게 하지 않으면 내가 경찰의 의심을 받게 될 거라고 우려했다. 그는 또 일본인 모두가 신흥우 군의 태도 변화에 대해 불쾌한 반응을 보이고 있다고 일러주었다. 어차피 양쪽 편을 다 만족시킬 수 있는 사람은 없다.

1921년 9월 27일 화요일

저녁 7시 30분쯤 학생으로 보이는 낯선 청년이 찾아와 내게 편지 한 통을 내밀었다. 상하이에 있는 손정도 목사가 썼다는 이 편지에는, 임시정부 재무총장인 이시영[1] 명의로 자금 조달을 요청하는 공문이 함께 들어 있었다. 손 목사는 내가 조선 대표로 워싱턴군축회의에 참석하길 바랐다.

조선 대표들이 파리강화회의에서 뭘 얻었나? 만일 내가 워싱턴회의에 참석해서 조선인에게 조금이라도 기여할 수 있다면, 국내에 거주하면서 자라나는 세대의 교육에 돈을 기부해 조선인에게 더 많이 기여할 수 있다. 일본은 누군가에게 강요를 받지 않는 한 절대로 조선을 포기하지 않을 것이다. 그리고 워싱턴회의에서 누군가가 일본에게 조선을 포기하도록 압력을 행사한다는 건 도저히 상상할 수도 없는 일이다. 조선인의 그릇된 믿음 중 하나는—조선인에게 천벌을 안겨주었던 믿음은—정치를 통해서만 조국에 기여할 수 있다는 생각이다. 하지만 부지런히 농사일을 하면서 자기 고장의 교육 환경을 향상시키는 데 힘쓰는 사람이야말로, 워싱턴에 있는 모든 애국적 연사들보다도 더 조선인의 궁극적인 성공에 보탬이 될 것이다.

---

1 — 이시영(李始榮, 1869~1953)은 이조판서를 지낸 이유승(李裕承)의 아들이자, 개화기 고위 관리 김홍집(金弘集)의 사위다. 한말 평남 관찰사를 지냈다. 한일합방 후 서간도에 건너가 독립운동에 힘썼는데, 특히 신흥무관학교 설립 및 운영을 주도해 독립군 양성에 기여했다. 대한민국임시정부 법무총장, 재무총장 등을 지냈다. 1948년 초대 부통령에 당선됐다.

1921년 9월 29일 목요일

며칠 전 야마가타 데이사부로 씨는 내게, 작년 천장절 날 총독부가 주최한 정원 파티에 내가 불참한 것이 당국자들의 주목을 받았으므로 올해에 이런 실수를 되풀이해서는 안 된다고 말했다. 야마가타 데이사부로 씨의 충고에 고맙다는 뜻을 표하긴 했지만, 내 움직임이 그토록 면밀하게 탐지되고 있다는 걸 알고 나니 소름이 쫙 끼쳤다.

(중략)

신흥우 군의 말로는, 김규식 군이 상하이 임시정부 인사들과 불화를 겪고 있다고 한다. 또 현순 목사가 미국에 가서 조선의 외교사절이라 떠벌리고 다니면서 서재필 박사 등을 해고하려는 시도를 벌이고 있단다.[1] 현 목사가 제정신이 아닌 게 틀림없다. 그는 조선에서 훌륭한 복음 전도사로 일했다. 그는 정치가보다는 목사로서 조선인에게 훨씬 더 기여할 수 있었을 텐데.

1 — 현순은 1920년 4월 미국에 건너가 구미위원부 위원장 서리로 외교 활동을 펼쳤다. 그러나 이듬해에 서재필, 정한경 등과 임시정부 외교대표 자격을 놓고 갈등을 일으킨 후 사임했다. 그 후 주로 하와이에서 목회 활동에 종사하면서 임시정부의 재정 지원에 힘썼다.

1921년 10월 19일 수요일

독립선언서를 기초한 최남선 군을 찾아갔다. 그는 어제 정오에 가석방됐다. 그의 말에 따르면, 그와 동료 죄수들은 예전의 나와는 비교도 할 수 없을 만큼 후한 대접을 받았다. 난 햇빛 구경도 제대로 할 수 없었는데, 그들은 일광욕을 실컷 할 수 있었다. 난 기껏해야 3~5분 정도 운동할 수 있었는데, 그들은 실외에서 맘껏 운동할 수 있었다. 난 모든 사람과의 접촉이 일절 금지됐는데, 그들은 뜰에 나가 일하는 동안 서로 만나 얘기를 나눌 수 있었다. 난 성경을 제외하곤 어떤 책도 볼 수 없었고 필기도구도 일절 사용할 수 없었는데, 최군은 읽고 쓰는 문제에 있어서만큼은 마치 자기 집에 있는 것처럼 자유를 보장받았다.[1]

1 — 윤치호는 '105인 사건'의 핵심 인물로 1912년 초에 체포되어 1915년 2월 특사로 풀려났다. 최남선은 3·1운동의 핵심 인물로 운동 발발 직후 체포되어 1921년 10월 가석방됐다. 그런데 두 사람의 감옥 생활에는 커다란 차이가 있었다. 무단통치와 문화통치의 차이를 단적으로 드러내주는 대목이 아닐 수 없다. 문화통치가 무단통치에 비해 진일보한 측면이 있다는 얘기가 아니라, 상당히 '고차원적'이란 얘기다. 최남선이 석방되고 난 후 총독부 도움을 얻어 『동명』이라는 잡지를 창간한 사실은 널리 알려져 있다.

1921년 11월 2일 수요일

몇 주일 전 20명쯤 되는 조선인 변호사들이 베이징에 가서 동양변호사회의에 참석했다. 조선인은 일본 대표단의 일원이 아니라 독립된 주체로서 입회 자격을 얻으려고 백방으로 노력했다. 중국 변호사와 필리핀 변호사는 조선 대표단의 주장에 전폭적인 지지를 보냈다. 그런데 일본 변호사는 조선인이 독립적인 대표단으로 인정을 받게 되면 이 회의에서 철수하겠다고 으름장을 놓았다. 물론 중국인은 일본인의 감정을 상하게 할 수는 없었다. 그래서 이 회의는 조선인에게 안건을 제기할 수 있는 기회를 주지 않고 조용히 산회했다. 자, 일본인은 왜 뾰족하게 협의할 정책도 없는 유명무실한 회의에서조차 조선인이 독립적인 주체로 참가하는 걸 가로막았는가? 그들은 왜 조선인 변호사가 바라는 걸 이룰 수 있도록 도와주지 않았는가? 만약 도와주었더라면, 일본의 위신을 해치지 않으면서도 조선인의 호감을 살 수 있었을 텐데. 일본인은 분명 뛰어난 민족이다. 하지만 위대한 민족은 아니다. 조선인을 소화시키지도 못하는 그들이 무슨 수로 중국인을 꿀꺽 삼킨담?

1921년 11월 5일 토요일

신문 보도에 의하면, 하라 일본 총리대신이 어젯밤 도쿄 역에서 스무 살가량 된 젊은 자객의 칼에 찔려 죽었다고 한다. 이 얼마나 무의미한 암살인가! 일본인은 그야말로 피에 굶주린 종족임에 틀림없다. 누군가를 죽이거나 자살하는 것이야말로 일본인의 열정이다. 냉혹한 살인 사건이나 자살 사건이 일본 신문에 실리지 않고 그냥 넘어가는 날은 단 하루도 없다.

내가 알기로 지난 세기에 영국에서 암살을 당한 저명한 공인公人은 단 한 명도 없다. 이건 놀랄 만한 사실이다. 앵글로색슨인도 그 나름대로의 단점이 있고 범죄를 저지르기도 하지만, 오늘날 세계에서 가장 사리 분별력이 높은 민족이라는 건 의심의 여지가 없다.

1921년 11월 20일 일요일

여운홍 군[1]의 말에 의하면, 노스클리프 경[2]이

그에게 이런 질문을 했다고 한다. "당신들은 왜 늘 싸우기만 합니까?" 미국 공사관 서기관인 벡 씨도 여군에게, 지도자들이 서로 협력은 하지 않고 분파 투쟁만 일삼는 걸 보면 조선 독립의 대의명분에 다소 비관적인 생각을 갖게 된다는 취지의 언급을 했다고 한다. 베이징에서 조선인 '애국자'라고 자처하는 무장 강도들에게 두 번이나 강도를 당한 장도 변호사는 내게 이런 말을 했다. "베이징의 조선인이 하나로 뭉쳐서 강도질을 했더라면, 난 강도를 당하고도 오히려 기뻤을 거예요. 베이징에 살고 있는 조선인이 500여 명인데, 그중에 분파가 일곱 개나 된답니다." 이렇게 조선인의 뇌리에는 아직도 고질적인 당파성이 뿌리 깊게 남아 있다. 상하이에 있는 소수의 지도자들도 공동의 대의를 위해 협력할 수 없는 마당에, 1700만 명에 이르는 조선인이 하나로 뭉칠 수 있을까?

상하이와 베이징에 있는 '애국자'들이 내가 조선을 떠나 자기들에게 합류하지 않는다고 해서 나에 대한 험담을 늘어놓고 있다는 얘기가 들린다. 그러나 내가 10만 원의 거금을 가지고 합류해도 이 '애국자'들은 불과 며칠도 안 돼서 날 완전히 벗겨 먹을 것이며, 그 후에는 거들떠보지도 않을 게 뻔하다. 김가진이 상하이에서 절망적인 상황에 처해 있다지 않은가?

---

1 — 여운홍(呂運弘, 1891~1973)은 여운형의 동생이다. 미국 유학을 거쳐 1919년 상하이로 건너가 독립운동을 했다. 1923~25년 보성전문학교 교수를 지내고, 1927~39년 싱거미싱회사 경성 지배인으로 일했다. 해방 후 중도좌파인 사민당을 창당했으며, 1950년 2대 민의원, 1960년 참의원 의원에 당선됐다.
2 — 노스클리프(Northcliff)는 영국 『런던 타임스(London Times)』의 경영주로 당시 세계 2대 신문왕 중 한 사람으로 꼽히던 거물이다. 그는 이 무렵 조선을 경유해 중국을 방문했는데, 기차 안에서 여운홍, 『조선일보』 기자 등과 인터뷰를 가졌다. 인터뷰 내용은 국사편찬위원회가 펴낸 『윤치호 일기』 8권의 1921년 11월 16일자와 18일자 일기에 실려 있다.

제3장 | '민족의 실력을 양성하라'
1922~30

1922년 12월 9일 토요일

안창남[1]이라는 청년이 일본에서 비행기 조종술을 배웠다. 매우 장한 일이다. 그러나 그렇다고 해서 그렇게 엄청난 일은 아니다. 안군이 새로운 형태의 비행기를 발명했거나 1만 명 중에 1명 나올까말까 한 출중한 비행사가 됐다면, 우리 조선인은 그를 자랑스럽게 여길 만하다. 그러나 안군은 그저 다른 사람이 발명한 비행기의 조종술을 배운 1천 명 중의 1명일 뿐이다. 따라서 호들갑을 떨 만한 일은 아니다. 그러나 『동아일보』는 지난 몇 주 동안 많은 지면을 할애해 그를 치켜세웠다. 안군이 비행기를 몰고 조국을 방문하는 걸 도우려는 단체가 결성됐다. 성금이 걷혔다. 멍청이들 같으니! 이건 조선인의 유치함을 세계만방에 알리는 행위일 뿐이다. 안군이 오늘 비행기를 몰고 날아오기로 되어 있다. 이 비행사에게 비행기 한 대를 사주려고 4만 원을 모았다고 한다.

---

1 ― 안창남(安昌男, 1901~30)은 우리나라 최초의 비행사다. 1922년 12월 동아일보사 초청

'고국방문 대비행'에서 고등 비행의 묘기를 선보였다. 중국 산시성(山西省) 옌시산(閻錫山) 군벌 휘하에서 비행학교 교관으로 있다가 비행 중 사망했다.

1923년 1월 4일 목요일

쌀값이 턱없이 떨어지면서 하루가 다르게 돈이 귀해지고 있다. 당분간 쌀값이 오를 것 같지는 않다. 우린 뭘 어째야 하나? 요즈음은 독립이라는 미명하에 돈을 갈취하는 게 유행하고 있다. 서울에서는 대낮에 도적들이 권총을 들고 소문난 부자들의 집을 찾아가 수만 원을 내놓으라고 요구한다. 요즈음은 마치 한말처럼 불안하기 짝이 없다.

1923년 1월 6일 토요일

누군가가 이런 말을 했다. "조선은 한때 은자隱者의 나라였는데, 지금은 인가認可의 나라가 됐다." 이는 조선인이 매사에 인가를 얻어야 한다는 걸 꼬집은 말이다. 한 달 전 영선(윤치호의 큰아들—옮긴이)은 목장사업을 인가해달라는 신청서를 냈다. 경찰은 이 핑계 저 핑계를 대며 인가를 내주지 않았다. 내 생각에 그들은 일본인 목장을 보호해주고 싶었던 거다. 매년 겨울마다 개성의 외국인과 조선인은 여름에 쓸 얼음을 재워놓았다. 물론 경찰의 인가를 받아서 말이다. 그런데 올겨울 들어 경찰은 인가해주기를 딱 잘라 거부했다. 그들은 계곡에서 캐낸 얼음이 깨끗하지 않다는 이유를 들었다. 하지만 일본천빙회사日本天氷會社가 개성에 지사를 냈다는 건 공공연한 비밀이다. 난 사적인 경험을 통해, 서울에서 조선인이 집을 지으려면 먼저 인가를 받아야 한다는 사실을 알게 됐다. 그러나 일본인은 먼저 집을 짓고 나서 인가를 신청한다. 그런데도 일본인은 조선인이 자기들의 공평무사함에 대해 고마워하지 않는 까닭을 모르겠다며 고개를 설레설레 젓는다!

1923년 1월 9일 화요일

낮 1시에 개성군수의 요청을 받고 개성좌開城座에 가서 메이지 천황과 노기 장군[1]의 여러 가지 업적에 대한 환등회를 보았다.[2] 칙어실천회勅語實踐會는 감수성이 예민한 조선 청년들에게 충성심과 애국심을 고취한다는 취지로 조선 각지에서 이 환등회를 거행하고 있다. 이 프로그램은 일본인에게는 유용할 것이다. 하지만 조선인에게는 아무런 의미가 없다. 칙어실천회의 좌우명은 '천황의 은혜가 충만하다'인 것 같다. 그러나 조선에 충만한 건 천황의 은혜가 아니라 천황의 악의일 뿐이다.

1 — 노기 마레스케(乃木希典, 1849~1912)는 일본 육군 장성이다. 러일전쟁 당시 제3군 사령관으로 출정해 1905년 1월 초 뤼순(旅順) 항을 점령하는 데 성공했다. 이 전투는 러일전쟁의 승패 여부를 판가름하는 치열한 공방전이었는데, 일본군 사상자가 5만 2천여 명에 달했다. 노기 장군은 메이지 일본 천황이 죽자 부인과 함께 자살했다.
2 — 당시 윤치호는 개성 송도고등보통학교의 교장으로 재직 중이었다.

1923년 1월 13일 토요일

이달 초순에 고학생들이 서울의 세 음식점에서 한창 흥겹게 벌어지고 있던 연회를 엎어버렸다. 하나는 명월관에서, 또 하나는 국일관에서, 그리고 나머지 하나는 세심관洗心館에서였다. 수만 명의 빈민이 추위와 기아에 떨고 있는 상황에서, 그에 아랑곳하지 않고 음식점에서 즐겁게 노는 사람들이 있어서는 안 된다는 게 그들이 내건 명분이었다. 이 사건은 소련 볼셰비즘이 조선에서 모습을 드러낸 하나의 단면일 뿐이다. 마르크스주의자들이 노동자의 유사어로서 사용하고 있는 프롤레타리아라는 말은 조선어로는 무산자로 번역된다. 만약 무산자도 자랑거리가 될 수 있는 거라면, 조선은 이 세상에서 가장 자랑스러운 나라임에 틀림없다.

1923년 1월 16일 화요일

　　　　　　　　　행정상의 복잡한 형식주의 때문에 대서인代書人이라 불리는 계층이 출현했다. 법원이나 행정관청이 있는 곳이면 어디서든 대서인은 필요악적인 존재다. 그들에게 불만이 있는 건 아니다. 하지만 일본인 관리들이 일본인 대서인의 편의를 봐주기 위해 조선인 대서인을 차별하는 데 불만을 갖지 않을 수 없다. 한 예로 개성에는 다나카라는 일본인 대서인이 있다. 경찰서장과 모든 일본인 관리들은 민원 신청인을 모조리 그에게 몰아주고 있다. 그가 작성한 민원서류에 좀 더 신속하고, 좀 더 우호적인 태도를 취해서 말이다. 다나카는 신청인들에게 수수료를 엄청나게 많이 물린다. 영선은 목장을 인가해달라는 신청서를 작성하면서 그에게 20원을, 또 얼음 채취를 인가해달라는 신청서 때문에 50원의 수수료를 지불해야 했다.

1923년 2월 16일 금요일

　　　　　　　　서울에서 양력설을 쇠는 조선인 가정은 하나도 없다고 해도 과언이 아니다. 일본인이 양력설을 쇤다는 사실 때문에 조선인은 더더욱 음력설을 쇠는 것 같다.

1923년 3월 1일 목요일

　　　　　　　　술에 취한 사람이 깊은 우물 위에서 잠을 자다가 불현듯 자기가 굉장히 위험한 지경에 처해 있다는 걸 깨닫거나 한 것처럼, 조선인은 무자비한 일본 정권하에서 자신을 위협하는 경제 위기를 갑자기 깨닫게 된 모양이다. 최근 들어 조선인이 이 음울한 상황에 맞서려고 얼마나 애쓰고 있는지를 보여주는 세 가지 운동이 시작됐다.

　(1) 식산공제회殖産共濟會는 가난한 양반들이 몇몇 부자의 도움을 받아

문을 연 일종의 협동상점이다. 전에는 양반이었던 사람이 물건을 팔기 위해 잡화를 실은 손수레를 끌고 잘사는 사람들의 가정을 방문하는 진풍경이 연출되고 있다. 내 생각엔 이런 광경은 그리 오래가지 못할 것이다. 양반이 이런 일을 잘할 수 없을 뿐더러, 일반 상인들이 증오심과 의혹의 눈초리를 가지고 그들을 지켜볼 것이기 때문이다. (2) 토산장려회土産奬勵會와 자급자조회自給自助會의 목적은 조선인에게 외제 옷과 외제 물건보다는 한복과 국산 물건들을 이용하라고 설득하는 것이다. 취지는 참 훌륭하다. 하지만 실패할 게 뻔하다. 조선에는 생활필수품을 공급해줄 만한 산업조차 없기 때문이다. (3) 금주금연회禁酒禁煙會는 일본인 징세리徵稅吏들에 대한 앙심 때문에 우후죽순처럼 일어나고 있다.[1] 하지만 종교적인 신앙심이 뒷받침되지 않는다면, 이런 종류의 절제운동은 성공하지 못할 것이다.

---

1 — 총독부는 1914년 연초세령을, 1916년 주세령을 시행해 술과 담배를 국고를 늘리기 위한 수입원으로 삼았다. 특히 1916년의 주 세액은 전년에 비해 3배나 증가했다. 총독부는 또 술과 담배의 생산을 허가제로 바꾸어 연초 제조업과 양조업에 대한 통제도 강화해 그 생산구조를 개편하려 했다. 이에 따라 국내 소비자의 세금 부담이 증가하게 됐고, 소규모 생산업자들이 몰락했다.

1923년 4월 7일 토요일

얼마 전 이른바 조선민립대학기성회 발기인들이 총회를 열어 모두 세 차례에 걸쳐 1천만 원을 모금하기로 하고, 우선 400만 원을 모으기로 결정했다.[1] 난 양주삼 씨에게 이렇게 말했다. "발기인들이 무척 용감하군요." 그러자 그는 이렇게 대꾸했다. "아니죠, 상당히 무모한 거죠."

(중략)

1 — 1923년 3월 29일 조선민립대학기성회 발기총회 및 창립총회가 열렸다.

1923년 6월 3일 일요일

인류가 원숭이로부터 진화해왔다는 다윈의 이론에는 다소 위안으로 삼을 만한 구석이 있다. 하나님이 자기의 형상대로 인류를 창조했다는 교리보다 다윈의 이론을 믿을 경우, 인간의 본성이 야비한 이유를 좀 더 잘 설명할 수 있기 때문이다.[1]

1 — 윤치호는 독실한 기독교인이다. 따라서 조물주의 창조설을 완전히 배격하지는 않았을 것이다. 그러나 본래 인간의 본성은 악하다는 믿음이 강했기 때문에 내심 진화론에 기울어져 있었던 것이 아닌가 여겨진다.

1923년 6월 17일 일요일

오늘 오전에 북감리교인들이 배재고등보통학교 운동장에서 대규모 천막집회를 열었다. 그런데 감독과 일부 저명인사들이 앉아 있는 단상에만 차양을 쳐놓아서, 수많은 일반 신도들은 뙤약볕이 내리쬐는 맨땅에 앉아 있어야만 했다. 예배가 시작되기 직전 여기저기서 단상 위의 차양을 치우라는 아우성이 일었다. 결국 차양이 치워졌다. 물론 예배는 엉망진창이 되어버렸다.

1923년 9월 3일 월요일

통신이 두절된 탓에 앞뒤가 맞지 않는 얘기도 있긴 하지만, 도쿄와 요코하마橫濱가 거의 완전히 파괴된 것만큼은 틀림없는 모양이다. 15만 명이 화재, 해일, 기아, 열기 때문에 목숨을 잃었다고 보도됐다. 9월 1일 오전 11시 50분쯤 대지진이 발생해, 24시간도 채 못 돼서

대도시인 도쿄와 요코하마가 잿더미로 변해버렸다고 한다.[1]

세계대전에서 과학의 파괴력이 증명됐으나, 이번 대지진을 통해 과학의 무기력함이 여실히 입증됐다. 이 두 사건을 통해 인간이 탁월하다는 게 얼마나 불안한 일인가를 엿볼 수 있다.

---

[1] — 1923년 9월 1일 오전 11시 58분쯤 발생한 간토대지진(關東大地震)을 가리킨다. 진도 7.9의 강진과 그로 인한 화재로 도쿄를 중심으로 한 간토 지역 일대가 막대한 피해를 입었다. 10만여 명의 사상자와 20만 명 이상의 이재민, 그리고 100억 엔 이상의 재산피해가 발생했다.

1923년 9월 10일 월요일

어리석고 무분별한 조선인들과 일부 일본인 사회주의자들이 도쿄와 요코하마에서 불길이 타오르던 와중에 재산을 약탈하고 인명을 살상하는 만행을 저질렀던 모양이다. 야마가타 데이사부로 씨는 일부 조선인이 약탈, 강간, 심지어는 방화마저 서슴지 않았다고 말했다.[1] 이게 사실이라면, 사회주의자라고 자처하는 일부 조선인이 몹시 야비해서 이렇게 못된 짓을 저지른 게 틀림없다면, 이 어리석은 조선인들이 조선이라는 고운 이름에 먹칠을 한 것이나 다름없다. 그들은 미친개만도 못한 인간이며, 구제받을 만한 여지가 전혀 없다.

---

[1] — 대지진이 발생한 직후 일본 정부는 계엄령을 선포하고 사태 수습에 나섰다. 그러나 혼란이 극에 달하자, 자국민의 불안과 불만을 다른 곳으로 돌리려고 조선인과 사회주의자들이 폭동을 일으키려 한다는 소문을 퍼뜨렸다. 예컨대 '조선인이 작당해 내습한다'느니 '조선인이 우물에 독을 넣었다'느니 하는 터무니없는 유언비어를 날조해 유포시켰던 것이다. 이에 격분한 일본인이 자경단(自警團)을 조직하고 관헌들과 함께 '조선인 사냥'에 나서는 만행을 저질렀다.

1923년 9월 13일 목요일

지진이 일본에게 대재앙이었다는 건 의심할 여지가 없다. 그런데 조선인에게도 마찬가지다. 조선에서 도쿄로 돈이 지속적으로 흘러들어가고 있다. 은행 대출이나 의연금의 형태로 말이다. 갈수록 조선의 자금시장이 경색되어가고 있다. 당국이 쌀값을 억제하다 보니, 조선인은 손에 돈을 쥘 수 있는 유일한 수단을 박탈당한 상태다. 다양한 명목의 세금들이 이중, 삼중으로 부과될 것이다. 일본에서는 수억 엔이 복구사업에 쓰일 것이다. 목숨을 잃은 사람들에게는 아무런 도움이 될 수 없지만, 살아남은 사람의 입장에서는 자금이 돌면서 이득을 보게 될 것이다. 그러나 조선인에겐 복구사업에 쓰이는 돈을 단 한 푼이라도 만져볼 수 있는 기회조차 없을 것이다. 그래서 조선인은 일본이 이익을 얻든 손해를 보든 간에 고생만 할 뿐이다.

1923년 9월 18일 화요일

다행스럽게도 도쿄와 요코하마에 대지진이 발생했을 때 조선인이 범법 행위를 저질렀다는 게 낭설인 것으로 드러났다. 오히려 2천~3천 명의 조선인이 격분한 일본인들에게 린치를 당했다는 내용의 소문이 나돌고 있다.[1] 어느 말을 믿어야 할지 종잡을 수가 없다. 장용섭의 누이인 장정심[2]이 9월 2일에 쓴 편지에 의하면, 이런 일이 있었다고 한다. 일본인 패거리가 그녀를 죽이려고 하숙집에 들이닥쳤다. 그녀는 하숙집 주인이 일본 옷을 입혀준 덕분에 목숨을 건졌다. 함께 하숙하는 사람들도 그녀에게 더할 수 없는 친절을 베풀어주었다.

---

1 — 이때 약 6천여 명의 조선인이 학살된 것으로 알려져 있다.
2 — 장정심(張貞心, 1898~1947)은 감리교 전도사이자 여류 시인이다. 호수돈여학교, 이화

간토대지진 당시 학살된
조선인들

학당, 협성여자신학교를 거쳐 감리교 여선교회 사업부에 근무하며 문서 및 전도 활동에 매진했다. 일제강점기 말에 조선기독교여자절제회 제4대 총무를 지냈다. 독실한 신앙심을 바탕으로 한 서정적 종교시를 다수 남겼다.

1923년 9월 27일 목요일

조선인은 이렇게 넋두리를 한다. 돈을 벌 수 있는 곳은 모두 일본인 수중에 들어가 있고, 조선인이 돈을 벌 수 있는 곳은 아무 데도 없다고 말이다. 이윤이 많이 남는 사업 분야에 관한 한, 정말이지 틀림없는 사실이다. 그러나 농업, 공업, 상업 분야에서 조선인이 이윤을 남길 만한 활동 공간이 아직도 남아 있다는 것 역시 움직일 수 없는 사실이다. 그 근거는 이렇다. 일본인을 빼고 조선에서 돈을 벌 수 있는 기회가 전혀 없다면, 중국인은 조선에서 농민으로서, 수공업자로서, 상인으로서, 날품팔이로서 어떻게 돈을 벌 수 있을까? 자본과 경험 부족으로 규모가 큰 사업을 경영할 수 없는 조선인이 이윤이 적다는 이유로 규모가 작은 일조차 외면하려드는 게 뼈아픈 현실이다. 그래서 조선인이 벌 수도 없고, 벌려고도 하지 않는 와중에 모든 것이 일본인과 중국인의 수중으로 들어간다. 너무 늦기 전에 위기를 깨닫지 못한다면, 조선인의 장래는 정말이지 어둡기만 하다.

1923년 9월 29일 토요일

조선인의 이익을 위해 어느 정도 진실성을 보여주었던 데라우치 총독의 무단통치하에서, 거지들은 서울에서 슬그머니 자취를 감추었다. 그런데 조선에서 사이토 총독의 이른바 개혁 정치가 시작된 이후, 거지들은 서울은 물론 다른 지역에서도 호시절을 보내고 있다. 사지가 멀쩡한 이들이, 때로는 소년들이 우리 집 대문 앞에 쭈그리고 앉아서 매일같이 먹을 것을 동냥한다. 우리는 감히 그들의 비위를 거스를 수도 없다. 물론 이 거지들은 일본인을 못살게 굴지는 않는다. 그래서 경찰은 이 거지들을 가만 내버려둔다. 총독부의 모든 기관이 그렇듯이, 경찰도 일본인의 이익만 보호하려 할 뿐 조선인이 가능한 한 빨리 뒈지도록 놔두는 게 아니겠나? 사이토 총독은 내가 본 사람 중에서 가장 훌륭한 신사다. 그러나 그가 신사라는 사실은 일본이 조선에서 시행하는 국가 시책과는 아무런 관계가 없다. 공자가 총독이 되더라도 정책을 바꾸지는 않을 거다.

1923년 10월 6일 토요일

며칠 전에 개장된 부업공진회副業共進會는 지금껏 내가 본 공진회 중에서 가장 시시했다. 당국에 이끌려 서울에 온 시골 사람들이 꼬리에 꼬리를 물고 건물들 사이를 헤집으며 몰려다닌다. 그들에겐 차분히 구경할 만한 시간도, 또 그럴 의사도 없다. 철도회사와 전차회사는 막대한 수입을 올리는 반면, 시골에서는 돈이 씨가 말라버렸다. 노소, 빈부, 지위의 고하를 막론하고 내가 서울이나 지방에서 만나본 모든 사람들은 조선 민족의 경제적 미래에 대해 절망감에 빠져 있다. 경찰과 군인들이 쌀값에 재갈을 물려서 조선인이 생계를 유지해나갈 수 있는 유일한 수단을 박탈해버렸다. 그런데도 조선인은 세금을 내기 위해, 도쿄의 일본인을 위한 성금을 내기 위해, 그리고 근근이 살아가기 위해 돈이 있어야만 한다. 조선인이 돈을 어디에서 구한담?

1923년 10월 13일 토요일

오전에 최남선 군이 찾아와 말하기를, 자기가 『시대일보時代日報』라는 이름의 새 일간지를 발행하는 데 필요한 인가를 받았다고 한다. 40만 원의 자본금을 지닌 주식회사를 세우는 작업이 순조롭게 진행 중이라고 한다. 전국의 많은 부자들이 주식의 대부분을 출자했고, 그는 3만 원을 내야 한단다. 그는 내가 자기에게 할당된 금액을 대주길 바라고 있다.

1923년 10월 14일 일요일

최남선 군이 내게 말한 것 때문에 걱정이 태산 같다. 그는 학문적인 면에서나 인격적인 면에서나 내가 진심으로 존경하는 인물이기 때문이다. 내가 들어줄 수 없는 청을 가지고 찾아오지 않았더라면 좋았을 것을. 그들은 내가 돈을 산더미처럼 쌓아놓고 사는 줄 아는 모양이다. 마종유의 말로는, 개성에서는 내가 제18은행에 30만 원, 제130은행에 18만 원의 계좌를 가지고 있다는 소문이 나돌고 있다고 한다. 난 제18은행에 단 한 푼도 저축해놓지 않았고, 제130은행은 어디에 있는지조차 모른다. 이와 같이 조선인은 누군가의 경제 상태에 대해 터무니없는 정보를 날조하고, 그 정보에 근거해서 의연금을 구걸하러 다닌다.

1923년 11월 4일 일요일

최남선 군이 10시 30분쯤 찾아와 1시간 30분 동안이나 『시대일보』를 발행할 수 있게 현금 3만 원을 대달라고 성화를 부렸다. 그는 요즈음 자금시장이 얼마나 경색되어 있는지 잘 모르는 모양이다. 그의 청을 들어줄 수 없다고 아무리 얘기해도, 그는 자기의 요구를 되풀이했다. 그는 학자이지 사업가는 아니다. 방두환[1] 같은 인간이 그의 명성에 누를 끼칠까봐 걱정이다. 최군이 신문을 발행해 이윤을 남기는 데 실패할 게 뻔하다. 그가 『동아일보』를 능가하는 반일적 논조를 펴는 걸 일본인이 그냥 놔둘 리가 없기 때문이다. 만일 그가 반일적인 논조에서 『동아일보』에 뒤처지면, 조선인은 그의 신문을 성원하지 않을 것이다. 설령 그가 『동아일보』와 어깨를 나란히 하는 데 성공한다 하더라도, 발행 부수 면에서 『동아일보』를 누르지는 못할 것이다.[2] 내가 왜 또 하나의 얼간이 신문에 3만 원이나 되는 거금을 대줘야 하나? 차라리 그 돈을 훨씬 더 유익한 교육사업에 쓰겠다.

---

1 — 방두환(方斗煥)은 1927년 경성방송국 개국 때부터 입사해 기술 계통에 종사했으며, 해방 후 초대 대전 시장을 지냈다.
2 — 최남선은 진학문, 염상섭 등과 함께 1924년 3월 31일 『시대일보』를 창간했다. 기존 신문들과 달리 1면을 사회면으로 꾸미는 등 참신한 편집으로 독자들의 시선을 끄는 데 성공했으나, 자금부족으로 경영난에 빠져 두 달 만에 발행을 중단했다. 급기야 보천교에 발행권과 경영권을 양도한다는 계약을 체결했으나 신문사 내부의 반발을 초래했고, 사회적으로도 지탄을 받았다. 결국 1924년 말 최남선은 신문 경영에서 완전히 손을 떼고 말았다.

1924년 1월 3일 목요일

이상재 선생은 내게, 일본과 미국 간의 관계가 경색되고 있는 것 같은 이 중대한 시국에 미국에 가달라고 제의했다. 미국이 일본과 당장이라도 싸움을 벌인다면 모를까, 그렇지 않은 다음에는 조선을 돕지 않을 거라는 사실을 이 노신사는 잘 모르는 모양이다. 미국이 조선 독립을 위해 피를 볼 만큼 조선에 관심이 많은 건 아니라는 사실을 이 노신사는 잘 모르나 보다. 내가 미국에 가서 뭘 할 수 있을까? 뭔가 기여를 하려면, 난 여러 파벌의 찬사와 복종과 단결을 이끌어낼 위인이거나, 호화롭고 사치스런 정치선전에 돈을 댈 엄청난 부자여야 한다. 이도 저도 아니라면, 난 미국에 가서 제2의 이승만이나 김가진이 될지도 모른다. 내가 미국에 가서 가치 있는 일을 할 수 있다면, 조선에서 교육사업을 도와 더 훌륭한 일을 해낼 수 있을 것이다. 더구나 난 우리 아이들을 돌봐야 한다.

1924년 1월 23일 수요일

오후 3시 개성 면사무소에 가서 칙서勅書 봉독식奉讀式에 참석했다. 이 칙서는 간토대지진이 있은 지 한 달쯤 후에 발포됐다. 일본인들에게 절약, 충성, 근면 등을 환기시켜 일본의 번영에 일조하도록 하기 위해서였다. 일본인에겐 이 칙서의 봉독이 분명 의미 있는 일일 것이다. 그러나 몰수와 착취라는 일본인 정책에 시달리고 있는 조선인에겐, 이 칙서가 순전히 손가락질의 대상일 뿐이다.

1924년 1월 25일 금요일

소비에트 러시아의 독재자 레닌이 세상을 떠났다고 보도됐다. 어느 모로 보나 레닌은 진정한 이상주의자였다. 그는 소련인을 위하는 길이라고 여기는 것에 자신을 기꺼이 내던졌다. 이렇게 위대한 사람이 한낱 이상에 불과한 이념을 현실 세계에서 구현한답시고 자기 나라를 지옥에 빠뜨려, 끝내 이상이란 게 실현 불가능하다는 걸 입증하고 말았으니 이 얼마나 안타까운 일인가! 이것이야말로 또 다른 유형의 이기심에 다름 아니다.

1924년 1월 27일 일요일

모스크바에 있는 몇몇 얼간이들이 페트로그라드를 레닌그라드로 개칭하는 안을 내놓았다고, 신문들이 보도했다. 페테르부르크를 페트로그라드로 개칭한 것부터가 얼토당토않은 일이었다. 이제 또다시 이름을 바꾼다니, 정말이지 어안이 벙벙할 뿐이다. 큰 사건이나 위대한 인물이 등장할 때마다 매번 도시 이름이 바뀐다면, 그 도시가 장래에 어떤 이름을 가질 거라고 누군들 말할 수 있겠나? 이것만으로도 소련인이 진정한 민주주의를 이루어나갈 준비를 갖추지 못했다는 걸 엿볼 수 있다.

1924년 2월 5일 화요일

(중략)

송진우 군이 찾아왔다. 그는 조선인의 여론을 조성하고 지도할 조직체(당시 동아일보 계열이 자치운동을 위해 결성한 연정회研政會를 의미하는 것으로 보인다―옮긴이)가 필요하다고 말했다.

1924년 3월 17일 월요일

어제 발행된 『서울프레스』의 보도에 따르면, 웰치 감독이 샌프란시스코에서 이렇게 말했다고 한다. "조선인이 차분히 생업에 종사하고 있습니다. 불평분자가 아주 없는 건 아니지만, 대다수 조선인은 독립을 단념했습니다. 그들은 일상생활에 복귀했고, 지금은 전에 없던 번영을 누리고 있습니다." 웰치 감독이 진짜 이렇게 말했다면, 그가 잘못을 저지른 게 분명하다. 차라리 언급을 않는 게 좋을 뻔했다.

(중략)

이민족異民族이, 즉 멕시코 사람들이 미국인의 모든 생계수단을 박탈했다고 가정해보자. 이런 상황에서도 웰치 감독은 이렇게 말할까? "미국인은 전에 없던 번영을 누리고 있습니다."

1924년 5월 3일 토요일

친일파들이 물심양면으로, 특히 경제적 측면에서 당국의 지원을 받으며 동화同化라는 이상을 실현하고자 남다른 노력을 기울이고 있다. 국민협회와 동민회[1]가 지금 이 일에 발 벗고 나선 두 단체다. 그들은 강연도 하고 전단도 배포하면서 일선융화日鮮融和를 제창하고 있다. 모두 부질없는 짓이다. 일본이 조선에서 시행하고 있는 시책을 통해서 일본이 원하는 건 조선일 뿐이지 조선인이 아니라는 우리의 믿음이 사실로 확인되는 한, 조선인이 일본인 통치에 순응한다는 건 불가능한 일이다. 친일파들이 당국의 지원을 받으며 이런 식으로 활동한다면, 도리어 역효과가 나서 조선인의 반일 감정만 더더욱 거세질 것이다. 그토록 영리한 일본인 관리들이 이 사실을 모른다는 게 참 신기하기만 하다. 누군가가 가지고 있는 걸 몽땅 빼앗아 그를 굶주림에 신음하도록 해놓은 다음에는, 도저히 그의 사랑을 받을 수 없다는 사실 말이다. 사이토 총독이 개인적으로 아무리 호인이라 하더라도, 일본 시책의 구역질나는 이기심에서 야기된 많은 죄악을 혼자서 덮어버릴 수는 없다.

---

1 ― 동민회(同民會)는 1924년 4월 15일 조선 거주 일본인 유력자들과 조선인 친일파들이 일본과 조선의 정·재계 거물들을 고문으로 추대해 결성한 친일단체로서 일선융화를 표방했다. 박영효, 송병준, 한상룡, 예종석 등 거물급 친일파들이 중심인물이었으며, 도지사를 거쳐 중추원 참의를 지낸 신석린이 실무를 담당했다. 일본 재계의 거물인 시부사와 에이이치(澁澤榮一)로부터 재정 지원을 받은 것으로 알려져 있다.

1924년 5월 13일 화요일

지난겨울에 개성과 장단 사이에 □동이라는 이름의 간이역이 생겼다. 이때 난 이곳에 일본인의 이익과 관계된 뭔가 있는 게 틀림없다고 생각했다. 그런데 며칠 전 이 역 부근에 일본인들이 농업 이민을 왔다는 걸 우연히 알게 됐다. 철로를 연장하든, 운임을 인하하든, 간이역을 신설하든, 신작로를 내든, 수도시설을 개수改修하든, 이른바 모든 시정 개선에서 일본인 당국자들이 고려하는 유일하고도 본질적인 문제는 그것이 일본인에게 이익이 될까라는 점이다. 조선인이 이런 시정 개선으로 이익을 본다 하더라도, 그건 일본 정책의 잘못이 아닌 게 확실하다. 일본인 선전자들은 철도, 조림造林, 관개사업, 항만시설 개선, 도로 부설 등을 가리켜 일본 정권이 조선인에게 선사한 큰 축복이라고 지적한다. 그러나 오늘날 이 모든 시정 개선이 제거된다면, 일본인은 조선인보다 100배 이상의 피해를 볼 것이다.

1924년 6월 3일 화요일

지난 5월 26일 미국 대통령이 일본인 이민법에 서명했다. 일본 언론은 미국인이 정의와 인도人道를 실천에 옮기지 않았다고 일제히 비난했다. 지금껏 강성한 육·해군을 보유하지 못한 국가나 민족에게 정의와 인도를 실행에 옮긴 국가나 민족이 하나도 없었던 게 사실이다. 일본이야말로 미국에게 정의와 인도를 실천에 옮기라고 요구하기 전에, 조선인을 상대로 정의와 인도를 보여주어야 한다.

1924년 7월 8일 화요일

조선의 기고가들은 인간을, 특히 조선인을 대체로 여섯 개의 계층으로 나눌 수 있다고 믿는 모양이다. 그런데 그중에서 세 계층은 무조건 나쁘고, 나머지 세 계층은 무조건 훌륭하다고 믿고 있는 것 같다. 부자는 모두 사악하고, 노인은 모두 어리석으며, 남편은 모두 야비하다고 보는 것 같다. 그런가 하면 가난한 사람은 모두 선하고, 젊은이는 모두 현명하며, 여성은 모두 훌륭하다고 보는 것 같다. 이 얼치기 마르크스주의자들이 만드는 조선의 일간지들을 보면서 가난한 사람은 어깨를 들먹이고, 젊은이는 반항을 해대며, 여성은 우쭐거린다. 조선 학생들 사이에서 유행하고 있는 동맹휴학도 대부분의 경우는 신문이 소련 유형의 사회주의를 선전한 데서 비롯된 것이다.

1924년 10월 25일 토요일

저녁 7시 30분부터 3시간 동안 천도교당에서 고등보통학교 학생웅변대회가 열렸다. 15명의 연사가 출전했는데, 그중 14명이 연제演題가 뭐든 상관없이 볼셰비키가 즐겨 쓰는 용어로 유산계급에게 욕설을 퍼부었다. 이젠 웅변이란 말만 들어도 신물이 난다.

1924년 12월 13일 토요일

일본인 당국자들이 경남도청을 진주에서 부산으로 옮기기로 결정했다. 조선인의 소망을 완전히 무시한 어처구니없는 처사다.[1] 부산에 살고 있는 일본인에게 이익이 될 거라는 점을 빼곤 합당한 이유가 전혀 없다. 일본 경찰이 만들어낸 또 하나의 악명 높은 사건일 뿐이다. 즉 일본인의 이익이 증진될 수만 있다면 조선인이야 어떤 고통을 겪든 내 알 바 아니라는 식이다. 그런데도 게일 박사 같은 사람은 일본의 새로운 정책으로 말미암아 조선의 잘못된 점들이 모조리 교정矯正되어가고 있다고 글을 쓴다.

1 — 1924년 8월 18일 경남도청 이전설에 분개한 진주 시민은 시민대회를 열어 도청 이전을 결사반대하고 이전방지동맹회를 결성했다.

1924년 12월 18일 목요일

식도원食道園에서 열린 만찬모임에 참석했다. 총독부 요직에 임명된 7명의 조선인을 축하하는 자리였다. 이번에 사상 최초로 총독부 학무국장,[1] 경기도 내무부장, 재무부장 자리가 조선인에게 주어졌다. 오늘 밤 만찬은 홍보를 위해 의도적으로 마련된 게 틀림없다. 조선인에게 이 새로운 영광이란, 관직에 굶주린 조선인에게 던져준 빵에 다름 아니다. 이번 일은 일본인의 몰수 및 착취정책 덕분에

총독부 학무국장 이진호

기아라는 절박한 현실에 처해 있는 대다수 농민들에겐 일고의 가치도 없는 일이다.

1 — 1924년 12월 12일 학무국장에 임명되어 1929년 1월 19일까지 재직한 이진호(李軫鎬, 1867~1943)다. 그는 1895년 '춘생문 사건' 계획을 밀고해 일본의 신임을 얻기 시작했다. 한일합방과 함께 경북 도장관에 발탁된 후 전북 도장관을 거쳐 조선인 최초로 총독부 국장(오늘날의 장관에 해당)에 임명됐다. 1929년부터 중추원 참의, 고문, 부의장을 역임하고 1943년 10월 일본 귀족원 의원에 임명됐다.

1925년 1월 30일 금요일

1~2년 전에 금주 및 금연의 물결이 전국을 휩쓸었다. 몇 달 동안 절제하려는 노력이 있기는 했지만, 민중은 얼마 못 가서 종전보다 더 많이 술을 마시고 담배를 피웠다. 조선인이 금연 등에 관해 큰소리를 치자, 한 일본인이 이런 말을 했다는 것도 전혀 허튼소리는 아니었다. "만일 조선인이 담배를 끊는다면, 우리 일본인은 밥 먹는 걸 관두겠소."

1925년 3월 22일 일요일

오후 2시 30분 신흥우 군 집에 갔다. 얼마 후 이상재 선생, 유성준 씨, 장두현 씨,[1] 구자옥 군, 오화영 씨,[2] 유억겸 군,[3] 이갑성 군,[4] 박동완 군[5] 등이 도착했다. 우리는 흥업구락부를 결성하기로 의견을 모았다.[6]

---

[1] — 장두현(張斗鉉, 1874~1938)은 시전상인 출신으로 한말에 주로 농상공부에서 실무 관료로 재직했으며, 한일합방 이후 경제계로 진출했다. 1924년 서울고무합자회사 등을 설립해 경영한 서울 지역 실업계의 실력자였다. 동아일보사 이사, 조선일보사 고문 등을 지냈고, 1920년 조선체육회 초대 회장을 맡았다. 1925년에는 흥업구락부 창립 회원이 됐다.

[2] — 오화영(吳華英, 일명 오하영(吳夏英), 1879~?)은 감리교 목사로 3·1운동 민족대표 33인의 한 사람으로 활약했다. 종교교회, 수표교교회 등 서울 남감리회 핵심 교회의 담임목사를 거쳤고, 물산장려회, 조선민흥회, 흥업구락부, 신간회 등에 참여해 민족운동에도 적극 참여했다. 해방 후 제2대 민의원에 당선됐으나 한국전쟁 당시 납북됐다.

[3] — 유억겸(兪億兼, 1895~1947)은 유길준의 아들로, 부원군 윤택영의 사위이자 순종 황제의 동서다. 도쿄제국대학 법학부를 졸업하고 연희전문학교 교수로 부임해 1934년 부교장에 올랐다. 서울YMCA와 흥업구락부의 중심인물로 활동했고, 조선사정연구회와 신간회에도 참여했다. 일제강점기에 두 차례에 걸쳐 조선체육회 회장을 지냈다. 해방 후 미군정청 문교부장으로 재직 중 세상을 떠났다.

[4] — 이갑성(李甲成, 1889~1981)은 3·1운동 민족대표 33인 중 한 사람으로 민립대학 설립 운동, 물산장려운동에 참여했다. 1925년 흥업구락부의 창립 회원이 됐다. 그러나 1930년대 이후 일제의 밀정 노릇을 했다는 의혹을 사고 있다. 해방 후 이승만의 단정수립운동에 적

극 가담했으며, 1950년대 자유당 정권의 중심인물로 활동했다.

5 — 박동완(朴東完, 1885~1941)은 정동교회 전도사로 있을 당시 3·1운동 민족대표 33인의 한 사람으로 참여했다. 출감 후 『기독신보』 주필, 서울YMCA 이사 등을 지내는 한편, 물산장려운동과 흥업구락부에 참여하고 신간회 창립에 기여했다. 1928년 하와이로 건너가 조선인기독교회 목사로 재직하며 이승만의 활동을 도왔다.

6 — 흥업구락부(興業俱樂部)는 1920~30년대에 활동한 서울 지역 기독교계의 민족운동 단체다. 1925년 3월 이승만의 국내 대리인격인 신흥우(당시 YMCA 총무)가 이상재·윤치호를 중심으로 YMCA·감리교·연희전문학교·조선일보사의 주요 인물들을 결집해 조직했다. 사실상 이승만이 지휘하는 동지회(同志會, 재미 한인단체)의 자매단체로 흥사단 계통의 수양동우회(修養同友會)와 경쟁 관계를 이루었으며, 외교운동과 실력양성운동을 종합적으로 추진했으나 뚜렷한 성과를 거두지는 못했다. 1938년 흥업구락부 사건으로 강제 해산됐다. 그런데 한 가지 유념해야 할 것은, 총독부 자료에는 결성 날짜가 1925년 3월 23일로 되어 있는데, 윤치호의 일기에는 3월 22일로 기록되어 있다는 사실이다. 하루 차가 나는데, 윤치호는 매일 일기를 쓴 데다, 3월 22일이 일요일이라는 사실을 감안하면, 아무래도 3월 22일이 맞는 것 같다. 어쨌든 1920년대 초반에 결성됐다는 일부 논저의 주장이 사실이 아닌 것만은 분명하다.

1925년 4월 17일 금요일

한 달 전 경성전기회사 승무원들이 파업을 벌였다. 며칠 동안 특정 요구 사항에 대해 회사 당국과 실랑이를 벌이고 난 후, 일부 파업 지도자들이 수감되면서 파업 사태는 마무리됐다. 여기까지는 늘 있던 일이었다. 그런데 며칠 전 65명의 승무원을 새로 뽑았는데, 지원자가 무려 1천 명이나 됐다. 파업꾼들의 어리석음이라니! 그들의 생각은 이랬던 것 같다. 미국인과 영국인이 파업했으니 시대에 뒤처지지 않으려면 우리도 파업해야 한다고 말이다. 결원이 생기면 응시할 사람이 1600만 명 정도나 되는 판국에 파업해봐야 무슨 소용이 있나?

1925년 7월 18일 토요일

서울의 급수시설이 마비됐다고 보도됐다. 호외에는 수천 가구의 가슴 저미는 사연들이 가득 실렸다. 오늘 새벽 4시 30

'을축년 대수해' 현장

분 한강 수위가 12미터 34센티미터까지 올라갔다. 한강변 마을들이 말 그대로 일소一掃됐다. 철도 교통이 모두 두절됐다. 전화도 끊겼다. 그러나 뭐니 뭐니 해도 최악인 건, 비가 그칠 조짐이 조금도 보이질 않는다는 사실이다. 사람들은 이번이 1865년 이래 사상 최악의 수해라고 말한다.[1]

---

1 — 1925년 7월 16일부터 18일까지 또다시 최고 650밀리미터의 폭우가 쏟아져 한국 역사상 최대의 수해라 일컬어지는 '을축년 대수해'가 발생했다.

1925년 9월 29일 화요일

당국이 205만 원의 비용을 들여 조선신궁을 지었다. 조선인은 이 사업에 대해 두 가지 이의를 제기할 수 있다. (1) 신궁은 조선인에겐 아무 의미가 없다는 점, (2) 그 막대한 돈을 관개灌漑, 도로 부설, 수해 예방 등 유용한 사업에 사용했어야 했다는 점 말이다. (1)번 이

조선신궁

의 제기에 대해서는 이렇게 답할 수 있다. 신궁은 어디까지나 조선인을 위한 게 아니라 일본인을 위한 거라고 말이다. 20년이 지나면 서울은 도쿄처럼 완전히 일본화되고, 시내에 거주하는 조선인은 한 사람도 없게 될 것이다. 40~50년 후면 일본인은 조선반도 전체를 장악하게 될 것이고, 조선인 대중은 조선반도에서 쫓겨나게 될 것이다. 모든 관리들이 조선인을 위해 일하는 체하지만, 이것이야말로 일본인이 용의주도하게 추진하려는 계획이다. (2)번 이의 제기에 대해서는 이렇게 답할 수 있다. 다소 교묘하게 고안된 신화를 가진 신토神道가 일본인의 충성심과 애국심을 결집하는 역할을 하고 있다는 사실을 떠올린다면, 일본은 당연히 신궁 축조에 그 막대한 돈을 지출할 수 있다고 말이다. 신토가 떠나는 날에는 일본 역시 떠날 것이다. 두고 봐라!

1925년 10월 2일 금요일

어제 일본인은 시정始政 기념일을 맞이해서 조선인에게도 이를 경축하도록 강요했다. 물질적 발전의 측면에서 볼 때 일

경복궁 자리에 들어선 조선총독부 청사

본이 최근 15년 동안에 한 일이 조선인이 1500년 동안에 한 일보다 더 많다는 걸 부인할 사람은 아무도 없을 것이다. 따라서 일본인이 자부심을 가지고 시정 기념일을 경축하는 건 당연한 일이다. 그들은 분명 조선을 일본인을 위한 아름다운 터전으로 만들었다. 하지만 일본이 일본인을 위한 조선을 만들려는 시책을 냉혹하게 차곡차곡 완성해나아가는 걸 지켜보면서, 조선인이 기뻐해야 할 이유는 대체 뭘까?

1925년 10월 23일 금요일

(중략)

일본인의 민간인 주택과 관저가 들어서면서 일본인이 경복궁 인근 지역을 빠른 속도로 점유해가고 있다. 몇 년 후면 경복궁 근처에 사는 조선인은 한 사람도 없게 될 것이다. 물론 이것은 일본인이 바라는 바다.

1925년 10월 25일 일요일

한양청년연맹이 반反기독교운동을 개시했다. 오늘과 내일 부민관에서 반기독교 강연회가 열릴 예정이다.[1] 그런데 이 운동은 도리어 기독교회에 적잖은 득이 될 것이다. 교회 내의 신자답지 않은 자를 떨어져나가게 하고, 교회의 친구와 신자를 결속시키는 결과를 가져올 것이기 때문에.

---

1 — 반기독교운동은 1920년대에 사회주의운동 세력의 주도로 진행된 기독교 배척운동을 말한다. 1920년대 초반 해외로부터 유입된 사회주의 사상의 영향으로 종교, 특히 기독교에 대한 비판적 인식이 심화되어 일어났다. 당시 사회주의자들은 기독교가 자본주의적 이익의 관철과 제국주의의 식민지 침탈을 위한 유용한 도구일 뿐만 아니라, 현실에 대한 긍정과 복종을 강요해 일제에 대한 저항정신을 말살한다고 비판했다. 1925년 10월 기독교계에서 제2회 '전조선주일학교대회'를 개최하려 하자, 한양청년연맹을 중심으로 한 사회주의운동 세력이 대규모의 '반기독교대강연회'를 준비해 '맞불작전'에 나섰던 것이 가장 대표적이다.

1926년 6월 10일 목요일

순종 황제의 인산일이다. 서울 거리는 장례 행렬을 보려고 지방에서 올라온 사람들로 말 그대로 인산인해를 이루었다. 창덕궁부터 영결식이 거행될 훈련원에 이르는 연도에는 구경꾼들이 모여들어 몇 겹으로 줄을 섰다. 그런가 하면 완전 무장한 군인과 경찰이 모든 도로를 철통같이 지키고 있다. 일본인 당국자들은 조선인 선동가들이 소요를 시도할 만한 틈을 조금도 남겨놓지 않았다. 난 아침 7시 30분부터 숙부님,[1] 그리고 두 사촌 동생(윤치오와 윤치소를 가리킨다—옮긴이)과 함께 영결식장인 훈련원 안쪽에 자리를 잡았다. 영결식은 정오가 다 되어서야 비로소 끝났다.

중앙고등보통학교, 연희전문학교, 보성전문학교 학생들이 전단을 배포하며 만세를 불렀다. 그들은 즉각 체포되어 경찰서로 연행됐다. 학생들이

순종 황제 국장(國葬)

놀라 우르르 달아나면서 부상자가 속출했다.[2]

순종 황제의 유해를 실은 대여大轝가 내 옆을 지날 때, 나도 모르게 눈물이 핑 돌았다.

---

[1] — 윤보선 전 대통령의 할아버지인 윤영렬(尹英烈, 1854~1939)을 가리킨다. 한말의 무관으로 강계부사 겸 방어사, 삼남 토포사 등을 지낸 후 육군 참장에 올랐다.
[2] — 6·10만세운동에 관한 내용이다. 조선학생과학연구회를 중심으로 전문학교와 고등보통학교 학생들이 시위를 주도했다. 5천여 명의 학생과 민중이 연행, 구금되고 160여 명이 부상당했다.

1926년 6월 12일 토요일

이번 장례 주간을 맞이해서 경성전기회사가 막대한 수입을 올렸다. 그래서 조선 황제가 살든 죽든 일본인만 수지맞고, 조선인은 오로지 손해만 본다. 모든 게 일본인의 이익을 위해 움직이는 것 같다.

1927년 2월 8일 화요일

오늘도 관공서와 민간인 사무실을 불문하고 모든 사무실이, 심지어 병원까지도 천황의 장례식[1]에 조의를 표하고자 문을 닫았다. 천황이 땅에 묻히는 일 때문에 이틀 내내 현대적 삶의 작동이 꽁꽁 묶인다는 건, 전 민족의 상식과 지성에 대한 모독이 아닐 수 없다.

---

1 — 1926년 12월 세상을 떠난 다이쇼 천황(요시히토嘉仁, 1879~1926)의 장례식을 가리킨다.

1927년 3월 30일 수요일

어젯밤 11시 30분쯤 이상재 선생이 기어코 세상을 떠나고 말았다. 선생의 죽음으로 조선은 위대한 인물을 잃었다. 선생은 78년의 긴 세월 동안 수없이 많은 고난을 겪어왔다. 그러나 선생은 순박하고 고결한 성품을 지닌 진실한 사람이었다.

1927년 4월 7일 목요일

이상재 선생의 장례식 날이다.[1] 오전 10시부터 1시간 동안 서울YMCA의 소강당에서 추도 예배가 거행됐다. 게일 박사가 예배를 주관했다.

천도교당에서 장례 행렬이 출발했다. YMCA회관 정문 앞에 있는 영구차에 유해가 안치됐다. 800명의 인사가 영구차 앞뒤에 도열했다. 천도교당으로부터 남대문역까지 엄청난 인파가 연도를 가득 메웠다.[2] 남대문역 앞에서 영결식이 거행됐다. 조선인은 이완용 장례식 때와는 판이하게 다른 모

이상재 선생의 사회장

습을 보여주었다. 저세상 사람이 된 선생이 일본인 친구들에게 이 차이를 깨닫고 똑바로 행동하라고 말한 것이나 진배없다. 이완용의 유해가 남대문역으로 운구됐을 때 그 뒤를 따른 조선인은 아무도 없었다.[3] 반면에 서울 전체가 돈도 없고 관직도 없이 죽은 노인을 진심으로 애도하고 있다.

밤 10시 30분 30여 명의 인사와 함께 서울을 출발해 군산까지 유해를 뒤따랐다.

---

1 — 이때 윤치호는 장의위원장을 맡았다.
2 — 이상재의 장례식은 한국 최초의 사회장으로 엄수됐다. 직접 장의 행렬에 참가한 사람만 해도 수천 명에 달했고, 천도교당에서부터 경성역까지 연도에 나와 선생의 영구를 지켜본 인파가 10만 명을 넘은 것으로 알려져 있다.
3 — 이완용은 1926년 2월 11일 세상을 떠났고, 그의 영결식은 2월 18일에 거행됐다. 당시

정무총감이던 유아사 쇼헤이가 장의위원장을, 박영효 등이 부위원장을 맡고, 일본 천황이 애도의 뜻을 담은 글과 장례용품을 보내오는 등 영결식 준비는 '화려'하기 이를 데 없었다. 특히 영결식 날의 장례 행렬에서 당시 조선에서 내로라하는 1천여 명의 조객이 저마다 인력거를 타고 뒤를 따르는 진풍경을 연출했다고 한다.

1927년 9월 13일 화요일

남성병원[1]의 리드 박사가 남감리회 연회에서 이런 말을 했다. "선교사들이 육신의 고통을 치료하는 걸 병원의 1차 목표로 정하고, 복음을 설교하는 걸 2차 목표로 삼는 실수를 저질렀습니다. 지금부터라도 이런 생각을 바꿔야 합니다. 선교병원의 주목표가 질병 치료에 있다면 차라리 문을 닫는 것이 낫습니다." 이런 까닭에 그는 일류 의사보다는 일류 목사를 원한다. 참말이지 터무니없는 생각이다. 그의 생각이 분명 이렇다면 병원을 닫는 게 나을 것이다. 몸이 아픈 사람은 설교를 들으러 병원에 가는 게 아니라 치료를 받으러 가는 것이다. 실력 있는 의사들과 친절한 간호사들이 그리스도 정신으로 환자들을 훌륭하게 치료한다면, 환자들은 상투적인 설교를 듣는 것보다 더 빨리 신앙을 원하게 될 것이다. 그러나 사람들은 기독교 병원에서 무능한 의사들과 무례한 간호사들을 자주 보게 될 뿐이다.

---

1 — 미국남감리회에서 개성에 세운 남성병원(南星病院)은 1926년 현재 50개의 입원용 침대와 6개의 공동 입원실, 의사 3명, 간호사 13명이 있었으며, 연간 치료환자가 2만 3천 명에 달했다.

1929년 1월 16일 수요일

오후 3시 장선[1]과 기선[2]을 데리고 단성사團成社에 가서 「벤허」라는 영화를 보았다. 변사는 팔레스타인의 로마인 총독을 가리켜 감사監司라고 지칭했다. 경찰이 조선에서 이 영화를 온전히 상영하도록 허가한 게 신기하기만 하다.

———————
1 — 윤장선(尹章善(Washington), 1920~?)은 윤치호의 셋째 아들로 샌프란시스코 총영사를 지냈다.
2 — 윤기선(尹琦善(Lambuth), 1921~?)은 윤치호의 넷째 아들로 미국에 건너가 피아니스트로 활약했다.

1929년 1월 17일 목요일

신흥우 군의 집에서 저녁을 먹었다. 송진우 군, 김성수 군, 유억겸 군, 백관수 군, 김활란 양 등이 자리를 함께했다. 송 군의 말로는, 몇 달 전 베이징에서 조선인에게 암살된 박용만 씨[1]가 1911년 일본인 당국자들의 초청으로 서울을 방문했다고 한다. 박씨는 그들에게서 6천 원을 받았단다. 그는 일본의 밀정이라는 의심을 받아 의열단 단원에게 목숨을 잃었다고 한다.

———————
1 — 박용만(朴容萬, 1881~1928)은 1909년 미국 네브라스카 주에서 한인소년병학교를 설립하고, 1914년 하와이에서 대조선국민군단을 조직하는 등 군사력 양성에 주력했다. 특히 외교운동 노선을 추구한 이승만과 라이벌 관계였다. 3·1운동 이후 중국에 건너가 신채호 등과 함께 군사통일촉성회를 결성했으며, 상하이 대한민국임시정부 불신임운동을 벌였다. 1928년 10월 17일 베이징에서 이해명의 권총 저격을 받고 세상을 떠났다.

1929년 1월 24일 목요일

(1) 조선 양반의 기본 생활법칙은 이렇다. ① '밥 먹을 때와 글씨 쓸 때 빼고는 손 하나 까딱하지 마라.' 이것이야말로 조선인에게서 나타나는 게으름의 어머니다. ② '모든 사람이 내 시중을 들도록 만들라. 남들 시중을 들 생각은 마라.' 이것이야말로 조선인이 갖고 있는 이기주의의 아버지다.

(2) 양반 생활을 운영해나가는 세부 규칙은 이렇다. ①'남에게 식욕이 좋다는 걸 보여주지 마라. 천해 보인다. 늘 소화가 잘 안 된다고 하소연해라.' ②'걷기나 달리기 같은 운동을 삼가라.' ③'늘 중요한 신체 부위가 아프다고 하소연해라. 예컨대 두통, 요통, 팔다리의 통증, 기타 등등 말이다. 이 통증들이 굉장히 오래가는 척해봐라. 그러면 진짜로 아픈 것처럼 여겨질 것이다.' ④'중국 역사와 고전만 읽어라. 조선 역사와 고전에 관심이 있다는 걸 드러내서는 안 된다. 그러면 몹시 천박해 보인다. 미술과 산술이나 의술 같은 과학을 좋아한다는 것도 드러내지 마라. 효심, 고결함, 국왕에 대한 충성심에 대해 글을 써라. 바람과 달에 대한 시를 지으면서 여가를 보내라.' ⑤'항상 하인들을 닦달해라. 아랫것들에게 물건을 넘겨줄 때는 던져주어라. 그들이 내게 겁을 먹도록 화를 많이 내라. 언제나 천천히 행동해라. 사소한 것에 관심을 보이지 마라.'

1929년 2월 11일 월요일

무솔리니의 자서전을 읽고 있다. 그는 대단히 유능하고, 정직하고, 상식 있고, 정력적인 사람이다. 이탈리아뿐만 아니라 중국, 소련, 인도, 조선에도 무솔리니 같은 인물이 반드시 필요하다. 낭만적인 국제주의, 짐승 같은 볼셰비즘, 구역질나는 사회주의 같은 지긋지긋한 것들로부터 사람들을 구해내기 위해서 말이다. 그러나 무솔리니 같은 사람은 호전적인 민족에서만 가능하다. 따라서 그와 같은 사람이 조선에 등장한다는 건 불가능해 보인다.

1929년 3월 12일 화요일

오후 4시에 YMCA회관 강당에서 사랑스런 우리 문희(윤치호의 셋째 딸이다―옮긴이)의 결혼식이 거행됐다. 명월관 본점에서 하객을 치렀다. 모두 250명의 하객이 왔고, 1인당 1원 30전짜리 식사를 대접했다. 외국인 친구도 꽤 많이 와주었다.

이 결혼이 앞으로 어떻게 될지는 아무도 모른다. 그저 최상의 결혼이길 빌 뿐이다. 서울의 잘 알려진 가문에서 평양 출신을 사위로 맞는 건 이번이 처음이다. 난 조롱과 비난, 심지어는 욕을 먹게 될 것이다. 그들은 내가 1883년에 인력거를 탄다고 욕했고, 1907년에는 자전거를 탄다고 욕했다. 그러나 시간이 내가 옳았다는 걸 입증해주었다. 내 평양 사위가 성공을 입증해주었으면 좋겠다.[1]

---

1 — '문제의 인물'이 되어버린, 윤치호의 사위 정광현은 도쿄제국대학 법학과를 졸업한 당대 최고의 엘리트였다. 그의 형 정두현 역시 일본 유학을 거쳐 1936년 숭실학교 교장을 지낸 것을 고려한다면, 집안도 꽤 괜찮은 편이라 할 수 있다. 이만하면 '일등 사윗감'이라 해도 과언이 아닐 것이다. 따라서 평양 출신이라는 점이 그의 '유일한', 그러나 대단히 '중요한' 단점이었다는 것을 확인할 수 있다.

1929년 4월 1일 월요일

오후 6시에 하디 박사 자택을 찾아갔다. 신우회가 베이커 감독[1]으로부터 미국의 사상 조류에 대한 강연을 듣기 위해 모임을 가졌다. 4년 전쯤 조병옥과 일부 인사들이 선교사와 조선인 간의 우의를 다지기 위해 신우회를 출범시켰다.[2] 그때 내가 조군에게 말했던 것처럼, 이 계획은 별다른 성과를 거두지 못했다. 자기들이 국가적으로나 민족적으로 우월하다고 생각하고 있는 이들은 국가적으로나 민족적으로 열등하다고 생각하는 이들과 잘 융화될 수 없기 때문이다. 다시 말해서 그냥 인간의 본성이 그렇게 생겨먹었기 때문이다. 그동안 일본인과 조선인, 혹은 외국인과 조선인의 사교모임을 잘 운영해보려는 모든 노력이 수포로 돌아갔다. 피는 물보다 진하고, 본능이 이성보다 더 강하다는, 단순하긴 하지만 충분히 설득력 있는 이유 때문이었다. 미국인 소녀가 조선인 청년과 함께 걷거나 춤추는 걸 누가 볼까봐 얼굴을 붉히는 한, 제아무리 사교모임을 시도해봐도 소용이 없을 것이다. 서로 악감정만 남을 뿐 아무런 성과도 거두지 못할 것이다.

---

1 — 베이커(J. C. Baker, 1879~1969)는 1928년 웰치 후임으로 미국북감리회 동양선교회 감독에 취임해 조선, 일본, 만주의 선교사업을 관장했다. 특히 1930년 남·북감리회 연합운동에 많은 영향을 끼쳤다. 그 후 캘리포니아 감독, 국제선교협의회 회장 등을 지냈다.
2 — 지금까지 신우회(信友會)의 결성 시기는 1929년 5월 말 또는 6월 초로 알려져 있었다. 당시 『조선일보』와 『기독신보』에 창립 사실이 보도됐기 때문이다. 그런데 윤치호의 일기를 보면, 조병옥과 일부 인사들은 이미 1925년에 조선인 기독교 인사들과 선교사들의 친목도모를 내걸고 신우회를 결성했음을 알 수 있다. 아마도 비공식적인 모임으로 운영해왔던 것 같다. 1925년이라면, 조병옥이 미국 유학을 마치고 귀국해 연희전문학교 교수로 부임하던 시기다. 조병옥은 충남 출신의 감리교인이지만, 장로교의 '본고장'이라 할 수 있는 평양 숭실학교를 나온 데다 안창호계(서북계)의 조직체인 흥사단과 수양동우회의 핵심 회원으로 활동했다. 더구나 수양동우회의 '개조'를 강력히 제창하면서 신간회에 적극 참여했고, '사회복음주의'적 경향을 띠면서 기독교계의 '혁신'을 외치기도 했다. 따라서 1929년 신우회의 공식 결성을 통해 장로교와 감리교, 서북계와 기호계, 선교사들과 조선인 목사들 간의 갈등을 해소하고 '사회복음주의'에 입각한 기독교계의 정치운동, 사회운동을 추진하려 했던 것 같다. 어쩌면 신간회 내에서 기독교 세력의 지분을 확보하기 위한 전략이었는지도 모른다. 그러나 이러한 움직임은 그가 1929년 12월 '민중대회 사건'으로 체포되면서 수포로 돌아가버렸던 것 같다. 그리고 설령 조병옥이 건재했다손 치더라도, 기독교계의 대동단결에 의한 기독교계의 혁신이나 정치세력화는 사실상 불가능했을 것이다. 조병옥이 서북과 기호를 넘나들 수 있는 독특한 이력과 폭넓은 대인 관계를 지니고 있었던 것은 분명하지만, 그가 당시 기독교계에서 차지하는 비중은 그다지 높지 않았기 때문이다. 한편 윤치호의 1933, 35년 일기에 실려 있는, 신우회에 관한 아주 간단한 내용을 미루어 추측하건대, 조병옥의 신우회와 윤치호, 박희도가 주도했다는(일제의 기록에 의하면 천도교 신파의 자치운동과 관련을 맺고 있었다는) 신우회는 동일 단체인 것 같다. 아울러 조병옥이 수감되어 있는 상태에서, 신우회가 박희도의 주도로 자치운동 세력과 연계를 가졌을 가능성은 있으나, 윤치호가 신우회의 주도 인물도 아니고 자치론자는 더더욱 아니라는 점만큼은 분명하다.

1929년 4월 22일 월요일

진명여자고등보통학교의 3~4학년 학생들을

서울 안국동 전찻길

태운 전차가 정상 속도로 적선동과 경복궁 서쪽 모퉁이의 곡선 철로를 돌다가 탈선해 전복됐다. 이 사고로 70여 명의 여학생이 중경상을 입었다. 한 일본인 교사와 몇몇 여학생은 생명이 위독하다고 보도됐다. 전적으로 경성전기회사에 책임이 있다. 만일 이 사고로 7명의 일본인 여학생이 부상을 입었더라면, 관리든 민간인이든 가릴 것 없이 전 일본인이 들고일어나 경성전기회사의 잘못을 성토했을 것이다. 그러나 70명의 조선인 여학생이 다쳤다고 누구 하나 관심이라도 있는가? 관리든, 경찰이든, 일본인 대중이든 이런 잘못을 고치지는 않을 것이다.

1929년 5월 10일 금요일

서울YMCA가 소규모의 조선물산장려 바자회를 열었다. 구경 오는 사람도 거의 없었고, 출품된 물품도 형편없었다. 지방에서 올라온 물품은 거의 없었다. 일이 이렇게 된 건, 관리든 민간인이든

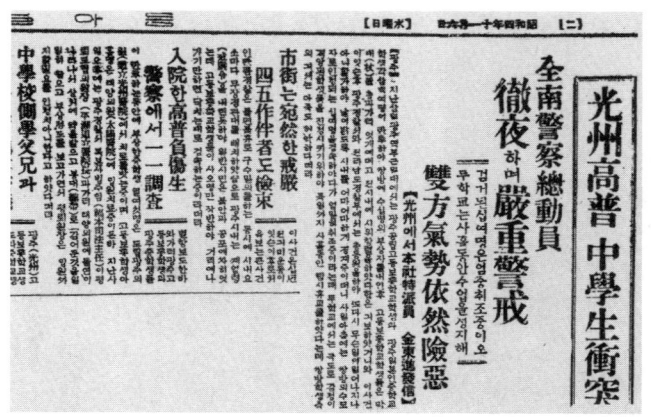

광주항일학생운동의 발발을 보도한 『동아일보』 기사

일본인이 조선의 산업을 장려하려들지 않기 때문이다. 그들은 조선의 내수산업을 장려하려는 시도를 반일적인 행동이라고 간주하고 얼굴을 찌푸린다. 일본이 원하는 건 그저 자국의 제조업자들을 위해 조선에서 천연원료를 가져가는 것뿐이다.

1929년 12월 7일 토요일

오늘 오전 경성제일고등보통학교(경기고등학교의 전신이다—옮긴이) 3~4학년 학생들이 동맹휴학을 벌였다. 사태가 심상치 않아 보인다. 변훈의 얘기를 듣고서야, 최근에 서울의 고등보통학교 학생들이 소동을 피우고 있는 게 동맹휴학 그 자체를 위해서가 아니라는 걸 알게 됐다. 사실은 광주에서 조선인 학생들이 조선인 여학생을 희롱하는 일본인 중학생들을 제지했다는 이유로 일본인 경찰, 날품팔이들, 학생들이 그 조선인 학생들을 폭행하고 칼로 찌르고 감옥에 집어넣은 데 대한 분노와, 그 조선인 학생들에 대한 연민 때문에 서울의 학생들이 동맹휴학을 벌이는 거였다. 서울의 다른 학교 학생들도 이 항의시위에 합류할 것으로 예상된다.

1929년 12월 10일 화요일

경무국이 광주학생 사건에 대해 전적으로 일본인을 옹호하는 소견을 발표했다. 총독부 한글판 기관지인 『매일신보』와 다른 일본 신문들은 이 일방적인 발표를 그대로 옮겨 실었다. 하지만 조선인 신문들은 모두 이에 대한 보도를 딱 잘라 거부했다. 정녕 경찰 당국이 꾸며낸 대로라면, 왜 그들은 3주일 전에 이 사실을 발표하지 않았을까?

1930년 1월 15일 수요일

15개 학교, 사실상 서울의 모든 사립 고등보통학교의 학생들이 만세시위를 벌였다. 경찰은 학생들의 손에 수갑을 채웠고, 유치장과 경찰서는 조선인 남녀 학생들로 초만원을 이루었다. 이 남녀 학생들이 조선을 홋카이도北海道나 규슈九州처럼 철저히 일본화하려는 일본의 무자비한 정책에 대해 형언할 수 없는 절망감과 분노를 표명하려고 애쓰는 걸 보면서, 눈시울을 적시지 않을 수 없다. 하지만 이런 식의 시위로 뭘 이룰 수 있을까? 수천 명의 학생이 아니라 2천만 조선인 모두가 오늘 내내, 아니 올해 내내 만세를 부른다 하더라도, 일본인의 시책을 조금이라도 바꿔놓을 수 있을까? 천만의 말씀이다. 왜냐하면 만세를 외친다고 해서 겁날 만한 건 전혀 없으니까.

1930년 5월 9일 금요일

정오에 전조선정구대회가 시작됐다. 평북 정주에서 오늘 이른 아침에 이승훈 씨가 세상을 떠났다는 내용의 전보가 왔다. 그는 지난 4월 15일 자기의 '자급농장'을 위해 200원을 꾸리고 날 찾아왔는데, 그때만 해도 건강해 보였다. 그런데 그 진실한 사람이 저세상으로 가버렸다. 요 전날 내가 한 20년 더 살라고 하니까, 그는 그렇게까지는 바랄 수도 없고 한 10년만 더 살아서 자기 학교(평북 정주의 오산고등보통학교를 의미한다—옮긴이)가 확실하게 자리 잡는 걸 봤으면 싶다고 말했다. 그는 적어도 10년은 더 살기를 바랐던 것 같다. 그러나 이런 대화를 나눈 지 불과 25일 만에 죽고 말았다.

1930년 5월 10일 토요일

교육과 다소간의 관계가 있는 상당수 인사들이 조선교육협회 회관에 모였다. 이승훈 씨 장례 문제에 대해 논의하기 위해서였다. 사회장으로 치르기로 결정됐다. 난 이런 결정이 마음에 들지 않았다. 그러나 이는 지역감정이 연루된 다소 미묘한 문제였다. 기본 원칙은 이상재 선생 경우처럼 이승훈 씨에게도 똑같은 영예를 부여하자는 것이었다. 이 모두가 부질없는 일인데도, 사람들은 이를 대단히 중시한다. 서북 사람들은 그렇게 생각한다. 13명의 위원으로 장례식 세부 절차를 조정할 위원회를 구성했다.

1930년 5월 16일 금요일

조선일보사가 주최한 서울 유치원 원아들의 소풍날이다. 모두 13개 유치원이 참가했다. 이번 소풍이야말로 서울 인사들이 지금껏 주최한 소풍 중에서 가장 훌륭했다는 생각이 들었다. 그런데 일본인이 운영하는 유치원의 조선인 원아들이 단 한 명도 참가하지 않은 게 이목을 끌었다. 양 민족은 모든 면에서 물 한 양동이에 떠 있는 기름 같다. 협조도, 공동 활동도, 서로에 대한 동정도 전혀 찾아볼 수가 없다. 대

금강산 석왕사

부분의 경우 사사건건 조선인에게 모욕을 주는 일본인에게 잘못이 있다.

1930년 6월 7일 토요일

이승훈 씨는 자기 시신을 표본으로 만들어 오산고등보통학교에 영구 보존했으면 좋겠다는 뜻을 갖고 있었다. 경성제국대학 해부학교실이 이를 위해 표본 제작을 해주기로 했다. 그런데 이제 와서 경무국은 유해를 매장하라고 요구하고 있다. 경찰은 살아 있는 이승훈 씨보다 그의 유해가 더 무서운가 보다.

(중략)

1930년 8월 21일 목요일

오전 8시 42분에 장선(윤치호의 셋째 아들—옮긴이), 유억겸 군과 함께 금강산으로 출발했다. 우선 강원도 철원까지 기차를 탔고, 말휘리未輝里까지 4시간 정도 전차를 탄 다음,[1] □□□까지 자동차를 타고 가서 오후 4시 30분에 목적지에 도착했다. 서울에서 9시간 이내에 금강산에 도착할 수 있게 만든 건 일본인의 경이적인 업적이 아닐 수 없다. 하지만 난 세 가지 이유에서 이번 여행이 별로 달갑지 않다. (1) 이 경이적인 업적은 순전히 일본인만의 정력과 능력과 노력에 의해 이루어졌다. (2) 이 업적의 궁극적인 목적은 조선인을 위한 게 아니라 일본인의 이익과 여가를 위한 것이다. (3) 조선의 어디서나 그랬던 것처럼, 이곳에서도 3Ex정책이 무자비하게 자행될 것이다. 조만간 일본 불교 관계자, 숙박업자, 기생과 윤락여성을 이주케 하려고, 벌써 조선인이―스님이―쫓겨나기 시작했다는 얘기가 들린다. 스스로 도울 줄도 모르고 도와줄 정부조차 없어서 이중으로 무기력한 조선인은, 막강한 자본과 일본 정부의 후원을 받는 이 정력적이고 공격적인 침략자들에게 뭘 가지고 맞선담?

---

1 ― 1931년 7월 1일 강원도 철원에서 내금강을 잇는 금강산 전철이 완전 개통됐다.

제2부 　만주사변 전후

제1장 '힘이 정의다'(1931~32)

제2장 '나는 성선설을 믿지 않는다'(1933~35)

만주사변 전후 윤치호의 정세 인식과 '힘의 정의론'

　윤치호는 1930년대 일제의 통치정책을 어떻게 인식했을까? 이전 시기와 비교해 무언가 변화가 있었을까? 결론부터 말한다면, 3·1운동 전후와 비교해 조금도 달라진 점이 없었다. 일제의 통치정책에 대한 그의 태도는 여전히, 그리고 상당히 비판적이었다. 그는 농민에게 풍작은 쌀값의 폭락을, 흉작은 굶주림을 의미한다고 보았다. 즉 농촌 경제의 몰락이 농민 개개인의 문제가 아니라 구조적 모순에 의한 것임을 정확히 인식했던 것이다. 그는 또 관공리 임용이나 교육 분야에서는 물론 위생사업이나 체육 분야에서조차 조선인에 대한 차별대우가 계속되고 있다고 분개했다. 그는 1931년 총독부의 지방자치제 개정안에 대해서도 일본인이 절대다수를 차지할 수 있도록 대단히 '계획적'인 내용들로 짜여졌다면서, 이것은 '일본인의, 일본인에 의한, 일본인을 위한 자치'를 의미할 뿐이라고 단언했다. 요컨대 정서적으로나 이성적으로나 일제에 대한 그의 반감은 상당히 거센 편이었다.

　한편 1931년 일제는 중국의 정치 상황이 자국에 불리한 방향으로 변화하고 세계대공황으로 인해 경제위기를 맞게 되자 총체적 난국을 타개하기 위해 만주사변을 일으켰다. 다시 말해서 만주 침략을 단행한 것이다. 만주사변은 분명히 일제의 생사가 걸린 사건이었고, 당연히 조선의 운명과도 직결되는 중대한 사건이었다. 과연 윤치호는 만주사변과 이로 인한 국내외 정세 변화를 어떻게 인식했을까?

　우선 윤치호는 만주사변을 일본 군국주의자들이 치밀하게 준비한 쿠데타라고 규정했다. 그는 또 만주사변에 반영된 일본의 군국주의 노선을 강도 높게 비판하면서, 중·일 간의 관계가 전면전으로 치닫지나 않을까 우려했다. 그는 이런 맥락에서 일제의 만주 침략과 만주국 수립을 전후해 일본과 조선에서 대두된 '대아시아운동'에 대해 비판적인 입장을 취했다. 그는 1933년 예종석의 '대아시아운동'과 1934년 동아민족문화협회의 '대아시아운동'에 대해 반대 의사를 분명히 나타냈다. 또 1934년 최남선이 '일선동조론日鮮同祖論'을 주장하자, 그가 일본의 국수주의에 영합하려는 것이 아닌가 하고 의혹의 눈초리를 보냈다. 요컨대 그는 일제의 만주 침략과 그 합리화 이데올로기인 '대아시아주의', 그리고 '일선동조론' 등을 모두 비판적으로 인식했다. 그가 1934년에 총독부 당국의 중추원 참의직 제의를 거절할 수 있었던 것도 바로 이런 인식을 전제로 한 것이었다. 1934년 천도교 지도자 최린이 중추원 참의직을 수락하고 '대동방주의大東方主義'를 제창하며 시중회時中會를 결성했던 것, 또 최남선이 1934년에 '일선동조론'을 주장하고 2년 후에 중추원 참의가 됐던 것과는 사뭇 다른 양상이 아닐 수 없다.

그러나 윤치호의 만주 문제 인식에는 이율배반적인 측면이 있었다. 그는 일제의 만주 장악이 현실적으로 조선인의 입장에서 득이 될 것이라고 판단했던 것이다. 우선 그는 재만 조선인의 입장에서 일제의 통치가 중국 치하의 무정부 상태나 소련 치하의 야만적 상황보다는 낫다고 생각했다. 그는 더 나아가 일제가 만주라는 '보고寶庫'를 차지하게 되면 경제적 위기에서 벗어나 조선에 정치적·경제적으로 관대해질 것이며, 만주에서 조선인 고학력자의 고용이 확대될 것이라면서 일제의 만주정책이 성공하기를 바랐다. 이것은 만주사변과 만주국 수립 이후 일정 정도의 만주 특수가 형성되면서 조선의 경제인들과 지식인들 사이에서 '만주 붐'이 일었던 것과 일맥상통하는 것이었다.

윤치호는 또 자신이 마치 제3국의 국제정치 평론가나 된 것처럼 완전히 '객관적'인 입장에서, 다시 말하면 '몰주체적인' 관점에서 만주사변과 만주국 수립을 바라보았다. 그는 영국 국왕이 인도의 황제가 됐던 것처럼, 일본 천황도 만주의 황제가 될 권리가 있다고 생각했다. 즉 일본이 그르다면 다른 모든 강대국도 그르고, 강대국이 옳다면 일본 역시 옳다는 것이었다. 따라서 그는 일본의 힘이 얼마만큼 강하냐 하는 점이 관건이라고 결론지었다. 즉 국제 관계에서는 '정의'나 '인도'가 아닌 '정글의 법칙', 곧 약육강식의 논리가 통용된다는 것이었다. 한마디로 '힘이 정의'라는 것이었다. 물론 그의 이런 생각은 만주사변 이후 새롭게 배태된 것이 아니라 3·1운동 전후부터 계속 유지되어온 것이었지만, 만주사변이 발발하고 이를 계기로 영국·미국과 일본의 관계가 갈등 관계로 접어들면서 더욱 강화됐던 것으로 보인다.

윤치호가 국제 관계에서 '정글의 법칙'이 통용된다고 판단한 밑바탕에는, 인간에게는 호전적 본능이 있어서 인간세계에서 전쟁은 결코 중단되지 않을 것이라는 인식과 인간은 천성적으로 악하다는 인식, 곧 성악설에 대한 믿음이 깔려 있었다. 그는 '호전성이 강한 민족이 저항 능력이 없는 민족을 멸시하고, 압박하고, 차별하는 것은 중력의 법칙만큼 보편적인 성질의 법칙'이라고 단언하고, 인간에게 호전적 본능이 있는 한, 또 인간성이 악한 상황에서는 지구상에 평화는 있을 수 없다고 확신했다. 요컨대 그는 성악설의 철저한 '신봉자'였다. 그래서 인간은 '하얗건, 노랗건, 빨갛건' 모두가 똑같은 존재였다. 다음 일기 내용은 그의 이러한 생각을 단적으로 입증해준다.

일본 정부는 자국의 식량 부족을 보충하기 위해 조선 쌀을 증산할 요량으로 조선인에게 수리조합을 강요했다. 그러나 수리조합은 조선인 지주들에게 이루 헤아릴 수 없을 만큼의 손실을 끼친 '수재조합水災組合'이라는 것이 입증됐다. 이제 일본의 미곡시장에서 조선 쌀이 늘게 되자, 일본 정부는 조선 쌀의 이입을 사실상 금지하는 법안을 가결했다. 그래서 일본 정부는 자국민의 이해에 관련된 것이 아닌 한, 조선인의 이익 따위는 안중에도 없다는 걸 만천하에 드러냈다. 하기야 영국이 아일랜드에서 했던 소행과 독일 및 소련이 폴란드에서 했던 소행에 비추어본다면, 유독 일본만이 이 점을 부끄러워할 필요는 없다. 인간의 본성이 본래 그런 것이지, 일본인이나 영국인이 특별히 악해서 이런 추행을 저지른 것은 아니니까.

결국 윤치호는 일제가 식민지 조선에 끼치는 해악을 분명히 인식했으면서도, 성악설에 대한 믿음으로 인해 스스로 제국주의에 대한 비판의식을 '무장해제'해버리고 만 것이다.

이런 상황에서 윤치호는 인격수양과 민족성 개조를 중심으로 한 비정치적 성격의 실력양성이야말로 조선인이 지향해야 할 운동 노선이라는 기존의 입장을 고수했다. 그는 조선인이 경제적·지적 측면에서 일본인을 따라잡지 못하는 한, 그들로부터 경멸을 당해도 마땅하다고 생각했다. 다시 말해서 그는 철저한 '양비론'을 견지하고 있었던 것이다. 침략자요 지배자인 일제의 수탈과 차별에 분개하면 할수록, 실력 없고 수준 낮은 조선인에 대한 한탄 역시 갈수록 증폭됐던 것이다. 이런 판단 아래에서 그가 선택할 수 있는 정치적 입장은 현상 유지, 곧 현실 순응일 수밖에 없었다.

제1장 | **'힘이 정의다'**
    | 1931~32

1931년 1월 8일 목요일

하와이, 미국, 시베리아, 만주, 상하이 등 사실상 조선인이 살고 있는 모든 곳에서 조선인을 두 개의 적대적인 진영으로 갈라놓은 두 파벌이—서북파와 기호파가—이제는 서울에서 더욱더 적대적인 양상을 연출해가고 있다. 서북파의 지도자인 안창호 씨가 이런 말을 했단다. "먼저 기호 사람들을 제거하고 난 후에 독립해야 합니다." 도저히 믿을 수 없는 얘기다. 난 항상 지역갈등과 파벌투쟁으로부터 거리를 두려고 애써왔다. 그런데도 난 신흥우 군, 유억겸 군과 함께 기호파의 지도자라는 의심을 사고 있다. 난 일부 상대편 인사를, 예를 들어 작가인 이광수 군을 매우 좋아한다. 신군과 유군은 그에게 말 한마디 건네지 않는 데도 말이다.

이승만과 안창호 1920년 12월 상하이 대한민국임시정부가 주최한 이승만 대통령 환영식 광경이다. 화환을 목에 건 사람이 이승만이고, 그 오른쪽이 안창호다. 이승만은 기호계의 '영원한 황태자'였고, 안창호는 서북계의 '영원한 스승'이었다.

1931년 1월 10일 토요일

총독부의 가장 교활하고 잔인한 시책은 수리사업을 통해 조선인의 논을 빼앗는 것이다. 그들은 우선 저수지를 만들 때 가장 좋은 논 중에서 수백만 평을 골라 공시지가로 징발한다. 그러고 나서 조선인 지주들에게 터무니없이 과도한 수리조합비를 물린다. 결국 조선인 지주들은 일본인에게 자기 논을 팔거나, 아예 줘버릴 수밖에 없다. 이 모든 게 가난한 조선인을 구제하려고 농업을 진흥한다는 미명하에 이루어진다. 사악하면 득 될 게 없다는 말은 맞지 않는다. 일본의 이런 비정함이야말로, 영악함과 권력만 있으면 불의도 화려하게 치장될 수 있음을 보여주는 단적인 증거다.

충남 예산에 사는 성씨의 비옥한 논은 저주받을 수리조합 영역 안쪽에 있었다. 그는 예전 같으면 평당 60전을 준다 해도 논을 팔지 않으련만, 이제는 하는 수 없이 논을 평당 15전에 내놓았다. 그런데 평당 15전임에도 불구하고, 조선인은 감히 이 논을 매입할 수가 없었다. 물론 일본인도 이 논을 매입하지 않았다. 터무니없는 수리조합비와 가혹한 세금을 견디다 못한 성씨가 조만간 자기들에게 이 비옥한 논을 공짜로 인수해달라고 애걸복걸할 것이라는 걸 잘 알고 있으니까.

1931년 1월 14일 수요일

내—누군가의—피고용인에게 이런 말을 해보자. "정직이야말로 최선의 방책이야." 그는 이 말을 귓등으로 흘려들으며 코웃음 칠 것이다. 그렇지 않다는 걸 더 잘 알고 있으니까. 그는 정직하게 일하면 한 달에 50원을 번다. 그러나 마음을 삐딱하게 먹기만 하면 그 2~3배를 벌 수 있다. 세계열강은 약소민족을 부당하게 다루어서 많은 걸 얻는다. 이런 상황에서 일본인에게 호전성은 바람직한 게 아니라 야만적인 거라고 말해보자. 그들은 이 말이 거짓말이라는 걸 잘 안다. 일본은 호전성에 의해 오늘날의 일본, 즉 세계 문명국의 일원으로 발돋움했으니까. 현실과 맞아떨어지지 않는 이론으로 남을 설득하기란 대단히 어려운 일이다.

1931년 1월 24일 토요일

6개월쯤 전부터 전북 남원에서 보통학교 교사로 일하고 있는 허재후 군이 그곳으로 돌아가는 길에 날 찾아왔다. 그의 말로는, 남원 주민들이 시대 흐름에 역행해서 살고 있다고 한다. 그들은 지금도 상투를 튼 채 화려했던 과거를 되뇌면서 여전히 한시와 부賦를 짓는 데 골몰하고 있다고 한다. 그들은 학교 교사들을 가까이해서는 안

될 관리들처럼 여기며 불신하고 멸시한다고 한다. 한번은 그가 가정방문을 했더니, 학부형들이—아버지들이—그를 사랑채에 들이지도 않더란다. 남원 주민들은 이조 시대에 늘 그래왔던 것처럼, 아직도 배관열拜官熱에 젖어 있다고 한다. 그런데 그는 이번에 고향인 함북 길주, 성진을 가보고 더더욱 놀랐다고 한다. 전 주민이—특히 젊은이들이—볼셰비즘에 미쳐 있더란다. 이곳 주민들은 자기 아이를 보통학교에 보내려 하지도 않는다고 한다. 어린아이조차 공산주의를 입에 올리고, 심지어 강의까지 할 수 있더란다. 연장자는커녕 자기 부모에 대한 공경심조차 찾아볼 수 없더란다.

그래서 무분별한 보수주의가 남부를, 무분별한 공산주의가 북부를 망치고 있다. 조선인은 무분별함의 양극단을 오가면서 스스로 자신을 망쳐가고 있다. 이에 반해 일본인은 매정하고 무자비한 정책을 시행하면서 조선인들 생계수단을 빠른 속도로 잠식해가고 있다.

1931년 2월 17일 화요일

오늘은 음력 설날이다. 서울의 조선인은 자신들이 왜설倭歲日이라고 별명을 붙인 공식 설날, 즉 양력 설날 대신에 자체의 명절로 음력 설날을 쇠고 있다.

1931년 3월 16일 월요일

충남 도청을 공주에서 대전으로 옮기는 문제가 완전히 가닥을 잡은 모양이다. 야마나시 총독¹은 이 문제의 이해 당사자들에게 뇌물을 받았다. 그 후 이 문제는 현 총독(사이토 총독이다—옮긴이)과 정무총감²에 의해 전면 재검토됐다. 공주와 대전의 이해 당사자들은 자기 읍내에 도청을 유치할 작정으로 치열한 경쟁을, 아니 로비를 벌였다. 물론 대전에 살고 있는 일본인들이 이겼다. 총독은 대전으로 도청을 옮기겠다고 만천하에 공표했다. 그런데 얼마 전 일본 중의원 예산위원회가 이 결정을 거부했다. 그런데 귀족원이 이 결정을 또다시 번복했다고 보도됐다.³ 공주와 대전의 가난한 조선인은 일본 정치가의 이 가증스런 계략으로 인해 많은 대가를 치르고 있다.

---

1 — 야마나시 한조(山梨半造, 1868~1944)는 일본의 군인, 정치가로 1920년 육군대신에 올랐다. 간토대지진이 일어나자 간토 계엄사령관 겸 도쿄 경비사령관에 임명되어 사태를 수습했다. 1927년 조선 총독으로 부임했으나, 부산 미두취인소 설립 허가를 둘러싸고 5만원의 금품을 수뢰한 사실이 드러나 1929년 사표를 내고 정계에서 은퇴했다.
2 — 고다마 히데오(兒玉秀雄, 1876~1947) 정무총감을 가리킨다. 타이완 총독을 지낸 고다마 겐타로(兒玉源太郎) 백작의 후계자이자 조선 총독을 지낸 데라우치 마사다케의 사위다. 도쿄제국대학 정치학과를 졸업하고 총독부 총무국장을 지냈다. 그 후 사이토 총독 휘하에서 정무총감을 지내고 일본에 돌아가 척무대신과 문부대신을 지냈다.
3 — 1931년 3월 9일 일본 귀족원 예산 제6분과(철도·척무)에서 충남 도청 이전비 조항을 다시 책정했고, 14일에는 일본 중의원 본회의에서 충남 도청 이전비 책정 건이 통과됐다. 결국 1932년 9월 10일 충남 도청 신청사가 준공됐고, 10월 1일부터 이곳에서 도청 업무가 시작됐다.

1931년 3월 23일 월요일

오후 1시 30분부터 2시간 동안 경성사범학교에 가서 우리 딸 명희와 동급생들의 졸업식에—아니 경성사범학교와 부속보통학교가 모두 경성사범학교의 직접적인 통제하에서 치르는 졸업식에—참석했다. 그런데 학교 당국에서 짠 식순이 영 마음에 들지 않았다. 언제나 일본인 학생들이 먼저고, 조선인 학생들은 나중이다. 별것 아닌 것 같아도, 이런 관행으로 인해 일본 아이들의 뇌리에는 차별의식 및 차별행위가, 조선 아이들의 뇌리에는 원한과 분노가 주입되고 있다.

1931년 4월 1일 수요일

지배 권력은 오늘부로 효력이 발동되는 법령을

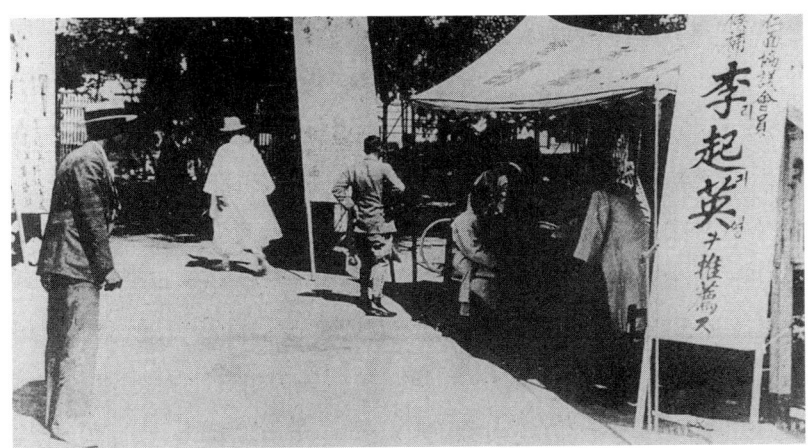

경성부 협의회원 선거

기획하고 있다. 부府의 경우에는 지방 행정에 관한 문제를 결정할 수 있는 권한이 지방 의회에 부여됐다. 이 안은 일본인이 절대다수를 차지할 수 있도록 대단히 '계획적'으로 짜여졌다. 결국 이런 내용의 자치는 일본인의, 일본인에 의한, 일본인을 위한 자치를 의미할 뿐이다.[1] '일본인을 위한 조선', 이것이야말로 일본의 국가 시책인 만큼 일본인 위주의 계획과 정책을 의아하게 생각해봐야 아무 소용이 없다. 물 수 없다면, 짖어봐야 부질없는 짓이다.

---

1 — 지방자치제 개정안이 1930년 12월 1일 공포되어 1931년 4월 1일부터 시행됐다. 개략적인 요점은 종래 설치되어 있던 도, 부, 지정면의 자문기관을 의결기관으로 하고, 특히 부회의 경우 자치권을 대폭 확장하며, 임명제였던 면협의회원을 선거를 통해 뽑는다는 것이었다. 그러나 납세액 연 5원 이상의 자격요건에 의한 제한선거를 실시함으로써 일본인에게 대단히 유리한 선거가 될 가능성이 높았다.

1931년 4월 17일 금요일

모든 조선인은, 자신들을 상당수의 적대적인 진영으로 갈라놓은 파벌이라는 것이야말로 민족 최악의 천벌이었다는 사실을 솔직히 시인한다. 두 가지의 씻을 수 없는 범죄를 저지른 이조가, 다시 말해서 소수의 양반 가문에게 모든 권력을 집중시키고, 백성의 호전성을 제거한 이조가 1905년에 사라져버렸다.[1] 하지만 파벌의 전통과 편견과 정신은 지금도 예전 못지않게 기승을 부리고 있다. 안창호가 이끄는 서북파가 기호파를 죽이고 싶을 만큼 증오한다는 건 널리 알려진 사실이다. 하와이나 미국, 시베리아나 중국 등 조선인이 살고 있는 모든 곳에서 이 두 파벌은 도저히 용해될 수 없는 적대감을 지니고 있다. 서북파는 기본 방침으로 일본인을 몰아내기 전에 기호파의 씨를 말려야 한다고 선언했단다. 해외에 나갔다가 돌아온 기호인은 한결같이 두 진영 사이에 적대감이 존재한다는 사실에 동의한다. 이 점에서 서북파에게 더 큰 잘못이 있는 것 같다. 모든 조선인이 폭풍우가 이는 바다 한가운데서 한 배를 타고 있는데, 안창호 같은 인사가 어떻게 이 하잘것없는 분파정신과 증오심을 고취할 수 있는 건지 도무지 납득이 가질 않는다.

---

1 — 1905년 을사조약의 체결을 의미한다.

1931년 4월 19일 일요일

난 지역파벌에 반대하면서 하루빨리 화해가 이루어져야 한다는 입장을 견지해왔다. 그래서 난 서북인 중에서도 전형적인 서북인이라 할 수 있는 평양 청년을 사위로 맞아들였다. 그러나 신흥우와 유억겸 같은 지도자들은, 평양 인사들이 기호인을 싫어하는 것 못지않게 서북인을 싫어한다. 얼마 전 이화여자전문학교 학생들이 문학을 주제로 한 강연에 저명한 소설가인 이광수를 초빙했다. 팸플릿이 인쇄됐다. 그런데 예정시간을 불과 몇 시간 앞두고, 유억겸이 이 학교의 미국인 교장[1]에게 이광수 군의 강연을 금지시키는 게 좋을 거라고 충고했다. 이군이 전처와 이혼했다는 게 그 명분이었다.[2] 이군으로서는 굉장히 수치스런 일이었음에 틀림없다. 얼마 전 이화여전은 내 사위의 형인 정두현 씨[3]를 초빙해 일부 교과목을 맡기려고 했다. 신흥우가 그런 특수 과목은 여선생이 가르쳐야 한다고 제안함으로써 아주 교묘하게 이 계획을 취소시켰다는 얘기를 들었다.

난 두 파벌의 심리를 충분히 이해한다. 그들에게는 상대방에 대해 가혹하게 굴 만한 충분한 이유가 있다. 그러나 내가 주장하고 싶은 건, 우리에겐 지역적 적대감이라는 사치를 부릴 만한 여유가 없다는 것이다.

---

1 — 엘리스 아펜젤러(A. R. Appenzeller, 1885~1950)를 가리킨다. 조선감리교 선교의 '개척자'인 아펜젤러(H. G. Appenzeller)의 장녀로, 서울에서 출생했다. 미국에서 학업을 마친 후 1915년 조선에 돌아와 이화학당 교사로 부임했다. 1922년 제6대 이화학당장에 올랐고, 1925년 이화여전 초대 교장에 취임해 1939년 김활란에게 교장직을 내줄 때까지 재직했다.
2 — 이광수는 1910년 고향인 평북 정주에서 오산학교 교사로 일할 당시 백혜순(白惠順)과 중매결혼을 했다. 그러나 그는 날이 갈수록 애정 없는 결혼을 한 것을 후회했던 것으로 알려져 있다. 1918년 부인과 이혼에 합의하고 당시 일본 유학생이었던 허영숙과 베이징으로 애정의 도피행각을 벌였다. 1921년 귀국해 허영숙과 정식으로 재혼했다.
3 — 정두현(鄭斗鉉, 1900~?)은 홋카이도제국대학을 졸업하고 평양 숭인학교 교장을 지냈다. 1936년 제5대 숭실학교 교장으로 부임해 신사참배 거부 문제로 이 학교가 폐교될 때까지 재직했다. 평양 남문교회 장로로, 일제강점기 평양 지역의 유력인사였다. 윤치호의 사위인 정광현의 형이다.

1931년 5월 8일 금요일

모트 박사[1]에게 『공산주의의 X·Y·Z』라는 책을 보내준 데 대해 고맙게 생각한다는 내용의 편지를 부쳤다. 난 모트 박사에게 이렇게 썼다. "소련 공산주의에 관한 이야기는 『서부전선 이상 없다』에 나오는 얘기만큼이나 끔찍하군요. 『서부전선 이상 없다』를 읽고 나서 며칠간이나 공포감에 떨었던 적이 있습니다.[2] 『공산주의의 X·Y·Z』가 또다시 큰 충격을 줄까봐 두렵습니다. 결국 소련 공산주의도 세계대전의 결과가 아니고 뭐겠습니까?"

---

[1] — 모트(J. R. Mott(穆德), 1865~1955)는 세계적인 기독교 평신도 지도자다. 일찍부터 미국YMCA와 캐나다YMCA의 지도자로 활약했고, 1895년 세계기독학생연맹(WSCF)을 창설해 세계적인 단체로 발전시켰다. 1910년 영국 에든버러에서 열린 제1회 국제선교대회(IMC)에서 의장으로 선출되어 세계 교회의 에큐메니컬운동에 주도적인 역할을 수행했다. 1946년 노벨 평화상을 수상했다.

[2] — 『서부선전 이상 없다』는 독일의 소설가 레마르크가 1929년에 출간한 소설로 제1차 세계대전을 다룬 가장 대표적인 작품으로 손꼽힌다. 이 소설은 참호 속에서 지내는 일 외에는 아무런 과거도 미래도 없는 듯한 병사들의 일상생활을 그리고 있는데, 전쟁터에서 벌어지는 부도덕한 행위와 공포를 함축적으로 보여주었다는 평가를 받고 있다.

1931년 6월 4일 목요일

함남 함흥부 내의 5개 중등학교가 어제 오전 같은 시각에 동맹휴학을 선언했다고, 오늘 발행된 신문이 보도했다. 그중에는 기독교 학교인 영생학교와 영생여학교가 포함되어 있다. 두 학교 학생들은 무엇보다도 수업료 5퍼센트 감면, 무능한 교사의 해고, 의무적인 종교교육의 중단 등을 요구하고 있다. 자, 어떤 사람이 조선 음식점에 갈 때는 이 집에서 외국 음식은 팔지 않는다는 걸 사전에 충분히 인지하고 가는 것이다. 만일 그가 외국 음식을 먹고 싶었다면, 외국 음식점에 가야 했을 것이다. 조선 음식을 원치 않는데, 왜 조선 음식점에 갔나? 이와 마찬가지로 기독교 교육을 원치 않는데, 왜 기독교 학교에 갔나? 소련식의 야만적인 사회주의가 모든 학교에 첩자를 두고 있다. 함흥의 5개 중등학교 학생들이 일치된 행동을 보였다는 건 대단히 심각한 문제다. '파업주의'

라는 열병이 전국 방방곡곡을 휩쓸게 될까봐 걱정이다.

1931년 6월 20일 토요일

총독인 사이토 자작이 지난 17일에 해임됐다는 얘기를 들었다. 고다마 정무총감도 사표를 냈다고 한다. 우가키 장군[1]이 총독에 임명됐고, 이마이다 씨[2]가 정무총감에 취임할 거라고 한다. 조선인 입장에서는 총독은—어느 누구든—다 똑같다. 총독이 군인이든 민간인이든 간에, 철두철미하게 일본인의 이익만을 추구하는 정책을 펴나갈 것이다. 하지만 사이토 자작과 고다마 백작 모두 상냥하고 온화한 편이어서 개인적으로는 인기가 꽤 높았다.

---

1 — 우가키 가즈시게(宇垣一成, 1868~1956)는 1920~45년 거의 내내 일본 육군을 지배한 '통제파'의 리더였다. 육군대신을 거쳐 제6대 조선 총독으로 부임해 일선융화를 모토로 내걸고 농촌진흥운동, 조선공업화정책 등을 시행했다. 고노에 제1차 내각의 외무대신 겸 척무대신을 지냈다. 1953년 일본 참의원 선거에서 최다 득표율로 당선됐다.
2 — 이마이다 기요노리(今井田清德, 1884~1940)는 도쿄제국대학 정치학과를 졸업하고 체신차관 등을 지낸 체신 관료다. 우가키 총독 재임 기간 동안 정무총감으로 발탁되어 총독부의 정무를 지휘했다. 일본에 돌아가 귀족원 의원을 지냈다.

1931년 6월 22일 월요일

이순신 장군의 묘가 있는 언덕, 그가 살던 옛집, 그의 제사 음식을 장만할 비용을 대주는 논, 그가 사용했던 대단히 귀중한 전쟁 도구들, 이 모든 게 이 훌륭한 사람의—이조 역사상 가장 위대한 인물의—못난 후손이 진 빚을 갚기 위해 경매에 처해질 거라고, 꼭 한 달 전에 『동아일보』가 보도했다. 또 위에서 언급한 재산을 담보로 해서 돈을 대출해주었던 동일은행이, 이씨 문중 앞으로 당장 3천 원을 갚지 않으면 그 담보물에 대한 권리를 행사할 수밖에 없다고 공식 통고한 사실도,

이 신문 보도로 알려졌다. 기사가 나가자마자, 아이들과 아녀자들이 그 빚을 갚고자 기탁한 코 묻은 돈, 쌈짓돈들이 모여들기 시작했다. 지난 30일 동안 오직 몇 사람만이 100원씩 기탁했다. 지금껏 내가 낸 264원이 최고액이다. 전국 각지에서 5전, 10전, 20전씩 기탁되고 있다. 지금까지 모금된 금액이 무려 1만 1천 원을 훨씬 웃돈다. 지금까지 잘사는 양반이나 상인 중에서 조금이라도 돈을 낸 사람은 단 한 명도 없다. 그들은 일본을 겁내고 있다.

1931년 7월 3일 금요일

농민과 관헌으로 이루어진 중국인 군중이 창춘長春 인근의 싼싱바오三姓堡에 있는 조선인 마을들을 습격해 200명 정도의 조선인 농민과 싸움을 벌였다고, 신문들이 일제히 보도했다. 상황이 어찌나 험악했던지 일본 경찰이 현장에 출동해야 했다고 한다.[1]

만주 조선인 문제는, 강력하고 현명한 정부가 대단히 엄하게 법을 집행하면서 그 광활한 영역을 다스릴 때 비로소 만족스럽게 해결될 수 있을 것이다. 만주라고 불리는 전 지역이 고질적인 무정부 상태에 있는 게 사실이다. 부패한 관료층, 잔인한 마적, 짐승 같은 공산주의자들이 가난한 농민들과 상인들에게 돈을 뜯어내려고 앞다퉈 경쟁하는 곳에서, 법을 준수하는 사람은 어느 누구라도 안전하게 살 수가 없다. 만주에는 조선인 농민들의 고혈을 빨아먹는 네 부류의 암적 존재가 있다. 중국인 관료, 중국인 마적, 조선인 볼셰비키, 그리고 조선인 '애국자' 말이다.

---

1 — 1931년 7월 2일 발생한 '완바오 산(萬寶山) 사건'을 의미한다. 일본 경찰이 출동해 총격전까지 벌인 것은 이 사건을 기화로 조선과 중국 간의 충돌을 유발해 만주 침략의 구실을 만들려는 저의가 있었던 것으로 알려져 있다.

파괴된 평양의 중국인 거리 '완바오 산 사건'으로 민족감정이 폭발한 평양 시민들이 중국인 거리를 습격해 상당수의 사상자를 냈다.

1931년 7월 5일 일요일

평양에서 군중이 화교들의 상점을 습격했다. 이 사건으로 상당수 화교들이 부상을 입었고, 약간 명은 목숨을 잃기까지 했다.[1] 조선에 있는 수천 명의 화교에게 상해를 입히면, 만주에 있는 100만 명 이상의 조선인은 훨씬 더 험악한 지경에 처하게 될 것이다. 이렇게 산술적으로만 따져보더라도, 몰지각한 조선인 군중의 앙갚음은 조금도 득 될 게 없다. 그건 그렇고, 총독부 경찰은 조선인에게 대중집회의 개최를 허가해주지 않았다. 조선인 주민에게 조선에서 살고 있는 죄 없는 화교들을 박해하지 말라고 계도하기 위한 것이었는데도 말이다.

---

1 — 1931년 7월 5일과 6일 '완바오 산 사건'에 분노한 평양 주민들이 화교들을 습격해 사망자 94명, 부상자 300여 명, 가옥피해 289호에 이르는 참사가 일어났다.

1931년 7월 13일 월요일

최근 조선에서 발생한 화교 박해 사건이 일본인의 사주를 받아 일어났다는 의혹이 제기되고 있다. 사람들이 제시하는 정황 증거는 이렇다. (1) 『조선일보』 창춘 지국장은 중국인이 조선인 마을을 습격한 사건에 대해 자극적이고 과장된 기사를 송고送稿했다.[1] 그런데

중국인 박해 사건으로 출동한 일본 군인

그는 밀정이라고 알려져 있다. (2) 『조선일보』는 호외를 발행했지만, 동일인으로부터 똑같은 소식을 접한 『동아일보』는 호외를 발행하지 않았다. 그러자 이름만 대면 다 알 만한 종로경찰서 형사가 동아일보사에 전화를 걸어 이토록 중대한 사건에 대해 호외를 발행하지 않은 이유를 추궁했다. (3) 서울의 경찰 당국은 조선인에게 대표자회의의 개최를 허가해주지 않았다. 이 회의는 화교들에게 어떤 행패도 부려서는 안 된다고 조선인 주민들을 계도하기 위한 것이었는데도 말이다. (4) 의지만 있었더라면, 그토록 유능하고 막강한 경찰이 평양과 인천에서 발생한 난동을 못 막았을 리 없다.

---

1 — 관동군이 사건을 확대하고자 일본 영사관을 통해 『조선일보』 창춘지국장 김이삼(金利三)에게 '완바오 산 사건'에 대한 허위 자료를 제공했는데, 김이삼이 진상에 대한 확인 절

차 없이 그대로 본사에 기사를 보낸 것으로 알려져 있다.

1931년 7월 22일 수요일

서울의 화교구제위원회가 100원을 들려 평양에 파견했던 현동완 군[1]의 말에 따르면, 그는 평양에 도착해서 경찰과 형사들의 포위망을 다섯 겹이나 지나서야 피해자들을 돌보고 있는 화교들을 만날 수 있었다고 한다. 그런데 경찰 간부들이 그와 화교들의 대화 내용을 면밀히 감청했단다. 또 화교들은 서울의 화교구제위원회가 보낸 통지문과 전보를 받지 못했다고 한다. 그것은 상식 있는 조선인들이 고초를 겪은 죄 없는 화교들에게 심심한 사의를 표하려고 부친 것이었다. 평양에서 화교 93명이—부녀자와 아이들이 다수 포함되어 있다—학살되고, 수백 명이 큰 부상을 입었다는 사실이 지금에서야 알려졌다.

---

[1] 현동완(玄東完, 1899~1963)은 YMCA 운동가로 만주동포문제협의회 임원으로 활동했다.

1931년 7월 25일 토요일

대원군이 가장 애지중지했던 손자인 이준공[1]은 엄청나게 뚱뚱했다. 그래서 사람들은 그를 가리켜 '양(洋)돼지'라고 부르곤 했다. 그는 북문 밖에 있는 자기 별장[2]에 갈 때면, 2명의 건장한 일꾼에게 인력거를 앞에서 끌고 뒤에서 밀게 해서 돌 많고 경사도 가파른 언덕을 올라가곤 했다. 무더운 날씨에도 2명의 충직한 일꾼이 인력거를 끌었다. 언덕 중간쯤에 다다를 때면, 그들의 발걸음이 자연히 더뎌질 수밖에 없었다. 일꾼들은 물론이고 이 고종 황제의 조카에게도 이글거리는 태양이 내리쪼이게 마련이었다. 이때 이 뚱뚱한 왕자는 일꾼들에게 버럭 소리를 지르곤

이준용의 저택

했다. "이놈들아! 어서 가자. 더워 죽겠어."

하루 12~14시간씩 원 없이 잠을 자는 한 여인이—공주는 아니다—있었다. 그런데 그녀는 12살 먹은 하녀에게 저녁 7시부터 밤 11~12시까지 1년 내내 자기 다리를 주무르게 했다. 그녀는 이 불쌍한 것이 조금이라도 조는 듯하면 걷어차거나 욕설을 퍼부어댔다. 언젠가는 한 소년과 한 소녀에게 이 일을 시켰다. 그녀는 소년에게, 이 졸리고 배고픈 하녀가 몹시 피곤한 나머지 고개를 떨굴 때마다 꼬집고 때리라고 명령했다.

조물주의 피조물이 권력을 잡을 때 인류의 비인간성은 구역질나는 현실로 다가온다. 너무 지체가 높은 나머지 성에 차는 물건과 시종이 전혀 없어서 어느 누구에게도 감사할 줄 모르는 게 바로 귀족적인 것이다.

---

1 — 흥선대원군의 장손인 이준용(李埈鎔, 1870~1917)이다. 완흥군(完興君) 재면(載冕)의 아들로, 고종의 조카가 된다. 대원군이 1886년과 1894년 두 차례에 걸쳐 고종을 폐하고 그를 국왕으로 추대하려 했으나 실패했다. 1896년 이후 일본에 체류하다가 1907년 순종이 즉위하자 귀국해, 한일합방과 함께 이준공(李埈公)이라는 칭호를 받았다.

2 — 대원군 별장이었던 석파정(石坡亭)을 가리킨다. 일설에 의하면, 안동 김씨 세도가 김흥근(金興根)이 소유하고 있던 것을 대원군이 빼앗았다고 한다. 서울시 종로구 창의문 밖 부암동 고개에 남아 있으며, 서울특별시 유형문화재 제23호로 지정되어 있다.

1931년 7월 30일 목요일

오후 4시 30분에 용산에 있는 총독 관저에 가서 신임 총독 우가키 장군이 주최한 다과회에 참석했다. 500여 명의 손님이 참석했다. 총독이 꼼꼼하고 말수가 적은 노(老)군인이라는 걸 알 수 있었다. 전임 총독(사이토 총독이다―옮긴이)이 지니고 있던 상냥함이나 상냥해 보이려는 의식적인 노력 따위는 조금도 찾아볼 수 없었다. 총독이 차를 다 마시고 나서 자리에서 일어섰다. 참석자들은 연설을 기대하며 박수를 쳤다. 그러나 뜻밖에도 총독은 멀뚱하니 인사만 하고는 그냥 연회장을 나가버렸다. 그런 총독을 감히 비웃으려는 사람은 한 명도 없었다.

1931년 9월 19일 토요일

새벽 5시다. 시내 여기저기에 뿌려진 호외에 의하면, 어젯밤 10시에 펑톈 북부에 주둔하고 있던 중국군이 만주철도의 일부분을 폭파하고 그곳에 있는 소규모의 일본군 수비대를 습격했다고 한다. 펑톈 안팎에 주둔하고 있던 일본군이 즉각 반격에 나서, 새벽 3시가 못 돼서 펑톈 안팎의 요충지들을 완전 장악했다고 한다. 이제 펑톈은 일본인에게 장악된 것이다.[1] 이 모든 게 뭘 의미하는 걸까?

(1) 일본인은 중국 민족주의자들의 반일 선동 때문에 자신들이 만주에서 차지하고 있던 지위에 대해 불안감을 느껴왔다. 일본은 무슨 수를 써서라도 만주에서 확보한 이권을 지켜야 할 상황에 처해 있었다.[2] 일본이 만주를 잃게 되면 자국의 과잉 인구를 이주시킬 공간이 사라질 뿐만 아니

일제의 만주 침략 1931년 9월 21일 관동군은 지린을 침공했다.

라, 조선 자체도 위협을 받게 된다. 일본에게 만주는 조선 못지않게 중요한 곳이다. 그래서 일본 군부는 자국이 만주 문제 해결에 실패할 경우 영토 확장을 위한 유일한 공간을 상실하게 될 거라고 공공연히 말해왔다.

(2) 일본이 일을 벌이고 나선 이상, 수백만에 달하는 재만 조선인의 안전을 보장할 만한 명확한 조치가 취해졌으면 좋겠다.

---

1 ─ 만주사변에 관한 내용이다.
2 ─ 1928년 동북군벌 장쭤린(張作霖) 폭살 사건이 발생한 후, 그의 후계자인 장쉐량(張學良)은 장제스(蔣介石)의 국민정부에 가담했다. 이로써 만주 전역에는 청천백일기(靑天白日旗)가 휘날리게 됐고, 국민정부의 중국 통일이 거의 완성 단계에 도달했다. 당연히 불평등 조약의 철폐와 권익 회수, 즉 조차지 뤼순·다롄(大連) 및 남만주 철도의 회수, 영사재판권 철회, 일본의 철도부설권 및 탄광개발권 확대 반대, 일본인과 조선인에 대한 가옥 임대료 및 소작료 인상 또는 계약갱신 거부 등을 요구하는 중국인의 운동이 대대적으로 전개됐다. 이를 배경으로 국민정부는 공식적으로 만주에서의 일본 권익을 회수하겠다는 의향을 표명하기에 이르렀다.

1931년 9월 21일 월요일

『동아일보』가 사설에서 중국과 일본 간의 분규를 다루면서, 미국이 동아시아 국가들 간의 국제 문제에 대해 '감독'이나

'지도'를 해야 한다고 입바른 소리를 했다. 경찰 당국은 『동아일보』가 일본은 미국보다 힘이 약하다는 점을 암시한 데 격분한 나머지, 이 신문에 대해 특단의 조치를 취할 것인가의 여부를 논의 중에 있다고 한다.

일본이 전쟁의 기로에 서 있는 상황에서, 조선인이 천성적으로 복수심이 강한 일본인의 감수성을 자극할 만한 사실을 언급하는 건 대단히 위험한 일이다. 이럴 때일수록 송진우 군(당시 동아일보사 사장으로 있었다—옮긴이)은 자신의 유식함을 드러내는 대신 자기 신문의 기사 내용에 좀 더 신경을 써야 한다.

1931년 9월 23일 수요일

만주에 주둔하고 있는 일본군이 펑톈, 지린吉林, 창춘, 정자툰鄭家屯, 푸순撫順 등 주요 지역을 모두 점령했다. 만주의 정치적·군사적 수도인 펑톈은 일본 군국주의자들의 수중에 들어가 있다. 그들은 벌써 시 행정위원회를 구성했는데, 이 위원회의 위원들은 모두 일본의 군사 지도자들이다.

쿠데타가 눈 깜짝할 사이에 벌어진 만큼, 전 세계는 별다른 논평을 내놓지 못하고 있다. 하지만 내 생각에 몇 가지 점은 분명하다. (1) 이 모든 것은 몇 달 동안—어쩌면 몇 년일지도 모른다—일본 군국주의자들에 의해 치밀하게 준비되어왔다. 나카무라 대위 살해 사건,[1] 완바오 산 사건, 조선에서의 화교 박해 사건 등은 모두 9월 18일에 발생한 쿠데타(만주사변을 의미한다—옮긴이)의 전주곡이었다고 할 수 있다. (2) 과연 일본은 경제적 손실을—군사작전에 직접적으로 소요되는 수백만 엔의 비용과 중국 내 일본 상품 불매운동에 따른 엄청난 간접 손실을—감당해낼 수 있을까? 설령 감당할 수 있다 하더라도 그 기간은 얼마나 될까? (3) 재만 조선인의 입장에서는, 일본이 만주의 정치·군사업무를 완전 장악하

1905년 전후 한반도를 둘러싼 국제 관계 관련 삽화 일본이 러시아를 향해 칼을 겨누고 있다. 영국은 다급하게 일본의 등을 밀고 있고, 미국은 주머니에 손을 넣은 채 여유롭게 담배 파이프를 물고 있다.

는 게 축복일 것이다. 중국인 치하에서는 치안이란 게 확립될 수 없기 때문이다.

---

1 — 1931년 8월 정탐 임무를 수행하고 있던 나카무라 일본군 대위가 장쉐량의 군대에게 살해된 사건을 가리킨다.

1931년 9월 25일 금요일

(앞의 내용 계속)

(4) 이른바 문명화한 민족에게 일본인이 밟고 있는 수순의 옳고 그름을 따지고 들 자격이 있는가? 영국이 인도를 병합하고 프랑스가 베트남을 점령한 것처럼, 일본도 만주를 점령하거나 병합할 권리가 있다. 미국은 루스벨트 집권기에 야만스럽게도 일본의 조선 병합을 지지했다.[1] 그런 미국이 이제 와서 무슨 낯으로 일본의 만주 점령을 반대할 수 있는가? 일본

이 조선 병합을 정당화하기 위해 개진하고, 루스벨트 일당이 복음의 진리로 받아들였던 모든 주장의 한마디 한마디가 만주에 대해서도 그대로 적용될 수 있다. 조선 정부가 타락하고 무능했나? 그렇다면 만주의 중국 정부도 마찬가지다. 일본은 조선에 대해 각별한 관심이 있었나? 그렇다면 일본은 만주에 대해서도 각별한 관심을 가지고 있다. 러시아가 조선을 차지했더라면, 조선이 일본에게 위협적인 존재가 됐을까? 그렇다면 만주도 그럴 것이다. (5) 그렇다면 관건은 오직 하나의 간단한 명제로 집약된다. 즉 만주의 군사적 점령이 자국에게 필연적으로 떠안기게 될 막대한 부담을 견뎌낼 수 있을 만큼 일본의 지갑 속에 돈이 풍족하게 들어 있느냐 하는 것 말이다.

---

1 — 루스벨트(Theodore Roosevelt, 1858~1919)는 미국의 제26대 대통령(재임 1901~09)이다. 러일전쟁 당시 포츠머스 조약을 중재하면서 일본의 조선 지배를 사실상 승인했다. 러시아의 남하를 막기 위해서는 일본이 조선을 지배하는 것이 유리하다는 판단에서였다.

1931년 10월 3일 토요일

이케다 경무국장[1]의 초청으로 저녁 8시에 명월관에 갔다. 놀랍게도 조선군 참모장, 총독부 식산국장,[2] 내무국장,[3] 동양척식주식회사 조선지사장, 식산은행장 등 최고위급 당국자들이 참석했다. 조선인으로는 한상룡 씨, 박영철 씨,[4] 김응선 씨, 민대식 씨[5] 등이 참석했다. 그들은 토요회라는 이름의 사교모임을 만들어 한 달에 한 번씩 모이자는 의견을 내고는, 그렇게 하기로 결정했다.

---

1 — 이케다 기요시(池田淸, 1885~1966)는 도쿄제국대학 법률학과를 졸업하고 일본 내무성 신사국장 등을 거친 내무 관료다. 우가키 총독에게 발탁되어 경무국장을 지냈다. 그 후 일본 경시청 경시총감, 귀족원 의원 등을 지냈다.
2 — 와타나베 시노부(渡邊忍, 1883~?)를 가리킨다. 도쿄제국대학 법률학과를 졸업하고 일

본에서 관리를 지냈다. 1919년 조선에 건너와 전북과 경기도지사 등을 거쳐 식산국장에 올랐다. 1932년 초대 농림국장으로 자리를 옮겼다가, 1935년 동양척식주식회사 이사가 됐다.
3 — 우시지마 쇼조(牛島省三, 1883~?)를 가리킨다. 도쿄제국대학 법률학과를 졸업하고 일본 각 부와 현의 경찰부장, 내무부장, 지사를 거쳐 총독부 내무국장에 발탁됐다.
4 — 박영철(朴榮喆, 1879~1939)은 일본 육군사관학교를 졸업하고 1912년 일본군 소좌로 예편한 후, 관계에 진출해 1920년대에 강원도지사, 함북지사 등을 지냈다. 1930년대에는 재계로 진출해 조선상업은행 부행장에 취임했고, 1933년 중추원 참의에 임명된 후 이듬해 최린이 결성한 시중회에 참여했다. 1938년 시국대응전선사상보국연맹의 총무를 맡았다.
5 — 민대식(閔大植)은 민씨 척족의 핵심 인물이자 일제강점기 조선 최고의 갑부로 손꼽혔던 민영휘의 아들이다. 오랫동안 동일은행장을 지내 금융계의 거물로 통했다. 조선토지개량회사와 조선신탁회사 이사, 경성전기회사 감사를 맡았다.

1931년 10월 5일 월요일

송진우 군 같은 인사는 내가 토요회 같은 모임에 관계하는 것에 대해 반대한다. 물론 나 역시 이런 모임의 회원이 되고 싶지는 않다. 난 그들 사이에서 물 한 양동이에 뜬 기름 한 방울 같은 기분을 느낀다. 난 과음이나 가벼운 농담도 싫고, 기생은 더더욱 싫다. 하지만 일본인은 전시 상황을 맞이해서 비상시국에 처해 있으며, 아주 철저하게 적과 동지를 구별하고 있다. 나 같은 조선인은 그들에게 적으로 규정되는 걸 감당해낼 재간이 없다. 김성수 군도 이 모임의 회원으로 초청을 받은 사람 중 하나다. 내 생각엔 그도 다방면에 걸친 이해관계상 당국자들의 비위를 거스를 수가 없을 것이다.

1931년 10월 8일 목요일

일본의 지방판 신문들이 발행한 호외에 의하면, 일본 전투기들이 진저우錦州를 폭격하기 시작했다고 한다. 진저우는 펑톈의 독군督軍에서 폐위된 장쉐량[1]이 새 만주 정부를 수립하려는 곳이다. 일본은 중국이 스스로 선전포고하도록 유인하려고 필사적인 노력을 기울이고 있는 것 같다. 일본 입장에서는 중국의 선전포고야말로 만주 문제에 대한 명분을 얻는 가장 손쉬운 방법일 것이다. 하지만 중국이 일본에게 선전포고하는 건 매우 어리석은 일일 것이다. 선전포고야말로 일본이 곧장 중국의 무릎을 꿇릴 수 있는 좋은 구실이 될 테니까. 이 와중에 제2차 세계대전이 터질까 두렵다.

---

1 ― 장쉐량(1898~?)은 동북군벌 장쭤린의 장남으로, 1928년 장쭤린이 일본 관동군에게 폭살된 후 동북 지역의 실권을 장악해 일본의 위협을 물리치고 장제스에게 귀순했다. 1931년 만주사변 당시 장제스의 대일 타협 방침에 대립했으며, 1936년 '시안(西安) 사건'을 일으켜 제2차 국공합작의 계기를 제공했다.

1931년 10월 15일 목요일

신흥우 박사(신흥우는 1930년 모교인 미국 서던캘리포니아대학교에서 명예박사학위를 받았다―옮긴이)가 조선의 태평양문제연구회[1] 일행을 백합원[2]에 초청해 점심으로 일본식 불고기를 대접했다. 그는 이토 박사로부터, 태평양문제연구회가 상하이에서 열리는 국제회의에 조선 대표들을 초청하지 않은 걸 유감스럽게 생각한다는 내용의 전보를 받았다.

 (1) 8년 전 호놀룰루에서 YMCA 지도자들이 태평양문제연구회를 출범시켰다. 그런데 이 연구회는 종주국 대표들이 상호 불만을 토로하고, 약소국들로부터 쟁취한 이권을 얼마나 오래 보유할 수 있을 것인가를 연구하는, 일종의 민간 차원의 국제연맹으로 전락했다. (2) 조선인이 이런 회의에서 뭘 할 수 있을까? 만일 이 회의석상에서 조선인이 많은 걸 얘기하면, 일본인이 그에게 덤벼들 것이다. 만일 그가 얘기를 거의 하지 않는다면, 조선인이 그에게 욕설을 퍼부을 것이다. 우리가 태평양문제연구회에서 나오게 된 건 차라리 아주 잘된 일이다.

1 — 태평양문제연구회 조선지회는 1925년 11월 28일 결성됐다. 서울YMCA와 흥업구락부 인사들을 중심으로 미일 관계의 변화(궁극적으로는 미일 간의 전쟁)에 대처하기 위해 결성됐다. 2년마다 개최되는 태평양회의에 조선 대표를 파견하는 가운데 재미 한인 사회, 특히 이승만 세력과의 연계를 시도한 것으로 보인다. 윤치호가 위원장을, 신흥우가 서기 겸 회계를 맡았는데, 실질적인 지도자는 신흥우였다.

2 — 백합원(百合園)은 조선인이 경영하던 레스토랑으로 종로 YMCA회관 부근에 있었다. 조선의 지식인들이 즐겨 찾던 곳이었다.

1931년 10월 17일 토요일

국제연맹은 일본의 완강한 반대에도 불구하고 미국을 국제연맹위원회의 옵서버로 파견하기로 결정했다. 이로써 만주 문제를 국지적인 사안으로 축소시키고자 했던 일본의 희망과는 달리, 만주 문제는 빠른 속도로 국제 문제로 비화되고 있다. 서양의 '강도 국가'들도 일본에게 만주에 있는 자국민의 거주공간을 확보할 권리가 있다는 걸 충분히 인식하고 있을 것이다. 스페인이 모로코에서, 이탈리아가 리비아에서, 영국이 오스트레일리아와 캐나다 및 아프리카에서, 프랑스가 베트남과 알제리에서 그랬던 것처럼 말이다. 만일 일본에게 잘못이 있다면, 다른 모든 강대국에게도 잘못이 있는 것이다. 또 강대국이 옳다면, 일본 역시 옳은 것이다. 단 하나의 관건은 이것이다. 일본이 자신의 주장을 밀고 나갈 수 있을 만큼 힘이 세냐 하는 것 말이다.

1931년 10월 25일 일요일

국제연맹은 일본군이 만주에서 철수할 것을 요구하는 결의안을 찬성 13표, 반대 1표로 통과시켰다. 일본은 중국이 저 유명한 21개조의 요구와 여타의 합의 등에서 자기네에게 양도하기로 했던 모든 권리와 이권을 인정해주기 전에는 그럴 수 없다고 맞섰다. 만약 일본이 만족스러운 결과를 얻지 못하고 군대를 철수한다면, 일본 내에서 내전이 일어날 것이다. 반면에 국제연맹의 결정이 수용되지 않는다면, 국제연맹의 권위는 어떻게 될까?

1931년 10월 31일 토요일

5천~6천 명의 일본군이 전라남도와 시모노세키下關 간 정규항로의 개설과 함께 새로 개통된 슈수이센 철도[1]를 이용해 만주로 급파됐다는 소문이 나돌고 있다. 조선에 있는 수많은 재향군인들도 만주로 파견됐다고 한다. 심지어 소방대까지 파견됐다는 얘기도 들린다. 이 모든 게 사실이라면, 대체 무슨 조화일까? 군국주의자들이 중국 영토에서 군대를 철수시키지 않아도 될 구실을 만들려고 만주에서 갑작스런 쿠데타를 일으키려는 건가? 만주에서 살고 있는 가난한 조선인이 일본과 중국 간의 이 필사적인 게임에서 볼모로 이용되지나 않을까 걱정이다. 곧 일본인에게서 자발적인 충성을 보여달라는 요구가 떨어질 게 틀림없다.

---

1 — 1931년 4월 19일 개통된 슈수이센(州水線), 곧 광주~여수 간 철도를 가리킨다.

1931년 11월 4일 수요일

중국인은 일본의 손아귀에 들어 있는 만주를 구하려고 한편으로는 국제연맹, 즉 영국과 미국에, 다른 한편으로는 소련에 기대를 걸고 있다. 중국인은 힘세고 신망 있는 민족이 될 수 있는 오직 한 가지 방법만 빼고 보여줄 수 있는 건 죄다 보여주고 있는 것 같다. 그 한 가지 방법이란 다름이 아니라 안정되고, 현명하며, 강력한 중앙정부를 수립하기 위해 모든 사적·분파적 차이와 적대감을 해소하고 남과 북이 힘을 합치는 것이다. 조선의 옛 황제(고종 황제를 가리킨다—옮긴이)는 미국과 소련이 일본이 조선에 범접하는 걸 저지할 거라고 확신했다. 물론 그건 황제의 착각일 뿐이었다. 지금 중국은 조선 옛 황제의 전철을 밟고 있다.

1931년 11월 9일 월요일

톈진天津에 주둔하고 있는 일본군 수비대가 중국군 및 폭도들과 전투를 개시했다는 내용의 호외가 발행됐다. 만주사변은 양적인 면에서나 질적인 면에서나 벌어진 입을 다물지 못할 만한 양상으로 치닫고 있다. 톈진과 베이징은 중국 최고의 요충지. 중국과 일본은 모두 양국 간의 분쟁에 대해 국지적인 문제, 즉 만주 문제인 체하고 있다. 그러나 이 문제는 점차 국제적인 문제로 비화되어가고 있다. 일본군이 톈진과 베이징을 점령한다면, 중국이 선전포고를 하지 않고 버틸 수 있을까? 일본이 중국 및 국제연맹과 생사가 걸린 혈투를 벌이고 있다. 이 문제가 언제 어떻게 끝날지는 오로지 주님만이 아신다.

1931년 11월 24일 화요일

일본 정부, 즉 내각이 전쟁비용을 마련하고자 의연금을 모으기로 결정했다고, 서울의 한 일본 신문이 보도했다. 상당수 일본인은 주저하지 않고, 아니 아주 기꺼이 이 모금운동에 동참할 것이다. 그들은 자신의 충성심이나 애국심을 과시하려고 의연금을 낼 것이다. 그러나 조선인은 어쩌란 말인가? 음흉한 모사꾼으로 당국자들의 환심을 사기 위해서라면 물불도 마다하지 않는 한상룡 씨는 한 달 넘게 도쿄에 머물고 있다. 그가 돌아오면 자기의 친일 행각을 위해 애국이라는 명분을 내걸고 조선인의 호주머니에서 돈을 뜯어내는 운동을 시작할 게 뻔하다.

그는 데라우치 백작이 조선 총독으로 있었을 때, 그에게 40만 원을 '대출' 해줌으로써 한성은행[1]을 파산시켰다. 한씨는 이런 종류의 소행을 통해 지난 25년 동안 양지에서 일본인의 총애를 받아왔다. 하지만 그 대가를 치러야 하는 가난한 조선인은 대체 어쩌란 말인가?

---

[1] — 한성은행(漢城銀行)은 1897년 김종한(金宗漢) 등 관료층과 경성의 상인들이 설립한 근대적 민간은행이다. 1903년 고종 황제가 이 은행을 중앙은행으로 발전시키고자 공립은행으로 개편한 바 있으나, 1905년 다시 민간은행으로 환원됐다. 이 무렵 한상룡이 총무장에 선임되면서 일본인 자본을 유입해 은행의 자본 규모를 늘렸다. 그는 한일합방 이후 전무이사에 올라 증자를 계획하고 조선인 귀족층을 주주로 대거 참여시키는 등 이 은행의 실질적 경영자로 활동했다. 이 은행의 별명은 '이완용 은행'이었는데, 그것은 은행장이 이완용의 형인 이윤용이었고, 전무는 그의 조카인 한상룡이었으며, 이완용 자신도 주식 12만 주 가운데 5천여 주를 소유하고 있었던 데서 비롯된 것이었다.

1931년 12월 16일 수요일

어젯밤 서울에 올라온 영선의 말에 따르면, 충남 각 군은 의연금 명목으로 1,020원을 모아야 한다고 한다. 그 내역은 재만 조선인 난민 돕기 성금 500원, 이토 히로부미 추모 사찰[1] 건축비 500원, 만주에 파견된 일본군 경비 20원이라고 한다. 이런저런 구실로 조선인은 단 한 푼도 남김없이 깡그리 빼앗길 것이다.

---

[1] — 을미사변 당시 순국한 장병들의 영령을 기리는 장충단을 한 켠으로 밀어내고 이토 히로부미의 이름을 따서 지어진 박문사(博文寺. 지금의 신라호텔 영빈관 자리)를 가리킨다. 1931년 6월 5일 기공되어, 이토 히로부미의 24회 기일(忌日)인 1932년 10월 26일 낙성식이 거행됐다.

1931년 12월 23일 수요일

천도교 신파의 일인자인 최린 씨를 방문했다.

어제 아침에 만나자는 요청을 거절했던 건 만나기 싫어서 그랬던 게 아니라 아침 일찍 개성에 가야 했기 때문이라고 해명하기 위해서였다. 최씨는 조선의 자치를 위해 움직이고 있다는 의혹을 사고 있다. 이를 두고 그를 친일파라고 비난하는 애국자들은 그와의 접촉을 꺼리고 있다. 난 오늘 만남을 통해 그가 매우 명석한 두뇌의 소유자라는 걸 알게 됐다.

1932년 1월 2일 토요일

100여 년 전에 강산이라는 필명을 가진 이서구[1]라는 학자가 있었는데, 그가 다음과 같은 예언시를 남겼다고 한다. 扶桑日出向咸池, 吾未揚光申酉稜, 洋觸秋藩誰可解, 猿啼春樹鬼難知, 一天風雨鷄明夜, 萬國醒氈犬吠時, 泰談個中生活□, 叢林飛鳥下跣□.[2] 이 시를 해석해보면 이렇다. "일본이 경오년과 신미년에—1930~31년에—중국 서부로 진출한다. 하지만 임신년과 계유년에—1932~34년에—해가 지기 시작한다. 신미년—1931년—가을에 공격이 시작되어서, 임신년—1932년—봄에 선전宣戰 구호가 들린다. 계유년에—1933~34년에—일본이 오직 폭풍의 중심에 서게 될 것이다. 하지만 갑술년에—1934~35년에—세계대전이 발발할 것이다. 안전지대를 원하는 사람들은 새들이 덤불을 떠나 외로운 울타리 위에 앉으려 하는 곳으로 가라."

쇼트웰 씨는 1928년에 이런 글을 썼다. "정치학도들에게 전 세계에서 국제평화에 가장 위협이 될 만한 지역을 고르라고 한다면, 모든 과거사에 비추어 현재 상황을 판단하건대 아마도 만주를 꼽을 것이다."

결국 머지않은 장래에 충돌이 불가피할 거라는 결론에 도달하게 된다.

---

1 — 강산(薑山) 이서구(李書九, 1754~1825)는 조선 후기의 문신으로 형조판서, 이조판서, 우의정 등을 지냈다. 박지원에게 문장을 배웠으며, 이덕무, 유득공, 박제가와 함께 사가시인(四家詩人)의 한 사람으로 꼽힌다. 고요하고 아름다운 자연세계와 고귀한 내면의 깊이

를 아울러 그려낸 시인이라는 평가를 받고 있다.

2 ― 판독되지 않은 두 글자를 확인하고자 서울대학교 규장각에 소장되어 있는 『척재집(惕齋集)』(이서구의 문집)과 『척재시초(惕齋詩鈔)』(이서구의 시를 초록한 책)를 살펴보았으나, 이 시를 찾을 수 없었다. 이 시가 참언 성격의 시이기 때문에 문집이나 시집에서 제외된 것이 아닌가 여겨진다.

1932년 1월 9일 토요일

먼저 발행된 호외는 입헌정우회 내각(입헌정우회 총재인 이누카이 쓰요시大養毅 내각을 가리킨다―옮긴이)이 돌연 총사직했다고 보도했다. 그런데 나중에 발행된 호외는 한 조선인이 어제 오전 11시 30분쯤 관병식을 마치고 황궁으로 돌아가는 천황의 마차에 수류탄을 던졌다고 보도했다. 폭탄은 궁내대신이 타고 있던 마차의 오른쪽 뒷바퀴 아랫부분에 맞았다고 한다.[1]

끝으로 발행된 호외는 천황이 내각의 사표를 수리하지 않았다고 보도했다. 사표를 반려한 게 이치에 맞는 일인 것 같다.

이봉창 의사

---

1 ― 1932년 1월 8일 한인애국단 단원인 이봉창(李奉昌) 의사가 일본의 쇼와 천황에게 폭탄을 투척한 사건을 가리킨다. 이봉창은 천황이 육군 행사에 참석하기 위해 도쿄 시내를 통과한다는 정보를 입수하고 그가 탄 마차에 폭탄을 던졌으나, 그를 제거하는 데는 실패했다.

1932년 1월 11일 월요일

일본의 만주정책을 옹호하는 한 선교사가 일

본인은 군국주의적인 민족이 아니라고 말했다. 내친김에 『표준 사전Standard Dictionary』을 찾아보니, 군국주의를 '군사적 훈련과 영광에 최고 훈장을 수여하는 것'이라고 정의해놓았다. 이 선교사는 군국주의자의 상징인 '칼'이 최고 숭배 대상의 하나로서 일본의 대신궁大神宮에 안치되어 있는 걸 알고 있나? 일본에서 군사 영웅보다 더 존경받는 사람이 있을까? 일본에서 군사훈련보다 더 강조되는 또 다른 훈련이 있을까? 난 지금 일본이 호전적이거나 군국주의적이라서 잘못됐다는 애기를 하는 게 아니다. 다만 일본인은 군국주의적인 민족이 아니라고 주장하는 이 선교사가 일본을 잘 모르는 사람이거나, 거짓말을 잘하는 사람이라는 애기를 하고 싶은 거다.

1932년 1월 16일 토요일

오후 3시에 만주동포문제협의회(당시 윤치호가 회장으로 있었다—옮긴이) 주최로 만주 조선인 난민 중에서 사망한 사람들을 기리는 조위식弔慰式이 열렸다. YMCA회관 대강당이 초만원을 이루었다. 청중들 사이에는 침묵만이 흘렀다. 1시간 넘도록 어쩌나 조용했던지, 바늘 떨어지는 소리도 들릴 정도였다. 동민회, 국민협회,[1] 만몽권익옹호회滿蒙權益擁護會 같은 단체가 참석하지 않았다는 게 흥미로웠다. 군중은 일반 시민, 학생, 애국심을 가진 여타 인사들로 이루어졌다. 또 하나 내게 흥미로웠던 사실은, 추도사 중에 일본식 연호, 즉 쇼와 7년을 사용한 사람은 한 사람도 없었고, 대부분 서기, 즉 1932년을 사용했다는 점이다. 일부는 임신년이라는 간지를 사용했고, 한 명은 연도는 생략한 채 그냥 1월 16일이라고 했다.

---

[1] — 본래 국사편찬위원회가 펴낸 『윤치호 일기』에는 '국민회'라고 표기되어 있으나, '국민

협회'가 맞다.

1932년 1월 24일 일요일

인간의 내면에는 폭군 네로와 같은 포악성이 도사리고 있다. 성자와 범죄자 간의 차이가 뭔가 하면, 성자는 이성과 양심으로 자기 내면에 도사리고 있는 네로와 같은 포악성을 제어하는 데 반해, 범죄자는 그러한 포악성에 자기 몸을 내맡긴다는 점이다. 10명의 남자 중 9명은—여자도 마찬가지다—원한을 사는 것이나 저항을 받는 게 두려워서라도 네로가 되지는 않는다. 나머지 사람들만 이것저것 가리지 않고 폭군이 되는 것이다. 그런 두려움만 없다면, 인간은 열이면 열 모두 네로가 될 것이다. 이 세상을 그럭저럭 살 만한 곳으로 유지시켜주는 버팀목은 사랑이 아니라 두려움이다. 남자든 여자든 간에, 누군가 학대할 사람이 생기자마자 곧장 폭군이 된다는 건 가슴 아픈 사실이다. 남자나 여자가 어린 자녀들이나 며느리를 억압하고 박대하는 걸 봐라!

1932년 1월 26일 화요일

신문 보도에 따르면, 상하이에 있는 일본인 관료, 민간인, 군부 인사들과 중국의 당국자들 간에 경고와 비난, 그리고 그에 대한 반박 등 설전이 오가고 있다고 한다. 일본이 상하이에서, 작년에 펑톈에서 일으켰던 것(만주사변을 의미한다—옮긴이)과 유사한 성격의 제2의 쿠데타를 준비하고 있는 것 같다. 중국 땅덩이가 워낙 커서 그런지, 중국인은 일본인이 만주에서 자기들을 협박하고 있다는 걸 느끼지 못하는 모양이다. 마치 고래에게 바늘을 찔러대는 것처럼 말이다. 그래서 일본은 중국의 턱밑을 치고 올라가 중국이 강화講和를 외치지 않을 수 없도록 하려는 것 같다.

명성황후 시해 장소로 추정되는
건청궁

옳든 그르든 간에, 일본은 전 세계를 향해 자기네가 위험하고도 거북살스런 이웃이라는 걸 충분히 입증했다. 국익을 위해서라면, 그들은 조금도 거리낌 없이 내전(內殿)에서 잠자고 있던 왕비를 시해(을미사변을 의미한다—옮긴이)할 것이다. 아니면 기차를 타고 가던 3성의 통치자를 날려버리거나,[1] 작년 9월에 펑톈에서 그랬던 것처럼 무방비 상태의 연회장을 덮칠 것이다.[2] 그런 다음에는 이런 쿠데타를 위해 준비해두었던 침묵, 비밀, 그리고 철두철미함으로 일관할 것이다. 일본은 선전포고도 없이 이웃 나라에게 전쟁을 거는 선례도 남겼는데, 뭔들 못하겠나?

---

1 — 1928년 관동군이 헤이룽장성(黑龍江省), 지린성(吉林省), 랴오닝성(遼寧省) 군벌인 장쭤린이 타고 가던 기차를 폭파한 사건을 의미한다.
2 — 만주사변을 의미한다.

1932년 1월 29일 금요일

상하이에 주둔하고 있는 일본 군대가 당연히 '자기방어' 차원에서 일본에 맞서는 중국인에게 군사작전을 개시했다고,[1] 호외들이 보도했다. 맙소사! 마침내 일본이 중국에게 달려들어 목을 조르고 있다. 그러나 상하이는 중국에게 정치적으로 매우 중요한 거점일 뿐만 아니라 영국, 미국, 프랑스 같은 서양, 아니 전 세계 해양 강국들에게도 상업적으로나 외교적으로 대단히 중요한 요충지다. 상당한 이해관계가 걸려 있는 서양 국가들이 단지 호기심만 가지고 일본의 이런 움직임을 수수방관하고만 있을까? 일본이 도박을 건 것만큼은 분명하다.

---

1 — '상하이사변'에 관한 내용이다. 1932년 1월 28일 일본은 만주사변에 대한 국제적 비난을 다른 곳으로 돌리고자, 상하이에서 일어난 일본인 학살 사건을 계기로 자국 거류민 보호를 내세워 해군 육전대를 파견해 중국군과 충돌했다.

1932년 1월 30일 토요일

저녁 7시 아내와 문희를 데리고 공회당에 가서 무용과 연극 등으로 짜여진 공연을 보았다. 이 공연은 기자단체가 재만 조선인 동포 구호기금을 모으려고 마련한 것이었다. 관람하기에 딱 좋을 만큼 관객이 들어찼다. 최승희 양과 그녀의 단원들이 일련의 팬터마임을 보여주었는데, 그 제목은 이렇다. (1) 종교로부터의 자유, (2) 흙을 그리워하는 무리들, (3) 고난의 길, (4) 비창곡, (5) 겁내지 말자. 전체 프로그램은 볼셰비키적이었다. 가련한 소녀들 같으니! 볼셰비즘이 자기들을 좀 더 행복하게 해줄 거라고 생각하나 보지?

최승희의 공연 포스터

1932년 2월 6일 토요일

오늘은 임신년 음력 설날이다. 시골 사람들은 말할 것도 없고, 서울의 조선인들도 음력설을 쉰다. 주민들에게 이중과세를 하지 말라고 설득하고자 강연도 해보고 결의안도 내보았지만, 모두가 헛일이었다. 조선인에게 이 오랜 관습은 국가적·민족적 자각에 결합되어 수천 년을 면면히 내려온 타성이 됐다. 조선인은 양력설을 일본인의 설로 간주한다. 일본인이 공무원의 90퍼센트를 차지하고 있는 상황에서, 조선인이 공식적인 설을 쇠야 할 하등의 이유가 없다. 고의든 아니든 간에, 일본인이 이윤과 편의 등 모든 부문에서 조선인에게 차별정책을 실시해 양 민족 간의 틈새가 더욱더 벌어지고 있다.

1932년 2월 8일 월요일

오전에 박석윤 군[1]이 찾아왔다. 그는 간도에 살고 있는 42만 조선인의 복지에 깊은 관심을 갖고 있다고 말했다. 그는 중국 관헌의 억압과 강탈로부터 조선인의 안전을 도모하려고 자위단체를 결성하는 건에 대해 중국과 일본 당국의 허가를 받았다고 말했다. 그는 공산주의자, 기독교인, 천도교인, 독립운동가, 친일파 모두가 이런 단체를 결성하기 위해 함께 노력하기로 합의했으며, 이 단체의 유일한 목적은 조선인의 인명과 재산의 안전을 도모하는 것이라고 말했다. 그는 일본 군부와 정계의 고위 관리들로부터 도와주겠다는 약속을 받았으며, 조선 총독(우가키 총독이다―옮긴이)도 이 계획을 진심으로 후원하고 있다고 말했다. 그는 4월쯤 간도에서 20여 명의 조선인 지도자를 초청해 모국 동포들에게 간도 조선인이 처해 있는 상황과 앞으로의 전망 등을 직접 알리게 하겠다고 말했다. 그는 나와 다른 인사들이 물심양면으로 자신과 이 새로운 단체를 도와주길 바라고 있다.

---

1 ― 박석윤(朴錫胤)은 최남선의 매제다. 사이토 총독의 정치 참모로 활동 중이던 아베 미쓰이에에게 포섭되어 총독부 도움으로 도쿄제국대학과 케임브리지대학교에서 공부했다. 『매일신보』 부사장을 지낸 후, 1932년 2월 간도에서 총독부와 간도 일본 영사관의 사주를 받아 친일 밀정조직인 민생단을 조직해 간도 지역 항일운동 세력에 막대한 타격을 입혔다.

1939년 폴란드 주재 만주국 총영사에 취임했다.

1932년 2월 10일 수요일

내가 보기엔 박석윤 군이 간도에서 새로운 조선인단체를 결성하는 건에 대해 매우 열성적인 것 같다. 그는 이 민생단[1]이라는 단체의 유일한 목적이 조선인 이주민의 안전을 보장하는 거라고 말했다. 그런데 만약에 일본의 만주정책이 성공한다면, 일본은 부패한 중국인 관헌들로부터, 짐승 같은 조선인 볼셰비키로부터, 이른바 조선인 독립운동가들과 중국인 마적으로부터 간도를 구해냄으로써 꼭 민생단의 도움이 아니더라도 얼마든지 조선인의 안전을 책임질 수 있을 것이다. 반면에 일본이 만주에서 축출된다면, 민생단 단원들이 제아무리 많아도 아무 짝에도 쓸모가 없을 것이다.

---

1 ─ 민생단(民生團)은 1932년 2월 5일 총독부 및 간도 일본 영사관의 후원 아래 박석윤의 주도로 용정에서 조직된 친일단체다. 간도에서의 조선인 자치를 표방했으나, 실제로는 조·중 양 민족을 이간시켜 조·중 연합 항일유격대를 무력화시키려는 친일·반공조직이었다. 5개월 만에 해체됐으나, 동만주 일대 공산주의운동과 항일무장투쟁에 커다란 혼란과 위기를 야기했다.

1932년 2월 11일 목요일

미국이 조금이라도 일본의 만주정책에 간섭할 경우에 대비해서, 일본이―적어도 군국주의자들만큼은―미국에 대항할 만반의 준비를 갖추고 있다는 건 공공연한 비밀이다. 미국이 이론에 의해서가 아니라 현실에 기초해서 만주 문제를 풀어야 한다는 걸 깨달았으면 좋겠다. 그렇다면 대체 무엇이 현실인가? 일본이 만주를 차지해야 한다는 게 현실이다. 일본은 만주 문제에 생사를 걸었다. 따라서 미국은 일본을 박살내든가, 그렇지 않으면 그냥 내버려두어야 한다. 국제 정의라는 측면에서 보더라도, 조선의 병합 문제에 대해 입을 다물었던 미국이 만주 문제에 발 벗고 나선다는 건 말이 안 된다.

1932년 2월 20일 토요일

저녁 6시부터 밤 11시까지 명월관에서 토요회 월례모임이 열렸다. 일본인 민간인 회원 여러 명과 군부 임원 3명, 그리고 조선인 6명, 즉 최린 씨, 박영철 씨, 한상룡 씨, 민대식 씨, 김응선 씨와 내가 한자리에 모였다. 저녁을 먹고 난 후, 지금 막 펑톈을 시찰하고 돌아온 이케다 경무국장이 만주 문제에 관해 언급했다. 그의 말로는, 만주에 수립될 신생국가는 3~4개의 성으로 이루어진 공화국으로서 일본의 보호하에 독립국가가 될 거라고 한다. 또 신생국가는 독자적인 군사력을 갖추지 않고 일본에게 국가 안보를 위탁한다고 한다. 그들은 만주가 이미 일본의 한 부분이 된 것처럼 말했다.

1932년 2월 22일 월요일

난 조선의 애국자 가운데 한 사람으로서, 일본의 만주정책이 성공하길 빈다. 그 이유는 이렇다. (1) 일본이 만주를 점령하게 되면, 그 광활한 땅의 도처에 살고 있는 수백만 조선인의 생명과 재산이 안전해질 것이다. (2) 만주라는 큰 보고寶庫를 차지해 경제적 위기에서 벗어나게 된 일본인은 조선에 있는 조선인을 대우하는 데서 정치적으로나 경제적으로나 적잖이 관대해질 것이다. (3) 일본 치하의 만주는 조선인 고학력자들에게 일자리를 제공하는 공간이 될 수 있다. (4) 재만 조선인이 수백만에 달하게 되면, 그들 사이에서 대규모 사업을 일으키는 이들이 나타나게 될 것이다. 난 조선에서는 위대한 인물이 한 사람도 나타날 수 없다고 확신한다. 종교, 철학, 정치, 사회적 편제, 그리고 지난 수백 년 동안의 역사적 배경, 이 모든 게 조선 민족의 심성과 기개를 위축시키는 데 일조해왔기 때문이다. 따라서 조선이라는 이 좁은 공간을 벗어나야만, 비로소 위대한 인물이 활동할 수 있는 공간을 확보하게 될 것이다.

1932년 3월 10일 목요일

어제 오후 만주국이 새 수도인 창춘에서 공식 수립됐다고 한다. 청나라의 마지막 황제였던 푸이가 만주국 초대 집정執政에 선출됐다.[1] 1903년 미국은 콜롬비아로부터 파나마 공화국을 독립, 아니 분리시켰는데, 이는 파나마운하 지역에 대한 통제권을 확보하기 위한 조치였다.[2] 그래서 일본은 제국주의 노선을 걸어가면서 그저 미국과 유럽 강대국들이 했던 대로 따라가기만 하면 된다. 서양 열강이 중국에서 일본이 밟아나가고 있는 수순에 대해 비난하는 건 아주 우스운 일이다.

---

1 — 만주국이 공식 수립된 날짜는 1932년 3월 1일이다. 그런데 윤치호가 3월 9일에 공식 수립됐다고 표현한 것은 푸이의 집정 취임을 두고 말한 것으로 보인다. 푸이(溥儀, 1906~67)는 청나라 마지막 황제다. 1908년 세 살의 나이로 청나라 선통제(宣統帝)가 됐으나, 1911년 신해혁명으로 1912년에 퇴위했다. 1932년 만주국 집정을 거쳐 1934년에 만주국 황제로 추대되어 제2차 세계대전 종전 당시까지 재위했다.
2 — 파나마는 1903년까지만 해도 콜롬비아의 영토였다. 그런데 미국이 파나마운하 건설을 계획하고 이 지역을 분리, 독립시켰다. 사실상 미국이 이 지역을 획득한 것이었다. 이때 미국이 파나마운하 지역을 획득한 방책을 '곤봉 외교'라 한다. 이는 강력한 군사력을 바탕으로 외교정책을 유리하게 진행시키려는 정책을 일컫는다.

1932년 4월 10일 일요일

홈스가 이런 말을 했다. "난 인간을 믿는다. 인간의 본성을 믿기 때문이다. 본래 인간의 본성은 선하다." 난 그를 존경해 마지않으며, 그의 낙관주의가 부럽기까지 하다. 그러나 하루가 멀다 하고 우리 집안 여자들의 잔인하고, 허영심 많고, 더할 나위 없이 이기적인 모습을 보고 있노라면, 또―자기에게 은혜를 베푼 사람을 배신하는―온갖 유형의 남자들에게 속고 있노라면, 그리고 국가 간, 민족 간의 극심한 이기심, 비열함, 무자비함을 지켜보고 있노라면, 난 성선설을 도저히 믿을 수가 없다. 난 다만 인간의 본성이 전적으로 악하지만은 않다고, 다시 말해서 선한 구석도 조금은 있다고 여길 뿐이다. 지금까지 인류 역사를 통해 본래 악한 인간의 본성에서 선善의 맹아를 싹 틔우고, 재배하고, 널리 보급하고자 노력해왔던 극소수 성자들에게 무한한 경의를 표한다. 우리 모두 그 극소수 성자들이 보여준 숭고한 노력에 미력이나마 보태야 한다. 어쨌든 인간의 본성은 선하기보다는 악한 것이 틀림없다.

1932년 4월 17일 일요일

장선(윤치호의 셋째 아들―옮긴이)과 기선(윤치호의 넷째 아들―옮긴이)을 데리고 비행장에 가서 조선인과 조선 거주 일본인의 성금으로 만든 '조선' 제1호기 헌납식을 지켜보았다. 신토神道 사제들이 주재한 종교적인 식순은 조선인 구경꾼들에겐 별다른 의미는 없었지만, 그 나름대로 재미는 있었다. 종교, 과학, 정치, 이 모든 게 단 하나의 목표, 즉 우리 이웃을 죽이는 일에 일조하고 있다. 이 얼마나 딱한 일인가! 당파성이 조선을 움직이는 기본 요소라면, 전쟁은 일본을 움직이는 기본 요소다.

1932년 4월 27일 수요일

용산역에 나가 만주 전쟁터에서 귀환한 장군들과 장교들을 환영했다. 너무도 당연한 일이겠지만, 상류층에서 하층민에 이르기까지 전 일본인 사회가 일사불란하게 성대한 행사를 치렀다. 시내에

일제강점기의 용산역

있는 가정집에는 일장기를 달라는 지시가 하달됐다. 중등학교 학생들과 일본인 소학교 학생들은 귀환 용사들이 지나는 거리의 양편에 도열했다. 역까지 마중 나온 조선인이 극소수에 불과했다는 사실이 눈에 띄었다. 내 생각엔 일본이 만주에서 기울이고 있는 노력에 대해 좀 더 많은 관심을 표명하는 게 조선인에게 득이 될 것 같다.

1932년 4월 28일 목요일

일본은 만주에서 자국의 이권을 지켜나가는 데 많은 곤란을 느끼게 될 게 틀림없다. 중국인은 게릴라전을 치르기에 아주 유리한 조건을 갖고 있다. 영토가 드넓다 보니 게릴라전을 치를 만한 공간이 충분하고, 인구가 워낙 많다 보니 게릴라전에 필요한 인력도 풍부하며, 볼셰비키 소련의 '호의'와 협조 속에 게릴라전에 필요한 무기와 탄약을 공급받을 수 있으니까.

미국과 영국은 일본이 만주에서 자유롭게 활동하도록 놔두어야 한다. 만주가 중국의 악정惡政이나 소련 공산주의의 공포정치하에 놓이는 것보다는 일본의 질서정연한 개발하에 놓이는 게 서양의 '문호개방' 정책에 좀 더 보탬이 될 것이기 때문이다. 일본의 만주 점령은 부도덕한 행위일지도 모른다. 그러나 중국 치하의 무정부 상태나 소련 치하의 야만주의가 그보다 더 부도덕하다는 걸 누군들 부인할 수 있을까?

1932년 4월 30일 토요일

(중략)

안창호 씨가 상하이에서 체포됐다고 한다.[1] 상하이에서 천장절 기념식이 거행되고 있을 때, 한 조선인 공산주의자가 단상에 자리하고 있던 일본인 고위층 인사들을 향해 폭탄을 던졌다고 한다.[2] 만약 안씨가 이 비열한 행위와 관련이 있다면, 이로 말미암아 혹독한 고초를 겪게 될 것이다. 그가 이런 일을 저지를 만큼 몰지각한 사람이 아니라면 좋을 텐데.

안창호

---

[1] — 안창호는 윤봉길(尹奉吉) 의거가 있던 1932년 4월 29일 대한민국임시정부 요인이었던 이유필(李裕弼)의 집을 방문했다가 체포됐다.
[2] — 1932년 4월 29일 한인애국단 단원인 윤봉길 의사가 상하이 홍커우(虹口)공원에서 천장절과 '상하이사변' 승리를 자축하는 기념식장에 폭탄을 던져 중국 주둔 일본군 사령관 시라카와 요시노리(白川義則) 대장 등 10여 명을 죽인 사건을 가리킨다.

1932년 5월 15일 일요일

오전 9시 30분 비행장에 가서 조선의 '애국자'들이 기탁한 돈으로 만든 정찰기 '조선' 2호, 3호의 명명식을 보았다. 만일

이 비행기들의 제조비가 각각 8만 원이라면, 조선 거주 일본인과 조선인은 비행기 제조에 벌써 24만 원이나 내놓은 셈이다. 이 엄청난 액수의 돈을 보통학교 교사校舍 건축이나 도로와 다리 부설 같은 건설적인 사업에 썼더라면 좋았을 것을.

1932년 5월 16일 월요일

어제 오후 18명의 육·해군 청년 장교가 이누카이 총리대신을 사살했다는 내용의 호외가 발행됐다. 그들은 일본은행, 경시청, 시종장侍從長 관저, 내대신內大臣 관저, 미쓰비시三菱은행, 일본전기회사, 입헌정우회 본부 등에 폭탄을 던졌다고 한다.[1] 이것이야말로 소련식의 혁명이 아니고 무엇이랴!

---

1 — 1932년 5월 15일 일본의 해군 청년 장교들이 일으킨 쿠데타 기도, 즉 '5·15사건'을 가리킨다. 이누카이 쓰요시(犬養毅) 내각이 팽창정책을 적극적으로 수행하지 않는다고 판단한 장교들이 이누카이 총리대신을 사살했다. 이 사건으로 다이쇼(大正) 데모크라시에 기초한 정당 내각이 무너지고, 사이토 마코토를 수반으로 하는 '거국일치 내각'이 성립됐다.

1932년 5월 17일 화요일

엊그제 도쿄에서 발생한 사건은 몇 가지 점에서 심상치가 않다. (1) 주동자는 진짜로 육·해군 장교들이었다. 그중에서도 13명은 사관학교 생도다. 그들의 나이는 모두 30세 이하다. (2) 육·해군 군복을 입은 젊은 장교들이 78세나 된 총리대신을 움켜잡고 냉혹하게 사살했다. 일본 무사들이 자랑하는 규율과 기사도, 연장자에 대한 공경심은 다 어디로 갔나? (3) 이 장교들은 일본은행 사옥, 미쓰비시주식회사 사옥, 발전소 등을 수류탄으로 공격했다. 이는 이른바 볼셰비즘식의 실력 행사에 다름 아니다. (4) 내대신이라는 고위층 관저에, 그것도 군복을 입은 육·해군 장교들이 폭탄과 권총을 들고 침입했다는 사실을 통해, 현재 일본의 젊은이들이 천황가天皇家의 고결한 전통과 관념을 얼마나 하찮게 여기고 있는지를 엿볼 수 있다.

1932년 5월 27일 금요일

저녁 7시 화월루花月樓에 가서 이케다 경무국장이 주재한 연회에 참석했다. 쉴 새 없이 술이 나오고, 기생들이 춤을 추고, 음식 맛보다는 예술에 가깝다고 할 정도로 외양에 신경을 쓴 요리들이 나왔다. 술과 여인에게 자기를 내맡기는 이들에겐 이 모든 게 대단히 즐거운 일이겠지만, 그렇게 할 수 없는 이들에겐 더할 나위 없는 고통이었다. 11시쯤 집에 돌아왔다. 김윤정 씨, 장헌식 씨,[1] 이항구 남작[2] 등은 어느 누구보다도 오늘 연회를 마음껏 즐기는 것 같았다. 그들은 노래를 부르며 춤을 추었고, 간간이 환호성을 올리기도 했다. 김씨는 이런 연회야말로 진정한 천국이라고 말하며 찬송가까지 불러댔다.

---

[1] — 장헌식(張憲植, 1869~?)은 도쿄제국대학 법과를 졸업하고 한말에 학부 편집국장, 한성부윤 등을 지냈다. 한일합방 이후 충북 도장관, 전남지사 등을 지냈다. 1926~45년 중추원 참의를 일곱 번이나 중임했다.
[2] — 이항구(李恒九)는 이완용의 둘째 아들이다. 1911년 이왕직 사무관을 시작으로 장시사장(掌侍司長), 차관을 거쳐 장관에 올랐다. 1940년 국민총력조선연맹 참여에 선임됐다.

1932년 6월 15일 수요일

3명의 형사가 부산의 관부연락선 안에서 마라톤 선수인 권태하 군을 폭행했다고, 오늘 신문이 보도했다. 권군의 언행에 버르장머리가 없다는 게 폭행 이유였다. 그렇지 않아도 난 일본인이 최근 열린 마라톤 예선대회에서 감히 일본인 선수들을 앞지른 조선인에 대해 이런 식으로 앙갚음하지나 않을까 우려했었다. 일본인은 자기네 부하들에게는 관대한 편이다. 하지만 라이벌, 특히 이민족, 그것도 좀 열등한 이민족에 속한 라이벌에게는 대단히 적대적이다. LA올림픽 마라톤 예선대회에서 2명의 조선인이 각각 1등과 2등을 차지했다[1]는 사실 때문에, 일본인의 자존심이 구겨졌음에 틀림없다. 올림픽대회가 열리기 전까지 일본인이 합심해서 권군을 1등에서 끌어내리려는 어떤 음모를 짠다 하더라도, 난 놀라지 않을 것이다. 무사 기질의 특징 중에 스포츠맨십이 없는 건 분명하다.

---

1 — 1932년 5월 25일 도쿄에서 열린 제10회 LA올림픽 파견 최종예선 마라톤 종목에서 권태하(權泰夏), 김은배(金恩培)가 각각 1, 2위를 차지했다. 두 사람은 조선에 돌아와 6월 2일에 카퍼레이드를 벌이기도 했다. 8월 7일 열린 올림픽 마라톤 경기에서 김은배와 권태하는 각각 6, 9위를 차지했다.

1932년 6월 17일 금요일

신흥우 박사가 조선 청년층을 대상으로 새로운 운동을 벌이고자 결사를 만들려는 계획을 가지고 미국 여행에서 돌아왔다.[1] 그는 새로운 운동을 위해 적극신앙선언 5개조와 강령 21개조를 창안했다. 그는 기독교인과 비기독교인이 다 이 운동에 참여할 수 있게끔 강령을 만들었다. 모든 게 훌륭하다. 그러나 참된 운동 모두가 처음부터 성문화된 강령을 가지고 시작했던 건 아니다. 일상생활에서부터 시작하고 난 다음에, 차차 강령이니 신조니 하는 것을 덧붙여야 한다는 말이다. 게다가 우리는 결사든, 강령이든, 신조든 모든 게 남아돌고 있는 실정이다.

---

1 — 적극신앙단(積極信仰團)에 대한 내용이다. 일반적으로 적극신앙단은 서북 지역 장로교 중심의 보수적 신앙 노선에 대항해 강력한 사회참여와 토착적 기독교를 지향한 것으로

알려져 있다. 그런데 이 단체가 '진정 새로운' 이유는 그 사상기반이 파시즘과 관련되어 있다는 점이라고 할 수 있다. 신흥우는 1920년대에 강력히 추진했던 외교운동(태평양문제연구회 조선지회), 실력양성운동(흥업구락부), YMCA 농촌운동 등이 모두 현실적 한계에 부딪히게 되자 미국과 서구 민주주의에 회의를 느끼는 한편, 세계경제대공황으로 인한 자본주의의 전반적 위기 상황 속에서 유럽 파시즘의 절대적 지도자론과 국가사회주의적 경향에 매료되어 파시즘운동을 구상했다. 한편 전필순, 최석주 등 일본 유학 출신의 서울 지역 장로교 목사들도 세계경제대공황을 계기로 '물질경제'의 극복을 제창하면서 전체주의에 대한 관심을 갖고 있었다. 이들은 곧 신흥우의 적극신앙단에 합류하게 된다.

1932년 6월 20일 월요일

총독 관저에 가서 총독(우가키 총독이다—옮긴이)이 야스오카 씨[1]를 환영하기 위해 주최한 만찬모임에 참석했다. 야스오카 씨는 젊은 학자인데, 유교 원리를 오늘날의 일본인 삶에 소생시키려고 애쓰고 있다. 그는 굉장히 민족주의적인 인물이기 때문에 현재 일본 군부 지도자들로부터 많은 호감을 사고 있다. 매우 잘된 일이다. 하지만 대다수의 사람들이 현재의 기아와 그에 대한 공포로부터 벗어나야만, 비로소 시대 불안과 볼셰비즘의 조류를 막을 수 있다. 다가올 세계대전에 대비해 가난한 농부, 노동자의 마지막 남은 동전까지 끌어모아 독가스나 총알을 만드는 데 쓴다면, 시대 불안이나 볼셰비즘의 조류를 절대로 막을 수 없다. 굶주리고 있는 사람들에게 훈계나 설교 따위가 먹혀들 리 없다.

---

[1] 야스오카 마사히로(安岡正篤, 1898~1982)는 도쿄제국대학 정치학과를 졸업하고 동양 정치와 양명학을 연구한 학자다. 1920년대 다이쇼 데모크라시에 대항해 천황 중심의 전통적 일본주의를 설파해 젊은 황도파(皇道派) 장교들의 관심을 끌면서 우익 진영의 거두로 부상했다. 1945년 일본 천황의 항복 방송 원고를 초안한 것으로 유명하다. 현대 일본의 역대 총리 가운데 거의 대부분이 그의 영향을 받은 까닭에 '총리대신의 담임 선생님'이라는 별명을 얻었다.

1932년 6월 22일 수요일

밤 9시 30분에 경무국의 미와 씨[1]가 찾아왔다.

그는 한 남자를 데리고 왔는데, 내가 모르는 사람이었다. 그런데 그 낯선 사람이 유치장에서 미와 씨로부터 엄중한 취조를 받고 있는 안창호 씨란 걸 알고, 난 소스라치게 놀랐다. 안씨는 27년 동안 너무 많이 변해서, 미와 씨가 소개해주지 않았더라면 그를 도저히 알아볼 수 없었을 것이다. 우리는 재회의 기쁨을 나누었다. 미와 씨의 말로는, 안씨의 치과 진료를 위해 함께 치과에—함석태 씨[2]에게—다녀오다가 우리 집 부근을 지나는 김에 잠깐 들러 우리에게 인사를 나눌 기회를 주어, 날 놀라게 해줄 심산이었다고 한다. 난 미와 씨의 사려 깊은 친절에 심심한 사의를 표했다.

---

1 — 미와 와사부로(三輪和三郞, 1884~1968)는 통감부 경시청 순사로 출발해 종로경찰서 고등계 주임, 충남 경찰부 고등과장을 거쳐 원산경찰서장에 오른 '전설적'인 인물이다. 보합단 사건, 김상옥(金相玉) 의사 의거, ML당 사건 등 상당수의 시국사건을 해결했다. 한마디로 조선의 민족운동가, 지식인 그룹의 '숙적'이었다고 할 수 있다. 1932년 경기도 경찰부 특별고등과장으로 있으면서 안창호의 취조를 담당했다.
2 — 함석태(咸錫泰, 1889~?)는 우리나라 최초의 치과의사로 알려져 있다. 평북 영변 출신으로 도쿄치의학전문학교를 졸업하고 1915년 서울에서 개업했다. 1925년 한성치과의사회 회장을 맡았다.

1932년 7월 11일 월요일

이광수 군이 찾아왔다. 안창호 씨를 취조하고 있는 미와 씨가 자기를 찾아와, 안씨가 사법 당국에 인계되면 상당 기간 동안 감옥에서 못 나올 수도 있으며, 그럴 경우 안씨의 건강이 나빠질까 봐 우려된다고 말하더란다. 미와 씨는 또 경찰 당국이 마음만 먹으면 안씨를 사법 당국에 넘기지 않고 석방시킬 수 있다고 말하더란다.[1] 이군은 내게 안씨 수사의 총책임자인 다나카 경무과장[2]을 만나봐달라고 부탁했다. 물론 난 다나카 씨를 만나보겠다고 약속했다.

---

1 — 일설에 의하면, 미와 경부는 안창호의 인격에 감화되어 가능한 한도 내에서 그의 죄가

가볍도록 조서를 꾸몄다고 한다.

2 — 다나카 다케오(田中武雄, 1891~1966)는 메이지대학 법과를 졸업했다. 1919년 사이토 총독의 부임과 함께 총독부 경무국 고등경찰과장에 발탁됐다. 이후 경기도 경찰부장, 경무국 경무과장 등을 거쳐 1936년 한때 경무국장을 지냈다. 일본에 돌아가 척무차관을 지낸 후, 고이소 총독 재임 기간에 총독부 정무총감을 지냈다.

1932년 7월 12일 화요일

아침 8시에 다나카 경무과장을 찾아갔다. 난 그에게 이런 취지의 말을 했다. "우리, 즉 안씨 친구들은 경찰이 지난 한 달여 기간 동안 안씨의 과거 행적을 조사하면서 뭘 밝혀냈는지 그 자세한 내막은 모릅니다. 그러므로 주제넘게 당국이 안씨에 대해 이런 조치를 취했으면 한다고 건의하려는 건 아닙니다. 다만 안씨가 건강이 나빠 고생한다는 얘기와 곧 사법 당국에 인계될 거라는 얘기를 듣고 내가 그의 친지들을 대표해서 경찰이 그를 조건부로 석방해줄 수는 없는지 알아보려고 찾아왔습니다." 이에 대해 다나카 씨가 이런 취지의 얘기를 했다. "나도 안씨에 대해 연민의 정을 느끼고 있습니다. 안씨가 목적 달성을 위해 폭력적인 방법을 사용했다는 증거를 찾지 못했습니다. 그러나 안씨가 상하이 영사관 당국에 체포되어 조선 경찰에 넘겨진 만큼, 사법 절차를 거치지 않고 석방하는 건 불가능합니다. 다만 선생의 부탁을 염두에 두겠습니다."

1932년 7월 15일 금요일

오후에 안창호 씨가 수감됐다.[1] 이광수 군 요청으로 4시 30분쯤 안씨를 면회했다. 그건 그렇고, 김활란 양이 내가 안씨 석방을 위해 당국자들과 접촉하고 있다는 소문에 분개하고 있는 모양이다. 이승만계와 서북파를 이끌고 있는 안창호계 간의 볼썽사나운 다툼이 마침내 서울까지 다다른 것 같다. 신흥우 군, 유억겸 군, 김활란 양 등은 내가 안창호, 이광수 같은 서북파 지도자들과 진솔한 우정을 나누고 있는 데 대해 기분이 상한 것 같다. 그러나 사적인 우정과 정치적 당파심은 엄연히 별개의 문제다.

---

1 — 안창호는 경기도 경찰부에서 39일간 취조를 받은 후 1932년 7월 15일 경성지방법원에 송치됐다.

1932년 9월 8일 목요일

군부 지도자들의 입김으로 서울의 일본인 관료들과 민간인들이 정성을 다해 만주쿠데타(만주사변을 의미한다—옮긴이) 기념행사를 준비하고 있다. 오는 17일과 18일 밤에는 '만주사변을 기념하고 호국정신을 고취하기 위해' 많은 연설이 있을 예정이다. 그런데 경성부윤이 내게 연설을 하나 해달라고 부탁해와 내 입장이 몹시 난처해졌다. 수락하고 싶진 않지만, 감히 거절하기는 어려울 것 같다.

1932년 9월 30일 금요일

신문 보도에 의하면, 티베트인이 독립을 요구하며 중국인과 대치하고 있다고 한다. 영국인이 이 운동을 지원하고 있다는 얘기도 들린다. 상식적으로 왜 중국인이 티베트의 독립을 선언하지 않는지 잘 모르겠다. 그렇게 하면 어차피 해야 할 일을 아주 우아하게 처리할 수 있을 텐데. 중국이 만주에 대해 할 수 있는 최선의 방책은 만주국을 '독립국'으로 승인하는 것이다. 다시 말해서 일본이 만주에 평화와 질서를 확립하도록 해주는 것이다. 그러면 어느 누구보다도 중국인이 가장 큰 혜택을 보게 될 것이다.

1932년 12월 26일 월요일

안창호 씨가 징역 4년을 선고받았다. 호전성에 물들어 있는 일본인은 도움을 받았던 걸 결코 잊지 않으며, 치욕을 당했던 걸 절대로 용서하지 않는다. 그들은 동지와 적을 철저히 구분한다. 안 씨는 경찰 조사를 받는 동안 상당히 후한 대접을 받았다. 그래서 안씨 친지들은 그가 몇 차례 형식적인 조사만 받고 풀려날 거라는 착각에 빠졌다. 알다가도 모를 사람들이 일본인이다. 우리가 그들을 제대로 알 수 있으려면, 시간이 얼마나 걸릴까?

제2장 | '나는 성선설을 믿지 않는다'
1933~35

1933년 1월 5일 목요일

저녁 6시에 총독 관저에 갔다. 조선인, 일본인 명사들이 신년 연회에 초청됐다. 내가 이런 성격의 공식 연회에 초대된 건 이번이 처음이었다. 도대체 내가 왜 초청됐는지 이해할 수 없었다. 아무튼 내가 참석하면 별다른 표가 나지 않아도, 참석하지 않으면 금세 눈에 띌 게 뻔하므로 연회에 참석했다. 연회는 매우 간소하게 진행됐다. 일본 민족

용산의 조선 총독 관저

전체가 전 세계를 상대로 버거운 싸움을 벌이고 있는 와중에, 일본인 고위층 인사들이 화려한 연회를 열어 웃고 떠들며 즐긴다는 게 모양이 좋지 않다는 사실을 고려한 처사인 것 같다.

1933년 1월 27일 금요일

계명구락부[1]가 정성을 다해 준비한 프로그램을 가지고 오후 5시부터 장장 5시간 동안 창립 15주년 기념행사를 거행했다. 그중에서도 4명의 핵심 회원이 행한 강연이 가장 중요한 프로그램이었는데, 그 주제는 다음과 같았다. (1) '계명구락부의 사명', (2) '양력 실행에 대하여', (3) '아동에게 경어를 사용함에 대하여', (4) '심색의深色衣 장려'였다. 모두 다 훌륭했다. 하지만 자녀들에게 반말을 사용하는 습관이 우리 민족을 불행에 이르게 한 근본 원인이라는 박승빈 씨의 주장에 대해서는 선뜻 동의할 수가 없다.

---

1 — 계명구락부(啓明俱樂部)는 본래 1918년 박승빈, 최남선, 이능화 등의 발기로 한양구락부라는 이름으로 결성됐다가, 1921년 계명구락부로 개칭됐다. 친일적 성향의 '귀족'과 실업인이 주축을 이루었던 대정친목회와는 달리 박승빈, 장도, 최진, 유문환, 고원훈 등 제1세대 법조인이 중심 세력을 이루고 민규식, 민대식, 방태영 등이 가세했던 것으로 보인다. 친목단체의 성격을 띠고 있으면서도, 기관지『계명(啓明)』을 발간하고 강연회, 강습회 등을 개최해 구관습 타파와 일상생활의 개선을 제창하는 등 '문화운동'을 벌였다. 특히 양력설 쇠기 운동과 아동에 대한 경어 사용 운동에 힘썼는데 별다른 호응을 얻지는 못했다.

1933년 1월 31일 화요일

일본군 3개 사단이 2월 1~6일에 경성역을 경유해서 만주로 갈 예정이다. 군인의 정확한 숫자는 알려지지 않고 있다. 선전포고도 없이 중국과 일본 간의 대규모 전쟁이 목전에 다다른 것 같다. 이런 움직임이 세계대전으로 비화될 것인가의 여부는 미국이나 소련이, 또는 두 나라 모두가 어떻게 나오느냐에 달려 있다.

1933년 2월 3일 금요일

오후 5시 경성역에 나가, 일본군을 태우고 펑톈으로 가는 기차가 경성역을 통과하는 걸 지켜보았다. 남녀노소를 막론하고 일본인이 말 그대로 인산인해를 이루었다. 난 객차에 타고 있는 잘생긴 젊은 군인들을 보면서 이런 생각에 잠겼다.

(1) 일본인 중에 꽃이라 할 수 있는 이 장한 청년들이 수백, 수천, 더 나아가 수만 명이나 만주로 파병되고 있다. 만주에는 이미 18만~20만 명에 달하는 일본 군인이 진주해 있다고 한다. 만일 대규모의 장기전이 발발한다면, 지금은 저렇게 태평하고 활기차 보이는 젊은이 중에 과연 몇 명이나 살아서 이 길을 돌아올까? 주여, 전쟁으로 인해 이 세상이 도탄에 빠지지 않도록 해주옵소서!

1933년 2월 4일 토요일

(어제의 명상 계속)

(2) 일본 육·해군의 치밀한 준비, 신속한 행동, 기강, 용기, 집요함, 위험과 죽음에 조금도 굴하지 않는 태도 등에 감탄하지 않을 수 없다. 수십만 명의 인원이 일사불란하게 움직인다. 이런 장점 덕분에 일본군은 땅과 바다에서 천하무적이 됐다. 자, 그들은 이런 군사상의 장점을 어디에서 얻었는가? 그들은 전쟁 및 전쟁준비를 개인과 국가의 최대 목표로 간주하는 300여 개의 봉건 영지에서 적어도 1500년간 살아왔다. 1854년 페리 제독[1]이 일본의 문호를 강제 개방한 후 비로소 일본이 싸우는 법을 터득하게 됐다고 말한다면, 그건 당치 않은 소리다. 미국이 군사적 장점을—활력, 능률, 상명하복上命下服, 치밀한 준비, 신속한 행동을—미처 꿈도 꾸기 전에, 일

본은 이미 싸우는—그것도 잘 싸우는—법을 터득하고 있었다. 이에 따라 일본인은 훌륭한 군인이 될 수 있었을 뿐만 아니라, 세상의 모든 직종에서도 유능한 전사가 될 수 있었다.

(3) 인생이라는 전장에서 유용하게 활용될 수 있을 이 훌륭한 덕목들이 실제로는 전장에서만 완벽하게 발휘될 수 있다는 사실이 얼마나 가슴 아픈 일인가!

---

1 — 페리(M. C. Perry, 1794~1858)는 미국 동인도 함대사령관으로, 1853년 일본에 내항해 미국 대통령의 국서를 제출하며 개국을 요구했다. 이듬해에 다시 내항해 미일 화친조약을 체결했다.

1933년 4월 17일 월요일

만주국을 옹호하는 일본인들은 시도 때도 없이, 만주국은 '왕도王道'에 기초해 수립됐으며 '왕도'라는 높은 이상을 실현할 수 있게끔 만주국의 법과 정책을 입안해 나아갈 거라고 단언한다. 자, '왕도'란 무엇인가? '왕도'에 관해 가장 능변能辯의 해설가인 맹자는 2200년 전쯤 이런 말을 했다. "백성이 편안하게 살다가 평온하게 죽을 수 있도록 하는 것이 '왕도'의 시작이다." 어떤 태자太子가 맹자에게 어떻게 하면 자기 나라를 이롭게 할 수 있느냐고 묻자, 이 현인은 이렇게 대답했다. "왜 하필 이利를 이야기하십니까? 또한 인의仁義가 있을 뿐입니다. 만일 군주와 백성이 이利만을 좇아서 서로 싸운다면, 어느 나라도 구할 수 없습니다."¹ 지난 2200년 동안 중국에서, 아니 동양에서 '왕도'라는 고상한 이상을 실제로 구현한 나라는 아직까지 하나도 없었다. '왕도'의 전반적인 문제점이 뭔가 하면, '왕도'가 국정 운영에 제대로 반영되려면 현명한 국왕과 재상들이 지속적으로 존재해야 한다는 점이다. 이건 도저히 불가능한 일이다. 하물며 만주국이라고 해서 뾰족한 수가 있겠나?

1 ─ 『맹자』「양혜왕(梁惠王)」편에 나오는 구절이다.

1933년 5월 2일 화요일

이와사岩佐 장군이 『내지인반성자록內地人反省資錄』이라는 제목의 책을 발간했다. 그는 자기 부하들을 동원해서 수집한, 조선 거주 일본인이 조선인에게 모욕적인 언행을 숱하게 해왔다는 사실을 입증하는 70여 종의—정확히 68종의—얘기를 이 책에 수록해놓았다. 그는 권력에 도취된 이 비열한 일본인의 소행을 진심으로 비난하고 있다. 그의 무사다운 자세가 무척 고맙기만 하다. 하지만 우리 조선인이 경제적·지적 측면에서 일본인을 따라잡지 못한다면, 일본인의 모욕적인 언행은 결코 중단되지 않을 것이다. 일본인의 우월주의를 가장 빠르고 확실하게 치료하는 방법은 다름이 아니라, 조선인이 싸우는 법을 확실하게 배우는 것이다. 일본인은 조선인을 섣불리 건드렸다가는 큰코다칠 수 있다는 걸 알게 될 때, 비로소 조선인을 모욕하는 따위의 언행을 삼가게 될 것이다.

1933년 5월 9일 화요일

오후 3시 조선호텔에서 열린 조선관광협회 발기총회에 참석했다. 이 협회의 목적은 조선에 온 관광객들에게 내 집처럼 편안하게 지낼 수 있도록 편의를 제공하는 것이다. 일본인과 조선인이 공동의 목표를 가지고 함께 일하도록 권유를 받은 다른 모든 경우와 마찬가지로, 이번에도 조선인은 셈을 치르는 걸 돕는 것 외에는 아무런 할 일이 없다는 걸 절감해야 했다. 조선 속담에 '굿이나 보고 떡이나 먹자'라는 말이 있다. 우리는 이 속담을 이렇게 고쳐야 할 것 같다. '떡을 해주고 굿

을 본 후 무당이 그 떡을 먹는 걸 본다.'

1933년 5월 13일 토요일

오전 9시부터 오후 6시까지 총독이 소집한 경제협의회에 참석했다. 이 회의는 총독부 청사 제1 회의실에서 열렸다. 이 회의의 목적은 농업, 공업, 상업, 광업, 어업, 임업 등 제반 산업 분야 지도자들의 견해를 듣고, 의견을 교환하는 것이었다. 초청인사 44명 중 조선인은 겨우 9명에 불과했다. 조선인의 의견은 좋든 나쁘든, 총독부가 이미 확정해놓은 정책에 아무런 영향을 끼칠 수가 없었다. 따라서 조선인은 꿔다 논 보릿자루에 불과했다. 그런데 일본인의 경우에는 모두가 자기들의 전문 분야에서 한 가닥씩 하는 실력자들이었다. 난 그저 머릿수 하나 늘려준 셈일 뿐이었다.

1933년 5월 16일 화요일

신문 보도에 의하면, 베를린 대광장에서 외국 서적들이 일거에 소각됐다고 한다. 저 유명한 아인슈타인도 단지 유대인이라는 이유 하나만으로 시민권을 박탈당하고, 재산도 몰수당했다고 한다. 정말이지 무지막지한 일이다. 2300년 전쯤 진시황은 유교 경전을 모두 불태우고 유학자들을 학살해, 자기 왕조가 천년만년 영화를 누리길 바랐다. 그러나 그가 죽자마자 그의 왕조는 종말을 고했다. 일본도 조선을 병합하고 난 후, 반일적이거나 애국적인 서적들을 찢어발겨서 서울의 진흙길 곳곳에 내동댕이쳤다.[1] 이런 행동 때문에 조선인은 결코 일본인을 좋아할 수 없었고, 앞으로도 사정은 마찬가지일 것이다. 히틀러 일당 역시 서적을 모두 불태운다 해도, 유대인이나 독일인의 마음속에서 반독反獨사상을 뿌리 뽑지는 못할 것이다. 정말이지 인간의 본성은 비열하기 짝이 없다.

1 — 1910년 총독부는 조선인의 민족의식을 말살하고자 애국정신을 고취하는 각종 서적을 압수해 신채호의『을지문덕전』등 수십만 권을 불사르고 판매를 금지했다.

1933년 6월 12일 월요일

'국제 관계상의 도덕', 미국과 유럽에서는 이 문제를 놓고 논란이 일고 있는 모양이다. 내 생각엔 이 문제는 매우 간단하다. 즉 국제 관계상의 도덕이란 개인 관계상의 도덕이 그대로 확대된 문제일 뿐이다. 개인들 사이에서는—정의, 친절, 정직, 아량 등과 같은—도덕의 근본 요소들이 사람의 행동과 생활에 일정 정도 영향력을 행사하지만, 국제 관계에서는 정글의 법칙이 지존으로 통한다는 사실 때문에 우리 마음속에 혼란이 일어난다. 하지만 경찰, 법정, 감옥, 기타 여러 유형의 종교적·사회적 억제책과 같은 다양한 강제 수단에 의해서만 도덕의 근본 요소들이 인간들 사이에서 힘을 발휘한다는 사실을 분명히 깨닫기만 하면, 이런 혼란이나 모순은 곧 사라진다. 다시 말해서 이런 억제장치들을 제거하고 나면 어떤 공동체에 속해 있건 간에 모든 개인도 곧장 정글의 법칙으로 되돌아갈 것이다. 주님을 두려워하는 것이야말로 개인들 사이의 지혜와 질서와 평화의 출발점이라는 건 틀림없는 사실이다. 지금 국제 관계상 강대국들이 예절바르게 행동하도록 규제를 가할 수 있는 경찰, 법정, 감옥이 있는가? 대다수의 개인들은 두려움 때문에 착실하게 행동하고 있고, 국가들 역시 두려운 게 있어야만 그렇게 할 것이다.

1933년 6월 26일 월요일

12시 30분에 조선호텔에 가서 오찬구락부가 마련한 오찬모임에 참석했다. 만주에 가는 길에 서울에 들른 니토베 박사[1]를 환영하기 위한 모임이었다. 그는 이런 취지의 말을 했다. "여러분이 우리 일본인을 좀 더 이해하게 되면, 우리를 좋아하게 될 겁니다." 대부분이 선교사로 이루어진 청중들은 감명을 받은 것 같았다. 그러나 이 노신사는 만주인이 쉽게 약을 삼킬 수 있도록 사탕발림으로 그들을 꾀는, 어려운 임무를 맡을 것 같다. 그가 두 가지 재미있는 얘기를 들려주었다. (1) 재미있는 이야기를 들으면, 스코틀랜드 사람은 첫 번에 웃는다. 영국인은 같은 이야기를 두 번 들었을 때 비로소 웃는다. 미국인은 같은 이야기를 세 번 들었을 때 비로소 웃는다. 그런데 그들은 재미있어서 웃는 게 아니라 전에 들어본 얘기이기 때문에 웃는 것뿐이다. (2) '코끼리'를 주제로 주면, 영국인은 '남아프리카의 왕 코끼리'라는 제목의 책을 쓴다. 프랑스인은 '코끼리들의 사랑 만들기', 이탈리아인은 '코끼리에 대한 서정시'라는 제목의 책을 쓴다. 독일인은 '코끼리 연구 입문'이라는 제목하에 빽빽하게 인쇄된 600쪽짜리 책을 쓴다. 폴란드인은 '코끼리와 폴란드의 관계', 미국인은 '코끼리, 세상에서 가장 큰 동물', 일본인은 '코끼리의 의무'라는 제목의 책을 쓴다.

---

1 — 니토베 이나소(新渡戶稻造, 1862~1933)는 미국 유학을 마치고 타이완 총독부에서 여러 관직을 거친 후 교토제국대학과 도쿄제국대학 교수 등을 지낸 저명한 학자다. 특히 1909년 도쿄제대 법과에 최초로 개설된 식민정책 강좌를 담당한 인물로 유명하다. 1920~27년 국제연맹 서기국 사회부장과 사무차장을 역임했으며, 1927년 귀족원 의원에 선임됐다.

1933년 6월 28일 수요일

오전에 동생 치창과 제수씨[1]가 귀국했다. 건강한 모습으로 만나게 되어 무척 기뻤다. 제수씨는 전에 만났을 때보다 더 건강해 보였다.

치창의 말로는, 캘리포니아에서는 동양인에 대한 편견이 심하다고 한다.

작년 여름에는 백인 입주자들이 조선인 부부와 한 아파트에 사느니 방을 빼겠다고 협박하는 바람에, 아파트 주인이 치창 부부에게 아파트에서 나가달라고 애원하는 일이 있었단다. 이런 일이 이른바 자유의 땅에서 벌어지고 있다. 그런데 캘리포니아에서 조선인과 별반 차이 없이 굴욕을 당하고 있는 일본인이 조선에서는 조선인을 그와 똑같이 차별하고 있다. 백인이건 황인이건, 흑인이건 홍인이건, 인간은 모두 죄인일 뿐이다.

---

1 — 윤치창 부인인 손진실(孫眞實, 1901~?)이다. 손정도 목사의 맏딸이자 손원일 초대 해군 참모총장의 누나다. 이화학당을 졸업한 후 평양의 대한애국부인회에 가입해 활동하다 1년간 투옥된 바 있다. 미국에 건너가 시카고대학교에서 가정학을 전공하던 중, 1925년에 같은 대학 유학생인 윤치창과 결혼했다.

1933년 6월 30일 금요일

요 전날 밤에 난 경성사범학교 및 부속보통학교 교장인 와타나베 씨가 니토베 박사에게 우쭐대며 이렇게 말하는 걸 들었다. "우리 사범학교는 일본인 학생이 전교생의 80퍼센트를 차지하고, 조선인 학생은 20퍼센트밖에 안 되죠." 모든 관립학교의 학생비율이 이렇다. 심지어 경성의학전문학교는 올해 들어 조선인 학생 비율을 20퍼센트에서 12퍼센트로 낮추었다. 만주국 학생에게 8퍼센트의 정원을 할당하기 위해서였다! 그런데도 니토베 박사는 여기저기서 이런 말을 하고 다닌다. "우리를 이해하면 좋아하게 될 겁니다." 자기들은 이렇게 명약관화한 차별정책을 시행하면서 우리 조선인더러 일본의 정책을 이해해달라고!

1933년 7월 1일 토요일

이□종 씨,[1] 이상협 씨, 심우섭 씨[2] 등이 오긍선 박사[3]의 도움을 받아 다음 네 가지의 목적을 지닌 단체를 출범시켰다. (1) 허례허식 폐지, (2) 근검절약 장려, (3) 미신타파, (4) 문맹퇴치. 이 목표 중 어느 하나라도 반대할 사람은 아무도 없다. 하지만 조선인 신문들은 이 운동에 대해 냉담한 반응을 보이고 있는데, 그 이유는 이런 것 같다. (1) 중앙진흥회[4]라는 명칭에서 당국자들이 면 단위로 결성한 진흥회—주민들에게 국경일에 일장기를 게양하고 세금을 제때 납부하는 미덕을 이행하라고 호소하는 게 주요 목적이다—냄새가 난다. (2) 조병상 씨,[5] 김□연 씨,[6] 이□종 씨 등 상당수의 골수 친일파들이 이 운동을 주관하고 있다. (3) 이 단체 운영자금의 출처는 어디인가?[7]

---

[1] — 이각종(李覺鍾, 1888~?)인 것으로 보인다. 보성전문학교를 졸업하고 한말에 학부 관리로 일했다. 이후 총독부 내무국 사회과 촉탁, 학무국 사회교육과 촉탁 등을 지내며 '정치 브로커'로 활동했다. 1936년 좌익 전향자들을 모아 대동민우회를 결성하고 고문이 됐으며, 이듬해에는 황국신민서사의 문안을 작성한 것으로 알려져 있다.

[2] — 심우섭(沈友燮)은 소설가 심훈(본명 심대섭)의 큰형으로 1916년경부터 3년간 『매일신보』 기자와 지방부장을 지냈다. 1919년 박승빈, 이기찬 등과 함께 일본에 건너가 자치운동을 벌였다. 1937년 경성방송국 제2방송(조선어 방송) 과장을 지냈고, 1941년 『매일신보』 편집고문을 지냈다.

[3] — 오긍선(吳兢善, 1879~1963)은 미국에서 의학을 전공하고 군산, 광주, 목포 등지에서 미국남장로회 선교병원 원장을 지낸 후, 1912년 조선인 최초로 세브란스의학전문학교 교수에 취임해 피부과학 개척자로 명성을 날렸다. 사회사업에 깊은 관심을 가져 1919년부터 경성보육원을 설립해 운영했고, 1933년 총독부가 후원하는 중앙진흥회에 참여해 구습타파 운동을 벌였다. 1934년 제2대 세브란스의전 교장에 취임해 1942년까지 재직했다.

[4] — 총독부 경무국 자료에 의하면, 1933년 6월 윤치호, 오긍선, 신흥우 등 34명의 민족주의자가 생활개선, 미풍양속 작흥 등을 목표로 중앙진흥회(中央振興會)를 조직했다고 한다.

[5] — 조병상(曺秉相, 1891~?)은 선린상업학교를 졸업하고 실업계에 진출해 경인기업 사장, 편창생명보험주식회사 조선지사장 등을 지냈다. 1930년대 초반 민생단에서 활동했다. 중추원 참의, 국민정신총동원조선연맹 상무이사를 지낸 '골수' 친일파였다. 특히 아들을 지원병으로 내보내 더더욱 총독부의 신임을 얻었다.

[6] — 김사연(金思演, 1896~?)인 것으로 보인다. 그는 조선공론사 사장을 지낸 실업가로서 도회 의원, 중추원 참의 등을 지냈다. 1941년 조선임전보국단 상무이사에 선임됐다.

[7] — 총독부 경무국 자료에 의하면, 윤치호는 중앙진흥회 이사장으로 활동했다고 한다. 그러나 이 일기 내용에 의하면, 그가 중앙진흥회에 주도적으로 참여했다고 보기는 어려울 것 같다.

1933년 7월 5일 수요일

며칠 전 예종석 씨가 내게 아시아협회를 결성하자고 제안했다.[1] 그는 일본 군부와 줄이 닿아 있는 것 같았다. 난 그에게 이런 취지의 말을 했다. "이런 단체의 주요 목표 중 하나는 '아시아인을 위한 아시아'일 겁니다. 그런데 우리 조선인이 이런 단체를 결성한다면, 세상 사람들이 모두 이렇게 말하며 비아냥거릴 겁니다. 자기 나라도 경영하지 못하는 주제에 아시아인에 의한 아시아 경영을 주장할 자격이나 있냐고 말이죠."

---

1 — 이 무렵 일본에서 '대아시아운동'이 도입되어 친일파와 자치운동을 추진하던 민족주의자 사이에 반향을 일으킨 것으로 알려져 있다. 아마도 '골수' 친일파인 예종석이 그 중심에 있었던 것 같다. 그는 1934년 3월 일본의 대아시아협회 지부 자격으로 발족한 조선대아시아협회의 상담역을 맡았다.

1933년 7월 21일 금요일

2년 전 일본을 뒤흔들었던 반정부 극우 음모 사건[1]은 아직도 검찰의 수중에 있다. 얼마 전 도쿄에서 유사한 성격의 또 다른 음모가 발각됐다. 이 음모의 목적은 현 내각의 각료들과 재계의 주요 인사들을 암살하는 것이었다. 일본인은 수백 년 동안 요람에서 무덤까지 전쟁 속에서 살다 보니, 누군가를 죽이거나 죽임을 당할 때를 제외하곤 행복하지가 않은 모양이다. 육·해군 장교들이 적극 가담한 이 대대적인 암살 음모들은 그들의 목적이 달성되어야만 비로소 중단될 것이다. 피에 굶주려 있는 일본인을 진정시키려면, 외국과의 큰 전쟁이 필요할 것이다. 그렇지 않으면 내전이 일어날 수도 있다.

---

1 — '3월 사건', 즉 군부가 1931년 3월 18일에 단행할 예정이었던 쿠데타 음모를 의미한다.

다테카와 요시쓰구(建川美次) 참모본부 제2부장, 고이소 구니아키(小機國昭) 군무국장 등 당시 육군 핵심부에 있었던 우가키 가즈시게(宇垣一成) 군벌의 장교들이 민간 우익단체와 연계해 무력정권을 수립하고 우가키를 총리로 옹립하려 한 사건이었다. 쿠데타 계획을 실행에 옮기기 일보 직전에 우가키 자신이 주저하는 태도를 보인 데다, 실행 이전에 적발되어 수포로 돌아가고 말았다. 그러나 이 사건 이후 우가키는 물론 주도자들이 아무런 처벌도 받지 않았고, 우가키는 육군대신에서 물러나 조선 총독으로 부임했다.

1933년 8월 11일 금요일

노르만 앵겔은 자기 저서인 『대환각The Great Illusion』에서 유럽, 특히 독일의 독자들에게 전쟁과 전쟁 준비는 득 될 것이 전혀 없으니 이를 즉각 중지하는 게 현명하다고 매우 진지하게 설득했다.[1] 내가 이런 주제에 대해 지금껏 읽은 책 중에서 가장 훌륭했다.

(1) 하지만 내 생각엔 영국 같은 선진국이 독일 같은 또 다른 선진국을 정복하면 득 될 게 없을지 몰라도, 일본 같은 선진국이 풍부한 자원이 그대로 매장되어 있는 후진국을 정복하면 득이 될 것 같다. (2) 국가나 민족과 마찬가지로, 개인도 돈보다 더 소중하다고 여기는 명분이나 관심사를 위해 옳건 그르건, 소용이 있건 없건 간에 싸움을 벌이곤 한다. 충성, 애국심, 명예나 심지어는 복수심조차 전쟁의 동기가 되어온 게 사실이다. (3) 노르만 앵겔이 말하는 경제적 이유는 유럽의 전쟁 열기를 식히기엔 충분치 못했다. 이 책이 발간된 지 불과 2년 만인 1914년에 세계대전이 발발했다. 뿐만 아니라 오늘날 모든 국가가 또 한 번의, 그리고 더 큰 규모의 전쟁 준비에 여념이 없다.

---

1 ― 『대환각』은 영국 출신의 저술가 노르만 앵겔(Norman Angell)이 1912년에 출간한 책이다. 유럽의 군국주의자들, 특히 독일의 주전론자들에게 전쟁 준비를 중단하고 세계평화를 향해 매진하라고 호소하는 것이 주된 내용인 것 같다. 앵겔은 이 책 말고도 『인간의 본성과 평화 문제(Human Nature and The Peace Problem)』(1925), 『돈의 역사(The History of Money)』(1929) 등의 저술을 남겼다.

1933년 9월 3일 일요일

오후 내내 비가 내렸다. 또 다른 태풍이 올라오고 있다는 일기예보가 있었다. 태풍과 폭우가 남부 지역을 덮쳐 수천 명의 이재민이 발생했고, 농작물도 많은 피해를 입었다. 그런데 수해를 겪지 않은 지역에서는 예년과 같은 풍작을 기대하고 있다. 풍작은 다른 한편으로는 농작물 가격의 폭락을 의미한다. 조선인으로서는 흉년이 들면 먹을 것이 없고, 풍년이 들면 오르기만 하는 세금과 온갖 종류의 의연금을 낼 돈을 마련할 수가 없다.

1933년 9월 11일 월요일

어제 예배에서 우리 목사님[1]이 설교 중에 간디에 대해 언급했다. 난 이런 생각이 들었다. 조선의 한 정객이—이를테면 안창호 씨가—40일간 단식을 선언하고 추종자들에게 일본에 소극적인 저항을 벌이라고 호소했다면, 일본인 통치자들의 비웃음을 사지 않고 어떤 식으로든 그들의 심금을 울릴 수 있었을까? 그뿐만이 아니다. 간디 배후에 3억 5천만가량의 인도인이 없었다면, 인도인이 가난에 찌들고 무기력한 2만~3만 명에 불과했다면, 어느 누가—하물며 빈틈없는 영국인이—간디의 단식에 의미를 부여했겠는가? 또 이런 사실 역시 추호도 의심할 여지가 없다. 즉 인도인이 유럽인이나 일본인처럼 호전성을 지닌 단합된 민족이었다면, 이 호전적인 인도가 마치 한 사람처럼 정치적 자유를 위해 봉기했다면, 그들은 분명히 눈 깜짝할 사이에 자치와 평안을 획득할 수 있었을 것이다. 그러나 총명한 간디는 하나로 단합된 호전적인 봉기가 불가능하다는 걸 알고 있었다. 그래서 차선의 무기로 단식 작전을 선택한 것이다. 그가 위대한 사람이라는 건 의심의 여지가 없다. 하지만 그는 빈틈없는 사람이기도 하다.

1 ─ 당시 종교교회 담임목사인 홍종숙(洪鍾肅, 1877~?)을 가리키는 것으로 보인다. 협성신학교 제1회 졸업생으로 개성, 춘천, 서울 등지의 주요 교회에서 목회를 담당했다. 1914년 조선YMCA연합회 창설 당시 부회장을 지냈고, 1925년 흥업구락부에 참여했다.

1933년 9월 16일 토요일

오후 3시에 경성재향군인회 종로지부 결성식에 참석했다. 일본의 관민官民은 자국민의 전투력 향상을 위해 호전심리를 고취할 만한 온갖 기제를 동원하고 있다. 일본인은 모두 처음부터 끝까지 군인이고 전사다. 스파르타인은 한때 군인 위주의 정책을 통해 천하무적이 됐다. 그러나 전쟁을 도발했고, 또 전쟁만이 유일한 관심사였던 모든 국가는─로마, 튀르크, 심지어 프로이센 같은 나라는─종국에 가서는 국가가 칼 하나만으로는 운영될 수 없다는 걸 깨닫고 말았다. 일본이 너무 늦기 전에 이 사실을 깨닫길 바란다.

1933년 9월 18일 월요일

당국이 군사 연습, 연회, 추도식 등을 통해 만주사변 발발 2주년 기념행사를 성대하게 치렀다. 서울의 어린이들은 일장기를 들고 시가행진을 벌였다. 조선과 중국은 극단적이고 배타적인 문치주의로 말미암아 공격적인 이웃 나라들의 손쉽고, 무기력하고, 절망적인 사냥감으로 전락했다. 반면에 프로이센과 일본은 극단적이고 배타적인 상무주의尙武主義로 말미암아 전 세계를 위협하는 존재가 되어버렸다. 영국의 자세와 정책이야말로 양극단 사이에서 중용을 이루고 있는 것 같다.

1933년 10월 2일 월요일

하와이, 미국, 상하이, 만주, 소련 등 조선인이

살고 있는 모든 곳에서 계속되어온, 서북파와 기호파 간의 보기 흉한 경쟁, 충돌, 음모가 서울에서도 가시화되고 있다. 서울의 서북파 지도자는 이광수 군, 정인과 군,[1] 이용설 군[2]이라고 알려져 있다. 그런가 하면 신흥우 군, 박용희 목사,[3] 함태영 목사[4] 등이 걸출한 반反서북 인사로 손꼽히고 있다. 새문안교회의 차재명 목사[5]는 서북파의 지도자로 알려져 있다. 상하이와 다른 곳에서 파벌투쟁을 봐왔던 여운형 군은 기호파 쪽의 거물급 인사다.

얼마 전 조선일보사 부사장이 되려고 동아일보 편집국장직에서 물러난 이광수 군[6]이 김성수 군과 송진우 군에게 배은망덕한 행동을 했다는 비난을 사고 있다. 수년 전 이군이 조선에 돌아와 의기소침해 있었을 때, 김군과 송군은 이군이 조선인 사회에서 신뢰를 회복할 때까지 물심양면으로 많은 도움을 주었다고 한다. 심지어 이군은 동아일보 편집국장에 오르기도 했다.[7] 그런데 『조선일보』가 서북파의 기관지가 되자,[8] 이군은 이 신문사에 참여할 작정으로 은밀하게 움직였다. 물론 이것이 잘못됐다는 건 아니다.

---

1 — 정인과(鄭仁果, 1890~1972)는 대한민국임시정부 요인을 지내고 미국에서 신학과 교육학을 전공했다. 1932년 조선예수교장로회 총회 종교교육부 총무를 거쳐 1935년 총회장에 올라 장로교 최고 권력자로 발돋움했다. 그러나 배타적 자세로 교단을 운영해 기독교계의 분열을 일으킨 장본인이 되고 말았다. 일제강점기 말 적극적인 친일 활동을 벌였다.
2 — 이용설(李容卨, 1895~1993)은 중국과 미국 유학을 거쳐 세브란스의학전문학교 교수가 된 외과의사다. 수양동우회의 핵심 인물로 활동했다. 해방 후 미 군정청 보건후생부장과 제2대 의원으로 활동했으며, 세브란스병원장과 대한병원협회장 등을 지냈다.
3 — 박용희(朴容羲, 1884~1959)는 장로교 목사이자 민족운동가다. 1919년 3·1운동과 한성 임시정부 수립에 적극 참여했고, 신간회 안성지회장을 지냈다. 경기노회장을 거쳐 승동교회 목사로 부임하면서 서울 지역 장로교 비서북계의 핵심 인물로 부상했다. 일제강점기 말 신사참배 반대운동을 벌이다 투옥됐다. 해방 직후 정계에 진출해 안재홍과 함께 국민당 결성을 주도했다.
4 — 함태영(咸台永, 1873~1964)은 법관 출신의 장로교 목사다. 3·1운동 당시 남대문교회

와 세브란스병원을 중심으로 운동 준비와 거사에 깊이 간여했다가 투옥됐다. 연동교회 목사, 경기노회장, 조선예수교연합공의회장 등을 역임하며 서울 지역 장로교계의 핵심 인물로 부상했고, 1932~35년 신흥우의 적극신앙단에 가담했다. 1952년 제3대 부통령에 당선됐다.
5 — 차재명(車載明, 1881~1947)은 일제강점기 장로교의 중진 목사다. 평북 출신으로 1920~41년 새문안교회 담임목사를 지내고, 1929년 조선예수교장로회 총회장에 선출되어 서울 내 서북계의 핵심 인물로 손꼽혔다. 적극신앙단과 그 지도자인 신흥우에게 적극 반대했으며, 1939년 기호계 중심의 경성노회에서 제적 처분됐다.
6 — 이광수는 1933년 8월 29일 『조선일보』 부사장으로 부임해 1934년 5월까지 재직했다.
7 — 이광수는 1919년 「2·8 독립선언서」를 기초하고 상하이 임시정부 기관지 『독립신문』의 사장 겸 편집국장으로 일하다가, 1921년 국내에 들어와 경찰에 체포됐다. 그런데 불기소처분으로 풀려나면서 변절했다는 의혹을 사기 시작했으며, 이듬해 5월에는 『개벽』에 「민족개조론」을 발표해 사회적으로 큰 물의를 일으키고 문단에서도 소외됐다. 그러나 1923년 5월 파격적인 대우를 받으며 동아일보사에 촉탁기자로 입사했고, 1926년 11월에는 편집국장에 올랐다. 이듬해 신병으로 신문제작 일선에서 물러났으나, 1929년 12월 다시 편집국장에 복귀해 1933년 8월까지 재직했다.
8 — 1932년 중반부터 조만식(사장), 주요한(편집국장), 조병옥(영업국장, 조병옥은 충남 출신이지만 서북계의 수양동우회 회원이었음) 등 서북계 인사들이 『조선일보』를 운영했으며, 특히 1933년에 접어들면서 평북 정주 출신의 방응모가 『조선일보』를 완전 인수했다.

1933년 10월 4일 수요일

(이광수 얘기 계속)

그러나 이군이 동아일보사를 떠나기로 되어 있던 날 밤이 되어서야 비로소 은인인 송진우 군에게 조선일보사로 옮기려는 계획을 말했다는 게 잘못이었다. 이상은 신흥우 군과 여운형 군에게 들은 얘기다. 만약 이것이 사실이라면, 이군은 김성수 군과 송군에게 굉장히 버르장머리 없이 처신했다고 할 수 있다. 서북파 인사들이—방응모,[1] 고일청[2]이—자금을 댄 『조선일보』가 서북파의 거두인 안창호 씨의 일자리로 준비되고 있다는 건 알 만한 사람은 다 알고 있는 사실이다. 그런데 안씨는, 일본인은 최근 몇 년 동안의 적이지만 기호인은 500년 동안 서북인의 적이었으므로, 먼저 기호파를 박멸해야 한다고 말한 것으로 알려져 있다. 난 안씨가 이런 말을 했다고는 결코 믿지 않는다. 그러나 대부분의 기호파 인사들은 이를 사실로 여기고 있으며, 안씨가 이보다 더 심한 말도 했다고 믿고 있다.

신흥우와 여운형이 내게 서북파의 비양심적인 음모와 계획을 분쇄하기 위해 충직한 기호인으로 구성된 결사를 만들자고 제안했다. 난 이 제안에 대해 장고長考를 거듭한 끝에 여군에게 이렇게 말했다.

---

1 — 방응모(方應謨, 1883~?)는 『동아일보』 정주지국을 경영하다가 광산업에 성공해 부를 축적한 후, 1933년 조선일보사를 인수했다. 조선일보사는 이때부터 경영 면에서 안정을 이루고 사세가 확장됐다. 그러나 그는 일제강점기 말 국민정신총동원조선연맹, 조선임전보국단 등의 친일단체에 참여하고, 자신이 경영하는 잡지 『조광(朝光)』을 통해 친일 여론을 조성했다.
2 — 국사편찬위원회가 펴낸 『윤치호 일기』에는 하일청(夏一淸)으로 표기되어 있으나, 고일청(高一淸)이 맞다.

1933년 10월 6일 금요일

(난 여군에게 이렇게 말했다.)

(1) 서북파, 특히 평안도인은 오랜 세월 동안 억압을 받아온 데다, 자기들끼리 신분상의 이질감이 없기 때문에 응집력이 강한 편이다. 서북인은 기호인보다 더 쉽사리, 더 기꺼이 기독교로 개종해 다른 지역 주민들보다 더 빨리 현대교육을 접할 수 있었다. (2) 서북인이 다른 지역의 조선인과 비교해 응집력이 강하고 교육을 더 많이 받았기 때문에, 기독교계, 재계, 관계 등 모든 분야에서 지도자로 부상했다. 그들이 결집할 수 있는 건 흥사단 같은 조직과 안창호 같은 지도자가 있기 때문이다. (3) 그들은 일본인보다 기호인을 더 증오하기 때문에, 일본인에게 아첨해서 기호파에 대한 비열한 계략을 동원하는 데 주저치 않을 것이다. (4) 일본인은 조선인을 분열시키기 위해 파벌 싸움을 기꺼이 활용할 것이다.

1933년 10월 8일 일요일

(앞의 이야기 계속)

이 네 가지 사실에 비추어볼 때, 우리 기호인은 뭘 해야 하나? 내 생각엔 다음 세 가지 중 어느 하나일 것이다.

(1) 분파 기관으로 기호인의 결사를 만들 건가? 아니다. 기호인은 서북인처럼 하나의 결사로 결집할 만큼의 응집력이 없다. 이렇게 성공 가능성이 희박한 걸 시도해봤자 상대편의 비웃음만 살 뿐이다. (2) 응집력 있는 결사를 만드는 건 어렵다고 보고 기독교계나 재계나 관계에서 사적인 증오와 대립을 일삼는 건 어떨까? 아니다. 내 생각엔 이것 역시 매우 유치하고 어리석은 짓이다. (3) 그렇다면 서북파 지도자들에게 신사적으로 나아가자. 그들과 허심탄회하게 교류하고, 그들에게 어떤 계략도 쓰지 말자. 좋은 일이면 뭐든지 그들과 협력하고, 그들이 잘못된 행동을 할 때에는 반대하는 데 주저치 말자. 내 생각엔 조직화된 싸움을 벌이거나 사적인 대립을 일삼는 것보다는 이렇게 하는 것이야말로 궁극적인 견지에서 그들을 이기는 것이다. 일본인에게 조선인의 분열을 활용할 기회를 제공해서는 안 된다.

1933년 10월 24일 화요일

이낙종 씨가 이런 얘기를 들려주었다. 한 달 전쯤 이왕직李王職 당국이 덕수궁 석조전을 박물관으로 바꾸고, 궁궐 주변의 아름다운 정원을 일반에 공개하기로 결정했다. 아울러 방문객들에게 우편엽서, 골동품, 사탕 등을 판매할 서너 개의 기념품 가게를 두기로 했다. 상당수의 일본인, 조선인 상인들이 이 기념품 가게의 운영권을 따내려고 신청서를 제출했다. 석조전을 관리하는 인사가 조선인 응모자들에게 통명스럽게 이렇게 말했다. "석조전이 이조 왕실의 재산이므로, 일본인에

일제강점기의 덕수궁 중화문의 왼쪽 뒤편에 석조전이 보인다.

우선해서 조선인에게 이 기념품 가게를 주는 게 이치에 맞을 겁니다. 하지만 우리가 조선을 병합한 건 일본인의 이익을 위해서 그런 거였죠. 따라서 뭔가 이익이 될 만한 게 있다면 뭐든지 일본인에게 우선권을 주어야 합니다. 그런 다음에도 남은 게 있을 때 당신네 조선인이 떡고물을 바랄 수 있는 거죠." 그는 이렇게 말하고는 기념품 가게를 모두 일본인에게 내주었다.

이어서 이나종 씨는 이런 말을 했다. "일본이 지속적으로 추구하는 목표이자, 성공적으로 수행하고 있는 게 바로 조선인의 경제적 파멸입니다." 조선인 중에는, 고위 관리들이 자기들에게 식사를 대접하며 다독거려주면, 자기가 대단한 사람이라도 되는 양 우쭐대는 이들이 있다. 하지만 일본인은 조선인의 그런 모습을 보며 회심의 미소를 짓는다.

1933년 11월 1일 수요일

『동아일보』가 발행한 호외에 따르면, 후쿠오카福岡에 주둔하고 있는 제12사단에 즉각 이동할 준비를 갖추라는 명령이 하달됐다고 한다. 서울의 군사 당국이 일부 신문사를 대상으로 전선에 투입할 종군기자를 직접 지정했다고 한다. 조선인으로는『동아일보』의 이길용 군¹이 유일하게 포함됐다고 한다. 일본은 소련을 침공할 만반의 준비를 갖추고 있다. 일본인은 용기 있고, 정력적이며, 야심만만한, 정말 대단한 민족이다.

---

1 — 이길용(李吉用, 1899~?)은『동아일보』사회부 기자로 근무하면서 체육 기사를 전담해 체육기자의 선구자로 널리 알려져 있다. 1936년 손기정 선수의 올림픽 마라톤 제패와 관련한 일장기 말소 사건으로 퇴사했다. 해방 후 복직했다가, 한국전쟁 당시 납북됐다.

1933년 11월 8일 수요일

중국이 전쟁에 시달리고 있을 당시 한 제후국의 젊은 군주가 철학자로 명성이 자자하던 맹자에게 지난 2300년 동안 그 어느 누구도 대답하지 못했던 걸 질문했다. "천하가 어디에 정해지겠습니까?" 이 철학자는 이렇게 대답했다. "한곳에 정해질 것입니다." 왕이 되물었다. "누가 통일시키겠습니까?" 이 철학자는 이렇게 대답했다. "사람 죽이는 걸 좋아하지 않는 이가 능히 통일할 수 있습니다."¹ 인간의 본성이 평화보다 전쟁을 더 선호하는 한, 이 세상에 영구히 평화가 올 것 같지는 않다. 모든 나라가 이웃 나라의 번영과 명성과 권력을 희생시켜 자기의 발전을 누릴 수 있다고 생각하는 한, 약소국은 무기력하게 평화를 호소하는 데 반해 강대국은 전쟁준비에 박차를 가하는 한, 간단히 말해서 인간이라는 짐승이 동물의 왕국에서 가장 야비한 동물로 남아 있는 한, 이 세상에 평화가 정착될 가능성은 전혀 없다. 그러면 종교는 뭘 하고 있나?

자, 인간에게 종교를 줘봐라. 자기와 견해를 달리하는 이들을 죽이는 명분으로 삼을 것이다. 이슬람교도와 기독교도, 힌두교도와 이슬람교도 간의 살육을 보면 알 것이다. 인간에게 과학을 줘봐라. 인체에 치명적인 독가스와 폭탄을 발명할 것이다. 인간에게 사회주의를 줘봐라. 지상 천지를 볼셰비키의 지옥으로 만들 것이다.

---

1 — 『맹자』 「양혜왕」 편에 나오는 구절이다.

1933년 11월 12일 일요일

신흥우 박사가 적극신앙단이라는 이름의 단체를 결성했다고 한다.[1] 이 단체의 목표는 (1) 정신교화, (2) 위생향상, (3) 관습개선, (4) 사상정화다. 신흥우가 단장이다.

새 단체의 신조가 나타나 있는 적극신앙선언 5개조는 이렇다. (1) 자연과 역사의 경험에서 나타나는 하나님을 믿음, (2) 하나님과 하나가 되어 악惡과 싸워 선善으로 정복케 함, (3) 사람의 권리와 의무는 완전히 동등함, (4) 개인 소득욕보다 인류 공헌욕으로써 새 사회를 건설함, (5) 사회는 우리의 경제, 문화, 정신생활의 안전과 형평을 보장한다고 믿음.

신흥우는 근래에 계속해서 자기를 두목으로 하는 파벌을 만들려는 야망을 가지고 있었다. 그의 이 새로운 계획이 얼마만큼 성공할지 두고 볼 일이다.

---

1 — 적극신앙단이 정확히 언제 결성됐는지를 확인할 수 있는 자료는 지금껏 발굴되지 않았다. 학계에서는 대체로 1932년 6월이나 1933년 가을로 추정하고 있다. 옮긴이의 견해로는 1932년 6월 신흥우가 적극신앙단 결성을 구상하기 시작해 상당 기간 준비 작업을 거쳐 1933년 9월경 정식으로 결성한 것 같다. 아울러 적극신앙단 단원 수와 조직체계 및 단원의 면면을 확인할 수 있는 자료 역시 전혀 발굴되지 않았다. 다만 몇몇 연구자가 적극신앙단

출신 인사들과의 인터뷰를 통해 그 면면을 밝히고 있을 뿐이다. 그런데 『윤치호 일기』를 면밀히 검토해본 결과 유억겸, 구자옥, 신공숙은 적극신앙단 단원이 아니라는 사실을 확인할 수 있었다(이 세 사람이 처음에 적극신앙단에 참여했다가 곧바로 탈퇴했을 가능성도 있다).

1933년 11월 19일 일요일

오전에 미와 씨가 찾아와, 누군가가 자치운동이나 그 선동을 시작한 게 틀림없느냐고 물었다. 난 금시초문이라고 말했다. 이어서 그들이 원하는 자치의 형태가 무엇인지도 모르겠으며, 일본이 일촉즉발의 세계대전에 대비하려고 생사를 건 투쟁에 돌입해 있는 상황에서 조선인이 자숙하는 게 현명한 일일 거라고 말했다.

1933년 11월 22일 수요일

일본인이 20만 원을 들여 도쿄에 이토 히로부미 공작의 동상을 세울 예정이다. 조선인은 세계 지도에서 자기 나라를 지워버린 장본인을 기리기 위해 가능한 한 많은 액수의 기부금을 희사하라

박문사(博文寺)

는 요구를 받고 있다. 왜 구세군 교인에게 할렐루야를 외치게 하지! 조선인은 계층을 불문하고, 지난봄에 완공된 이토 씨 추모 사찰(박문사를 가리킨다―옮긴이)을 짓는 데 30만 원이나 되는 거액을 희사해야만 했다. 그런데 이번에는 도쿄에 이토 씨의 동상을 세우는 데 기꺼이 성금을 내놓아야 할 처지에 놓여 있다.

1933년 12월 14일 목요일

한 달 전쯤 남궁억 씨가 반일 감정에 기초한 조선사를 집필해 학생들에게 가르친 혐의로 체포됐다.[1] 그와 10여 명의 절친한 친구가 강원도 홍천 경찰 당국의 취조를 받은 후, 어제 서울 검찰에 송치됐다. 올해 71세인 이 노인이 감옥에서 생활하는 건 몹시 버거울 것이다. 감옥 안에서 재판을 기다리는 '불온사상가'가 1천명도 넘는 터라, 그가 재판을 받기까지는 1년도 더 걸릴 것 같아 몹시 염려된다.

---

1 ― 남궁억(南宮檍, 1863~1939)은 1933년 11월 기독교 계열의 비밀결사인 '십자당'을 조직해 활동하다 체포되어 8개월간 투옥됐다. 그는 한말 자강운동의 핵심 인물로 『황성신문』 사장, 대한협회 회장, 관동학회 회장 등을 지냈다. 이후 배화여학교 교사를 지내고, 조일(朝日)YMCA 대표자협의회에 참석하는 등 기독교계의 중진으로 활동했다. 1918년 강원도 홍천에 낙향해 무궁화 보급운동을 벌였다. 윤치호의 둘째 아들인 윤광선의 장인이다.

1933년 12월 24일 일요일

크리스마스가 서울 여성층에게 또 하나의 석가탄신일이 됐다. 여성들은 크리스마스의 진정한 의미 따위는 안중에도 없다. 여성들이 관심을 갖는 건 크리스마스가 쇼핑을 위한 또 하나의 핑곗거리이자 기회라는 사실이다. 김영섭 씨의 말로는, 일본인은 벌써 크리스마스를 그루시미마쓰[1]라고 신소리 하는 지경에 이르렀다고 한다.

1 ─ '그루시미마쓰(クルシミマス)'는 원래 고통스럽다(苦しみます)는 뜻을 가진 단어인데, 크리스마스(クリスマス)에서 신년으로 이어지는 기간에 음주, 쇼핑, 선물 주고받기가 늘어남에 따라 비용 부담이 커지는 데서 나온 일종의 속어라고 한다.

1934년 1월 5일 금요일

저녁 6시부터 2시간 동안 총독 관저에서 열린 신년 연회에 참석했다. 우가키 총독은 작년 11월에 방문했던 경성보육원[1]에 대해 꽤 호의적으로 말했다. "이 정도까지 해내다니 정말 수고가 많으셨소." 난 여러 복잡한 문제에 직면해 있는 이 준엄한 전사가 경성보육원 같은 자잘한 일에도 신경을 쓸 줄은 꿈에도 몰랐다.

1 ─ 경성보육원은 1919년 3월 서울 서대문 근처에 설립된 우리나라 최초의 고아원이다. 각 선교단체와 기독교인의 도움으로 운영됐으며, 총독부 당국으로부터 보조금을 받기도 했다. 명목상의 원장은 윤치호였으나, 실제로 이 기관을 이끈 사람은 오긍선이었다. 1936년 9월 안양으로 옮겨 지금의 안양기독보육원이 됐다.

1934년 1월 6일 토요일

난 10여 년 전에, 즉 1923년쯤에 호별세戶別稅로 13원을 냈다. 지금은 그때보다 159배나 많은 2,074원 80전을 낸다. 그런데 쌀값이 떨어짐에 따라 내 소득은 1923년보다 오히려 줄었다. 세금은 조선에서 유일한 마천루다.

1934년 1월 8일 월요일

중국 제19로군이 1932년 봄 상하이에서 일본군에 맞서 용감하게 싸워, 중국인은 물론이고 외부 세계로부터도 극찬을 받았다. 신문 보도에 의하면, 이 부대는 푸젠성福建省에 독립 정부가 수립되는 과정에서 공산주의자 편에 가담해 더욱 유명해졌다고 한다. 중국인은 이 세상에서 가장 애국심이 없는 민족이다. 그들은 공동의 적에 맞서 연합전선을 결성하지는 못할망정 동족 간의 전투와 살육에 여념이 없다. 사정이 이러함에도 불구하고, 그들은 미국이나 국제연맹이 일본에 저항하고 있는 자기들을 도와주길 기대한다. 지금 중국인은 조선 옛 황제(고종 황제를 가리킨다―옮긴이)의 전철을 그대로 답습하고 있다. 다만 다른 점이 있다면, 그 규모가 훨씬 더 크다는 점뿐이다.

1934년 1월 11일 목요일

김덕현 형사의 말로는, 2~3월 이후에 러일전쟁이 발발할 거라고 한다. 그는 일본인 경찰 관료들과 항상 접촉하고 있다. 따라서 당국자들과 접촉이 없는 우리 같은 사람보다는 좀 더 빨리 기밀이나 힌트를 얻을 수 있을 것이다. 김씨는 전쟁이 시작되면 곧바로 교외로 피난갈 수 있게 채비를 갖춰놓으라고 충고했다. 말이야 쉽지만, 행동으로 옮기는 건 그리 쉬운 일이 아니다.

1934년 1월 15일 월요일

집정 푸이가 황제의 자리에 등극할 것이며, 당연히 만주국도 제국으로 바뀔 거라고, 신문들이 기정사실처럼 보도했다. 한 일본인은 군사 지도자들이 최소한의 도전으로 베이징을 새 제국의 수도로 삼을 준비를 갖추고 있다고 내게 말했다. 그래! 뭔들 못할까? 몽골인은 쿠빌라이 칸의 영도하에 베이징을 점령해서 100년 동안 중국을 다스렸다. 여진족도 베이징을 점령해서 300년 가까이 중국을 통치했다.[1] 일본에게 필요한 건 오직 베이징을 점령하고 방어할 수 있는 힘일 뿐이다. 어느 누구도 일본이 몽골인이나 여진족에 비해 중국을 통치할 권리가 적다고 주장할 수는 없다.

---

1 — 청나라의 중국 지배를 의미한다.

1934년 1월 30일 화요일

며칠 전 아펜젤러 양은 감정을 억누르려고 상당히 애쓰긴 했지만, 자신과 김활란 양 간의 불화가 사실이고 또 심각한 수준에 있다는 걸 감추지는 못했다. 그녀의 말을 종합해보면 이렇다. "제가 그녀에게 너무 많은 권한을 주었어요. 그녀는 미국YWCA 인사들로부터 생계를 보장받는 대로 우리 학교를 떠날 계획을 갖고 있습니다. 그녀가 떠난다면 학교에 치명적인 손실이 될 겁니다. 우리 교회의 저명인사 중에 다수가 그녀를 거의 영웅처럼 여기고 있기 때문이죠. 만일 나의 퇴진이 현 상황에 도움이 된다면 기꺼이 그렇게 하겠어요."

김활란 양이 자신의 발전을 위해 야망을 조금 줄인다면 좋을 텐데. 몇 년 전 신흥우 군이 김활란 양을 이 학교 교장으로 만들려는 계획을 짠 적이 있었다. 그러나 지금 아펜젤러 양이 뒷짐만 지고 있다는 사실이 김활란 양과 신흥우 군 간의 관계를 단적으로 보여준다. 난 아펜젤러 양과 김활란 양 둘 다 마음에 든다. 서로 상대편 진영에 있는 두 사람 사이에 끼어 있을 때는 무척 곤혹스럽다. 난 아펜젤러 양에게 김활란 양이 학교를 떠날 건지 남을 건지 거취를 확실하게 정할 때까지 교무주임 문제를 결정하지 말라고 충고했다.

1934년 2월 7일 수요일

신문 보도에 의하면, 파리에서 폭동이 일어났다고 한다. 해군부가 불에 타고, 미국 대사관도 공격을 받았다고 한다. 파리

인천항에서 일본으로 반출되는 쌀

의 폭도들이 100년 전보다 더 못하다고 하는데, 정녕 그렇다면 그건 누구 잘못인가? 사람들은 그저 빵을 원할 뿐이다. 그런데 정치가와 외교관들은 그들에게 폭약과 독가스를 주었을 뿐이다. 대체 누가 전쟁과 전쟁 준비로부터 이 세상을 구할 수 있을까?

1934년 2월 12일 월요일

일본 정부는 자국의 식량 부족을 보충하기 위해 조선 쌀을 증산할 요량으로 조선인에게 수리조합을 강요했다. 그러나 수리조합은 조선인 지주들에게 이루 헤아릴 수 없을 만큼의 손실을 끼친 '수재조합水災組合'이라는 것이 입증됐다. 이제 일본의 미곡시장에서 조선 쌀이 늘게 되자, 일본 정부는 조선 쌀의 이입을 사실상 금지하는 법안을 가결했다.[1] 그래서 일본 정부는 자국민의 이해에 관련된 것이 아닌 한, 조선인의 이익 따위는 안중에도 없다는 걸 만천하에 드러냈다. 하기야 영국이 아일랜드에서 했던 소행과 독일 및 소련이 폴란드에서 했던 소행에 비추어본다면, 유독 일본만이 이 점을 부끄러워할 필요는 없다. 인간의 본성이 본래 그런 것이지, 일본인이나 영국인이 특별히 악해서 이런 추행을 저지른 것은 아니니까.

1 — 1934년 1월 20일 일본 척무성은 조선 쌀 통제방침을 결정한 후, 2월 6일 조선 쌀 통제를 위한 제3회 연합협의회를 열어 외지(外地) 쌀 통제안을 결정했다.

1934년 2월 20일 화요일

동아민족문화협회는 작년 12월 도쿄에서 출범한 단체다. 총독부 사회과가 조선에 이 운동을 도입하려는 중이다. 이 운동의 세 가지 목적은 다음과 같다. (1) 동아민족의 번영과 단결을 촉진하기 위해 동아민족의 민족적 특성, 관습, 문화를 연구하는 것, (2) 동아민족의 통합과 번영이 세계 평화의 근간이라는 사실을 세계만방에 인식시키는 것, (3) 고상한 동아문화를 선전, 보급해 세계의 편벽되고 왜곡된 상태를 교정하는 것. 이런 훌륭한 목표에 대해 토를 달 사람은 아무도 없을 것이다. 그런데 발기인들은 이 단체를 출범시킨 이유를 밝히는 성명에서 이런 말을 했다. "성심웅수聖心雄手가 동아민족의 좌우명이었다. 그러나 지금은 어떤가? 우리는 인종적으로 백인의 채찍 아래 있다. 우리는 문화적으로 백인의 문명에 동화되길 강요받고 있다. 우리는 경제적으로 백인의 무자비한 수탈을 감내해야 한다. 우리는 지리적으로 백인의 무제한적인 강탈을 참아내야 한다." 자, 이 말이 일본인의 통치하에 있는 조선인에게 어떻게 들릴까?

1934년 3월 1일 목요일

오늘 만주국 집정 푸이가 만주국 황제에 등극했다. 그는 청나라의 마지막 황제였다. 그는 양위 후에 다년간 베이징에서 살았다. 그러다가 펑 장군[1]에게 쫓겨나 다롄에 은신처를 마련했다. 그는 일련의 기묘한 행운 덕분에 만주의 첫 번째 황제에 올랐다. 물론 그가 이 자리를 얼마 동안이나 지키게 될지 아는 사람은 아무도 없다. 다만 사람들은 만주의 일본인 당국자들이 모양새를 갖추기 위해 그를 필요로 할 때까지는 그가 계속 황제 노릇을 하게 될 거라고 생각하고 있다. 조선의 세 신문이 이 큰 사건에 대해 조금도 관심을 표명하지 않고, 단지 새 황제의 대관식에 대해 간단히 언급한 건 의미심장한 일이 아닐 수 없다.

그러나 몽골인이나 여진족이 중국 본토에 제국을 세웠던 것처럼, 일본인이 만주에 제국을 수립한다고 해서 안 될 게 뭔가? 영국의 조지 왕이 인도 황제가 됐던 것처럼, 일본 천황에게도 만주 황제가 될 권리가 얼마든지 있다. 일본인은 참 멋진 민족이다.

---

1 — 중국의 독군(督軍)인 펑위샹(馮玉祥, 1882~1948)을 가리킨다. 하급 병졸 출신이었지만 휘하에 잘 훈련된 부대를 거느리고 세력을 확장해, 1924년 10월 쿠데타로 베이징을 점령하고 푸이를 추방했다. 1927년 장제스를 도와 국민당 좌파와 공산주의자들을 탄압했다. 1929년 국민당에 대해 독립을 선언했으나, 이듬해에 패전을 당하고 추방됐다.

1934년 3월 13일 화요일

얼마 전에 이케다 경무국장 집무실에서 강진수 씨를 만났다. 이케다 씨가 집무실에 들어오기 전에, 강씨는 내게 조선에서 특정 형태의 자치가 시행되는 걸 찬성하는 여론이 일본에서 일고 있다고 말했다. 강씨는 조선인 쪽에서도 자치운동을 시작해야 한다고 넌지시 말했다. 내 어쭙잖은 생각으로는, 조선인 측에서 이 운동을 벌이는 데는 두 가지의 심각한 장애물이 있다. (1) 이 사안에 대해 조금이라도 생각이 있는 조선인 중 대다수는 자치론에 반대하면서 우리는 완전 독립을 요구해야 한다고 주장하고 있다. (2) 일본인은 총독부 내각에 단 한 사람의 조선인도 등용한 적이 없다.[1] 주임관 중 조선인 비율은 겨우 5퍼센트에 불과하고, 판임관도 41퍼센트에 머물고 있다. 총독 관방을 보더라도 조선인은 겨우 9퍼센트에 불과하다. 전 조선의 모든 관공서에서 일하고 있는 조선인은 약 35퍼센트에 머물고 있으며, 그들이 받는 봉급은 모든 관리가 받는 전체 봉급의 21퍼센트에 불과하다. 관리 임용에서 이와 같이 민족차별을 자행하는 일본인이 조선인에게 자치를 허용하겠는가?

1 — 1934년 이전까지 총독부 국장(오늘날의 장관에 해당)을 지낸 조선인은 단 한 명에 불과하다. 1920년대에 이진호가 학무국장을 지냈다. 이에 대해서는 제1부 제3장의 1924년 12월 18일자 일기 내용과 주를 참조할 것. 한편 일제하 만 35년 동안 총독부 국장을 지낸 조선인은 한 명이 더 있다. 1944년 8월 엄창섭이 학무국장이 됐다.

1934년 3월 23일 금요일

11시쯤 최린 씨에게서 전화가 왔다. 그는 총독부가 조선인의 정서를 대변할 만한 인사들로 중추원 진용을 재정비하려 한다고 말하고,¹ 내게 중추원에 들어갈 의사가 있는지를 타진했다. 난 그에게 이렇게 말했다. "중추원에 들어가는 사람의 목적은 두 가지로 볼 수 있어요. 즉 돈이 필요해서거나 일이 좋아서죠. 그런데 돈이나 명예에 그다지 관심이 없고, 중추원에 들어가봐야 어떤 종류의 일도 할 수 없다는 걸 알고 있는 최 선생과 나 같은 사람은 조선인에게 욕을 먹으면서까지 중추원에 들어가야겠다고 생각하진 않죠. 한편 조선인은 일본의 통치와 소련 볼셰비즘 사이에서 선택을 해야만 하는데, 나 같으면 후자보다는 전자를 고르겠습니다. 그래서 나 같은 사람은 일본의 통치에 조금도 반대하질 않습니다. 그러니 당국이 우리 같은 사람에게 중추원 관직을 섭외하는 따위의 수고는 하지 않아도 좋을 겁니다."

1 — 1934년 4월 17일 중추원 참의에 새로 임명된 인사들은 최린, 이진호, 김명준, 윤갑병, 김사연, 정대현 등으로 모두 친일 색채가 강한 사람이었다. 특히 최린, 김사연, 정대현 등

나중에 시중회의 결성을 주도하는 인물들이 포함되어 있는 것이 눈에 띈다.

1934년 3월 24일 토요일

밤 9시쯤 박영철 씨[1]가 내게 전화를 걸어서 어제 최린 씨가 했던 말을 되풀이했다. 난 그에게 야인으로 남고 싶다고 솔직하게 말했다.

---

1 — 박영철은 1933년 6월 중추원 참의에 임명됐다.

1934년 3월 31일 토요일

김대우 중추원 서기관[1]에게서 전화가 왔다. 그는 내무국장 명의로 중추원에 들어와달라고 내게 요청했다. 난 최린 씨와 박영철 씨에게 했던 말, 즉 내가 이 제의를 고사하는 이유를 거듭 말해야 했다. 김씨는 내가 어떤 자격으로든 중추원에 들어온다면, 일본에 대한 태도를 결정하지 못하고 방황하는 조선 청년들에게 자발적인 협조든 마지못한 체념이든 간에 명확한 방향을 제시해주게 될 거라고 말했다.

---

1 — 김대우(金大羽, 1900~?)는 규슈제국대학을 나와 총독부 말단 관리로 들어갔으나 '고속 승진'을 거듭해 평북 박천 군수, 중추원 서기관 등을 지냈다. 일제강점기 말 조선인에 대한 사상통제를 담당하는 총독부 학무국 사회교육과장에 발탁되어 황국신민서사의 제정을 입안한 것으로 알려져 있다. 이후 전북지사와 경북지사를 지냈다.

1934년 4월 8일 일요일

오전 10시부터 2시간 동안 경성재향군인회 종로지부가 경복궁 신무문神武門 앞 광장에서 연례모임을 가졌다. 난 이 모임의 전반부 순서에 참석했다. 연사들은 모두 세 가지의 널리 알려진 사실을 강조했다. (1) 일본이 강대국으로 성장한 것은 호전성 덕분이다. (2) 일본이 비상시국에 처해 있다. (3) 일본은 만반의 준비를 갖춰야 한다.

1934년 4월 9일 월요일

박흥식은 서울의 실업계에서 가장 많이 회자되는 인물이다. 내가 알기로 그는 30세를 갓 넘었다. 몇 년 전 황해도에서 올라와 지물紙物 도매상과 부업으로 인쇄업을 시작했다. 그는 몇 가지 계략을 써서 조선은행으로부터 수십만 원을 대출받는 데 성공한 후, 이 돈을 가지고 미쓰코시三越백화점[1]을 어설프게 흉내 낸 화신백화점을 시작했다. 그가 엄청난 비용을 들여 7층짜리 백화점을 짓고 있다고 보도됐다. 일본 대재벌인 미쓰비시三菱가 그에게 돈을 빌려주기로 되어 있다. 내 보기에 이건 정신 나간 짓이다. 대체 박군이 일본인을 가지고 노는 건가, 아니면 그 반대인가? 그가 의도적으로 그러는 것이든 아니면 멍청해서든 간에, 종로 심장부에 교활한 일본 상인들을 위해 큰 점포를 내는 게 틀림없다. 그가 조만간 이 값비싼 터와 건물을 일본인에게 고스란히 넘겨주고 은퇴하거나, 그 대가로 조선의 부호가 될 것 같다.

---

[1] ― 미쓰코시(三越)백화점은 1906년 미쓰이(三井) 재벌이 지금의 충무로 1가에 설립한 직영 백화점이다. 1926년 경성부 청사가 지금의 서울시청 자리로 옮겨가자 이듬해에 그 터로 이전했는데, 지금의 신세계백화점 본점 자리에 해당한다. 대지 730평, 연건평 2,300평, 종업원 360명을 거느린, 조선과 만주 최대의 백화점이었다.

1934년 4월 11일 수요일

저녁에 유억겸 군에게서 전화가 왔다. 그는 내게 중추원에 들어가기로 했느냐고 물었다. 내가 김대우 중추원 서기관의 교섭을 받고 분명하게 거절했다고 말하자, 그는 안도의 한숨을 내쉬었다.

그는 최린 씨가 중추원에 들어가기로 결정한 것으로 전해졌다고 알려주었다. 그는 이로 인해 조선인들 사이에서 최씨의 명성과 영향력이 완전히 사라질 것인 만큼, 최씨가 중대한 실수를 범하고 있다고 덧붙였다.

(중략)

1934년 4월 13일 금요일

최린 씨가 중추원에 들어가기로 동의한 데 대해 비난 여론이 들끓고 있다. 중추원에 들어가기로 한 게 그렇게 큰 잘못인지는 잘 모르겠다. 사실 평범한 사람이었다면 이런 비난을 무릅쓸 만한 용기조차 없었을 것이다. 제아무리 비이성적인 것이라 하더라도 감정이나 정서만큼은 7명의 현명한 인사도 어찌할 도리가 없는 모양이다. 내가 중추원에 들어가기를 고사했다는 얘기를 듣고 내 동료들이 크게 안도하는 것 같으니 말이다. 구자옥, 홍명희, 송진우, 현동완, 이종린,[1] 정인보, 유억겸 등 말이다.

---

1 — 이종린(李鍾麟, 1885~1950)은 일제강점기 천도교계의 고위 지도자로 개벽사 사장, 조선물산장려회 이사장, 신간회 경성지회장 등을 지냈다. 특히 천도교 신파 지도자 최린과 경향을 달리한 대표적 인물로 손꼽힌다. 그러나 일제강점기 말 국민정신총동원조선연맹과 조선임전보국단 등의 간부를 지내며 친일 대열에 합류했다.

1934년 4월 29일 일요일

오늘은 천장절이다. 여느 때처럼 경복궁에서 정원파티가 열렸다. 그런데 오늘따라 나의 시선을 끈 게 있었다. 시종―경찰관?―하나가 양산을 치켜들고 윤덕영을 따라다니는 것이었다. 30년 전만 해도 이는 지극히 자연스러운 광경이었으나, 오늘날에는 그야말로 꼴불견에 불과하다. 40여 년 전 민영익[1]은 워낙 지체가 높았던 나머지 손목시계조차 차고 다닐 수가 없었다. 그래서 수많은 시종 중 하나인 현흥택[2]에게 시계를 차고 다니게 했다. 민씨는 시간이 궁금할 때마다 현씨를 불러서 시계를 보곤 했다. 윤덕영은 조선 국왕이나 황제 대신 일본인이 조선 총독으로 있다는 사실을 알고나 있는지 의심스럽다. 조선의 귀족이야말로 가장 썩은 놈팡이들이다.

---

1 — 민영익(閔泳翊, 1860~1914)은 명성황후 조카로, 1880년대 최고의 세도를 누렸다. 1884년 갑신정변 당시 칼에 찔렸으나 의료선교사 알렌의 치료를 받아 목숨을 구했다. 정치적 위협을 느껴 1886년 이후 거의 대부분의 시간을 상하이, 홍콩 등 외국에서 보냈다.
2 — 현흥택(玄興澤, 1856~?)은 1880년대 최고의 세도가였던 민영익의 측근으로, 1883년 최초의 보빙사절로 미국을 방문한 민영익의 수행원으로 일했다. 1895년 '춘생문 사건'에 가담한 후 독립협회 활동에도 참여했다.

1934년 5월 10일 목요일

저녁 6시 30분부터 밤 10시까지 이케다 경무국장이 야스오카 씨와 보세 씨를 위해 치요모토千代本에서 마련한 연회에 참석했다. 늘 그렇듯이 기생과 술이 나왔다. 기생들은 꽤나 아름답고 친절했지만, 먹을 만한 음식은 별로 없었다. 범아시아운동은 그저 하나의 이상이나 꿈이 아니다. 이 운동은 동아시아의 여러 민족과 국가를 일본의 헤게모니 아래 하나로 모아 거대한 종족공동체를 형성하려는 하나의 정책이다. 최남선 군은 『신神 그대로의 태고太古를 생각한다神ナガラノ昔ヲ憶フ』[1]라는 제목의 팸플릿에서, 일본인과 조선인을 포함해 동북아시아의 광활한 영역에 있는 모든 민족은 자기네 통치자의 신성한 기원에 대해 유사한 관념을 가지고 있다고 주장하고 있다. 그는 계속해서 일본이 신토神道를 통해 이 공통의 유산을 원형대로 보존해왔으며, 이 공통의 관념이 동북아시아 민족의 결속에 밑거름이 되어야 한다고 주장하고 있다.[2]

1 — 1934년 최남선이 발표한 팸플릿(B6 크기, 14쪽)으로 경성일보사에서 출간했다.
2 — 최남선은 이미 1925년경부터 「불함문화론(不咸文化論)」, 「단군론(檀君論)」, 「아시조선(兒時朝鮮)」 등 일련의 글을 발표해 '불함문화권'을 제창했다. 그는 먼 옛날 한반도를 중심으로 일본, 중국 북부 지역, 몽골, 중앙아시아 등을 포괄하는 넓은 지역에 태양신을 숭배하는 거대한 문화권이 존재했는데, 그 발원지는 단군신화에 등장하는 태백산이며 단군이 그 중심인물이라고 주장했다. 이와 같이 고대 동아시아에 중국 문화와 성격을 달리하는 단군 중심의 문화권이 존재했다는 그의 주장에는, 조선 역사의 독자성과 우수성을 강조해 민족적 자부심을 높이는 긍정적인 측면이 있었다. 그러나 다른 한편으로는 '일선동원론(日鮮同源論)'에 부합되는 부정적 측면이 도사리고 있었다. 그런데 그는 1934년 『神ナガラノ昔キ憶フ』라는 팸플릿에서 아예 일본의 신토를 중심으로 하는 '동방문화권'을 설정했다. 즉 '불함문화권'은 주변 문화로 밀려난 것이다. 그는 계속해서 고대 조선 문화와 일본 문화의 동일성을 강조해 '일선동원론'의 틀을 제시했다.

1934년 5월 14일 월요일

오전 10시 30분쯤 조선호텔에 머물고 있는 보세 씨를 방문했다. 그의 말에 따르면, 요 전날 밤 연회에 참석했던 일본인 관료 중 몇몇은 그가 독립국을 이루려는 인도인의 노력을 언급한 것에 대해 못마땅해했다고 한다. 그는 일본인에게 조선인이 원하는 바를 알리기 위해서는 뚜렷한 청사진을 지닌 정치집단이 필요하다고 말했다. "관직까지 포함해서 기회가 될 만한 건 뭐든지 이용하세요. 정치적으로 순결하다는 게 정서적으로는 좋을 수도 있습니다. 그러나 그렇다고 해서 얻을 수 있는 건 아무것도 없어요. 조선이 병합됐을 때 이른바 순결은 이미 사라진 거잖아요."

1934년 6월 18일 월요일

『질곡의 인도』는 18년 넘게 일본에서 망명객으로 살아온 인도의 민족주의자 보세 씨가 쓴 책이다. 난 영국이 인도에서 지금까지 벌인 행위가 다른 열강의 행위와 매한가지라는 걸 알고 깜짝 놀랐다. 즉 영국은 인도인의 이익이 아니라 영국인의 이익을 도모하고자 인도를 차지하고 있을 뿐이었다. 인간의 본성은 세계 어디서나 다 똑같다. 다르기를 기대한다는 건 순전히 망상에 불과하다. 그래서 언제나 약하고 호전적이지 못한 국가가 강대국 대신 욕을 먹고 곤경을 당하게 마련이다.

1934년 6월 22일 금요일

저자는 『질곡의 인도』에서 애니 베산트 여사의 말을 이렇게 인용했다. "영국의 지배하에서 인도 민족의 해체 과정은 아이들 교육에서부터 시작된다. 어디서나 영국인 학교와 인도인 학교가 엄격히 분리된다. 1급 자격증을 가진 인도인 교사는 3급 자격증을 가진 외국인 교사보다 하위 직급에 배치된다. 학교 교장은 외국인이어야 한다. 세계사가 인도사보다 더 비중이 높다. 인도의 경제 상태를 가르칠 때는 영국인 동네의 상황이 자료로 이용된다. 모든 게 다 이런 식이다. 어디에서든 외국적인 것이 절대적인 우위를 차지하고 있다."

저자, 즉 보세 씨는 이렇게 말한다. "영국인은 인도인이 수천 년 경험의 결과로 축적해온 이상理想이나 정치적 지위, 교육체계 등에 대해 조금도 존중할 만한 가치가 없다고 여긴다. 학교는 초등교육에서 고등교육에 이르기까지, 런던 해로[1]나 옥스퍼드 같은 학교를 본떠야 한다. 역사 분야도 유럽사, 특히 영국사를 먼저 가르쳐야 한다. 꼭 인도사를 가르칠 필요가 있을 때에는 나중에 가르치면 된다. 또 같은 인도사라 하더라도, 인도사의 성격과 구조를 아는 인도인이 저술한 책을 사용해서는 안 된다. 반드시 영국의 이상과 구조에 공감하는 영국인이 지은 책이라야 한다."

---

1 — 해로(Harrow) 학교는 오랜 전통을 자랑하는 영국의 사립학교로, 낭만파 시인 바이런, 처칠 총리 등 영국의 저명한 인물을 상당수 배출해냈다. 영국 그레이터 런던(Greater

London)의 해로에 있다.

1934년 7월 7일 토요일

정치결사에 준하는 한 단체가 당국의 사주를 받아 곧 출범할 거라는 소문이 파다하다. 최린 씨의 지도하에 일진회가 부활될 거라고 말하는 이들도 있고,[1] 고일청 씨[2]가 시천교[3]의 수장首長이 될 거라고 말하는 이들도 있다. 혹자는 김상설 씨[4]와 김사연 씨 같은 이들이 갑설구락부라는 이름의 단체를 출범시킬 거라고 말한다. 이용구 씨가 일본인 지도자들의 사주를 받아 조선의 대표적인 대중 단체로 일진회를 결성했었다. 처음에 이 단체는 러일전쟁 중에 짐꾼과 안내인이 되어 일본군을 도와주더니, 나중에는 조선인 명의로 이조의 마지막 황제(순종 황제를 가리킨다―옮긴이)에게 조선을 일본에 양도하라고 청원했다. 더군다나 송병준은 시천교를 움직여서 병합의 명분을 제공케 했다. 이 모든 걸 되새겨보면, 일본인 통치자들이 이제는 거의 잊혀져버린 저 단체들을 소생시켜 뭔가 시도하려 한다는 걸 충분히 짐작할 수 있다. 일본은 소련과의 대규모 전쟁을 준비하는 데 만전을 기하고 있다. 잘은 모르겠지만, 저 가증스런 단체들은 이제 짐꾼으로 쓰이는 게 아니라, 조선인들 사이에서 일어날지도

일본군의 군수물자를 운반하는 조선인
러일전쟁 당시 일진회는 동학교도들을 동원해 일본군의 군수물자를 운반하게 하는 등 일본군에 적극 협력했다. 지게로 무거운 짐을 실어 나르는 조선인과 웃으며 걸어가고 있는 일본 군인들의 모습이 사뭇 대조적이다.

모를 반일운동의 진압 세력으로 활용될 것 같다.

---

1 — 1934년 11월에 결성된 시중회를 의미하는 것 같다.
2 — 고일청(高一淸, 1886~?)은 일본 유학을 거쳐 수년간 평북에서 관리로 일한 후, 1919년 상하이에 건너가 대한민국임시정부에서 활동했다. 독일 베를린대학교와 미국 프린스턴대학교에서 공부하고 1927년 귀국해 의주금융조합장, 송현수리조합장 등을 지냈다. 이후 중추원 참의, 조선임전보국단 이사를 지냈다.
3 — 시천교(侍天敎)는 1906년 동학의 지도자였던 이용구(李容九)가 창시한 종교다. 1912년 이용구가 사망한 후 김연국(金演局) 계열과 송병준 계열로 분리됐는데, 전반적으로 친일적 색채가 강해 민중의 호응을 얻지는 못했다.
4 — 김상설(金相卨, 1876~?)은 일본 육군사관학교 출신으로 1919년 총독부 경무국 관행조사 사무 촉탁으로 발탁됐다. 이듬해 7월경 천도교인 일부를 끌어내 청림교(靑林敎)를 만들어 총독부의 종교단체 분열 및 어용화정책의 시행에 앞장섰다. 1927~35년 중추원 참의를 지냈다.

1934년 7월 13일 금요일

중국은 일본의 강탈과 침략하에서 정의와 인도人道라는 고귀한 원칙의 순교자인 체해왔다. 하지만 난 중국이 최근 다른 종족에게 만행을 저지른 데 대해 구역질이 난다. 청나라가 무너지자마자, 이른바 '중화민국'은 내몽골 영토 안에 있는 땅을 국가 소유라고 선언하고는 몽골인이 소유하고 있던 땅을 몽땅 몰수해버렸다. 그러고 나서 그들은 이 땅을 이론상으로는 몽골인과 중국 이주민에게, 실질적으로는 후자, 특히 부패한 관료들과 자본가들에게 되팔았다. 중국은 무력을 동원해 이 극악무도한 정책을 집행했다. 그들은 몽골인에게서 저항의 조짐이 나타나기만 하면, 언제든지 그들을 마적이라 지칭하며 무자비하게 탄압했다. 이렇게 해서 몽골인은 몰살당하거나 완벽한 농노 신세로 전락할 뻔했는데, 적시에 일본이 개입해서 중화민국의 이른바 정의롭고 인도적인 통치로부터 내몽골을 구해냈다. 이런 점에서 본다면, 중국은 약소민족을 다루는 데서는 다른 나라들과 매한가지다.

1934년 7월 27일 금요일

어제 유고슬라비아군과 오스트리아군 간에 무력충돌이 발생했다고, 신문들이 일제히 보도했다. 세계대전이 또다시 시작되는 건가? 20년 전 바로 이맘때 세계대전이 일어났다. 인간은 맹수의 왕국에서 가장 미친 짐승이다. 인간은 6천 년 동안 파괴적인 전쟁들을 겪었으면서도, 전쟁이 부질없는 행위일 뿐만 아니라 재난을 몰고 온다는 사실을 아직도 깨닫지 못했다. 지금도 이 세상의 강성하고 영예로운 민족들은 완전무장을 갖추고, 정의와 인도라는 미명하에 자기들의 신에게 은총을 구하고 적에게는 저주를 내리길 빈다. 모든 민족은 자기를 닮은 신을 창조해서 섬겨오곤 했다.

1934년 7월 28일 토요일

오후에 개벽사의 이을 씨[1]가 찾아와 기부금을 요청했다. 그의 말로는, 지방 행정관서들이 서울에 있는 지도자들에게 성미誠米와 돈을 보내지 말라고 천도교인을 협박하고 있다고 한다. 또 최린 씨는 천도교인을 구하기 위해 하는 수 없이 중추원의 직책을 수락한 것이라고 한다. 아울러 지금 전국의 경찰은 최씨를 지지하는 천도교인을 격려하는 한편, 그에게 반대하는 이들을 박대하고 있다고 한다. 이씨는 최씨가 곧 모모 회會라는 이름의 간판을 내걸 거라고 생각한다.[2] 상당수의 과격 청년들은 누구보다도 먼저 최씨를 손보겠노라고 단단히 벼르고 있다.

---

1 — 이을(李乙, 1889~?)은 1920년 『경성일보』 사회부 기자가 되어 언론인으로 첫발을 내디뎠다. 이듬해 3월 『조선일보』로 자리를 옮겼다가, 9월부터 개벽사 광고부 주임으로 활동했다. 1926년 개벽사가 발행한 잡지 『별건곤(別乾坤)』의 발행인 겸 편집인을 맡았다.
2 — 1934년 11월에 결성된 시중회를 의미하는 것 같다.

1934년 7월 30일 월요일

남궁억 사건 담당 판사의 요청으로 그를 면담했다. 판사는 남궁씨가 연로한 데다, 정치에 관한 언행을 삼가고 글이나 쓰면서 여생을 보내겠다는 속내를 내비쳤으므로, 남궁씨를 보석으로 석방할 생각이라고 말했다. 판사는 남궁씨에게 근신할 것과 어떤 사안이 발생할 경우 쉽게 연락할 수 있는 곳에 머물 것을 주지시켜달라고, 내게 제안했다. 난 남궁씨가 다시는 판사에게 염려를 끼칠 만한 행동을 하지 않도록 조처하겠다고 말했다.

저녁 8시 경성형무소에 가서 남궁억 씨를 맞이했다. 집에 모셔와 저녁을 자시게 했다. 그는 사위인 광선과 함께 밤 10시 기차를 타고 개성으로 떠났다.

1934년 8월 1일 수요일

낙동강은 조선의 황하黃河다. 단지 규모가 작을 뿐이다. 일본인 당국자들은 소수 대자본가들의—물론 일본인이다—토지 소유욕을 충족시키려고 인공수로를 놓아 낙동강의 물길을 조절했다.[1] 그런데 이번에 자연이 그에 대한 보복에 나섰다.[2] 수백만 평의 논을 만들어 얼마만큼의 이익이 생겼는지는 모르지만, 그 이익은 몽땅 소수의 일본인 부자에게 돌아갔다. 반면에 조선인 농민과 마을들은 난폭해진 강물의 범람으로 극심한 곤경에 처하게 됐다.

(중략)

---

[1] — 1932년 12월 경남도청은 지주들의 반대에도 불구하고 몽리면적(蒙利面積) 6,600정보에 달하는 낙동강수리조합을 설립했다.
[2] — 1934년 7월 19일부터 폭풍우가 쏟아져 삼남지방에 대수해가 발행했다. 낙동강, 금강, 동진강 등이 범람해 막대한 인명피해와 재산피해가 발생했고, 철도와 통신이 마비됐다.

1934년 8월 3일 금요일

어떤 저술가가 이런 말을 했다. "자이나교 교인들은 식물이나 동물의 생명을 해치지 않으려고 맨발로 걸어 다닌다. 감자, 무, 당근, 땅콩 등은 먹지 않는다. 물도 끓여 먹고 생수는 먹지 않는다. 더군다나 인위적인 불빛은 전혀 사용하지 않는다. 농경 등과 같이 생명을 위태롭게 하는 직업에 종사해서는 안 된다. 그들은 대개 상인, 법률가, 은행가다."[1] 생명에 대한 이 극단적인 존중과 유럽인에게서 나타나는 극단적인 경시, 특히 전쟁터뿐만 아니라 비전투 지역에서도 인명을 살상하려고 화학무기를 발명하고 제조하는 데 여념이 없는 저 짐승 같은 소련인의 생명 경시를 비교해보라! 그리스도와 공자의 가르침에서 동서양 양극단의 중용을 발견할 수 있다. 값비싼 중무장이 필요 없는 북유럽의 약소국 국민이, 소위 말하는 강대국보다 더 기독교 문명의 열매를 즐기고 있다는 게 흥미롭기도 하거니와 시사하는 바도 크다.

---

[1] — 자이나교는 기원전 6세기경 바르다마나가 창시한 종교다. 그 어떤 생명도 살상하지 않을 것을 윤리의 핵심으로 삼았으며, 고행과 수도생활을 중시했다. 신도 중에는 상인들이 많았다.

1934년 8월 15일 수요일

이른바 1919년 만세운동의 「독립선언서」를 기초했다는 이유로 3년 동안 경성형무소에서 복역한 최남선 군은 한때 청년들의 우상이었다. 몇 년 전 그는 연희전문학교의 초빙을 마다하고 중추원 조선사편수회의 직책을 수락했다.[1] 그는 연령의 많고 적음에 상관없이 스스로를 애국자라고 자부하는 사람들 사이에서 암적인 존재로 전락했다. 최근에 최군은 조선인과 일본인의 신성한 기원에 공통점이 있다는 걸 증명하려 한 『신神 그대로의 태고太古를 생각한다』라는 팸플릿을 발간했다. 일본인은 그를 위해 1만 원을 들여 집 한 채를 짓고 있다.

---

1 — 최남선은 1928년 12월 조선사편수회 위원에 임명됐다.

1934년 9월 18일 화요일

김활란 양의 요청으로 오전 9시에 그녀 집을 찾아갔다. 그녀는 이렇게 말했다. "우리 이화여전의 분위기, 교과목, 규율 등을 조선화해보려고 무던히 애써봤지만, 우린 도저히 해낼 수가 없었어요. 선교사 교수들이 훼방을 놓고 있습니다. 우리가 하는 대로 그냥 내버려두질 않습니다. 전 아펜젤러 양과 지속해온 돈독한 우정을 잃을 위기에 처해 있어요. 의견 충돌 때문이죠. 우리 두 사람 모두에겐 고문으로서, 지도자로서 믿고 따를 수 있는 분이 계셔야 합니다. 우린 선생님을 교장으로 모시고 싶어요." 난 하도 어이가 없어서 말문을 열 수가 없었다.

1934년 9월 21일 금요일

지난 8월 31일 최린 씨가 시중회라는 이름의 새로운 단체를 결성했다. 주요 발기인은 김사연 씨, 조기간趙基栞 씨(당시 천도교 신파의 고위급 인사다—옮긴이), 장직상 씨,[1] 박희도 씨, 정대현 씨,[2] 하준석 씨,[3] 정광조 씨,[4] 김대우 씨, 박준영 씨, 최석련 씨, 정응봉 씨, 주종의 씨[5] 등이고, 임원은 최린 씨, 박영철 씨, 김사연 씨, 정대현 씨 등이다. 시중회의 목적은 이 단체가 공식 결성되는 10월에 발표될 예정이다.[6]

그런데 최종적인 목표가 무엇이든 간에, 이 새로운 운동이 최근에 타격을 입었다. 나혜석 양이 자기 정조를 유린했다며 최린을 상대로 소송을 제기했다고, 『조선중앙일보』와 『동아일보』가 보도한 것이다.[7] 경찰 당국이 최씨를 보호하려고 전력을 다하고 있다.

1 — 장직상(張稷相, 1883~?)은 한말에 경북 관찰사를 지낸 장승원(張承遠)의 아들로, 대구은행장을 지낸 장길상(張吉相)의 동생이자 제1공화국의 국무총리를 지낸 장택상(張澤相)의 형이다. 서울 지역 기독교계의 거물인 신흥우와는 사돈 간이다. 대구은행, 경일은행 등의 이사, 대구상공회의소 회장 등을 지내며 경북 지역을 대표하는 조선인 자본가로 두각을 나타냈다. 중추원 참의를 거쳐 최린이 주도한 시중회의 핵심 인물로 활동했다. 일제강점기 말 국민총력조선연맹, 조선임전보국단 등에 참여했다.
2 — 정대현(鄭大鉉, 1888~?)은 관립 일어학교와 도쿄고등사범학교를 졸업하고 1920년대에 보성고등보통학교 교장을 지냈다. 민립대학 설립운동과 흥업구락부에 참여했으나, 1934년 최린이 주도한 시중회에 가담하고 중추원 참의를 지냈다.
3 — 하준석(河駿錫, 1898~?)은 와세다(早稻田)대학 경제학과를 졸업하고 『현대평론』을 발행했으며, 1928년 고향인 경남 창녕에 내려가 명덕수리조합장을 지냈다. 영남자동차주식회사를 설립하고 사장에 취임해 경상도 최고 부호로 손꼽혔다.
4 — 정광조(鄭廣朝, 1883~1951)는 일제강점기 천도교계의 중진으로 손병희의 사위다. 1919년 대동단 사건과 관련해 체포된 적도 있으나, 1934년 최린을 따라 시중회에 참여하는 등 친일 대열에 합류했다.
5 — 국사편찬위원회가 펴낸 『윤치호 일기』에는 주종선(朱鍾宣)으로 표기되어 있으나, 1934년 당시 보성고등보통학교 교사로 재직 중이었던 주종의(朱鍾宜)가 맞는 것 같다. 그는 1940년 보성고보 제10대 교장을 지냈다.
6 — 시중회는 1934년 11월 5일에 공식 결성됐다. 1934년 11월 6일자 일기 내용 참조.
7 — 나혜석(羅蕙錫, 1896~1948)은 우리나라 최초의 여류 서양화가이자 문필가로 널리 알려져 있다. 1920년 김우영(金雨英) 변호사와 결혼한 후, 이듬해 남편의 도움으로 첫 전시회를 열었다. 1927년 유럽을 여행하고 파리에서 8개월간 체류했는데, 이때 천도교 지도자 최린과의 불륜이 문제가 되어 1931년 남편과 이혼했다. 그 후 「이혼고백서」를 발표해 왜 여자에게만 정조를 강요하느냐고 항변했으며, 자신을 배신한 최린을 상대로 정조 유린의 책임을 물어 위자료 청구소송을 냈다. 일제강점기 '신여성의 대명사' 격인 인물이었다.

1934년 9월 25일 화요일

일본인에 대한 조선인의 보편적인 정서를 알고 싶으면, 어느 종목이든 일본팀과 외국팀 간에 운동경기가 벌어지는 곳에 가서 조선인 관중들의 태도를 지켜봐라! 작년에 경성운동장에서 필리핀 선수와 일본 선수 간에 권투경기가 열렸다. 조선인은 필리핀 선수가 일본 선수에게 유효타를 날릴 때마다 열렬히 환호했다. 조선 청년들이 권투를

권투를 좋아하는 조선인들 1935년 6월 경성운동장 특설 링에서 열린 필리핀 선수 초청 국제권투경기의 모습.

그토록 열광적으로 좋아하는 이유는, 조선인이 일본인을 원 없이 두들겨 패고도 경찰서에 끌려가지 않기 때문이란다. 난 이런 게 바람직한 건 아니라고 생각한다. 그러나 이건 옳고 그름과 상관없는 엄연한 현실이다.

1934년 10월 4일 목요일

(중략)

『매일신보』가 최근에 고위직으로 승진한 교사들의 명단을 발표했다. 200명 이상이 승진했으나, 그중 조선인은 겨우 26명, 즉 10퍼센트 정도에 불과했다.

1934년 10월 12일 금요일

(중략)

오전에 최린 씨에게서 전화가 왔다. 그가 말한 내용의 골자는 이렇다. "우리가 감정만 앞세우며 살 수는 없는 노릇이죠. 우리가 독립을 얻을 수 없다고 가정한다면, 조선에 대한 일본인의 근본 정책이 뭘까 하는 게 대단히 중요하겠죠? 내지연장주의內地延長主義 정책이 조선을 일본 본토의 일부분으로 대우하는 걸 의미한다고 하는데요. 그렇다면 총독도 필요 없고 조선에서 적어도 200명의 의원이 일본 중의원에 진출하게 된다는 얘기죠. 일본이 이걸 받아들일 수 있을까요? 그렇다면 조선에 대해서는 자치만이 유일하게 합리적인 정책입니다. 난 월급 때문이 아니라 반일적인 자세에서 철저한 친일파로 변신했다는 걸 보여주려고 중추원 직책을 수락했어요. 난 친일적 입장에서 일본이 조선에서 벌이고 있는 행위들을 비판할 겁니다. 그래서 우리 민족을 위해 최대의 이익을 얻어낼 겁니다."

1934년 10월 16일 화요일

정광현[1]의 말에 따르면—만일 정재흡[2]이 믿을 만한 인물이라면—, 최린 씨를 친일 진영에 끌어들여 자랑할 만한 실적을 올린 김대우 중추원 서기관이 내게도 공적인 감투를 씌우려고 계획 중이란다.

현상윤 중앙고등보통학교 교장[3]이 이런 말을 했다. "한 번은 우가키 총독이 조선인 공동묘지를 둘러보았어요. 그런데 그는 대부분의 묘비에 서기나 간지, 심지어 일부는 명나라 마지막 황제의 연호로 날짜가 표기되어 있는 걸 발견했어요. 그는 날짜를 일본 천황의 연호로 표기한 묘가 하나도 없는 데 분개한 나머지, 하마터면 비석들을 모조리 부수라고 얘기할 뻔했다고 알려졌어요."

서기를 사용했다고 해서 반드시 반일 감정을 의미하는 건 아니다. 그건 날짜를 기록하는 보편적인 표기방식일 뿐이다. 서기는 날짜를 기억하는 데 대단히 편리하다. 반면에 연호는 날짜를 기억하기가 매우 어렵다.

---

1 — 정광현(鄭光鉉, 1902~80)은 윤치호 사위로, 도쿄제국대학 법학부를 졸업하고 1930년 대에 연희전문학교 교수와 이화여전 강사를 지냈다. 해방 후 서울대학교 법대 교수와 학술원 회원을 역임했다.
2 — 정재흡(鄭在洽)은 당시 경성지방법원의 사무관인데, 일설에 의하면 '제2의 박춘금(朴春

체포되어 호송되는
전봉준(가운데)

쭇)'을 꿈꾸는 자였다고 한다.
3 ― 현상윤(玄相允, 1893~?)은 와세다대학을 졸업하고 1918년 중앙학교 교사로 부임한 후, 3·1운동에 적극 가담해 2년간 복역했다. 출옥 후 중앙고등보통학교 교장을 지냈으며, 민립대학 설립운동과 물산장려운동에 참여했다. 해방 후 고려대학교 초대 총장으로 재직하다 한국전쟁 중 납북됐다. 『한국유학사』 등의 저서를 남겼다.

1934년 10월 18일 목요일

조선인에게 일본 천황의 연호를 사용하라고 강요하는 건, 현대 정치에서는 일고의 가치도 없는 섬나라 특유의 국수주의적 징표다. 그러나 지금도 묘비에 명나라 마지막 황제의 연호를 사용하는 습관을 고집하는 이들이 있다면, 우리 조선인은 예전의 정치적 독립을 자랑할 낯이 없다. 1300년 전쯤 신라가 당나라 군대의 원조를 받아 백제를 멸망시켰을 때부터 사대주의라는 고질병이 조선인의 내면에 뿌리를 박았다. 신라는 외세의 도움을 받지 않고도 백제를 공략할 수 있었다. 아니, 반드시 그렇게 했어야 했다. 사대주의에 대한 애착이 3개 왕조, 즉 신라, 고려, 조선의 정책을 지배해왔다. 특히 이조는 사대주의를 영광으로 여겼다. 국왕들은 직접 군대를 지휘한 적이 한 번도 없었다. 그들은 누가 쳐들어올 기미만 보여도 피난을 가버렸다. 최근에 동학란을 진압하려고 중국인에게 도움을 청했던 게 노예근성을 지닌 속국의 마지막 사대 행위였다.

1934년 11월 2일 금요일

오전 11시에 경성운동장에서 개회식이 거행되고 난 후, 여러 종류의 운동경기가 펼쳐졌다. 날씨는 추웠고, 운동장은 논보다 조금도 나을 게 없었다. 이런 까닭에 축구팀들이 곤욕을 치렀다.

일본 당국, 즉 시, 도, 아니 총독부가 조선 청년들이 스포츠를 배우려고 노력하는 걸 조금도 격려하지 않는 게 이목을 끈다. 만일 일본체육회(조선 거주 일본인의 체육단체인 조선체육협회를 가리킨다―옮긴이)가 창립 15주년 또는 20주년 행사를 거행했다면, 일본인은 관료든 민간인이든 가릴 것 없이 이런 사업이 대단히 의미 있는 일이라면서 물심양면으로 격려를 아끼지 않았을 것이다. 우리의 일본인 통치자들이 조선인의 꿈과 열망에 대해 체육 현장에서조차 냉담한 반응을 보여줌으로써, 양 민족 간의 틈새가 더욱더 벌어지고 있다.

1934년 11월 6일 화요일

마침내 내 친구 최린 씨가 시중회라는 새 결사의 지도자로 발걸음을 내디뎠다.[1] 어제 오후 조선호텔에서 이 단체인지 모임인지 결사인지 하는 게 공식 결성된 것이다. 그 5개조 원칙 또는 목적은 다음과 같다. (1) 신생활 건설, (2) 신新인생관 확립, (3) 내선일가內鮮一家 결성, (4) 근로신성勤勞神聖의 체행體行, (5) 성誠·경敬·신信의 실행.

1 — 시중회는 최린 등 천도교 신파의 지도자들과 박영철, 김사연, 장직상 등 거물급 친일파들이 결성한 친일단체다. 대동방주의(大東方主義)와 일선융화를 표방했으며, 우시지마 당시 총독부 내무국장과 이케다 경무국장의 후원을 받은 것으로 알려져 있다.

1934년 11월 10일 토요일

(중략)

영국과 미국이 만주의 문호개방과 기회균등을 외치고 있다. 이 강대국들은 미국과 캐나다가 동아시아 민족들에 대해 이민법을 제정했던 걸 결코 들어본 적이 없는 모양이다. 최근에 애리조나 주 주민들이 평화롭게 살고 있던 일본인 농민들을 폭탄으로 공격한 적이 있다. 조선인 학생은 학교를 졸업한 후에는 미국에서 단 하루도 더 체류할 수가 없다. 이 모든 것이 독립선언을 끊임없이 자랑하는 땅에서 벌어지고 있다. 미국인이 북아메리카에서, 영국인이 캐나다에서 천연자원과 기회를 독점했던 것처럼, 일본도 만주에서 그럴 권리가 있다. 사실상 일본이 저지른 모든 국제 범죄는 서양의 기독교 국가들이 선례를 남겼던 것일 뿐이다.

1934년 12월 1일 토요일

올가을 학기부터 경성제일고등보통학교와 경성제이고등보통학교(경복고등학교의 전신이다—옮긴이)에서 군사훈련이 시작됐다. 일본인 당국자들, 특히 군부 관계자들은 이 새로운 실험을 대단히 중시하고 있다. 그건 총독과 조선군 사령관 및 헌병 사령관이 오늘 오전에 몇 시간씩이나 제일고보 학생들의 훈련을 참관한 사실 하나만으로도 충분히 입증된다. 그들이 이 실험을 만족스럽게 여긴다면, 관립과 사립을 불문하고 서울의 모든 고등보통학교에서 군사훈련을 실시할 것이다.

조선에서 징병제 시행은 시기상조이지만, 지원자는 징집될지도 모른다.

어쨌든 조선의 젊은이도 일본의 전쟁 준비에 동참하라고 요청받게 될 날이 올 것임에 틀림없다.

1934년 12월 13일 목요일

일본의 범아시아운동의 공식 강령 중에서 중요한 내용 중 하나는, 아시아의 유색인을 백인의 가신家臣 시대로부터 해방시킨다는 것이다. 여기까지는 흠잡을 데가 없다. 그러나 조선인은 어떤가? 일본인은 언어와 조상숭배에서 나타나는 것처럼, 조선인이 일본인과 뿌리가 같아서 일본의 국가 체제에서 분리될 수 없다고 말한다. 더 나아가 범아시아운동을 제창하는 이들은 조선이 강제로 정복된 게 아니라, 조선인의 자유의사와 조선 황제의 자발적인 동의로 병합된 거라고 공언한다. 정말이지 국제 관계에서는 힘만 있으면 뭐든지 정당화할 수 있다.

그러나 선의와 공정한 대우가 뒷받침되어야만, 스위스처럼 서로 다른 언어를 사용하는 세 민족이 하나의 통합 국가를 이룰 수 있다. 반면에 영국은 학대와 몰이해로 인해 13개 주를 잃었다.[1] 미국의 연원이나 종교, 언어, 문화 등 모든 점이 영국과 대동소이하다는 건 삼척동자도 다 아는 사실이다.

---

1 — 영국 식민지였던 미국의 13개 주가 1775~83년 영국과의 독립 전쟁에서 승리한 것을 의미한다.

1935년 1월 2일 수요일

백합원에서 점심을 먹었다. 김활란 양을 찾아갔으나 만나지 못했다. 집으로 가는 전차 안에서 우연히 미와 씨를 만났다.

그는 안창호 씨가 건강한 편이며, 곧 석방될 거라고 말했다.[1] 그는 한 술 더 떠서 최린 씨가 안씨를 면회했다고 일러주었다. 최씨가 본래 안씨와는 별다른 친분이 없었다는 점을 고려한다면, 그가 안씨를 의도적으로 면회한 게 분명하다. 최씨가 안씨를 시중회 회원으로 포섭하려는 게 틀림없다.

---

1 — 안창호는 1935년 2월 10일 대전형무소에서 가석방으로 풀려났다.

1935년 1월 4일 금요일

히틀러는 최근에 등장한 유럽의 진시황이다. 진시황은 고전을 불태우고 학자들을 학살했으며, 만리장성을 쌓았다. 그는 중국을 통일했다. 그러나 그가 죽자마자, 그의 왕조는 자취를 감추었다. 중국 황제는 어느 정도 성과를 거두었지만, 히틀러의 반쯤 미친 정책은 절대로 성공하지 못할 것이다.

1935년 1월 10일 목요일

어젯밤 조성근 장군[1]이 찾아와, 엊그제 조선호텔에서 열린 국방비행기헌납회 모임에서 문명기가 말한 내용을 일러주었다. 문씨는 10만 원을 받고 자기 광산을 팔았다. 그는 군 당국에 비행기를 구입하라며 10만 원 전액을 헌납했다. 그는 얼마 전에 이세신궁[2]을 방문했을 때 '가미사마神樣'의 계시를 들었다고, 모임에 참석한 사람들에게 말했다. 애국사업을 선도하라고 그를 격려하는 내용의 계시였단다. 그는 대구에 돌아와서도 대구신사의 '가미사마'로부터 자기를 격려하는 계시를 들었단다. 그는 조선의 모든 가정으로부터 1원 30전씩을 거두어 1천만 원의 기금을 마련한다는 원대한 꿈에 부풀어 있단다.[3]

당국이 국방헌금을 모금하려 한다면 얼마든지 좀 더 품위 있게 할 수

친일파들이 헌납한 군용기

있을 텐데. 이 비열한 협잡꾼이 애국심과 신의 계시라는 미명하에 사람들로부터 돈을 뜯어내려고 이리저리 돌아다녀봐야 아무런 소용이 없을 것이다.

---

1 — 조성근(趙聲根, 1876~?)은 일본 육군사관학교를 졸업하고 1909년 육군 참장에 올랐다. 한일합방 이후 조선주차군 사령부 육군 소장, 중장에 올랐고, 1931년 예편해 중추원 참의를 지냈다.
2 — 이세신궁(伊勢神宮)은 태양의 여신이자 일본 왕실의 창시자라는 아마테라스 오미카미(天照大神)를 모신 신사로서, 일본의 신성한 3대 보물 중 하나인 거울이 보관되어 있다.
3 — 문명기(文明琦, 1878~?)는 생선 장사꾼으로 출발해 경북 굴지의 사업가로 성장한 친일파다. 일제 관헌의 비호를 받으며 각종 사업에 진출하고 금광에 성공해 경북에서 손꼽히는 부호가 됐다. 1935년 육군기와 해군기 각 1대를 헌납하기 위해 10만 원을 국방헌금으로 냈다. 뒤이어 전 조선에서 비행기 1군(郡) 1대 헌납운동을 주도했다. 가미다나(神棚) 가 가비치운동(家家備置運動)의 발안자로도 유명하다. 1944년 중추원 참의에 임명됐다.

1935년 2월 9일 토요일

와타나베 학무국장¹이 오후 4시부터 5시간 동안 조선호텔 응접실에서 주재한 회의에 참석했다. 10명의 기독교 지도자가 참석했는데, 그중에 일본인과 조선인이 각각 5명씩이었다.² 와타나베 국장은 모 신문이 퍼뜨린 소문, 즉 총독이 불교를 조선의 국교로 만들려고 한다는 얘기는 낭설에 불과하다고 딱 잘라 말했다.³

1 — 와타나베 도요히코(渡邊豊日子, 1885~?)는 도쿄제국대학 법률학과를 졸업하고 총독부 지방과장, 산림부장과 경남지사 등을 거쳐 총독부 학무국장을 지냈다.
2 — 총독부는 윤치호, 신흥우 등 기독교 대표들을 조선호텔에 초청해 기독교 간담회를 열고 종교부흥을 통한 이른바 심전개발(心田開發)의 방책을 논의했다.
3 — 우가키 총독이 불교를 조선의 국교로 정하려 한다는 소문은, 1935년 일제가 이데올로기 정책의 하나로 '심전개발운동'을 제창하고 나선 데서 비롯된 것으로 보인다. '심전'이란 단어는 불교의 『잡아함경(雜阿含經)』 제4권에 나오는 '심전경작(心田耕作)'이라는 구절에서 따온 말로 '정신적 생활을 지탱하는 마음의 밭'을 의미한다. 따라서 심전개발이란 말은 한마디로 정신수양, 혹은 정신계도라는 의미다. 그런데 이 용어는 종교에 대해 상당한 안목을 가지고 있던 우가키 총독이 직접 채용한 것으로 보인다. 1935년 1월 31일 총독부가 불교 각 종파 대표 12명과 함께 종교 간담회를 열어 심전개발책을 토의했는데, 불교 대표들은 총독부의 이러한 움직임에 대해 환영의 뜻을 표했다고 한다.

1935년 2월 10일 일요일

어젯밤 니와 씨가 학무국장에게, 관계官界에 만연되어 있는 기독교인에 대한 차별대우를 근절할 수 있도록 적절한 조치를 취해달라고 요청했다. 그는 또 학생 중에 기독교 가정 출신이 포함되어 있음에도 불구하고, 관립학교 교사들이 기독교 신앙에 대해 함부로 고약한 비난을 늘어놓는 것에 대한 근절 방안도 주문했다. 가사야 씨[1]는 총독부 고위 관리들이 어느 교파든 간에 종교를 믿어야 한다고 넌지시 말했다. 함태영 목사는 기독교 목사들이 죄수들과 대화를 나눌 수 있도록 허가해달라고 요청했다. 양주삼 박사는 조선 기독교가 원하는 건 직접적이고 공식적인 호의보다는 간접적인 격려라고 말했다.

1 — 가사야 호타로(笠谷保太郞, 1898~?)는 1918년 도시샤 신학부를 졸업하고 1921년 조선에 건너와 경성기독교청년회(서울의 일본YMCA) 간사로 부임했다. 1929년 니와의 뒤를 이어 총무에 올라 1945년까지 재직했다.

1935년 3월 9일 토요일

노기 장군이 뤼순 항을 점령하는 데만 해도 5만 명의 용감한 장병을 잃었다고 한다. 인간의 본성과 세상 자체가 이럴진대, 만주의 비옥한 성들을 장쉐량의 악정惡政이나 소련 볼셰비키의 악마 같은 수탈에 넘겨주라고 일본에 요구한다면, 이것이야말로 정말 어처구니없는 일이 아닐 수 없다. 다만 일본이 만리장성 남쪽에서 새로운 분쟁을 일으키지 말고 광활한 만주 땅에 평화와 안전을 정착시키는 데 전념하길 바랄 뿐이다.

1935년 3월 10일 일요일

군사 당국이 오전 9시 30분부터 11시까지 종로 일대에서 모의 시가전을 재현하며 펑톈 대전투 발발 30주년을 경축했다.[1] 이 광경을 보려고 엄청난 인파가 몰려들었다. 조선의 어느 곳에서도 실전이 벌어지지 않기를 빌 뿐이다. 만일 지옥이 있다면, 현대전에서 쓰이는 치명적인 가스를 발명한 작자들을 거기로 보내야 한다.

---

1 — 3월 10일은 일본의 '육군 기념일'이다.

1935년 3월 11일 월요일

평양을 출발한 안창호 씨가 오후 2시 50분에 서울에 도착했다. 엄청난 인파가 그를 맞이했다. 박흥식이 안씨와 날 중앙호텔로 데려갔다.[1] 오랫동안 감옥에 있었다는 걸 감안하면, 안씨의 건강이 나빠 보이지는 않았다.

---

1 — 박흥식은 안창호 가출옥의 보증인이었다.

1935년 3월 21일 목요일

오전 10시 여의도 경성비행장에 가서 문명기가 헌납한 돈으로 제조한 정찰기의 근엄한 명명식을 보았다. 군부와 관계 인사들은 다른 조선인들이 문명기를 본받게 할 요량으로 이 행사를 무척이나 중시한다.[1]

(중략)

---

1 — 이 정찰기의 이름은 '문명기호'로 명명됐다.

1935년 3월 24일 일요일

오후에 중앙호텔에 머물고 있는 안창호 씨를 방문했다. 그를 단독으로 면담한 건 이번이 처음이었다. 그는 극심한 반남 反南 파벌주의자라는 내용으로 자기에게 쏟아지고 있는 비난을 반박했다. 그의 설명이 모두 사실이라면, 안씨와 관계를 끊은 쪽은 오히려 이승만 박사였다. 안씨는 훌륭한 얘기꾼이었다. 그는 조선인에게 지역적 적대감을 부추기느니 차라리 죽음을 택하겠다는 말로 자기 얘기를 마무리했다.

1935년 4월 11일 목요일

오늘날의 일본을 만든 건 호전성을 지닌 무사들이다. 무사들은 지난 1,500~2천 년 동안 일본인의 호전성을 배양하고 완성시킨 봉건제의 꽃이자 열매다. 봉건제는 지난 1,500~2천 년 동안 일본인들의 호전성을 배양하고 완성했다. 봉건제의 외형은 이미 80여 년 전에 철폐됐다. 그러나 그 내면적인 부분이—긍정적인 측면도 있고, 부정적인 측면도 있다—지금까지 계승되어, 일본인이 거만한 백인과 필적할 수 있는 유일한 유색인종으로 부상할 수 있었다.

1935년 5월 12일 일요일

경복궁 경회루에서 열린 경성재향군인회 종로지부 연례모임에 참석했다. 비 때문인지 참석한 사람들은 많지 않았다. 천황의 칙어勅語를 봉독奉讀하느라 30분 가까이 허비했다. 그런데 학교나 군대에서 천황의 칙어는 신의 말일 뿐만 아니라, 그 자체가 신으로 섬겨진다. 모든 학교는 천황의 칙어를 교장실 벽에 걸려 있는 상자에 넣어 간수한다고 한다. 칙어가 너무 신성한 나머지, 금고 안에는 넣을 수 없나 보다.

1935년 5월 24일 금요일

동생 치창의 말로는, 사에키 경기도 경찰부장[1]이 자기에게 시중회에 가입하거나 최소한 1천 원 정도를 후원금으로 내라고 요구했단다. 더군다나 그는 생각할 시간도 주지 않고 즉답을 요구했다고 한다. 우리 조선인은 전지전능한 대원군이 원납願納을 강요하며 조선에서 철권통치를 행하던 시대를 또다시 경험하고 있다. 조선인은 지금 일시동인一視同仁이라는 허울 좋은 미명 아래, 조선의 마지막 시기에 당했던 폭력을 또다시 경험하고 있다.

---

1 — 사에키 아키라(佐伯顯)는 경기도 경찰부 고등경찰과장, 경기도 경찰부장을 거쳐 1937년 7월 경성부윤에 올랐으나, 이듬해 11월 수뢰 사건으로 관직에서 물러났다.

1935년 6월 26일 수요일

신라는 우리나라에 고대 문명의 유적들을 남겨준 유일한 왕조다. 그러나 신라는 조선 민족에 두 가지 크나큰 범죄를 저질렀다. (1) 우선 신라는 경쟁자들을 무찌르려고 중국에 군사원조를 청하는 선례를 남겼다. 이런 선례는 왕씨 왕조[1]와 이조에 대물림되어, 농민 소요를 진압하려고 중국에 도움을 청하는 지경에까지 이르렀다.² (2) 신라가 저지른 또 하나의 범죄는, 하나의 독재권력 아래 삼국을 통일해 삼국 분립 당시 유지되어온 건전한 경쟁의식과, 특히 삼국에 활력을 불어넣었던 호전 정신을 자연스레 없애버렸다는 점이다.

신라는 중국 역사상 가장 찬란한 왕조인 당나라와의 관계가 매우 긴밀했던 덕분에 중국의 문물을 배울 수 있었다. 그러나 민족 고유의 독창성을 없앨 만큼 그렇게 가까웠던 건 아니었다. 반면에 왕씨들과 이씨들은 몹시 불행하게도 중국 역사상 최악의 왕조인 원나라와 명나라에 예속되어 있었다. 이로 말미암아 독립정신과 문화적 자주성이 뿌리 뽑혔다고 해도 과언은 아니다.

---

1 — '왕씨 왕조'란 고려를 가리킨다. 조선을 '이씨왕조', 곧 '이조'라 지칭한 것과 같은 맥락이다.
2 — 1894년 동학농민전쟁 당시 청나라에 원군을 요청했던 일을 의미한다.

1935년 7월 9일 화요일

이탈리아가 에티오피아를 조선화 또는 만주화하기로 단단히 작심한 모양이다. 무솔리니는 강제로라도 이 흑인 왕국을 보호령으로 만들려고 군대와 전투기들을 주저 없이 에리트레아¹로 출정시키고 있다. 자기 권리를 지킬 수 있을 만큼 강해지기 위해 세상의 변화에 적응하기를 거부하거나, 적응에 실패한 민족 또는 국가는—일본은 성공했다—조선화나 만주화를 자초하게 마련이다. 왜 이탈리아를 탓하나? 어차피 이탈리아가 아니더라도 다른 열강이 에티오피아를 병합하고 말 텐데.

---

1 — 에리트레아는 에티오피아 북부의 유서 깊은 지역이다. 19세기 후반 에티오피아를 식민

지화하려던 이탈리아가 이 지역을 분리시켜 에리트레아라 불렀다.

1935년 7월 11일 목요일

이탈리아가 에티오피아를 점령하는 데 애를 먹게 될 거라고, 아디스아바바(에티오피아의 수도다―옮긴이)에 가 있는 『오사카마이니치신문』의 특파원이 보도했다. 에티오피아인은 호전적이다. 에티오피아가 열대성 기후라서 이탈리아 군인이 오래 버티기는 힘들다. 이 나라는 산지가 많고 물도 귀하다. 무엇보다도 국왕이 현명하고 용맹스럽다. 나폴레옹이 러시아를 침략했을 때 그랬던 것처럼, 무솔리니는 성공과 권력에 도취되어 있음에 틀림없다. 에티오피아인이 무솔리니에게 따끔한 교훈을 주었으면 좋겠다.

1935년 7월 13일 토요일

개인이든 민족이든 간에, 힘이 약한 사람들은 힘이 정의라는 사실을, 즉 힘이 정의를 만든다는 사실을 개탄해 마지않는다. 그러나 곰곰이 생각해보면, 힘이야말로 한 국가가 엄청난 값을 치르고 구하는 하나의 상품이다. 예를 들어, 일본이 힘을 얻기 위해 치러야만 했던 대가를 생각해보자. 일본은 두 차례의 큰 전쟁(청일전쟁과 러일전쟁을 의미한다―옮긴이)에서 40만 명의 인명과 이루 헤아릴 수 없는 막대한 재산을 제물로 바쳤다. 자신의 권리를 지키고, 힘으로 다른 민족의 권리를 안전하게 차지할 수 있는 지위에 오르기 위해서였다. 일본이 현재의 힘을 획득하게 된 경위는, 조선이 이른바 독립이라는 걸 얻게 된 경위와는 판이하게 다르다. 하나의 지상 목표를―일본을 강대국으로 만드는 걸―달성하려고, 6천만 전 국민이 60년간 한 사람처럼 일사불란하게 끊임없는 노력을 기울여왔다는 게 정말이지 경이롭기만 하다. 이것이 다 2천 년 동안 일본 민족

청일전쟁 일본군은 청일전쟁 중 충남 천안 외곽에서 발발했던 성환전투의 승리를 기념하기 위해 서울 용산에 개선문을 세웠다.

의 호전정신을 활기차게 유지시켰던 봉건제 덕분임에 틀림없다.

1935년 7월 15일 월요일

이마이다 정무총감이 유교, 불교, 기독교 대표들을 초청했다. 심전개발心田開發을 위한 최상의 수단과 방법, 즉 조선인의 영적 안녕을 향상시키는 최상의 방안을 논의하려고 비공식 회의를 개최한 것이다. 니와 씨와 나만이 기독교인이었다. 소수 인원이 회의를 진행하기에는 회의장이 너무 컸다. 그래서 많은 이야기들을 제대로 알아들을 수 없어 마음이 찜찜했다. 한 유학자는 유교 윤리를 가르치는 게 그 목적에 가장 잘 부합된다는 의견을 내놓았다. 불교 스님들은 불교가 조선인의 종교적 욕구를 가장 잘 충족시킬 수 있다고 말했다. 이능화 씨[1]는 각 종교들이 서로 다른 신을 섬기고 있는 만큼, 모든 종교가 믿고 있는 하늘을 섬김으로써 조선인을 결속시킬 수 있다고 말했다. 니와 씨는 작년에 일본인

기독교인이 종교생활의 개인적 체험을 심화시킬 요량으로 시작했던 캠페인에 대해 언급했다. 정무총감이 조선호텔에서 참석자들에게 점심을 대접했다.

---

1 — 이능화(李能和, 1869~1943)는 한말에 법무협판을 지낸 이원긍(李源兢)의 아들로, 관립 한성외국어학교 학감을 지냈다. 1923년부터 조선사편찬위원회와 그 후신인 조선사편수회 위원으로 활동했으며, 1936년 총독부 주최 심전개발위원회에 참여했다. 『조선불교통사』, 『조선기독교급외교사』, 『조선무속고』 등 많은 저술을 남겼다.

1935년 7월 17일 수요일

어젯밤에 추도식을 지낸 다산 정약용이야말로 이조가 배출한, 아니 박해한 위대한 학자다. 그는 천주교로 개종했다는 의심을 받았다. 그의 정적들은 그를 비참하게 만들기 위해 수단과 방법을 가리지 않았다. 이 학자의 진가를 알고 있었던 정조正祖가 그를 어여삐 보지 않았더라면, 그는 처형되고 말았을 것이다. 그는 16년 동안 유배생활을 하면서 매우 광범위한 주제를 다룬 70여 권의 귀중한 원고를 남겼다. 그런데 요즘에도 노론계에 속하는 인사들은 그가 남인이었다는 이유만으로 그의 책을 읽지도 사지도 않는다.

1935년 7월 19일 금요일

신토神道는 충성심을 숭배하는 것이다. 신토의 신은 현재의 천황과 태양신으로부터 강생降生한 그의 조상들이다. 일본인은 이 충성심의 종교를 계속 유지해가면서 신성한 왕조에 헌신하는 걸 자기들 모두의 주요 덕목으로 삼았다. 이 천황신 숭배 덕분에 왕당파의 왕정복고가 가능할 수 있었다. 이것 덕분에 분열되어 있던 봉건 왕국이, 기라성 같은 대정치가들과 전사들이 지혜와 용기를 가지고 고안한 하나의 국가로 통합될 수 있었다. 메이지유신이 바로 그것이다. 일본인은 중국, 러시아 등과 싸워서 이겼다. 일본 지도자들은 저 얼어 죽을 공산주의가 예로부터 전해내려오는 일본 민족의 체제를 무너뜨리는 걸 막고자, 이 충성심 숭배를 소생시키고 심화시키는 데 혈안이 되어 있다. 별로 나무랄 데 없는 일이다. 하지만 조선인한테까지 신토의 교리를 믿도록 강요하려고 공식적인 노력을 취하는 건 섣부른 짓이다. 우격다짐에 의해 절하도록 만들 수는 있지만, 그렇다고 교리를 믿게 할 수는 없다.

1935년 7월 24일 수요일

오전 8시 30분에 조선인의 영적 소생을 도모하는 방안을 논의하고자 정무총감이 소집한 두 번째 회의에 참석했다. 이 회의는 조선신궁 사무소에서 열렸다. 신석린 씨[1]는 각급 학교에서 한 달에 세 번씩 교육칙어를 봉독해야 한다고 제안했다.

---

1 ─ 신석린(申錫麟, 1866~?)은 한말 중견 관리를 지내고 한일합방과 함께 경남 참여관에 발탁됐다. 강원도지사와 충남지사, 중추원 참의를 지냈다. 1924년 결성된 친일단체 동민회의 주도자로 알려져 있다.

1935년 7월 25일 목요일

태양은 지구의 33만 2천 배나 되는 용해물질로 이루어진 거대한 덩어리다. 태양의 온도는 화씨 5천~7천 도라고 한다. 이따금씩 광구光球 표면에서는 최소한 5천 마일이나 되는 불길이 치솟는다. 이 모든 게 뭘 뜻하는 건지 잘 모르겠지만, 태양이 굉장히 뜨거운 물체라는 건 쉽사리 짐작할 수 있다. 신토神道를 믿는 일본인 친구들은 태양신인 아마테라스 오미카미가 황족의 존엄한 조상이라고 말한다.[1] 나로서는 이 말이 시공간에 대한 의미 없는 천문학적 측정보다도 더 이해하기 힘들다. 지난 2천 년 동안 유아기부터 신토 신화를 배워온 일본인은 민족주의와 애국심 때문에 이 존엄한 사실을 아무런 의심 없이 곧이들었을 것이다. 그러나 조선의 어린이에게―어른도 마찬가지다―좋든 싫든 이 알 수 없는 신격神格을 섬기라고 강요하는 건 현명한 정책이라 할 수 없다. 일시적인 권력에 의해 사람들 마음속에까지 믿음을 주입시킬 수는 없다.

---

1 ― 아마테라스 오미카미는 『일본서기(日本書記)』에서 말하는 이자나기(伊弉諾尊)·이자나미(伊弉冊尊)가 낳은 여신이자 태양신으로, 하늘나라 최초의 통치자로 불리는 신화상의 인물이다. 일본인이 대대로 존숭해온 일본의 국조(國祖)이자 황조(皇祖)다.

1935년 8월 4일 일요일

조선의 농업이 양적인 면에서나 질적인 면에서나 향상됐다는 점에 대해서는 의문의 여지가 없다. 많은 농작물이 도입되어 농민에게 큰 이득이 됐다. 가격도 올랐다. 농민은 세금만 아니었다면, 조선왕조 치하에서보다 더 잘살았을 것이다. 농민이 질 좋고, 가격도 비싼 농작물을 통해 벌어들인 소득을 닥치는 대로 집어삼키는 세금만 없었더라면 말이다. 당국은 세금을 거두기 위해 조선의 농민과 지주들이 벌어들인 건 제아무리 적은 금액이라도 빠짐없이 찾아낸다. 이로 인해 조선의 농민과 지주들은 역사상 유례없이 가난에 찌들어 살고 있다.

1935년 9월 29일 일요일

총독부 당국이 시정始政 25주년을 기념하기 위한 준비에 열을 쏟고 있다. 조선과 관계를 맺었던 사이토 자작, 우사미 씨 같은 상당수 저명인사들이 서울에 왔다. 일본이 조선에 근대적인 발전과 편의를 도입하는 데 놀랄 만한 업적을 쌓았다는 건 의심할 여지가 없다. 농업은 양적인 면에서나 질적인 면에서나 상당히 발전했다. 조선왕조 치하에서는 수천 명에 불과한 양반만이 '글방(서당을 가리킨다—옮긴이)'에서 아무짝에도 쓸모없는 한서漢書를 배웠다. 그런데 총독부의 시정 이후로는 수십만 명의 젊은 남녀가 계층을 막론하고 교육을 받아왔다. 예전에는 나룻배와 오솔길밖에 없었는데, 지금은 다리가 놓이고 신작로가 뚫렸다. 따라서 일본인은 자기들의 업적을 자랑할 만하다. 지난 25년 동안 우리 조선인은 뭘 배웠고, 또 뭘 했던가? 우리는 물질적인 면에서든 도덕적인 면에서든 전보다 더 나은 민족이 됐다고 자부할 수 있는가?

1935년 10월 2일 수요일

일본인에게 시정 25주년은 당연히 경사스런 축전이다. 하지만 조선인에게는 수치스런 행사일 수밖에 없다. 일본 신문들은 지난 25년 동안 총독부가 이룩한 경이적인 업적을 찬양하는 기사들로 지면을 가득 메웠다. 그런가 하면 조선인이 경영하는 신문들은—『동아일보』, 『조선일보』, 『조선중앙일보』는—지난 25년 동안의 각종 통계는 물론이고, 일련의 기념행사에 관한 소식조차 전혀 보도하지 않았다. 조선인의 이 뾰로통한 침묵은 지극히 당연한 일이고, 심지어는 칭찬받을 만한 일이기도 하다. 그러나 우리 조선인은 교육, 공업, 농업 분야에서 도입된 많은 편의를 잘 이용해야 한다. 우리는 친구들로부터 능률, 기강, 그리고 공동의 이익을 위해 단결하고 그 단결을 계속해서 유지해나가는 능력을 배워야만 한다.

1935년 10월 4일 금요일

조간신문의 보도에 따르면, 이탈리아와 에티오피아가 실질적인 전쟁에 돌입했으며, 이탈리아군이 이미 아두와를 점령했다고 한다. 이곳은 40년 전에 에티오피아인이 이탈리아군을 전멸시켰던 바로 그곳이다.

조선인 중에는 이탈리아와 에티오피아 간의 충돌이 제2차 세계대전으로 비화되고, 일본이 이 기회를 틈타 북중국이나 동시베리아로 군사작전을 감행할지도 모른다고 우려하는 이들이 있다.

에티오피아에게는 완전 기계화된 이탈리아군에 저항할 방법이 없는 만큼, 누군가가 도와주지 않는다면 얼마 못 가서 항복할 게 틀림없다.[1] 오늘날 이 세상에서 준비를 갖추지 못한 민족은 강성한 나라에게 딴죽조차 걸 수 없을 것이다.

---

1 — 이탈리아는 1936년 5월 아디스아바바를 점령하고 에티오피아의 합병을 선언했다.

1935년 10월 11일 금요일

조선의 한 신문이 이탈리아와 에티오피아 간 전쟁의 근본 원인을 설명하려고 무던히 애를 썼다. 물론 직접적인 원인은 수십 년 전의 문제로 거슬러 올라간다. 그러나 이 전투의 실제적이고 근본적인 원인은 50만~100만 년 전쯤 인류가 비열한 본성을 가지고 창조되면서부터 이미 대두된 것이었다.

1935년 10월 26일 토요일

이탈리아군이 에티오피아에서 험한 꼴을 당하고 있다. 셀라시에[1]라는 에티오피아 국왕은 용감하고 현명한 사람인가 보다. 그와 그의 아들은 에티오피아군의 선봉에 서서 이탈리아 침략자들과 싸우고 있다. 에티오피아 병사는 무기도 변변치 않을 뿐만 아니라, 군화조차 신지 못했다. 정말이지 극명한 대조가 아닐 수 없다. 에티오피아 국왕의 이 감탄할 만한 태도와, 침략자에 맞서 단 한 번도 군대를 직접 지휘한 적이 없는 조선 국왕들의 수치스런 행위 말이다.

---

1 — 하일레 셀라시에(Haile Selassie, 1892~1975)는 에티오피아의 황제(재위 1930~74)다. 에티오피아 근대화의 주역으로 사실상 1920년대 후반부터 에티오피아를 통치했다. 1935년 이탈리아의 침공에 맞서 격렬히 저항하다, 이듬해 5월 해외로 망명했다. 1941년 영국군과 함께 아디스아바바를 되찾고 황제에 복위했다. 1974년 군부 쿠데타로 퇴위했다.

1935년 10월 30일 수요일

권력에 도취된 사람은 술에 취한 사람처럼 자제력을 잃게 마련이다. 권력에 도취된 사람은, 어느 누구도 제정신이라면 하지 않을 일을 서슴없이 행동에 옮긴다. 나폴레옹이 러시아를 침공했을 때, 그는 정말이지 권력에 도취되어 있었던 게 분명하다. 그는 프랑스, 더 나아가서는 유럽의 평화와 번영을 위해 자기의 총명함과 권력을 바쳤어야 했다. 독일의 황제(빌헬름 2세다—옮긴이)는 1914년 유럽에서 자기가 가장 위대한 군주라는 걸 알았다. 독일에겐 힘이 있었고, 번영을 누리기도 했다. 그가 자기의 어리석은 야망에 희생시킨 인명과 재산을 일부만이라도 자기네 아프리카 식민지의 자원을 개발하는 데 투여했더라면, 지금쯤 독일은 정말이지 강성한 제국이 되어 있었을 것이다. 내 생각엔 일본이 만주국의 남쪽 국경선을 만리장성으로 한정하고, 난징 정부(1927년 4월 장제스 등 국민당 우파가 세운 정부로 열강의 지지를 받았다—옮긴이)가 건실한 정부가 될 수 있도록 도와주어야 한다.

1935년 11월 13일 수요일

광선의 말로는, 신흥우 군에게 돈이 좀 있느냐고 전지전능한 사에키 경기도 경찰부장이 자기에게 묻더란다. 사에키 씨는 또 신흥우 군이 사상전향의 징후를 보였으며, 그에게 돈이 좀 있다면 시중회에 참여시키는 문제를 검토할 거라고 말했단다. 음흉한 신흥우가 경찰이 자기의 적극신앙단을 도와주기만 하면 시중회에 참여할 것인 양 행세하며, 장직상 씨 등을 통해 어떤 제스처를 취하고 있음에 틀림없다. 교활한 음모가인 신흥우와 경찰부장이 서로 상대방을 가지고 장난치려 하고 있다. 과연 누가 이길까?

1935년 11월 14일 목요일

김대우 중추원 서기관은 영리하지만 위험한 인물이다. 그는 사에키 씨가 경무국 블랙리스트에서 이름을 빼주고 교사 자격증을 구해준다는 조건으로 박모 씨로부터 2만 원의 뇌물을 챙겼다고 소문을 내기 시작했다. 김씨를 자신의 부하로 여겨왔던 경찰부장은 화가 머리끝까지 올랐고, 두 사람은 최근 4개월 동안 사적인 모임에서 마주치는 걸 꺼려왔다. 광선의 말로는, 며칠 전 사에키 씨가 이런 얘기를 자진해서 들려주더란다.

오전 11시 중추원 종교신앙위원회의 요청으로 내가 언제, 어떻게, 왜 기독교를 믿게 됐는지, 그리고 기독교를 통해 어떤 은혜를 입었는지에 대해 짧막한 연설을 했다. 원덕상 씨[1]가 내게 얘기했던 청중의 규모와는 달리, 놀랍게도 중추원 참의들이 거의 모두 참석해 내 연설을 들었다. 중추원 참의들과 점심을 먹고 나서 2시쯤 집에 돌아왔다.

---

1 — 원덕상(元悳常, 1883~?)은 본래 치과의사였으나 재계로 진출해 한상룡이 설립한 조선생명보험주식회사의 전무이사로 재직했다. 경성부 협의회원, 중추원 참의 등을 지낸 후 1941년 조선임전보국단 상무이사에 선임됐다.

1935년 11월 22일 금요일

지방 신문의 보도에 의하면, 북중국에 주둔하

고 있는 일본 군국주의자들이 황하 이북의 성들을 분리시켜 독립적인 정치조직을 세우기 위한 만반의 준비를 끝냈다고 한다. 물론 일본의 보호 아래 세우는 것이다. 당연히 베이징이나 톈진 같은 크고 부유한 도시들이 새 일본 정권의 정치, 외교, 상업 활동의 중심지가 될 것이다. 어느 누가 이걸 막을 수 있겠는가? 현재 베이징에는 유럽의 5대 열강과 미국의 대사관이 있다. 이 중에서 일본을 모방하려고 유심히 지켜보고 있는 이탈리아와 독일은 일단 제외하자. 프랑스는 독일과의 격전의 날을 대비해 총력을 모으고 있는 중이다. 소련은 단독으로 일본과 전쟁을 감행할 준비를 갖추지 못했다. 영국은 중국에 관심이 많기는 하지만, 이탈리아와 에티오피아 간의 전쟁에 너무 깊숙이 휘말려든 나머지 일본의 비위를 건드릴 생각이 없다. 그렇다면 미국만이 남는다. 자, 미국은 말로는 문호개방정책과 통일된 중국의 유지를 선언할지도 모른다. 그러나 미국의 빈번한 몽상가식 항변에 귀를 기울일 사람은 없다. 중국은 힘이 없다. 그러니 일본에게만 북중국을 차지할 권리가 있는 셈이다.

1935년 11월 28일 목요일

엊그제 열린 각료회의에서 일본의 대원로인 다카하시 대장대신[1]이 동료 대신들에게 짤막한 연설을 했다. 그는 이 연설에서 육군대신[2]에게 국방비를 늘려달라는 부당한 요구를 하지 말라고 경고했다. 이 연설에서 눈에 띄는 점은 다음과 같다. "일본은 천연자원이 부족하고 국부國富도 빈약합니다. 그래서 예산도 국부에 맞게 짜야 합니다. 경제적으로 이탈리아는 우리보다 더 심각한 상태에 있는 것 같아 보입니다. 그러나 이탈리아에게는 자신을 후원해주는 프랑스가 있습니다. 전 세계를 관찰해봅시다. 우리를 후원해줄 나라가 어디에 있습니까? 일본은 현재 친구 하나 없이 홀로 버텨나가고 있습니다. 예산이 국민총소득의 범위를 초과하게 되면, 비상시에 의존해야 할 비축분을 완전히 축내게 될 것입니다. 우리 국민의 상당수가 진정 비참한 상태에 처해 있습니다. 해마다 찾아오는 자연재해 때문에 사회 문제에 대한 진지한 관심이 필요합니다. 지금 신문들조차 육군성에 대해 감히 입도 뻥끗할 수가 없습니다. 재계에 있는 사람들도 불안감을 감히 입에 올릴 수가 없습니다. 육군대신이 군의 예산을 늘리라고 부당하게 요구한다면, 육군성은 대중의 분노와 불만을 사게 될 것입니다. 소련이나 미국이 우리에게 싸움을 걸어올 위험은 없습니다. 우리가 쓸데없이 다른 나라들을 자극하는 일은 삼가야 합니다."

---

1 — 다카하시 고레키요(高橋是清, 1854~1936)는 일본은행 총재를 거쳐 모두 여섯 차례 대장대신을 역임했으며, 한때 총리대신을 지내기도 했다. 1936년 '2·26사건' 때 살해당했다.
2 — 이 당시 일본의 육군대신은 가와시마 요시유키(川島義之) 장군이었다. 그에 대해서는 제3부 제1장 1938년 11월 26일자 일기 내용과 주 참조.

1935년 12월 8일 일요일

총독부는 유물론과 무신론의 홍수를 막고자 심전개발心田開發이라는 표어 아래 종교부흥운동을 시작했다. 당국은 보이지 않는 신격을 대상으로 하는 신앙은 어떤 형태든 괜찮다고 주장한다. 심지어 조선에서는 주술의 형태를 띠고 있는 샤머니즘조차 격려를 받는다. 그러나 신토神道가 일본의 신성한 황족皇族 숭배와 불가분의 관계가 있는 만큼, 총독부는 신토를 조선 내에서 최고의 종교로 만들려 하고 있다. 1919년에 「독립선언서」를 기초해 조선 청년들 사이에서 인기가 높았던 최남선 군은, 최근에 일선동조론日鮮同祖論에 관한 저작과 연설을 발표해 일본인 통치자들의 환심을 샀다.

1935년 12월 9일 월요일

최남선 군은 태양—태양신—숭배가 조선과 일본 역사의 여명기에 나타난 공통적인 현상이었다고 믿고 있다. 그는 조선인의 영적 생활을 소생시키려면 불교나 유교가 아니라 조선의 건국신화에 귀의해야 한다고 주장한다. 이런 주장은 일본인 당국자들의 계획과 잘 맞아떨어진다. 일본의 태양신, 즉 황족의 조상인 아마테라스 오미카미는 신화상으로만 보면 조선을 건국한 단군과 똑같다. 그래서 조선인은 다른 신격보다 먼저 신토神道를 숭배해야 한다는 것이다.

1935년 12월 11일 수요일

최남선 군은 정녕 기록이 불완전한 조선 고대 사상의 원시신화 등에서 왕이나 왕비 등의 존재를 추출해 그들을 숭배하라고 강요함으로써, 오늘날 조선 청년들의 영성靈性에 새로운 생명력을 불어넣을 수 있을 거라고 생각하는 건가? 그게 아니라면, 그저 일본 통치자의 일본화 정책에 편승해 저런 말들을 늘어놓는 것인가?[1]

신문 보도에 따르면, 총독부 학무국은 황족의 존엄한 조상, 즉 태양신에 대한 존경이나 숭배의 표시인 신사참배를 거부하는 기독교 학교를 폐교시키기로 결정했다고 한다. 모든 면, 읍, 군에 신사가 설치될 예정이다. 장로교 선교사들은 크게 당황해서 십계명의 제1계명[2]을 위반하지 않는 선에서 자기들이 운영하는 학교를 존속시킬 수 있는 절충안을 짜내려고 고심 중에 있다.

---

1 — 최남선은 1936년 6월 중추원 참의가 됐다.
2 — 십계명 제1계명은 '나 외에 다른 신을 섬기지 말라'다.

1935년 12월 12일 목요일

교육사업에 종사하고 있는 장로교 선교사와, 군부 지도자의 명령에 복종하거나 그렇지 않으면 사표를 내야 하는 총독부 당국자 간에, 신사참배 문제가 첨예한 쟁점이 되어가고 있다.[1]

---

1 — 총독부는 일찍부터 기독교계에 대해 신사참배는 종교의식이 아니라 국가적 의식일 뿐이라는 이유를 들어 이를 종용해왔다. 그러나 기독교계는 이에 응하지 않았고 총독부도 크게 문제 삼지 않아, 신사참배를 둘러싼 갈등은 그다지 심각한 수준이 아니었다. 그런데 1935년 11월 총독부가 종전의 회유책에서 강경책으로 방침을 전환하면서 평양 기독교계 사립학교 교장들의 신사참배 거부 사건이 일어났다. 총독부는 신사참배에 불응할 경우 교장직 파면은 물론 학교 폐교까지 불사하겠다고 강경 자세로 일관했고, 결국 1936년 1월 숭실학교 교장 매큔과 숭의여학교 교장 스눅(V. L. Snook)이 교장직에서 파면됐다.

1935년 12월 13일 금요일

에비슨 박사가 조선을 떠나기 며칠 전에 그의 집에서 한담을 나누었다. 그는 신사참배 문제를 어떻게 생각하느냐고 물었다. 난 이렇게 말했다. "일본 문부성과 총독부 고위 당국자들은 신사참배를 가리켜, 종교 행위가 아니라 일본의 국가적 상징에 대한 존경 행위로 요구하는 거라고 거듭 밝혀왔습니다. 그런데 왜 우리가 이걸 두고 종교 행위라고 우기죠?" 노련한 박사는 자기 선교회에서 신사참배 문제에 가장 불만이 많은 사람들이 조선인 장로들과 목사들이라고 말해주었다. "이 정도라면 괜찮죠." 그가 계속해서 들려준 바에 따르면, 이 장로들과 목사들은 자녀들을 동등한 수준의 장로교 학교보다는 관립학교에 보낸다고 한다. 자, 자기 아이들이 일본인 교사의 요구대로 신사참배를 수용한다면, 그들은 무슨 수로 신사참배를 가리켜 죄악이라고 당당하게 말할 수 있겠는가?

1935년 12월 19일 목요일

대원군은 원납전願納錢에 의해 경복궁을 중건했다. 그러나 이건 사실상 강제적인 기부금이었다. 우리의 새 통치자들이 대원군의 책략을 모방하고 있다. 시골 주재소나 경찰관 관사를 짓는 데서부터 고인이 된 총독을 추모하는 사찰이나 200만 원짜리 박물관을 세우는 데 이르기까지, 모든 사업에서 말이다. 일본인 관리들은 조선인에게 총독이나 고위 관리 앞으로 탄원서를 내라고 요구하거나 심지어 명령하기까지 한다. 어떤 목적을 위해 일정 금액을 거두어달라는 내용의 탄원서 말이다. 그 다음에는 총독부 재무국에서 모월 모일 이전에 기부금을 내라는 강제적인 명령을 내린다. 성금이 아니라 마치 세금을 내라는 투다. 또 하나 이상한 건 액수가 너무 적다고 생각되면 그 기부금을 거부한다는 것이다. 이건 기부금이 아니라 세금이나 착취다. 그런데 왜 그들은 내게 그렇게 많은 액수를 요구하나? C씨처럼, 나보다 두세 배 더 잘살면서도 자선기금으로는 1년에 내가 기탁하는 금액의 10퍼센트 정도만 내는 조선인을 가만 놔두면서 말이다. 그들은 아량이 넓은 사람을 도리어 벌주는 모양이다.

1935년 12월 25일 수요일

오늘은 크리스마스다. 미국인이나 영국인이, 조선 기독교인이 크리스마스의 신성함에 대해 자기와 똑같은 감정이나 느낌을 가졌으면 하고, 아니 이 신성한 시즌을 기뻐했으면 하고 기대하는 게 가당키나 한가? 그건 분명히 가당치 않은 일이다. 감정이 원숙해지고, 풍부해지고, 신성화되려면 시간이 필요하다. 조선인이 어느 과학 분야에서는―지식의 영역에서는―최고 수준에 도달할 수 있을지도 모른다. 그러나 지금 조선인이 크리스마스에 대해 미국인이나 영국인과 똑같은 감정을

이광수 가족

가질 수는 없다. 아니 바랄 수조차 없다. 왜냐하면 그 감정은 영국인이나 미국인에게는 시와 소설, 역사, 전통, 그리고 무엇보다도 가정생활을 통해 수세기를 거치면서 원숙해지고 풍부해지고 신성화된 것이기 때문이다. 마찬가지 이유에서, 우리의 일본인 통치자들도 자기들의 요구를 당연한 것으로 받아들이는 일본인처럼 조선인도 신토神道의 신성함에 대해 똑같은 감정이나 느낌을 가지길 바라거나 강요해서는 안 된다.

1935년 12월 27일 금요일

일본은 공식 발표도 하지 않은 채 조선인에 대한 이주제한법을 시행하고 있다. 조선인은 계층을 불문하고, 일본의 어느 지역을 방문하건 간에 여권을 지급받아야 한다. 한 도시를—예를 들어 오사카를—방문할 수 있는 여권은 다른 도시에서는 통용되지 않는다. 지난

봄 서울에서 가장 유명한 작가이자 다소 친일적인 인물인 이광수 군이 부인[1]과 아이를 데리고 일본에 가려고 여권을 신청했다. 일본에 공부하러 간다는 이유로 그의 부인에게는 여권이 발급됐다. 그러나 이광수 군과 그의 아들에게는 여권이 나오지 않았다. 그는 여권을 얻으려고 6개월을 기다려야 했다. 유명한 친일파이자 서울의 견실한 사업가인 손□□는 몇 달 전에 오사카에 갔다. 그런데 여권에 문제가 있어서 2일 동안 경찰서 유치장에 감금되어야 했다. 이 두 명의 조선인 유명 인사가 이런 대접을 받을 정도라면, 어느 누가 푸대접받기를 감수하면서 일본에 가겠는가? 그런데도 일본은 미국인을 비난하고 있다. 난 최근에 사가와 씨가 샌프란시스코에서 입국을 거부당했다는 얘기를 들은 바 있다.

---

1 — 이광수의 부인 허영숙(許英肅)은 우리나라 최초의 여성 개업의(산부인과)로 알려져 있다. 1925년 12월부터 1년 남짓 『동아일보』 학예부장을 맡기도 했다.

제3부 | 중일전쟁·태평양전쟁 전후

제1장 흥업구락부 사건의 와중에서(1938)
제2장 '내선일체만이 살길이다!'(1939~40)
제3장 '유색인종의 해방을 위하여'(1941~43)

중일전쟁 이후 윤치호의 정세 인식과 '내선일체론'

1937년 7월, 마침내 일제는 중일전쟁을 도발했다. 이로써 영국·미국과 첨예한 갈등 관계에 접어든 일제는 1940년 독일·이탈리아와 삼국동맹을 체결하고, 이듬해에 태평양전쟁을 일으켜 제2차 세계대전에 가담했다. 일제는 전력의 극대화를 위해 자국은 물론 조선의 국가 체제를 전시총동원체제로 전환시켰다. 특히 조선에서는 1936년 8월에 부임한 미나미 지로 총독이 '내선일체론'을 제창하며 철저한 한민족 말살정책을 실시했다. 이런 상황에서 과연 윤치호는 국내외 정세를 어떻게 인식했으며, 조선인이 지향해야 할 바를 어떻게 설정하고 있었을까?

우선 윤치호는 일제가 중일전쟁과 태평양전쟁을 통해 군국주의 노선으로 치닫는 데 대해 비판적인 태도를 취했다. 그는 일본이 동양 평화를 위해 '중국 사태'로부터 벗어나기를 바랐다. 그는 또 일본이 미국이나 소련과 전쟁을 시작하지나 않을까 우려하면서 일제가 현명한 선택을 취하기를, 그리고 미국이 전쟁에 개입하지 않고 평화 중재자가 되어주기를 바랐다.

하지만 윤치호는 중일전쟁 발발 이후부터 예전과는 달리 적극적으로 친일 활동에 나서기 시작했다. 그는 YMCA와 감리교를 중심으로 기독교계의 '일본화' 작업을 주도했을 뿐만 아니라 국민정신총동원조선연맹, 조선지원병후원회, 조선임전보국단 등 대표적인 친일단체의 핵심 인물로 참여했다. 그는 각종 좌담회와 '원탁회의'에 참석하고, 원고 집필, 강연, 라디오 방송 등을 통해 '내선일체만이 살길'이라고 외치며 일제에 적극 협력했다. 그는 1941년에 종전과는 달리 총독부의 제의를 받아들여 중추원 고문이 됐으며, 1945년 4월에는 일본 귀족원 칙선의원勅選議員에 선임되기까지 했다. 이전 시기와 비교했을 때, 이것은 분명히 엄청난 변화였다.

이 시기에 윤치호가 적극적으로 친일 활동에 나선 이유는 대체 무엇일까? 그것은 1938년에 발생한 흥업구락부 사건 때문이었다. 사실 그는 1937년 중일전쟁 발발 이후 총독부와 선교사, 일제의 천황제 이데올로기와 기독교 신앙이 도저히 양립할 수 없는 단계에 도달했다고 판단하고 있었다. 이와 같은 상황에서 흥업구락부 사건이 발생해 그의 가족과 측근, 그리고 기독교계의 주요 인물들이 거의 모두 체포됐다. 더구나 1935년 적극신앙단 사건 이후 정적이 되어버린 신흥우 전 YMCA 총무의 적극적인 친일 행보는 그에게 상당한 위기감을 불러일으켰다. 그는 동료들을 구하기 위해서, 그리고 자신에 대한 총독부의 의심을 해소하기 위해서 적극적으로 총독부와 접촉하지 않을 수 없었다. 여차하면 모두가 '다칠 수 있는' 상황이었다. 이제 더 이상 독립운동도 아니고 친일도 아닌 어중간한 '회색지대'에 안주할 수가 없었다.

윤치호는 이제 기독교계의 친일화와 외국인 선교사 축출의 선봉에 서게 됐다. 그는 흥업구락부 사건 관계자들의 신원보증을 통해 이 사건을 종결시키는 대신 미나미 총독을 직접 만나 사실상 기독교계의 '충성'을 '서약'하고 그 실천에 나섰다. 1939년 총독부 당국과 물밑교섭을 통해 엘리스 아펜젤러 이화여전 교장의 사퇴와 김활란 부교장의 교장 취임을 관철시켰다. 1941년에는 총독부의 제의를 받아들여 직접 연희전문학교 교장에 취임했다. 그것은 결국 일제가 그를 '고양이의 발톱'으로 삼아 기독교계를 장악하는 데 '멋지게' 성공했다는 것을 의미한다.

그렇다면 이 무렵 윤치호의 친일은 순전히 외압을 우려한 나머지 '스스로 알아서 행한' 수동적인 것으로 보아야 할까? 결론부터 말한다면, 결코 그렇지만은 않았다. 그의 친일에는 분명히 능동적인 측면이 있었다. 쉽게 말해서 그는 자신의 국내외 정세 인식에 의해 '자발적'으로 '소신껏' 친일을 했던 것이다. 그것은 흥업구락부 사건이 발생하기 이전에 그가 이미 친일을 기정사실로 여기고 있었다는 점에서 여실히 증명된다.

그러면 중일전쟁 발발 이후 윤치호가 이와 같이 '돌변'한 원인은 무엇일까?

첫째, 중일전쟁 발발 이후 일제와 영국·미국 간의 외교 관계가 악화되고 급기야 태평양전쟁이 발발하자, 윤치호는 당시의 국제 정세를 황인종과 백인종, 특히 앵글로색슨인과의 대결구도로 파악하고 일제가 승리해 앵글로색슨인의 자만심을 꺾어주기를 진심으로 원했기 때문이었다. 친미파인 것처럼 보였던 그의 가슴속에는 본래 앵글로색슨인의 우월주의와 인종차별에 대한 반감과 분노가 잠재되어 있었다. 그는 중국·미국 유학시절에 직접 목격했던 백인의 인종차별에 대한 기억을 평생 떨쳐버릴 수 없었다. 그는 또 조선 기독교계 최고의 실력자임에 틀림없었으나, 항상 조선 주재 선교사들과 외국인의 백인우월주의로 인해 모멸감을 느껴야만 했다. 그는 교회와 학교 운영에서 나타난 선교사들과 외국인의 독재와 조선인에 대한 극심한 차별대우에 불만을 품지 않을 수 없었다. 요컨대 그는 이성적으로는 영국·미국의 '힘'과 민주주의에 찬사를 보내며 그들의 문명을 '동경'했으나, 감성적으로는 그들의 백인우월주의와 인종차별에 대해 상당한 적개심을 느껴왔던 것이다. 이런 상황에서 중일전쟁과 태평양전쟁이 일어나자, 그는 이 전쟁들을 인종 간의 전쟁이라 규정하고 황인종의 일원으로서 일제의 편이 됐던 것이다.

둘째, 윤치호는 사회주의와 그 모국인 소련에게 강한 적개심을 가지고 있어서 러·일 간의 전쟁이 예견되는 상황에서 일제의 승리를 바랐기 때문이었다. 소련에서 볼셰비키 혁명이 성공한 이후 그의 사회주의에 대한 적개심은 대단했다. 그는 이미 1934년에 조선인이 일제와 소련 사이에서 선택을 해야만 하는데, 자신은 일본을 선호한다고 밝힌 바 있다. 그는 중일전쟁 발발 이후에도 조선인이 내선일체의 길을 거부하면 대안은 사회주의밖에 없다면서, 사회주의는 결코 조선인이 나아갈 길이 아닐 뿐만 아니라 사회주의를 배격하고 박멸하는 것이야말로 조선인의 행복이라고 판단했다. 이에 따라 1938년 '장고봉 사건'과 관련해 러·일 간에 전쟁이 임박했다는 소문이 나돌자, 그는 일제의 승리를 진심으로 바랐다. 요컨대 그는 러·일 간의 전쟁이 예견되는 가운데 소련과 사회주의보다는 일제의 통치가 훨씬 낫다고 판단해 진심으로 일제에 협력했던 것이다.

셋째, 윤치호가 조선인의 민족성이 저열하고 독립 능력이 결여되어 있다는 지론을 고수하는 가운데 이 시기에 일제가 제창한 '내선일체론'을 민족차별의 철폐, 곧 조선인의 지위 향상을 도모하는 정책이라고 긍정적으로 인식했기 때문이었다. 그는 중일전쟁의 진행 과정에서 일본인의 야망과 실력을 확인하면서 일본인에 대해 감탄하면 할수록, 조선인에게 실망감을 느꼈다. 그는 심지어 일제가 독립을 허용해도 조선인은 분파투쟁과 살육밖에 할 일이 없을 것이라고 생각했을 정도로 조선인의 독립국가 경영에 비관적인 견해를 나타냈다. 그는 조선인이 능력과 능률 면에서 일본인을 따라잡으려면 2세기는 걸릴 것이라고 단언했다. 이와 같은 상황에서 미나미 총독이 적극적으로 '내선일체론'을 제창하며 조선인에게 '병역의 의무'를 부여하고 창씨개명을 추진하자, 윤치호는 이와 같은 움직임을 그가 그토록 분개했던 민족차별정책의 철폐라고 긍정적으로 인식했다. 그는 1938년 조선인 육군지원병제도의 실시에 대해 '역사적'인 일이라고 평가했고, 1942년에 징병제 시행이 결정되자 환영과 감사의 뜻을 표명했다. 그는 1943년 해군 지원병제도의 실시에 대해서도 '기념비적'인 결정이라고 찬사를 보냈다. 요컨대 그는 중일전쟁 발발 이후 일제가 조선인에게 '병역의 의무'를 부여한 것이 전력의 극대화를 위한 인력 동원이라는 점을 깨닫지 못하고, 일제가 기존의 조선인 차별정책으로부터 동등대우정책으로 일종의 방향전환을 꾀하고 있다는 그릇된 판단 아래 '내선일체론'에 적극 동조하게 됐던 것이다.

그런데 윤치호의 '내선일체론'에 조선인의 민족적 정체성을 완전히 제거하자는 논리가 포함되어 있었던 것은 아니었다. 조선 민족을 완전히 해체해서 조선인을 완전히 일본인화하려던 일제의 '내선일체론'과는 다소 차이가 있었던 것이다. 윤치호는 일제 시기 내내 우리 민족의 민족성이 저열하다고 생각했을지언정 우리 민족의 독자성과 정체성을 부정한 적은 없었다. 그는 조선인이 기존의 민족적 전통과 정서를 유지한 채 일본이라는 '다민족 대국가'의 국민이 되기를 바랐던 것이다. 다음의 일기 내용은 이 점을 여실히 증명해준다.

> 모든 것을 일본화하도록 조선에 강요하는 것은 매우 불필요하고 현명하지 못한 정책인 것 같다. 다양성은 삶의 양념이다. 일본이 대제국이 되기를 열망한다면 다민족으로 구성될 수밖에 없다. 모든 것이 똑같도록 강요하는 것은 불가능하고 어리석은 정책이다.

이에 따라 당시 일본의 한 지식인은 윤치호의 '내선일체론'에 대해 '민족주의 감정 그 자체 위에 구축되는 내선일체론으로 많은 조선인들이 마음속으로부터 깊이 공명했다'라고 평가하고, 이를 조선어 전폐까지 주장하는 현영섭의 '내선일체론'과 분리해 파악했던 것이다.

제1장 | 흥업구락부 사건의 와중에서
1938

1938년 1월 8일 토요일

용맹한 일본군이 모든 전장에서 중국인을 격파하고 있다. 그러나 그건 허공에 대고 주먹질을 하는 것과 다를 바가 없는 듯하다. 중국의 인력이 워낙 엄청나다 보니, 일본군이 중국군 수백만을 쳐부수어도 중국인은 이를 대수롭지 않게 여긴다. 그렇다면 과연 이 지긋지긋한 싸움은 언제쯤 끝날까? 일본과 중국 두 강대국을 위해서, 그리고 동아시아 전체를 위해서 양국 국민들 가슴속에 원한과 복수의 앙금이 남지 않는 방향으로 매듭이 지어져야 할 텐데.

1938년 1월 10일 월요일

신흥우 일당이 조선기독교회를 전복시키려는 음모를 꾸미고 있다는 소문이 빠른 속도로 퍼지고 있다. 몇 주일 전 누군가가 알려준 바에 따르면, 신군이 박인덕[1]에게 자기와 조선군사령부, 사에키 경성부윤, 김대우 총독부 학무국 사회교육과장 간에 전령 노릇을 시키고 있다고 한다. 구자옥 군은 며칠 전 아침에 신군과 박연서[2]가 김대우 씨 집무실에서 나오는 걸 보았다고 한다. 신군은 하루 종일 밥을 안 먹고 살 수는 있어도, 음모를 짜지 않고는 단 하루도 버틸 수 없는 위인이다. 신군이 기독교회를 당국자들의 환심을 사기 위한 미끼로 이용하려는 음모를 짜느라고 동분서주하고 있는 게 틀림없다. 박인덕은 신군을 위해서라면 무엇이든 기꺼이 할 수 있는 파렴치한 여인이 되어버렸다.

---

1 — 박인덕(朴仁德, 1897~1980)은 이화학당을 졸업하고 교사로 재직 중 3·1운동에 적극 참여했다. 배화여자고등보통학교 교사로 일하며 저술, 강연을 통해 여성계몽운동에 주력했다. 미국 유학을 거쳐 1930년대에 신흥우의 측근 인사가 되어 농촌 여성운동을 주도했다. 1941년 조선임전보국단 부인대 지도위원을 맡는 등 친일 대열에 합류했다.
2 — 박연서(朴淵瑞, 1893~1950)는 감리교 목사로, 1924년부터 3년간 오사카를 중심으로 포교 활동을 벌였다. 귀국 후『기독신보』의 편집을 맡았고, 1933~42년 서울 석교교회 담임목사로 활동했다. 적극신앙단에 참여해 신흥우의 측근으로 활동했고, 1941년 조선기독교단 감리회 경성교구장을 맡아 친일 활동을 벌였다.

1938년 1월 12일 수요일

오전에 김동훈 충북지사[1]에게서 전화가 왔다. 그는 머지않아 미나미 총독[2]이 내게 중추원 참의가—칙임관 대우가—되어달라고 요청할 거라고 언질을 주었다. 난 야인으로서 좀 더 쓸모 있는 사람이 될 수 있을 거라고 그에게 말했다.

---

1 — 김동훈(金東勳, 1886~?)은 한일합방 이후 강원도 홍천 군수와 총독부 재무국 서무과장 등을 거쳐 1931년 경기도 참여관에 오른 후, 충북지사를 지냈다.
2 — 미나미 지로(南次郎, 1874~1955)는 조선군 사령관, 육군대신, 관동군 사령관 등을 거친 당대 일본 육군의 최고 실력자로서, 제7대 조선 총독으로 부임했다. '내선일체론'에 입각해 신사참배, 창씨개명, 일본어 상용 등 한민족 말살정책을 추진했다. 조선 총독에서 물러난 후 추밀원 고문관을 지냈다.

1938년 1월 13일 목요일

사촌 동생 치영[1]이 전화로 알려준 바에 의하면, 신흥우가 사에키 경성부윤과 함께 서울YMCA를 일본인 손에 넘기려는 음모를 꾸미고 있다는 얘기를 들었다고 한다.

---

1 — 윤치영(尹致暎, 1898~1996)은 1924~36년 하와이와 미국 동부에서 이승만의 측근으로 활동했다. 1936년 귀국 후 흥업구락부에 가입하고 서울YMCA 부총무로 일했으며, 1938년 흥업구락부 사건 이후 친일 활동에 나섰다. 해방 후 이승만의 최측근 인사로서 내무부 장관, 국회부의장 등을 지냈다.

1938년 1월 19일 수요일

저녁에 구자옥 군이 전해준 바에 의하면, 신흥우 일당이 매일 밤 신흥우 집에서 모임을 갖고 있으며, 김대우와도 지속적으로 접촉하고 있다고 한다. 무소불위의 힘을 가진 시오하라 학무국장[1]이 신군을 후원하고 있어서, 경찰도 감히 신군을 조사할 수 없다고 한다. 신흥우 일당이 파시스트운동 계획을 완성했다고 한다. 난 이 모든 게 뭘 뜻하는 건지 잘 모르겠다.

---

1 — 시오하라 도키사부로(鹽原時三郎, 1896~1964)는 도쿄제국대학 법률학과를 졸업하고 체신성 관료를 거쳐 만주국 국무원 인사처장을 지냈다. 미나미 총독 휘하에서 총독부 학무국장을 맡아 한민족 말살정책을 주도했다. 1938년 국민정신총동원조선연맹 결성을 주도하고, 이듬해에 간사장을 맡았다. 일본에 돌아가 중의원 의원을 지냈다.

1938년 1월 20일 목요일

지금 우리가 살고 있는 세상을 가만히 들여다보면, 국가 간이나 민족 간의 윤리가 개인 간의 도덕 수준에—이것도 완벽하지는 못하지만—미치질 못하고 있다는 사실을 알 수 있다. 지금 이 세상에는 정글의 법칙이 횡행하고 있으며, 힘이 정의를 만들어내고 있다. 쓸모 있는 자원을 갖고 있으면서도 그걸 개발할 능력이나 지킬 힘이 없는 국가나 민족이 사라져야만, 비로소 이 세상에서 야심찬 침략 전쟁이 중단될 것이다. 인간이란 존재가 살고 있는 세상이 이럴진대, 일본, 영국, 프랑스, 소련 등의 제국주의적 행위만이 유독 욕먹을 이유는 없다. 사실 유럽의 모든 열강은 약소국을 공격한다는 이유로 일본에 대해 뭐라 비난할 입장이 못 된다. 굳이 변호하자면, 일본이 동아시아에서 백인종의 콧대를 납작하게 만들었다는 사실에 만족스러운 점이 있다. 앵글로색슨인이 동아시아 국가들에게 부과했던, 백인종의 자만심의 쌍생아, 즉 치외법권과 관세차별을 일본이 영원히 제거해주었으면 좋겠다. 브로드 가든the Broad Garden의 정문에 걸려 있던 '개와 중국인 출입 금지'라는 플래카드에서 보이듯이, 앵글로색슨인의 야만성이 적나라하게 드러났던 상하이가 영원히 지옥으로 가버렸으면 좋겠다.

1938년 1월 22일 토요일

오전 11시 20분 총독부 청사에 가서, 총독이 중추원 참의들과 몇몇 민간인을 초청한 모임에 참석했다. 총독은—중국이 일본의 제안을 거부한 데 따른—대對중국전 장기화 및 내선일체 문제와 관련해 최근에 총독부가 채택한 국가시책에 대해 설명했다. 그는 또 조선인 지원병으로 순수한 조선인 연대聯隊를 창설한다는 중앙정부의 획기적인 결정에 대해서도 언급했다.[1] 이 조치에 대한 천황의 재가는 한 달쯤 후에 날 것으로 예상된다고 한다.[2] 총독의 연설은 직설적이고 단순 명료했다. 회의가 끝나고 나서 간단한 점심 식사가 제공됐다.

---

1 — 1938년 1월 15일 일본 육군성은 조선인 현역 지원병제도가 실시될 것임을 공표했다.

2 — 육군특별지원병령은 1938년 2월 22일 칙령 제95호로 공포되어 4월 3일부터 시행됐다.

1938년 1월 25일 화요일

구자옥 군이 알려준 바로는, 막강한 시오하라 학무국장이 신흥우에게 파시스트 결사를 결성해달라고 요청했단다. 물론 타고난 음모가인 신군이 이에 동의했단다. 시오하라 씨에게 이 중대한 임무의 적임자로 신군을 천거한 이는 손홍원[1]이었다고 한다. 차미리사[2]는 손홍원이 조선에서 선교사들의 영향력을 제거하려는 음모를 꾸미려고 군부 지도자들에게 신흥우를 추천한 것 같다고 생각한다. 이런 목적을 달성하려고 신군이 심명섭,[3] 김인영[4] 등의 공모자들과 회의를 여느라 분주하다는 것이다.

---

1 — 손홍원(孫弘遠)은 1941년 조선임전보국단 평의원을 지낸 친일파다.
2 — 차미리사(車美理士(Melisa), 1880~1955)는 기독교 여성운동가이자 교육가다. 남편 성을 따라 김미리사라는 이름을 쓰기도 했다. 20대에 남편이 죽은 후 기독교에 입교해 중국과 미국 유학을 거쳐 1912년에 배화여학교 교사로 부임했다. 1920년 조선여자교육협회를 조직해 여성교육의 중요성을 일깨웠다. 1921년 근화여학교(덕성여중·고등학교의 전신)를 설립하고 교장에 취임했다. 일제강점기 말 총독부의 압력으로 교육 일선에서 은퇴했다.
3 — 심명섭(沈明燮, 1898~?)은 소설가 심훈의 형으로 일본 유학을 거쳐 서울 창천교회, 중앙교회 목사로 활동했다. 기독신보사와 적극신앙단에서 반(反)서북, 반(反)선교사 활동을 벌였고, 일제강점기 말 친일 대열에 합류한 것으로 보인다.
4 — 김인영(金仁泳, 1893~1953)은 미국 에머리대학교에서 구약학을 전공한 감리교 목사로, 협성신학교와 이화여자전문학교 교수를 지냈다. 1930년 조선감리회 총리원 이사에 선임됐다. 신흥우 계열의 적극신앙단에 참여했고, 1941년 협성신학교 교장에 취임해 친일 활동을 벌였다. 해방 후 정동교회 목사를 지냈다.

1938년 1월 29일 토요일

한상룡 씨를 방문했다. 학무국장 요청으로 조선인 누군가가 기독교회를 통제하려는 계획을 짜고 있다는 소문을 들은 적이 있냐고 그에게 물어보았다. 한씨는 그 문제에 대해 아는 게 전혀 없다고 말했다. 하지만 그는 김대우가 요즈음 매우 덤벙대고 있다고 말했다. 그는 그 문제와 관련해 미나미 총독을 만나보라고 충고했다.

조병상 씨가 오후에 전화로 알려준 바에 따르면, 김대우 씨는 총독부가 소문과 같은 일을 할 정도로 유치할 리 없다면서 그 가능성을 일축했다고 한다.

1938년 1월 30일 일요일

양주삼 박사가 최근에 김대우 씨와 대화한 내용을 말해주었다. 양 박사는 김씨에게, 학무국이 신흥우에게 조선의 기독교 기관과 선교사들에게 악영향을 끼칠 계획을 요청했다는 게 사실이냐고 단도직입적으로 물어보았다고 한다. 그러자 김씨는 그 계획이란 게 뭔지 대답을 회피했다고 한다. 하지만 신흥우와 박연서가 자기를 찾아와서 당국이 도와준다면 '그것'을 하겠다고 말한 건 시인했단다. 김씨는 신군에게 '그것'을 하면 당국이 돕는 것과, 당국이 도와주면 '그것'을 하는 건 전혀 다른 차원의 얘기라고 말했단다. 김씨는 어떤 계획이 실현되든 나쁠 건 전혀 없을 것이라면서 양 박사를 안심시켰다고 한다.

1938년 2월 1일 화요일

오전 9시 30분 앤더슨 박사 집에 머물고 있는 무어 감독[1]을 방문했다. 감독의 말에 의하면, 난징에 거주하는 외국인은 군기가 센 일본군이 난징을 점령하면 질서와 치안이 확립될 거라고 잔뜩 기대했다고 한다. 그러나 그들은 일본 병사의 군기가 완전히 풀린 걸 보고는 망연자실했다고 한다. 병사들은 민간인 집들을 약탈하고, 14세에서 60세에 이르기까지 연령을 가리지 않고 부녀자를 겁탈했다고 한다. 또 별

다른 저항이 없었는데도—아니 저항이 전혀 없었는데도—중국인을 학살했다고 한다.²

---

1 — 무어(A. J. Moore, 1888~?)는 1930년 미국남감리회 총회에서 감독으로 선출됐으며, 1934~40년 조선, 중국, 일본 등의 선교사업을 관장했다.
2 — 1937년 12월 13일 일본군이 일으킨 난징 학살 사건을 의미한다.

1938년 2월 3일 목요일

오후 5시 경성부윤 주도로 서울 주민들이 마련한 연회에 참석했다. 이 연회는 최근에 북중국 임시정부를 지지한다고 밝힌 중국 외교관들과 화교 상인조합의 임원들을 위해 마련된 것이었다. 중국 총영사 범한생范漢生 씨가 이 운동을 주도했다. 범씨가 장제스 정부의 청천백일기를 공개적으로 태워버렸다. 조선에서 살고 있는 화교들이 옛 난징 정부와의 연관을 완전히 단절한다는 상징적 의미로서 말이다. 사실 조선에 주재하고 있는 중국인 관료들이 조선에서 다양한 업종에 종사하고 있는 2만~3만 명의 화교를 보호하기 위해 할 수 있는 일이 뭐가 있겠는가? 중국 외교관들이 이렇게 발빠른 행동을 취했다고 해서 욕설을 퍼부을 수는 없는 노릇이다.

1938년 2월 5일 토요일

한상룡 씨와 대화를 나누면서 내가 신흥우를 불신하는 세 가지 이유를 말해주었다. (1) 신흥우가 조선기독교회에 악영향을 끼칠 계획을 도모하고 있다. 그가 총독부를 위해 해줄 것이라곤 그것밖에는 없다. (2) 만약 그렇다면, 신군은 비양심적인 음모꾼으로 알려져 있는 자들과 은밀한 회합을 갖지 말고, 감리교의 일인자인 양주삼 및 장로교 총회장과 협의했어야 옳다. (3) 계획이나 음모가 무엇이든 간에, 신흥우 일당은 학무국의 보호하에 움직이고 있다. 학무국이 워낙 강력하게 보호해주다 보니, 경찰조차 신흥우 일당의 모임에 간섭할 수가 없다. 신군은 그 일당 안에서 무솔리니나 히틀러처럼 행세할 것이다. 다시 말해서 신군은 이 기회를 이용해서 조선 감리교 총리원과 YMCA운동을 장악해 자기 세력을 확대하려 할 것이다. 4년 전 신군은 양주삼을 총리사직에서 몰아내려다 실패한 적이 있지 않은가? 우리는 2년 전 서울YMCA를 장악하려던 그의 비열한 음모와 잠정적인 패배를 잘 알고 있다.

한씨는 여전히 이 문제와 관련해 총독을 만나보는 게 좋겠다고 충고했다. 총독을 만나는 게 무슨 소용이 있을지 모르겠다.

1938년 2월 7일 월요일

오전에 경성부청에 가서 몇몇 조선인과 일본인이 경성부윤과 함께 연 회의에 참석했다. 며칠 후면 천황이 조선인에게 황군皇軍에 지원병으로 입대할 수 있는 권리를 부여하는 정부 방안을 재가할 것이 확실시되는 만큼, 언제 어떤 방식으로 이를 경축할 것인지를 논의했다. 이 계획과 세부 사항을 완성하기 위한 위원회가 지명되어, 이틀 후 오전 11시에 같은 장소에서 모임을 열기로 했다.

1938년 2월 23일 수요일

오전 10시 30분쯤 나카무라 경기도 경찰부 고등경찰과장에게서 전화가 왔다. 그는 내게 중추원에 들어가는 데 동의해달라는 뜻을 내비쳤다. 총독부를 위해서나 날 위해서나 내가 야인으로 지내는 게 최상의 선택일 거라는 종래의 주장을 되풀이했다. 총독부는 내가 조선인들 사이에서 어느 정도 신망이 있다고 판단해서 내게 관직을 주려는 것 같다. 하지만 내가 이 관직을 수락하는 순간, 내 위상은 추락하고 말 것이다.

1938년 3월 4일 금요일

오전에 최린 씨에게서 전화가 왔다. 그는 총독과 총독부 각료들이 날 중추원 참의에 등용하기로 결정했다고 알려주었다. 난 총독이나 내무국장을 만나 이 임용을 고사하는 이유를 밝히겠노라고 그에게 말했다.

1938년 3월 6일 일요일

오전에 다나카田中□太郎 총독부 조선어 통역관을 찾아갔다. 내가 중추원 참의에 임명되면 얼마나 난처한 상황에 처하게 될지, 그리고 그 이유는 무엇인지 말해주었다. 다나카 씨는 내 의견에 진심으로 동의했다. 그는 통치자들이 현지 사정을 잘 모르다 보니 날 관직에 앉히려는 거라고 말했다. 그는 내가 현재의 위치에서도 얼마든지 일본의 통치에 기여할 수 있다고 말했다.

1938년 3월 10일 목요일

간밤에 안창호 씨가 세상을 떠났다는 소식을 들었다. 그는 한꺼번에 대여섯 가지의 질환을 앓아왔다. 그래서 병석에서 일어날 가망은 사실상 거의 없어 보였다. 그가 저세상으로 간 게 차라리 잘된 일이다. 하지만 친구를 잃은 슬픔이 눈앞을 가린다.[1]

---

1 — 안창호는 수양동우회 사건으로 복역 중 병보석으로 출감해, 1938년 3월 9일 경성제대 의학부 부속의원에서 입원 치료 중 세상을 떠났다.

1938년 3월 11일 금요일

양주삼 박사의 말로는, 안창호 씨 유해가 안치되어 있는 영안실 주변에 40여 명의 경찰관이 배치되어 있어서 가까운 친인척 외에는 어느 누구도 이름을 적지 않고는 영안실로 들어갈 수 없다고 한다. 그래서 어느 누구도 감히 조문하러 가지 못한다고 한다.

1938년 3월 13일 일요일

신문 보도에 따르면, 오스트리아가 독일에 병합될 거라고 한다. 히틀러가 빈에 갔고, 독일군이 이미 국경선을 넘었다고 한다.[1] 이제 유럽 열강의 외교관들이 도장을 찍었던 역대 서류 중에서 가장 비열하고 비합리적인 베르사유조약의 마지막 장이 휴지조각으로 변해 버렸다. 그 당시 프랑스는 샤일록 역을, 미국은 윌슨을 통해 돈키호테 역을 맡았다. 또 영국은 프랑스를 편들면서 탐나는 것들을 모두 가로챘고, 윌슨의 등을 토닥거리면서 그를 국제연맹이라는 어처구니없는 평화기구의 아버지로 만들었다. 사실 국제연맹은 열강의 이해를 위해 현상 유지를 꾀하려고 했을 뿐, 진정한 평화는 안중에도 없었다. 앵글로색슨인의 우수한 자질에 대해 찬사를 보내지만, 그들이 극심한 우월주의에 빠져 있다는 느낌을 지울 수는 없다. 그들은 이 질환 탓에 매우 부주의해졌다. 그래서 그들은 호전적인 세 나라가 사정거리 내에 있는 사냥감을 덮치려고 중무장을 해나가면서 호시탐탐 기회만 노리고 있었다는 사실을 간과했다. 결국 그들은 스스로 경각심을 풀고 만 셈이었다.

---

1 — 1938년 3월 17일 독일은 오스트리아를 합병한다고 선언했다.

1938년 3월 16일 수요일

(중략)

오후 4시에 다나카 총독부 조선어 통역관에게서 전화가 왔다. 그는 친절하게도 다음과 같은 사실을 알려주었다. 그는 곤도內藤 신임 총독 비서관, 오다케 총독부 내무국장[1] 등과 함께 날 중추원 참의에 임명하지 않는 게 현명한 처사라는 점에 대해 대화를 나누었다고 한다. 그들은 내 입장을 이해하는 것 같았다고 한다. 그러나 오노 신임 경기도지사[2]가 도쿄에서 돌아와야만, 이 문제에 관한 가닥이 잡힐 것 같다.

---

1 — 오다케 주로(大竹十郎)는 도쿄제국대학 법과를 졸업하고 일본 문부성과 내무성의 관직을 두루 거친 후 경시청 경무부장에 발탁됐다. 이후 조선에 건너와 총독부 경무국 보안과장, 평북지사를 거쳐 내무국장에 올랐다. 미나미 총독의 한민족 말살정책을 일선에서 총괄 지휘했다.
2 — 윤치호가 착오를 일으킨 것 같다. 오노 로쿠이치로(大野綠一郎)는 당시 정무총감이었고, 도지사는 간쇼 요시쿠니(甘庶義邦)였다.

1938년 4월 8일 금요일

충분한 휴식을 취한 후, 아침 7시 30분에 시모노세키에 도착했다.[1] 산요三洋호텔에서 아침을 들고 난 후, 9시 25분에 항구를 떠나 온종일 기차를 탔다. 창밖으로 보이는 작은 마을의 집들, 들판, 정원, 푸른 산울타리가 깔끔하기 이를 데 없다. 이 모든 게 조선의 꾀죄죄한 초가집, 민둥산들과 아주 극명한 대조를 이룬다.

---

1 — 윤치호는 당시 일본에서 유학중이던 셋째 아들 윤장선과 넷째 아들 윤기선을 만나려고 일본에 갔다.

1938년 4월 19일 화요일

도쿄를 이리저리 숨 가쁘게 여행하면서 받은 인상은 이렇다. 일본이 국내외에서 한 일을 보면 볼수록, 난 위대한 일본인에게 깊은 존경심을 품게 된다. 그들은 조국을 아름답고 부유하게 만든 후, 자기들의 정력과 능률을 조선에 쏟았다.

1938년 4월 20일 수요일

(어제에 이어 여행을 통해 받은 인상 계속)

그들은 25년 만에 조선반도를 철도와 도로망으로 뒤덮었고, 조선반도의 항만시설과 농업과 공업을 향상시켰으며, 조선반도에 교육과 일본 문화를 보급해 확산시켰다. 그들은 작은 일본인 읍내들을 모든 이윤과 여가의 중심지로 변모시켰다. 그래서 일본인은 조선을 여행할 때 낯선 곳에 온 느낌을 전혀 받지 않는다. 그들은 자기 나라를 여행하는 것처럼 아늑함과 편리함을 만끽할 수 있다. 이것만 해도 장한 일인데, 그들은 조선의 7~8배나 되는 만주를 말 그대로 하룻밤 사이에 꿀꺽 집어삼키고는, 5년 만에 예전에는 전혀 누릴 수 없었던 질서와 평화를 정착시켰다. 활력이 넘치는 일본 민족은 한 걸음 더 나아가 만리장성을 뛰어넘어 10개월 만에, 칭기즈 칸이나 누르하치가 그랬던 것처럼 중국을 정복했다.

1938년 4월 22일 금요일

(20일에 이어 일본 여행에서 받은 인상 계속)

거만한 미국인과 유럽인이 이민법과 관세장벽을 활용해 이토록 용맹하고 정력적인 민족을, 아름답지만 자원이 모자란 나라(일본을 가리킨다—옮긴이) 안에 가둬놓으려 하는 건 어리석은 일이 아닌가? 이건 분명히, 장제스 일당이 4억 중국인에게 철저한 반일주의와 반일정책을 가르쳐 일본이 팽창할 수 있는 유일한 공간과 상품을 내다 팔 수 있는 유일한 시장을 빼앗으려는 죄악보다도 더 큰 잘못임에 틀림없다.

(중략)

1938년 4월 25일 월요일

저녁 6시 30분에 경성YMCA[1]에 갔다. 일본인, 조선인 성직자 및 신도 60여 명이 사회 문제를 협의하려고 마주앉았다. 다나카 경기도 경찰부 고등경찰과장이 2시간 동안 일본 신민으로서의 의무에 대해서, 즉 기독교인이건 불교인이건 상관없이 궁성요배宮城遙拜, 신사참배, 전몰장병 사당 참배 등을 이행해야 한다는 것에 대해서 연설했다. 밤 11시 30분에 집에 돌아왔다.

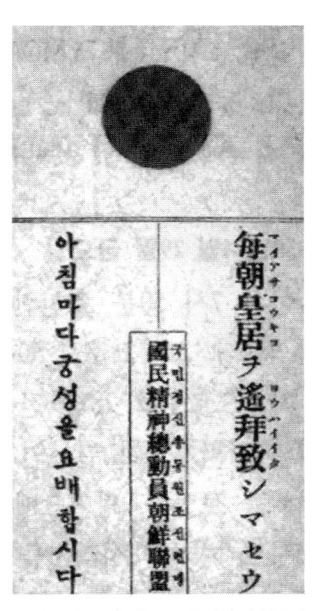

궁성요배 독려 벽보 국민정신총동원 조선연맹은 궁성요배를 독려하는 벽보를 만들어 조선인에게 천황제 이데올로기를 주입하려 했다.

1 — 윤치호는 일기에 'Japan YMCA'라고 표기했으나, 공식 명칭은 경성기독교청년회, 곧 경성YMCA다. 서울에 거주하는 일본인이 결성한 YMCA다. 일본 본토의 YMCA와 혼동을 줄 수 있으므로, 편의상 '경성YMCA'라고 지칭하기로 한다.

1938년 4월 28일 목요일

저녁 7시 30분 YMCA회관 대강당에서 4~5개의 종교기관을—천도교, 유교, 불교, 기독교 등을—대표하는 5명의 연사가 경찰의 엄격한 감독하에 시국에 대해 연설했다. 난 경찰의 요구대로 사회를 보았다.

1938년 4월 29일 금요일

아침 7시 50분 조선신궁 광장에서 경성부윤이 주재한 천장절 봉축식에 참석했다. 그리고 8시 30분에는 궁사宮司가 주재한 신토神道 제례에 참석했다.

지금으로부터 28년 전 병합이 이루어진 이후 처음으로, 서울 조선인 교회의 성직자들이 일본인 기독교 성직자들과 함께 천장절을 봉축하는 합동예배를 보았다. 궁성요배를 하지 않으려고 이런 예배에 참석하지 않는 걸 긍지로 여기던 성직자들과 평신도들이 좋든 싫든 오늘 예배에 참석한 게 예사롭게 보이진 않았다.

1938년 5월 4일 수요일

유럽의 3대 전체국가는—짐승 같은 소련, 나치 독일, 파시스트 이탈리아 등은—전제적인 일인지배체제의 근간으로 공포정치를 사용한다. 공포정치는 유능한 고등경찰에 의존해야 하기 때문에 형사망刑事網을 완벽하게 갖춰야만 한다. 그러나 형사망이 제아무리 완벽하다 하더라도 정탐 행위가 필수적이다. 이 점 때문에 소련이든, 독일이든, 이탈리아든 나라 전체가 밀정의 나라로 변했다. 초등학교, 고등학교, 대학교, 사실상 국민들 삶의 모든 영역에 밀정이 존재한다. 어느 누구도 이웃을 믿지 않는다. 성미가 고약한 작자들은 이 일상적인 정탐 행위를 누군가에게 돈을 뜯어내거나 개인적인 원한을 갚는 수단으로 활용한다. 이런 정권의 치하에서는 어느 누구도 자기 인명과 재산에 대해 불안감을 떨쳐버릴 수가 없다. 스탈린과 히틀러는 공포정치를 기반으로 정치적 성공을 이룬 위인들이다.

소련이 지난 50년간 저질러온 일들을 돌이켜보면, 제발 누군가가 저 피에 굶주린 볼셰비키에게 치명적인 타격을 가했으면 좋겠다는 생각이 든다. 소련이 벌을 받지 않는 한, 동양에는 평화가 없을 것이다.

1938년 5월 6일 금요일

서울YMCA가 후원하는 제11회 역도대회가 YMCA회관 체육관에서 개최됐다. 아주 단순한 행사였음에도 불구하고 경찰 명령 아래 진행됐는데, (1) 일본 국가 제창, (2) 궁성요배, (3) 황국신민서사 제창 등의 식순을 통해 아주 경건하게 치러졌다.

1938년 5월 8일 일요일

오후 2시 부민관 대강당에서 경성기독교연합회[1]가 발회식을 거행했다. 연합회 위원장인 니와 씨가 사회를 보았다. 수많은 청중이 총독부 학무국장, 경기도지사, 경성부윤의 축사를 경청했다. 결성식은 장장 3시간에 걸쳐 진행됐다.

차재명 목사가 알려준 바로는, 지난 두 달 동안 비밀모임을 갖느라 분주했던 신흥우 일당이 서양에 반대하고 동양을 옹호하는 운동을 목표로 하는 범아시아협회 수립계획에 정성을 기울이고 있다고 한다. 이것이 사실이라면, 이 계획이 경무국 보호 아래 그토록 은밀하게 진행되어야 했던 이유가 뭔지 납득이 가질 않는다.

---

1 — 본래 일기 원문에는 '조선기독교연합회'로 표기되어 있다. 이 단체는 1937년 5월 8일 결성된 서울 내 조선 기독교와 일본 기독교의 연합단체다. 조선인 측에서는 정춘수, 차재명, 김우현, 원익상, 구자옥 등이 중심인물로 참여했다. 기독교계 황민화 체제의 출발점이었다는 평가를 받고 있다. 그런데 1938년 7월 7일 전국을 대상으로 한 조선기독교연합회가 결성되면서 종래의 조선기독교연합회는 경성기독교연합회로 개칭됐다. 독자들의 이해를 돕

기 위해 원문과는 달리 '경성기독교연합회'로 지칭한다.

1938년 5월 9일 월요일

오후 4시 30분에 20여 명의 조선인, 일본인 기독교인이 경성YMCA에서 모임을 가졌다. 일본인, 조선인 기독교인을 하나로 단합시키고자 결성된 경성기독교연합회가 성공적으로 출범한 데 대해 감사 예배를 드리기 위해서였다. 그런 다음 전국의 교회들을 이 연합회에 합류시키기 위한 방안을 논의했다. 참석자의 95퍼센트가 이 연합회를 지지했지만, 이 문제에 대해 그다지 흥미 있어 하는 것 같지는 않았다.

1938년 5월 10일 화요일

갓 출범한 경성기독교연합회의 명칭을 '경성[1] 내 조선·일본 기독교회 연합회'라고 붙였더라면, 그 실제의 취지를 더 잘 드러낼 수 있었을 텐데. 조선인 성직자 중에는 이른바 연합회에 대해 열광하는 이들도 있다. 당국이 '내선일체' 정신으로 융화를 도모하기 위해 일본인 교회와 조선인 교회에 대한 차별을 폐지할 거라는 기대감 때문이다. 그런가 하면 또 다른 성직자들은 연합회를 전국 경찰 관료들의 끊임없는 의심과 박해로부터 조선인 교회들을 구할 수 있는 불가피한 수단으로 여긴다. 그러나 조선 기독교인의 대다수는 연합회를 조선인 교회를 일본인 교회에 통합하는 첫 번째 단계로 간주한다. 그래서 조선인은 연합회에 대해 적극적으로 반대하거나 냉담한 반응을 보이고 있다.

일본인 지도자들은 사려 깊고 재치 있게 연합회 운영에 임해야 한다. 일본인은 공격적이다. 20여 년 전 난 YMCA회관에서 경성YMCA와 서울YMCA 공동 후원으로 조일朝日합동음악회를 무대에 올린 적이 있었다. 이때 마쓰모토 씨는 한마디 해명도 없이 시작부터 진행을 독점하더니, 마치

조선인은 단 한 명도 없는 것처럼 전체 행사를 주관해나갔다. 이 일로 인해 22년 동안 어떤 형태의 공동 협력도 시도된 적이 없었다. 일본인이 연합회를 잘 운영해나갈 수 있을까?

---

1 — 일기 원문에는 '조선'으로 표기되어 있으나, 독자들의 이해를 돕기 위해 '경성'이라 지칭했다. 1938년 5월 8일자 일기의 각주 참조.

1938년 5월 16일 월요일

최근 두 달 동안 연희전문학교가 곤경에 처해 있다. 3명의 교수가 이 학교 도서관에 공산주의 서적을 기증했다는 이유로 수감 중이다.[1] 어제는 경찰이 불온서적을 찾는다는 이유로 이 학교 전체를 수색했다. 유억겸 군 집도 수색을 당했다. 내 사위인 정광현의 집도 어제 저녁에 수색을 당했다. 오늘 오전 광현과 이춘호 군[2]이 경찰서에 연행됐다. 총독부가 연희전문을 폐교시키거나, 최소한 선교사의 수중에서 이 학교를 빼내려는 정책의 일환인 것 같다.

---

1 — 1938년 2월 연희전문학교의 백남운, 이순탁, 노동규 교수가 '경제연구회 사건'으로 당국에 체포됐다.
2 — 이춘호(李春昊)는 한영서원을 졸업하고 오하이오 웨슬리언대학교에서 유학한 후, 1925년부터 연희전문학교 교수로 재직하며 수학을 담당했다. 1938년 흥업구락부 사건 이후 친일 대열에 합류했다. 해방 후 제2대 서울대 총장을 지냈다.

1938년 5월 17일 화요일

오전에 한규복 씨[1]가 전해준 바에 따르면, 그는 서대문경찰서장을 만나 날 봐서라도 정광현에게 선처를 베풀어달라고 부탁했단다. 서장은 그의 의견에 동의했단다. 이게 오전 9시 30분쯤의 일이었다. 하지만 지금 오후 2시 10분이 됐는데도 아무런 소식이 없다. 연희전문학교 교수진을 체포한 게 선교회가 소유하고 있는 기관을 분쇄하려는, 당국자들의 무자비한 정책의 일환이라는 점에 사태의 심각성이 있다. 은행과 회사에서 일하고 있는 많은 졸업생들이 공산주의를 선전했다는 죄명으로 체포됐다. 어처구니없는 일이 아닐 수 없다. 지금 이 시간 이후로 어느 교수가 연희전문에서 학생들을 가르치려 하겠으며, 또 어떤 젊은이가 이 학교를 다니려 하겠는가?

사촌 동생 치영이 서대문경찰서에 연행됐다는 소식을 들었다.

---

1 ─ 한규복(韓圭復, 1881~?)은 와세다대학을 졸업하고 군수, 도 참여관 등을 거쳐 충북지사, 황해도지사에 올랐다. 일제강점기 말 중추원 참의와 국민정신총동원조선연맹 이사 등을 지냈다.

1938년 5월 18일 수요일

경성YMCA의 니와 씨 집무실에서 그와 대화를 나누었다. 난 서울의 4개 경찰서가 실적을 쌓으려고 앞다퉈 경쟁하는 게 가엾은 조선인에게는 끔찍한 일이 아닐 수 없다는 의견을 피력했다. 그도 이런 내 의견에 동의했다. 본정本町경찰서(지금의 서울시 중부경찰서다─옮긴이)는 공무상으로나 대중적으로나 찬사를 받았다. 백백교[1]의 무시무시한 지하조직과 악마적인 행위를 속속들이 파헤쳤기 때문이다. 백백교는 종교를 가장한 채 자기네 비밀을 지키려고 수백 명의 소녀를 능욕하고 살해했다. 그런가 하면 종로경찰서는 작년에 흥사단, 즉 안창호 씨 조직을 일망타진하면서 미심쩍은 승리를 획득했다.[2] 이 두 경찰서를 시샘하던 서대문경찰서가 연희전문학교에 대한 수사를 시작했다. 그들은 수사를 정당화하려고 피의자를 때리고, 발로 차고, 코에 물을 들이부어 자백을 받아냈다. 이 자백을 근거로 또 다른 사람들을 체포할 것이며, 실적을 거두었다고 생각할 때까지 이런 행위를 중단하지 않을 것이다. 주여, 도움을 청할 데라곤 단 한 군데도 없이 이런 공포를 참아내야만 하는 가련한 조선인을 도와주시옵소서! 감히 이런 사실을 총독부에 말할 수 있는 사람은 아무도 없다.

---

1 — 백백교(白白敎)는 1923년 우광현(禹光鉉)이 전정예(全廷藝)의 백도교(白道敎)를 개칭해 세운 종교다. 1927년 차병간(車秉幹)이 새로 교주가 됐다. 그러나 실질적인 교단 업무는 초창기부터 전용해(全龍海)가 맡았다. 백백교는 머지않아 세상이 심판을 받게 되는데 이때 살아남기 위해서는 피난소를 찾아야 한다면서, 전국 53개소에 임시 분소를 설치해 포교 활동을 벌였다. 그러나 일제강점기 말 교단을 이탈한 신도 수백 명을 살해해 암매장하는 희대의 사건을 벌여 세상을 놀라게 했다.

2 — '흥사단, 즉 안창호 씨 조직'이란 수양동우회를 가리킨다. 1922년 2월 이광수가 서울에서 흥사단의 국내 조직으로 수양동맹회를 조직했고, 같은 해 7월 평양에서는 대성학교 관계자들과 지역 유지들이 모여 동우구락부를 결성했다. 이 두 단체는 1926년 1월 수양동우회로 통합됐다. 그런데 이 단체가 표방한 인격수양론과 민족성 개조론이 조선인의 호응을 얻지 못하자, 1929년에 동우회로 개명했다. 1931년 신간회가 해산되고 동아일보사의 브나로드운동이 시작되면서 재기를 꾀했지만, 1934년경에 이르러 유명무실한 단체가 됐다. 그런데 1937년 6월 총독부가 이 단체의 관계자 300여 명을 체포해, 이른바 수양동우회 사건이 발생했다. 윤치호가 '미심쩍은 승리'라는 표현을 사용한 데서, 그가 수양동우회의 혐의 사실을 그대로 믿지는 않았다는 것을 엿볼 수 있다.

1938년 5월 19일 목요일

서울YMCA의 구자옥 군과 홍병선 군이 서대문경찰서에 연행됐다는 소식을 들었다. 이만규 군도 연행됐다. 혹시 신흥우가 이 비열한 계략에 간여하고 있는 건 아닌지 모르겠다.

1938년 5월 20일 금요일

아침 7시 30분 오다 씨를 방문했다. 그는 곤도 총독 비서관을 만나, 서대문경찰서 고등계가 벌이고 있는 무차별적인 체포로 인해 조선 기독교인이 불안에 떨고 있는 사실과 관련해 내게—윤치호에게―총독을 면담할 수 있는 기회를 주었으면 한다고 말했단다. 그는 중추원에 들어가는 문제에 대한 내 견해와 의도를 진심으로 지지해주었다.

오전 9시 30분 조선군사령부 기타노 소장을 방문해 수표로 5천 원을―4천 원은 방위성금, 1천 원은 상이용사 돕기 성금으로―기탁했다. 그와 집무실에 있던 이들 모두가 진심으로 고마워했다. 난 또 50만 명 정도의 중국 군인이 집결해 있던 쉬저우徐州에서 일본군이 승전을 거둔 데 대한 축하기금으로 5천 원을 기탁했다.

1938년 5월 22일 일요일

(1) 지난 1월 김대우 씨는 양주삼 씨에게, 당국이 도와준다면 어떤 계획을 짜보겠노라고 신흥우가 제안한 바 있다고 말했다. (2) 신흥우는 자기 집에서 오른팔인 심명섭, 전필순[1]과 함께 한 달째 야간회의를 열어왔다. (3) 종로경찰서장이 신군에게 비밀회의에서 뭘 논의하고 있는지 물었다. 이때 그는 계획이 완성될 때까지는 아무것도 발설하지 않겠다고 경무국장, 학무국장과 약속한 이상, 자기가 하고 있는 것에 대해 단 한마디도 말할 수 없다고 대답했다. (4) 최근 6개월 동안, 신군이 조선에서 외국인의 영향력을 제거하고 자기의 정적인 유억겸, 김활란, 구자옥, 홍병선 등에게 복수하기 위해 모종의 계획을 꾸미고 있다는 소문이 난무하고 있다. (5) 경성기독교연합회가 출범하기 직전 헌병이 찾아와 연합회 결성 계획이 신흥우의 계획과 배치되느냐고 내게 질문한 적이 있다. (6) 이 헌병은 구자옥에게, 신흥우가 내놓은 계획은 서양을 배격하고 동양을 옹호하는 것이라고 말했다. 연희전문학교, 서울YMCA, 배화여자고등보통학교가 이미 무자비한 서대문경찰서 고등계의 손아귀에 들어간 만큼, 다음에는 이화여자전문학교가 공격 대상이 될 거라는 소문이 나돌고 있

이화여자전문학교

다. 그런 다음 막강한 경무국장과 학무국장의 후원 아래 신흥우의 계획이 정말로 실행에 옮겨질까?

---

1 ― 전필순(全弼淳, 1897~1977)은 묘동교회, 수송교회 목사 등을 거쳐 1941년 예수교장로회 총회 부회장에 오른 서울 지역 장로교의 중진이다. 1930년대에 적극신앙단에 참여하고 『기독신보』 경영권을 장악해 선교사 진영과 서북 세력에 대항했다. 1943년 일본기독교조선혁신교단의 통리가 되어 기독교계의 친일화에 앞장섰다.

1938년 5월 23일 월요일

오후 2시 총독을 방문해 내가 중추원에 들어가기를 고사하는 이유에 대해 설명했다. 그는 내 입장을 이해하는 것 같았다. 그는 일본의 도야마 씨[1]가 민간인 신분으로 관료가 되어 할 수 있는 일보다 더 많은 일을 하고 있다고 말하고는, 나도 그처럼 해주길 바란다고 당부했다.

1 — 도야마 미쓰루(頭山滿, 1855~1944)를 가리키는 것으로 보인다. 그는 메이지~쇼와 시기에 낭인(浪人)의 거두로 국가주의자, 대아시아주의자로 활동했다.

1938년 5월 24일 화요일

난 어제 오후 미나미 총독과의 면담에서, 경성기독교연합회가 출범한 만큼 조선의 기독교인이 '전국민총력운동'에 협조할 거라고 장담했다. 미나미 총독은 지난 일은 모두 불문에 부치겠다고 강조했다.

김대우와 대화를 나누었다. 난 다나카 경기도 경찰부 고등경찰과장이 조선 기독교계 지도자들에게 지난 일은 모두 불문에 부치고 적법한 사업에 대해 최대한의 도움을 주겠다고 약속했는데, 불과 며칠 후에 구자옥, 홍병선, 정춘수[1]가 체포되어 서대문경찰서에 구금됐으니 도대체 어찌된 일인지 영문을 모르겠다고 말했다. 김씨는 좀 당황한 것 같았다. 그는 이 문제와 관련해 보안과장을 만나보겠다고 약속했다.

신흥우가 황영수[2]를 통해 전갈을 보내왔다. 그는 구자옥과 홍병선을 포함한 현 서울YMCA의 간부들을 해고하는 것만이 서대문경찰서의 고위당국자들을 달랠 수 있는 유일한 방법이라면서, 이 조치를 실행에 옮기라고 요구했다. 이것이야말로 서대문경찰서가 연희전문학교와 서울YMCA를 상대로 벌이고 있는 비열한 행위가 신흥우의 음모에 의한 것이라는 명백한 증거다.

1 — 정춘수(鄭春洙, 1874~1951)는 춘천, 서울 등지의 핵심 교회를 두루 거친 감리교의 원로 목사다. 3·1운동 당시 민족대표 33인 중 한 사람이었으며, 1920년대에는 흥업구락부와 신간회에 참여했다. 평소 선교사들에 대해 반감을 품고 있다가, 1933년경 신흥우의 적극신앙단에 참여했다. 1939년 기독교 조선감리회 제4대 감독에 당선된 후, 적극신앙단 계열 인

사들과 함께 '혁신교단' 창설을 주도해 감리교계의 친일화를 주도했다.
2 — 황영수(黃永洙)는 서울YMCA 농촌부 간사를 지냈는데, 신흥우의 측근으로 활동한 것 같다.

1938년 5월 25일 수요일

김대우 씨가 보안과장과 대화를 나눈 후 전화로 이렇게 말했다. "선생님과 선생님께 가장 가까운 이에—정광현에—대해서는 걱정 마시랍니다."

1938년 5월 26일 목요일

신흥우의 요청으로 에도가와江戶川에서 저녁을 함께 먹으며 대화를 나누었다. 그가 말한 내용은 다음 네 가지로 요약할 수 있다. (1) 우리 30만~40만 기독교인은 데라우치나 사이토 총독 시대와는 매우 다른 상황 아래 살고 있다. 현재 일본인 통치자들은 히틀러와 스탈린의 방법을 본떠 일본에 대해 조금도 마음을 열지 않는다고 생각하는 이들을 모두 솎아내려 하고 있다. (2) 그는 조선군 사령관, 총독, 경무국장의 결재를 받은 모종의 계획을 마련했다. 그런데 경성기독교연합회의 출범으로 말미암아 이 계획이 잠시 중단됐다. (3) 수십만 기독교인을 위해 내가—윤치호가—당국에 협조해야 한다. (4) 이 계획이 성공하려면, 김대우와 보안과장의 채널을 통해야 한다.

내가 신흥우에게 대체 그 계획이란 게 뭐냐고 묻자, 그는 대답을 회피했다. 난 그에게 이렇게 말할 수밖에 없었다. "통치자들이 자네에게 협조하라고 요구하면, 그때는 협조하겠네." 그는 또 조선 기독교를 대표해서 장병들 머리를 깎아줄 이발사들을 대동하고 북중국 전선에 나가 있는 일본군을 위문할 대표단을 구성하자고 제안했다.

1938년 5월 29일 일요일

사촌 동생 치영이 무슨 죄목으로 체포된 건지 여전히 수수께끼다. 누군가가 속내를 내비친 바에 따르면, 구자옥이 치영에게 청구구락부 회원 명부를 건네주고 회원들에게 청구회가 갖고 있는 돈을 서울YMCA에 기증하라고 요청했다고 한다. 청구회가 곧 해체되어야만 했기 때문이란다.[1] 정탐꾼 하나가—신흥우의 똘마니가—이를 보고 곧장 신흥우나 서대문경찰서에 밀고했다고 한다. 그래서 치영이 체포됐다는 것이다. 그 명단에는, 아마도 신흥우가 유억겸 다음으로 증오할 것 같은 구자옥, 홍병선, 이만규 등 '제물'의 이름이 적혀 있었다고 한다. 그런데 적극신앙단 회원인 정춘수의 체포는 뭘 의미하는 걸까? 혹시 헌병이 신흥우의 계획과 상충된다고 말했던 경성기독교연합회를 약화시키려는 계획의 일환인가?[2]

---

[1] — 청구회(靑丘會)는 1930년 유억겸, 이관구, 장택상 등이 결성한 친목단체로, 1938년 5월 20일 해산한 것으로 알려져 있다.
[2] — 경성기독교연합회의 조선인 측 중심인물, 즉 차재명, 김우현, 원익상, 구자옥 등은 모두 신흥우와 적극신앙단에 대항했던 인사들이다. 다만 경성기독교연합회의 부위원장에 오른 정춘수는 적극신앙단 단원으로서 신흥우계 인사였다.

1938년 5월 30일 월요일

신흥우가 서울YMCA 내의 정탐꾼이었던 황영수를 통해 다음과 같은 전갈을 보내왔다. (1) 서울YMCA 이사회를 소집할 것, (2) 이사들이 날—윤치호를—총무 대행으로 뽑게 할 것, (3) 북중국 방문단을 구성해 파견하는 건에 대해 교회들에게 물심양면의 원조를 요청하기 위해, 내가—윤치호가—전국 각지에 20~30명을 파견할 것.

난 황영수에게 이렇게 말해야만 했다. "난 총무라는 감당하기 버거운 직책을 맡을 수가 없네. YMCA는 교회들을 움직일 권한이 없어. 지방 교회들은 결코 내 요청에 귀를 기울이지 않을 걸세. 이런 성격의 사업에 교회들을 움직일 권한이 있는 기관은 새로 출범한 경성기독교연합회뿐일세. 만일 신흥우 군이 이 연합회에 이런 제안을 한다면, 난 기꺼이 서명하겠네."

교활한 신흥우가 날 자기의 앞잡이로 이용하려 하고 있다.

니와 씨 집무실에서 기독교인이면서 중의원 의원으로 있는 하가와 씨를 만났다. 니와 씨와 난 우리 조선 기독교인이 처해 있는 곤경에 대해 몇 가지 견해를 말해주었다. 경찰이 기독교인에게 지난 일은 모두 백지화하겠다고 약속을 한 후에 도리어 체포하더라는 말을 듣더니, 하가와 씨는 연민의 정을 내비치는 것 같았다.

1938년 5월 31일 화요일

니와 씨 초청을 받아 아침 8시에 조선호텔에 갔다. 하가와 씨, 사이토 도쿄YMCA 총무[1]와 함께 아침을 들었다. 하가와 씨는 어제 총독을 만나 대화한 내용을 말해주었다. 하가와 씨가 총독에게, 경성기독교연합회의 결성을 도와준 조선 기독교인에게 연합회 결성 이전의 행동을 불문에 부치겠다고 약속해놓고는 그들을 체포한 이유가 무엇이냐고 물었단다. 이에 대해 총독은 사안이 경미한 잘못이야 백지화해줄 수 있으나, 치안유지법을 위반한 언행을 눈감아줄 수는 없다고 부드러운 어조로 말했다고 한다. 난 하가와 씨에게, 지금 도마 위에 올라 있는 단체들은 사이토 제독이 총독이었을 때 결성됐는데, 3명의 총독이 지난 15년 동안 통치하면서 이 단체들의 회원이 치안유지법을 위반했다는 혐의를 받은 적은 한 번도 없었다고 말해주었다.

오전 10시에 YMCA회관에 갔다. 반하트 씨와 협의한 후, 계병호 군[2]에게 총무 부재중에 총무 대행을 맡아달라고 요청했다.[3] 그러고 나서 서울

YMCA 이사회를 소집하기로 결정했다.

(중략)

---

1 — 사이토 소이치(齋藤惣一)는 도쿄YMCA 영어학교 초대 교장, 일본YMCA동맹 상무위원회 의장 등을 지낸 일본YMCA의 최고 실력자다. 1938년 당시 일본YMCA동맹 및 도쿄YMCA 총무를 지냈다.
2 — 계병호(桂炳鎬, 1896~1979)는 1919년 평북 선천YMCA를 창설하고 초대 총무에 취임했다. YMCA 농촌사업 관서 지방 담당 총무를 지내다, 1931년 미국에 건너가 YMCA 훈련을 받은 후 서울YMCA 간사로 농촌운동에 헌신했다. 해방 후 영락교회 창설 교인으로 보성여중·고등학교, 영락중·상고등학교 교장을 지냈다.
3 — 당시 구자옥 서울YMCA 총무는 흥업구락부 사건 관련으로 서대문경찰서에서 수사를 받고 있었다.

1938년 6월 1일 수요일

내가 이사회에 안건으로 회부하려는 계획, 즉 조선 교회들이 연합회를 구성한 것처럼 조선YMCA연합회도 일본YMCA동맹(공식 명칭은 일본기독교청년회동맹이다—옮긴이)과 통합해 하나의 연합회를 구성하자는 계획에 대해 반하트와 얘기를 나누었다. 난 그에게, 종로경찰서 형사를 통해 경기도 경찰부 고등경찰과장으로부터 일본YMCA동맹과 통합하는 게 조선YMCA의 입장에서 상책일 거라는 충고를 들었다고 말했다. 우리가 자발적으로 일본YMCA동맹에 합류하거나, 강제 통합되는 걸 감수해야 하는 상황이 발생할 거라고 덧붙였다. 반하트는 몇 주 전 도쿄에서 만났던 조겐센 씨A. P. Jorgensen(당시 일본YMCA동맹의 명예총무다—옮긴이)로부터 조선YMCA가 어떤 형태로든 일본YMCA동맹에 통합되어야 할 거라는 암시를 받았다고 말했다. 우리의 YMCA운동이 처해 있는 상황을 아는 사람이라면, 하나같이 독립된 기관으로 조선YMCA연합회를 운영해나가는 게 더 이상 불가능하다는 데 동의할 것이다.

1938년 6월 4일 토요일

오후 5시 30분 서울YMCA 이사회가 정례모임을 가졌다. 일상적인 안건을 처리하고 난 후, 난 두 가지 안건을 제의했다. (1) 경성YMCA 이사 2명을 명예이사로 초빙할 것, (2) 가능한 한 빨리 조선YMCA연합회와 일본YMCA동맹을 통합할 수 있게, 일본YMCA동맹과 협상할 위원회를 구성하는 방안을 조선YMCA연합회 실행위원회에 요청할 것. 이 두 가지 제안이 모두 통과됐다. 오는 화요일 연합회 모임에서 이 중요 안건을 처리할 수 있게 조선 내에 거주하는 조선YMCA연합회 위원들에게 초청장을 보내기로 했다. 경기도 경찰부 고등경찰과장과 형사들이 이 회의를 지켜보았다.

1938년 6월 5일 일요일

오전에 이각종 씨가 찾아와 전해준 정보에 따르면, 소련 공산주의자들이 조선 내에 공산주의 세포조직을 가동하고 있다고 한다. 또 소련 공산주의자들이 영어를 구사할 줄 아는 조선인을 통해 미국을 경유해서 일본군의 동태 등에 대한 중요 정보를 입수하고 있다는 확실한 증거를 비밀경찰이 갖고 있단다. 이 때문에 경찰은 해외에―미국이나 유럽에―다녀온 적이 있는 조선인의 일거수일투족에 대해 매우 예민하게 반응하고, 경우에 따라서는 의심도 한다고 한다. 비밀경찰이 영어를 구사할 줄 아는 모든 조선인을 잠재적인 첩자로 간주해 요시찰인 명부를 만들어놓았다고 한다. 나와 신흥우도 이 명부에 올라 있다고 한다. 이 얘기를 1주일 전 조선호텔에서 사이토 도쿄YMCA 총무로부터 들었던 말과 비교해보자. 그는 서울의 경찰 당국이 연희전문학교와 서울YMCA를, 조선 내의 공산주의 세포들을 위해 미국에서 보내오는 운동자금의 중개인으로 간주하고 있다고 말한 바 있다.

어제 오후 반하트가 현명하게도 YMCA학관 교장직에서 사퇴할 뜻을 내비쳤다. 원한경 박사[1]와 유억겸은 그에게, 지금 교장직을 물러나면 교장직 취임 허가를 다시는 받지 못할 수도 있으니 자진 사퇴해서는 안 된다고 말했단다. 가엾게도 원한경 박사는 일본인의 반反외세 심리 및 정책을 잘 모르는 모양이다.

---

1 — 원한경(元漢慶(H. H. Underwood), 1890~1951)은 조선 장로교 선교의 '개척자'인 원두우(元杜尤(H. G. Underwood))의 아들로, 서울에서 출생했다. 미국에서 학업을 마친 후, 1912년 조선에 돌아와 경신학교 교사로 부임했다. 1917년 연희전문학교 교수로 자리를 옮긴 후 1928년 부교장, 1934년 교장에 올랐다. 1941년 윤치호에게 교장직을 내준 후, 이듬해에 강제 추방됐다. 해방 직후 조선에 돌아와 미군정 고문으로 일했다. 언더우드 부자간에 혼동을 초래할 수 있으므로, 편의상 '원한경'이라 지칭하기로 한다.

1938년 6월 7일 화요일

오후 5시 30분에 조선YMCA연합회가 YMCA회관에서 회의를 열었다. 12명 위원 중에 3명만이 불참했다. 일본YMCA동맹과 통합기관을 구성하자는 제안에 대해 참석자 전원이 찬성했다. 일본YMCA동맹과의 협상을 위해 4명으로 이루어진 위원회가 구성됐다. 유억겸 군, 신공숙 씨,[1] 반하트 씨와 내가 위원으로 뽑혔다. 도쿄YMCA의 사이토 씨에게 공문을 보내, 일본YMCA동맹에 이 안건을 제출해 우리 측과 함께 세부 사항을 논의할 위원회를 구성해달라고 요청했다.

---

1 — 신공숙(申公淑, 1884~1967)은 1935년 당시 종교교회 목사로 시무한 감리교의 중진이다. 1910~20년대에는 주로 개성에서 목회 활동을 했고, 1930년대에는 서울의 수표교교회, 종교교회 등에서 시무했다. 감리교 내에서 가장 적극적으로 신흥우와 적극신앙단에 반대했다.

1938년 6월 8일 수요일

어제 오후 신흥우가 서대문경찰서에 연행됐다는 얘기를 들었다.

약속했던 대로 니와 씨의 집무실에서 동아문화실업협회의 나이토內藤 씨와 유모토 씨를 만났다. 나이토 씨가 일본에 대한 조선인의 마음가짐에 대해 시의적절한 질문을 했다. 난 지금 조선의 지식인들은, (1) 조선의 운명은 일본의 운명과 분리될 수 없다는 것, (2) 조선인들 입장에서 최상의 이익은 일본인과 하나가 됨으로써 증진될 수 있다는 것, (3) 만주와 북중국이 조선인의 발전을 위한 장場을 열어주었다는 것 등을 깨닫고 있다고 말했다.

1938년 6월 9일 목요일

어제 오전 나이토 씨와 그의 동료에게, 기독교 지도자들은 기꺼이 일본의 충량忠良한 신민이 되기로 마음을 먹었는데, 서대문경찰서가 단순히 사이토 총독 통치 기간에 출범한 어떤 단체들의 회원이었다는 이유만으로 구자옥, 홍병선, 정춘수 등을 체포해서 괴롭히고 있다고 말했다. 이 단체들이 유죄가 될 만한 행동을 전혀 범하지 않고 14~15년 이상 존재해왔다는 것이야말로, 이 회원들이 항일운동과 무관하다는 충분한 증거가 아닐 수 없다고 말했다. 경성기독교연합회 결성 이전에 기독교인이 벌였던 행동을 모두 불문에 부치겠다고 약속해놓고 불과 며칠 만에 이런 공포정치를 행한다면, 통치자들의 정직성에 큰 오점이 될 것이라고 덧붙였다.

1938년 6월 11일 토요일

아침 8시가 지나서 최린 씨를 방문했다. 최씨는 어제 미쓰하시 경무국장[1]을 면담했다고 한다. 경무국장은 서대문경찰서의 수사가 확대되지 않게 애쓰고 있으며, 학교 문제로 골치가 아프다고 말하더란다. 자, 그가 지칭한 학교란 연희전문학교임에 틀림없다. 이 말을 총독부의 한글판 신문인 『매일신보』의 오늘 아침 기사와 비교해보자. 이 신문은 흑백논리로 다음과 같이 선언했다. "황국신민의 교육을 외국인에게 맡기는 건 수치스런 일이다. 이런 까닭에 최근 몇 년 동안 외국인의 손아귀에서 학교 경영권과 교장직을 쟁취하기 위해 노력해왔다." 외국인이 중등학교 교장으로 일하는 걸 당국이 금지할 날이 곧 올 것이다. 가엾은 선교사들은 일본인의 정책과 심리에 대해 상당히 무지하거나 무관심하다. 그래서 그들은 석 달 전에 세브란스의학전문학교 교장으로 원한경 박사를 임명했다. 그뿐만 아니라 원한경은 반하트에게 YMCA학관 교장직에서 물러나지 말라고 충고했다.

---

1 — 미쓰하시 고이치로(三橋孝一郎, 1895~1977)는 도쿄제국대학 법률학과를 졸업하고 내무성 관직을 두루 거친 후, 1929년 총독부 경무국 보안과장으로 부임했다. 미나미 총독 재임 기간 동안 경무국장을 맡아 조선의 사상통제와 각계각층의 친일화 작업을 주도했다.

1938년 6월 12일 일요일

기시노료岸ノ寮식당에 갔다. 학무국장이 한상룡, 박영철, 조병상, 이각종, 최린, 니와, 야나베,[1] 가다,[2] 마에다[3]와 날 초청했다. 국민정신총동원조선연맹을 결성할 필요성에 대해 논의하기 위해서였다. 모두가 이 기관의 결성에 대해 동의했다. 5명으로 구성된 준비위원회가 임명됐다.[4]

---

1 — 야나베 에이자부로(矢鍋永三郎, 1880~?)는 도쿄제국대학 법률과를 졸업하고 재무 관료로 성장했다. 황해도지사를 지낸 후 관직에서 물러나 식산은행장에 올랐고, 금융조합연합회 회장을 맡았다.
2 — 가다 나오지(賀田直治, 1877~?)는 도쿄제국대학 농과를 졸업하고 조선피혁회사 사

장, 동양축산흥업회사 사장, 서선식산철도회사 전무 등을 지내며 경성상공회의소와 조선상공회의소 회장으로 재직했다. 조선에서 활동한 일본인 실업가 중 최고 실력자였다.
3 ─ 마에다 노보루(前田昇, 1873~?)는 일본 육군사관학교를 졸업하고 1910년 6월 한국주차군 헌병대장에 발탁된 후, 1919년 관동군 헌병대장을 거쳐 이듬해에 조선 헌병대 사령관에 올랐다. 예편 후 경성연합청년단 단장, 경성교화단체연합회 부회장 등을 지낸 유력 인사였다.

1938년 6월 15일 수요일

오전 10시 경성제국대학에 가서 조선인 지원병의—202명의—역사적인 육군병 지원자 훈련소 개소식에 참석했다. 전라남도 출신은 47명에 달한 반면, 함경북도 출신은 6명에 불과했다. 내가 평안도와 함경도에서 지원자가 가장 많이 나올 거라고 줄곧 생각해왔던 게 매우 신기하다.

1938년 6월 19일 일요일

구자옥과 홍병선이 체포된 지 꼭 한 달이 지났다. 홍병선은 결코 일본에 반대하는 언행을 한 적이 없다. 그가 왜 연행됐는지 도대체 영문을 모르겠다. 구자옥은 서울YMCA 내에 친구가 거의 없다. 그의 급한 성미와 독설 때문에 서울YMCA 내에 있는 거의 모든 사람들로부터 따돌림을 받게 됐다. 난 그에게 홍병선, 현동완과 잘 지내라고 여러 차례 충고했다. 그러나 그는 도리어 그들이 자기를 점점 더 싫어하도록 만들었다. 급기야 현동완은 서울YMCA를 떠나고 말았다. 신흥우가 YMCA 내에서 세력을 유지하고 있었더라면, 구군은 절대로 현재 위치에 오를 수 없었을 것이다. 원익상 목사[1]와 이재갑이 서울YMCA에서 신흥우를 몰아냈다. 구군은 적어도 이 두 사람에게만큼은 고맙다는 인사를 했어야 했다. 그러나 구군은 서울YMCA에 들어오자마자 독설과 쌀쌀맞은 성격 탓에 이 두 동료를 적으로 돌려세웠다. 성실성은 구군의 큰 장점이다.

구군은 신흥우가 부채의 늪에 허덕이게 해놓고 간 서울YMCA를 잘 꾸려왔다. 그러나 정직하다는 것만으로 공공기관을 잘 운영해나갈 수는 없는 노릇이다.

---

1 — 원익상(元翊常, 1876~1947)은 감리교 목사로 주로 강원도 지역에서 목회 활동을 벌였다. 1925년 서울에 중앙전도관을 설립하고 1931년 총무를 맡았다. 1935년 신흥우와 적극신앙단에 대한 반대운동을 주도했다. 1938년 친일 기독교단체인 경성기독교연합회 결성에 참여했다.

1938년 6월 22일 수요일

오후 3시에 부민관에서 국민정신총동원조선연맹 발기인 대회가 열렸다.[1]

---

1 — 이날 발기인 대회에는 65개 단체 대표와 윤치호 등 발기인 57명이 참석해 국민정신총동원조선연맹 설립의 취지 및 연맹 규약안을 심의 결정했다. 오노 로쿠이치로 정무총감이 명예총재에 추대됐으며, 윤치호는 이각종, 조병상, 이승우 등과 함께 상무이사에 선임됐다.

1938년 6월 23일 목요일

오전 9시 30분 총독부 학무국 사회교육과에 갔다. 마에다 씨, 조병상 씨, 이각종 씨와 함께 총독과 정무총감을 접견했다. 그들에게 국민정신총동원조선연맹을 결성하기 위해 개최한 발기인 대회의 결과를 보고했다.

낮 1시 30분 경성역에 나가 일본YMCA동맹의 두 위원인 야마모토 씨[1]와 사이토 씨를 마중했다. 그들은 조선YMCA연합회가 일본YMCA동맹에 입회하는 문제를 조율하러 왔다. 양 연합회의 위원회가 오후 3시부터 경성YMCA에서 모임을 가졌다. 3시간에 걸친 화기애애한 논의 끝에, 다음과 같은 결정을 내리고 양 연합회의 승인을 받기로 했다. (1) 조선YMCA연합회의 명칭을 일본YMCA 조선연합회로 변경한다. (2) 조선YMCA연합회가 국제YMCA연맹과 유지해오던 관계는 일본YMCA동맹에 이관해 계속 유지한다. (3) 조선YMCA연합회는 국제YMCA연맹과 일본YMCA동맹에 국제YMCA연맹으로부터의 탈퇴를 알리는 공문을 보낸다. (4) 서울에 있는 두 위원회 위원들이 조선연합회의 새 헌장을 제정한다. 난 조선호텔에서 두 위원회의 위원들과 김대우 씨에게 저녁을 대접했다.

---

1 — 야마모토 다다오키(山本忠興)는 일본YMCA의 실력자로 1938년 당시 일본YMCA동맹 위원장을 지냈다.

1938년 6월 24일 금요일

오전 10시 야마모토 씨, 사이토 씨, 니와 씨와 함께 총독, 정무총감, 학무국장, 내무국장, 경기도 경찰부 보안과장을 차례로 방문해 어제 오후 두 위원회가 내린 결정에 대해 보고했다.

위원회의 일본 측 위원들이 조선호텔에서 우리에게 점심을 대접했다. 야마모토 씨와 사이토 씨는 오후 4시 15분에 일본으로 떠났다.

경성역에서 유억겸과 함께 곧장 이화여자전문학교로 향했다. 실행위원회에 참석하기 위해서였다.[1] 난 사회를 보았다. 영 양[2]의 사표가 수리됐다. 기숙사에서 저녁을 먹었다. 김활란과 엘리스 아펜젤러 양 사이에 알력이 있는 게 분명했다.

---

1 — 윤치호는 1935년에 이화여자전문학교 이사에 선임됐다.
2 — 영(M. E. Young)은 미국감리회 선교사로 1919년 조선에 부임해 이화여자전문학교에서 음악교수로 재직했다.

1938년 6월 25일 토요일

오늘 아침 7시쯤 유억겸이 서대문경찰서로 연행됐다는 소식을 들었다.

(중략)

1938년 6월 28일 화요일

저녁 7시 명월관에 가서 나카야마 장군을 환영하는 만찬모임에 참석했다. 늘 그렇듯이, 난 꿔다 놓은 보리자루가 된 기분이었다. 처음으로 미쓰하시 경무국장을 대면했다. 그는 중년의 나이에도 불구하고 상당히 동안童顔이었다. 서대문경찰서 고등계에서 취조를 받고 있는 가엾은 조선인의 목숨과 자유가 이 사람의 손에 달려 있다.

김활란 박사와 윤성순[1]이 찾아왔다. 그들은 서대문경찰서가 연희전문학교에 대한 수사를 완료하는 대로 이화여자전문학교를 탄압할 거라는 끊임없는 소문에 전전긍긍하고 있었다. 그들은 아펜젤러 양이 사표를 내고, 조선에서 모든 걸 좌지우지하고 있는 경찰의 승인을 받을 수 있게 학교 임원을 재정비했으면 하고 바라는 눈치였다. 난 김활란에게 김대우를 만나 당국이 원하는 게 뭔지 알아봐주겠다고 말했다.

---

1 — 윤성순(尹成淳)은 당시 이화여전의 학감이었다. 미국 유학을 거쳐 이화여전에서 심리학을 가르쳤다.

1938년 6월 29일 수요일

아침 7시 30분 김대우를 방문했다. 그가 말한 걸 간추려보면 이렇다. (1) 학무국 당국자들은 연희전문학교나 이화여자전문학교에 대해 아무런 불만이 없다. 학무국은 국장부터 말단 관리에 이르기까지 서대문경찰서의 처사에 거부감을 갖고 있다. (2) 공산주의나 민족주의 같은 '불온사상'을 지니고 있다고 의심이 가는 사람들을 모두 수감하고자 하는 이는 경무국장과 사상검사다. (3) 총독, 정무총감, 내무국장은 사상검사에게 날―윤치호를―내버려두라고 말했다.

경찰이 이 가엾은 기관들을 의심해 괴롭히고 있는 상황에서, 우리가 이 끊임없는 의심을 해소하고 박해로부터 벗어날 수 있는 방법은 없겠느냐고 김씨에게 물었다. 김씨는 학무국장에게 문의한 후 알려주겠다고 약속했다.

오전 9시 일본YMCA동맹 조선연합회의 새 헌장을 작성하기 위해 경성YMCA에 갔다. 우리 측 위원인 신공숙, 반하트와 난 가능한 한 일본YMCA동맹의 헌장과 비슷하게 문안을 작성하기로 의견을 모았다.

1938년 6월 30일 목요일

오전 10시 학무국에 가서 지명위원회의 보고를 들었다. 이 위원회가 국민정신총동원조선연맹 이사장을 지명하기로 되어 있었다. 가다 씨는 일본으로 떠나기 전에 내가 이사장이 되어야 한다고 제안했다. 이 위원회의 조선인 위원들도 그리됐으면 하는 눈치였다. 그러나 일본인 측에서 이의를 제기했다. 내가 서대문경찰서에 체포될 가능성이 있다는 이유에서였다. 결국 난 지명되지 않았다. 총독부 고위 관리들은 이사장 적임자를 물색하는 문제로 1주일 넘게 머리를 싸매고 고민해야 했다. 결국 야나베 씨가 지명됐다. 그러나 오늘 모임에서는 시오하라 학무국장이 당분간 이사장을 맡는다고 발표됐다. 내가 지명되지 않아 다행이다.

1938년 7월 1일 금요일

오전 9시에 경성부윤 주도하에 국민정신총동원 경성연맹 창립총회가 거행됐다. 10시에는 조선연맹이 공식 창립됐고, 시오하라 씨가 이사장에 취임했다. 시오하라 씨가 조선호텔에서 조선연맹 이사들에게 점심을 대접했다. 오후 2시에는 모두가 조선신궁에 가서 국민정신총동원연맹의 결성을 알리기 위해 봉고제奉告祭를 거행했다.

'국민정신총동원'을 독려하는 엽서

1938년 7월 2일 토요일

오전 9시 경성YMCA에 갔다. 조선YMCA연합회 새 헌장의 문안 작성을 매듭짓기 위해서였다. 가사야 경성YMCA 총무의 배려 덕분에 새 헌장 초안이 만족스럽게 작성됐다.

1938년 7월 5일 화요일

오후 6시 30분 구영숙 박사[1]와 함께 천향원장天香園莊에 갔다. 30명 정도의 조선인이 사에키 경성부윤의 취임 1주년을 축하하기 위해 자리를 함께했다. 놀랍게도 참석자 중 나같이 나이 많은 사람은 한 사람도 없었다. 참석자 중 절반 정도는 막강한 경찰의 공포정치하에서 전전긍긍하며 두려움 속에 살아가는 이들이었다. 나머지 절반 정도는 부윤의 졸개인 정재홉이 사에키의 추종자로 끌어모은 청년들이었다. 연회가 시작되기 전에 부윤에게 백금시계를 증정하기 위한 모금이 있었다. 5명이 각각 100원씩을 냈고, 6원 50전, 2원 20전을 낸 사람도 있었다. 겁에 질린 손님 중에는 현제명, 계정식,[2] 박태준,[3] 김도연,[4] 박인덕, 구영숙, 독고선, 그리고 사에키 부윤과 주오中央대학 동문이라는 이근세 씨 등이 있었다. 저녁 9시쯤 구영숙과 함께 귀가했다.

---

1 — 구영숙(具永淑, 1892~1976)은 윤치호의 모교인 미국 에머리대학교에서 의학을 전공했다. 1925년부터 세브란스의학전문학교 교수를 지내다, 1935년 소아과 의원을 개업했다. 흥업구락부 회원으로 활동한 바 있으며, 정부 수립 후 초대 보건부 장관을 지냈다.
2 — 계정식(桂貞植, 1904~74)은 일본과 독일에서 음악을 전공하고 1935년 귀국해 이화여자전문학교 교수로 2년간 재직했다. 그 후 개인 연구소를 운영하며 바이올린 연주자, 교향악단 지휘자로 명성을 날렸다.
3 — 박태준(朴泰俊, 1900~86)은 「오빠생각」, 「맴맴」 등 150여 곡의 동요를 작곡한 음악가다. 일제강점기에 대구 계성학교 교사, 평양 숭실전문학교 교수를 지냈다. 1958년 연세대에 종교음악과를 설치하고 음대 학장을 지냈다.
4 — 김도연(金度演, 1894~1967)은 게이오대학 이재학부, 컬롬비아대학교 석사를 거쳐 1931년 아메리칸대학교에서 경제학 박사학위를 취득했다. 1934년 조선흥업주식회사를 설립해 재계에 진출했다. 1942년 조선어학회 관련으로 투옥됐다. 해방 후 정계에 진출해 한민당 총무를 거쳐 초대 재무부 장관을 지냈다.

1938년 7월 6일 수요일

오전 9시 30분에 경성YMCA에 갔다. 100여 명

의 조선인 기독교인과—목사가 대부분이다—일본인 형제들이 기독교교역자조선연맹의 공식 결성계획을 조율하려고 한자리에 모였다. 40명 정도의 인사가 각 지방에서 올라왔다.

오늘 오전에 구영숙 박사가 서대문경찰서에 연행됐다는 소식을 들었다.

1938년 7월 7일 목요일

오늘은 루거우차오 사건 기념일이다.[1] 시내 곳곳에서 성대한 축하 행사가 거행됐다. 오전 8시에는 엄청난 인파가 조선신궁에 몰려들어 황족의 신성한 조상들에게 참배했다. 오전 10시에는 경성운동장에서 국민정신총동원조선연맹 및 경성연맹의 발회식이 합동으로 열렸다.[2] 비와 흙탕길에도 불구하고, 수많은 인파가 운동장을 가득 메웠다. 영광스럽게도 내가 천황폐하 만세 삼창을 선창했다. 결성식이 끝난 후에는 용맹한 전몰장병을 기리는 추도식이 거행됐다. 12시 30분쯤 집에 돌아왔다.

오후 3시에는 조선기독교연합회가 옛 공회당 건물(지금의 서울시청 앞 프라자호텔 자리에 있었다—옮긴이)에서 발회식을 가졌다.[3] 미나미 총독의 축사가 자리를 한층 빛내주었다.

(중략)

중일전쟁 1937년 8월 8일 일본군이 베이징에 입성하고 있다.

---

1 — 루거우차오(蘆溝橋) 사건이란 1937년 7월 7일 베이징 서남쪽 15킬로미터 부근의 루거우차오 부근에서 중국군과 일본군이 무력 충돌한 사건으로, 중일전쟁의 발단이 됐다. 그러

므로 '루거우차오 사건 기념일'이란 곧 '중일전쟁 기념일'을 의미한다.
2 ― 이날 윤치호는 국민정신총동원경성연맹 부이사장에 선임됐다. 이사장에는 사에키 경성부윤이 취임했다.
3 ― 윤치호는 조선기독교연합회 평의원회 회장에 선출됐다.

1938년 7월 9일 토요일

(중략)

동생 치창의 말로는, 어젯밤 내가 귀가한 후[1] 정재흡이 날 반일분자라고 부르면서 우리 삼형제를 감옥에 집어넣겠다고 말했단다. 동생 치왕[2]이 2차 술자리를 책임지겠다며 일행 전원을 국일관으로 데려갔단다. 그곳에서 정재흡이 치창에게 폭행을 가했단다. 그는 치창에게 맥주병을 던지고 목을 조르기까지 했단다. 결국 사에키 씨가 정씨를 바닥에 내동댕이침으로써 소동이 수습됐다고 한다. 정말이지 창피하기 그지없는 사건이다. 치왕이 그들을 국일관에 데려간 게 화근이었다.

치창의 설명에 의하면 정재흡이 우리를 미워하는 까닭은 이렇다. (1) 그가 광현을 서대문경찰서에서 빼내줄 수 있다고 내 동생들과 문희(윤치호의 셋째 딸로 정광현의 부인이다―옮긴이)에게 암시를 주었는데도, 우리는 그에게 아무런 청탁을 하지 않았다. ①우리는 그가 거짓말쟁이라는 걸 알고 있었기 때문이고, ②광현이 구치소로 가기 전에 자기가 형刑을 살게 되더라도 정재흡에게 청탁하지 말라고 당부했기 때문이다. (2) 정재흡은 지금 건축비가 1만 3천 원 정도 드는 집을 짓고 있다. 그는 치창에게 건축비의 일부를 대달라고 요구했고, 그래도 모자라는 비용은 내게 부탁해보라고 졸랐다. 치창이 얼마를 주었는지는 모르지만, 난 굉장히 욕심 많은 그 '개'에게 단 한 푼도 주지 않았다.

치창의 이야기를 다시 정리하면 이렇다. 어젯밤 내가 연회장을 떠난 후, 정재흡은 치창을 향해 그 특유의 고약한 심보를 드러내며 험담을 늘어놓

윤치호 동생 윤치왕

기 시작했다. 정씨는 오긍선 박사가 반일 적이라고 말했다. 치왕이 이 비난을 반박하자, 정씨는 이렇게 말했다. "당신이 그의 밑에서 일하니까 그렇게 말하는 거요."

그러고 나서 치왕이 술김에 일행 전원을 국일관으로 데려갔다. 거기서 정씨는 내가 반일분자라고 목청을 높였다. 술과 증오심에 취한 정씨가 치창의 뒤통수를 때리고, 맥주병을 집어던지고, 목을 졸라댔다. 하마터면 치창은 크게 다칠 뻔했다. 현장에 있었던 사람들은 다음과 같다. 현제명, 계정식, 박인덕, 김원복金元福(여류 피아니스트다―옮긴이), 김도연, 이근세, 나□□, 윤치왕, 윤치창, 사에키 부부.

1 ― 1938년 7월 8일 사에키 경성부윤이 일부 조선인들을 초청해 만찬을 열었는데, 윤치호는 일찍 자리를 떴다.
2 ― 윤치왕(尹致旺, 1895~1982)은 윤치호의 동생으로, 1913~25년 영국에서 의학을 공부한 후 1927~44년 세브란스의전 교수로 재직했다. 1938~39년 세브란스 병원장을 지내기도 했다. 해방 후 초대 육군 군의감을 지냈다.

1938년 7월 18일 월요일

오후 4시 15분 경성역에 나가 도쿄로 출발하는 고이소 장군[1]을 배웅했다. 그러고 나서 사메지마 일본감리교회[2] 목사의 목사관으로 갔다. 조선 감리교를 대표해서 김활란 박사, 김종우 목사,[3] 김인영 씨, 유형기 씨[4]가 자리를 같이했다. 한편 미쓰이 씨, 오다 씨, 소우다 씨, 사메지마 목사가 일본감리교회를 대표해 참석했다. 당국의 오해를 풀고자 두 감리교회를 통합하는 계획에 대해 논의했다. 경찰과 헌병은 양주삼 박사가 조선 교회 대표로 미국에 간 데 대해 강력히 이의를 제기했다.

---

1 — 고이소 구니아키(小磯國昭, 1880~1950)는 일본 육군사관학교를 수석 졸업하고, 1932년 육군차관에 임명됐다. 관동군 참모장, 제5사단장, 조선군 사령관을 거쳐 척무대신을 지냈다. 1942년 제8대 조선 총독으로 부임했고, 1944년 7월 내각 총리대신에 올랐다. 종전 후 전범으로 복역 중 세상을 떠났다.
2 — 일본감리교회의 공식 명칭은 '일본메소디스트교회'다. 그러나 독자들의 이해를 돕기 위해 편의상 '일본감리교회'라고 지칭하기로 한다.
3 — 김종우(金鍾宇, 1883~1939)는 동대문교회, 정동교회, 상동교회 등 서울 지역 감리교의 핵심 교회를 두루 거친 중진 목사다. 1938년 5월 친일 기독교단체인 경성기독교연합회 결성에 참여했다. 같은 해 10월 감리교 총회에서 양주삼 목사의 뒤를 이어 제3대 감리교 감독에 선출됐다.
4 — 유형기(柳瀅基, 1897~?)는 평북 영변 출신의 감리교 목사다. 미국 유학을 거쳐 1927~38년 감리회 총리원의 종교교육사업을 전담했고, 『아빙돈 단권 성경주석』을 출판한 바 있다. 일제강점기 말 적극신앙단계에 의해 교권에서 밀려났으나, 1950년대에는 8년간 감리교 감독을 지냈다.

1938년 7월 19일 화요일

오전 10시 총독부 학무국 사회교육과에 가서 국민정신총동원경기도연맹 지도자회의에 참석했다.

오후 4시에는 국민정신총동원조선연맹 이사장이 조선호텔에서 경기도연맹 지도자들에게 저녁을 대접했다. 밤 8시부터 10시까지 각 지방의 지도자들은 또 다른 회의를 열어, 사회교육과장과 함께 지역연맹을 원만하게 운영해나갈 수 있는 최선의 방안에 대해 논의했다.

1938년 7월 20일 수요일

소련인이 만주국과 자국 사이의 국경지대에 있는 전략적 요충지 장고봉張鼓峰을—양국이 서로 자기네 땅이라고 다퉈오던 곳을—귀속시켰다. 러일전쟁이 임박했다는 소문이 파다하다. 소련은 일본이 중국에서 1년간 전쟁을 치른 나머지 인적·물적 자원이 상당히 고갈됐을 거라고 확신하는 걸까? 누군가가 지난 40~50년 동안 동아시아의 평화를 교란해온 소련에게 따끔한 맛을 보여줄 필요가 있다. 그 누군가가 바로 일본일까? 소련이 자신의 국제적 범죄에 대해 벌을 받지 않는 한, 동양에 평화란 있을 수 없다.

1938년 7월 23일 토요일

장로교 선교사들이 시골의 '글방'에서부터 전문학교에 이르기까지 모든 교육사업에서 철수하기로 결정했다고 한다. 심지어 장로교—북장로회와 남장로회—선교사들은 각급 학교에서 성경 이외의 내용을 절대로 가르치지 않기로 결의했단다. 교육사업에 종사해온 선교사들이 양심과 자부심에 어긋날지도 모르는 많은 조치들을 취해야만 한다는 사실을 고려한다면, 모든 교육사업에서 완전히 손을 뗀다고 해서 그들을 탓할 수만은 없는 노릇이다. 그러나 이로 말미암아 장로교 선교사들은 교회 활동에서 수만 내지 수십만에 달하는 청년을 잃게 될 것이다. 그들은 현실과의 타협과 청년의 희생이라는 두 개의 죄악 중에서 좀 더 작은 죄악을 선택했어야만 했다.

1938년 7월 24일 일요일

오전 9시부터 3시간 동안 시국대응전선사상보국연맹의 공식 결성식에 참석했다. 회원은 사회주의나 민족주의로부터 충량한 일본 신민으로 전향한 사람들이다.[1] 축사가 8~9번이나 계속됐는데, 모두 장황하고 지루하기만 했다.

---

1 — 시국대응전선사상보국연맹(時局對應全鮮思想報國聯盟)은 1938년 7월 24일 조직된 친

황국신민서사지주(皇國臣民誓詞之柱)
1939년 11월 일제는 조선신궁 경내에 '황국신민서사지주'를 세웠는데, 건립비 전액은 조선 학생들에게 갹출해 충당했다.

일전향자단체로 조선사상범 보호관찰소의 외곽 단체다. 친일파 박영철이 총무에 선임됐고, 박영희, 고경흠 등의 좌파 인사들과 유형기, 현제명 등 우파 인사들이 임원을 맡았다. 1941년 재단법인 대화숙(大和塾)에 통합되면서 해체됐다.

1938년 7월 26일 화요일

총독부가 조선인을 홋카이도인이나 나가사키 인처럼 일본 신민으로 만들기로 단단히 결심한 모양이다. 학교와 교회에서 모든 사람들은 '우리는 일본제국의 신민이다'라는 구절이 세 번이나 반복되는 황국신민서사를 제창하라는 명령을 받고 있다.[1] 따라서 우리는 일본 신민이 되기로 결심하거나, 유럽이나 미국이나 하늘나라로 이민을 가야만 한다. 양다리를 걸치는 건 대단히 위험하다. 조선인의 기관을—특히 외국의 각종 위원회들과의 관계에서—독립적으로 유지하고자 하는 이들은 일본을 말장난으로 속일 수 있다고 생각한다. 그들은 일본인의 심리와 민족주의를 잘 모르는 사람들이다.

1 — 총독부는 1937년 10월 4일부터 황국신민서사 낭독 및 암송을 시행하도록 했다. 황국신민서사는 아동용과 일반용 두 가지로 만들어졌는데, 일반용의 전문은 다음과 같다. (1) '우리들은 황국신민이며, 충성으로 군국(君國)에 보답한다.' (2) '우리들 황국신민은 서로 신애(信愛) 협력해 단결을 공고히 한다.' (3) '우리들 황국신민은 인고단련력(忍苦鍛鍊力)을 길러서 황도(皇道)를 선양한다.'

1938년 7월 27일 수요일

1935년까지만 해도 조선체육회(대한체육회의 전신이다—옮긴이)를 재단으로 만들기 위해 기금을 모으자는 말들이 있었다. 그때 난 조선체육협회(조선 거주 일본인의 체육단체다—옮긴이)와 통합하라는 명령이 언제 떨어질지 모르는 만큼 굳이 그럴 필요가 없다는 뜻을 내비쳤다. 한편 유억겸은 조선체육회가 경찰 당국의 공식 허가를 받아 적법한 절차에 의거해 결성된 만큼 그런 걱정을 할 필요가 없다고 주장하는 이들 중 한 사람이었다.[1] 그런데 지난 7월 4일 열린 임시 총회에서 조선체육회 이사들이 만장일치로 조선체육협회와 통합하기로 결정했다는 사실을 알리는 통지문이, 오늘 유억겸[2] 명의로 회원들에게 배달됐다. 참 재미있는 일이다.

1 — 윤치호는 1928년 8월부터 1937년 7월까지 조선체육회 제9대 회장을 지냈고, 유억겸은 부회장을 맡았다.
2 — 유억겸은 윤치호의 뒤를 이어 1937년 7월부터 1938년 7월까지 제10대 조선체육회 회장을 지냈다.

1938년 7월 28일 목요일

고위 당국자들이 서대문경찰서에 수사를 서두르라고 지시한 것으로 알려졌다.

1938년 7월 29일 금요일

오전에 이은경 씨[1]가 우리에게 말해준 바로는, 어제 신흥우가 서대문경찰서의 취조실을 나오면서 마치 개선행진을 하듯이, 좌우에 늘어선 수감자의 친지들에게 고개를 끄덕이며 환한 웃음을 짓더란다. 이어서 홍병선이 초조한 기색으로 같은 방에서 나왔단다. 홍 군이 체포된 게 신흥우 때문이라는 심증을 가지고 있던 이씨는 신흥우에 대한 분노로 치를 떨었다고 한다. 물론 그녀의 말을 곧이곧대로 믿을 수는 없다.

---

1 — 이은경(李恩卿)은 YMCA 운동가 홍병선의 부인이자 국사학자 홍이섭의 어머니다. 정신여학교 출신으로 태화여자관, 기독교절제회, YWCA 등에 참여해 기독교 여성운동을 벌였다.

1938년 8월 5일 금요일

오전 10시 상당수의 일본인과 조선인이 경성부청에 모여 생활비를 절약하고 생활방식을 간소화하기 위한 방안을 논의했다. (1) 경조사慶弔事에 서로 다른 스타일의 옷을 입지 말고 배지를 사용하자, (2) 회의 등에 사람들을 초청할 때는 시작하는 시간뿐만 아니라 끝나는 시간도 정해놓자, (3) 새 옷을 만들어 입어서는 안 된다, (4) 전선으로 가는 젊은이를 축하하는 데 단 하나의 대표 깃발만 사용하자는 의견들이 나왔다.

오후 2시 30분 소장 3명과 소령 2명이 북중국에서 승전을 거두고 돌아왔다. 이 영웅들을 환영하려는 수많은 인파로 역은 북새통을 이루었다. 이 용감한 사람들은 찬사와 특진의 혜택을 받아 마땅하다. 그러나 장군 한 사람이 영예를 안고 개선하기까지 수십, 수백, 아니 수천의 용감하고 훌륭한 사람들이 자기 목숨을 바쳐야만 했다는 사실을 떠올리면, 서글퍼지지 않을 수가 없다.

(중략)

1938년 8월 11일 목요일

오후 2시 30분 국민정신총동원경성연맹에서 나온 현영섭¹이라는 청년과 함께 대전으로 출발했다. 학무국장 요청으로 국민정신총동원충남연맹 결성식에 참석하기 위해서였다. 예정시간보다 1시간쯤 늦은 저녁 7시쯤에 대전에 도착해, 유성온천에 있는 봉명관鳳鳴館에 여장을 풀었다. 여관은 깔끔하고 쾌적했다. 목욕물도 매우 깨끗했다. 도지사 정씨²와 참여관 유만겸 씨³가 매우 친절하게 대해주었다.

---

1 — 현영섭(玄永燮)은 경성제국대학 출신으로, 한때 중국에 건너가 무정부주의운동에 투신했다고 한다. 일제강점기 말 황도주의 사상 단체인 녹기연맹의 이사와 정학회 간부 등을 지내며 철저한 일본주의자로 변신했다. 특히 1938년 7월 미나미 총독을 만난 자리에서 조선어 사용 전폐를 강도 높게 주장했다.
2 — 정교원(鄭僑源, 1887~?)을 가리킨다. 한일합방 이후 군수, 도 참여관, 황해도지사를 거쳐 충남지사를 지냈다. 1941년 조선임전보국단 상무이사에 선임됐고, 해방 직전인 1945년 6월 충북지사에 임명됐다.
3 — 유만겸(兪萬兼, 1889~?)은 유길준의 아들이자 유억겸의 형이다. 도쿄제국대학 경제학과를 졸업하고 곧바로 총독부 관리로 진출해 학무국 종교과장, 경북 참여관 등을 거쳐 충남 참여관으로 재직했다. 그 후 충북지사를 지냈다.

1938년 8월 12일 금요일

대전이다. 여러 해 만에 처음 와보았다. 어젯밤 9시 30분에 잠들어 오늘 아침 6시에 일어났다. 여관에서 점심을 먹고, 오후 1시쯤 도청에 갔다. 이어서 충남 신사에서 국민정신총동원충남연맹 결성식이 거행됐다. 도청 관료와 군수 전원을 포함해 약 1천 명가량의 인사가 참석했다. 내가 정무총감의 훈시를 대독했다. 그러고 나서 일본어로 짤막한 연설을 했다. 우리말로 했더라면 더 잘할 수 있었을 것이다. 그런데 도지사는 일본인이 청중의 절반 가까이 된다면서 일본어로 연설할 것을 고집했다.

오후 3시 30분 기차로 대전을 떠나 8시쯤 집에 도착했다.

1938년 8월 16일 화요일

오전 8시 경기도 경찰부장의 요청으로 서대문 경찰서에 가서 서장을 만났다. 그런 다음 고등계 관계자와 면담을 가졌다. 그는 연희전문학교 내의 공산주의 음모 사건과, 흥업구락부 등이 이승만을 지원하면서 벌였다는 독립운동에―경찰은 그렇게 주장하고 있다―대한 수사를 총지휘해왔다. 그는 제법 많은 분량의 신흥우 조서[1] 중에서 흥업구락부가 어떤 목적을 가지고 어떻게 시작됐는가에 대한 내용을 읽어주었다.

(1) 대략 15년 전에……안창호 추종자들이 흥사단이라는 단체를 결성했다.[2] 이승만 박사는 신흥우 군에게 조선의 모든 기독교 기관과 여러 단체를 조선 독립을 목적으로 하는 동지회[3]의 세포조직으로 전환시켜달라고 요청했다. 신군은 이에 동의한 후, 서울에 돌아와 이상재, 유성준 등과 함께 이승만의 계획에 대해 협의했다. 두 원로는 찬성의 뜻을 나타냈다. 그런 다음 신군은 이 계획을 완성하려고 구자옥의 집에서 또 다른 모임을 가졌다. 흥업구락부는 이 두 모임의 부산물이다. 난―윤치호는―이들 모임에 참석하지 않았다. 1925년 10월의 어느 날[4] 신군이 자기 집에 10여 명의 인사를 불러 모았을 때는 나도 참석했다. 신군이 이승만의 메시지를 전했고, 12명의 참석자 전원이 이에 찬성의 뜻을 나타냈다.[5] 두 가지 목적을 가지고 흥업구락부를 시작하기로 결정했다. ①국내에서 독립운동을 촉진하는 것, ②미국에 있는 이승만과 그의 사업을 지원하는 것이었다. 이상재

가 부장을, 내가 회계를 맡았다.

(2) 1~2년 후, 신흥우와 유억겸이 하와이에서 열리는 태평양회의에 참석하려고 서울을 떠나기 직전에 내가 송별회를 마련해주었다.[6] 이 자리에서 난 그들에게, 조선에 지부를 결성한 사실을 이승만에게 보고하라고 지시했다(신군은 송별연을 굳이 언급할 필요가 없었다. 그런데 날 이 음모에 연루시키려고 이 사실을 집어넣은 게 분명하다).

(3) 신군은 이승만을 돕기 위해 5만 원을 모금할 요량으로 내게 2만 원을, 김일선[7]과 장두현에게 각각 1만 원을 내달라고 요청했는데, 내가 이를 거부했다고 말했다. 신군은 이에 혐오감을 느낀 나머지 이때부터 흥업구락부와의 관계를 끊었다고 말했다.

이 심문자는 이승만을 지원하려고 동지회 지부인 흥업구락부에 참여했던 게 아니냐고 내게 물었다. 난 그렇지 않다는 걸 입증하려고 세 가지 증거를 제시했다. (1) 난 1919년에 전 조선인을 흥분시켰던 독립운동을 반대했다.[8] 난 『경성일보』를 통해 이 독립운동을 반대하는 까닭을 밝혔다. 그런 내가 1925년에 무슨 이유로 조선 독립을 목적으로 하는 단체에 참여했겠는가? (2) 난 이렇게 물었다. "30명쯤 되는 전 회원[9] 중 내가 추천한 인물이 단 한 명이라도 있습니까?" 심문자는 짤막하게 대답했다. "없습니다." 다시 내가 말했다. "이 단체가 이 박사의 독립운동을 지원하려는 기관이었다는 걸 내가 정말로 믿었다면, 부장으로 있으면서[10] 14년 동안 단 한 명의 회원도 추천하지 않았다는 게 가능한 일입니까?" (3) 내가 이 박사의 사업을 지원하기 위해 2만 원을 내달라는 요청을 거부했다는 사실이야말로, 내가 그의 사업에 공감하지 않았다는 확실한 증거가 아니겠는가?

이 심문자는 내가 사람들을 끌어 모으기 위한 '간판'으로 이 단체에 영입됐을 뿐이고, 신흥우, 유억겸, 구자옥 등이 이 단체의 실세였다는 걸 잘 알겠다고 말했다. 그러나 그는 이렇게 말했다. "이 단체의 부장인 당신이 결성 목적을 몰랐대서야 말이 됩니까? 신흥우, 유억겸, 여타 30여 명은 조선 독립운동을 촉진하려고 흥업구락부를 결성했으며, 이 단체가 이승만 박사가 이끄는 동지회의 지부였다는 걸 모두 자백했어요. 선생이 이 사실을 계속 부인하면, 사건의 해결만 늦어질 뿐입니다. 아무도 언제 끝날 지 몰라요. 높으신 분들이 선생을 구하고자 하는 이상, 시인한다고 해서 선생에게 불리하게 작용하지는 않을 겁니다."

내가 계속 부인하면 이 사건이 장기화되어 30명 정도의 인사가 계속 수감되어 있어야 한다는 걸 깨닫고는, 이렇게 말했다. "난 이 단체에 정치적 의도가 있다고는 생각지 않았다는 증거들을 제시했습니다. 그러나……."[11]

---

1 — 신흥우 신문조서는 두 차례에 걸쳐 작성됐다. 제1회 신문조서는 1938년 8월 6일 서대문경찰서에서, 제2회 신문조서는 8월 8일 경성지방법원 검사국에서 모두 나가사키 유조(長崎祐三) 검사에 의해 작성됐다. 이 조서들은 1938년 9월 간행된 『사상휘보(思想彙報)』 제16호에 게재됐다.
2 — 1938년 5월 18일자 일기의 주 참조.
3 — 윤치호는 일기에 '동지사(同志社)'라고 표기했으나, '동지회(同志會)'다. 동지회는 1921년 7월 하와이 호놀룰루에서 이승만의 주도로 결성됐다. 전반적으로 미국에 대한 외교운동을 기조로 하면서, 경제적 실력양성과 상하이 임시정부 후원에 힘썼다. 그러나 매사에 대한인국민회와 대립하면서 재미 한인사회의 통합을 도출하는 데 실패했다.
4 — 뭔가 착오가 있었던 것 같다. 1925년 3월이 맞다. 제1부 제3장 1925년 3월 22일자 일기와 주 참조.
5 — 흥업구락부의 창립 회원은 모두 12명이지만, 실제로 창립 모임에 참석한 인사는 10명이었다.
6 — 이 모임은 1925년 6월 6일 윤치호의 별장인 부암정에서 흥업구락부 제3회 예회(例會)를 겸해 열렸다.
7 — 김일선(金一善, 1872~1935)은 장로교 장로, 청년운동가, 사회사업가로 일제강점기 서울의 대표적인 유지 중 한 사람이다. 일찍부터 서울YMCA의 중진으로 활동했으며, 민립대학 설립운동과 흥업구락부 활동에 가담했다. 1924년 인창의숙(지금의 인창고등학교와 경기대학교의 전신)의 초대 이사장을 지냈다.
8 — 윤치호가 3·1운동을 반대했던 것을 의미한다.
9 — 흥업구락부의 회원 수와 면면을 정확히 확인할 수 있는 자료는 아직껏 발굴되지 않

았다. 옮긴이는 석사학위논문에서 여러 가지 문헌을 이용해 40명의 회원을 밝혀놓았으나, 다소 착오가 있을 수도 있다. 자세한 것은 김상태, 「1920~1930년대 동우회·흥업구락부 연구」, 『한국사론』 28, 1992 참조.
10 — 윤치호는 1930년경부터 흥업구락부 제2대 부장을 맡았다.
11 — 1925년 3월 서울 지역 기독교계 인사들은 이승만이 하와이에서 결성한 동지회의 자매단체로 흥업구락부를 결성해 독립을 목표로 활동한 것으로 알려져 있다. 윤치호는 이 단체의 창립 회원이었고, 초대 부장 이상재가 세상을 떠난 후 1930년경에 제2대 부장을 맡았다. 결국 '독립운동 무용론'을 소신으로 지켜온 그가 독립운동에 가담한 셈이 된다. 그러나 흥업구락부 관계자들이 검거되기 시작한 이후의 일기 내용, 특히 1938년 8월 16일자 일기 내용을 면밀히 살펴보면, 그는 이 단체를 독립이라는 정치적 목적을 가진 단체로 생각한 적이 없다는 사실을 확인할 수 있다. 이것은 그가 이 단체의 '진정한' 목적을 모르고 참여했거나, 이 단체가 독립을 목표로 한 운동단체가 아니었다는 것을 시사한다.

1938년 8월 17일 수요일

어젯밤 끝까지 혐의 사실을 부인하지 않은 게 마음에 걸려 잠을 이룰 수가 없었다.

1938년 8월 19일 금요일

오후 2시부터 서울YMCA회관에서 옛 조선YMCA연합회의 3년 대회[1]가 열렸다. 다음과 같은 안건이 발의되어 통과됐다. (1) 조선YMCA연합회는 일본YMCA동맹과 통합하고, 국제 관계는 모두 후자에게 일임한다. (2) 조선YMCA연합회의 새 헌장 또는 규정을 채택한다. (3) 5인 위원회를 구성해 새 위원회가 구성될 때까지 모든 사무를 처리케 하며, 별도의 대회를 소집하지 않고 5인 위원회가 각 지역 YMCA에서 추천된 새 위원회 위원들을 인준하게 한다. 2시간 만에 이 모든 게 완료됐다.

1 — 1914년 조선YMCA연합회 제1회 대회가 열린 이후로 3년마다 연합회의 대회가 개최됐다. 따라서 1938년 대회는 제9회 대회가 된다.

독립문

1938년 8월 20일 토요일

미국의 한 외교관은 태국과 지옥 중에서 부임지를 고르라면 태국을 고르겠지만, 조선과 지옥 중에서 고르라면 차라리 지옥을 고르겠노라고 말했다고 한다. 조선인의 한 사람으로서, 난 그가 원하는 곳으로 발령을 받았으면 좋겠다. 다만 지난 70년 동안 조선이, 특히 정치적으로 지옥보다 더 나을 게 없었다는 생각을 지울 수가 없다. 조선의 마지막 통치자—허영심 많은 노老 황제(고종 황제를 가리킨다—옮긴이)—아래에서, 특히 마지막 30여 년에 걸친 황제의 부패한 악정 아래에서 공공생활에 편안함을 느낀 사람은 하나도 없었다. 비난을 받거나, 체포되어 투옥되거나, 유배되거나, 심지어 처형을 당한 공인公人들의 죄목은 도쿄에 있는 정치적 망명객들과 연락을 취했다거나, 독립협회를 부활시키려는 시도나 음모를 꾸몄다거나, 너무 친일적이라는 것이었다. 이제 우리의 새 통치자들은 옛 조선 황제의 부패한 관료들이 즐겨 써먹던 섬뜩한 정책들을 가지고 우리를 다루고 있다. 다만 망명객들이 머나먼 미국에 살고 있다는 점, 그리고 독립을 원한다거나 독립을 위한 음모를 꾸미고 있다거나 반일적이라는 게 죄목이라는 점이 다를 뿐이다.

1938년 8월 22일 월요일

정오가 다 되어서 김활란 박사가 찾아왔다. 그녀를 보게 되어 반가웠다. 그녀는 내가 기탄없이 대화를 나눌 수 있고, 또 이해와 동정을 구할 수 있는 상대. 지난 16일—내가 서대문경찰서에 출두했던 날—김대우가 그녀에게, 내가 서대문경찰서에 출두했다고 알려주었다고 한다. 그녀가 경찰이 날 잡아 가둘 것 같으냐고 묻자, 김씨는 이렇게 대답했단다. "윤선생님이 혐의 사실을 시인하면 곧바로 풀려날 겁니다. 그러나 끝까지 부인하면 무작정 붙잡아둘 겁니다. 유억겸 씨는 5일 동안이나 혐의를 부인하는 바람에 취조 기간이 길어졌어요."

1938년 8월 23일 화요일

정오가 얼추 다 되어서 니와 씨가 총독부 청사에서 곧장 날 찾아왔다. 그는 총독을 면담하고 오는 길이라고 말했다. 조선기독교연합회의 동정을 보고하는 척하며 실제로는 날 변호했다고 한다. 총독에게 내가 내선일체를 위해 얼마나 성심 성의껏 일해왔는지에 대해 말했다고 한다. 아울러 조선 독립을 위해 힘썼다고 하는 한 단체에 참여해 명목상의 수장首長을 지냈다는 이유만으로 날 처벌하는 건 부당하다고 말했단다. 총독은 내게 잘못이 없다는 걸 알고 있으며, 날 다치게 할 생각은 추호도 없다고 대답했단다. 총독은 또 서대문경찰서 사건이 마무리되는 대로 날 만나 대화를 나눌 거라고 말했단다.

시오하라 씨가 조선호텔에서 국민정신총동원조선연맹 상임위원회 위원들에게 저녁을 대접했다.

1938년 8월 25일 목요일

오전에 사촌 동생 치오가 말해준 바로는, 사촌 동생 치영과 흥업구락부 사건 피의자들이 늦어도 이달 말일까지는 풀려날 거라고 한다. 이 정보를 제공해준 사람은 서대문경찰서 고등계의 내막을 잘 아는 이란다. 이것이 수감자 가족들의 소망에서 출발한 헛소문으로 판명될지도 모를 일이다.

낮 1시 30분 역에 나가 양주삼 박사를 마중했다.

오후 4시부터 5시 30분까지 종로경찰서 관내에 살고 있는 기독교 지도자들이 원탁회의를 열었다. 100여 명이 참석했는데, 절반 정도는 여성이었다.

1938년 8월 27일 토요일

(중략)

원한경 박사가 어제 서대문경찰서에 소환됐다고 한다. 그는 유억겸 군, 이춘호 군, 최현배 군, 홍승국 군[1]이 사직서에 서명했으니 새 교수진의 임용을 준비하라는 말을 들었단다. 이순탁,[2] 백남운, 노동규는 검찰에 송치됐단다. 현정주와 정광현에 대해서는 아무 말이 없었다고 한다.

---

1 — 홍승국(洪承國)은 미국 유학을 거쳐 연희전문학교 교수로 재직하며 영어를 담당했는데, 흥업구락부 회원으로 활동했다.

2 — 이순탁(李順鐸, 1897~?)은 교토제국대학 경제학부를 졸업하고 연희전문학교 교수로 재직하면서 여러 신문, 잡지를 통해 조선의 경제를 분석하고 사회주의 이론을 소개했다. 1920년대에는 물산장려운동과 조선사정연구회에 참여했으며, 신간회 발기인이 됐다. 1938년 경제연구회 사건으로 당국에 체포됐다. 정부 수립과 함께 초대 기획처장을 맡았다.

1938년 8월 28일 일요일

아내와 함께 요양소에 입원하고 있는 홍병선 군을 찾아갔다. 그는 얼굴과 다리가 약간 부어 있었다. 다른 데는 이상이 없는 것 같아 보였다. 그는 자신이 구류에 해당할 만한 아주 사소한 잘못조차 저지른 적이 없다고 말했다. 하지만 신흥우가 심문자에게, 홍군이 도쿄의 조선YMCA 회원들과 함께 적극신앙단 지부를 결성했다고 진술했단다. 홍군은 자백을 강요당했단다. 홍군은 신흥우가 제공한 정보가 새빨간 거짓말이라는 걸 알고 혐의를 부인했단다. 그러자 심문자는 화가 머리끝까지 나서 홍군을 40일 동안이나 유치장에 처박아두었단다. 마침내 홍군은 거짓 자백을 하는 것 이외에는 빠져나갈 방법이 전혀 없다는 걸 깨닫고, 심문자가 조서를 꾸미기 위해 요구하는 대로 말했단다. 그는 각기병이 악화되어 어제 오후에 요양소 입원을 허락받았다고 한다.

1938년 8월 30일 화요일

오전에 구자옥의 동생인 구자혁이 말해준 바로는, 서대문경찰서에서 신흥우의 취조를 지켜본 경찰관이 그를 두고 망할 놈이라고 말했단다. 신군이 자기 성격이 좋다는 걸 과시하려는 건지, 아니면 무고한 사람들을 연루시키기 위해서인지 구태여 말할 필요가 없는 사실까지 꾸역꾸역 경찰에 진술하더란다.

1938년 8월 31일 수요일

오전 11시 30분 나카무라 경기도 경찰부 고등경찰과장으로부터 사상검사인 나가사키 판사[1]를 찾아가보라는 요구를 받고, 그를 찾아갔다. 판사는 무척 상냥했다. 그는 내게 홍업구락부와 어떤 관계가 있느냐고 물었다. 난 이렇게 말했다. "전 신흥우와 30여 명의 사람이 지속적으로 독립운동을 벌일 작정으로 결성했다고 자백한 흥업구락부의 부장이었습니다. 따라서 제가 이 단체가 독립운동을 목표로 했다는 사실을 몰랐다고 말하는 게 얼마나 우스꽝스런 일인지 잘 알고 있습니다. 변명하거나 저 자신을 정당화하려는 생각은 추호도 없습니다. 다만 조선 독립에 대한 제 견해를 들어봐주십시오. (1) 1919년 조선 전체가 독립을 위해 봉기했습니다. 지식인들은 윌슨 대통령이 약소국들을 이민족의 통치로부터 해방시켜줄 거라고 확신했습니다. 그때 전 이 운동에 참여하라는 권유를 받았습니다.[2] 하지만 전 이를 거부했을 뿐만 아니라, 『경성일보』 지면을 통해 이 운동에 반대하는 이유를 밝혔습니다. 전 조선인과 세계열강이 이 운동에 상당히 호의적인 것 같아 보였을 때조차 독립운동을 반대했던 제가, 회원 1인당 10~20원씩 내고 14년 동안 고작 30여 명의 회원을 모으면서 조선 독립을 목표로 활동한 단체를 출범시켰거나, 이에 참여했겠습니까? (2) 만일 제게 그런 목적이 있었다면, 경찰 측 수사관도 인정한 바대로 왜 14년 동안 단 한 명의 회원도 추천하지 않았을까요? (3) 신흥우가 말한 바대로 그가 제게 동지회를 지원하자며 2만 원을 내라고 요청했는데, 전 이 요청을 거부했습니다. 이 단체가 이승만 박사를 지원하면서 독립을 추구하기로 했다는 걸 제가 진짜로 믿었다면, 전 그 정도의 돈을 내는 데 주저치 않았을 겁니다. 이 세 가지 사실이야말로 제가 아무런 정치적 의도 없이 이 단체의 일원이었다는 명백한 증거가 아니고 무엇이겠습니까?"

판사는 내게 왜 신흥우의 적극신앙단을 반대했느냐고 물었다. 난 모든 기독교 기관을 장악해 조선 기독교인들 사이에서 독재자로 군림하려는 야심이 신군에게 있다고 믿었기 때문이라고 대답했다.

판사, 아니 사상검사는 몇 가지 단편적인 질문을 한 후에 이렇게 말했다. "우리 총독부는 내선일체의 대의를 추구하려는 선생의 노고에 대해 고맙게 여기고 있습니다. 피의자들이 선생을 거의 '가미사마神樣'처럼 믿고 따르는 모양이던데, 내선일체의 대의를 위해 이들을 잘 인도해주셨으면 합니다. 선생을 봐서라도 이들에게 선처를 베풀겠습니다.……"

---

1 — 나가사키 유조(長崎祐三, 1902~?)는 교토제국대학 법학부를 졸업하고 법관이 됐다. 조선에 건너와 사상검사, 경성보호관찰소장 등을 지내며 각종 시국사건의 수사를 담당하고 전향자들을 감독했다.
2 — 1919년 1월 송진우, 최남선, 신흥우 등의 교섭을 받았던 것을 의미하는 것으로 보인다.

1938년 9월 3일 토요일

어제 오후 5시쯤 서대문경찰서에 검거되어 있는 구자옥에게서 경찰서로 빨리 와달라는 긴급 전화를 받았다. 난 경찰서에 들어서자마자 깜짝 놀랐다. 구자옥, 유억겸, 신흥우, 이만규, 이관구,[1] 정춘수, 구영숙, 박승철[2] 등이 한 사무실에 모여 있었던 것이다. 유억겸과 이관구가 전향 성명서를—공개 진술을—집필해 번역하고 있었다. 조선 독립을 도모하고 이승만을 지원하기 위해 흥업구락부를 결성했던 사실을 후회하고, 앞으로는 천황을 위해 살면서 열심히 일하겠다는 굳은 의지를 다짐하는 내용이었다.[3] 난 이 성명서 내용에 동의해달라는 요청을 받았다. 신흥우는 이들이 오늘—9월 3일—석방될 것임을 시사했다. —오로지 지옥에서 빠져나오기 위해—경찰이 원하는 건 뭐든 닥치는 대로 행동에 옮긴 가엾은 죄수들은 마음이 뒤숭숭할 터였다.

오전 11시부터 계속해서 비가 내렸다.

오후 2시 30분쯤 3개월 정도 서대문경찰서 유치장에 갇혀 있었던 31명이 석방됐다.[4]

1 — 이관구(李寬求, 1898~1991)는 교토제국대학 경제학부를 졸업하고 1927년 『조선일보』 정경부장에 발탁되어 언론계에 진출했다. 『조선중앙일보』 주필과 편집국장을 역임했다. 해방 후에도 『서울신문』, 『경향신문』을 대표하는 언론인으로 활동했다. 일제강점기에 흥업구락부와 신간회에 참여해 활동한 바 있다.
2 — 박승철(朴勝喆)은 개화기의 대표적 관료인 박정양(朴定陽)의 아들로, 일본과 독일에서 유학한 지식인이다. 박정양과 이상재의 각별한 인연으로 인해 일찍부터 서울YMCA와 연고를 맺은 것으로 보인다. 1920년대에는 흥업구락부, 조선사정연구회 등에서 활동했다.
3 — 이 전향 성명서는 1938년 9월 4일자 『동아일보』에 게재됐다.
4 — 흥업구락부 사건 관계자 전원은 기소유예 처분을 받았다. 그런데 『윤치호 일기』의 1938년 5~9월까지의 내용을 면밀히 검토해보면, 일제가 흥업구락부 사건을 통해 윤치호를 어떻게 '요리'했는지 파악할 수 있다. 일제는 흥업구락부 사건 처리 과정에서 그에게 '병 주고 약 주는' 전술을 사용해 엄청난 성과를 거두었다. 이 사건 이전만 해도 항상 총독부가 그를 정치 무대로 끌어들이려고 회유하기에 바빴고, 그는 이를 완곡하게 거절하기만 했다. 그런데 이 사건 발생 이후 그가 먼저 여러 경로를 통해 총독부와 교섭해, 당국자들의 진의를 파악하고 그들의 요구에 부응하기에 바빴다.

1938년 9월 4일 일요일

구영숙, 구자옥, 신흥우, 유억겸 등을 찾아갔다. 그들은 모두 건강해 보였다.

1938년 9월 5일 월요일

오전 11시 총독(미나미 총독을 가리킨다—옮긴이)의 요청으로 그를 방문했다. 그는 여느 때처럼 상냥했다. 그가 말한 내용을 간추려보면 이렇다. "지나간 일들은 빨리 잊읍시다. 선생이 조선 청년들을 지도하면서 다음 세 가지를 명심했으면 합니다. (1) 언행일치를 가르쳐주시오. 생각과 행동이 달라서는 안 된다고 말씀해주시오. (2) '동양인의 동양'을 만들기 위해 제일 중요한 것이 내선일체임을 잊지 마시오. (3) 내선일체의 뿌리이자 원천은 일본의 충량한 신민이 되는 것임을 기억하시오."

1938년 9월 6일 화요일

(미나미 총독과의 면담 내용 계속)

총독이 나와 얘기를 나누면서 그 세 가지를 카드에 적어두었다. 그가 얘기를 끝내자, 난 그 카드를 내게 달라고 청했다. 그는 자기의 '희망삼요강希望三要綱'을 붓으로 써서 둘둘 말아 내게 건네주었다.

난 그와 헤어지기 전에 짤막하게 이렇게 말했다. "1919년에 독립운동을 반대했던 제가 조선 독립을 도모하려는 단체에 참여했을 만큼 어리석지는 않습니다. 저뿐만 아니라 다른 현명한 조선인들도 마찬가집니다." 그러고 나서 난 이번 일로 교직을 잃은 이들에게 선처를 베풀어달라고 호소했다.

1938년 9월 8일 목요일

난 서대문경찰서에서 고역을 치른 이들로부터, 모두가 고문에 의해 꿈에도 하지 않은 일을 자백했다는 사실을 알게 됐다. 가장 잔인한 고문은, 두 팔을 앞으로 쭉 뻗은 채 몇 시간 동안 부동자세로 서 있게 하는 것이었다. 신흥우는 한 번은 72시간, 또 한 번은 52시간이나 꼼짝도 못하고 서 있었다고 말했다. 도저히 믿을 수 없는 얘기다.

1938년 9월 9일 금요일

오전에 서대문경찰서가 윤홍섭과 김활란 양을 소환했다. 윤군이야 잃을 게 전혀 없는 까닭에 두려울 게 없겠지만, 김활란은 심문자에게 밉보이면 직장을 잃을 수도 있다. 세상이 어찌 돌아가는 건지! 왜 경찰은 주민들이 마음 편히 일하며 살 수 있도록 내버려두지 않는 걸까? 김활란은 정치적인 문제로 경찰 조사를 받을 만한 일을 한 적이 없다. 신흥우나 적극신앙단 놈들이 이 음모에 관련되어 있는 건 아닌지 모르겠다.

1938년 9월 11일 일요일

서대문경찰서가 범죄를—고문을 통해 자백을 쥐어짜내지 않는 한 절대로 있을 수 없는 범죄를—날조해 흥업구락부 전前 회원들을 괴롭히는 것 중에서 가장 심한 처사는, 교직에 있는 사람들에게 사표를 내라고 강요하는 일이다. 이 불행한 희생자 중 한 사람이 김준옥 군[1]이다. 그는 송도고등보통학교 역대 교장 중에서 가장 유능하고, 업무를 가장 잘 수행한 사람이었다. 그런데 어제 그는 조선 독립을 위해 힘쓴 비밀결사의 일원이었다는 이유로 사표를 내라는 강요를 받았다.

---

1 — 김준옥(金俊玉, 1893~?)은 미국 유학 출신의 감리교 목사다. 1930~33년 조선감리교 총리원 교육국 총무로 활동한 후, 1934년 모교인 송도고등보통학교 교장으로 부임해 해방 직후까지 재직했다.

1938년 9월 12일 월요일

(중략)

오후 5시 국일관에서 흥업구락부 전前 회원들에게 저녁을 대접했다. 그들에게 총독의 '희망삼요강' 사본을 한 장씩 나눠주었다. 앞으로의 활동계획을 준비하기 위해 3인 위원회—유억겸, 신흥우, 이춘호—를 구성했다.

1938년 9월 13일 화요일

오전 8시에 조선신궁에 갔다. 흥업구락부의 전前 회원 20여 명이 한자리에 모여 참배했다.

종로경찰서 관내에 있는 기독교 가정들은 놋쇠로 된 물건을 하나씩 거두어 조선군사령부에 제출했다. 모두 620종이 서울YMCA에 답지해 경찰서로 넘겨졌다. 경찰은 굉장히 기뻐했다.

1938년 9월 14일 수요일

오전 11시에 유억겸 군, 이춘호 군과 함께 신흥우의 집에서 모임을 가졌다. 흥업구락부 전前 회원들이 애국적 노력의 일환으로 해야 할 계획을 마련하기 위해서였다. 결정된 사안을 정리하면 이렇다. (1) 주요 애국단체들에 가입해서 기회가 닿는 대로, 또 요청받는 대로 열심히 일한다. (2) 우선 총독의 '희망삼요강'을 서울의 교회 지도자들에게, 그 다음에는 서울의 기독교 사회에, 더 나아가서는 전국의 기독교인에게 홍보한다. (3) 방위성금으로 각자 한 달에 20~50전씩 기탁한다.

1938년 9월 24일 토요일

오전 9시 경성운동장에 가서 조선연합청년단의 출범식에 참석했다. 13개 도에서 4,226명의 청년이 참석했다. 각 도 지부가 깃발을 들고 왔는데, 모두가 매우 멋져 보였다. 분열과 여타 군사의식이 볼거리를 제공했다. 총독의 시의적절한 연설이 있었다. 늘 그렇듯이 많은 축사와 축전이 줄을 이었다. 내가 이 협회 선언서를 낭독했다. 출범식은 3시간쯤 계속됐다.

1938년 9월 30일 금요일

수데텐은 체코슬로바키아 서북부에 있는 부유한 지역으로 독일인이 주민의 다수를 차지하고 있다. 히틀러는 독일에 인접한 이 지역을 원했다. 그래서 체코슬로바키아 정부가 내주지 않는다면 무력을 동원해서라도 이 지역을 차지하겠노라고 위협했다. 수데텐은 또 한 차례의 세계대전을 유발할 제2의 사라예보가 될 위험에 처해 있다. 영국과 프랑스가 개입해서 체코슬로바키아 정부에게 히틀러의 요구를 들어주라고 설득했다. 좋은 생각이다. 그런데 왜 영국과 프랑스는 베르사유조약 덕분에 차지한 독일의 식민지들을 돌려주지 않는 거지?

1938년 10월 7일 금요일

오전 9시부터 감리교 총회가 속개됐다. 오늘은 애국 행진이 예정되어 있었다. 그래서 오후 1시 30분 배재중학교 운동장에는 기독교 학교들의 전교생과 서울의 감리교 신도들이 모여들었다. 예배를 마친 후, 양주삼 박사가 앞장을 선 채 7천 명이 넘는 인원이 총독부 청사까지 행진해 천황과 총독 만세를 외쳤다. 미나미 총독이 군중에게 연설했다. 3시쯤 전 인원이 조선신궁을 참배했다.

저녁 8시에는 연사로 초청된 김대우 씨가 총회 대표들에게 '시국'을 주제로 강연했다. 나도 짤막한 강연을 했다.

1938년 10월 9일 일요일

무어 감독이 정동교회에서 설교했다. 저녁 7시 30분에는 구지미야 감독이 교회당을 가득 메운 교인들에게 강연했다. 일본 감리교회도 예배에 참석했다. 일본과 조선의 감리교인이 사상 최초로 서울의 한 교회에서 연합예배를 올렸다.

1938년 10월 27일 목요일

오후 6시에 명월관에 갔다. 다구치 『경성일보』 사장[1]이 20여 명의 조선인 원로에게—대부분이 중추원 참의였다—연회를 베풀었다. 식사 도중에 일본군이 한커우漢口, 우창武昌, 한양漢陽 등 주요 도시들을 완전 장악했다는 소식을 알리는 호외가 배달됐다.[2] 군사적 견지에서 볼 때, 정말이지 경이적인 일이 아닐 수 없다. 주여, 이제 전쟁이 끝나고 중국 문제가 외교협상을 통해 만족스럽게 해결될 수 있도록 도와주옵소서!

---

1 — 다구치 노리카즈(田口弼一)는 1938년 4월 11일 『경성일보』 제12대 사장에 임명됐다. 그는 도쿄제국대학 법과를 졸업하고 내무성 관료를 거쳐 1930년 중의원 서기관장을 지냈다. 1938년 중의원 의원에 당선되면서 『경성일보』 사장에 취임했다가, 이듬해 10월에 물러났다.
2 — 일본군은 1938년 8월 하순부터 중국 국민정부 핵심에 대한 타격과 황하에서 양쯔강(揚子江) 사이의 제압을 목표로 대규모 군사작전을 펼친 끝에, 10월 26일 우한(武漢)의 3진인 한커우, 우창, 한양을 점령했다.

1938년 10월 29일 토요일

오전 9시 30분부터 11시까지 사상범보호관찰소가 개최한 애국 행사에 참석했다.

낮 1시에는 조선호텔에 가서 학무국이 주재한 회의에 참석했다. 11월 4일부터 전국 순회강연에 나설 연사들에게 필요한 정보와 지시를 전달하기 위한 회의였다. 난 전남 지역을 맡게 됐다. 5시에 집에 돌아왔다.

1938년 10월 31일 월요일

히틀러에 반대해 망명한 독일 작가가 미국 잡지를 통해 칼이야말로 독일의 혼이라고 말했다. 독일인이 원하는 건 베르사유조약의 치욕을 씻을 수 있는 승리다. 독일은 승리에 굶주려서 그렇지, 식민지나 원료에는 별로 관심이 없다. 일본도 마찬가지다. 칼이야말로 일본의, 무사의 혼이다. 그들은 전쟁의 흥분, 전장에서의 모험, 군사적인 명예 등을 원한다. 그래서 그들은 10~20년마다 전쟁을 치러야만 한다. 승리를 갈망하는 무사에게 반대하는 자는 누구든 상관없이, 1936년 2·26사건의 희생자인 사이토 제독이나 평화주의자 다카하시 씨와 같은 운명을 맞게 될 것이다.[1]

1 — 1936년 2월 26~28일 일본의 육군부대가 일으킨 '2·26사건'을 가리킨다. 도쿄에 사령부를 둔 제1사단 소속 장병 약 1,400명이 정부 요인들을 습격했다. 이때 조선 총독과 내각 총리대신을 역임한 사이토 마코토와 다카하시 고레키요 대장대신이 살해됐다.

1938년 11월 19일 토요일

낮 2시에 유억겸, 신흥우, 김활란, 유각경, 구자옥, 이춘호, 김종우 및 여타 인사들과 함께 YMCA회관에서 모임을 가졌다. 북중국에 있는 용맹한 장병들에게 크리스마스 위문품을 보내기 위해 조선 각지의 교회로부터 기금을 모으는 방안에 대해 논의했다. 12월 25일 이전에 서울YMCA로 2~6원을 보내달라는 편지를 4천여 곳의 교회에 발송하기로 결정했다.

1938년 11월 24일 목요일

오늘 밤부터 4일간 야간 등화관제 훈련이 실시된다.

1년 반 동안 전쟁을 치르는 데 무려 80억 엔이 들었다. 조선에 10억 엔, 만주에 20억 엔, 일본 본토에 20억 엔을 썼다고 가정해보자. 철도와 도로를 확장 개수하고, 학교와 병원에 좀 더 우수한 장비를 보급하며, 대중을 위해 사회적·문화적·과학적 발전을 도모하는 데 이 거금을 썼다고 가정해보자. 다시 말해서 50억 엔을 이 나라들의 평화적 발전을 위해 썼다고 가정해보자. 3~5년 동안 이 금액을 이렇게 썼더라면, 단순히 이 나라들의 국민뿐만 아니라 전 세계에 큰 축복이 됐을 것이다. 한 나라가 행복과 번영을 누리려면 강성한 육·해군과 식민지, 그리고 자급자족할 수 있는 원료가 있어야 한다는 게 사실인가? 스위스와 스칸디나비아 반도의 작은 왕국들에겐 이런 것들이 전혀 없다. 그런데도 이 나라들의 국민은 이 세상에서 가장 행복하게 살고 있다.

1938년 11월 26일 토요일

낮 1시에 조선호텔에 갔다. 국민정신총동원조선연맹 이사회 이사장인 시오하라 씨가 조선호텔에서 이사들에게 점심을 대접했다. 그의 말로는, 가와시마 장군이 다섯 번이나 전화를 받고 육군대신의 간청을 받은 후에야 비로소 조선연맹 총재직을 수락했다고 한다.[1] 정무총감이 장군을 위해 명예총재를 사퇴해야 하는 만큼,[2] 시오하라 씨도 이사장직을 내놓을 거라고 한다. 참석자들은 하나같이 그가 물러나면 조선연맹에 힘이 실리지 않을 거라며 재고해줄 것을 요망했다. 그는 총독이 조선연맹의 핵심 간부는 관료가 아니라 민간인이어야 한다는 점을 강조하고 있다고 말했다. 국민정신총동원조선연맹이 관료가 아니라 국민의, 국민에 의한, 국민을 위한 운동이라는 걸 강조하기 위해서라고 한다. 그거 참 좋은 말이다. 그러나 총독부 고위 관리들의 지원이나 실천이 없다면, 이 운동은 단 하루도 버티지 못할 것이다.

---

1 — 가와시마 요시유키(川島義之, 1878~?)는 조선군 사령관, 육군대신을 거친 당시 일본 육군의 실력자다. 1938년 12월 국민정신총동원조선연맹 총재에 취임해 1940년 10월 국민총력조선연맹으로 개편될 때까지 재직했다.
2 — 오노 로쿠이치로 정무총감이 명예총재로 있었다.

1938년 11월 29일 화요일

오후에 반가운 소식을 들었다. 3개월 전 부득이하게 사표를 내야 했던 연희전문학교 교수들이 오늘 복직됐단다. 허나 유독 유억겸 군만이 아직도 사면 혜택을 받지 못했다고 한다.

1938년 12월 5일 월요일

낮 2시 비젠야備前屋호텔에 가서 국민정신총동원 조선연맹 상임이사회에 참석했다. 가와시마 신임 총재와 상견례가 있었다.

오후 6시 가와시마 장군 초청으로 상임이사회 이사들과 함께 백운장 식당에 가서 진수성찬의 일식을 먹었다.

조병상 씨와 김대우 씨는 신흥우, 손홍원 같은 음모꾼 일당이 조선군 사령부 보도부의 정훈 소좌[1]에게 접근하고 있다고 말했다. 요즈음 신흥우에게 무슨 꿍꿍이가 있는지 아는 사람은 아무도 없다.

---

1 — 정훈(鄭勳)은 1915년 김석원 등과 함께 일본 육군사관학교(제27기)를 졸업하고 일선 장교를 거쳐 1937년경 조선군사령부 보도부장에 올랐다. 지원병, 징병, 학병 홍보와 언론 통제 업무에 '탁월한 능력'을 발휘했다고 알려져 있으며, 특히 신흥우와 관계가 깊었던 것으로 보인다. 해방 직후 일본으로 건너갔다고 한다.

1938년 12월 6일 화요일

오전 10시 총독부 청사 제1회의실에서 가와시마 국민정신총동원조선연맹 신임 총재의 취임식이 거행됐다. 각 도 연맹 이사장들이 모두 참석했다.

낮 2시에 대관중이 부민관에 운집했다. 어엿한 황군으로 여러 연대에 배치될 200여 지원병의 노고를 치하하는 환영식을 지켜보기 위해서였다. 난 경기도지사, 다카하시 신임 경성부윤과 함께 치사를 했다. 이 환영식은 『경성일보』와 『매일신보』 후원으로 마련됐다.

1938년 12월 7일 수요일

정오에 총독의 초청을 받아 성대한 오찬모임에 참석했다. 국민정신총동원조선연맹 관계자 약 150명이 참석했다. 영광스럽

미쓰코시백화점 일본의 재벌 미쓰이(三井)가 세운 미쓰코시(三越)백화점(왼쪽), 그 옆은 조선저축은행(오른쪽)이다.

게도 난 가와시마 장군, 나카무라 장군,[1] 후쿠자와 장군 등과 함께 총독과 같은 테이블에 앉았다. 나 말고도 총독과 같은 테이블에 앉은 민간인으로는 윤덕영 자작, 야나베 씨, 시노다 씨[2] 등이 있었다. 아무쪼록 국민정신총동원조선연맹의 간부로 뽑히지 않기를 바랄 뿐이다.

---

1 — 나카무라 고타로(中村孝太郎) 장군은 당시 조선군 사령관으로서, 1940년 국민총력조선연맹 고문에 위촉됐다.
2 — 시노다 지사쿠(篠田治策)는 평남지사, 이왕직 장관, 조선사편수회 위원 등을 거쳐 1938년 당시 경성제국대학 총장으로 재직 중이었다.

1938년 12월 11일 일요일

낮 2시에 아내와 양주삼 박사 부인인 양매륜 여사[1] 및 정선珽善(Joseph, 1928~?, 윤치호의 12남매 중 막내다—옮긴이)과 함께 미쓰코시백화점에 가서 점심을 먹었다. 며칠 전 베이징에서 돌아온 양매륜 여사의 말에 따르면, 일본인 당국자들은 베이징의 중국인 학생들에게 한커우의 함락을 축하하기 위해 깃발을 들고 시가행진을 벌이라는 지시를 내렸다고 한다. 중국인 학생들은 학교에 돌아오자마자 그 깃발들을 발기발기 찢어버렸다고 한다. 일본인 정복자들이 중국 어린이들에게 중국의 한 주요 도시가 함락된 걸 '기뻐하라'고 강요한 건 큰 실수가 아닐 수 없다.

---

1 — 양매륜(梁邁倫, 1888~1980)은 감리교 장로이자 여성운동가로 양주삼의 부인이다. 감리교 여선교회와 YWCA, 기독교절제회 등의 중진으로 활동했다.

1938년 12월 12일 월요일

오후 6시 천향원에서 15명의 조선인이 한커우로 떠나는 요시다 대좌를 위해 송별연을 마련했다. 그는 조선인 지원병의 훈련계획에 적극적이었다. 그는 총독부 당국자들이 1년 만에 지원병 계획을 너무 서두르고 있다고 생각하고 있었다. 그는 지원병이 하도 떠받들어져서 실제 막사에 배치됐을 때는 엄한 규율, 형편없는 식사, 벌레들이 우글거리는 침상에 황당해하지나 않을까 우려했다. 그의 용모와 솔직하면서도 예의바른 매너가 마음에 들었다. 그는 이 다음에 조선군 사령관으로 되돌아올지도 모른다.

1938년 12월 14일 수요일

조선 기독교인이 중국에 파병되어 있는 일본군에게 크리스마스 선물로 위문대慰問袋를 보내는 운동은 그 발상 자체만으로도 칭찬받을 만한 일이다. 그리고 만일 이 운동이 성공한다면, 기독교는 일본 군사 당국의 호감을 사게 될 것이다. 12월 25일 이전에 2~5원을 서울YMCA로 송금해달라고 요청하는 편지가 3,500여 개가 넘는 전국 각지

위문대(慰問袋)를 만드는 데 동원된 부녀자들

의 교회에 발송됐다. 이 운동을 추진하는 데 가장 주도적으로 나선 사람은 유억겸 군이었다. 신흥우는 이 운동에 전혀 관심이 없었다. 그러나 이 운동이 2원짜리 위문대 2천 자루를 준비할 수 있을 만큼의 돈을 모으는 데 성공한다면, 그는 뻔뻔하게도 자기가 이 운동의 창시자요 완성자인 양 전면에 나설 것이다. 그는 아주 이기적인 모사꾼으로 정이 뚝 떨어지는 인간이다.

1938년 12월 15일 목요일

연희전문 음악 교수인 현제명이 사에키 전 경성부윤에게 피아노 한 대를 뇌물로 준 혐의로 체포됐다는 소식을 들었다. 그는 흥사단 회원이라는 이유로 강제로 사표를 내야 했는데, 교수직에 복직하기 위해 사에키 씨에게 뇌물을 먹였다는 혐의를 받고 있다.[1]

---

1 — 「희망의 나라로」라는 가곡의 작곡자로 널리 알려진 현제명(玄濟明, 1902~70)은 1929년부터 연희전문학교 교수로 재직하며 수양동우회 회원으로 활동했다. 1937년 수양동우회 사건으로 체포된 후 이듬해 6월 홍난파, 전영택 등과 함께 전향성명을 발표하고 친일단체인 대동민우회에 가입했다.

1938년 12월 16일 금요일

제국 정부는 막대한 전쟁비용을 조달하고자 면화, 고무, 금속류, 석유, 석탄 등과 같은 모든 공업원료를 통제하는 특별 법령을 잇달아 제정했다. 평화산업의 부분적 또는 전면적 희생을 무릅쓰고서라도 이 원료들이 군수산업에만 사용되게끔 하기 위해서다. 사람들 주머니에서 돈을 뜯어내는 방법은, 말로는 형편에 맞게끔 저금하면 된다고 하면서도 실제로는 형편 이상으로 저금하도록 강요하는 것이다. 시골의 가난한 농민들로서는 꽤나 버거운 일이 아닐 수 없다. 한 예로 남궁억 씨의 1년 평균소득은 600원쯤 되는데, 무려 217원을 저금하라는 강요를 받았다고 한다. 저축할 돈을 얻으려고 조그만 땅덩이나 초라한 초가집을 저당 잡혀야 하는 이들도 있다. 문제는 가난한 시골 사람들이 이런 종류의 착취를 얼마 동안이나 버틸 수 있느냐 하는 점이다. 난 총독이 이런 사실을 알았으면 좋겠다. 그는 훌륭한 사람이라서 이런 일을 그대로 보고만 있지는 않을 것이다. 그러나 하위 관료들은 실적을 올리려고 애국이라는 미명하에 지속적으로 주민들을 착취하고 있다.

제2장 '내선일체만이 살길이다!'
1939~40

1939년 1월 14일 토요일

낮 1시 35분에 가와시마 국민정신총동원조선연맹 총재가 거처할 곳을 정하려고 가족과 함께 서울에 왔다. 경성역은 서울 각 관내를 대표해 장군을 마중 나온 사람들로 북새통을 이루었다.

현재까지의 상황만 본다면, 이 연맹은 수십만 원을 낭비하는 불필요한 기관이다. 이 정도 일이라면 기존의 관료기구를 통해서도 얼마든지 할 수 있었다. 아니, 더 잘했을 것이다.

집에 가다가 소설가 이광수 군에게 잠깐 들렀다. 그는 별 탈 없이 잘 지내고 있었고, 작품 집필로 매우 분주한 모습이었다. 그와 유쾌한 대화를 나누었다. 그는 내게, 일본이 중국과 직접 교류하기 이전의 문명은 순전히 조선으로부터 전수받았다는 걸 입증하는 재미있는 사실들을 들려주었다.

1939년 1월 18일 수요일

신흥우 박사에게 정오에 부민관 식당에서 점심을 같이 먹자고 청했다. 그는 내게 군사 당국이 제안한 사안을 말해주었다. 즉 기독교인이 일본군 수비대를 위문하기 위해 중국 방문단을 파견하고, 이 방문단으로 하여금 점령 지역에 거주하고 있는 조선인을 찾아가 격려하며 점령 지역의 새 정치조직과 접촉하게 하라는 거였다. 그는 또 최창학[1] 같은 백만장자 1~2명에게 방문단 경비로 1만 원을 기탁해달라고 요청했다고 넌지시 말했다. 그는 내가 이 운동을 지도해야 한다는 뜻을 내비쳤다. 『매일신보』의 최린 씨[2]도 함께 갈 거라고 한다. 난 곰곰이 생각해보겠다고 말했다.

---

[1] 최창학(崔昌學, 1891~?)은 일제강점기에 평북 지역을 중심으로 100여 개 이상의 광구를 소유하고 있던 '금광왕'이었다. 1938년 국민정신총동원조선연맹 기금으로 10만 원을 제공하고, 비행기를 헌납하는 등 친일 활동을 벌였다. 해방 후 김구에게 경교장을 숙소로 제공했다.

[2] 최린은 1938년 4월 15일 경성일보사에서 독립한 매일신보사의 초대 사장에 취임해 1941년 6월까지 재직했다.

1939년 1월 20일 금요일

오전 10시에 미쓰하시 경무국장을 방문했다. 군사 당국을 통해 중국에 주둔하고 있는 군대에게 위문대를 보내는 것과 위문대를 들려서 방문단을 직접 파견하는 것 중 어느 쪽이 더 현명한 계획이냐고 물었다. 후자의 경우에는 2천~3천 원의 경비가 들 것이다. 5천 원 상당의 선물을 가져가려고 3천 원을 지출한다면 상당히 어리석은 일일 것이다. 경무국장도 이런 내 생각에 동의했다. 그는 군사 당국을 통해 선물을 보내는 편이 더 낫다고 생각했다. 더구나 그는 점령 지역의 교통 문제가 대단히 심각해서 군사 당국이 방문단에게 교통편을 마련해주는 데 상당히 애를 먹을 거라고 말했다. 자, 신흥우의 계획이 경무국에서 나온 건 아니라는 사실이 확연히 드러났다. 미나미 총독이, 최소한 경무국장이나 조선군 사령관이 정식으로 요청한다면 모를까, 그렇지 않다면 내가 갈 이유는 없는 것 같다.

1939년 1월 31일 화요일

가와시마 장군이 저녁 6시에 반도호텔로 국민정신총동원조선연맹 상임이사들과 경기도지사, 경성부윤, 학무국장, 김대우 씨, 그리고 여타 인사들을 초청했다. 늘 그렇듯이 오늘 모임에서도 난 마음이 동하질 않았다. 그들이 논의하고 계획을 짜는 건 죄다 일본인의 즐거움과 이익에 관한 것이다. 난 언제나 물 한 양동이에 뜬 기름 한 방울 같은 기분이 든다.

1939년 2월 1일 수요일

오후 5시 광현과 함께 국일관에 가서 이각종 씨에게 저녁을 대접했다. 그가 경무국과 줄이 닿아 있다는 건 알 만한 사람은 다 아는 사실이다. 그의 말로는, 일본의 도쿄와 여타 대도시들이 혁신을 꿈꾸는 비밀결사들로 인해 몸살을 앓고 있다고 한다. 그들의 공통된 목적은 천황 치하의 국가사회주의라고 한다. 일부 과격분자들은 '일인일살一人一殺'이라는 좌우명을 가지고 있다고 한다. 용맹한 장병들이 넓디넓은 전선에서 아무런 소득 없이 돌아와, 백만장자들은 군수산업을 통해 주체할 수 없을 만큼의 돈을 번 반면 자기 친지들은 가난에 찌들어 있는 걸 보게 된다면, 즉 통치자들이 혁명을 미연에 방지할 수 있는 특단의 대책을 강구하지 않는다면 무시무시한 혁명이 일어나고 말 것이다. 혁명가들은 재력가들이 자기들 재산을 모든 재산의 진짜 주인인 천황에게 헌납하길 원하고 있다. 이건 마르크시즘을 숨기기 위한 연막으로서, 천황에 대한 충성을 가장한 공산주의에 다름 아니다.

1939년 2월 7일 화요일

오후 3시에 경성부청에 갔다. 상당수의 조선인과 일본인이 지원병 후원회를 결성했다. 아무런 대가 없는 명목상의 회장인지라, 사람들은 관대하게도 날 회장으로 선출했다.

(중략)

1939년 2월 15일 수요일

3~4년 전 아펜젤러 양이 이화여자전문학교 이사회에 사표를 제출했다. 난 그녀에게 사표를 내야 할 만한 뚜렷한 이유가 없다고 판단하고, 사표를 반려하라고 주장했다. 난 그때와 상황이 똑같다면 지금도 그녀의 사퇴를 반대했을 것이다. 그러나 1937년 7월 7일 이후 상황이 돌변했다.[1] 이제는 그녀가 사표를 내는 게 이 학교를 위한 최선의 방책이 될 것이다. 다음과 같은 세 가지 이유에서 그렇다. (1) 외국인이 조선 중등교육기관의 교장으로 일하는 걸 당국자들이 원치 않는다는 건 공공연한 비밀이다. 당국자들은 미국인이 천황의 적자赤子인 조선 청년을 탈일본화시킬까봐 우려하고 있다. (2) 학무국 당국자들이 학교에 강요하는 모든 요구 사항을 미국인 교장이 기꺼이 따른다는 건 도저히 불가능한 일이다. 그는 교단에 설 때마다 일장기에 경례해야 한다. 황국신민서사를 제창해야 하며, 일본군의 무운장구武運長久를 기원하고 전몰장병의 영령에 감사 묵도黙禱도 해야 한다. 국가를 제창해야 하고, 시도 때도 없이 신사를 참배해야 한다. 그는 이런 의식들을 치르면서 얼굴을 펼 수가 없을 것이다. 학생들은 그에게서 냉소적이거나 겁에 질린 표정을 읽을 수 있

게 될 것이다. (3) 경찰과 밀정들 역시 그런 낌새를 채고는 조선인 교사들을 닦달하게 될 것이다.

---

1 — 1937년 7월 7일은 중일전쟁이 발발한 날이다. 따라서 중일전쟁의 발발이 윤치호의 현실인식에 커다란 변화를 야기했음을 시사하는 대목이다.

1939년 2월 17일 금요일

저녁에 김대우 씨에게서 전화가 왔다. 그는 김활란이 이화여자전문학교 교장에 임명되는 걸 학무국 인사들이 기꺼이 승인할 거라고 알려주었다. 일전에 내가 그에게 김활란에 대한 학무국 인사들의 의중을 알아봐달라고 요청했는데, 오늘 전화 내용은 바로 그 요청에 대한 응답이었다.

1939년 2월 18일 토요일

오전에 양주삼 박사와 함께 이화여전 정기 이사회에 참석했다. 우리는 아펜젤러 양에게 김대우 씨가 언급한 내용을 말해주었다. 그러자 그녀는 오늘 회의에서는 이 문제에 대해 할 말이 없다고 잘라 말했다.

1939년 2월 19일 일요일

오늘은 기묘년 음력 설날이다. 총독부[1]와 특정 계몽단체들,[2] 그리고 각 개인이 음력설 쇠는 관습을 타파하려고 온갖 노력을 기울여봤지만, 조선인은 그저 묵묵히 이날을 진짜 명절로 쇠고 있다. 감성이 이성보다 더 강하다는 걸 실감할 수 있다.

이화여자전문학교 이사들 앞줄 왼쪽 두 번째부터 김활란, 양주삼, 윤치호다.

1 — 1938년 1월 총독부는 양력 사용을 강조하며 각 도에 이중과세 저지책을 강구케 했다. 이에 따라 각 관청에서는 음력 설날에 조퇴 엄금, 부역 및 청결 동원 등을 시행한 바 있다.
2 — 가장 대표적인 단체로 계명구락부를 들 수 있다.

1939년 2월 24일 금요일

오전 10시 30분에 그레이하우스에서 이화여자전문학교 이사회가 소집됐다. 아펜젤러 양은 당국이 김활란 양의 지명을 승인하는 대로 사표를 내겠다고 자기 의중을 드러냈다. 얼마간 토론이 오간 후, 난 학무국 당국자들이 승인할 때까지 아펜젤러 양의 사퇴와 김양의 지명을 조건부로 수리하자고 동의動議했다. 결국 이 동의가 채택됐다. 그리고 나서 아펜젤러 양과 내가 서대문경찰서장과 경기도 학무과를 방문해 교장을 교체하는 문제에 대한 당국자의 의중을 알아보기로 의견을 모았다.

1939년 2월 25일 토요일

어제 오후 아펜젤러 양, 윤성순 이화여자전문학교 교무주임과 함께 서대문경찰서장을 방문했다. 우리는 그에게, 당국이 김활란 양을 후임자로 승인하는 대로 아펜젤러 양이 사퇴하기로 결정했다고 말했다. 서장은 자기로서는 김활란의 지명에 전혀 이의가 없다고 말했다.

오늘 오전 10시 30분 아펜젤러 양, 윤성순과 함께 시오하라 학무국장을 방문했다. 그에게 서대문경찰서장에게 했던 말을 되풀이하자, 그는 이렇게 대꾸했다. "아주 잘됐군요." 이로써 상황을 충분히 파악한 만큼, 이젠 아펜젤러 양이 사표를 제출하고 후임자로 김활란을 지명해 당국에 보고할 차례가 됐다. 그러나 아펜젤러 양은 자신이 말했던 것과는 달리 사표를 내기가 싫은 모양이다. 원한경이 상황이 호전될 때까지 교장직에서 물러나면 절대로 안 된다고 주장하면서, 그녀를 뒤에서 조종하고 있다. 왜냐하면 자기에게도 곧 닥칠 일이니까. 난 학교의 이해관계보다 자기의 사적인 야망을 더 중시하는 아펜젤러 양에게 실망감을 금치 못하고 있다.

1939년 3월 3일 금요일

최린 매일신보사 사장의 요청으로 총독부 청사에 갔다. 미나미 총독과 함께 '유성영화'를 찍는 영예를 안았다. 난 그에게 짤막한 문건 하나를 읽어주었다. 난 서두에서, 조선인 차별대우를 타파하고 내선일체의 이상을 실현하기 위해 분투하고 있는 총독에게 진심으로 감사한다고 말했다. 그런 다음 내선일체 실현을 위한 구체적인 방안으로, (1) 조선인 학생과 일본인 학생이 동수同數로 관립학교에 입학할 수 있어야 한다는 것, (2) 관리임용 때 조선인을 차별해서는 안 된다는 것, (3) 조선어 사용 및 교육에 공식적인 규제가 가해져서는 안 된다는 것 등을 제안했다.

1939년 3월 11일 토요일

(중략)

간밤에 박영철 씨가 뇌졸중으로 숨졌다. 그의 죽음은 조선인 사회에 커다란 손실이 아닐 수 없다. 그는 한상룡과 함께 총독부의 '얼굴마담'으로 활동해왔다. 그는 미천한 가문에서 태어나 어렵게 성장했다.[1] 하지만 거만하고 이기적이어서 많은 사람들에게 미움을 사고 있는 한씨보다는 훨씬 더 붙임성 있고 관대했다.

---

1 — 박영철은 전주에서 미곡상을 하는 평민의 아들로 태어났다. 22살의 늦은 나이에 일본어를 배우기 시작해 급기야 일본 육군사관학교에 들어감으로써 '신분 상승'의 길에 들어서기 시작했다.

1939년 3월 17일 금요일

(중략)

밤 8시 30분 그레이하우스에 가서 이화여자전문학교 실행위원회 모임에 참석했다. 이 자리에서 아펜젤러 양의 사표가 수리됐다.

1939년 3월 19일 일요일

히틀러가 마치 양 떼 사이에 풀어놓은 굶주린 늑대처럼 굴고 있다. 그는 2년 전 오스트리아를 꿀꺽 삼켜버렸다. 작년 여름에는 체코슬로바키아의 노른자인 수데텐 지역을 귀속시켰다. 며칠 전에는 프라하로 진격해 보헤미아와 모라비아를 독일의 보호령으로 만들어버렸다. 그가 동방 진출을 도모하면서 우크라이나가 주요 목표로 대두됐다. 영국과 프랑스는 "도둑이야! 도둑이야!" 하고 큰소리로 외쳐대기만 할 뿐, 히틀러에 대해 아무런 제재도 가하지 않고 있다. 소련이 어찌 나올까?

1939년 3월 21일 화요일

1937년 7월 7일 중일전쟁이 시작된 이후 지금 막 두 번째 겨울을 났다. 우리는 벌써 난방용 석탄이나 심지어 연탄을 구하는 데 큰 어려움을 겪고 있다. 터무니없이 비싼 값을 치르고 산 연탄이라는 것도 고작 석탄가루를 묻힌 돌덩이에 불과하다. 전쟁이 1년만 더 지속된다면, 석탄은 고사하고 지금은 그나마 구할 수 있는 연탄조차 그림의 떡이 될 것이다. 총독부는 주민들에게 갖고 있는 금붙이를 팔라고 요구한다. 아녀자들은 가보로 내려오던 패물을 내놓고 있다.

1939년 4월 4일 화요일

저녁 6시에 상당수 인사들이 김석원 소좌[1] 환영연을 주최했다. 그는 중국 북부에서 실전에 참가했다.

---

1 — 김석원(金錫源, 1893~1978)은 일본 육군사관학교를 졸업하고 일본군 장교로 진출한 후, 만주사변 때 기관총 중대장으로 참전해 전과를 올렸다. 중일전쟁 당시에도 대대장으로 출정해 2개 중대로 중국군 1개 사단을 물리쳐 일본인과 친일파로부터 대대적인 환영을 받았다. 한국전쟁 중 수도사단장과 제3사단장을 지냈다.

1939년 4월 8일 토요일

이탈리아가 자기네 국익을 보호하고 남유럽의 평화를 유지한다는 명분을 내세워, 육·해·공군을 동원해 조그만 알바니아를 삼켜버렸다. 마치 독일이 유럽 중부의 평화를 보전한다는 미명하에 오스트리아와 체코를 병합한 것처럼 말이다. 스위스, 덴마크, 스웨덴 등은 상대를 압도할 만한 육·해군이나 식민지가 없지만, 행복과 번영을 누리고 있다. 또 가장 행복한 나라인 스위스와 덴마크엔 면화, 철, 석탄, 금, 고무, 석유 등이 전혀 없다. 이런 사실에도 불구하고, 이미 충분한 영토를 가지고 있는 독일과 이탈리아가 단지 몇 제곱마일을 추가하려고 다른 나라뿐만 아니라 자기 나라의 재산과 인명을 그토록 많이 희생시켜야 하는 건지 잘 모르겠다.

1939년 4월 10일 월요일

오전에 총독부 학무국이 아펜젤러 양의 사퇴와 김활란 양의 임명을 인가했다는 소식을 들었다.

간악한 베르사유조약을 체결할 당시, 프랑스는 독일을 장기간에 걸쳐 가난하고 힘없는 나라로 유지시킬 수 있다고 믿으며 샤일록처럼 행세했다. 만일 프랑스가 '공존공영'의 원칙하에 독일을 좀 더 너그럽게 대했더라면, 유럽은 오늘날의 위기를 모면할 수 있었을 것이다.

1939년 5월 5일 금요일

당국의 긴급 호소에 부응하려고 조선은행에 예치하고 있던 금을 전부 팔아 3,019원 71전을 받았다. 난 이 돈으로 중일전쟁 국채國債를 샀다.

1939년 5월 9일 화요일

7시 30분 용산역에 나가 북방으로 떠나는 장병들을 배웅했다. 이들 중에는 14명쯤의 조선인 지원병이 포함되어 있었다. 이제 조선 역사에 새로운 장이 열렸다. 즉 용맹한 일본군의 지도와 훈육 아래 민족의 재무장을 이루는 것 말이다.

1939년 5월 10일 수요일

(중략)

7시 30분 용산역에 나가 북방으로 향하는 장병들을 배웅했다. 이중에는 제2기 조선인 지원병이 포함되어 있었다. 수많은 인파가 몰려들었다.

1939년 5월 18일 목요일

미나미 총독이 일본을 순방하며 조선인 수만 명이 살고 있는 주요 도시들을 방문해, 일본인 식자층은 물론 조선인에게까지 호감을 사고 있다. 그는 평소에 내선일체가 대단히 중요하다고 강조해왔다. 그는 이번에 도쿄, 나고야名古屋, 오사카 등지에 살고 있는 조선인 노동자들의 빈민촌을 친히 방문하고 그들에게 상냥하게 말을 건넴으로써, 전임 총독들이 하지 못했던 일을 해냈다. 오사카에서는 한 일본인 자본가가 조선인이 일본인의 생활방식을 따르도록 조치를 취해야 한다고 제안했다. 그러자 총독은 웃으며 이렇게 말했다. "일본인과 조선인은 서로 상대방의 좋은 점을 본받는 게 좋을 겁니다. 예를 들어 조선 여성의 의복 같은 것 말입니다."

1939년 6월 4일 일요일

저녁 7시 부민관에 가서 오사카의 저명한 조합교회 목사인 하타나카畑中 씨의 강연을 들었다. 주제는 '동양의 빛'이었다. 어둠 속에서 불빛이 가장 밝다는 게 그의 생각이었다. "우리들 대부분은 크림전쟁의 원인과 결과를 잊어버렸습니다. 그러나 그 어둠 속에서 나이팅게일과 그녀의 적십자사가 나왔습니다. 18세기 영국의 종교적 암흑기에 존 웨슬리, 찰스 웨슬리와 그들의 감리교가 나왔습니다.[1] 오늘날에는 중일전쟁이 내선일체를 가져왔습니다. 일본은 조선 없이 살 수 없고, 조선도 일본 없이 살 수 없습니다." 대충 이런 내용이 강연의 기본 줄거리였다. 그는 1시간 넘게 강연했는데, 난 졸지 않고 끝까지 경청했다. 그는 내가 지금껏 본 연사 중 가장 훌륭했다. 그의 강연 태도나 몸짓은 미국적이었다.

---

1 — 존 웨슬리(John Wesley, 1703~91)와 찰스 웨슬리(Charles Wesley, 1707~88)는 형제이며, 18세기에 영국에서 감리교운동을 창시했다.

1939년 6월 5일 월요일

어젯밤 하타나카 씨는 강연이 절정에 달했을 때 이런 말을 했다. "미국인은 필리핀에 독립을 가져다주었다고 자랑합니다. 그런데 진정한 독립을 주었나요? 필리핀 공화국의 국방을 누가 떠맡고 있습니까? 미국 군인입니다. 누가 필리핀의 외교 관계를 주도하고 있습니까? 미국 외교관입니다." 그가 독립국이라는 만주국의 상황을 얼마나 완벽하게 잊고 있는지 보게 되어 웃음이 절로 났다.

1939년 6월 13일 화요일

서울의 신문들이 보도한 바에 따르면, 톈진의 영사관과 군사 당국이—일본인이—영국과 프랑스의 조계를 봉쇄하겠다고 위협하고 있단다. 영국인 당국자들이 친일 은행가를 살해한 중국인 암살범과 여타 반일 선동가들에 대한 보호를 고집하고 있기 때문이란다.

1939년 6월 15일 목요일

신문 보도에 따르면, 어제 아침 6시부터 일본 군사 당국과 영사관 당국이 톈진에 있는 영국과 프랑스 조계를 봉쇄하고 조계 안으로 들어가는 모든 남녀를 검문했다고 한다. 거만한 영국인 남녀들이 스파이나 밀수꾼처럼, 수색을 위해 옷을 벗으라는 치욕스런 명령에 고분고분하게 복종한다고 생각해보자. 중국인들 눈앞에서 오만한 앵글로색슨인의 위신이 땅에 떨어졌다. 난 일본인이 영국인에게 이런 식으로 사적인 치욕을 안기는 게 너무 심하다고 생각한다. 하지만 영국인이 중국인과 동양 민족에게 견디기 힘든 수모를 안겼던 데 대한 대가를 치르는 것이라고 생각할 수밖에 없다. 영국인이 상하이의 공원 정문으로 들어가는 길 어귀에 내걸었던 플래카드의 글귀를 보았을 때, 내가 얼마나 서러웠는지를 떠올리면 지금도 치가 떨린다. '개와 중국인 출입 금지'라고 쓰여 있었던 것 말이다.

오전 9시 육군병 지원자 훈련소에 가서 지원병 300명의 입소식에 참석했다.

1939년 6월 24일 토요일

오늘은 서울YMCA가 애국노동에 나설 차례다. 낮 2시에 서울YMCA 임원 및 학생들과 함께 조선신궁에 갔다. 중학교 이상의 각급 학교를 포함한 모든 공·사립 기관들이 봉찬전奉贊殿 앞의 땅을 고르는 작업에 2~3시간씩 동원되고 있다.

1939년 7월 3일 월요일

오후 3시 조선호텔에 가서, 『매일신보』의 최린 씨가 조선인과 일본인 약간 명씩을 초청해 개최한 원탁회의에 참석했다. 주제는 중일전쟁과 관련된 것이었다. 이 자리에서 난 내선일체에 관한 언급을 요청받았다. 내가 발언한 내용을 간추려보면 이렇다. "우리 조선인은 '차별대우' 정책을 즉각 폐지할 것을 요구합니다. 그러나 차별대우가

능력 차이에서 비롯된 것임을 기억해야 합니다. 우리 조선인이 하나의 민족으로서 일본인들 수준에 미치지 못하는 한, 장기간에 걸쳐 차별대우를 받게 될 것입니다. 난 조선인이 개인별로는 정신적으로나 육체적으로나 일본인보다 못한 게 없다고 자부합니다. 하지만 우리에게는 일본인에게 두드러지게 나타나는 책임감과 공덕심이 없습니다. 그리고 책임감이나 공덕심이 없다 보니 협동심과 정직성이 요구되는 사업을 경영할 수가 없습니다. 반면에 일본인만큼 능력을 갖추고 있는 조선인이 있다면, 그는 그 어떤 차별도 받아서는 안 됩니다."

1939년 7월 8일 토요일

낮 2시 부민관에서 조선기독교연합회 결성 1주년 기념식이 거행됐다. 총독이 훈시를 통해 자리를 한층 빛내주었다. 전국 방방곡곡에서 올라온 대표들이 대강당을 가득 메웠다. 여러 번의 축사를 우리말로 통역하다 보니, 기념식이 필요 이상으로 길어졌다.

1939년 7월 12일 수요일

7시 30분 부민관 대강당에서 배영동지회排英同志會를 결성하기 위한 대중집회가 열렸다. 내가 회장에 선출되는 영예를 안았다. 표면적으로는 서울의 6개 신문사가 이 단체를 후원했다. 그러나 실질적으로는 군사 당국자들이 이 단체의 결성을 사주했다. 배영동지회는 일본은 물론 만주와 중국—일본의 점령 지역—도처에 이미 결성되어 있다. 톈진의 조계 문제를 놓고 도쿄에서 영국인과 협상에 들어갈 일본 정부에게 힘을 실어주기 위해서다. 이 협상은 오는 15일부터 시작된다.

조선신궁

1939년 7월 16일 일요일

어제 오전 9시부터 도쿄에서 영국과 일본 간의 협상이 시작됐다. 일본 외무대신은 지엽적인 문제들을 시시콜콜하게 다루기 전에 영국이 먼저 장제스 지원정책을 완전 포기해야 한다고 주장했다. 이에 대해 영국 대표는 톈진 문제와 같은 지엽적인 문제를 먼저 해결하고 나서 보다 폭 넓고 근본적인 정책을 다루기를 바랐다. 난 일본 측 주장이 옳다고 생각한다. 영국이 장제스를 계속 지원하는 한, 톈진 문제와 같은 지엽적인 문제는 두 해양 열강의 우호적인 관계를 위협하게 될 것이다. 영국은 일본이 중국에서 평화를 되찾을 수 있도록 도와주어야 한다.

1939년 7월 22일 토요일

오후 6시부터 조선신궁 광장에서 경성배영동지회 후원하에 전조선배영排英대회가 거행됐다. 13개 도청 소재지에서 올라온 연사들이 동양 민족을 대하는 영국의 죄악에 대해 5분씩 연설했다. 그들은 영국인을 동양의 흡혈귀라고 비난했다. 난 의장 노릇을 해야만 했다. 연설이 모두 끝나고 난 후, 전 군중이 악대를 앞장세운 채 조선신궁에서 총독부 청사까지 시가행진을 벌였다. 5만 명이 참가했다고 말하는 이들도 있지만, 실제로는 5천 명쯤 되지 않았나 싶다.

1939년 8월 4일 금요일

영국과 일본 간의 도쿄 협상이 교착 상태에 빠진 것 같다. 영국인은 일본 통제하에 들어 있는 지역에서는 일본인에게 손해를 끼치거나 중국인을 이롭게 하는 행위를 삼가겠지만, 그 밖의 지역에서는 자유롭게 장제스를 돕겠다고 주장하는 모양이다. 기막힌 허점 공략이 아닐 수 없다. 어쩌다 일본 측 대표들이 이 허점을 틀어막는 데 실패했을까?

1939년 8월 5일 토요일

한 신문이 보도한 바에 따르면, 가뭄으로 신음 중인 남부 지역에서 올라온 800여 명가량의 빈민이 물이 전혀 없는 한강 다리 아래서 살고 있다고 한다. 오늘 아침에 그들을 보려고 한강변에 나가보았다. 참혹한 광경이 눈에 들어왔다. 모든 세간살이를 종이 상자에 넣어가지고 올라온 상당수의 세대들에게 깔거나 덮고 잘 것이라곤 돗자리밖에 없었으며, 이것마저 없는 사람들도 수두룩했다. 노파, 아이, 기진맥진한 아낙네, 굶주린 남자들이 다리 아래에 웅크린 채로 모여 있었다. 비가 내려서 강물이 불어나기라도 하면, 그들은 어쩐담? 전방에 있는 말들을 먹이기 위해서 먹을 거라곤 눈을 씻고도 찾기 어려운 마을들로부터 수만 가마의 보리가 수집되고 있다. 전쟁은 진짜 잔인하다.

1939년 8월 6일 일요일

각 지역의 배영동지회에서 올라온 60명쯤의 대표가 어제 오후 5시 조선호텔에 모여 전조선배영동지회를 결성했다. 내가 명목상의 회장에, 야나베 씨가 명목상의 부회장에 뽑혔다. 연사들이 영국을 배격하는 내용의 연설을 했다. 호텔, 카페 같은 영어 단어의 사용을 금지하자고 제안하는 이들도 있었다. 민족주의에 투철한 일본인은 중등학교 이상의 교과과정에서 영어 과목을 제외시키자고 주장했다. 그들은 다음과 같은 두 가지의 중요한 사실을 잊고 있는 모양이다. (1) 영어는 4천만 영국인의 모국어일 뿐만 아니라, 1억 2천에 달하는 미국인과 그 밖에 영어를 사용하는 국가들의 모국어다. 영어는 3억 인도인의 공식 언어이자 고등 언어다. 일본인이 영어를 사용하지 않고 아프리카에 갈 수 있겠나? (2) 뿐만 아니라 같은 언어를 사용하는 두 나라가 전쟁에 돌입할 수도 있는 일이다.

1939년 8월 10일 목요일

오전 10시 야나베 씨와 함께 총독, 정무총감, 헌병사령관, 경무국장, 조선군 사령관 등을 방문해 전조선배영동지회의 결성 내용을 보고했다.

1939년 8월 22일 화요일

(중략)

독일과 소련이 상호불가침조약을 체결하기로 했다고,[1] 신문들이 일제히 보도했다. 이로써 히틀러는 소련이 개입할지도 모른다는 우려를 말끔히 씻은 채 폴란드를 다룰 수 있게 됐다. 아울러 스탈린은 안심하고 일본에 전력을 집중할 수 있게 됐다.

1 — 1938년 8월 23일 독소불가침협정이 체결됐다.

1939년 8월 26일 토요일

(중략)

히틀러가 일본에 사전 양해를 구하지도 않고 소련과 협정을 맺는 비열한 책략을 구사했다. 일본인이 받은 충격이 엄청나게 큰 모양이다. 마치 비열한 어른이 순진한 아이를 가지고 놀듯이, 히틀러가 일본을 가지고 논 셈이다. 일본 내의 무모하고도 광적인 히틀러 숭배가 다소 진정될 거라는 점에서 본다면, 차라리 잘된 일인지도 모른다. 신문 보도에 의하면, 다음 달 베를린에서 열리는 나치 전당대회에 파견된 데라우치 장군[1]과 오스미 제독[2]이 독일에 가지 않고 제네바에서 멈추기로 했다고 한다.

1 — 데라우치 히사이(寺内壽一, 1879~?)는 데라우치 마사다케 초대 조선 총독의 아들로, 타이완군 사령관, 육군대신을 지낸 당대 일본 육군의 실력자다. 특히 '2·26사건' 직후 육군대신에 올라 군부 내 황도파를 축출하는 숙군 작업을 지휘했다.
2 — 오스미 미네오(大角岑生)는 해군대신을 두 차례 역임한 일본 해군의 실력자다.

1939년 8월 28일 월요일

도쿄 내각이 자기들의 숭배 대상이던 히틀러의 모욕적인 행위로 인해 환상에서 깨어나 천황과 국민에게 사죄하는 뜻으로 총사직했다.[1] 이 유럽의 사악한 악마는 소련과 상호군사방위조약을 체결해서 일본인들을 모욕했다.

1 — 1938년 8월 30일부로 히라누마 기이치로(平沼騏一郎) 내각이 총사퇴하고, 아베 노부유키(阿部信行) 내각이 구성됐다.

1939년 9월 1일 금요일

오늘은 애국일이다. 지금은 '흥아봉공일興亞奉公日'로 개칭됐다. 모든 사람들이 아침 8시부터 신사에 가야만 했다.[1]

신문들이 일제히 보도한 바에 따르면, 히틀러가 독일과 폴란드 간에 평화적인 타협을 중재하려던 영국의 교섭을 단호히 거부했다고 한다. 그리고 오늘 새벽 4시에—베를린 시간으로 8월 31일 저녁 8시에—독일군과 폴란드군이 양국 국경지대에서 전투를 개시했다고 한다.[2]

석간신문들은 오늘 오전 9시에 독일 공군이 바르샤바를 폭격했다고 보도했다. 영국과 프랑스는 폴란드가 자기들의 협조를 절실히 필요로 하고 있음에도 불구하고 아무런 조치도 취하지 않았다. 참 이상한 일이다.[3]

---

1 — 1937년 9월부터 각급 학교에서 매달 6일에 '애국일'을 실시했다. 같은 해 11월부터는 매월 1일이나 15일을 애국일로 정해 신사참배, 궁성요배, 국기게양, 국가제창, 황국신민서사 제창 등의 행사를 실시했다. 그런데 1939년 8월 일본 내각에서 매월 1일을 '흥아봉공일'로 정하자, 조선에서도 종래 실시해오던 애국일의 명칭을 흥아봉공일로 바꾸어 9월 1일부터 실시하기로 했다. 그 후 1941년 12월 태평양전쟁이 발발하면서 일본에서 매월 8일을 '대조봉대일(大詔奉戴日)'로 정하자, 조선에서도 역시 이와 보조를 맞추어 1942년 1월부터 매월 8일을 대조봉대일로 삼게 됐다.
2 — 1939년 9월 1일 독일군이 폴란드를 침공해 제2차 세계대전이 시작됐다.
3 — 1938년 8월 25일 영국과 폴란드는 상호원조조약을 체결했다. 그러나 이는 국제 여론을 의식한 영국의 체면치레용에 불과했다.

1939년 9월 3일 일요일

삼남 지방의—지금은 6개 도—극심한 가뭄으로 인해 조선은 대흉작에 직면해 있다.[1] 충남에 땅을 갖고 있는 이들 중에서 우리가 가장 심각한 타격을 입었다. 농사가 완전히 실패하는 바람에 내년에는 소득이 전혀 없을 것 같다. 사정이 이런데도, 당국은 이 가뭄에 대해 조금도 개의치 않는 것 같다. 의연금이 무자비하게 쌓여만 가고 있다. 국채가—이율이 3.5퍼센트인 중일전쟁 국채가—강매되기 시작했다. 경찰은 30만 원을 들여 경찰관 관사를 지으려고 10만 원을 모금하고 있다. 종로경찰서를 재건축하려고 더 많은 금액을 모금할 것이다. 전몰장병의 영령을 모실 신사를 서울과 남산에 하나씩 짓는 데도 의연금이 징수될 것이다. 우리에게 더 많은 국채가 강매될 것이다.

---

1 — 1939년은 극심한 가뭄으로 인해 대흉작을 기록한 해다. 당시 국민정신총동원운동이 강도 높게 진행되고 있었으므로 조선인은 이중의 고통을 떠안을 수밖에 없었다. 당시 조선인들 사이에서는 60년 만에 처음이라는 대흉작의 원인을 중일전쟁에서 찾는 소문이 돌았다고 한다.

1939년 9월 4일 월요일

영국이 도쿄 시간으로 저녁 7시 15분에—런던 시간으로 오전 10시 15분에—독일에게 선전포고를 했다고, 신문들이 일제히 보도했다. 몇 시간 후에 프랑스도 영국의 뒤를 이었다고 한다. 이탈리아의 거취에 전 세계의 관심이 모아지고 있다.

1939년 9월 19일 화요일

누군가 히틀러에게 중부 유럽의 나라들에게 미친개처럼 구는 까닭이 뭐냐고 묻는다면, 그는 틀림없이 오스트리아, 체코슬로바키아, 폴란드 등의 행복과 번영을 파괴해야만 독일의 행복과 번영을 도모할 수 있기 때문이라고 답할 것이다. 미친놈이 지배하는 나라와 인접해 있다는 것 말고는 아무런 죄가 없는 나라들의 수없이 많은 인명과 재산을 파괴하려고, 게르만 민족의 입안에서 빵과 버터를 끄집어내 폭탄과 총알과 독가스로 변형시킨다고 해서, 독일이 번영을 구가할 수 있을까? 만약 히틀러의 악마적 소행이 성공을 거둔다면, 심성이 고운 많은 사람들은 전지전능하고 은혜로운 주님의 존재에 대해 심각한 회의를 품게 될 것이다.

1939년 9월 27일 수요일

신문 보도에 따르면, 독일 침략자들을 2주일 이상이나 해안에 묶어두었던 용맹한 폴란드 수비대가 무조건 항복함으로써 바르샤바가 함락됐다고 한다. 그 아름답던 도시는 분명 잿더미로 변했을 것이다. 어찌 이토록 잔인할 수 있나? 상당수의 사람들에게 영웅이라는 칭송을 받고 있는 히틀러는 승리와 정복을 위해 그 특유의 잔혹성으로 수많은 인명과 재산을 희생시켜왔고, 앞으로도 그렇게 할 것이다.

1939년 9월 29일 금요일

(중략)

폴란드가 소련과 독일에 분할됐다. 영국과 프랑스가 폴란드를 돕기 위해 무엇을 할 수 있을까?

1939년 10월 9일 월요일

아무리 좋은 일이라도 도가 지나치면 해가 되는 법이다. 평화 애호가 그렇다. 이게 도를 지나치면 연체동물처럼 흐느적거리는 민족이 되어 모든 침략자들의 손쉬운 사냥감으로 전락한다. 더 심각한 점은 도를 지나친 평화주의가 인간 본성에 내재되어 있는 각종 영웅적 요소들을 약화시킨다는 사실이다. 이것이 투쟁본능을 집단대결심리로 몰고 간다. 이조 후기 300년간의 당파 싸움에서 볼 수 있었듯이, 전장의 혈투 대신에 필설筆舌과 음모로 적들을 제거하는 양상이 나타나게 된다. 한편 호전성이 도를 지나치면 프로이센의 경우처럼 자국민의 행복과 번영을 위해서 남들의 파괴와 불행도 마다하지 않는 야만적인 국가가 될 수 있다. 인류가 평화애호와 호전성에 끌려 다니지 않고 이를 주체적으로 통제할 수 있어야만, 비로소 이 세상은 수준 높은 문명을 바탕으로 한 아늑한 안식처가 될 수 있을 것이다.

1939년 10월 14일 토요일

미국이나 유럽에 다녀온 적이 있는 조선인이 도쿄의 건물과 거리를 미국이나 유럽과 비교하면서 도쿄를 얕잡아 말하는 걸 듣게 되면, 난 화가 치민다. 조선인이라면 조선과 일본을 비교하면서 겸손해져야 한다. 대체 조선인이 미국이나 유럽과 무슨 관계가 있단 말인가? 조선인이 능력과 능률 면에서 일본인을 따라잡으려면 몇 백 년은 걸릴 것이다.

1939년 11월 10일 금요일

오전 11시 조선호텔에 가서, 종로경찰서 재건축과 경찰관 관사 건축에 필요한 45만 원을 모으는 방안을 논의하는 모임에 참석했다. 남들을 희생시켜가면서 권력자의 총애를 한 몸에 받고 있는 한상룡이 종로경찰서장 관사를 짓기 위해 따로 2만 원을 걷자고 제안했다. 그 어느 누구도 감히 지난 30년 동안 파고다공원(지금의 탑골공원―옮긴이) 인근에 종로경찰서장 관사가 있었다는 걸 내색조차 할 수 없었다. 이어서 조병상이 이미 언급된 금액 외에도 앞으로 4~5년 동안 방공협회, 소방단 등이 쓸 경비를 조달하기 위해 30만 원을 더 걷자고 제안했다. 이 모든 금액의 총계를 내보면 얼추 80만 원에 이른다. 종로경찰서 관내에 살고 있는 조선인에겐 엄청난 액수가 아닐 수 없다. 박흥식[1]은 벌써 5만 원을 기탁했다. 나머지는 이른바 좀 산다 하는 사람들의 주머니에서 뜯어낼

게 뻔하다.

---

1 — 박흥식(朴興植, 1903~?)은 화신백화점 사주다. 일제강점기 조선 최고의 상업자본가로 손꼽혔으나, 총독부 권력과 결탁한 예속자본가였다. 일제강점기 말 국민정신총동원조선연맹 이사, 조선임전보국단 상무이사를 맡는 등 적극적인 친일 활동에 나섰다.

1939년 11월 28일 화요일

                    요즘은 택시를 대절하는 게 불가능하다. 얼마 전 모든 택시 관련 업체들이 하나로 합병됐기 때문이다.[1] 당국자들은 모든 걸 통제하고 합병하는 것 외에는 뵈는 게 없나 보다. 그들은 모든 경쟁을 근절시킨다. 그래서 이윤이 남을 만한 사업의 독점권을 획득한 소수의 친일적인 회사들이나 개인들은 자기 이윤을 극대화하려고 대중에게 최악의 서비스를 제공하고 있다.

  석탄도, 설탕도, 쌀도, 버터도, 택시도, 종이도, 기름도, 시멘트도, 못도, 면화도, 고무도, 고철도, 휘발유도 없다. 모든 게 없다. 그렇다면 장장 2만 리에 달하는 중국 전선에서 100만 명 이상의 일본 청년이 겪고 있을 엄청난 곤경을 생각해 보자. 주여, 빨리 평화가 올 수 있도록 해주옵소서!

일제강점기의 택시

---

1 — 1939년 10월 15일 경성 시내 택시합동회사(자본금 260만 원)가 설립됐는데, 400여 대의 택시 가운데 250대 만을 운행해 종전 휘발유 소비량의 3분의 1을 절약하기로 방침을 정했다.

1939년 11월 30일 목요일

얼마 전 훈련을 마친 301명의 지원병이 엊그제 정오에 부민관에서 열린 오찬모임에 초청됐다. 1시 30분부터 중학교, 전문학교, 대학교 학생들이 대강당에 모여 지원병을 축하하고 격려했다. 그들은 조선 여러 지역에 주둔하고 있는 정규 연대에 배치될 예정이다.

1939년 12월 1일 금요일

짐승 같은 소련이 가난하고 죄 없는 핀란드에게 선전포고했다고, 신문들이 보도했다. 유럽의 두 악마인 히틀러와 스탈린이 직접적으로는 전쟁터에서, 간접적으로는 기근과 질병에 의해서, 그리고 자기들에게 반대하는 이들을 잔인하게 박해함으로써 수십만 명을 학살하고 있다. 이 사악한 인간들은 호시절을 보내고 있다. 이 엄연한 현실은 종교의 가르침과는 도저히 부합되지 않는다. 우리가 교회와 사찰에서 듣는 얘기는, 정글의 법칙이 횡행하는 이 세상의 잔인한 사실과 결코 부합되지 않는다.

1939년 12월 6일 수요일

주전론을 펴는 한 저술가는, 일본이 계속되는 승전 덕분에 강성해지긴 했지만 앞으로도 전쟁을 100년 정도 더 수행해야 할지 모르므로 그에 대한 대비에 만전을 기해야 한다고 말했다. 칼과 화살이 무기의 전부였던 시절에는 100년 동안 전쟁을 치르는 게 가능했을 수도 있다. 그러나 비행기, 어뢰, 잠수함, 독가스가 무기로 사용되고 있는 오늘날에는 도저히 불가능할 것이다. 일본은 최근 2년 반 동안 고무, 철, 석유, 면화, 석탄, 금 등의 비축분을 다 소진해버렸다. 도쿄라는 대도시조차도 성냥과 숯이 귀한 상태다. 평화산업은 중단됐다. 이런 상황이 1년만 더 지속된다면 어떤 일이 벌어질지 아무도 모른다. 주여, 하루빨리 평화가 올 수 있도록 해주옵소서!

1939년 12월 8일 금요일

(중략)

총독부가 쌀 600만 석을 일본으로 가져갈 거라고, 오늘 발행된 신문이 보도했다. 쌀 1200만 가마라면, 조선인 500만~600만 명이 10개월 동안 먹을 수 있는 분량이다. 지금 조선은 예기치 못한 흉작으로 고통을 겪고 있고, 부자조차도 자기 가족이 먹을 쌀을 구하기가 힘들다. 이렇게 열악한 상황에서 조선인은 이런 의문을 품게 될 것이다. '이 무자비한 정책이 조선인을 일본인과 똑같이 자비로 대우하겠다던 천황의 약속에 부합되는 건가?' 각 도는 이웃한 도로 곡식이 유출되는 걸 막으려고 혈안이 되어 있다. 그런데도 일본으로 600만 석이 이출되어야만 한다!

1939년 12월 12일 화요일

오후 4시쯤 이광수 군을 찾아갔다. 경성지방법원에서 무죄판결 받은 걸 축하해주기 위해서였다.[1]

그런데 이군은 도쿄의 일부 유력 인사들이 연해주에 이왕 전하(영친왕 이은을 가리킨다―옮긴이)를 수반으로 하는 조선공국을 세울 계획을 진행 중이라는 소문을 내게 들려주었다. 그는 이 계획이 곧 가시화될 거라고 생각하는 눈친데, 나로서는 도저히 믿을 수 없는 얘기다. 그러기 위해서는 우선 연해주를 소련의 손아귀에서 뺏어내야 한다. 그런데 소련이 육지와 바다에서 일본의 군사력에 무참히 짓밟히지 않는 한, 연해주를 고이 내줄 리가 없다. 일본이 열심히 싸워서 소련에 완승을 거두기까지는 적어도 2~3년이 걸릴 것이다. 이군은 조선 문인 중에서 첫 손가락에 꼽히는 사람이다.

작가다운 상상력이 풍부하다 보니 이 소문을 과신하는 것인지도 모른다.

---

1 — 1939년 12월 8일 이광수는 수양동우회 사건 1심에서 무죄판결을 받았다.

1939년 12월 13일 수요일

일본으로 이출될 쌀은 600만 석이 아니라 150만 석이라고, 신문들이 보도했다. 어느 쪽이 사실인지 종잡을 수가 없다.

1939년 12월 19일 화요일

밤늦게 커피를 마신 데다, 우리 쌀이 과천에서 서울까지 무사히 당도할 수 있을까 하는 걱정이 앞서 뜬눈으로 밤을 지새우다가 새벽 3시 30분이 되어서야 비로소 잠이 들었다. 아침 6시 30분 우리 쌀 46가마를 실은 트럭이 무사히 당도했다. 얼마나 기뻤는지 모른다. 운송비는 90원이었다. 물론 그 90원 중에서 얼마가 M.S(윤치호의 농장 관리인을 가리키는 것 같다—옮긴이)의 주머니 속으로 들어갔는지는 모르겠다. 이 극심한 흉년에 자기 논에서 수확한 곡식도 먹지 못하게 하는 통치자들을 우리가 고맙게 여겨야 하는 건가?

1939년 12월 20일 수요일

오후 4시부터 반도호텔에서 『매일신보』 후원으로 원탁회의가 열렸다. 일본인 측에서는 유가미 씨, 『매일신보』의 이노우에 씨, 그리고 몇몇 인사들이 참석했다. 조선인 측에서는 한상룡 씨, 장덕수 군, 이광수 군과 내가 참석했다. 최린 씨가 사회를 보았다. 어떻게 하면 요즈음 젊은이들을 건전한 사고와 행동으로 이끌 수 있을까 하는 게 토론 주제였다. 흥미로운 이야기는 전혀 없었다.

이광수 군이 창씨개명 문제에 대해 명확한 견해를 피력했다. "(1) 당국은 창씨개명을 강요하는 일은 없을 거라고 말합니다. 그러나 그들은 갖가지 수단과 방법을 동원해서 우리가—우리들 대부분이—창씨개명하도록 조처할 것이 틀림없습니다. (2) 우리 어른들이야 창씨개명할 필요가 없을지도 모릅니다. 하지만 아이들은 입학과 취직 시에 차별대우를 받을 것입니다. (3) 900년 전으로 거슬러 올라가면, 우리 조선인에겐 지금과 같은 성이 없었습니다. 김씨, 이씨, 박씨, 기타 성씨는 다 중국에서 빌려온 것입니다."

1940년 1월 2일 화요일

눈이 조금 흩날렸다. 눈이 와야 한다. 보리 이삭을 적실 만큼, 그리고 봄이 오자마자 논에 물을 댈 수 있을 만큼 많은 양의 눈이 와야 한다. 경악을 금치 못할 만한 가뭄으로 인해 농민들은 벌써부터 마음이 초조하다. 서울의 쌀가게들 문전은 지난 몇 달 동안 매일같이 조금이라도 쌀을 구하려는 인파로 장사진을 이루고 있다. 겨울이 깊어지고 비축미가 점점 줄어들면서 인파는 더더욱 늘어만 가고 있다. 사람들은 올봄에 매우 위태로운 시기가 닥칠 거라고 내다보고 있다.

1940년 1월 4일 목요일

창씨개명할 것인가, 아니면 조선인 고유의 이름을 고수할 것인가 하는 문제 때문에 조선인, 특히 지체 높은 양반층이 골머리를 앓고 있다. 미나미 총독은 조선인에게 창씨개명을 강요할 생각이 없다고 천명했다. 그런데 그가 뒤이어 조선인이 창씨개명하면 흐뭇하게 생각할 거라는 점을 분명하게 시사하는 바람에 상황이 더욱 복잡해졌다. 난 조선의 모든 걸 일본화하도록 강요하는 이 열병이 꽤나 부질없고 어리석은 처사라고 생각한다. 다양성이야말로 삶을 풍요롭게 하는 양념 같은 것이다. 일본이 열망하는 대제국은 당연히 다민족으로 구성되어야만 한다. 다민족 구성원들에게 모든 점에서 똑같아지라고 강요하는 건 불가능하고 어리석은 정책이랄 수밖에 없다.

1940년 1월 5일 금요일

사촌 동생 치영에게서 전화가 왔다. 그는 자기가 들은 소문에 근거해서 아베[1] 내각이 2~3개월 안에 사퇴 압력을 받을 것이며, 우가키나 미나미가 총리대신에 오를 거라고 생각하고 있다. 그는 또 미나미가 조선을 떠나게 될 경우에는, 전 조선군 사령관인 고이소 장군이 총독에 취임하게 될 거라고 생각하고 있다. 난 단지 그의 정보가 얼마나 정확한지 보기 위해 이 얘기를 기록해둘 뿐이다.

---

1 — 아베 노부유키(阿部信行, 1875~1953)는 육군성 군무국장, 육군차관, 타이완군 사령관을 거쳐 1939년 8월 총리대신에 올라 내각을 구성했다. 그러나 5개월 만에 '약체 무능 내각'이라는 평가를 받으며 퇴진했다. 그 후 조선의 마지막(제9대) 총독으로 부임했는데, 역대 조선 총독 중 별다른 특징이 없는 총독이라는 평을 받았다.

1940년 1월 7일 일요일

오후 3시 30분에 사촌 동생 치소, 치영, 동생 치왕, 치창과 함께 사촌 동생 치오 집에 모여 창씨개명 문제를 논의했다. 치창, 치왕, 치오는 아이들을 위해 창씨개명을 해야 한다는 입장이었다. 반면에 치영은 창씨개명을 완강히 반대했다. 치소는 아직 이 문제에 대한 입장을 정하지 못했다.

윤치호 후손들 1960년 8월 26일 윤보선이 제4대 대통령에 취임하고 난 직후 청와대에서 윤치호의 후손들이 기념 촬영을 했다. 왼쪽부터 윤일선(윤치호의 당조카, 당시 서울대학교 총장), 윤치영(윤치호의 사촌 동생, 전 국회 부의장), 윤보선(윤치호의 당조카, 당시 대통령), 윤치왕(윤치호의 동생, 전 세브란스병원장), 윤치창(윤치호의 막내 동생, 전 주영공사), 윤영선(윤치호의 장남, 전 농림부장관)이다.

1940년 1월 14일 일요일

아베 내각이 오늘 퇴진했다. 중일전쟁이 발발한 지 2년 반 만에 새 내각이 교체됐다.[1] 일본이라는 거함에 유능한 조타수가 없는 모양이다. 군국주의자들은 정당의 부패와 무능을 명분 삼아 정권을 손에 넣었지만, 민간인과 군 모두의 신실한 복종을 이끌어낼 수 있을 만한 지도자를 전면에 내세우지는 못했다. 새 내각이 중일전쟁을 합리적이고 만족스런 방향으로 종결지을 수 있었으면 좋겠다. 그래야만 강성한 일본이 1937년 7월 7일 이후 감수해오고 있는 혹독한 희생을 보상받을 수 있을 것이다.

---

1 — 고노에 후미마로(近衛文麿) 내각, 히라누마 내각, 아베 내각을 가리킨다.

1940년 1월 16일 화요일

14명의 각료로 구성된 내각(요나이 미쓰마사米內光政 내각을 가리킨다―옮긴이)이 오늘 오전에 천황에게서 임명장을 받았다. 새 내각의 각료 중 3명은 조선에서도 널리 알려져 있는 인사다. 고다마 백작은 사이토 총독 휘하에서 한때 정무총감을 지낸 적이 있는데, 이번에 내무대신으로 입각했다. 고이소 신임 척무대신은 현 나카무라 조선군 사령관의 전임자였다. 마쓰우라 신임 문부대신[1]은 한때 경성제국대학 총장을 지낸 바 있다. 주요 정당의 지도자가 4명이나 포함된 것으로 보아, 새 내각이 이번에 퇴진한 내각보다 세력기반이 더 넓은 것 같다. 이번 내각이 중일전쟁이라는 곤경에서 일본을 구해내 일본뿐만 아니라 동양 전체에 평화를 가져다주었으면 좋겠다.

---

1 ― 마쓰우라 시게지로(松浦鎭次郞, 1872~1945)는 도쿄제국대학 정치학과를 졸업하고 문부대신 비서관, 문부차관 등을 지냈다. 조선에 건너와 경성제국대학 총장과 총독부 학무국장을 역임하고, 규슈제국대학 총장으로 자리를 옮겼다. 그 후 귀족원 의원, 문부대신 등을 지냈다.

1940년 1월 25일 목요일

오전에 유억겸 군이 전화로 알려준 바로는, 총독부 경무국 보안과장이 백관수 동아일보사 사장[1]에게 오는 2월 11일 이전에 신문 발행을 중단하라고 지시했단다. 그는 이런 비상조치를 발동한 까닭에 대해 아무런 설명도 하지 않았다고 한다. 『동아일보』 인사들은 미나미 총독을 만나 신문 폐간 결정을 철회해줄 것을 간청해달라고 유군을 통해서 내게 요청했다. 난 유군에게, 이런 미묘한 문제를 교섭할 만큼 총독과 돈독한 사이는 아니라고 말했다. 다만 곤도 총독 비서관을 만나 총독에게 내가 진정한 내용을 전해달라고 요청해보겠다고 약속했다. 낮 2시에 곤도 씨를 찾아가, 『동아일보』가 조선 통치에 장애가 된다고 여겨지지 않는다면, 또 폐간이 총독부의 확정된 방침이 아니라면, 폐간 결정을 철회해줄 것을 총독에게 간청해달라고 부탁했다.

---

1 ─ 백관수(白寬洙, 1889~?)는 1919년 2·8독립선언의 중심인물로, 조선일보사 중역을 거쳐 1937년 『동아일보』 사장에 취임했다. 1940년 『동아일보』 강제 폐간 당시 폐간계에 날인하지 않아 1개월간 구금됐다. 해방 후 한민당의 중심인물로 제헌의원을 지냈다.

1940년 1월 27일 토요일

오전 11시 30분부터 오후 5시까지 부민관에서, 중국 북부 산시성 전선에서 지금 막 귀환한 5명의 지원병을 환영하는 오찬모임이 열렸다. 1시부터 4시 30분까지 지원병들은 부민관을 가득 메운 중학교 및 전문학교 학생들에게 강연했다. 귀환한 병사들의 개인적인 경험, 즉 그들의 고투와 승리는 매우 인상적이었다. 적절한 훈련과 유능한 지도력만 갖추어진다면 조선 청년도 훌륭한 군인이 될 것이다. 일본의 전사들이야말로, 그들에게 가장 훌륭한 스승이 될 것이다.

1940년 2월 1일 목요일

조선의 거의 모든 가장이 창씨개명 문제로 애간장을 태우고 있다. 총독으로부터 하위 관리에 이르기까지 당국자들은 이 문제가 어디까지나 개인의 선택에 맡겨질 것이며, 결코 강제적인 건 아니라고 공언한다. 하지만 우리 모두는 당국자들이 조선인의 창씨개명을 원하고 있으며, 그들이 창씨개명을 거부하는 사람들에게 곱지 않은 시선을 보낼 거라는 사실을 너무나 잘 알고 있다. 총독부 기관지 『경성일보』는 어제 사설에서 이렇게 말했다. "창씨개명하는 조선인의 수가 나날이 늘고 있다. 신질서의 실현이 가시화되기 위해서는 마땅히 이렇게 되어야만 한다. 편견을 가지고 이 운동을 방해하려는 자들은 당국에 의해 철퇴를 맞게 될 것이다. 이자들은 민족주의와 정치적 동기로—조선 독립, 즉 반일주의로—인해 창씨개명을 반대하고 있다." 당국자들이 조선 고유의 이름을 고수하려는 사람들을 반일분자, 즉 불순분자로 여길 게 뻔하다.

1940년 2월 8일 목요일

오늘은 경진년 음력 설날이다. 당국은 조선인이 음력설을 쇠지 못하게 하려고 온갖 노력을 기울여봤지만, 조선인은 묵묵히, 그러나 끈질기게 음력설을 쇤다. 오래된 관습은 쉽게 사라지지 않는 법이다.

1940년 2월 17일 토요일

이훈구 조선일보사 부사장[1] 말로는, 조선일보사도 총독부 공보과로부터 이달 말에 신문 발행을 중단하라는 통고를 받았다고 한다. 그는 『동아일보』, 『조선일보』 모두 폐간하는 것 외에는 다른 방도가 없다고 생각하고 있다.

---

1 — 이훈구(李勳求, 1896~1961)는 일본과 미국 유학을 거쳐 1931년 숭실전문학교 교수로 부임했다. 숭실전문이 신사참배 거부 문제로 폐교되고 난 후, 1938년 『조선일보』 주필로 자리를 옮겨 1940년 부사장에 올랐다. 해방 후 제헌의원, 참의원 의원, 성균관대 총장 등을 역임했다.

1940년 3월 12일 화요일

오전 10시 이화여자전문학교 졸업식에 참석했다. 모든 식순이, 심지어 기도조차 일본식으로 진행됐다. 16개 식순 중 8개가 이른바 애국적 성격의 것이었다. (1) 국기에 대한 경례, (2) 궁성요배,

(3) 일본 국가 제창, (4) 교육칙어 낭독, (5) 청년의 의무에 관한 칙서 낭독, (6) 황국신민서사 제창, (7) 「우미 유카바」(「바다에 가면」이라는 노래로 전쟁터에 군인을 내보낼 때 부르던 노래—옮긴이)」 제창, (8) 일본군의 승전을 기원하는 묵도 등 말이다.

1940년 3월 14일 목요일

1938년 5월 28일 부크먼 박사가 도덕재무장운동을 시작했다.[1] "이 운동은 1년 만에 영국을 거쳐 전 세계 50개국으로 퍼져나갔으며, 현대의 가장 확실한 종교운동의 하나로 자리를 잡았다."[2] 부크먼 박사는 다음과 같이 말했다. "국가는 도덕적으로 재무장해야 한다. 완전무결한 정직과 이타심의 물결이 전 세계 모든 나라에 넘쳐난다고 상상해보라! 그러면 전쟁도 끝날 것이다." 모두가 맞는 말이다. 평화는 정의에 기초하지 않으면 오래 지속될 수 없다. 그러나 극심한 빈국이 원한다고 해서 강성한 부국이 자기들이 가지고 있는 무진장한 자원을 개방하겠는가? 강대국이 먼저 정의롭고 공정하게 경제적 재분배를 단행한다면 모를까, 도덕재무장운동이 진정한 세계평화를 가져다주지 못할 게 뻔하다.

---

1 — 도덕재무장운동(MRA운동)은 미국의 부크먼 목사가 시작한 현대 초교파 부흥운동이다. 부크먼은 1922년 도덕적 절대가치를 표방하며 전 세계적인 전도운동에 나섰으나 별다른 호응을 얻지 못하다가, 나중에 영국 옥스퍼드대학교에서 상당한 지지를 받게 됐다. 그후 영국, 네덜란드, 미국, 남아프리카공화국 등 여러 나라에서 집회를 열어 갈수록 성공을 거두었고, 1938년 이를 도덕재무장운동이라 명명했다.
2 — 아마도 이 부분은 신문이나 잡지의 기사 내용을 그대로 옮겨 적은 것 같다.

1940년 3월 18일 월요일

몇 년 전 홍병선 군이 세계 일주를 마치고 돌아

와 강연을 통해, 서양을 둘러보니 사람은 악해야 잘산다는 엄연한 사실을 깨닫게 됐노라고 말했다. 그는 이 적나라한 언급으로 구설수에 올랐다. 내 생각엔 그가 서양 대제국들이 모두 악해서 강성해졌다는 걸 직접 관찰하고 연구해서 이런 결론에 도달했던 것 같다.

영국의 한 작가는 자기 나라가 인도人道를 위해 싸우고 있다고 말했다. 그 스스로도 이런 주장이 독자들의 비웃음을 살 거라는 사실을 시인했다. 물론 나도 그를 비웃었다. 스탈린과 히틀러의 야만적인 침략정책으로 위협받고 있는 약소국들은 영국이 유럽에서 지배권을 계속 유지해야만 평화롭게 살 수 있다는 것이 그가 말하고자 하는 취지였다. 사실 영국, 프랑스, 미국은 남아도는 전리품을 앞에 두고 희희낙락하는 강도다. 이와는 반대로 독일과 이탈리아 등은 전리품을 찾아 헤매는 굶주린 강도다. 눈에 불을 켜고 달려드는 강도보다는, 이미 훔칠 만큼 훔쳐내 만족해하고 있는 강도와 함께 사는 게 좀 더 안전하긴 할 것이다.

1940년 3월 26일 화요일

난 박천택 동양평화협회 회장에게 조선에서 이 운동을 발기할 만한 사람은 아무도 없다고 말했다. 뿐만 아니라 일본에도 아무도 없을 거라고 말했다. 왜냐하면 세계는 평화를 깨뜨릴 만한 힘이 없는 자가 주도하는 평화협회를 신뢰하지 않을 것이기 때문이다. 도쿄의 대원로인 츠모토나 인도의 간디가 평화단체의 출범을 제안하러 조선에 온다 하더라도, 난 그들을 상대하지 않을 것이다. 왜냐하면 그들에겐 평화를 깨뜨릴 만한 힘이 없기 때문이다. 만일 일본 육·해군 지도자들이 이 운동을 시작한다면, 그때는 기꺼이 동참할 것이다. 왜냐하면 그들에겐 평화를 가져오거나 전쟁을 일으킬 만한 힘이 있으니까.

1940년 3월 28일 목요일

이 세상은 약육강식의 원칙이 지배하는 원시 정글 생활로 되돌아가버리고 말았다. 시종일관 건전한 양심과 이성을 견지하며 이렇게 험한 세상을 살아나간다는 건, 면도기와 이쑤시개만 들고 아프리카의 정글을 헤쳐나가겠다는 말과 똑같다. 그러므로 오늘날 확실한 성공을 거둔 개인이나 국가는 양심이나 이성이 조금도 없는 이들이라고 말할 수 있다.

1940년 3월 29일 금요일

반도호텔에 가서 경성부윤과 경기도 경찰부장이 소집한 회의에 참석했다. 지원병후원회의 기금을 모금하는 방안이 논의됐다. 경찰 및 군 간부들이 상당수 참석했다. 이대영 군과 조병상 씨는 30만 원을 모금하자고 제안했는데, 경성부윤이 이를 반대하고 나섰다. 결국 10만 원으로 낙착됐다.

1940년 3월 30일 토요일

오늘 중국에서, 아니 난징에서 왕자오밍을 수반으로 하는 새 정부가 수립되어 새 시대가 열렸다.[1] 난 새 정권이 중국의 평화정착에 성공하길 진심으로 바란다. 물론 왕씨는 일본의 보호 아래서 그렇게 해야만 할 것이다. 일본이 군사작전에서 엄청나게 돋보이는 것처럼, 중국에서의 정치적 수완에 있어서도 노련함을 보여주었으면 좋겠다.

---

1 ─ 왕자오밍(汪兆銘, 1883~1944)은 중국의 거물급 정치인으로 일명 왕징웨이(汪精衛)라 불렸다. 청나라 마지막 황제인 푸이의 아버지를 암살하려다 발각되어 투옥됐으나, 신해혁명으로 영웅이 됐다. 쑨원(孫文)을 도와 국민당 최고위급 지도자로 부상했으며, 1920년대 후반부터 국민정부의 지배권을 놓고 장제스와 경쟁 관계에 들어갔다. 특히 국공합작을 추

진하는 국민당 좌파의 지도자로 활동했다. 그러나 중일전쟁 발발 이후인 1940년 3월 30일 난징에서 친일 정부를 세웠다.

1940년 4월 11일 목요일

영국과 프랑스가 노르웨이에 공동원조를 약속했다고, 신문들이 보도했다. 노르웨이가 가엾기 그지없다. 에티오피아, 체코슬로바키아, 폴란드, 핀란드, 노르웨이, 이 나라들은 모두 영국이 그토록 후하게 약속했던 공약空約으로부터 뭘 얻었는가? 사실 영국은 지금 유럽의 중국이나 다름없다. 즉 민족적—앵글로색슨인—자만심에 흠뻑 젖어 허장성세를 부리곤 있지만, 사실상 남을 도울 능력은 없다.

사실 영국과 프랑스가 가장 파렴치하고 가장 행동이 민첩한 히틀러와 대적하고 있다는 것 자체가 놀라운 일이다. 독일이 눈 깜짝할 사이에 덴마크와 노르웨이를 점령한 게 영국과 프랑스의 방심 때문이었다는 말이 가당키나 한 소린가? 그럼 영국과 프랑스가 지구상에서 자기들의 지위를 유지하고, 다른 도둑들이 자기들 전리품에 손대지 못하게 하려고 국제연맹과 여러 가지 전쟁방지 장치를 고안했던 건 뭐지?

1940년 4월 19일 금요일

(중략)

1년 만에 개성에 왔다. 1년 동안 철도가 복선화됐고, 임진강 위에 새 철교가 부설됐으며, 수색역이 평지에 재건축됐다. 일본인 친구들이 도처에서 보여주고 있는 저 정력과 능력을 보라! 조선인이 저만큼 하려면 긴 세월이 걸렸을 것이다.

1940년 4월 21일 일요일

사촌 동생 치영의 말로는, 1~2개월 전에 도쿄에 간 송진우 군이 다나카 척무차관[1]을 만나 2월 11일까지『동아일보』를 폐간하라는 총독부 경무국 보안과장의 명령을 철회해달라고 간청했다고 한다.[2] 그 결과『동아일보』는 당분간 폐간의 위기로부터 벗어날 수 있게 됐으나, 송군은 감히 서울에 돌아올 수 없었다고 한다. 그러다가 1~2일 전 그가 서울에 돌아와 곧바로 종로경찰서의 감시 대상에 올랐다고 한다. 내 생각엔 송군이 도쿄의 유력 인사들을 찾아가 도움을 청한 건 좀 어리석은 일이었다. 총독부 경무국은 그가 조선 내에 있는 당국자들을 제쳐두고 도쿄의 실력자들을 찾아가 자신의 불만을 직접 토로했다는 사실을 결코 잊지 않을 것이고, 용서하지도 않을 것이다. 경찰은『동아일보』를 문 닫게 할 구실을 얼마든지 찾아낼 수 있다.[3]

---

1 — 제2부 제1장의 1932년 7월 11일자 일기 내용과 주 참조.
2 — 1940년 1월 하순 송진우는 일본에 건너가 우사미, 세키야, 마루야마 등 총독부 관료 출신의 중의원 의원들과 고이소 척무대신, 다나카 척무차관 등을 만나 총독부 당국의『동아일보』폐간 방침이 부당하다고 호소해 일본 정계에 파문을 일으켰다.
3 — 윤치호의 예견대로 총독부 당국은 1940년 6~7월경『동아일보』에 대해 이른바 '경리부정 사건'을 조작하고, 더 나아가 독립운동 자금을 전달하려 했다는 이유로 동아일보사 간부들을 구속했다.

1940년 4월 25일 목요일

머리도 좋고 정직하기까지 한 종복이나 피고용인을 구한다는 건 거의 불가능한 일이다. 난 그런 사람을 한 번도 본 적이 없다. 종복은 남자건 여자건 낭비가 심하고 교활하며, 주인에게 감사할 줄을 모른다. 지위가 높은 피고용인일수록 게으르고 무능하며, 주인에게 감사할 줄을 모른다. 보수를 많이 주면 줄수록 그들은 더욱 게을러

윤치호 집안사람들 윤치호(한가운데 색동옷을 입고 아이를 안고 있음)의 환갑잔치 때 모인 윤치호의 친척들.

지고 교활해지며, 더더욱 주인에게 감사할 줄 모르게 된다. 이건 나 자신이 직접 경험한 일일 뿐만 아니라, 피고용인을 두어야 하는 모든 사람의 한결같은 불만이기도 하다. 조선인이 은행이나—한성은행과 동일은행에서 보듯이—능력과 정직성이 절대적으로 요구되는 회사를 경영하는 데 실패한 게 바로 이 때문이다. 일본인 통치자들이 행정관서와 기업체에서 조선인을 차별대우하는 게 바로 이 때문이다.

일본이 조선인에게 독립국가를 운영하도록 모든 현대적 발전과 함께 정부를 넘겨준다손 치더라도, 조선인이 죽으나 사나 오로지 할 일은 파벌투쟁과 살육뿐일 것이다. 장기적인 관점에서 보았을 때, 조선인은 아직 독립할 준비를 갖추지 못했다.

1940년 4월 29일 월요일

낮 1시부터 사촌 동생 치소 집에서 해평 윤씨 종친회가 열렸다. 주요 안건은 우리 숙부 윤영렬이 세상을 떠나 공석이 된 문장門長을 새로 선출하는 일이었다. 나이와 항렬을 고려했을 때, 차기 문장

후보는 당연히 나였다. 하지만 난 지난 30년 동안 사실상의 문장으로 활동해온 치소를 지지하며 사퇴했다. 마침내 그가 문장으로 공식 선출됐다.

그러나 지방에서 올라온 많은 사람들에게—100명을 상회했다—더더욱 중요한 안건은 창씨개명 문제에 대한 윤씨 문중의 거취 문제였다. 윤덕영 씨는 창씨개명을 결사적으로 반대하고 나섰다. 그는 이런 모임에 참가하기에는 너무나 자존심이 강했던 나머지, 추종자들을 동원해 이 문제가 아예 거론되지 못하도록 봉쇄하려 했다. 그러나 참석자의 절대다수는 이 문제를 안건으로 채택한 후, 만장일치로 창씨개명하기로 결정했다.

1940년 5월 1일 수요일

오전 11시에 미나미 총독을 면담했다. 난 그에게 이렇게 말했다. "전 내선일체를 완성하는 수단으로 조선인의 창씨개명을 찬성하는 사람입니다. 그런데 이 정책을 반대하는 사람들이 개진하는 세 가지 이유를 총독 각하께 말씀드리고 싶습니다. (1) 창씨개명을 반대하는 이들은 도쿄에서 창씨개명을 반대하고 있다는 이유를 듭니다. 전 이것이 합당한 사유는 될 수 없다고 생각합니다. 총독부가 도쿄에 있는 특정 인사의 의견을 추종해서 조선의 세부 정책을 입안해 실행하지는 않을 거라는 사실 때문이죠. (2) 창씨개명을 반대하는 이들은 조선에 거주하고 있는 일본인이 창씨개명을 반대한다는 이유를 듭니다. 창씨개명으로 일본인과 조선인의 구별이 사라지게 될까봐 그렇다는 겁니다. 다시 말해서 조선인 모두가 일본식 이름을 갖게 되면 자기들의 우월감이 사라지게 될까봐 우려하는 일본인이 있다는 겁니다. 전 특정 부류의 일본인이 가지고 있는 이 우월감을 타파하기 위해 전력을 기울이고 있는 총독 각하께 우리 조선인이 고마움을 느껴야 한다고 생각합니다. (3) 창씨개명을 반대하는 조선인은, 지난 수백 년 동안 조선인 이름을 간직해온 우리 조선인이 지금처럼 김씨, 이씨 등으로 살면서 충량한 일본 신민이 되지 말라는 법이 어디 있느냐고 말합니다. 전 이 주장에 꽤 설득력이 있다고 생각합니다. 조선인이 충분한 시간을 갖고 이 문제를 결정할 수 있게 마감시한을 오는 8월 11일로부터 6~10개월 정도 늦추면 어떨까 싶습니다."

1940년 5월 3일 금요일

(미나미 총독과의 면담 계속)

내가 말을 끝내자, 총독은 내 얘기를 종이에 메모해두고는 내가 건의 사항을 말한 데 대해 고마움을 표했다. 그저께 집으로 돌아오는 길에 마쓰오카 종로경찰서장을 찾아갔다. 총독에게 말한 내용과 창씨개명 마감시한을―8월 11일을―1941년 4~8월로 늦추어달라고 건의한 사실을 일러주었다. 서장은 기한이―2월 11일~8월 11일―너무 짧다는 내 의견에 동의하는 것 같았다. 그는 이달 중에 열릴 경찰서장 회의에서 기한 연장 문제를 건의해보겠다고 약속했다.

1940년 5월 17일 금요일

약속한 대로 오후 2시 30분에 미나미 총독을 면담했다. 그는 창씨개명 기한을 연장하는 문제에 대해 법무국장(미야모토 겐宮本元 법무국장(재임 1937년 12월~1943년 1월)을 가리킨다―옮긴이)과 상의해보았는데, 세 가지의 곤란한 점이 있다는 걸 알게 됐다고 말했다. (1) 기한연장 신청서를 도쿄 내각에 제출해야 한다는 점, (2) 천황의 재가를 받기 위해 신청서를 제출해야 한다는 점, (3) 추밀원의 조사를 통과해야 한다는 점이었다. 총독부 당국은 천황의 재가를 얻기가 어렵다는 점을 들어 이 문제를 도쿄로 가져가는 것에 대해 난색을 표명하고 있다고 한다. 총독은, 예정대로 8월 11일에 마감시한이 종료된 후라도 창씨개명을 원하는 이들에겐 정식 기간 내에 창씨개명한 사람과 똑같은 편의를 제공하도록 조처하겠다고 말했다.

(중략)

1940년 5월 18일 토요일

낮 2시에 사촌 동생 치소 집에 가서 문중모임에 참석했다. 이 자리에서 이토伊東라는 일본식 성으로 바꾸기로 결정됐다.

1940년 5월 21일 화요일

(중략)

오늘 아침에 발행된 『경성일보』는 내가 창씨개명하기로 결정했다고 보도했다.

1940년 5월 22일 수요일

(중략)

오후에 들쭉 주스 6병이 들어 있는 선물상자를 받고는 깜짝 놀랐다. 내 평생 처음으로 총독에게서 선물을 받아보았다. 미나미 총독은 내가 창씨개명하기로 했다는 기사를 읽고 기분이 좋았나보다.

1940년 5월 24일 금요일

어제 도쿄로 떠난 미나미 총독이 이참에 총독직에서 해임되고, 하야시 장군[1]이 후임자로 임명될 것 같다는 내용의 소문이 나돌고 있다. 사람들의 원성이 이런 소문을 만들어낸 것일 수도 있겠으나, 미나미 총독이 경찰, 학교, 관공서 등을 통해 조선인에게 창씨개명과 관련한 압박을 가해서 원성을 산 것만큼은 엄연한 사실이다.

1 — 하야시 센주로(林銑十郞, 1876~?)는 조선군 사령관, 육군대신을 거쳐 내각 총리대신 겸 육군대신을 지낸 일본 육군의 최고 실력자였다.

1940년 5월 25일 토요일

내선일체는 미나미 총독의 주요 목표이자 도락道樂이었다. 동양인의 동양을 만들기 위해서는 내선일체의 완성이 필수적이라고, 그는 기회가 생길 때마다 번번이 주장해왔다. 일본의 한 저술가는 내선일체가 일본 민족의 사활이 걸린 문제라고 말한 바 있다. 적대 세력이 조선을 점령할 경우 일본에게 무슨 일이 닥칠지 모른다는 점을 떠올린다면, 이 선견지명이 있는 사람들이 말하는 게 무슨 뜻인지 쉽게 이해할 수 있다. 그래서 그들은 내선일체를 달성하기 위해 수단과 방법을 가리지 않고 있다. 조선인에게 창씨개명하라고 격려하거나, 심지어 강요하는 것도 따지고 보면, 조선 민족을 일본의 근간이 되는 민족으로 틀어쥐기 위한 방법 중의 하나라고 할 수 있다. 당국이 이미 창씨개명하기로 결정한 이상, 그들은 조선인이 창씨개명하도록 조치를 취할 것이다. 그들은 창씨개명을 거부하는 저명한 조선인을 반일분자로 블랙리스트에 올릴 것이다. 난 차마 우리 아이들 이름이 블랙리스트에 오르게 만들 수는 없다. 그래서 창씨개명을 결정한 것이다. 더구나 현 상황에서는 조선 민족이 일본 민족과 하나가 되는 게 최선의 방책일 것이다. 스코틀랜드가 양자의 이익을 위해 영국과 하나가 된 것처럼 말이다.

1940년 5월 29일 수요일

오전 9시 15분 기차를 타고 육군병 지원자 훈련소에 가서 지원병 제4기 총 296명의 수료식에 참석했다. 2년 전 전선에 파견됐던 지원병은 좋은 성과를 올렸다. 총독부는 6개월의 훈련 기간을 4개월로 줄이고, 각 기수 인원을 1천 명씩으로 해서 총원을 3천 명으로 늘리기로 결정했다. 하지만 이렇게 많은 인원을 한꺼번에 훈련시키기에는 기간이 너무 짧다고 우려하는 이들이 적지 않다.

1940년 5월 30일 목요일

지방에서는 경찰, 군수, 면장이 주민들에게 창씨개명을 강요하고 있다. 그들은 창씨개명하지 않은 사람이 집을 짓거나 매입하는 경우에 인가를 내주지 않고 있다. 일부 지역에서는 소학교에 입학하려는 아이들이 창씨개명하지 않으면 취학연령 아동임을 입증하는 증명서를 발부해주지 않고 있다.

1940년 5월 31일 금요일

창씨개명에 결사반대하는 유억겸[1]의 말로는, 이광수가 감히 일본에 갈 수가 없다고 한다. 일본에 있는 조선인이 창씨개명한 그를 가만 놔두지 않겠다고 협박하고 있기 때문이란다.[2]

---

1 — 유억겸은 끝까지 창씨개명을 하지 않았다.
2 — 이광수는 1940년 2월 11일 창씨개명 신청 접수가 시작되자마자 경성부 호적과에 신청서를 제출했을 뿐만 아니라, 『매일신보』 2월 20일자에 창씨개명에 대한 의견을 담은 「창씨와 나」라는 글을 발표해 세간을 놀라게 했다.

1940년 6월 3일 월요일

정오쯤 이광수를 방문했다. 그는 출타 중이었다. 굉장히 똑똑한 그의 부인과 담소를 나누었다. 그녀의 말로는, 자기 남편이 창씨개명한 후 1천 통 이상의 편지를 받았는데, 하나같이 욕설을 퍼붓거나 가만 놔두지 않겠다고 협박하는 내용이었다고 한다. 요즘에도 하루 평균 5통의 편지가 온다고 한다.

1940년 6월 15일 토요일

어제 오후 프랑스가 독일군에 항복했다고,[1] 조간신문들이 일제히 보도했다. 힌덴부르크, 루덴도르프, 황제가 4년에 걸쳐 실패했던 일[2]을 히틀러가 두 달 만에 해치운 것이다. 이로써 히틀러는 나폴레옹 이후 최고의 전사임을 입증했다.

---

1 — 1940년 6월 14일 독일군이 파리에 무혈 입성했다.
2 — 제1차 세계대전에서 독일이 연합군에 패배한 것을 가리킨다. 힌덴부르크(P. Hindenburg)와 루덴도르프(E. Ludendorff)는 제1차 세계대전 당시 독일군의 참모총장과 참모차장을 맡아 독일의 군사정책 및 전략을 총괄 지휘했으나, 끝내 승리하지 못했다. 당시 독일의 황제는 빌헬름 2세였다.

1940년 6월 16일 일요일

우리의 창씨개명에 대한 공식 인가증을 발부받았다.

1940년 6월 18일 화요일

프랑스 내각이 정전을 호소하면서 항복을 결정했다고, 신문들이 보도했다. 이 세상에서 가장 완벽한 육군을 보유하고 있다고 큰소리쳤던 프랑스가 구멍 난 고무공처럼 찌부러지다니, 정말이지 어안이 벙벙할 뿐이다. 프랑스군 내부의 공산주의 세포들이 자본주의를 위해 싸우길 거부했다고 말하는 이들도 있다. 그래서 모든 국가는 영토를 보전하고 독립을 유지하기 위해서 나치즘이나 파시즘을 채용해야 할 판이다.

이탈리아에 의해 직접적으로 힘을 보강하고 소련의 간접적 도움을 받고 있는 독일의 맹공을 영국이 견뎌낼 수 있을까?

1940년 6월 24일 월요일

한 달간 도쿄를 순방하고 오늘 오전 직무에 복귀한 미나미 총독이 오후에 내게 '츠쿠다니(생선, 조개, 해초 등을 조려서 만든 일본의 반찬이다—옮긴이)' 한 상자와 만년필을 선물로 보냈다. 이 무뚝뚝하고 전제적인 전사가 내게 사적인 친절을 베푼 게 고맙기도 하고 놀랍기도 했다.

1940년 6월 29일 토요일

군 당국이 최린 씨를 통해 충칭重慶의 상황에 대해 라디오 방송 연설을 해달라고 청해왔다. 군 당국이 이 연설을 주관하는 것인 만큼, 난 더더욱 이 요청을 수락해야만 했다. 난 당연히 우리말로 연설하는 것이라고 생각했다. 그런데 영어로 연설해야 하고, 연설문 원고도 번역해주어야 한다고 방송국이 오늘 오후에 알려주었다. 대단히 성가신 일이 아닐 수 없었다. 하지만 난 꼬박 3시간이나 걸려가면서 원고를 번역해야만 했다.

1940년 6월 30일 일요일

밤 10시 사촌 동생 치영과 함께 방송국에 가서, 라디오 방송을 통해 연설 원고를 단숨에 읽어내려갔다. 내가 연설을 마치자, 한 중국인이 표준 중국어로 통역했다. 난 충칭의 중국인이 내 연설을 듣고 감화를 받아 교훈을 얻었으면 좋겠다. 그건 그렇고, 내가 라디오를 통해 연설하기는 이번이 처음이다. 그것도 영어로 연설했다. 이번에 중국인에게 라디오 방송을 통해 연설한 게 처음이자 마지막이었으면 좋겠다.

1940년 7월 5일 금요일

사촌 동생 치영이 전해준 바로는, 미나미 총독이 10월 말쯤 해임될 거라는 소문이 나돌고 있다고 한다. 또 우사미, 세키야, 마루야마,[1] 다나카, 사카다니, 유아사,[2] 고다마, 미즈노 같은 지도자들이 조선인에게 창씨개명을 강요하는 데 대해 적극 반대하고 있다는 소문도 나돌고 있다고 한다. 아울러 300명 정도의 청년 학생이 창씨개명을 반대하거나, 아버지에게 창씨개명 반대를 종용했다는 혐의로 서대문경찰서에 구금되어 있다는 소문도 있다고 한다. 그런데 이 소문들은 서로 아귀가 맞지 않는다. 만일 도쿄의 반대가 워낙 강력해서 총독과 정무총감의 자리마저 위협할 정도라면, 이 반대자들은 경찰이 창씨개명에 반대하는 청년들을 괴롭히도록 팔짱만 끼고 가만히 앉아 있지는 않을 거니까 말이다.

---

1 — 마루야마 쓰루키치(丸山鶴吉, 1873~1956)는 도쿄제국대학 정치학과를 졸업하고 1919년 총독부 사무관으로 부임한 후 경무국장에 올랐다. 그 후 타이완 총독부 총무장관, 경시청 경시총감, 귀족원 의원 등의 요직을 거쳤다.
2 — 유아사 쇼헤이(湯淺倉平, 1874~1940)는 도쿄제국대학 정치학과를 졸업하고 경시청 경시총감과 내무차관 등을 거쳐 총독부 정무총감을 역임했다. 일본에 돌아가 내대신을 지냈다.

1940년 7월 8일 월요일

오전에 양주삼 박사를 방문했다. 우리는 늦어도 15일 전에는 도쿄로 출발해야 한다. 난 정말이지 도쿄의 강연모임에 가기가 싫다. 난 강연 듣는 것도 싫고, 강연하는 것도 싫다. 다만 통치자들이 내게 원하는 걸 거역하거나 회피할 수 없어서 도쿄에 가겠다고 동의했

을 뿐이다.[1]

---

1 — 윤치호와 양주삼은 일본의 동양문화학회 주최 동양사정 강좌에 조선 측 연사로 초청을 받았다.

1940년 7월 30일 화요일

도쿄에 와 있다. (중략) 난 우사미 씨와 세키야 씨조차도 만나지 않기로 결심했다. 내 일거수일투족이 감시를 받고 있을 게 틀림없기 때문이다.

1940년 7월 31일 수요일

김종찬의 말로는, 1~2일 전 2명의 조선인 청년이 자기를 찾아와 오는 8월 10일에 『동아일보』와 『조선일보』가 폐간된다고 말하더란다. 이 청년들은 방바닥을 땅땅 내리치면서 "아이고", "아이고" 하며 소리 내 울더란다. 조선이 병합됐을 때도 조선의 우매한 학생들은 방바닥을 두드리면서 "아이고", "아이고" 하며 소리 내 울었다. 방바닥을 두드리면서 통곡해봐야 뭘 할 수 있지?

1940년 8월 1일 목요일

도쿄의 대중목욕탕은 오전에는 영업을 하지 않는다. 2년 전 목욕탕은 정오에 영업을 시작했다. 작년에는 오후 2시가 되어야만 목욕탕을 이용할 수 있었다. 올해도 마찬가지다. 이 대도시가 물과 석탄의 부족으로 몸살을 앓고 있다.

1940년 8월 7일 수요일

신문 보도에 의하면, 영국이 이번 전쟁이 끝나면 인도에게 통치권을 부여하겠다고 약속했단다. 이제 와서 영국이 하는 말을 누가 믿겠는가? 지난 세계대전에서 영국은 인도에게 똑같은 약속을 했다. 위대한 간디는 영국이 이 약속을 지킬 거라고 믿었다. 그래서 전국을 돌며 지지자들을 설득하고 돈과 인력을 제공해 영국이 승전하는 데 적잖이 기여했다. 인도는 분명히 그렇게 했다. 그러나 전쟁이 끝나자 영국은 이 약속을 지키지 않았다. 영국이 인도에게 준 유일한 대답은 저 악명 높은 암리차르 학살일 따름이었다. 영국은 터무니없이 자존심 세고, 느리며, 무기력하다는 점에서 영락없는 '유럽의 중국'이다.

1940년 8월 11일 일요일

어제 저녁 조선의 두 신문인 『동아일보』와 『조선일보』가 폐간호를 발행했다. 두 신문의 폐간으로 조선인이 깊은 상처를 받을 게 틀림없다. 그러나 요즈음이 비상시국이다 보니, 당국의 입장에서도 이들 신문의 발행을 금지할 명분은 충분하다. (1) 용지 절약을 위해서,[1] (2) 일본 신문의 보급을 촉진하기 위해서, (3) 조선인에게서 민족주의에 대한 미련을 완전히 뿌리 뽑기 위해서.[2]

---

1 — 일제가 장기전에 들어서면서 중시하지 않을 수 없었던 문제가 신문 제작에 필요한 자재의 절약 문제였다. 일제는 1938년부터 신문용지의 강제 절감을 명령하고 신문사마다 공급을 할당하고 있었는데, 해마다 그 할당량을 줄여야만 했다. 결국 일제는 고강도의 신문용지 배급 통제가 이루어져야 한다는 판단 아래 조선어 신문들을 폐간시켜버렸다.

2 — 당시 『동아일보』와 『조선일보』의 논조는 총독부 기관지 『매일신보』와 별다른 차이가 없었다. 그럼에도 불구하고 총독부가 이 두 신문을 폐간시킨 것은 이 신문들이 지니고 있던 '민족지'로서의 상징성 때문인 것으로 보인다.

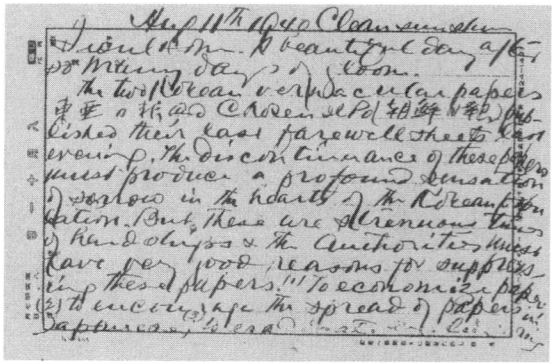

『윤치호 일기』 1940년 8월 11일자

『조선일보』·『동아일보』 폐간호

1940년 9월 1일 일요일

오전 9시 30분 조선대박람회 개막식에 참석했다. 축사가 길어지는 바람에 개막식이 2시간이나 걸렸다. 만주국 대표는 중국어로 장광설을 늘어놓는 바람에 빈축을 샀다. 일본어로 통역해야 하다 보니 상당히 많은 시간을 잡아먹은 것이다.

비상시국임에도 불구하고 이렇게 큰 행사를 마련한 『경성일보』 사장의 노고에 찬사를 보내지 않을 수 없다. 하지만 70만 원이나 되는 거금을 들여 이런 행사를 벌이는 게 과연 현명한 건지 의문이 들지 않을 수 없다. 이름하야 '자발적인 서울 관광'이 그렇지 않아도 가난에 찌들어 있는 전 조선인의 호주머니로부터 푼돈을 모조리 우려낼 것이다.

1940년 9월 2일 월요일

어제부터 새로운 일상생활 프로그램이 반포됐다. 모든 사람들은 아침 6시에 일어나야 한다. 7시나 7시 20분에는 궁성요배를 해야 하고, 정오에는 용맹했던 전몰장병에게 묵도해야 한다.

1940년 9월 16일 월요일

요즈음 이화여자전문학교와 다른 기독교 학교들이 당혹스러워하는 기색이 역력하다. 최근 일본의 교회들이 미국이나 유럽에서 받아오던 보조금을 거부하기로 결정했다는—경찰과 군 당국에게 강요받았을 것이다—소식을 접한 탓이다. 일본에 있는 200여 개의 학교가 이 결정으로 인해 상당한 영향을 받게 될 것이다. 조선에서도 이 결정이 효력을 발휘하게 되면, 이화여전은 1년에 4만 원이나 예산이 줄게 될 것이다. 내 보기엔 이렇게 극단적인 민족주의적 조치는 굳이 필요치 않다. 조선에서는 여러 기독교 종파의 수입이 1년에 50만 원 이상 줄게 될 것이다. 이로 말미암아 다방면에 걸친 자선 활동과 교육 활동이 막을 내리게 될 것이다.

1940년 9월 24일 화요일

오후 5시에 감리교 합동위원회의 양주삼 박사, 정춘수 감독과 나머지 4명의 위원이 일본감리교회의 아베 감독[1]을 조선호텔로 초청해 저녁을 대접했다. 경성 일본감리교회의 사메지마 목사가 동석했다. 아베 감독은 좀 뻣뻣한 사람이다. 내 보기에 그는 명쾌하게 사고하고, 자신의 생각을 서슴없이 밝히는 사람이다. 저녁 식사를 마치고 나서, 우린 간단한 비공식 회의를 가졌다. 아베 감독이 우리에게 지적한 내용을 간추려보면 이렇다. (1) 일본에 있는 총 42개의 기독교 종파는 좋든 싫든 하나의 중앙 조직을 가진 단일한 기독교회를 결성해서 한 사람의 총리사에게 지휘를 받을 때가 왔다. (2) 해외에서 들어오는 모든 보조금은 좋든 싫든 거부해야 한다. (3) 외국인이 기독교계 학교 교장이나 기독교 내부 위원회의 위원장 같은 핵심적인 자리를 꿰차고 앉아 있어서는 곤란하다. 정부도 교회도 선교사들에게 일본을 떠나도록 요청한 적은 없고, 또 앞으로도 마찬가지일 것이다. 하지만 만약에 어느 선교사가 일본에서 더 이상 할 일이 없다거나, 자신으로 인해 일본 기독교회가 거북한 입장에 놓여 있다고 판단해 일본을 떠나는 건 자유다. 일본에 계속 잔류하기를 희망하는 이들은 당국의 보호와 도움을 받게 될 것이다.

---

1 — 아베 요시무네(阿部義宗)는 당시 일본 메소디스트교회(감리교회)의 감독으로 일본기독교연맹 회장을 겸임했다.

1940년 9월 26일 목요일

오전 9시 30분부터 11시까지 일본감리교회에서 아베 감독과 조선 측 합동위원회 위원들—양주삼, 정춘수, 신흥우, 유형기, 김영섭, 나—간에 비공개 회의가 열렸다. 아베 감독은 일본에 있는 선교사들이 교회 재산을 교회 재단에 기부하는 데 동의했다고 말했다. 그는 조선에서도 가능한 한 빨리 동일한 조치가 취해져야 한다고 말했다. 우리는 산회하기 전에 조선감리교회와 일본감리교회를 통합한다는 공식 결의안을 작성했다. 이는 감리교, 침례교, 성공회, 장로교 등 모든 교파들이 일본대기독교회에 합류하는 첫 단계로서의 의미를 갖는 것이다.

(중략)

1940년 10월 1일 화요일

오늘은 시정 30주년 기념일이다. 총독부는 성대한 기념식을 마련해 1만 명이 넘는 국가 유공자에게 공로패를 수여했다. 난 다른 285명과 함께 국가에 기여한 민간 공로자로 표창장을 받았다. 이 중에는 원한경 박사와 반하트도 끼어 있었다.

1940년 10월 2일 수요일

오전 9시 창문사[1]에서 조선감리교 총리원 이사회가 열렸다. 정춘수 감독이 5개의 표제로 이루어진 기독교회 혁신안을 제출했다. 주요 내용은, (1) 사상선도, (2) 교학쇄신, 구체적으로는 ① 신학교, 중학교, 전문학교에 일본의 국학國學을 소개하는 것, ② 중학교와 전문학교처럼 신학교에서도 군사훈련에 치중하는 것, ③ 복음을 신학 교육의 본질로 삼고, 유대교적 전통을 배제하며, 동양의 윤리학과 철학을 복음의 말씀과 조화시켜 가르칠 것, (3) 황도를 선양하는 사회교육, (4) 신자들에게 지원병 참가를 권유하는 군사 후원, (5) 교회 기관의 공고화, 구체적으로는 ① 조선감리교는 일본감리교와 합동을 실현할 것, ② 모든 교회 활동과 기관을 재정적으로 독립시킬 것, ③ 대표자나 지도적 위치에 외국인을 앉히지 않을 것, ④ 협성신학교의 재정비 또는 혁신을 단행할 것, ⑤ 교회와 외국 선교회 간의 연락기관인 중앙협의회를 해산할 것 등이었다.[2] 물론 이 안은 만장일치로 채택됐다.

---

1 — 조선기독교창문사(朝鮮基督敎彰文社)는 1923년 1월 선교사들의 도움 없이 조선인 자체의 주관과 재력에 의해 기독교 문서운동을 전개한다는 취지로 창립됐다. 본래 1921년 8

1929년 조선박람회의 포스터

월 31일 이상재, 윤치호, 유성준, 박승봉, 김석태 등 유력 평신도들이 가칭 주식회사 광문사의 기성회를 조직한 데서 비롯됐다. 기관지『신생명』을 발간했고, 게일의『성경전서』와 차재명이 편한『조선예수교장로회사기』상권 등의 저서를 출판했다.

2 — 이 '혁신안'은 신흥우가 초안한 것으로 알려져 있다.

1940년 10월 4일 금요일

서울이 조선박람회를 구경하려고 전국 각지에서 올라온 관람객들로 북새통을 이루고 있다. 전국 각지에서 올라온 기차와 모든 노선의 전차가 밤낮으로 초만원을 이루어, 객차 안에는 발 디딜 틈조차 없는 실정이다.

1940년 10월 6일 일요일

어떤 종류의 곡식이든 간에, 도시로 반입되거나 한 마을에서 다른 마을로 반출되는 게 금지되고 있다. 깊은 절망감에 사로잡힌 채 서울에 살고 있는 사람들은 부족한 식량을 채우기 위해 시골에서 쌀을 구하고자 갖가지 속임수를 쓰고 있다. 하지만 당국은 이들을 무자비하게 수색하고, 한 줌의 쌀이나 떡이나 미숫가루나 심지어는 쌀로 만든 과자조차 압수한다. 왜 이렇게 잔인하게 구는 건가?

1940년 10월 7일 월요일

정춘수 감독의 요청으로 그의 집무실을 찾아 갔다. 정 감독 외에도 신흥우, 김영섭, 유형기, 박연서, 이동욱[1] 등이 와 있었다. 그는 두 개의 위원회를 구성하려고 모임을 소집했다. (1) 신질서하에서 재정 및 인사 문제의 재조정 건을 선교사들과 교섭하기 위한 위원회와, (2) 신학교와 같은 일상적인 사안들을 처리하는 위원회였다. 정 감독은 교섭위원회에 신씨, 유씨, 김씨와 날 지명했다. 놀랍게도 양주삼 박사는 거명조차 되지 않았다. 난 양 박사가 이런 성격의 위원회에 꼭 필요한 사람이라는 이유를 들어 이의를 제기했다. 신흥우는 선교회로부터 돈을 받은 이들이 위원회에 참여하는 건 있을 수 없는 일이라고 천연덕스럽게 말했다.

---

1 — 이동욱(李東旭, 1897~1948)은 감리교 목사로 1930년대에 동대문교회, 중앙교회 등에서 목회 활동을 벌였고, 1932~40년 총리원 교육국 간사로 활동했다. 일제강점기 말에는 정춘수, 신흥우 등 적극신앙단 계열에 합류해 교권을 장악하고 감리교의 친일화에 앞장섰다.

1940년 10월 9일 수요일

조선연합청년단이 경성운동장에서 옥외 집회를 거행했다. 집회 참석자 전원이 1천 명의 지원병과 함께 군사 명령에 따라 일사불란하게 움직이는 장관을 연출했다. 미나미 총독이 임석한 가운데 분열과 총검술 시범 등이 진행됐다. 청년들은 정오부터 시내 주요 도로를 거쳐 조선신궁까지 시가행진을 벌였으며, 조선신궁 광장에서 종교 행사를 가진 후 1시 30분에 산회했다.

1940년 10월 10일 목요일

신흥우가 비열한 속임수를 써서 배재중학교 교장에 임명됐다. 그는 군과 경찰을 통해 정춘수 감독을 어르고 협박해서 정 감독을 자기의 꼭두각시로 만들어가고 있다. 그는 양주삼이 조선 감리교의 업무를 너무 많이 알고 있기 때문에 양씨를 내쫓으려 하고 있다. 그는 교활한 음모와 음흉한 계략으로 두각을 나타내고 있다. 난 그와 함께

라면 아무것도 하고 싶지 않다.

1940년 10월 16일 수요일

미나미 총독이 낮 1시 30분에 총독부 제1회의실로 국민정신총동원조선연맹과 공식적인 관련을 맺고 있는 인사들을 소집했다. 그는 이 자리에서 다음과 같은 사실을 공식 선언했다. (1) 국민정신총동원조선연맹을 국민총력조선연맹으로 개편한다. (2) 미나미 총독이 새로 구성될 기관의 총재에 취임한다.

1940년 10월 23일 수요일

상당수 인사들이 YMCA회관에 모여서, 창문사와 관계를 맺고 있는 외국인에게 이 기관의 경영권을 조선 교회에 양도하라고 요구하는 결의안을 채택했다. 김인영이 이런 움직임을 주도하고 있는 모양이다. 그는 신흥우의 측근 인사다.

1940년 10월 26일 토요일

일본인의 웅대한 야망, 무한한 정력, 공동의 목표를 위해 뭉치는 응집력에 찬사를 보내면 보낼수록, 조선인에 대해 실망감을 금치 못하게 된다. 책임감이라곤 전혀 찾아볼 수 없고, 공공이익을 위해 결집하는 능력도 굉장히 부족하며, 공적인 이익보다는 사적인 이익을 우선시하는 경향이 농후하다. 이런 점들이 부족하다 보니, 조선인은 정직과 신용이 절대적으로 요구되는 사업에서 무능하고 무책임하기까지 했다. 조선인이 버젓한 은행이나 합자회사를 경영하는 데 실패한 까닭이 바로 이것이다. 우수한 두뇌와 정직성을 겸비한 피고용인들을 구하기가 하늘의 별 따기였던 것도 바로 이 때문이다. 난 창문사에서의 경험과 내 개인적인 사업을 통해 도둑이나 다름없는 놈들을 많이 겪어왔다. 이 배은망덕하고 부정직한 무리 중에는 목사와 장로, 그리고 신자가 아닌 사람과 조금도 다를 바 없는 기독교인도 포함되어 있다. 조선인이 이기주의를 뛰어넘어 이타의 정신을 배우기 전에는, 일본인과 동등한 대우를 받을 거라는 희망을 가질 수가 없다.

1940년 10월 31일 목요일

정오에 미나미 총독이 조병상 씨, 이승우 씨와 날 자기 관저로 비공식 초청했다. 점심을 먹고 난 후, 우리는 관저 뒤편의 한옥에서 차를 마시며 담소를 나누었다. 총독은 자신이 기원절[2] 2600주년 봉축식에 참석하러 일본에 갈 것이며, 이로 말미암아 소문내기를 좋아하는 자들이 자신의 사퇴와 관련해 입방아를 찧을 거라고 말했다.

---

1 — 이승우(李升雨, 1889~?)는 일본 유학을 거쳐 1919년부터 변호사로 활동했다. 일제강점기 말 중추원 참의, 국민정신총동원조선연맹 상무이사 등을 지냈고, 특히 총독부의 창씨개명 시책에 적극 협력했다.
2 — 기원절(紀元節)은 일본 진무천황(神武天皇)의 즉위를 경축하는 기념일이다.

1940년 11월 5일 화요일

난 1910년에 에든버러에서 열린 국제선교협의회[1]에 참석했다. 주최 측이 20여 개국 대표에게 베푼 오찬모임에서, 화이트 박사라는 사람이 앵글로색슨인, 즉 영국과 미국의 업적을 찬양하는 데 1시간쯤을 허비했다. 노인네가 그토록 저속한 국수주의에 빠져 있는 게 매우 천박해 보였다. 히틀러가 키플링[2]식의 조잡한 오만함에—앵글로색슨인의 오만이라는 풍선에—큰 구멍을 내는 데 성공한다면, 그는 훌륭한 일을 하는 걸 텐데.

1 — 국제선교협의회(International Missionary Council, 약칭 IMC)는 1910년 영국 에든버러에서 열린 선교사 회의를 토대로 1921년 미국에서 정식 결성됐다. 에든버러 선교사 회의에서는 당시 비기독교 국가에서 활동하고 있던 여러 선교회의 대표들이 참석해 '선교와 정치권력'이라는 주제로 회의를 열었다.

2 — 키플링(J. R. Kipling, 1865~1936)은 인도 태생의 영국 문학인으로 1907년 노벨 문학상을 받았다. 인도와 버마의 영국 군인을 다룬 이야기와 시, 동화 등으로 유명하다. 제국주의를 신봉해, 모든 영국인, 더 넓게는 모든 백인이 미개한 세계의 야만적인 원주민에게 유럽 문명을 전파해야 한다는 사명감을 갖고 있었던 것으로 알려져 있다.

1940년 11월 6일 수요일

루스벨트가 미국 대통령에 세 번이나 연속 당선됐다. 그가 미국을 전쟁으로 내몰지 않기를 바란다.

1940년 11월 7일 목요일

군과 경찰 당국은 조선에 거주하는 선교사들을 스파이로, 그리고 그들과 가깝게 지내는 조선인을 미국 첩보 활동의 공작원으로 간주하고 있다. 서대문경찰서의 당국자가 김활란 박사에게 그렇게 노골적으로 말했단다. 그들은 미국인이 조선 내 군사기밀을 탐지하기 위해서라면 몰라도, 그 밖의 다른 이유로 조선 기독교인에게 수십만 원이나 되는 많은 돈을 제공해줄 리가 없다고 생각한다. 아니, 어쩌면 그렇게 생각하는 체하는지도 모른다. 대영성서공회 관계자 4명이 순전히 외국인에게 고용되어 있다는 이유 하나만으로 한 달 넘게 경찰서 유치장 신세를 지고 있다.

그러므로 미국인 선교사들은 핍박받고 있는 조선인을 구하기 위해서라도 조선을 떠나야 한다. 더구나 미국 정부는 미국인에게 배편을 구하는 대로 곧장 중국, 일본, 조선 등지에서 퇴거하라는 훈령을 내린 바 있다.

1940년 11월 12일 화요일

얼마 전 미나미 총독은 자신이 총독직에서 해임되지 않을 거라고 장담했다. 그러나 치영이 일러준 바로는, 총독이 이달 안에 해임될 것이며 그 후임자는 아베 장군일 거라는 소문이 나돌고 있다고 한다. 난 다만 치영의 정보가 얼마나 정확한지 알고 싶어서 이 소문을 기록해둔다.

1940년 11월 27일 수요일

오전 9시 10분 육군병 지원자 훈련소에 가서 4개월 과정의 훈련을 끝낸 1,014명의 수료식에 참석했다. 그들은 조선의 전략적 요충지에 주둔하고 있는 황군의 여러 분견대에 배치될 예정이다.

1940년 11월 29일 금요일

11시쯤 만주에서 돌아온 명선[1]이 찾아왔다. 그의 말에 따르면, 신징新京(만주국 수도인 창춘이다―옮긴이)과 만주의 다른 도시들도 조선 못지않게 곡식과 석탄이 모자라서 주민들 고통이 이만저만이 아니라고 한다. 군관학교에 다니는 만주국 소년들은, 일본인 소년들이 쌀을 배급받는 데 반해 자기들은 '고량'을 받고 있다고 투덜거린다고 한다. 만주인은 만주국 황제에게 강요되고 있는 신사참배를 그다지 달갑게 여기지 않는다고 한다. 머리 좋기로 소문난 일본 정치가들이 왜 이런 쓸데없는 짓들을 통해 만주인의 감정을 상하게 하는 건지 알다가도 모를 일이다.

---

1 ― 윤명선(尹明善)은 윤치호의 사촌 동생인 윤치오의 둘째 아들로 일제강점기 충남 최고 갑부로 손꼽혔던 김갑순의 사위다. 도쿄제국대학을 졸업하고 고등문관시험에 합격했으며,

만주국 간도성 차장을 지냈다.

1940년 12월 6일 금요일

　　　　　　　　　　오전 10시 시오하라 학무국장의 요청으로 그를 방문했다. 그는 거두절미하고 연희전문학교 교장을 맡아달라고 내게 요청했다. 난 1~2일 정도 진지하게 고민해본 후에 답을 주겠다고 말했다.
　난 다음 세 가지 점이 보장되어야만 한다고 생각한다. (1) 원한경 박사의 진심 어린 동의를 얻어야 한다. (2) 유억겸을 보좌역으로 두어야 한다. (3) 학교 운영에 재정적 책임을 지게 되어서는 안 된다.

1940년 12월 7일 토요일

　　　　　　　　　　지금 기독교계는—이기적인 장로와 목사의 사악한 음모 아래서 몸살을 앓고 있는 장로교와 감리교는—사악한 음모와 수치스런 파벌투쟁의 소굴로 전락했다. 정인과는 장로교계의 최고 음모꾼이고, 신흥우는 적극신앙단의 음모와 모반을 통해서 하나로 통합됐던 조선감리교[1]를 결딴내버렸다. 이 두 명의 타고난 음모꾼은 경찰의 환심을 사는 데 성공했다. 그들은 교회에 강요할 교활한 음모를 갖고 있다. 신흥우의 이상적인 영웅은 히틀러다. 그는 경찰의 도움을 받아 히틀러처럼 행세하길 원하고 있다.

---

1 — 1930년 조선남·북감리회가 합동해 조선감리교를 구성했다.

1940년 12월 8일 일요일

　　　　　　　　　　오전 11시에 원한경 박사와 이춘호 군이 찾아왔다. 우리는 시오하라 씨에게 유억겸에 대해 어떻게 말을 꺼내는 게 가장 바람직할지를 논의했다. 원한경 박사는 유억겸의 도움을 받지 못하면 내가 연희전문학교를 정상궤도에 올려놓는 데 실패할 게 뻔하다고 믿고 있다. 그는 내게 유억겸 건을 교장직 수락의 조건으로 제시하라고 종용했다. 유군의 복직을 위해 애쓰고 있는 나카무라 교학관은, 내가 일단은 이 문제를 거론하지 말고 교장직을 떠맡는 게 최선일 거라고 생각한다. 오긍선 박사도 같은 생각을 갖고 있었다.

1940년 12월 9일 월요일

오전에 시오하라 씨를 방문해 연희전문학교 교장직 제안을 수락하겠다고 말했다. 난 나중에 이 학교 업무를 보는 데 필요한 몇 사람을 쓸 수 있도록 허용해달라고 간청했다. 그는 내 교장 업무를 도와줄 두 명의 보좌역으로 유억겸과 마쓰모토가 좋을 것 같다고 말했다.[1]

교장직을 수락해서 앞으로 수없이 속을 끓이게 될 게 뻔하다. 만족시켜야 할 사람들이 너무나 많다. 군 당국, 경찰 당국, 도청 및 총독부 당국자들이 바로 그들이다. 그런가 하면 연희전문학교 내부에도 달래기가 쉽지 않은 파벌들이 도사리고 있다. 믿고 맡길 수 있는 보좌역으로 젊고 유능한 사람을 구하는 것, 그리고 최대한 빨리 내 후임자를 찾는 게 나의 유일한 소망일 뿐이다. 유억겸이 나의 대안이다. 그러나 경찰과 군 당국자들은 그의 임용을 반대한다. 민간 관료들은 감히 그들의 의견을 묵살할 수가 없는 실정이다. 게다가 내 건강이 언제까지 버텨줄는지?

---

1 — 결국 유억겸은 1941~43년 연희전문학교 학감을 지냈다.

1940년 12월 11일 수요일

낮 2시에 총독부 청사 제1회의실에서 열린 국민총력조선연맹 제1차 이사회에 참석했다. 미나미 총독이 짤막하게 시의적절한 언급을 했다. 오노 정무총감¹이 사회를 보았다. 회의는 4시쯤 끝났다.

---

1 — 오노 로쿠이치로(大野綠一郎, 1887~?)는 도쿄제국대학 법률학과를 졸업하고 경시청 경시총감 등을 지냈다. 미나미 총독 재임 기간 동안 총독부 정무총감에 발탁되어 한민족 말살정책과 한민족 전시협력정책을 총지휘했다. 국민정신총동원조선연맹 창설 당시 명예 총재를 지내기도 했다. 일본에 돌아가 귀족원 의원을 지냈다.

1940년 12월 15일 일요일

(중략)

미나미 총독이 곧 사퇴할 거라는 소문이 또다시 고개를 들고 있다. 그렇게 되기를 바라는 이들이 이 소문의 장본인이다. 그런데 그들은 정녕 새 총독이 미나미 총독보다 더 관대하게 통치할 거라고 믿고 있는 건지 납득이 가질 않는다. 우리는 미곡통제, 거의 모든 평화산업의 중단, 금융시장의 경색 등 현재 우리가 겪고 있는 모든 종류의 강제 조치들이 모두 히틀러로부터 베껴온 것이며, 조선인은 물론 일본인에게도 희생과 고통이 강요되고 있다는 사실을 기억해야 한다. 지금으로서는 누가 총독으로 부임하더라도 이런 병폐를 제거할 수 없을 것이다. 난 미나미 총독이 조선인에게 일본인과 동등한 지위를 부여하기 위해 진심으로 애썼다고 믿고 있다. 난 이런 사실 때문에 그를 고맙게 여긴다.¹

---

1 — 윤치호는 1942년 5월 29일 미나미 총독이 일본 추밀원 고문관으로 전임되자, 이튿날 『매일신보』 지상을 통해 '불후의 공적이 찬연(燦然)하다'라는 요지의 담화를 발표했다.

1940년 12월 19일 목요일

당국이 조선인을 만주로 이주시키려고 전력을 기울이고 있다. 우리 고향인 충남 아산면 새말에도 4세대를 이주시키라는 명령이 떨어졌다. 자원하는 사람이 아무도 없을 때에는 마을 주민들이 제비를 뽑아야 한다. 정말이지 어처구니없는 일이 아닐 수 없다. 일본의 농장, 공장, 광산에는 인력이 달린다. 조선조차도 인력 공급의 부족이 감지되기 시작했다. 그런데 왜 조선에서 강제 이주를 시작하는 건가?

1940년 12월 23일 월요일

간밤에 남양 농장에서 트럭으로 쌀 60가마가 운반되어왔다. 이토록 많이 주신 데 대해 주님께 감사드린다.

1940년 12월 31일 화요일

오늘은 1940년의 마지막 날이다. 올해는 현대 역사상 최악의 해였다. 유럽에서는 대규모의 전쟁이 벌어졌다. 정복과 복수를 향한 프로이센(독일을 의미한다—옮긴이)의 무자비한 욕망 아래 10여 개의 죄 없는 약소국이 짓밟혔다. 이 파괴적인 전쟁이 언제, 어디서, 어떻게 끝날지 아는 사람은 아무도 없다. 중국에서는 일본의 용맹한 군인들이 장제스의 무릎을 꿇리기 위해 여전히 싸움을 계속하고 있다. 중일전쟁이 언제, 어디서, 어떻게 끝날지 아는 사람도 전혀 없다. 이 와중에 금속, 면화, 기름, 석탄, 고무, 가죽 같은 원료를 평화산업에 사용하는 걸 금지하는 긴급조치들이 취해졌다. 11월 1일부터는 사치를 규제하는 법령마저 시행됐다. 그래서 지금은 금은 반지를 만들거나 매매하는 게 불가능하다. 그래서 군수산업만 빼고는 그 어느 것도 제조하거나 사고팔 수가 없다. 그래서 공업도, 상업도, 소비도 모두 사라져버렸다. 우리는 히틀러에 의해 타격을 받고 있다. 일본이 추축국에—독일과 이탈리아에—가담하면서 히틀러의 선례를 따르고 있기 때문이다.

제3장 '유색인종의 해방을 위하여' 1941~43

1941년 1월 1일 수요일

우리는 두려움 속에서 새해를 맞았다. 모든 사람들은 유럽의 대전이 더욱더 격화될 거라고 생각한다. 중국과 일본 간의 전투가 기약 없이 계속되는 동안 근동 지역으로 불똥이 튈지도 모르는 일이다. 일본이 미국이나 소련 등과 새로운 충돌 없이 중국 문제를 잘 해결했으면 좋겠다.

1941년 2월 1일 토요일

정오에 학무과장을 방문했다. 그는 자기 상관인 시오하라 씨가 연희전문학교 부교장으로 일본인을 염두에 두고 있다고 말했다. 난 그가 기독교인이라면 별다른 무리가 없을 거라고 말했다. 그는 시오하라 씨가 마음에 두고 있는 사람이 기독교인은 아니지만 훌륭한 사람이라고 속내를 내비쳤다. 난 물망에 오르고 있는 사람이 훌륭한 인사일 거라는 사실을 의심하지 않는다고 말했다. 다만 기독교 기관이라는 특성을 유지하기 위해서는 아무래도 기독교인이 좋을 것 같다고 말했다.

1941년 2월 24일 월요일

나가사키 씨와 그의 부하 직원들에게 일식을 대접했다. 야마시타 씨의 뒤를 이어 사상범보호관찰소 소장이 된 나가사키 씨는 활기차고 솔직한 사람이다. 그는 조선인이 철저하게 일본인이 되거나 반일분자가 되어야 한다고 말했다. 중립지대는 있을 수 없다는 것이다. 그는 내선일체의 철저한 신봉자다. 그는 좋은 친구가 되거나 흉악한 적이 될 것이다. 신흥우는 자기 음모를 진전시키기 위해 조선인을 전향시키려고 단단히 벼르고 있는 나가사키 씨에게 벌써 손을 뻗친 모양이다.

1941년 2월 25일 화요일

오전 10시 연희전문학교 연례 이사회에 참석했다. 유감스럽게도 원한경 박사의 사표가 수리됐다. 내가 후임자로 지명됐다.[1] 내가 왜 시오하라 학무국장의 요청에 이끌려 이 자리를 수락했는지 알다가도 모르겠다. 이제 난 지옥을 경험하게 될 것이다.

---

1 — 이로써 일제강점기 말에 기독교계 교육기관의 교장은 모두 조선인으로 바뀌었다. 연희전문학교는 원한경에서 윤치호로, 이화여자전문학교는 엘리스 아펜젤러에서 김활란으로, 협성신학교는 빌링스에서 김인영으로, 배재고등보통학교는 헨리 아펜젤러에서 신흥우로, YMCA학관은 반하트에서 홍병선으로 바뀌었다. 또 흥업구락부 사건에 연루되어 송도고등보통학교 교장직에서 물러나야 했던 김준옥은 이 사건이 종결된 후 총독부로부터 교장직 복귀를 승인받았다. 더구나 세브란스의학전문학교는 자체적으로 1934년부터 에비슨의 뒤를 이어 오긍선이 교장으로 재직 중이었다.

1941년 2월 26일 수요일

인류 역사는 전쟁-평화-번영-사치-유약-부

패-영락衰落-전쟁의 악순환을 거듭해왔다. 인류는 창의성 덕분에 온갖 발명을 이루어내면서 기적을 이루어냈다. 하지만 악의 세력이 평화를 좀먹지 않게, 호전적인 덕목을 제공해주면서도 전쟁을 대체할 수 있는 뭔가를 발견하거나 발명하는 데는 실패했다.

1941년 3월 4일 화요일

부민관에서 감리교 신도대회 개막식이 거행됐다. 중강당이 밀려드는 인파로 초만원을 이루었다. 오후 2시 30분에는 정동 감리교회에서 신도대회가 열렸다. 난 물질적·정치적 측면뿐만 아니라 정신과 영혼의 측면에서까지 내선일체를 완성하자는 내용의 연설을 했다.

1941년 3월 10일 월요일

정동 감리교회에서 특별 총회가 열렸다. 경찰 당국자들의 사주를 받아 마련된 조선감리교 혁신교단이 무소불위의 힘을 가진 경찰의 비호 아래 탄생됐다. 신흥우 일당은 승리감에 도취된 듯 보였다.

오늘 오전 난 기타무라 경기도 경찰부 고등경찰과장에게 새 장정 규칙 제3조 규정대로 총회에서 교단 통리統理를 선출할 기회가 마련되어야 한다고 제안했다. 그러자 그는 당국자들이 혁신교단을 만들려고 정춘수를 이용해온 만큼, 정씨에게 조금이라도 반대하면 그건 곧 혁신교단과 당국자들에 대한 반항으로 여겨질 거라고 노골적으로 말했다. 난 그 뜻을 알아채고는 침묵을 지키겠다고 약속했다.

1941년 3월 20일 목요일

유억겸에게서 전화가 왔다. 그는 당국이 나의

연희전문학교 교장직 취임을 공식 인가했다고 알려주었다.

1941년 7월 22일 화요일

오늘 오전에 히틀러가 소련을 침공했다는 소식에 모두가 경악을 금치 못했다. 또 하나의 조약이—독소불가침조약이—파기됐다. 20세기의 가장 극악무도한 '강도 귀족'이 상대방의 목을 겨냥해 덤벼든 것이다. 그들이 함께 망한다면 더없이 좋은 일일 것이다. 난 본래 둘 다 좋아하지 않으니까. 그런데 히틀러가 패배할 경우 일본에게 악영향을 줄까봐 걱정이다. 그래서 히틀러가 인류 역사상 미증유의 천벌이라 할 수 있는 볼셰비즘에 치명적인 타격을 가했으면 좋겠다.

1941년 8월 2일 토요일

(중략)

오후 2시부터 7시까지 우리의 새 집에서—아름다운 취운정[1]에서—시간을 보냈다. 조만간 일본과 소련 또는 일본과 미국 간에 충돌이 일어난다면, 혹은 두 가지 충돌이 모두 발생한다면 서울과 우리의 운명이 어찌될까 하는 생각이 들고 나니, 꿈을 꾸고 있는 것 같았다.

---

1 — 취운정(翠雲亭)은 1859년 당대의 세도가 김좌근(金左根)의 아들인 김병기(金炳冀)가 백록동(白鹿洞. 지금의 서울시 종로구 가회동)에 지은 정자다. 김병기가 실각한 후, 대원군의 처남이자 민비 오빠인 민승호(閔升鎬)에게 넘어갔다가 그의 양자인 민영익의 소유가 됐다. 1887년 민영익은 유길준이 한규설(韓圭卨) 집에 유폐되어 있다는 소식을 듣고, 이곳으로 옮겨 생활하게 했다. 1889년 유길준은 이곳에서 『서유견문』 원고를 탈고했다. 1941년경 윤치호가 이곳을 매입했다.

1941년 8월 4일 월요일

약속대로 오후 4시에 화신백화점 응접실에서 조

병상 씨, 박흥식 씨, 고원훈 씨, 민규식 씨,[1] 김연수 씨[2]와 함께 모임을 가졌다. 우리 제국이 동아시아 신질서를 수립하기 위해 생사를 건 투쟁을 벌이고 있는 시점에서, 우리도 비상시국에 대해 노심초사하고 있다는 걸 일본인 친구들에게 보여주기 위해 뭘 했으면 좋겠는지 논의했다. 결국 우리는 가와기시 장군,[3] 정무총감(오노 정무총감을 가리킨다―옮긴이), 미나미 총독을 방문해 조언을 구하기로 했다. 그건 그렇고, 김□□ 씨, 정교원 씨, 계□□ 씨도 이 모임에 참석했다.

화신백화점

---

[1] — 민규식(閔奎植)은 일제강점기 최고 부호로 손꼽혔던 민영휘의 아들로, 조선견직주식회사의 경영주였다. 일제강점기 말 국민정신총동원조선연맹 이사, 조선임전보국단 상무이사, 중추원 참의를 지냈다. 박흥식, 김연수와 함께 조선임전보국단에 기금 20만 원을 제공했다.

[2] — 김연수(金秊洙, 1896~1979)는 일제강점기에 동아일보사, 보성전문학교, 경성방직주식회사를 경영한 김성수의 동생이다. 교토제국대학 경제학부를 졸업하고 재계로 진출했다. 1924년 삼수사(삼양사의 전신)를 설립해 농장 경영을 시작했으며, 1935년 경성방직 제2대 사장에 취임했다. 일제강점기 말 국민정신총동원조선연맹 이사, 조선임전보국단 상무이사로 활동했다.

[3] — 가와기시 마타사부로(川岸又三郎)는 제20사단장과 국민정신총동원조선연맹 고문을 지낸 일본 육군 장성이다.

1941년 8월 5일 화요일

(중략)

낮 2시에 한상룡, 박흥식, 조병상, 김연수, 민규식, 고원훈 등과 함께 국민총력조선연맹 이사인 가와기시 장군을 방문했다. 초비상시국에 우리의 애국심을 발휘하기 위해 뭘 하면 좋겠냐고 그에게 물었다. 3시에는 같은 일로 정무총감을 방문했다. 두 신사는 우리가 조선 청년들에게 현 상황을 주지시키기 위해 뭘 하는 게 좋을지 곰곰이 생각해보겠다고 약속했다.

1941년 8월 6일 수요일

(중략)

한상룡 씨, 조병상 씨, 김연수 씨, 고원훈 씨, 박흥식 씨, 민규식 씨와 함께 미나미 총독을 방문해 우리가 나라를 위해 뭘 하면 좋을지 조언을 구했다.

1941년 8월 12일 화요일

일본 육·해·공군이 태국과 말레이반도의 접경 지역 어딘가에 주둔해 있다. 그런데 오스트레일리아 및 영국 군대와 장제스의 군대 30만 명이 일본군 인접 지역에 집결해 있다고 보도됐다. 영국과 일본 간의 격돌이 임박했다. 미국은 영국 편에 가담할 것이다. 일본은 장제스를 상대로 한 끝없는 전쟁 말고도, 남쪽에서 영국, 미국, 네덜란드 연합군, 북쪽에서 소련, 미국과 싸워야 할지도 모른다. 일본이 슬기롭게 이런 상황을 피해갔으면 좋겠다.

1941년 8월 19일 화요일

해주에 있는 문창모 박사[1]가 날 그곳으로 안내하려고 찾아왔다. 우린 오전 11시에 서울을 출발해 1시에 토성에 도착했고, 1시 45분에 토성을 출발해 3시쯤 해주에 닿았다. 역에서 황해도지사 김씨와 교회의 형제자매들로부터 영접을 받았다. 난 일본인 여관에 여장을 풀었다. 한 40분가량 휴식을 취했다. 그러고 나서 행정소학교에 가서 많은 청중을 대상으로 내선일체에 대해 강연했다. 도지사와 도청 관료들이 내게 저녁을 대접했다. 단 1분도 쉬지 못하고 교회에 가서 많은 청중 앞에서 강연해야 했다. 내 강연은 보기 좋게 실패했다.

---

1 — 문창모(文昌模)는 세브란스병원장, 원주기독병원장 등을 지낸 이비인후과 의사다.

1941년 8월 22일 금요일

1~2일 전 히틀러가 스탈린에게 포문을 연 지 두 달 만에 오데사를 장악했다고 보도됐다. 레닌그라드와 모스크바는 여전히 독일군에 점령되어 있다. 히틀러의 소련 출정이 이것으로 끝날까? 조만간 미국이 히틀러에게 선전포고할 것 같다. 왜 미국이 이 지옥 같은 전쟁에 참여해야 하는가? 10여 개 국가가 영국의 능수능란한 외교에 현혹되어 독일을 상대로 가망 없는 싸움에 나섰다가 파멸을 맞이했다. 미국은 중재자 역할을 수행하기 위해 중립을 지켜야 한다.

1941년 8월 24일 일요일

오후 3시부터 흥아보국단이 각 도 대표 2명씩을 초청해 회의를 열었다. 총 60명 정도의 인원은 회의에 앞서 장대비가 쏟아지는데도 불구하고 조선신궁을 참배했다. 회의는 3시간이나 걸렸다. 모두가 흥아보국단이라는 이름의 단체를 결성하는 데 동의했다.[1]

---

1 — 흥아보국단(興亞報國團)은 조선인, 특히 청년들로 하여금 일제의 전쟁에 적극 협력할 수 있도록 제반 사업을 벌이기 위해 결성된 친일단체다. 윤치호, 고원훈, 박흥식, 김연수, 민규식 등 당시 거물급 친일파들이 대거 참여했다. 유사한 성격의 친일단체인 임전대책협의회가 결성되자 1941년 10월 조선임전보국단으로 통합됐다.

1941년 12월 8일 월요일

이른 아침 『경성일보』 호외가 충격적인 소식을

태평양전쟁 일본군의 하와이 진주만 기습작전 관련 엽서.

전했다. 오늘 새벽 일본이 서태평양상에서 영국 및 미국과 교전交戰을 벌였다는 것이었다.[1] 이제 새 시대의 먼동이 떠올랐다. 진정한 인종 간의 전쟁, 즉 황인종 대 백인종의 전쟁이 시작된 것이다. 제2차 유럽전쟁에서 영국과 프랑스에게 50퍼센트의 책임이 있다고 한다면, 이번 태평양전쟁에서는 미국에게 100퍼센트의 책임이 있다고 할 수 있다. 미국으로서는 일본을 압박해 이 전쟁을 시작할 필요도 없었고, 그럴 처지도 아니었다.

---

1 — 일본의 진주만 기습, 즉 태평양전쟁의 발발을 가리킨다.

1941년 12월 9일 화요일

호놀룰루와 진주만에 있는 미 해군기지가 어제 오전 7시 35분에—하와이 시간—폭격기들과 포함砲艦들로부터 갑작스런 폭격을 받았으며, 이로 인해 미 함대와 전투기들이 심각한 타격을 입었다고 보도됐다. 루스벨트는 전통적으로 '깜짝쇼'를 대단히 좋아하는 것 같다. 그는 장제스를 돕겠다고 고집을 피움으로써, 일본에 철재鐵材와 석유 수출을 거부함으로써, 일본의 목을 죄기 위해 음으로 양으로 강경 조치들을 취해 경제봉쇄를 단행함으로써 태평양 연안의 모든 국가들에게 저주를 내리게 될 전쟁을 시작했다. 일본이 인류 역사상 가장 위대한 전쟁을 시작한 이상, 백인종 특히 앵글로색슨인의 참기 힘든 인종적 편견과 민족적 오만과 국가적 침략으로부터 유색인종을 해방시키는 데 성공했으면

좋겠다.[1]

---

[1] — 윤치호는 1941년 12월 10일 부민관에서 열린 '결전보국 대강연회'에 참석해 '결전 체제와 국민의 시련'이라는 제목의 강연을 했다. 그는 이 강연에서 "제국의 1억 국민뿐 아니라 동양 전 민족의 운명이 여기에 달려 있다. 이 성스러운 목적 관철에 우리 반도 민중도 한 몫을 맡아 협력해야 할 것"이라고 말했다.

1941년 12월 11일 목요일

지금으로부터 56년 전 처음으로 상하이에 갔을 때, 잘난 체하는 영국인의 조계 방향에 있는 수초천 다리 바로 건너편 공원 어귀에 중국어와 영어로 '개와 중국인 출입 금지'라는 글귀가 적힌 긴 표지판이 걸려 있는 걸 보고 난 설움을 주체할 수가 없었다. 난 큰 충격을 받았다. 영국인, 미국인, 그리고 백인은 자기들이 정복한 모든 대륙 입구에 이런 간판을 걸어놓았다. 이제는 일본이 성장해 그들의 간판을 끌어내리면서 백인에게 '우리도 좀 살아보자'라고 외칠 수 있게 됐다. 일본이 앵글로색슨인의 인종적 편견과 불의와 거만함이라는 풍선에 구멍을 뚫는 데 성공하길 바란다. 뿐만 아니라 그 풍선을 갈기갈기 찢으면서 이렇게 말할 수 있게 되길 빈다. "수백 년 동안 유색인종에게 종속과 수치심을 안겨주는 도구로 써왔던, 당신들의 그 잘난 과학적 발견과 발명품들을 가지고 지옥에나 떨어져라!"

오늘날 이 세상에서 가장 부강한 나라인 미국은 전 세계가 평화협상에 나설 준비를 갖출 때까지는 중립을 지켰어야 했다. 그런데 엄청난 바보인 루스벨트가 미국과 전 미국인을 끔찍한 전쟁으로 몰아넣었다. 대체 이 세상이 어찌 되려는 건가?

1941년 12월 26일 금요일

오늘 조간신문이 기쁜 소식을 전했다. 최근 18일 동안 일본군의 맹공에 맞서 홍콩을 끈질기게 방어해왔던 영국군 사령관이 어제 오후 5시 50분에 끝내 항복했다는 것이었다. 이로써 동양에서 참기 힘든 인종적 편견과 거만함을 지녀왔던 영국 제국주의의 최후 거점이 함락됐다. 난 이것이 영원하길 빈다. 일본은 동양에서 백인의 지배를 무너뜨렸다는 점에서 모든 유색인종의 찬사를 받을 자격이 충분하다. 영국은 꼭 100년 전에—1841년에—홍콩을 빼앗았다. 4억의 평화로운 백성과 벌인 전쟁의 배상금으로 말이다.[1]

---

[1] — 영국이 중국과의 아편전쟁에서 승리하고 난징조약을 체결해 홍콩을 획득한 것을 의미한다.

1941년 12월 27일 토요일

오전 11시에 기차를 타고 연희전문학교에 갔다. 2시 40분에 거행된 졸업식에 참석했다. 궂은 날씨 탓인지 졸업생들의 학부형과 친지 외에는 사람이 별로 없었다. 그건 그렇고, 이번이 조선인 교장의 주관하에 거행된 첫 번째 졸업식이다. 선교사들은 오래전에 이 학교를 조선인에게 넘겼어야 했다.

1941년 12월 29일 월요일

오전 10시 『매일신보』의 요청으로 한상룡 씨와 함께 미나미 총독을 면담했다. 비공개 대화에서 총독에게 조선인이 나라를 위해 뭘 했으면 좋겠냐고 물었다. 그는 몇 가지 유용한 계획을 말해주었다.[1] 이 내용이 신문에 보도됐다.

1 — 윤치호와 한상룡은 매일신보사 요청으로 미나미 총독을 방문하고 태평양전쟁에 임할 조선인의 진로에 대해 의견을 나누었다.

1943년 1월 1일 금요일

오전 10시 조선신궁에 가서 신년 하례식에 참석했다. 날씨가 몹시 추웠다. 10시 50분쯤 하례식이 끝나자마자, 김활란과 함께 여느 때처럼 새해 인사차 총독 등을 방문했다.

이제 쇼와 18년이—1943년이—시작됐다. 모두들 기쁨과 환호 대신에 두려움과 불확실성 속에서 새해를 맞이했다.

(1) 최근 1년 동안 일본 육·해군이 눈부신 연승을 거둠으로써 앵글로색슨인의 위신과 오만이 땅에 떨어졌다. 영국인과 네덜란드인이 300년 동안 철권을 휘둘러왔던 섬들의 성곽과 정부청사 위로 일장기가 자랑스럽게 나부끼고 있다. 일본인이 기적을 이루어냈다. 그들의 오랜 야망은 이제 거의 충족됐다. 그러니 정복할 새 땅을 찾는 대신 여기서 그만 멈추는 게 좋지 않을까? 지금 일본에겐, 단지 히틀러를 만족시키려고 단 한 척의 잠수함이나 단 한 명의 용감한 육·해군 병사도 희생시킬 여유가 없다. 그런데도 우리의 통치자들은 진짜 전쟁은 아직 시작하지도 않았다고 떠들어댄다. 그들은 우리가 적군 전투기의 내습에 대비해 만반의 준비를 갖춰야 한다고 말한다. 그들은 올해에 추축국과 연합국 간의 결승전을 보게 될 거라고 말한다.

(2) 우리가 먹고 쓰는 모든 것에 대한 통제나 사회화나 독점화가 사람들에게 쓸데없는 고통을 안겨주고 있다. 우리는 경성부윤의 허가 없이는 한 줌의 생강이나 땅콩조차 살 수 없다. 쩨쩨한 공무원들은 모든 철도역과 버스 정류장에서 승객들의 보따리와 몸을 수색할 수 있는 권한을 휘두

르며 고기와 달걀을 포함한 모든 종류의 농작물을 압수하고 있다. 이 모든 게 애국심과 충성심이라는 허울 좋은 미명하에 이루어지고 있다. 내 생각엔 천황이 이런 불법 행위들을 잘 모르는 것 같다. 만일 그가 알고 있다면, 이런 행위들을 가만히 보고만 있지는 않을 거라고 확신한다.

(3) 농업 생산량을 늘리는 건 통치자들이 혼신의 힘을 기울이는 중요한 목표다. 그러나 농민들은 뾰로통한 표정을 지으며 공무원들의 호소에 별로 호응하지 않는다. 농민들은 이렇게 말한다. "내게 꼭 필요한 양보다 더 많이 농사져봐야 무슨 소용이 있습니까? 많이 생산하면 생산할수록, 그들은 먹을 것, 입을 것을 깡그리 거두어간단 말이에요. 모든 물가는 수년 전에 비해 3~5배나 뛰었어요. 오로지 쌀만 한 가마에 21원, 한 말에 2원 하는 공정가격에 거래가 됩니다. 이 가격으로는 농사비용도 뽑을 수가 없어요." 이런 불평에 대해 통치자들은 상투적인 답변을 늘어놓는다. "불평하는 건 반역이다. 농사비용을 계산하는 건 불경스런 행위다. 수지가 남건 안 남건 농사나 지어라. 전선에 있는 장병들의 고충을 생각해보란 말이다."

한 남자는 면사무소 직원이 면화 재배에 부적합한 곳에 면화를 심으라고 강요했다고 불평했다. 이에 대해 서민의 생사여탈권을 쥐고 있는 한 경찰 간부는 이렇게 말했다. "면화를 심으라고 하면, 자라든 안 자라든 그저 심기만 하면 되는 거야. 전선에 투입되어 있는 장병의 고충을 생각해보란 말야." 피땀 흘려 일해봐야 자기 가족에게 남는 건 산더미 같은 부채와 굶주림뿐이고, 모든 농작물이 징발된다는 사실을 알게 되면 어떤 농민도 땀 흘려 일하지 않을 것이다. 무소불위의 힘을 가진 공무원은 인간의 본성이 이렇다는 걸 깨달아야 한다. 세상에서 가장 용맹한 군대라 하더라도, 다른 누군가가 자기들 승리의 열매를 가져간다는 걸 알게 되거나 그런 의심을 품게 되면 자진해서 싸우려들지 않는다.

이토 히로부미의 장례식

(4) 내가 환호와 기쁨 속에서 새해를 맞을 만한 일이 있는가? 앞날이 캄캄하기만 하다.

1943년 1월 18일 월요일

(중략)

우리의 일본인 통치자들은 단지 구제불능이라는 이유만으로 조선인을 굉장히 얕잡아본다. 그들은 자기들이 원하기만 하면 조선인으로 하여금 뭐든지 믿게 할 수 있다고 생각한다. 조선인은 유교의 실용적 사실주의를 통해 모든 종교의 신화에 나오는 이야기들을 믿지 말라고 배워왔다. 물론 일본의 정책 입안자는 조선인에게 신토神道 신화의 수용을 강요할 수는 있다. 무함마드가 '코란과 칼'로 그랬던 것처럼 말이다. 그러나 굳이 그럴 필요가 있는 걸까? 조선인은 일본의 정책 입안자의 모든 이론과 학설을 수용하지 않고서도 얼마든지 일본의 충량하고 애국적인 신민이 될 수 있다. 조선인에게 믿지 않는 걸 믿는다고 말하도록 강요해서는 안 된다. 오늘날 일본에 이토 히로부미나 오쿠마¹ 같은 도량 넓은 정치가들이 있었으면 좋았을 것을.

---

1 — 오쿠마 시게노부(大隈重信, 1838~1922)는 일본 정계의 원로급 정치가로, 두 차례에 걸쳐 내각 총리대신을 역임했다. 입헌개진당(立憲改進黨)을 결성하고 와세다대학을 세웠다.

1943년 2월 3일 수요일

오전에 달선이¹—포산 스님이—찾아왔다. 그의 말로는, 저 유명한 해인사 스님 35명이 조선 독립을 위해 비밀결사를 결성했다는 혐의로 체포됐다고 한다. 피의자 중 한 명인 60세가 넘은 노인이 고문을 받다가 죽었다고 한다. 그런데 경찰에 이런 정보를 제공해준 작자는 해인사 주지가 되고자 하는 이라고 한다.

달선은 작년 4월 서울에 올라와 미나미 총독을 만나서 대법회를 열려는 자기 계획을 승인받으려 했다. 10여 명의 독실한 스님이 황군의 승리를 기원하기 위해 10년 동안 밤낮으로 법회를 연다는 계획이었다. 이번에 그는 고이소 총독과 몇몇 고위 관리의 동의를 얻으려고 서울에 왔다. 난 경찰이 모든 유형의 모임에 과민반응하고 있는 만큼, 이른바 대법회를 중단하는 게 좋을 것 같다고 충고했다. 난 조직적 단위 말고 개별적으로 국가를 위해 기도하라고 말해주었다. 그는 권력층의 서명만 있으면 지방 경찰의 박해로부터 무사할 수 있다고 믿고 있다. 그가 인생 경험이 짧다 보니, 일선 경찰관이나 형사가 총독이나 내각 총리대신보다 더 무섭다는 사실을 모르고 있는 것 같다.

---

1 — 윤달선(尹達善)은 윤치호의 사촌 동생인 윤치성(尹致晟)의 둘째 아들로 윤보선 전 대통령의 사촌 동생이다.

1943년 2월 6일 토요일

신임 총독(고이소 총독이다―옮긴이)이 표방하는 목표는 '도의조선道義朝鮮'이다. 대정치가라는 명성에 걸맞게 그의 의도와 목표에는 숭고한 데가 있다. 하지만 그의 부하들이 사람 목숨을 좌지우지할 만한 권한으로 무장한 채 마지막 남은 한 줌의 쌀까지 빼앗으려고 가난한 농민의 초가집을 뒤지는 한, 오직 경찰관만이 자기가 원하는 모든 걸 가질 수 있는 한, 주민들이 암거래와 위법 행위에 의지하지 않고서는 도저히 살아갈 수 있는 방법이 없는 한, 그는 성공하지 못할 것이다.

1943년 2월 9일 화요일

우리 조선인의 최대 관심사는 스탈린이 일본에게 어떻게 나올까 하는 점이다. 아마도 미국과 영국이 소련에게 일본을 공격하라고 재촉하고 있는 모양이다. 반면에 히틀러와 무솔리니는 일본에게 자기들 요구를 이행하라고 촉구하고 있음에 틀림없다. 조선은 제일 먼저, 그것도 가장 큰 곤경에 처하게 될 것이다. 영광스런 미래 좋아하네!

1943년 2월 22일 월요일

『경성일보』 조간신문이 지난 18일에 독일의 선전장관 괴벨스[1]가 연설한 내용의 요지를 게재했다. 이 나치 장관은 독일이 소련의 군사력을 과소평가했다고 솔직히 시인했다. 그는 또 독일군이 동부전선에서 철수했으며, 유럽이 볼셰비즘에 짓밟힐 중대 위기에 처해 있다고 시인했다. 그는 독일이 볼셰비키의 동부 진격에 맞서 싸울 거라고 말했다. 서울의 신문은 볼셰비키의 위협으로 사태가 굉장히 긴박하다면서, 서유럽의 모든 중립국이 일치단결해 소련에 맞서고 있는 히틀러를 도와주어야 한다고 주장했다. 그러나 서유럽의 어느 나라가 히틀러를 돕기 위해 일어서겠는가? 히틀러는 폴란드, 오스트리아, 체코슬로바키아 등을 먹어치웠다. 그는 벨기에, 네덜란드, 덴마크, 노르웨이 같은 약소국을 침공해 약탈하고 자기 나라에 귀속시켰다. 이 나라들에게 히틀러를 도와주라고 요구하는 건, 피해자에게 자기들을 무자비하게 약탈하고 폭행한 흉악한 도둑이나 강도를 구해주라고 요구하는 것과 조금도 다를 바가 없다. 일본이 만주에서 자유롭게 행동하려고 망할 놈의 국제연맹에서 탈퇴했던 것처럼,² 이번에도 히틀러와의 얽히고설킨 동맹에서 빠져나와 태평양 사태에서 독립적으로 행동하길 빌어 마지않는다.

---

1 — 괴벨스(P. J. Goebbels, 1897~1945)는 히틀러의 최측근 인사로 활동했다. 나치당의 행사 및 시위의식을 제정하고 정력적인 연설을 행함으로써 독일 대중을 나치즘으로 끌어들이는 데 결정적인 역할을 했다. 나치당이 집권에 성공하자 선전장관을 맡았다.
2 — 1933년 3월 국제연맹 총회에서 리턴 보고서에 따른 대일본 권고안이 가결되자, 일본은 국제연맹을 탈퇴했다.

1943년 2월 27일 토요일

낮 1시 30분에 경성호텔에 가서 이각종 씨, 양주삼 씨, 정인과 씨 등이 소집한 원탁회의에 참석했다. 토론 주제는 '미국과 영국을 어떻게 박멸할 것인가'였다. 해외에—미국과 영국에—다녀온 적이 있는 20여 명의 조선인이 초청됐다. 군과 경찰 및 국민총력조선연맹에서 상당수 인사들이 참석했다.

1943년 2월 28일 일요일

장덕수와 조병옥이 영국인과 미국인에 대한 의분義憤을 고조시키고자 '그들에 대한 오해를 어떻게 바로잡을 것인가'라는 제목으로 강연했다. 일본어가 꽤 유창한 장군은, 관계 당국이 현재 육지와 바다에서 벌어지고 있는 전황을 좀 더 자세히 알려주어야 하고, 버마와 필리핀의 독립에 대한 정부의 입장이나 계획이 명료하게 설명되고 또 실행에 옮겨져야 한다고 제안했다. 조군은, 조선인은 정부의 충량한 병사가 되기로 결심을 하는 한편 정부는 조선인에게 총리대신이나 대사가 될 수 있다는 청사진을 제시해야 한다고 말했다. 야기 보안과장[1]과 하다 장군[2]이 이 발언에 대해 상당히 언짢아했다.

---

1 — 야기 노부오(八木信夫, 1903~?)는 도쿄제국대학 정치학과를 졸업하고 1925년 조선에 건너와 학무국 학무과장, 경무국 경무과장을 거쳐 경무국 보안과장에 올랐다. 이른바 특고경찰의 실무 책임자로 사상통제와 '사상범' 체포의 일선 지휘자로 활동했다.
2 — 하다 주이치(波田重一)는 당시 조선군 제19사단장으로 국민정신총동원조선연맹 고문을 지냈다.

1943년 3월 1일 월요일

이른바 원탁회의는 분명히 실패로 끝났다. 원탁회의는 경찰 당국의 생각에 전적으로 동의하지 않고 감히 뭔가 다른 생각을 품고 있던 조선인을 잡으려는 덫이었던가? 만일 그렇다면, 장덕수와 조병옥은 그 덫에 꼼짝없이 걸려들고 말았다. 난 조병옥에 대해선 그다지 높이 평가하지 않는다. 그러나 일본어를 유창하게 구사하는 장덕수는 일본인의 심리를 제대로 알았어야 했다. 그는 선전계획에 대해 아무 말도 말았어야 했다. 극도의 긴장감 속에서 일본의 운명을 손에 쥐고 있는 군 당국은, 전황에 대해 어떤 건 공개해도 되고 어떤 건 보도를 통제해야 하는지 장덕수보다 더 잘 알고 있다. 우리 같은 주변인은 그 어느 것도 제안할 자격이 없다.

일본 내각 관료들은 자국이 새로 점령한 지역(버마와 필리핀을 가리킨다—옮긴이)의 정치 상황에 대해 취할 입장과 관련해 아직 별다른 정책이나 계획이 없는 것 같다. 적어도 총성이 멈추고, 교전국 사이에 평화협상과 관련한 언급이 나올 때까지는 계속 그럴 것이다. 조선인이 이에 대해 입장을 밝히라고 요구하거나 제안하는 건 굉장히 주제넘은 일이다. 그러므로 장덕수가 큰 실수를 범한 게 틀림없다.

그러나 조선 청년들에게 일본인과 동등한 조건에서 명예와 부를 얻을 수 있다는 청사진을 제시해야 한다는 조병옥의 의견에 무슨 잘못이 있는가? 하다 장군이 조군에게 이렇게 대답했다고 들었다. "일본 신민을 총리대신이나 대사에 임명하는 건 천황의 신성한 특권입니다. 우리는 천황의 충량한 신민으로서 의무를 이행하는 데 최선을 다해야 하고, 그에 대한 보상을 염두에 두어서는 안 됩니다. 적도 지방에서 혹한지대에 이르기까지 전쟁터에 나가 혼신의 힘을 다해 싸우고 있는 용맹한 군인은 결코 금학金鶴훈장을 기대하지 않습니다. 조선 청년도 마땅히 그래야 할 겁니다." 그야말로 모범답안이었다. 일본의 장군으로서 그 이상의, 그 이하의 발언도 하기는 어려웠을 것이다.

하지만 일본인 지도자들이 조선인, 특히 조선 청년을 대할 때 잊어서는 안 될 엄연한 사실들이 있다. 이 사실들이란 무엇인가?

(1) 다수의 조선인들은 일본 신민으로 태어나질 않았다. 34세 이상의 조선인은 태극기 아래에서 조선 국왕의 백성으로 태어났다. 이들에게는 고유한 민족성이 있었고, 자체의 정부도 있었다. 총리대신부터 말단 관리에 이르기까지 모두가 조선인이었다. 더군다나 일본제국이 공식 창설된 때보다 훨씬 이전으로 거슬러 올라가는 역사를 갖고 있었다. 그런 조선인에게 지난 3천 년 동안 그들의 뇌리에 새겨져왔던 역사, 전통, 정서를 말끔히 지워버리고, 그 대신 일본의 모든 걸 받아들이라고 요구하는 건 현명한 처사라 할 수 없다. 조선이 병합된 지 이제 겨우 34년에 불과하며, 그것도 조선의 마지막 황제가 죽기 전에 이루어진 것임을 기억해야 한다.

(2) 병합한 사람들의 사악한 의도라기보다는 한 나라가 다른 나라를 흡수하는 데서 야기되는 필연적인 변화와 조정 때문에, 조선인은 일본이 자기 소생의 대가족을 거느린 계모처럼 행동한다고 느낄 수밖에 없었다. 그녀가 먼저 자기 소생을 사랑하고, 나중에 의붓자식을 사랑하는 건 지극히 당연한 일이다. 일본인 통치자들이 관직을 배분하면서, 심지어 관립 전문학교의 조선인 학생 비율을 15~20퍼센트로 부당하게 제한하면서 가혹하게 차별대우했던 게 조선인, 특히 조선 청년들이 느끼는 불만의 가장 중요한 원인이었다.

(3) 조선인 중 최고 지식인들은 히틀러와 스탈린의 저주를 받은 이 세상에서 조선이 자기 보존과 미래의 발전을 도모할 길은 오직 하나임을 잘 알고 있다. 스코틀랜드가 영국의 국가 체제에 동화됐던 것처럼, 조선도 위풍당당한 일본제국의 국가 체제에 철저히 동화되는 것 말이다. 난 일본의 현명한 지도자들이 일본과 조선의 안녕을 위해 조선을 일본의 스코틀랜드로 만들기를 염원한다. 조선을 일본의 아일랜드로 만들어선 안 된다. 절대로 안 된다.

1943년 5월 16일 일요일

지난 11일 도쿄 내각은 조선인 지원병에게 제국 해군의 병사가 되는 걸 허용하기로 결정했다. 조선인에겐 기념비적인 법령이 아닐 수 없다. 우리는 조선 청년들이 영예로운 일본 해군에 입대할 수 있도록 인정해준 제국 정부에 감사해야 한다. 아

징병제 시행 감사 신사참배 1942년 5월 징병제 시행에 감사하는 신사참배가 각 단체·학교별로 일제히 실시됐을 때의 모습.

무쪼록 조선의 해군 병사들이 일본 해군의 명예에 누가 되지 않게 잘했으면 좋겠다.

1943년 7월 23일 금요일

8월 1일 밤에 방송할 5분 강연을 준비했다. 주제는 '조선에서 징병제가 공식적으로 시행되는 오늘의 환희를 무엇에 비길 수 있을까'였다.

1943년 7월 27일 화요일

어제 무솔리니가 이탈리아의 총통 자리에서 축출됐으며, 이탈리아에 계엄령이 선포됐다고 신문들이 보도했다. 이것이 뭘 뜻하는 건지 궁금하다. 이탈리아가 악마 같은 히틀러의 손아귀에서 벗어나는 걸까? 그런데 그런 것 같지는 않다. 일본이 히틀러의 손아귀에서 벗어나 독자적으로 행동했으면 좋겠다.

1943년 9월 10일 금요일

무솔리니의 파시스트들이 망할 놈의 히틀러를 지지하면서 이탈리아 북부에서 반대운동을 시작했다고, 오늘 조간신문들이 보도했다. 이제 무솔리니는 이탈리아의 장제스가 되어 자기 나라를 내전으로 몰아넣을 것이다. 히틀러가 가는 곳은 어김없이 지옥으로 변한다.

난 한때 무솔리니를 위대하고 훌륭한 사람으로 여겨 존경했다.[1] 그는 볼세비즘으로부터 이탈리아를 구했고, 자기 나라를 당당한 유럽 강대국의 일원으로 만들었다. 그가 자기 능력과 시간을 자기 나라의 내적인 번영과 동북아프리카에 있는 식민지들의 평화적인 개발에 바쳤더라면, 이탈리아는 최근 20년 동안 유럽에서 강성하고 영예로운 열강이 됐을 것이다. 그

중추원 회의 모습

러나 그는 이탈리아를 제국주의 국가로 만들려는 흉악한 야망에 이끌려, 몬테네그로와 알바니아 같은 약소국을 집어삼키는 약탈 행위를 시작했다. 그러고 나서 혐오스럽게도 에티오피아를 침공해 병합해버렸다. 그런데 이 모든 건 이탈리아를 부강하게 만들지 못했고, 오히려 부채와 불행만을 안겨주었다. 그가 자기 권력을 유지할 요량으로 이탈리아를 위해 뭔가 하는 척해야만 했던 게 틀림없다. 내 생각에 그는 자신을 보호해야 할 필요성 때문에 기꺼이 염병할 히틀러의 노예가 됐고, 결국 이탈리아의 경제적 파산과 군사적 재앙을 야기했다.

---

1 — 제1부 제3장의 1929년 2월 11일자 일기 내용 참조.

1943년 9월 23일 목요일

평소와 마찬가지로 중추원에서 점심을 먹었다.[1] 매주 목요일마다 10~20여 명의 참의가 중추원에 나온다. 그들은 1~2시간 동안 잡담과 흡연으로 시간을 보낸다. 총독이 이 사람들에게 조선의 농민, 노동자, 학생의 이해관계에 영향을 주는 것들과 당국에 대한 각자의 입장을 논의토록 허용해, 이를 정책에 반영했으면 하는 바람이 간절하다. 정부와 국민 사이의 이런 간극은 히틀러와 스탈린이 일본에게 끼친 악영향 중 하나임에 틀림없다.

---

1 ─ 윤치호는 1941년 5월 12일 중추원 고문에 임명됐다.

1943년 10월 4일 월요일

정오에 경성역에 나가 전임 종로경찰서장인 사노 씨를 배웅했다. 그는 목포부윤으로 발령받아 서울을 떠났다. 후임자로 조선인이 임명됐다.[1] 총독이 이토록 중요한 자리에 조선인을 기용한 게 기쁘기는 하지만, 다음 두 가지 점에서 불안감을 떨쳐버릴 수가 없다. (1) 이렇게 막강한 자리에 오른 조선인이라면 그 누구든 간에 자기 실적을 과시하거나 윗사람에게 아부하고자 조선인에게 위해를 가하려들지 모른다. (2) 당국이 일본인보다는 조선인에게 맡기는 게 좀 더 적합할지 모르는 껄끄러운 업무를 그에게 시킬지도 모른다.

---

1 ─ 1943년 10월 1일 경기도 경찰부 보안과장으로 있던 윤진화(尹鎭華)가 조선인 최초로 종로경찰서장에 임명됐다. 윤진화는 1944년 11월 13일 황해도 경찰부장으로 승진해 자리를 옮겼는데, 이 역시 조선인으로서는 제1호 경찰부장이었다.

한 노인의 명상록 1[1]—1945년 10월 15일

1. 듣자니 조선인이 민주 정부 운영에 관해 거론한다는데, 내게는 마치 여섯 살 난 어린아이가 자동차 운전이나 비행기 조종에 관해 거론하는 것처럼 들립니다. 영국과 미국만이 이 세상에서 민주주의로 성공한 나라입니다. 훌륭한 시민으로서의 도덕심을 갖추고 있는 독일인이나 논리적이고 지적인 프랑스인조차도 영국인이 정립한 민주주의의 표준형에 도달하지는 못했습니다. 남아메리카에 있는 수많은 공화국 중에 진정한 민주주의 국

---

[1] — 해방 직후 윤치호는 「한 노인의 명상록」이라는 영문 서한을 작성해 미군정과 이승만에게 보냈다. 그는 1945년 10월 15일에 작성한 서한에서 한국인은 아직 민주주의를 운영해 나갈 능력이 없다는 점과 한국이 공산주의화되어서는 안 된다는 점을 강조하고, 한국인을 지도할 유력자가 필요하다고 역설했다. 여기서 말하는 유력자가 구체적으로 이승만을 가리키는 것인지는 확실치 않다. 그는 또 1945년 10월 20일에 작성한 서한에서 일제 치하에서 한국인은 좋든 싫든 '일본인'일 수밖에 없었다고 주장하면서 친일파에 대한 사면을 호소했다. 「한 노인의 명상록」은 윤치호가 해방을 맞이한 후에도 일제 시기에 갖고 있던 견해를 그대로 고수했다는 사실을 확인할 수 있는 귀중한 자료다. 윤치호의 종손녀인 번역문학가 윤경남 선생님의 번역문(윤경남 옮김, 『(국역) 좌옹 윤치호 서한집』, 호산문화, 1995)을 대부분 참고했다.

가라고 지목할 수 있는 나라가 있습니까? '지금' 조선은 중국이나 만주보다도 민주주의가 덜 준비되어 있습니다.

2. 조선인 가운데는 공산주의를 원하는 이들이 있습니다. 매우 애석한 일이 아닐 수 없습니다. 고도의 정치력과 실용적인 지혜를 가진 영국이 서서히 사회주의 정책을 도입해간다면 모를까, 사회주의의 A, B, C, D도 모르는 조선이 어찌 감히 공산주의 국가의 경영을 바랄 수 있겠습니까? 그건 그렇고, 지난 두 달 동안 북위 38도선 이북에서는 조선인 공산주의자들이 후견인의 도움에 힘입어서, 공산주의가 조선에서 승리를 거둘 경우에는 따끔한 맛을 보게 될 거라고 우리가 예견했던 바 그대로의 본보기를 보여주었습니다. 약탈과 강탈과 학살을 일삼는 공산주의가 표방하는 부드럽고 자비로운 태도와 억압하고 탄압하고 학대하는 일본 제국주의 사이에서, 즉 악마와 심연深淵 사이에서 어떤 선택의 여지가 있을까요?

3. 그러므로 현재와 다가올 미래를 위해 조선에 필요한 것은 자애로운 온정주의입니다. 굳센 손과 이타적인 헌신으로 일어설 유력자가 필요합니다. 민주주의의 형식과 구호만을 내세우며 국민을 선동하는 무리와 공산주의의 잔학하고 불합리한 이념으로부터, 교육도 받지 못했고 훈련도 안 되어 있는 조선인을 지켜줄 유력자 말입니다. 우리 조선인은 전형적인 민주주의나 급진적인 공산주의를 받아들일 정치적인 준비가 되어 있지 않습니다. 우리는 방종을 자유로, 강탈을 공산주의로 오해하는 심각한 위기에 처해 있습니다.

4. 조선에 수립될 새 정부가 어떤 형태를 띠든 간에 조선인은 고유의 전통과 관습을 지켜야 하며, 필요하다면 언제 어디서나 한 단계씩 새로운 관습을 도입해야 합니다.

한 노인의 명상록 2—1945년 10월 20일

1. 친일파라는 비난을 받고 추방당한 사람 중에는 유능하고 유용한 이들이 적지 않습니다. 자, 과연 누가 독선적인 비방자일까요? 바로 그런 친구의 대부분이 '1945년 8월 15일 정오'까지만 해도 학교, 교회, 공장, 정부, 큰 사업체, 백화점, 결혼식, 장례식 등 모든 공식석상에서 궁성요배를 하고, 황국신민서사를 되뇌고, 천황 만세를 외쳤습니다. 그들 대부분이 창씨개명을 했습니다. 어째서 그들은 친일파와 똑같은 행동을 했을까요? 그들은 다만 그렇게 해야만 했던 것입니다. 아니면 감옥에 가야만 했으니까요. 그렇다면 누가 남들에게 제일 먼저 돌을 던지는 것일까요? 두 가지 이유가 있습니다. (1) 불미스러운 자기들의 과거를 감추고자 조선인을 속이기 위해서입니다. (2) 정당과 개인의 주머니를 채우고자 근심과 공포감에 싸여 있는 사람들에게서 돈을 뜯어내기 위해서입니다.

누군가에게 친일파라고 오명을 씌우는 것은 정말이지 터무니없는 일입니다. 일본에 병합됐던(1911년[1]부터 1945년까지) 34년 동안 조선의 위상은 어땠습니까? 독립적인 왕국이었나요? 아니요. 조선은 일본의 일부였고, 미국 등 세계열강도 그렇게 알고 있었습니다. 즉 조선인은 좋든 싫든 일본인이었습니다. 그렇다면 일본의 신민으로서 '조선에서 살아야만 했던' 우리들에게 일본 정권의 명령과 요구에 응하는 것 외에 어떤 대안이 있었겠습니까? 우리의 아들을 전쟁터에 보내고 딸을 공장에 보내야만 했는데, 무슨 수로 군국주의자들의 명령과 요구를 거역할 수 있었겠습니까? 그러므로 누군가가 일본의 신민으로서 한 일을 가지고 비난하는 것은 어불성설입니다.

이른바 친일파가 평화롭게 살 수 있도록, 또 자유는 곧 무법이며 공산주의는 곧 강탈이라고 믿는 (그리고 그렇게 행동하는) '애국자'의 공갈 협박으로부터 안전할 수 있도록, 고도의 정치 행위이자 보편적 정의로서 일반사면이 단행되어야 합니다. 추방된 조선인 가운데 다수는 다방면에 걸쳐서 종전의 십장들[2]로부터 효율성과 규율을 배워왔습니다. 각 지역의 상황과 조선인 대중의 요구에 대한 그들의 지식과 재능은 조선의 새 정부 지도자들에게 크게 유용할 것입니다.

2. 그런데 마치 자기들의 힘과 용맹성을 가지고 일본 군국주의로부터 조선을 구해내기라도 한 것처럼 어딜 가나 으스대며 다니는, 자칭 구세주의 꼴이란 참으로 가관입니다. 그들은 아둔하거나 수치심이 없는—아마도 그 둘 다인—사람들인지라, 조선의 자유는 달 속에 살고 있는 사람의 자유만큼도 되지 않았다는 것을 모르는 모양입니다.

이른바 그 '해방'이란, 단지 연합군 승리의 한 부분으로 우리에게 온 것뿐입니다. 만일 일본이 항복하지 않았더라면, 허세와 자만에 찬 '애국자'들은 어떤 사람이 큰 지팡이로 일본을 내쫓을 때까지 계속해서 궁성요배를

---

1 — 1910년을 착각한 모양이다.
2 — 각계각층의 일본인 엘리트들을 의미하는 것으로 보인다.

하고 황국신민서사를 읊었을 것입니다. 분명한 것은, 이 허세와 자만에 찬 '애국자'들이 일본을 몰아낸 것은 아니라는 점입니다. 만일 어떤 이변에 의해서 일본이 다시 조선을 탈환한다면, 이 허세와 자만에 찬 '애국자'가 일본을 몰아낼 수 있을까요? 이 허풍쟁이들은 우화에 나오는 어리석은 파리처럼, 다시 말해서 달리는 마차 위에 내려앉아 있으면서 '이 마차는 내 힘으로 굴러가고 있다'라고 외치는 파리처럼 이야기하고 다니는 것뿐입니다.

우리는 해방이 선물로 주어진 것임을 솔직히 시인하고, 그 행운을 고맙게 여겨야 합니다. 잃었던 보석을 되찾은 듯한 은혜를 입은 만큼, 겸허한 마음으로 다시는 그것을 잃지 않도록 최선을 다해야 합니다. 사소한 개인적 야심과 당파적인 음모와 지역 간의 증오심일랑 모두 묻어두고, 고통을 겪고 있는 우리나라의 공익을 위해 다 함께 협력해야 합니다. 우리나라의 지정학적 상황으로 미루어볼 때, 민중의 무지와 당파 간의 불화 속에서는 우리 조선의 미래를 낙관할 수가 없습니다. 우리는 분열되지 말고 단결해야 합니다.

윤치호 가계도

해평윤씨 가문

좌옹 윤치호는 대원군 집정기인 1865년 1월 23일(음력 1864년 12월 26일) 충남 아산군 둔포면 신항리에서 해평海平(지금의 경북 선산) 윤씨 웅렬雄烈의 장남으로 태어났다. 그는 고려 후기에 무신으로 활약한 해평윤씨의 시조 윤군정尹君正의 21세손이 된다. 그의 가문의 내력은 대체로 다음과 같이 다섯 단계로 나누어볼 수 있다.

첫째, 윤치호의 선대는 고려 후기인 13세기 중엽에서 14세기 말에 이르는 150여 년간에 걸쳐 1세에서 5세까지 모두 종2품 이상의 고위관직을 제수받고 신흥 귀족 가문으로 성장했다.

둘째, 윤치호의 선대는 조선 초기 14세기 말에서 16세기 초까지 150여 년간에 지방관, 더 나아가서는 하급 무인 가문으로 전락하고 말았다.

셋째, 윤치호의 선대는 조선 중기 16세기 초에서 18세기 중엽에 이르는 230여 년간에 걸쳐 15세를 제외하고는 모두 정3품 이상의 고위관직에 올랐을 만큼 명문 양반 가문으로 부상했다. 특히 12세, 다시 말해서 윤치호의 9대조가 되는 윤두수尹斗壽는 이황李滉의 문인으로 도승지, 대사헌, 좌의정 등을 거쳐 전란 중이던 1598년에 영의정에 오르면서 해평윤씨의 중흥을 선도했다.

넷째, 윤치호의 고조, 증조, 조부는 조선 후기 18세기 중엽에서 19세기 중엽에 이르는 100여 년간에 걸쳐 아무런 관직을 갖지 못하고 지방으로 이주해 향반으로 몰락했다.

다섯째, 윤치호의 부친 윤웅렬尹雄烈(1840~1911)은 무과에 급제한 후 무관으로 성장해 법부대신, 군부대신을 지내고, 윤치호의 숙부 윤영렬尹英烈(1854~1939)도 강계부사 겸 방어사, 삼남 토포사 등을 지낸 후 육군 참장에 오름으로써, 개항 이후 윤웅렬 가문은 신흥 무인 가문으로 급부상했다.

그 후 윤치호 대에 윤치호, 윤치왕, 윤치창, 윤치오, 윤치소, 윤치영, 다시 그 다음 대에 윤영선, 윤일선, 윤보선 등이 배출됨으로써, 해평윤씨 가문은 20세기 한국의 최고 '명가' 중의 하나로 손꼽히게 됐다. 당연히 혼맥 또한 화려하고 다채롭기 그지없다. 따라서 윤웅렬·윤치호 계통과 윤영렬·윤치오·윤치소·윤보선 계통으로 나누어 해평윤씨 가문의 인물들을 살펴보고, 그들의 혼맥을 추적해봄으로써 재미있고 유익한 정보들을 얻을 수 있을 것이다.

윤웅렬 · 윤치호 계통

윤치호의 부친 윤웅렬은 말 그대로 파란만장한 삶을 살았다. 그는 1856년 17세 때 무과에 장원급제한 후, 1880년 제2차 수신사 김홍집金弘集의 수행원으로 일본을 다녀와 1881년에 별기군의 실질적인 책임자가 됐다. 그러나 이듬해에 임오군란이 발생해 일본으로 피신해야 했다. 그 후 국내 정국이 안정됨에 따라 일본에서 돌아와 급진개화파와 교류했지만, 이들의 급진적인 행동 전개에 대해 신중론을 표명했다. 그러나 갑신정변 주도 세력이 그를 형조판서에 내정하는 바람에, 정변이 실패한 후 전라도 능주로 유배됐다. 오랫동안의 유배생활을 마치고 정계에 복귀해 1895년 제3차 김홍집 내각의 경무사에 임명됐으나, 을미사변 발발 직후 '춘생문 사건'에 가담했다가 끝내 중국으로 망명해야 했다. 대한제국이 수립되고 난 후 귀국해 법부협판, 법부대신, 군부대신 등을 지냈으며, 한일합방과 함께 일제로부터 남작 작위를 받았다. 그는 전주이씨(1844~1936)와 결혼해 슬하에 윤치호, 윤치왕, 윤치창 3형제를 두었다.

윤웅렬의 장남 윤치호는 1879년경 강씨와 결혼했다. 그러나 강씨는 갑신정변으로 그가 중국으로 망명하고 부친이 능주로 유배됐을 즈음에 세상을 떠나고 말았다. 윤치호는 1894년 중국에서 마애방(1871~1905)과 연애결혼을 했다. 마애방은 미국남감리회에서 운영하는 맥티어여학교를 졸업한 중국 여성이었다. 그녀는 윤치호와의 사이에서 봉희, 영선, 광선, 용희 등 2남 2녀를 두었으나, 1905년 세상을 떠나고 말았다. 윤치호는 1907년 어머니의 권유로 남포백씨 매려梅麗(1890~1943)와 중매결혼을 했다. 백매려는 윤치호와의 사이에 문희, 은희, 명희, 장선, 기선, 보희, 영희, 정선 등 3남 5녀를 두었으며, 1943년 세상을 떠났다.

윤치호의 장남 윤영선尹永善(Allen, 1896~1988)은 미국 오하이오주립대학 농학과를 졸업한 후 개성에서 축산업에 종사했다. 1950년 이승만 정권 당시 제3대 농림부 장관을 지낸 후, 재계로 진출해 고려보험 사장, 고려제약 사장을 지냈다. 여러 계통의 공직에도 진출해 4H구락부 중앙위원회 회장, 서울YMCA 총무, 송도학원 이사장 등을 지냈다. 민씨 척족의 일원이면서도 학자풍의 성향을 지녔던 민유식閔裕植의 사위이기도 했다. 장남 영구英求는 교통부 관광국장, 육운국장을 거쳐 메트로항공사 회장을 지냈다. 조선일보사 사장 방상훈方相勳이 그의 맏사위이다. 다시 말해서, 방상훈은 윤치호의 증손주 사위가 된다. 차남 승구勝求는 연희전문 출신으로 아저

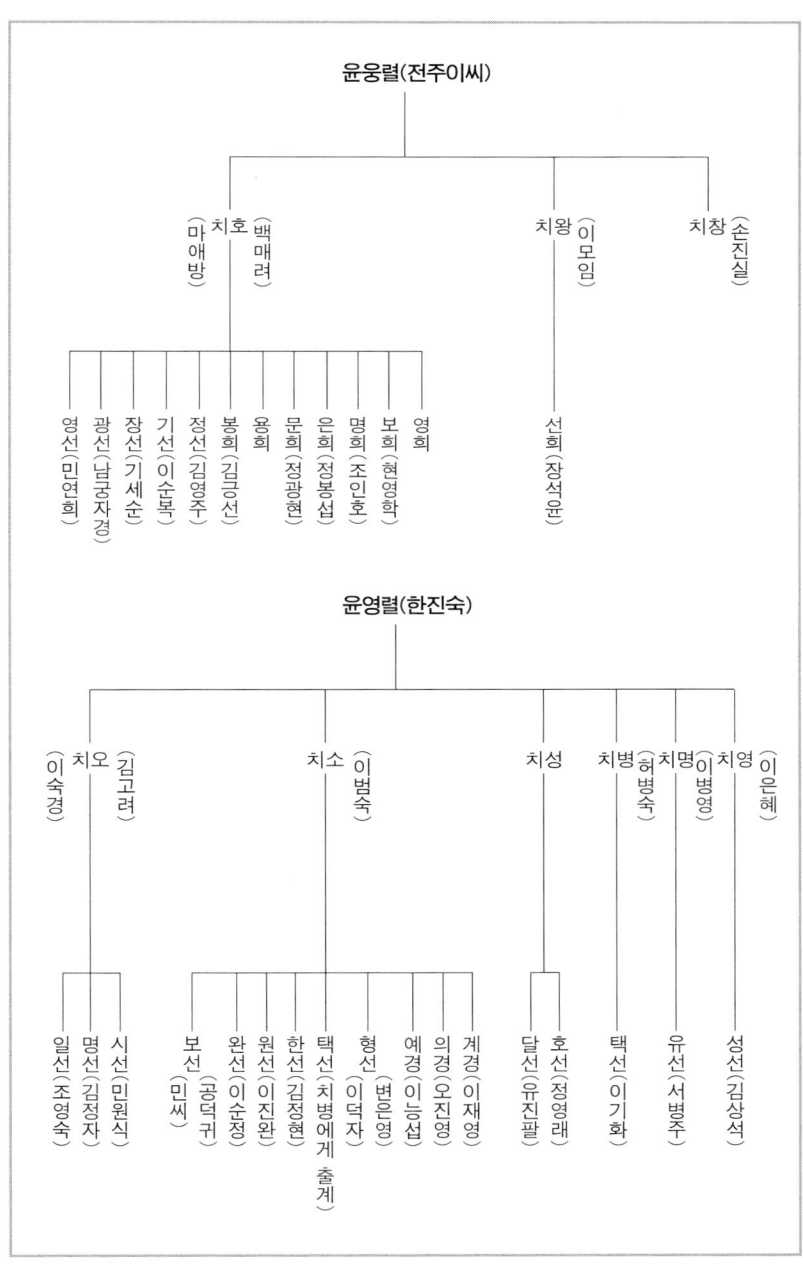

윤치호 가계도

씨뻘인 윤보선 전 대통령의 비서관을 지낸 후 개인 사업을 경영했다.

윤치호의 차남 윤광선尹光善(Candler, 1898~?)은 미국 유학을 다녀온 후 일제강점기에 어장을 경영했는데, 한국전쟁 당시 개성에서 납북됐다.『황성신문』사장을 지낸 한서翰西 남궁억南宮檍의 사위이기도 했다. 장남 정구鼎求는 고려원양 전무를 지냈고, 둘째 사위는 제2대 서울대 약대 학장을 지낸 약학자 채동규蔡東圭이며, 셋째 사위는 원석연元錫淵 화백이다.

윤치호의 3남 윤장선尹璋善(Washington, 1920년생)은 샌프란시스코 총영사를 지냈고, 4남 윤기선尹琦善(Lambuth, 1921년생)은 미국에 건너가 피아니스트로 활약했다. 윤치호의 5남이자 12남매 중 막내인 윤정선尹珽善(Joseph, 1928년생)도 미국에 건너가 살았다.

윤치호의 장녀 윤봉희尹鳳姬(Laura, 1894~?)는 김긍선金兢善과 결혼해 개성에서 살았다. 2녀 윤용희尹龍姬(Helen, 1903~?)는 일찍이 미국에 건너가 성장한 후 한국에 돌아왔으나, 고국의 생활관습과 문화에 적응하지 못하고 주로 외국에서 살았다. 3녀 윤문희尹文姬(Mary, 1909~?)는 법학자 정광현鄭光鉉(1902~80)과 결혼했다. 정광현은 평양 출신으로 도쿄제대 법학부를 졸업한 후 연희전문과 이화여전에서 교편을 잡았다. 1950년 서울대 법대 교수로 부임해 가족법 분야의 권위자가 됐으며, 1966년 학술원 회원이 됐다. 4녀 윤은희尹恩姬(Grace)는 의학박사 정봉섭鄭奉燮과 결혼했다. 5녀 윤명희尹明姬(Margaret, 1918년생)는 일제하 서울 장안의 갑부로 손꼽혔던 조준호趙俊鎬의 동생 조인호趙麟鎬와 결혼했다. 6녀 윤보희尹寶姬(1923년생)는 이대 음대 교수를 지냈는데, 이대 문리대 학장을 지낸 민중신학자 현영학玄永學의 부인이기도 했다. 7녀 윤영희尹英姬(1926년생)는 미국에 건너가 살았다.

윤웅렬의 2남이자 윤치호의 바로 아래 동생인 윤치왕尹致旺(1895~1982)은 영국 글래스고대학교 출신의 산부인과 의사였다. 1927~44년 세브란스의전 교수를 지냈는데, 1938~39년에는 세브란스병원장을 맡기도 했다. 해방 후 군에 입대해 육군 의무감을 지냈다. 그의 장녀인 윤선희尹善姬는 1952년 제7대 내무부 장관을 지낸 장석윤張錫潤의 부인이었다. 윤선희·장석윤 부부의 맏사위는 정재호鄭載護 전 삼호그룹 총수의 장남 정규진이고, 둘째 사위는 홍익대 총장을 지낸 심상필沈相弼이며, 넷째 사위는 이종오李鐘旿 계명대 사회학과 교수다.

윤웅렬의 3남이자 윤치호의 막내 동생인 윤치창尹致昶은 미국 시카고대학교를 졸업하고 일제강점기에 개인업에 종사했다. 정부 수립 후 초대 주영공사와 터키 대사를 역임한 후, 미국에 건너가 살았다. 1925년경 미국 유학 출신의 손진실孫眞實과 결혼했다. 손진실은 대한민국임시정부 의정원 의장을 지낸 손정도孫貞道 목사의 맏딸로, 이화학당을 졸업한 후 미국 시카고대학교에서 가정학을 전공했다. 초대 해군 참모총장과 제5대 국방부 장관을 지낸 한국 해군의 '아버지' 손원일孫元一과, 북한 김일성 주석과 의형제처럼 자랐다고 해서 유명해진 재미 의사 손원태孫元泰의 누나이기도 하다.

윤영렬·윤보선 계통

윤영렬尹英烈(1854~1939)은 한말의 무관으로 강계부사 겸 방어사, 삼남 토포사 등을 지낸 후 육군 참장에 올랐다. 청주 한씨 진숙鎭淑과 결혼했는데, 그녀는 한말 전라도 관찰사와 경상도 관찰사를 역임한 육군 참장 한진창韓鎭昌과 남매간이었다. 윤영렬·한진숙 부부는 슬하에 6남 3녀를 두었다.

윤영렬의 장남 윤치오尹致旿(1869~?)는 일본 게이오대학을 졸업하고 도쿄외국어학교에서 오랫동안 한국어 교사로 일했다. 귀국 후 대한제국 학부 학무국장, 중앙학교 교장을 지냈으며, 한일합방 후 중추원 부찬의와 찬의를 지냈다. 한말 워싱턴 주재 대리공사를 지낸 김윤정金潤晶의 딸 김고려金高麗와 결혼했다. 그녀는 한국 최초의 양장洋裝 여성으로 알려져 있다.

윤치오의 장남 윤일선尹日善(1896~1987)은 한국 병리학을 선도한 의학계의 태두다. 교토제대 의학부를 졸업한 후, 1927~45년 세브란스의전 병리학 교수로 일했다. 1946년 서울대의 창립과 함께 대학원장에 취임했으며, 1956~61년 서울대 제6대 총장을 지냈다. 그 후 원자력원장, 과학기술진흥재단 이사장, 학술원 회장 등을 지냈다. 윤치오의 2남 윤명선尹明善은 도쿄제대를 졸업하고 고등문관 시험에 합격한 후, 만주국 간도성 차장을 지냈다. 일제하 '화폐 제조기'라 불렸던 충남 공주 갑부 김갑순金甲淳의 사위이기도 했다. 윤치오의 장녀 윤시선尹時善은 도쿄미술학교 출신의 화가로서 1950년 국전에서 대통령상을 수상한 바 있다. 미국 유학 출신의 민원식閔瑗植과 결혼했다. 민원식은 충정공 민영환閔泳煥의 육촌인 민영철閔泳喆의 3남으로, 파리강화회의 때 상하이 임시정부 대표 김규식金奎植 박사를 보좌한 바 있다. 해방 후 합동통신 회장, 대한여행사 사장 등을 지냈는데, 한국전쟁 당시 납북됐다.

윤영렬의 차남 윤치소尹致昭(?~1944)는 1898년 사촌 형인 윤치호와 함께『황성신문』의 전신이라 할 수 있는『경성신문』을 창간해 경영했다. 1910년대에는 당시 대표적인 조선인 회사로 손꼽혔던 경성직뉴주식회사의 사장으로 일했는데, 나중에 이 회사는 인촌仁村 김성수金性洙에게 양도되어 경성방직 설립의 디딤돌이 됐다. 1920년 6월 이상재李商在, 유진태兪鎭泰 등과 함께 조선교육회의 설립을 주도해 창립 이사가 됐다. 안동교회의 장로로 기독교계에서 차지하는 비중 또한 만만치 않았다. 1924~27년 중추원 참의를 지냈다.

윤치소의 장남 윤보선尹潽善(1897~1990)은 영국 에든버러대학교에서 고고학을 전공했다. 정부 수립 후 초대 서울시장, 제2대 상공부 장관, 3~5대의원을 거쳐 1960년 제4대 대통령에 취임했다. 민영환의 육촌인 민영철의 딸 민씨와 결혼해 두 딸을 두었다. 장녀 완구琓求는 경성제대 출신의 남홍우南興祐와 결혼했다. 남홍우는 형법학계의 권위자로 고대 법대 학장, 학술원 회원을 지냈다. 차녀 완희琓姬는 화가였는데, 상하이 임시정부 법무총장을 지낸 신규식申圭植의 아들 신준호申俊浩와 결혼했다. 윤보선은 1948년 한신대 교수 공덕귀孔德貴와 재혼해 두 아들을 두었다. 장남 상구商求는 건축자재 사업을 경영하고 있으며, 차남 동구同求는 화가로 활약 중이다. 윤치소의 차남 윤완선尹浣善은 교토제대 출신으로 한말 탁지부대신을 지낸 이용직李容稙의 사위이자, 을사조약이 체결된 후 자결한 충정공 조병세趙秉世의 외손주 사위다. 3남 윤원선尹源善은 도쿄농대 출신으로 제2공화국 당시 민선 경기도지사를 지냈는데, 대원군의 증손주 사위이기도 하다. 4남 윤한선尹漢善은 일제하 경상도 갑부 김기태金基邰의 사위다. 5남 윤택선尹澤善은 숙부인 윤치병의 양자가 됐다. 6남 윤형선尹瀅善은 게이오대학을 졸업했다. 윤치소의 장녀 윤예경尹禮卿은 이화여전 출신으로 경성제대 법문학부를 졸업한 이능섭李能燮과 결혼했다. 이능섭은 정부 수립 후 일본 대사관에 근무했는데, 한국전쟁 당시 납북됐다. 『동아일보』 논설위원과 편집국장을 지낸 홍승면洪承勉은 윤예경·이능섭 부부의 맏사위다. 윤치소의 차녀 윤의경尹義卿은 세브란스의전 교장을 지낸 한국 의학계의 '대부' 오긍선吳兢善의 아들인 오진영吳震泳과 결혼했다. 오진영은 경성제대 법문학부를 졸업하고 해방 후 국학대 교무처장, 주일대표부 상무관 등을 역임했으며, 1953년 안양기독보육원장 이사장에 취임했다. 윤치소의 3녀 윤계경尹桂卿은 이화여전 출신으로 도쿄농대 출신인 이재영李宰寧과 결혼했다. 이재영은 국사학계의 태두 이병도李丙燾 박사의 장형인 이병묵李丙黙의 아들이다.

윤영렬의 3남 윤치성尹致晠은 일본 육사 출신(제11기)으로 상하이 임시정부 요인을 지낸 노백린盧伯麟, 일본 육군 중장 어담魚潭 등과 동기다. 고종

윤치호 가계도 595

황제의 시종무관을 지냈고, 1924년 충남 도평의원에 선출된 바 있다. 윤치성의 2남 윤달선尹達善은 일제 말 합천 해인사의 스님으로 있었고, 3남 윤호선尹豪善은 『상공신문』 사장을 지냈다. 윤영렬의 4남 윤치병尹致昞은 한말 육군 정위正尉를 지냈다. 슬하에 아들이 없어 형 윤치소의 5남 윤택선尹澤善을 양자로 들여 가계를 이었다. 윤택선은 니혼대학日本大學을 졸업하고 교통부 장관 비서관, 국회 교통체신위원회 전문위원 등을 지냈다. 윤택선의 장녀 윤경남은 이화여대 출신의 번역문학가로서 샬롬노인문화원 원장, 좌옹윤치호문화사업회 이사를 맡고 있다. 윤영렬의 5남 윤치명尹致明은 한말 학부 주사를 지냈다. 그의 아들 윤유선尹裕善은 세브란스의전을 졸업하고 국립의료원장, 한양대 의대 학장 등을 지냈는데, 1950년대 혁신계 정치인으로 활동한 서상일徐相日의 사위다. 윤영렬의 6남 윤치영尹致暎은 일제 시기 미국에 건너가 이승만의 측근으로 활동했다. 1936년 귀국해 홍업구락부와 YMCA에서 활동했다. 해방 후 이승만의 비서실장을 지내고, 정부 수립 초대 내무부 장관, 국회 부의장 등을 역임하며 이승만 정권 초기 집권 세력의 '실세'로 통했다. 제3공화국 시기에 공화당 의장을 지냈다. 이승만 정권과 박정희 정권 내내 한 살 연상의 조카 윤보선과 정치적 거취를 달리했던 것이다. 윤치영은 이병도 박사의 여동생 이병영李丙暎과 사별한 후, 이화학당 교사를 지낸 이은혜異恩惠와 재혼했다. 김성수의 아들 김상석金相晳이 그의 사위다.

연도	윤치호 연보	국내	국외
1863	1세. 1월 23일 충남 아산군 둔포면 신항리에서 해평윤씨 웅렬(雄烈)의 장남으로 출생.	고종이 즉위함.	
1865			4월 9일 미국에서 남북전쟁이 종결됨.
1866		10월 병인양요가 일어남.	
1868			1월 3일 일본에서 메이지유신이 단행됨.
1869	5세. 고향에서 글공부를 시작함.		
1871		6월 신미양요가 일어남.	
1873	9세. 서울로 이주함.	고종이 친정(親政)을 시작함.	
1875	11세. 한학자 김정언에게서 한학을 배우기 시작함.		8월 3일 일본에서 정한론이 대두됨.
1876		2월 27일 문호개방이 단행됨(강화도조약 체결).	
1877			4월 24일 러터전쟁이 발발함.
1879	15세. 어윤중의 문하에서 수학하기 시작함. 강씨(姜氏)와 결혼함.		
1881	17세. 조사시찰단의 일원인 어윤중의 수행원으로 일본에 건너감. 도진샤(同人社)에 입학함.	5월 별기군이 창설됨.	
1882		7월 임오군란이 일어남.	

윤치호와 그의 시대 연표 597

연도	윤치호 연보	국내	국외
1883	19세. 1월 요코하마 주재 네덜란드 영사관 서기관에게서 영어를 배우기 시작함. 5월 13일 초대 주한 미국공사 푸트의 통역관으로 귀국함.		
1884	21세. 1월 19일 갑신정변과 관련해 위험을 느껴 조선을 떠남. 2월 중국 상하이에 건너가 중서서원(中西書院)에 입학함.	12월 4일 갑신정변이 일어남. 4월 15일 거문도 사건이 일어남.	
1885			6월 19일 청프전쟁이 발발함. 12월 22일 일본에서 내각제도가 확립됨.
1886	22세. 부인 강씨가 세상을 떠남.		
1887	23세. 4월 3일 중서서원의 본넬 교수에게 세례를 받아 기독교인이 됨.		
1888	24세. 11월 4일 미국 테네시 주 내슈빌에 도착해 밴더빌트대학교에 입학함.		
1891	27세. 7월 미국 조지아 주에 있는 에머리대학교에 입학함.		
1893	29세. 10월 5년간의 유학을 마치고 마중을 떠남. 11월 상하이로 건너가 중서서원 교사가 되어 영어를 강의함.		
1894	30세. 3월 중국인 마애방(馬愛芳, 1871년생)과 결혼함.	2월 15일 동학 농민군이 봉기함(1894년 동학농민전쟁).	7월 1일 청일전쟁이 발발함.

연도	윤치호 연보	국내	국외
1894		8월 군국기무처가 개혁안을 반포함(갑오개혁).	
1895	31세. 2월 13일 10년 만에 귀국함. 2월 21일 의정부 참의에 임명됨. 6월 학부협판에 임명됨.	10월 8일 을미사변이 일어남.	2월 12일 청나라가 일본에 항복함. 6월 17일 일본이 타이완에 총독부를 설치함.
1896	32세. 4월 1일 러시아 니콜라이 2세의 대관식에 참석하는 칙사 민영환을 수행함.	2월 11일 아관파천이 일어남. 4월 7일 『독립신문』이 창간됨. 7월 2일 독립협회가 결성됨.	4월 6일 제1회 근대올림픽이 개최됨.
1897	33세. 1월 27일 귀국함. 7월 독립협회에 가입함.	10월 12일 대한제국이 수립됨.	
1898	34세. 3월 21일 독립협회 회장 대리를 맡음. 8월 28일 독립협회 회장에 선출됨. 10월 23일 중추원 부의장에 임명됨. 10월 28일 관민공동회 대회장에 선출됨.	2월 22일 대원군이 세상을 떠남. 12월 5일 독립협회가 강제 해산됨.	6월 11일 청나라에서 변법자강운동이 시작됨. 9월 18일 파쇼다 사건이 일어남. 12월 10일 미국이 스페인과의 전쟁에서 승리함(필리핀 획득).
1899	35세. 1월 7일 덕원 감리와 원산항 재판소 판사를 겸임함.	5월 17일 서대문 청량리 간 전차가 개통됨.	3월 청나라에서 의화단이 봉기함.
1900	36세. 6월 16일 삼화 감리에 임명됨.	11월 12일 경인철도가 개통됨.	
1901	37세. 7월 24일 덕원 감리에 임명됨.		11월 18일 미국이 파나마운하 건설 및 관리권을 획득함.
1903	39세. 7월 6일 천안 군수 겸 직산 군수에 임명됨.	10월 28일 황성기독교청년회(서울YMCA)가 창설됨.	
1904	40세. 3월 11일 외부협판에 임명됨.	7월 16일 『대한매일신보』가 창간됨.	2월 8일 러일전쟁이 발발함.

연도	윤치호 연보	국내	국외
1905	41세. 2월 15일 부인 매애방이 세상을 떠남. 5월 31일 황성기독교청년회(서울YMCA) 이사에 선임됨. 11월 17일 외부협판에서 물러남.	11월 17일 을사조약이 체결됨. 12월 1일 동학이 천도교로 개편됨.	7월 29일 미일 간에 가쓰라테프트 밀약이 체결됨. 9월 5일 러일 간에 포츠머스조약이 체결됨.
1906	42세. 4월 14일 대한자강회 회장에 선출됨. 10월 3일 개성에 한영서원(韓英書院)을 설립하고 원장(교장)에 취임함. 12월 28일 황성기독교청년회 부회장에 선임됨.	2월 1일 통감부가 설치됨.	
1907	43세. 3월 남포백씨 매려(梅麗, 1890년생)와 재혼함.	1월 29일 국채보상운동이 시작됨. 7월 21일 고종 황제가 강제 퇴위함.	6월 15일 네덜란드 헤이그에서 제2회 만국평화회의가 개최됨.
1908	44세. 5월 21일 세계주일학교연합회 조선지회 회장에 취임함. 9월 안창호가 설립한 대성학교의 교장에 취임함.	12월 3일 YMCA회관이 개관됨. 12월 28일 동양척식주식회사가 설립됨.	
1909	45세. 2월 안창호 등이 결성한 청년학우회 회장에 추대됨.	10월 26일 안중근이 이토 히로부미를 사살함. 12월 4일 일진회가 합방성명서를 발표함.	
1910	46세. 3월 미국 애틀랜타에서 열린 남감리회 평신도 대회에 참석함.	8월 29일 한일합방이 단행됨. 10월 1일 조선총독부가 조선을 통치하기	

연도	윤치호 연보	국내	국외
1910	6월 영국 에든버러에서 열린 세계선교대회에 참석함. 7월 귀국함. 10월 7일 부친 운용렬이 남작 작위를 받음.	시작함. 12월 29일 회사령이 공포됨.	
1911	47세. 9월 11일 부친 운용렬이 세상을 떠남.	4월 17일 토지수용령이 공포됨. 8월 23일 조선교육령이 공포됨.	10월 10일 중국에서 신해혁명이 시작됨.
1912	48세. 1월 15일 남작을 습작(襲爵)함. 2월 5일 '105인 사건'의 주모자로 체포됨.	9월 2일 조선예수교장로회 총회가 조직됨.	7월 30일 일본에서 다이쇼(大正) 천황이 즉위함.
1913	49세. 10월 9일 고등법원(오늘날의 대법원)에서 징역 6년이 확정됨. 10월 9일 남작 작위를 박탈당함.	5월 13일 안창호 등이 미국에서 흥사단을 결성함.	1월 23일 터키에서 청년타키당이 쿠데타를 일으킴.
1914		4월 2일 조선기독교청년연합회(YMCA연맹)가 결성됨.	7월 28일 제1차 세계대전이 발발함. 8월 15일 파나마운하가 개통됨.
1915	51세. 2월 13일 일본 쇼케(昭憲) 황태후 대상(大喪)을 당해 특사로 출옥함.	3월 24일 개정 사립학교규칙이 공포됨.	1월 18일 일본이 중국에 '21개조'를 요구함.
1916	52세. 4월 8일 조선중앙기독교청년회(서울YMCA) 총무에 선출됨. 11월 29일 대정친목회 평의원이 됨.		4월 24일 아일랜드에서 반영(反英) 무장봉기가 일어남.
1917	53세. 세브란스의학전문학교 이사가 됨.	1월 1일 이광수의 『무정』이 『매일신보』에 연재되기 시작함.	11월 7일 러시아에서 '10월혁명'이 발발함.
1918	54세. 연희전문학교 이사가 됨.	6월 18일 토지조사사업이 완료됨.	1월 8일 미국 대통령 윌슨이 14개조 평화안을 발표함.

윤치호와 그의 시대 연표 601

연도	윤치호 연보	국내	국외
1918			11월 11일 제1차 세계대전이 막을 내림.
1919	55세. 3월 6일 3·1운동에 관해 『경성일보』 기자와 인터뷰를 나눔. 4월 18일 우쓰노미야(宇都宮太郞) 조선군 사령관과 정국 동향에 대해 의견을 나눔. 7월 20일 경성교회 회장에 선출됨.	1월 21일 고종 황제가 승하함. 2월 8일 일본 유학생들이 2·8독립선언을 발표함. 3월 1일 3·1운동이 시작됨. 3월 3일 고종 황제 국장이 거행됨. 4월 13일 대한민국임시정부가 수립됨. 4월 15일 제암리 학살 사건이 일어남. 5월 12일 김규식이 파리강화회의에 독립청원서를 제출함. 8월 13일 사이토 제3대 조선 총독에 임명됨. 9월 2일 강우규가 사이토 총독에게 폭탄을 던짐.	1월 18일 파리강화회의가 시작됨. 3월 6일 코민테른이 창립됨. 4월 6일 인도에서 간디의 지도로 영국에 대한 비폭력 저항운동이 시작됨. 5월 4일 중국에서 일본을 상대로 5·4운동이 일어남. 6월 28일 베르사유조약이 조인됨.
1920	56세. 1월 23일 조선중앙기독교청년회 총무직을 사퇴함. 6월 17일 조선중앙기독교청년회 회장에 선출됨. 8월 25일 미국 의원시찰단 환영연에 참석함.	3월 5일 『조선일보』가 창간됨. 4월 1일 『동아일보』가 창간됨. 4월 28일 영친왕 이은이 이방자와 결혼함. 10월 20일 북로군정서 부대가 청산리 전투에서 대승을 거둠. 12월 27일 총독부가 산미증식계획을 수립함.	1월 10일 국제연맹이 창설됨.
1921	57세. 9월 16일 범태평양협회 조선지회 부	2월 16일 양근환이 친일파 민원식을 살해함.	7월 1일 중국공산당이 창당됨.

연도	윤치호 연보	국내	국외
1921	회장에 선출됨.		11월 12일 워싱턴 군축회의가 시작됨.
1922	58세. 5월 16일 조·일YMCA 동맹협정 취소를 주도함. 11월 1일 송도고등보통학교 교장에 취임함.	5월 이광수가 민족개조론을 발표함. 12월 10일 안창남이 모국 방문 비행에 나섬.	7월 15일 일본공산당이 창당됨. 10월 31일 이탈리아에서 무솔리니 내각이 수립됨. 12월 30일 소비에트사회주의공화국연방이 수립됨.
1923		1월 21일 조선물산장려회가 결성됨.	9월 1일 일본 관동지방에서 대지진이 발생함.
1924	60세. 보성전문학교 측의 교장직 취임 제의를 거절함. 다시 연희전문학교 이사가 됨(1930년까지 역임).	3월 31일 최남선 등이 『시대일보』를 창간함. 5월 2일 경성제국대학(예과)이 개교함.	1월 20일 중국에서 제1차 국공합작이 이루어짐. 1월 21일 소련의 레닌이 세상을 떠남. 5월 11일 미국 의회가 신이민법을 의결함(배일(排日)조항).
1925	61세. 3월 22일 흥업구락부를 결성하고 회계를 맡음. 9월 10일 송도고등보통학교 교장에서 물러남. 11월 28일 태평양문제연구회 조선지회 회장에 선출됨.	4월 17일 조선공산당이 창당됨. 5월 8일 치안유지법이 공포됨. 6월 8일 조선사편수회가 설치됨. 7월 대수해가 발생함.	3월 12일 중국의 쑨원(孫文)이 세상을 떠남. 4월 22일 일본에서 치안유지법이 공포됨.
1926		1월 6일 충독부 신청사가 완공되어 이전함. 4월 26일 순종 황제가 승하함. 6월 10일 6·10만세운동이 일어남.	12월 25일 일본에서 쇼와(昭和) 천황이 즉위함.

윤치호와 그의 시대 연표 603

연도	윤치호 연보	국내	국외
1927	63세. 3월 30일 이상재 선생 사회장 장의 위원회 위원장을 맡음. 10월 20일 소년척후단 조선총연맹 총재에 선출됨.	2월 15일 신간회가 창립됨. 3월 29일 이상재가 세상을 떠남.	
1928	64세. 1월 31일 계명구락부 이사에 선임됨. 8월 18일 제9대 조선체육회 회장에 취임함 (1937년까지 역임).	11월 21일 홍명희의 『임꺽정』이 『조선일보』 에 연재되기 시작함.	10월 8일 중국에서 장제스가 국민정부 주석에 취임함.
1929		1월 14일 원산 총파업이 시작됨. 11월 3일 광주항일학생운동이 시작됨.	10월 24일 미국에서 세계 경제대공황이 시 작됨.
1930	66세. 에모리대학교에서 명예법학박사 학 위를 받음. 흥업구락부 제2대 부장을 맡음. 12월 12일 조선감리회 총리원 이사 겸 재 무국장에 선출됨.	5월 9일 이승훈이 세상을 떠남. 12월 2일 조선감리회 창립총회가 개최됨.	
1931	67세. 5월 23일 이충무공유적보존회 결성 에 참여함. 10월 3일 토요회에 가입함. 10월 27일 만주포로문제협의회 회장에 선 출됨.	5월 10일 신간회가 해체됨. 6월 17일 우가키가 제6대 조선 총독에 임 명됨. 7월 2일 '완바오 산 사건'이 일어남. 7월 브나로드운동이 시작됨.	9월 18일 만주사변이 발발함.
1932	68세. 7월 12일 안창호의 석방을 위해 총 독부 당국자와 교섭함. 다시 연희전문학교 이사가 됨(1942년까지)	1월 8일 이봉창이 천황에게 폭탄을 던짐. 2월 5일 만주에서 민생단이 결성됨. 4월 29일 상하이에서 윤봉길 의거가 일어남.	3월 1일 만주국이 수립됨.

604 윤치호와 그의 시대 연표

연도	윤치호 연보	국내	국외
1932	역임).		
1933	69세. 6월 중앙진흥회 이사장에 선임됨.	9월 적극신앙단이 결성됨. 11월 4일 조선어학회가 '한글맞춤법통일안'을 발표함. 11월 4일 남궁억이 '십자당 사건'으로 체포됨.	3월 27일 일본이 국제연맹을 탈퇴함.
1934	70세. 3월 31일 총독부 중추원 참의직 제의를 거절함. 이화여자전문학교 측이 교장직 취임 제의를 거절함.	4월 17일 최린이 중추원 참의에 임명됨. 5월 7일 진단학회가 창립됨. 11월 5일 최린이 시중회를 결성함.	8월 18일 독일에서 히틀러가 총통에 오름.
1935	71세. 1~4월 YMCA의 내분을 수습함. 5월 보성전문학교 측의 교장직 취임 제의를 거절함. 이화여자전문학교의 이사가 됨.		10월 3일 이탈리아가 에티오피아 침공을 시작함.
1936	72세. 2월 12일 모친 전주이씨(1844년생)가 세상을 떠남.	6월 3일 최남선이 중추원 참의에 임명됨. 8월 5일 미나미가 제7대 조선 총독에 임명됨. 8월 9일 손기정이 베를린 올림픽의 마라톤 경기에서 우승함.	2월 26일 일본에서 '2·26사건'이 일어남. 7월 17일 스페인에서 내란이 발생함. 12월 12일 중국에서 '시안(西安) 사건'이 일어남.
1937		2월 26일 백백교 사건이 일어남. 6월 6일 수양동우회 사건이 일어남. 10월 1일 황국신민서사가 제정됨.	7월 7일 중일전쟁이 발발함. 12월 13일 일본군이 난징(南京) 학살 사건을 일으킴.

연도	윤치호 연보	국내	국외
1938	74세. 5월 20일 조선군사령부에 1만 원의 국방헌금을 기탁함. 5월 23일 미나미 총독을 만나 중추원 참의직 제의를 거절함. 7월 7일 국민정신총동원조선연맹 상무이사에 선임됨. 8월 16일 흥업구락부 사건과 관련해 서울 서대문경찰서에서 취조를 받음. 8월 31일 흥업구락부 사건과 관련해 사상검사 나가사키 유조(長崎祐三)에게 취조를 받음. 9월 2일 흥업구락부 사건 관련자의 신원보증을 섬. 9월 5일 미나미 총독을 만나 '희망삼요강(希望三要綱)'을 건네받음. 11월 전남 임원에서 친일 강연 활동에 나섬.	2월 26일 육군특별지원병령이 공포됨. 3월 10일 안창호가 세상을 떠남. 5월 17일 흥업구락부 사건이 일어남. 7월 1일 국민정신총동원조선연맹이 결성됨. 7월 7일 조선기독교연합회가 결성됨. 9월 3일 흥업구락부 사건 관계자들이 기소유예로 풀려남. 9월 10일 장로교 총회에서 신사참배를 결의함.	3월 17일 독일이 오스트리아 합병을 선언함. 7월 11일 장고봉(張鼓峰)에서 일본군과 소련군이 충돌함. 10월 27일 일본군이 우한(武漢) 3진(鎭)을 점령함. 11월 13일 일본 고노에(近衛) 총리가 동아시아 신질서 건설을 표명함.
1939	75세. 2월 11일 조선지원병후원회 회장에 선출됨. 7월 3일 매일신보사 주최 원탁회의에 참석해 내선일체에 관해 발언함. 8월 6일 전조선배영(排英)동지회 회장에 선출됨.	8월 11일 총독부가 매달 1일을 '흥아봉공일('애국일')'로 제정함. 9월 28일 정춘수가 조선감리회 감독에 선출됨.	6월 14일 일본군이 톈진의 영국, 프랑스 조계를 봉쇄함. 8월 23일 독소불가침협정이 체결됨. 9월 1일 제2차 세계대전이 시작됨.

연도	윤치호 연보	국내	국외
1940	76세. 5월 1일 미나미 총독을 만나 창씨개명 등록기간의 연장을 요청함. 6월 17일 경성부청 호적과에 창씨명 伊東致昊를 등록함. 8월 31일 재만조선인교육후원회 위원장에 선임됨. 9월 총독부 교육심의위원회 위원에 선임됨. 10월 1일 총독부 시정 30주년 기념식에서 민간공로자 표창을 받음.	2월 11일 창씨개명 등록이 시작됨. 8월 10일 『동아일보』, 『조선일보』가 폐간됨. 9월 17일 대한민국임시정부가 한국광복군을 창설함. 10월 2일 조선임리회 '혁신안'이 통과됨. 10월 16일 국민정신총동원조선연맹이 국민총력조선연맹으로 개편됨. 11월 25일 선교사 600여 명이 조선을 떠남.	6월 14일 독일군이 파리에 무혈 입성함. 9월 27일 일본, 독일, 이탈리아가 삼국동맹을 체결함.
1941	77세. 2월 25일 연희전문학교 이사회에서 교장으로 추천됨. 5월 12일 중추원 고문에 임명됨. 8월 24일 흥아보국단 준비위원회 위원장에 선출됨. 10월 22일 조선임전보국단 고문에 추대됨.	3월 10일 조선임리교 '혁신교단'이 출범함. 11월 28일 대한민국임시정부가 건국강령을 발표함.	6월 22일 독일군이 소련 공격을 시작함. 8월 1일 미국이 침략국에 대한 석유 수출을 금지함. 12월 8일 일본군이 하와이 진주만을 기습 공격함(태평양전쟁이 발발).
1942	78세. 8월 17일 연희전문학교 교장에서 물러남.	10월 1일 조선어학회 사건이 일어남.	6월 5일 미드웨이 해전에서 일본군이 미군에 패배함.
1943	79세. 4월 10일 부인 백매려가 세상을 떠남.	3월 1일 징병제가 공포됨. 7월 28일 해군특별지원병령이 공포됨. 10월 20일 학병제가 실시됨.	9월 8일 이탈리아가 연합군에 항복함. 12월 1일 카이로선언이 발표됨.
1944		2월 8일 총동원법에 의한 징용이 실시	6월 6일 연합군이 노르망디 상륙작전에 성

윤치호와 그의 시대 연표 607

연도	윤치호 연보	국내	국외
1944		됨.	공함.
1945	81세. 2월 11일 대화동맹 이사장에 선출됨. 4월 3일 척선 귀족원 의원에 선임됨. 12월 6일 뇌일혈로 개성 자택에서 81세를 일기로 세상을 떠남.	8월 여운형 등이 건국동맹을 결성함. 6월 조선언론보국회가 결성됨. 8월 15일 해방을 맞이함.	5월 7일 독일이 연합군에 항복함. 8월 15일 제2차 세계대전이 막을 내림.

| 참고문헌 |

윤치호 관련 문헌

김도훈, 「윤치호, 2대째 일본 귀족으로 입적한 '귀화한 일본인'」, 반민족문제연구소 엮음, 『친일파 99인』 1, 돌베개, 1993.
김상태, 「일제하 윤치호의 내면세계 연구」, 『역사학보』 165, 2000.
김영희, 『좌옹 윤치호 선생 약전』, 한성도서주식회사, 1934.
김을한, 『좌옹 윤치호전』, 을유문화사, 1975.
서중석, 「윤치호, 근대화 지상주의와 황민화운동」, 『쟁점 한국근현대사』 2, 한국근대사연구소, 1993.
송병기, 『(국역) 윤치호 일기』, 탐구당, 1975.
양현혜, 『윤치호와 김교신』, 한울, 1994.
유영렬, 『개화기의 윤치호 연구』, 한길사, 1985.
_____, 「윤치호, 그는 개화기의 민권운동 지도자였다」, 『쟁점 한국근현대사』 2, 한국근대사연구소, 1993.
윤경남 옮김, 『(국역) 좌옹 윤치호 서한집』, 호산문화, 1995.
윤치호, 『윤치호 일기』 1~11(국사편찬위원회, 1973~89), 1863~1943.
_____, 「인격수양의 요소」, 『청년』 1925. 10.
_____, 「종교와 민족성」, 『청년』 1927. 9.
_____, 「結實하자」, 『청년』 1929. 9.
_____, 「명사 제씨의 결혼 당시 이야기—윤치호」, 『여성』 1936. 12.
_____, 「내선일체에 대한 소신」, 『동양지광』 1939. 4.
이광수, 「規模의 人 尹致昊氏」, 『동광』 1927. 2.
장세윤, 「윤치호—실력양성에서 '충량한' 황국신민으로」, 『친일변절자 33인』, 가람기획, 1995.
조남준, 「신명가(新名家) 6—윤보선 전 대통령의 해평윤씨」, 『조선일보』 1995. 2. 6, 2. 13.

좌옹윤치호문화사업회 편, 『윤치호의 생애와 사상』, 을유문화사, 1998.

자료

『동아일보』, 『조선일보』, 『매일신보』, 『기독신보』

『청년』, 『동광』, 『개벽』, 『여성』, 『동양지광(東洋之光)』.

조선사편수회, 『조선사편수회 사업개요』(시인사, 1986), 1938.

조선총독부 경무국, 『조선치안상황』, 1933·1938.

조선총독부 고등법원 검사국 사상부, 『사상휘보』, 1934~40.

회고록·전기·평전

고하선생전기편찬위원회, 『고하 송진우 선생전』, 동아일보사 출판국, 1965.

김기석, 『남강 이승훈』, 현대교육총서 출판사, 1964.

김윤식, 『이광수와 그의 시대』 1~3, 한길사, 1986.

김을한, 『그리운 사람들』, 삼중당, 1961.

_____, 『한국신문사화』, 탐구당, 1975.

김창수·김승일, 『해석 손정도의 생애와 사상 연구』, 넥서스, 1999.

백인제박사전기간행위원회, 『선각자 백인제』, 창작과비평사, 1999.

신일철, 『평전 인촌 김성수』, 동아일보사, 1991.

심지연, 『허헌 연구』, 역사비평사, 1994.

유동준, 『유길준전』, 일조각, 1987.

유형기, 『은총의 85년』, 기독교문화원, 1983.

윤덕한, 『이완용 평전』, 중심, 1999.

윤치영, 『윤치영의 20세기』, 삼성출판사, 1991.

이광수, 『도산 안창호』, 흥사단 출판부, 1947.

이윤영, 『백사 이윤영 회고록』, 사초, 1984.

이원순, 『인간 이승만』, 신태양사, 1988.

이호운, 『그의 나라와 그의 생애―총리사 양주삼 박사 전기』, 감리교 대전신학대학 출판부, 1965.

전택부, 『인간 신흥우』, 대한기독교서회, 1971.

_____, 『남기고 싶은 이야기들』, 종로서적, 1993.

정구충, 『한국 의학의 개척자』 1~2, 아람인쇄, 1985~1987.

정일형, 『오직 한 길로』, 신진문화사, 1970.
정병준, 『몽양 여운형 평전』, 한울, 1995.
조병옥, 『나의 회고록』, 민교사, 1959.
주요한, 『안도산전서』 상, 범양사 출판부, 1990.
해관오긍선기념사업회, 『해관 오긍선』, 연세대학교 출판부, 1977.
현봉학, 『나에게 은퇴는 없다』, 역사비평사, 1996.

기관·단체
경기고등학교70년사 편찬회, 『경기 70년사』, 경기고등학교, 1970.
광성100년사 편찬위원회, 『광성 100년사』, 광성중고등학교, 1995.
대한체육회, 『대한체육회사』, 대한체육회, 1965.
대한YMCA연맹 엮음, 『한국YMCA운동사』, 노(路)출판, 1986.
동아일보사, 『동아일보사사(社史)』 1, 동아일보사, 1975.
민경배, 『서울YMCA운동사』, 노(路)출판, 1993.
배재백년사 편찬위원회, 『배재 백년사』, 배재학당, 1989.
배화여중고등학교, 『배화 60년사』, 배화여중고등학교, 1958.
보성80년사 편찬위원회, 『보성 80년사』, 학교법인 동성학원, 1986.
숭실인물사 편찬위원회, 『인물로 본 숭실 100년』, 숭실대학교 출판부, 1992.
숭실중고등학교, 『숭실 인물지』, 아카데미서적, 1989.
연동교회90년사 편찬위원회, 『연동교회 90년사』, 연동교회, 1984.
연세대학교백년사 편찬위원회, 『연세대학교 백년사』 1~4, 연세대학교 출판부, 1985.
오산70년사 편찬위원회, 『오산 70년사』, 학교법인 오산학원, 1978.
윤경로, 『새문안교회 100년사』, 새문안교회, 1995.
윤춘병, 『동대문교회 백년사』, 동대문교회, 1990.
이성삼, 『한국감리교회사』, 기독교 대한감리회, 1980.
이화100년사편찬위원회, 『이화 100년사』, 이화여자대학교 출판부, 1994.
_____, 『이화 100년사 자료집』, 이화여자대학교 출판부, 1994.
전택부, 『한국기독교청년회운동사』, 정음사, 1978.
조선일보60년사 편찬위원회, 『조선일보 60년사』, 조선일보사, 1980.
학교법인 송도학원, 『송도학원 80년사』, 삼진출판사, 1989.
한국교회백주년준비위원회 사료분과위원회, 『대한예수교장로회백년사』, 대한예수교장로회 총회 교육부, 1984.

홍사단운동70년사 편찬위원회, 『홍사단운동 70년사』, 홍사단 출판부, 1986.

연구 논저

가람기획, 『친일 변절자 33인』, 가람기획, 1995.

강동진, 『일제의 한국침략정책사』, 한길사, 1980.

강명숙, 「1920년대 초 동아일보에 나타난 자치에 관한 논리」, 한국역사연구회 제72회 연구발표회 발표문, 2000.

강용자, 『왕조의 후예』, 삼인행, 1990.

고정휴, 「대한민국임시정부 구미위원부 연구」, 고려대학교 사학과 박사학위논문, 1991.

김상태, 「1920~1930년대 동우회·흥업구락부 연구」, 『한국사론』 28, 1992.

_____, 「일제하 신흥우의 '사회복음주의'와 민족운동론」, 『역사문제연구』 창간호, 역사비평사, 1996.

_____, 「지역·연고·정실주의」, 『역사비평』 47, 1999.

김승태, 『한국기독교의 역사적 반성』, 다산글방, 1994.

_____ 편역, 『일제강점기 종교정책사 자료집(기독교 편, 1910~45)』, 한국기독교역사연구소, 1996.

김진송, 『서울에 딴스홀을 許하라』, 현실문화연구, 1999.

김학민·정운현 엮음, 『친일파 죄상기』, 학민사, 1993.

김흥수 엮음, 『일제하 한국기독교와 사회주의』, 한국기독교역사연구소, 1992.

민경배, 『한국민족교회형성사론』, 연세대학교 출판부, 1974.

민족문제연구소 엮음, 『친일파란 무엇인가』, 아시아문화사, 1997.

박경식, 『일본제국주의의 조선지배』, 청아, 1986.

박은경, 『일제하 조선인 관료 연구』, 학민사, 1999.

박성진, 「일제 말기 녹기연맹의 내선일체론」, 『한국근현대사연구』 10, 한울, 1999.

박찬승, 『한국근대정치사상사연구』, 역사비평사, 1992.

반민족문제연구소 엮음, 『친일파 99인』 1~3, 돌베개, 1993.

_____ 엮음, 『청산하지 못한 역사』 1~3, 청년사, 1994.

서울특별시사 편찬위원회, 『동명연혁고(洞名沿革攷) 1, 종로구 편』, 서울특별시, 1992.

_____, 『동명연혁고(洞名沿革攷) 2—중구 편』, 서울특별시, 1992.

서정민, 『일본기독교의 한국인식』, 한울아카데미, 2000.

서중석, 「한말·일제침략하의 자본주의 근대화론의 성격―도산 안창호 사상을 중심으로」, 『손보기박사 정년기념 한국사학논총』, 1988.
안태정, 「1920년대 일제의 조선지배 논리와 이광수의 민족개량주의의 논리」, 『사총』 35, 1989.
역사비평 편집위원회, 『논쟁으로 본 한국사회 100년』, 역사비평사, 2000.
역사신문편찬위원회 엮음, 『역사신문』 5~6, 사계절, 1997.
유동식, 『한국감리교회 사상사』, 전망사, 1993.
_____, 『한국감리교회의 역사』 1~2, 기독교 대한감리회, 1994.
윤경로, 『105인 사건과 신민회 연구』, 일지사, 1990.
윤춘병, 『한국감리교 수난 백년사』, 기독교 대한감리회 본부 교육국, 1988.
윤해동, 「민족부르주아지에서 황국신민으로」, 『역사비평』 22, 1993.
이경재, 『서울정도 600년』 1~4, 서울신문사, 1993.
이균영, 『신간회 연구』, 역사비평사, 1993.
이만열, 『한국기독교사 특강』, 성경읽기사, 1989.
_____, 『한국기독교와 민족의식』, 지식산업사, 1991.
이찬영, 『한국기독교회사 총람』, 소망사, 1994.
이태훈, 「1920년대 초 유민회의 자치청원운동과 자치구상」, 한국역사연구회 제72회 연구발표회 발표문, 2000.
임종국, 『친일문학론』, 평화출판사, 1966.
_____ 편, 『친일논설선집』, 돌베개, 1987.
_____, 『실록 친일파』, 돌베개, 1991.
정진석, 『한국언론사』, 나남, 1990.
_____, 『인물 한국언론사』, 나남, 1995.
정재정·염인호·장규식, 『서울 근현대사 기행』, 서울학연구소, 1996.
조갑제, 「총독부 고관들의 그 뒤」, 『월간조선』 1984. 8.
지수걸, 「1930년대 전반기 부르주아 민족주의자의 '민족경제 건설전략'」, 『국사관논총』 51, 1994.
최병택, 「1925~1935년 서울 지역 기독교 세력의 사회운동과 그 귀결」, 서울대학교 국사학과 석사학위논문, 2000.
최유리, 『일제 말기 식민지 지배정책 연구』, 국학자료원, 1997.
친일문제연구회 엮음, 『조선총독 10인』, 가람기획, 1996.

한국기독교사연구회,『한국기독교의 역사』1~2, 기독교문사, 1989~90.
한국역사연구회·역사문제연구소 엮음,『3·1민족해방운동 연구』, 청년사, 1989.
_____,『우리는 지난 100년 동안 어떻게 살았을까』1~3, 역사비평사, 1998~99.
한규무,『일제하 한국기독교 농촌운동』, 한국기독교역사연구소, 1997.
한석희, 김승태 옮김,『일제의 종교침략사』, 기독교문사, 1990.

사전·인명록·연표

강만길 외,『한국사 26─연표(2)』, 한길사, 1994.
기독교대백과사전 편찬위원회,『기독교 대백과사전』1~16, 기독교문사, 1983.
김승태·박혜진,『내한 선교사 총람』, 한국기독교역사연구소, 1994.
이홍직,『국사대사전』상·하, 지문각, 1962.
한국민족문화대백과사전 편찬부,『한국민족문화대백과사전』1~28, 한국정신문화연구원, 1988~95.
한국브리태니커회사,『브리태니커세계대백과사전』1~27, 한국브리태니커, 1993.
한국사사전편찬회,『한국근현대사사전』, 가람기획, 1990.
한국신문편집인협회,『신문백년인물사전』, 한국신문편집인협회, 1988.
한국인명대사전 편찬실,『한국인명대사전』, 신구문화사, 1980.
한국정신문화연구원,『한국인물대사전』1~2, 랜덤하우스코리아, 1999.
阿部薰,『朝鮮功勞者銘鑑』, 民衆時論社, 1935.
岩波書店 編輯部,『近代日本總合年表』, 岩波書店, 1968.
戰前期官僚制硏究會 編,『戰前期日本官僚制の制度·組織·人事』, 東京大學出版部, 1981.

| 인명 찾아보기 |

| ㄱ |

가나야 미쓰로(金谷充) 125
가다 나오지(賀田直治) 458, 463
가사야 호타로(笠谷保太郎) 402, 464
가와기시 마타사부로(川岸又三郎) 565
가와시마 요시유키(川島義之) 417, 492~494, 498, 500
가와카미 이사무(川上勇) 119
가토 후사조(加藤房藏) 143, 184
간디(Gandhi, Mahatma) 47, 363, 531, 545, 603
간자키 다카카즈(神崎稔一) 76, 77
강석호 210
강우규 30, 133, 602
강진수 379
게일(Gale, J. S.) 47, 75~77, 81, 87, 89, 94, 111, 277, 286, 550
계병호 453, 454
계정식 465, 468
고다마 히데오(兒玉秀雄) 308, 313, 527, 543
고마쓰 미도리(小松綠) 211, 212
고원훈 222, 244, 245, 352, 565~567
고이소 구니아키(小磯國昭) 348, 362, 468, 469, 525, 534, 574, 575
고일청 366, 367, 387, 388
고종 황제 12, 48~62, 66, 68~70, 74~76, 79, 157, 159, 161, 164, 179, 210, 213, 214, 283, 317, 318, 328, 329, 375, 479, 595, 597, 600, 602
고희준 85, 86
곤도(近藤) 439, 447, 527, 528
공자(孔子) 238, 270, 391
괴벨스(Goebbels, Paul Joseph) 575, 576
구니토모 쇼켄(國友尙謙) 87, 135
구도 에이이치(工藤英一) 175, 242
구보 다케시(久保武) 108, 249, 250
구영숙 465, 466, 484, 485
구자옥 47, 88, 118, 279, 372, 383, 430, 431, 433, 443, 447, 448, 450, 452, 454, 457, 459, 476, 482, 484, 485
권태하 344, 345
그레그(Gregg, G. A.) 76, 77, 82, 172, 203
글리슨(Gleason) 105, 107
길선주 99

김가진 110, 260, 273
김갑순 556, 594
김고려 243, 591
김규식 46, 257, 594, 602
김대우 47, 381, 383, 392, 395, 415, 429~431, 434, 448, 450, 451, 461, 462, 480, 489, 493, 502
김도연 465, 468
김동성 255, 256
김동훈 430
김린 81, 82
김미리사 ⇨ 차미리사
김사연 360, 380, 387, 392, 398
김상설 387, 388
김석원 47, 393, 506
김석태 550
김성수 47, 58, 112, 246, 289, 324, 365, 366, 565, 594, 596
김연수 565~567
김영섭 47, 373, 548, 551
김옥균 19, 25, 61, 62, 156
김우영 393
김우현 443, 452
김원복 468
김윤식 89, 94
김윤정 242~244, 594
김은배 345
김이삼 316
김익상 255
김인영 433, 468, 552, 562

김일선 476, 477
김정식 46, 47, 75, 76, 81, 83, 119, 146
김종우 47, 468, 469, 491
김준옥 487, 562
김중환 125
김창제 47, 106
김필수 92, 93
김활란 38, 47, 289, 311, 348, 349, 376, 392, 399, 448, 461, 462, 468, 480, 486, 491, 502~504, 507, 554, 562, 571

| ㄴ |

나가노 기요시(永野淸) 215
나가사키 유조(長崎祐三) 477, 484, 606
나세환 66, 210
나시모토 마사코(梨本宮方子) ⇨ 이방자
나이토(內藤) 457
나이팅게일(Nightingale, Florence) 508
나카무라 고타로(中村孝太郎) 494, 527, 557
나카무라 마사나오(中村正直) 19
나폴레옹(Napoléon) 121, 407, 414, 541
나혜석 392, 393
남궁벽 152, 153
남궁억 47, 233, 373, 390, 497, 605
네로(Nero) 333
넬슨(Nelson, Viscount Horatio) 166
노기 마레스케(乃木希典) 263, 403
노동규 445, 481

노무라 기치사부로(野村吉三郎) 137, 138
노블(Noble, W. A.) 81~83, 87
노스클리프(Northcliff, Alfred Charles William Harmsworth) 259, 260
누르하치 440
니시무라 야수기치(西村保吉) 140, 141, 144
니와 세이지로(丹羽清次郎) 77~79, 82, 87, 402, 408, 443, 446, 453, 457, 458, 461, 480
니지마 조(新島襄) 129
니콜라이 2세(Nikolai II) 253
니토베 이나소(新渡戶稻造) 357~359

| ㄷ |

다구치 노리카즈(田口弼一) 489, 490
다나카 기이치(田中義一) 117, 163
다나카 다케오(田中武雄) 347, 348, 441, 450
다나카 도쿠타로(田中德太郎) 437, 439
다와라 마고이치(俵孫一) 232
다윈(Darwin, Charles) 266
다이쇼(大正) 천황 60, 286, 601
다카하시 고레키요(高橋是清) 416, 417, 490, 491
단군 385, 418
대원군 214, 227, 317~319, 405, 420, 564, 588, 595, 599
데라우치 마사다케(寺內正毅) 86, 135, 147, 211, 212, 214, 215, 270, 308, 329, 451, 515
데라우치 히사이(寺內壽一) 515
도야마 미쓰루(頭山滿) 449, 450
독고선 465
동석기 83
디즈레일리(Disraeli, B.) 239, 240

| ㄹ |

램버스(Lambuth, W. R.) 133
레닌(Lenin, Vladimir Il'ich) 273, 603
루덴도르프(Ludendorff, E.) 541
루스벨트, 시어도어(Roosevel, Theodore) 323
루스벨트, 프랭클린(Roosevelt, Franklin) 47, 554, 568, 569

| ㅁ |

마루야마 쓰루키치(丸山鶴吉) 534, 543
마사리크(Masaryk, Tomas Garrigue) 166, 167
마쓰나가 부키치(松永武吉) 137, 231
마쓰모토 마사히로(松本正寬) 103, 444, 557
마쓰우라 시게지로(松浦鎭次郎) 527
마애방(馬愛芳) 25, 590, 591, 598, 600
마에다 노보루(前田昇) 458~460
마펫(Moffett) 47, 87
매큔(McCune, G. S.) 83, 84, 419
맹자(孟子) 354, 370
메이지(明治) 천황 60, 263

명성황후 76, 98, 173, 210, 334, 384, 564
모트(Mott, J. R.) 311, 312
무라카미 다다요시(村上唯吉) 102, 116~118
무솔리니(Mussolini, Benito) 47, 290, 406, 407, 436, 575, 580, 603
무어(Moore, A. J.) 434, 435, 489
문창모 566
미나미 지로(南次郎) 27, 36, 38, 40, 45, 47, 430, 431, 434, 439, 450, 458, 466, 474, 485, 486, 489, 500, 504, 508, 524, 525, 536~539, 542, 543, 551~553, 555, 558, 559, 565, 566, 570, 571, 574, 606, 607
미쓰하시 고이치로(三橋孝一郎) 457, 458, 462, 499
미야모토 겐(宮本元) 537
미와 와사부로(三輪和三郎) 347, 348, 372, 399
미즈노 렌타로(水野錬太郎) 134, 135, 139, 141, 144, 163, 543
민규식 352, 565~567
민대식 323, 324, 338, 352
민병석 47, 159, 161, 241
민비 ⇨ 명성황후
민영달 210
민영익 383, 384, 564
민영철 213, 214, 594, 595
민영환 154, 214, 594, 595, 599
민영휘 66, 210, 252, 253, 324, 565
민원식 86, 125, 182, 234~238, 591, 594, 603

| ㅂ |

박동완 279, 280
박석윤 47, 336, 337
박승봉 550
박승빈 47, 123, 124, 155, 352, 360
박승철 484, 485
박연서 430, 434, 551
박영근 142
박영철 47, 323, 324, 338, 381, 392, 398, 458, 471, 505
박영효 44, 47, 146~148, 246, 255, 275, 288
박인덕 429, 430, 458, 465
박천택 531
박태준 465
박홍식 246, 382, 403, 519, 520, 565~567
박희도 32, 71, 72, 292, 392
반하트(Barnhart) 453, 454, 456, 458, 463, 549, 562
발보아(Balboa, Vasco Nunez de) 255
방두환 272
방응모 366, 367
방태영 78, 79, 352
방한승 73
백관수 289, 527, 528
백남석 129, 131

백남운 445, 481
백매려 590, 591, 608
백상규 76
백완혁 76, 184
백운상 223, 224
베이커(Baker, J. C.) 291, 292
변영로 120
변훈 68, 75, 83, 85, 86, 92, 96, 110, 117, 118, 144, 294
보세 96, 384~386
부크먼(Buchman, Frank Nathan Daniel) 530
브로크먼(Brockman, F. M.) 81, 82, 87, 205, 210, 247
비스마르크(Bismarck, Otto Eduard von) 121
빌링스(Billings, B. W.) 84, 562
빌헬름 2세(Wilhelm II) 414, 541

| ㅅ |

사메지마 모리타카(鮫島盛隆) 468, 547
사에키 아키라(佐伯顯) 405, 414, 415, 431, 465~468, 496
사이토 마코토(齋藤實) 32, 45, 83, 130, 133~135, 137, 138, 140, 143, 144, 176, 194, 215, 231, 233, 236, 250, 270, 275, 307, 308, 313, 319, 336, 343, 348, 411, 451, 453, 457, 490, 491, 527, 602
사이토 소이치(齋藤惣一) 454, 455, 461, 560
사카다니 요시로(阪谷芳郞) 543
서재필 20, 97, 257, 258
석진형 222, 244, 245
선우순 82, 139, 140
세키야 데이사부로(關屋貞三郎) 87, 92, 534, 544
셀라시에(Selassie, Haile) 413
손병희 32, 44, 47, 99, 214, 393
손정도 105, 131, 256, 359, 593
손진실 105, 359, 591, 593
손홍원 433, 493
송병준 83, 211, 224, 275, 383, 388
송진우 29, 32, 47, 58, 70, 274, 289, 321, 324, 365, 366, 383, 484, 534
쇼와(昭和) 천황 331
순정효황후 75
순종 황제 59, 60, 75, 161, 284, 285, 604
스코필드(Scofield, F. W.) 150, 151, 160, 171
스탈린(Stalin, Iosif Vissarionovich) 47, 442, 514, 531, 567, 575, 579, 582
시노다 지사쿠(篠田治策) 494
시바다 센사부로(柴田善三郎) 142, 144, 222, 223
시오하라 도키사부로(鹽原時三郎) 431, 433, 463, 464, 480, 492, 504, 556, 557, 561, 562
신공숙 372, 456, 463, 473
신석린 275, 410

신승희 59, 109, 110
신흥우 5, 22, 29, 32, 37, 45, 46, 48,
　58, 65, 68, 75~77, 82, 83, 91, 101,
　102, 157, 158, 163, 166, 172, 202,
　246, 255~257, 279, 280, 289, 304,
　310, 311, 325, 326, 345, 346, 349,
　360, 366, 367, 371, 376, 393, 402,
　414, 415, 429~436, 443, 447~453,
　455~457, 459, 460, 473, 475~477,
　482~487, 489, 493, 496, 499, 500,
　548, 550~552, 556, 562, 563
심명섭 47, 433, 448
심우섭 124, 359, 360

| ㅇ |

아베 노부유키(阿部信行) 515, 525, 526,
　555
아베 미쓰이에(阿部充家) 85, 336
아베 요시무네(阿部義宗) 547, 548
아인슈타인(Einstein, Albert) 356
아카시 모토지로(明石元二郞) 101
아카이케 아츠시(赤池濃) 137, 138, 144
아펜젤러, 엘리스(Appenzeller, A. R.)
　38, 47, 311, 376, 392, 461, 462,
　501~505, 507, 562
아펜젤러, 헨리(Appenzeller, H. D.) 82,
　176
안재홍 47, 365
안창남 261, 603
안창호 366, 367, 400, 403, 404, 437,
　438, 446, 447, 475, 600, 601, 605,
　606
알렌(Allen, Horace Newton) 19, 384
압둘하미드 2세(Abdul Hamid II) 174
앵겔(Angell, Norman) 362
야기 노부오(八木信夫) 577
야나베 에이자부로(矢鍋永三郞) 448,
　463, 494, 514
야마가타 데이사부로(山縣悌三郞) 71,
　72, 83, 157, 219, 221, 222, 256, 257,
　267
야마가타 이사부로(山縣伊三郞) 143, 148
야마가타 이소오(山縣五十雄) 72, 82, 83,
　90, 93, 103, 134, 138, 139, 142, 162
야마나시 한조(山梨半造) 307, 308
야마모토 다다오키(山本忠興) 81, 460,
　461
야스오카 마사히로(安岡正篤) 346, 384
양근환 30, 54, 235, 237~239, 603
양매륜 494, 495
양주삼 402, 434~436, 438, 448, 469,
　481, 489, 494, 495, 502, 503, 543,
　544, 547, 548, 551, 552
어윤적 231
언더우드(Underwood, H. H.) ⇨ 원한경
엄귀비 59, 227, 235
엄주익 226, 227
에비슨(Avison, O. R.) 47, 81, 82, 87,
　133, 157, 419, 562
여운형 12, 47, 48, 111, 117, 162~164,

220, 260, 365~367, 608
여운홍 259, 260
영(Young, M. E.) 461
예종석 34, 47, 84, 85, 125, 182, 187, 275, 361
오긍선 47, 360, 374, 468, 557, 562, 595
오기선 92, 93
오노 로쿠이치로(大野綠一郎) 439, 460, 492, 558, 565
오다케 주로(大竹十郎) 439
오바라 신조(小原新三) 147, 148
오세창 99
오스미 미네오(大角岑生) 515
오쓰카 쓰네사부로(大塚常三郎) 140~142
오이센(Oisen) 120
오쿠마 시게노부(大隈重信) 574
오화영(오하영) 73, 279
옥관빈 12, 91
와타나베 노보루(渡邊暢) 76, 80, 82, 87
와타나베 도요히코(渡邊豊日子) 401, 402
와타나베 시노부(渡邊忍) 323
왓슨(Wasson, A. W.) 183, 228
왕자오밍(汪兆銘) 532
왕징웨이(汪精衛) ⇨ 왕자오밍
요시자와 겐키치(芳澤謙吉) 107, 108
우가키 가즈시게(宇垣一成) 47, 313, 319, 323, 336, 346, 362, 374, 395, 402, 525, 605
우사미 가쓰오(宇佐美勝夫) 69, 81, 105,

107, 411, 534, 543, 544
우시지마 쇼조(牛島省三) 324, 398
우쓰노미야 다로(宇都宮太郎) 98, 105, 161, 164, 165, 602
우치다 야스야(內田康哉) 117
우치무라 간조(內村鑑三) 67, 68
워싱턴(Washington, Booker) 129, 134, 206
원덕상 415
원익상 443, 452, 459, 460
원한경(元漢慶) 456, 458, 481, 504, 549, 556, 557, 562
웨슬리, 존(Wesley, John) 508
웨슬리, 찰스(Wesley, Charles) 508
웰치(Welch) 47, 87, 102, 274, 275, 292
윌슨(Wilson, Thomas Woodrow) 29, 32, 88, 91, 97, 167, 255, 438, 483, 601
유각경 491
유게 고타로(弓削行太郎) 221, 222
유길준 12, 19, 20, 48, 97, 98, 110, 162, 279, 474, 564
유만겸 474
유맹 135~138, 230~232
유아사 쇼헤이(湯淺倉平) 288, 543
유억겸 47, 207, 279, 289, 297, 304, 310, 311, 349, 372, 382, 383, 445, 448, 452, 456, 461, 462, 472, 474, 476, 477, 480, 481, 484, 485, 487, 488, 491, 492, 496, 527, 540, 556, 557,

인명 찾아보기 621

563
유일선 82, 94, 95, 118, 138
유진태 112, 185, 594
유한익 183, 184
유형기 47, 468, 469, 471, 551
육정수 71, 72
윤고려 ⇨ 김고려
윤광선 233, 373, 592
윤기선 289, 439, 592
윤달선 574, 596
윤덕영 47, 75, 159, 161, 239, 246, 383, 384, 494, 536
윤명희 220, 221, 308, 590~592
윤문희 133, 220, 290, 335, 467, 590~592
윤병희 57, 58, 63
윤보선 47, 84, 112, 285, 526, 574, 589, 592~596
윤봉길 342, 605
윤선희 133, 591, 592
윤성순 462, 504
윤영렬 47, 285, 535, 589, 591, 593~595
윤용희 592
윤웅렬 18, 19, 206, 589~593, 601
윤원선 591, 595
윤일선 84, 526, 589, 594
윤장선 288, 289, 297, 340, 439, 590~592
윤정선 590~592
윤진화 582

윤치소 47, 97, 111, 112, 143, 185, 210, 218, 284, 525, 535, 536, 538, 589, 591, 594~596
윤치영 47, 120, 210, 431, 446, 452, 481, 525, 526, 534, 542, 543, 555, 589, 596
윤치오 47, 84, 243, 284, 481, 525, 556, 589, 591, 593, 594
윤치왕 47, 133, 467, 468, 525, 526, 589~592
윤치창 105, 130, 131, 358, 359, 405, 467, 468, 525, 526, 589~591, 593
윤택영 279
윤홍섭 486
이각종 47, 360, 455, 458, 460, 500, 576
이갑성 279
이강(의친왕) 157
이관구 452, 484, 485
이광수 41, 47, 153, 246, 304, 311, 347~349, 365, 366, 421, 422, 447, 498, 522~524, 540, 601, 603
이규완 147
이기찬 123, 124, 360
이길용 370
이노우에 가쿠고로(井上角五郎) 226, 523
이누카이 쓰요시(犬養毅) 331, 343
이능화 352, 408, 409
이대영 532
이동욱 551
이마이다 기요노리(今井田淸德) 313, 408

이만규(李晩奎) 231
이만규(李萬珪) 219, 220, 447, 452, 484
이방자 59, 60, 62, 180, 184, 602
이봉창 331, 605
이상설 253
이상재 22, 32, 44, 46, 47, 64, 82, 88, 92, 93, 112, 118, 146, 147, 161, 163, 185, 203, 247, 272, 279, 280, 286, 287, 475, 478, 485, 550, 594, 604
이상협 359
이서구 330, 331
이순신 313
이순탁 445, 481
이승만 13, 46, 47, 96, 97, 102, 133, 154, 225, 243, 247, 248, 273, 279, 280, 289, 305, 326, 349, 404, 431, 475~477, 483, 484, 583, 590, 596
이승우 460, 553
이승훈 32, 44, 99, 296, 297, 604
이시영 256, 257
이시즈카 에이소(石塚英藏) 97, 98, 102
이와사(岩佐) 355
이완용 44, 75, 76, 86, 89, 92, 141, 143, 165, 221~227, 244, 286, 287, 329, 344
이용구 211, 387, 388
이용설 365
이용익 157, 213, 252, 253
이용직 89, 595
이원긍 409

이윤영 47
이윤용 226, 227, 329
이은(영친왕) 59, 180, 227, 473, 602
이은경 473
이은혜 591, 596
이을 389
이일 76, 92, 170
이일직 61, 62
이재갑 459
이종린 383
이준용 318
이지용 213, 214
이진완 591
이진호 278, 380
이춘호 445, 481, 488, 491, 557
이케다 기요시(池田淸) 323, 338, 344, 379, 384, 398
이토 히로부미(伊藤博文) 107, 149, 211, 329, 372, 373, 456, 538, 573, 574, 600
이항구 344
이훈구 529
임영신 47
임치정 91

| ㅈ |

장덕수 164, 523, 576, 577
장도 114, 260, 352,
장두현 279, 476
장석윤 133, 591, 593

인명 찾아보기 623

장쉐량(張學良) 320, 322, 324, 325, 403
장정심 268
장제스(蔣介石) 320, 325, 369, 414, 435, 512, 513, 532, 568, 580, 604
장직상 392, 393, 398, 415
장쭤린(張作霖) 320, 325
장택상 393, 452
장헌식 344
저다인(Gerdine, J. L.) 73
전필순 47, 346, 448, 449
정광조 392, 393
정광현 47, 133, 291, 311, 395, 445, 451, 467, 481, 591, 592
정교원 474, 565
정대현 380, 392, 393
정두현 291, 311
정병조 231
정약용 409
정운준 135, 140
정응설 86
정인과 365, 556, 576
정인보 383
정재홉 395, 465, 467
정조 409
정춘수 45, 73, 443, 450, 452, 457, 547~549, 551, 563, 607
정한경 97, 258
정화기 69, 75, 108, 229
정훈 47, 493
조기간 392

조만식 12, 124, 366
조병상 47, 261, 360, 434, 458, 460, 493, 519, 532, 553, 565, 566
조병옥 47, 291, 366, 576~578
조병택 187
조성근 400, 401
조중응 47, 75, 76, 85
주종의 392, 393
진시황 356, 400
질레트(Gillett, P. L.) 246~248

| ㅊ |

차미리사 244, 433
차재명 365, 366, 443, 452
최강 47, 125, 182, 187
최남선 12, 29, 32, 34, 45, 47, 48, 63, 70, 258, 271, 272, 336, 352, 384, 385, 391, 392, 418, 484, 603, 605
최린 34, 45, 47, 72, 329, 338, 380~383, 387, 389, 392~394, 397, 400, 437, 457~459, 504, 510, 523, 542, 605
최석련 392
최석주 346
최승희 335
최익현 218
최제우 227
최진 146, 147, 352
최창학 499
최현배 481

| ㅋ |

캔들러(Candler, W. A.) 149, 150, 206
쿠빌라이 칸 375
크램(Cram, W. G.) 219, 229, 228
클레망소(Clemenceau, G.) 121
키플링(Kipling, J. R.) 553, 554

| ㅌ |

타고르(Tagore, Rabindranath) 127
탈라트 파샤(Talat Pasa) 172~174
트로츠키(Trotsky, Leon) 158

| ㅍ |

펑위샹(馮玉祥) 379
페리(Perry, M. C.) 353, 354
펠프스(Phelps, G. S.) 205
푸이(溥儀) 339, 375, 378, 379, 532
푸트(Foote, L. H.) 60, 598
푸트(Foote, W. R) 216, 217

| ㅎ |

하디(Hardy) 47, 87, 291
하딩(Harding, W. G.) 253
하라다 다스쿠(原田助) 106, 107
하라 다카시(原敬) 259
하상기 57, 58
하세가와 요시미치(長谷川好道) 85, 86, 89, 147
하야시 센주로(林銑十郞) 538, 539
하준석 393
하타나카(畑中) 508, 509

한규복 445, 446
한상룡 47, 75, 76, 85, 125, 184, 226, 275, 323, 328, 329, 338, 415, 433, 435, 458, 505, 519, 523, 565, 566, 570, 571
한상학 75, 76
한진창 210, 593
한창수 165
함석태 347
함태영 47, 365, 402
해리스(Harris, W. G.) 69
허스맨(Hersman, H. S.) 203
허영숙 311, 422
허헌 191
현동완 47, 317, 383, 459
현상윤 395, 396
현순 103, 105, 257, 258
현영섭 41, 474
현정주 481
현제명 465, 468, 471, 496
현흥택 384
홉스(Hobbes, T.) 211
홍명희 383, 604
홍병선 47, 65, 69, 188, 447, 448, 450, 452, 457, 459, 473, 482, 530, 562
홍승국 481
홍영후(홍난파) 233, 234, 496
홍운표 231
홍종숙 364
홍종우 61

홍희 188
황영수 450~452
휘트모어(Whittemore, N. C.) 81, 82, 87
히틀러(Hitler, Adolf) 47, 356, 400, 436, 438, 442, 451, 488, 490, 505, 514~518, 521, 531, 533, 541, 553, 556, 558, 560, 564, 567, 571, 575, 576, 579, 580~582, 605
힌덴부르크(Hindenburg, P.) 541

| 사항 찾아보기 |

| ㄱ |

간도참변 217
간토대지진(關東大地震) 267, 269, 273, 308
감리교 5, 19, 21, 23, 27, 37, 45~47, 58, 65, 67, 72, 82, 83, 102~105, 124, 141, 184, 188, 266, 268~280, 292, 430, 433, 435, 450, 451, 456, 460, 468, 469, 489, 495, 508, 548, 549, 551, 556
감리교 신도대회 563
감리교 총회 469, 489
감리교 합동위원회 547, 548
갑신정변 19, 23, 25, 147, 156, 221, 227, 384, 589, 598
강화도조약 156, 597
'개와 중국인 출입금지' 432, 510, 568
개정 사립학교규칙 222, 601
'경리 부정사건' 534
경복궁 97, 98, 132, 283, 293, 381, 383, 405, 420
경성YMCA 441, 444, 446, 455, 464, 465
경성기독교연합회 88, 443, 444, 448, 451~453, 457, 460, 469
경성노회 366
경성변호사회 114
경성보육원 360, 374
경성역(남대문역) 112, 113, 133, 201, 251, 286, 287, 352, 353, 460, 461, 468, 498, 582
경성운동장 393, 394, 397, 488, 551
『경성일보』 22, 29, 78, 208, 234, 385, 389, 476, 489, 490, 493, 499, 528, 546, 567, 575
경성재향군인회 364, 381, 405
경성전기회사 280, 285, 293, 324
경성제이고등보통학교 398
경성제일고등보통학교 294, 398
경제협의회 356
계명구락부 32, 124, 503, 604
고구려 94
고노에 내각 526
고려청년회 195
공산주의 307, 311, 312, 337, 341, 410, 445, 446, 455, 463, 475, 501, 541, 583, 584

사항 찾아보기 627

공산주의자 233, 314, 336, 342, 375, 379, 455, 584
공업전습소 237
공주(公州) 307, 308, 594
공포정치 216, 341, 442, 457, 465
공회당 335, 466,
관세 214, 432, 440
광무(光武) 224
광문사 550
광주학생 사건 295
교육칙어 410, 530
(경성)교풍회 22, 44, 84, 125, 187, 602
구리개 202
구세군 373
국민정신총동원경기도연맹 469
국민정신총동원경성연맹 464, 466, 467, 474
국민정신총동원조선연맹 10, 23, 37, 75, 159, 360, 367, 383, 431, 441, 446, 458, 460, 463, 464, 466, 469, 480, 492, 493, 499, 500, 552, 553, 558, 565, 578, 606, 607
국민정신총동원충남연맹 474
국민총력조선연맹 23, 344, 393, 494, 552, 576
국민협회 232, 233, 275, 332
국일관 263, 467, 468, 487, 500
국제선교협의회 292, 553, 554
국제연맹 58, 59, 91, 130, 134, 325~328, 358, 375, 438, 576, 602, 605

국채 507, 517
군국주의 33, 37, 65, 69, 80, 103, 122, 126, 213, 248, 321, 327, 332, 337, 362, 416, 526, 586
궁성요배 441~443, 516, 529, 585, 586
권투 393, 394
귀족원 23, 37, 69, 75, 76, 102, 138, 143, 148, 278, 308, 313, 358, 527, 543, 558, 608
금강산 297, 298
기독교(회) 32, 37, 46, 77, 88, 92, 99, 100, 106, 109, 111, 162, 179, 180, 211, 215, 284, 312, 367, 373, 391, 398, 401, 402, 408, 415, 418, 429, 430, 433, 435, 442, 451, 475, 481, 483, 487~489, 547~550
기독교계 7, 10, 12, 21~23, 27, 37~39, 44~46, 48, 58, 65, 76, 78, 106, 280, 284, 292, 368, 373, 419, 443, 449, 450, 478, 548, 556, 562, 594
기독교인 25, 46, 67, 68, 76, 101, 119, 220, 266, 336, 345, 374, 402, 408, 409, 420, 441, 444, 447, 450, 451, 453, 457, 466, 483, 488, 495, 499, 553, 554, 561, 562, 598
『기독신보』 280, 292, 430, 433, 449
기독신보사 433
기원절(紀元節) 553
기호계 292, 305, 366
기호인 204, 251, 310, 366~368

기호파 304, 310, 365~367

| ㄴ |

나치즘 541, 576
나카무라 대위 살해사건 321
낙동강 390
난징(南京) 학살 사건 435
남감리교 188
남대문교회 365
남성병원 288
남원(南原) 306, 307
내선일체(론) 28, 37, 39~43, 78, 138, 430, 432, 444, 480, 483~485, 498, 499, 504, 506, 508, 510, 536, 539, 562, 563, 566, 607
내지연장주의(內地延長主義) 394
노르웨이(인) 193, 194, 533, 576

| ㄷ |

단성사 288
대동단 110, 157, 393
대아시아운동 34, 300, 301, 361, 450
(조선)대아시아협회 361
대영성서공회 210, 211, 554,
대전(大田) 272, 307, 308, 474, 475
대정(실업)친목회 22, 84, 85, 125, 147, 182, 184, 352, 601
『대한매일신보』 91, 92, 599
대한민국임시정부 22, 103, 105, 112, 117, 151, 162, 210, 257, 289, 305, 342, 365, 388, 593, 602, 607
덕수궁 156, 161, 368, 369
덴마크(인) 120, 193, 194, 506, 576
도덕재무장운동 530
'도의조선(道義朝鮮)' 575
도쿄 조선 YMCA 76
독립선언서 69, 72, 110, 141, 142, 190, 258, 366, 391, 398, 417
독립협회 10, 20, 21, 26, 62, 64, 76, 81, 126, 384, 479, 599
독소불가침협정 515, 564, 607
독일 36, 80, 90, 120, 121, 126, 167, 179, 173, 362, 377, 414, 416, 438, 442, 465, 485, 488, 490, 505~507, 514~518, 531, 533, 541, 542, 559, 560, 567, 575, 576, 605~608
독일군 438, 516, 541, 567, 575, 607
독일인 89, 111, 120, 180, 356, 358, 488, 490, 583
돈 가뭄 204, 232, 234,
동맹휴학 69, 109, 120, 219, 250, 277, 294, 295, 312
동민회(同民會) 275, 332, 410
동북아시아 384
동소문 173
동아문화실업협회 457
동아민족문화협회 34, 378
동아시아 30, 67, 321, 365, 384, 385, 398, 429, 432
『동아일보』 182, 190, 201, 255, 261,

272, 294, 313, 316, 320, 321, 367, 370, 392, 422, 485, 527~529, 534, 544~546, 565, 595, 602, 607
동아일보사 261, 279, 316, 321, 366, 447, 534, 565
동양문화학회 544
동양인 358, 485, 539
동양척식주식회사 76, 97, 102, 107, 157, 168, 169, 226, 324, 600
동양평화협회 531
동일은행 313, 314, 535
동지회 280, 475~478, 483
동학란 397

| ㄹ |

러시아 34, 36, 39, 42, 101, 158, 166, 173, 174, 177, 188, 191, 212, 240, 253, 322, 323, 407, 410, 414, 599, 601
러시아인 168, 174, 179, 187, 214
러일전쟁 26, 101, 156, 162, 177, 200, 252, 253, 263, 323, 375, 387, 469, 599
루거우차오(蘆溝橋) 사건 466, 467

| ㅁ |

마르크스주의자 263, 277
마르크시즘 501
만리장성 400, 403, 414, 440
만주 33~35, 156, 195, 217, 292, 300, 301, 304, 314, 315, 319~324, 326~330, 333, 337, 341, 349, 352, 353, 357, 364, 379, 398, 403, 440, 457, 491, 555, 559, 576, 584, 605
만주국 27, 33, 34, 69, 130, 337, 339, 349, 354, 359, 375, 378, 414, 431, 469, 509, 546, 555, 556, 594, 605
만주동포문제문제협의회 45, 317, 332, 605
만주 문제 34, 320, 325, 326, 328, 337, 338
만주사변 13, 22, 27, 33~35, 41, 43~45, 320, 325, 328, 333~335, 349, 506, 604
만주인 358, 555
만주 점령 322, 342
만주정책 34, 331, 337, 338
명월관 141, 246, 247, 263, 290, 338, 462, 489
몽골(인) 88, 375, 379, 385, 388
무단통치 69, 73, 86, 137, 148, 258, 270
무산자 263
문화통치 43, 130, 135, 138, 258
미국 44, 48, 58~60, 63, 67, 73, 77, 78, 82, 83, 90, 97, 100~102, 109, 121, 126, 127, 129~131, 138, 148, 149, 156, 157, 161, 166, 167, 170, 189, 190, 192, 198, 200~205, 209, 213, 247, 248, 257, 272, 273, 275, 276, 289, 291, 320~323, 326, 327,

335, 337~339, 341, 346, 352, 353, 357, 364, 365, 375, 384, 398, 399, 416, 417, 438, 455, 469, 471, 475, 479~481, 490, 509, 519, 531, 547, 553~555, 564, 566~569, 575, 576, 583, 592~594, 596~604
미국인 101, 120, 133, 189, 190, 192, 198, 199, 202~204, 214, 275, 276, 280, 292, 311, 358, 398, 418, 421, 440, 501, 509, 514, 554, 555, 569, 576
미쓰코시(三越) 백화점 382, 494
민생단 336, 337, 360, 605
민족자결 29, 32, 90, 253, 255
민족주의 7, 11, 12, 44, 45, 47, 48, 124, 346, 470, 471, 514, 529, 545, 547
민족주의자 165, 319, 385
민족차별 28, 30, 32, 40, 42, 90, 148, 202, 380
밀정 12, 48, 279, 289, 316, 336, 442, 502

| ㅂ |

박문사(博文寺) 329, 372, 373
반기독교운동 284
배관열(拜官熱) 175, 307
배영동지회(排英同志會) 511, 512, 514, 607
배재학당(배재고보, 배재중학교) 21, 72, 76, 83, 176, 178, 266, 489, 551, 562
배화여학교 176, 178, 220, 373, 430, 433, 448
백백교 446, 447, 606
105인 사건 21, 26, 73, 92, 102, 126, 135, 187, 247, 258, 601
백인종 7, 12, 38, 42, 48, 132, 432, 568
백합원 325, 326, 399
버마 574, 577
범아시아운동 45, 384, 399
범태평양 교육대회 255
범태평양협회 255, 256, 603
베르사유조약 438, 488, 507, 602
「벤허」 288
보부상단 232
보성전문 77, 91, 124, 143, 162, 245, 260, 284, 360, 565, 603, 605
보수주의 307
보헤미아 70, 191, 505
본정(本町)경찰서 446
볼셰비즘 212, 219, 228, 229, 242, 263, 290, 307, 335, 343, 346, 380, 564, 575, 580
볼셰비키 39, 112, 158, 187, 233, 277, 314, 335, 337, 341, 403, 443, 575
봉건제 404, 408
부민관 284, 443, 460, 493, 499, 508, 511, 521, 528, 563, 569
부암정 477
부업공진회(副業共進會) 270
북감리교 67, 266
북관왕묘 173

북중국　413, 415, 435, 451, 457, 473, 491
불교　173, 401, 402, 408, 419, 441

| ㅅ |

사대주의　396
사상검사　463, 482~484
사상범보호관찰소　490, 562,
사회주의　11, 39, 42, 45, 219, 229, 277, 284, 290, 312, 371, 470, 481, 500, 584
사회주의자　267, 284
3월 사건　361
3Ex정책　297
상하이(上海) 사변　335, 342
새문안교회　365, 366
생득권　240
서대문경찰서　445~448, 450, 452, 454, 457, 462, 463, 466, 467, 472, 473, 480~482, 484, 486, 487, 504, 554, 606
『서부전선 이상 없다』　312
서북계　292, 305, 365, 366
서북인　204, 251, 310, 366, 367
서북파　304, 310, 349, 365~368
서울YMCA　431, 436, 443, 447, 448, 450~452, 454, 455, 459, 460, 477, 478, 485, 487, 491, 510, 590, 599, 600
『서울프레스』　72, 83, 134, 135, 189, 206, 274
석파정　319
세계대전　29, 30, 52, 58, 114, 121, 167, 197, 205, 216, 253, 255, 267, 312, 330, 339, 346, 352, 362, 372, 389, 413, 488, 541, 545, 601, 602, 607
세브란스병원　82, 85, 365, 366, 526, 567, 593
세브란스의전　82, 360, 468, 594~596
소련　263, 277, 290, 301, 302, 312, 327, 328, 341~343, 352, 364, 370, 377, 380, 387, 403, 416, 417, 424, 426, 432, 442, 443, 455, 469, 470, 505, 514, 515, 518, 521, 522, 542, 561, 564, 566, 567, 575, 603
소련인　273, 274, 391, 469
송도고등보통학교　21, 72, 135, 183, 185, 219, 220, 228, 240, 263, 487, 603
수데텐　488, 505
수리조합　35, 195, 305, 306, 377, 388, 390, 393
수양동우회　292, 365, 366, 447, 496
수양동우회 사건　437, 523, 606
스웨덴(인)　194, 506
스위스　399, 491, 506
스코틀랜드　150, 358, 539, 579
승동교회　365
시국대응전선사상보국연맹　324, 470
『시대일보』　271, 272, 603
『시사신문』　182, 235

시정(始政) 기념일 144, 282, 283
시정(始政) 25주년 411, 412
시정(始政) 30주년 549
시중회 34, 45, 72, 324, 381, 388, 389, 392, 393, 397, 398, 400, 405, 415, 605
시천교 387, 388
(조선)식산은행 227, 246, 323, 458
신민회 92
신사참배 27, 45, 84, 311, 365, 418, 419, 430, 441, 516, 529, 555, 579, 606
『신생명』 550
신우회 48, 291, 292
신일본주의 233, 234
심전개발(心田開發) 45, 402, 408, 409, 417
신토(神道) 66, 154, 155, 165, 282, 340, 384, 385, 409, 410, 417, 418, 421, 442, 573
십계명 206, 418

| ㅇ |

아마테라스 오미카미(天照大神) 401, 410, 418,
아베 내각 526
아시아 361, 432
아시아인 361
아일랜드 36, 124, 165, 166, 170, 171, 174, 191, 218, 377, 579, 601
아일랜드인 170, 171, 191

아프리카(인) 161, 326, 358, 414, 514, 530, 580
안동교회 594
알바니아 506, 581
암리차르 180, 545
애국노동 510
애국일 516, 607
앵글로색슨인 7, 12, 38, 42, 48, 191, 259, 432, 438, 533, 553, 568, 569
약소국 29, 58, 59, 221, 370, 391, 432, 483, 531, 576, 581, 599
약소민족 73, 78, 216, 306, 388
약육강식 20, 21, 29, 35, 41, 532
양력설 264, 336, 352
양반 264, 265, 289, 290, 310, 314, 412, 524, 588
에리트레아 406, 407
에티오피아 406, 407, 412~414, 416, 533, 581, 605
여진족 375, 379
연정회(硏政會) 274
연희전문 22, 38, 72, 82, 84, 115, 129, 143, 279, 280, 284, 292, 391, 395, 445, 446, 448, 450, 455, 456, 458, 462, 475, 481, 496, 556~558, 561, 562, 564, 579, 590, 592, 601, 603, 605, 607, 608
영국 29, 34~36, 38, 39, 58, 60, 63, 88, 109, 112, 116, 166, 171, 191, 212, 218, 240, 242, 259, 312, 322, 326, 327,

335, 341, 362, 364, 379, 385, 386, 398, 399, 416, 432, 438, 468, 488, 505, 508, 509, 512~514, 516~518, 530 531, 533, 539, 542, 545, 553, 566~568, 570, 575, 576, 579, 583, 584
영국인 36, 57, 116, 127, 134, 170, 171, 174, 180, 242, 280, 349, 358, 363, 377, 386, 398, 420, 421, 509~511, 513, 514, 554, 569, 571, 576, 583
영생고보(영생학교) 312
영생여학교 312
오데사 567
오스트리아 90, 191, 205, 216, 438, 505, 506, 517, 576, 606
오스트리아인 90, 191
『오사카마이니치신문』 73, 91, 117, 145
오산고보(오산학교) 296, 311
YMCA학관 65, 72, 77, 120, 176, 456, 458, 562
YMCA회관 68~72, 76, 77, 79~81, 84, 106, 108, 146, 168, 176, 183, 203, 225, 255, 290, 326, 332, 441, 443, 444, 453, 478, 491, 552, 600
YWCA 376, 473, 495
완바오 산(萬寶山) 사건 314~316, 321, 605
왕도(王道) 354
요나이 내각 527
용산역 202, 340, 341, 507, 508

우상숭배 205
운현궁 227
워싱턴(군축)회의 253, 256, 257
원각사지십층석탑 206, 207
원납(願納) 405, 420
위문대 495, 496, 499
유고슬라비아 389
유곽 128, 160
유교 61, 152, 228, 231, 346, 356, 408, 418, 441, 573
유대인 94, 158, 196, 356
유럽 30, 58, 63, 73, 78, 152, 167, 194, 254, 256, 339, 346, 357, 362, 363, 391, 393, 400, 414, 416, 438, 440, 442, 455, 471, 506, 507, 515, 517, 519, 521, 531, 545, 559, 561, 568, 575, 580
유럽인 192, 256, 363, 391, 440
유색인(종) 97, 132, 399, 404, 561, 568~570
육군 기념일 177, 403
6·10만세운동 285, 604
융희(隆熙) 224
을미사변 12, 25, 48, 76, 210, 329, 334, 590, 599
음력설 264, 335, 502, 529
이누카이 내각 331, 343
이민법 30, 276, 398, 440, 603
이세신궁(伊勢神宮) 400, 401
이왕직(李王職) 75, 159, 165, 344, 368,

494
2·26사건 130, 417, 490, 491, 515, 605
이조(李朝) 60, 66, 67, 137, 159, 193, 231, 251, 307, 310, 313, 368, 387, 396, 405, 406, 409, 518
이집트 88
이탈리아 36, 290, 326, 406, 407, 412~414, 416, 442, 506, 507, 531, 542, 560, 580, 581, 603, 605, 607, 608
이탈리아군 412, 413
이탈리아인 246, 358
2·8독립선언 70, 164, 528, 602
이화여전(이화학당) 21, 22, 38, 153, 311, 359, 392, 395, 430, 462, 502, 547, 592, 593, 595
인도 29, 34, 35, 57, 58, 109, 127, 290, 385, 386, 531, 545, 602
인도인 57, 58, 109, 127, 180 363, 385, 386, 514
인력거(꾼) 211, 248, 291, 317
인종차별 25, 38, 39, 42, 90, 138, 209
일본 민족 351, 407, 410, 440, 539
일본YMCA(동맹) 78, 82, 402, 454~456, 460, 461, 463, 478
일선동조론(日鮮同祖論) 34, 417
일선융화(日鮮融化) 82, 84, 85, 143, 275, 313, 398
일시동인(一視同仁) 145, 168, 232, 248, 405

일장기 132, 144, 154, 341, 360, 370, 501, 571
일진회 136, 211, 387, 600
임시교육조사위원회 44, 221~224
임시조선인산업대회 255
입헌정우회 117, 331, 343

| ㅈ |

자이나교 391
자치 30, 33, 83, 123, 137, 158, 164, 170, 171, 229, 238, 309, 330, 337, 363, 379, 380, 395
자치론 43, 292, 379
자치운동 32, 45, 124, 274, 292, 360, 361, 372, 379
장고봉 39, 469, 606
장대현교회 99
장로교 27, 47, 58, 76, 77, 82, 84, 93, 99, 104, 151, 162, 170, 205, 292, 365, 366, 418, 419, 449, 470, 477, 548, 556, 606
적극신앙단 22, 46, 58, 345, 346, 366, 371, 372, 415, 430, 433, 449, 450, 452, 456, 469, 482, 483, 486, 551, 556, 605
전향 성명서 484, 485
정동(감리)교회 103, 105, 176, 280, 433, 469, 489, 563
『제국신문』 125
제국주의 36, 41, 284, 339, 432, 570,

581, 584
제암리 학살 사건 101, 104, 111, 151,
　　180, 602
조계(租界) 151, 170, 509~511, 569
조선경제회 147, 218
조선관광협회 355
조선교육령 222, 601
조선교육(협)회 112, 185, 244, 296, 594
조선기독교연합회 443, 466, 511, 606
조선기독교창문사 549
조선농사개량주식회사 226
조선대박람회 546
조선민립대학기성회 265, 266
조선 민족 40, 99, 124, 152, 168, 186,
　　206, 211, 224, 271, 339, 405, 539
『조선 병합의 이면』 211, 212
조선사편수회 189, 231, 391, 392, 409,
　　494, 603
조선신궁 281, 282, 410, 464, 471, 487,
　　489, 510, 512, 513, 551, 567, 571
조선어학회 124, 465, 605, 608
조선여자교육회 244
조선YMCA연합회 82, 364, 454~456,
　　460, 461, 478
조선은행 118, 382, 507
조선인산업대회 187, 255
『조선일보』 84, 125, 182, 252, 256, 260,
　　292, 315, 316, 366, 389, 412, 485,
　　529, 544~546, 602, 604, 607
조선일보사 279, 280, 296, 365~367,

528, 529
『조선중앙일보』 256, 392, 412, 485
조선체육협회 397, 472
조선체육회 245, 278, 279, 472, 604
조합교회 78, 81, 82, 95, 102, 104, 117,
　　140
조혼(早婚) 131, 178
종교교회 67, 73, 171, 242, 279, 364,
　　456
종로경찰서 59, 77, 117, 118, 215, 316,
　　347, 446, 481, 487, 517, 519, 534,
　　537, 582
중국 10, 21, 25, 33~35, 38, 39, 66,
　　67, 94, 110, 111, 116, 122, 133, 156,
　　166, 174, 188, 198, 247, 260, 290,
　　310, 320, 321, 323~328, 330, 333,
　　334, 336, 342, 352, 354, 365, 370,
　　374~376, 379, 385, 388, 405, 406,
　　416, 440, 448, 470, 474, 489, 490,
　　498, 499, 506, 511, 512, 520, 524,
　　528, 532, 555, 559, 561, 584, 590
중국인 25, 110, 122, 201, 227, 228, 259,
　　269, 314, 315, 320, 322, 327, 334,
　　337, 341, 349, 374, 375, 396, 397,
　　429, 432, 435, 440, 494, 495, 509,
　　510, 513, 542, 569
중앙교회 433, 551
중앙진흥회 48, 360, 605
중앙학교(중앙고보) 58, 162, 284, 396,
　　593

중앙학림 173
중앙협의회 549
중의원 111, 117, 227, 232, 235, 236, 308, 395, 431, 453, 490, 534
중추원 23, 32, 34, 37, 45, 75, 76, 79, 84, 89, 114, 124, 136~142, 159, 162, 165, 189, 210, 212, 227, 231, 236, 243, 245, 275, 278, 324, 360, 380~383, 388, 389, 391, 395, 401, 410, 415, 418, 430, 436, 437, 439, 446, 448, 449, 489, 553, 565, 581, 582, 593, 594, 599, 605~607
중일전쟁 13, 22, 23, 27, 28, 36~40, 42~45, 506, 510, 517, 526, 559, 606
지방자치 33, 139, 199, 309
지세(地稅) 218, 223
지역갈등 7, 12, 304
지역감정 7, 12, 31, 48, 204, 296
지원병 23, 37, 40, 432, 433, 436, 459, 493, 495, 507, 508, 510, 521, 528, 532, 539, 540, 549, 551, 606~608
진고개 220, 221
진명여고보 293
진주만 568, 607
진흥회 48, 360, 605
『질곡의 인도』 385, 386
징병제 40, 398, 579, 580

| ㅊ |

차별대우 33, 39, 132, 138, 148, 192, 402, 504, 510, 511, 524, 535
창씨개명 40, 45, 430, 524, 525, 528, 529, 536~543, 607
천도교 32, 69, 73, 75, 77, 78, 93, 99, 101, 106, 110, 214, 227, 292, 329, 336, 383, 388, 389, 393, 398, 441, 600
천도교당 277, 286, 287
천장절(天長節) 153, 155, 257, 342, 384, 442
천황 28, 35, 37, 94, 101, 145, 153, 158, 159, 163, 209, 236, 263, 286, 288, 331, 346, 379, 395, 396, 405, 409, 432, 436, 441, 466, 484, 489, 500, 501, 515, 522, 527, 537, 572, 578, 585, 601, 604, 605
청구구락부 452
청일전쟁 20, 25, 156, 252, 253, 407, 408, 498
청천백일기(靑天白日旗) 320, 435
체코슬로바키아(인) 30, 70, 167 205, 216, 488, 505, 576
취운정 564
치외법권 432
칙서 273, 530
칙어 405, 410
칙어실천회 263
친일파 6~8, 10~12, 22, 23, 28, 42~47, 76, 79, 89, 125, 136, 164, 182, 275, 336, 360, 361, 401, 422, 433, 471,

506, 567, 583, 585, 586, 603

| ㅋ |

크리스마스 223, 373, 420, 491, 495

| ㅌ |

태국 479, 566
태극 120, 144
태극기 76, 578
태을교(太乙敎) 215
태평양문제연구회 조선지회 58, 326, 604
태평양전쟁 13, 36~38, 45, 568, 571, 607
태평양회의 326, 476
태화관 141, 150
터키 131, 172~174, 593, 601
토요회 22, 45, 323, 324, 338, 605
토지수용권 129
토지수용령 113, 601
티베트 116, 349

| ㅍ |

파고다공원 206, 519
파리강화회의 29, 57~59, 63, 68, 73, 88, 90, 114, 138, 256, 594, 602
파리박멸운동 249
파시스트 12, 48, 431, 433, 442, 580
파시즘 346, 541
팔레스타인 288
평양YMCA 250, 251

평화산업 497, 521, 558, 559
폴란드(인) 36, 174, 191, 337, 358, 377, 514, 516, 533
프랑스 90, 121, 151, 219, 322, 326, 335, 414, 416, 438, 488, 505, 507, 509, 516~518, 533, 568, 607
프랑스인 214, 358, 583
프로이센 121, 191, 364, 518, 559
필리핀 101, 207, 255, 258, 393, 394, 509, 577, 599

| ㅎ |

하와이 96, 103, 258, 280, 289, 304, 310, 364, 431, 476~478, 568, 607
한성은행 76, 227, 253, 329, 535
한양청년연맹 284
한영서원 21, 129, 134, 135, 183, 216, 220, 224, 240, 256, 445, 600
(감리교)합동전권위원회 21
해인사 574, 596
혁신교단 449, 451, 563, 607
혁신안 549, 550, 607
협성신학교 67, 73, 84, 183, 433, 549
호별세(戶別稅) 374
호전성 35, 64, 70, 193, 306, 350, 363, 382, 404, 518, 519
호전정신 67, 408
홍콩 384, 570
화교 박해사건 315, 321
화신백화점 382, 520, 564

황국신민서사 360, 381, 471, 472, 501, 585, 586, 606
황금정 74
『황성신문』 373, 594
황인종 38, 39, 42, 568
휘문의숙 252, 253
홍사단 280, 292, 446, 447, 496, 601
홍아보국단 567, 607
홍업구락부 22, 27, 37, 38, 42, 45, 48, 58, 129, 279, 280, 326, 346, 364, 393, 429, 431, 445, 450, 454~478, 481~485, 487, 488, 562, 596, 603, 604, 606
홍업구락부 사건 22, 27, 37, 38, 42, 45, 280, 431, 445, 454, 481, 485, 562, 606
'희망삼요강(希望三要綱)' 487, 489, 606
히라누마 내각 515, 526

물 수 없다면 짖지도 마라
— 윤치호 일기로 보는 식민지 시기 역사

지은이	윤치호
편역자	김상태
펴낸이	윤양미
펴낸곳	도서출판 산처럼

등 록 2002년 1월 10일 제1-2979
주 소 서울시 종로구 사직로 8길 34 경희궁의 아침 3단지 오피스텔 412호
전 화 725-7414
팩 스 725-7404
E-mail sanbooks@hanmail.net
홈페이지 www.sanbooks.com

제1판 제1쇄 2001년 2월 10일
제2판 제1쇄 2013년 1월 5일
제2판 제6쇄 2025년 9월 15일

값 36,000원

ISBN 978-89-90062-48-2 93910

* 잘못된 책은 바꾸어 드립니다.